山东省对外经济贸易工会委员会编

山东省外经贸工会志

1973～2016

中国海洋大学出版社

·青岛·

图书在版编目(CIP)数据

山东省外经贸工会志：1973-2016 / 山东省对外经济贸易工会委员会编 . —青岛：中国海洋大学出版社，2017.2

ISBN 978-7-5670-1213-4

Ⅰ. ①山… Ⅱ. ①山… Ⅲ. ①工会工作—概况—山东—1973-2016 Ⅳ. ① D412.852

中国版本图书馆 CIP 数据核字（2017）第 032694 号

出版发行	中国海洋大学出版社
社　　址	青岛市香港东路23号　邮政编码 266071
出 版 人	杨立敏
网　　址	http://www.ouc-press.com
电子信箱	dengzhike@sohu.com
订购电话	0532-82032573（传真）
责任编辑	邓志科　　　　　　　　电　话 0532-88334466
装帧设计	汇英文化传媒
印　　制	青岛国彩印刷有限公司
版　　次	2017年2月第1版
印　　次	2017年2月第1次印刷
成品尺寸	210 mm × 285 mm
印　　张	27
印　　数	1-1200
字　　数	618 千
定　　价	120.00元

《山东省外经贸工会志(1973～2016)》编纂委员会

名誉主任　丛毅富
名誉副主任　闻春桂　王惠芳　邱　伟　鞠新伟

主　　任　王新强
副 主 任　马　骥　田敬毅
委　　员　（按姓氏笔画排序）

于晓娟	于淑琴	马天鹏	王　成	王　富	王　新	王红霞
王林青	王林超	王俊涛	尹术兴	尹国斌	付　军	付淑萍
邢相玉	吕　伟	吕晓红	吕娉娉	吕恕良	刘新华	刘宝春
刘振德	刘田德	刘海博	齐增华	江惠世	孙　迅	孙　雷
孙占勇	孙周功	杜庆丽	杨　磊	杨育刚	杨学政	李　洁
李玉松	邱云亮	汪忠华	宋振扬	宋德康	宋铁峰	张志强
张金生	张宗伟	陈　青	邵　霖	金福晔	周　杰	周克伟
周新征	郑召所	单吉健	赵　慧	赵维报	姚成青	姚振玲
袁　兵	聂晓光	柴永洁	钱君毅	徐　霄	徐永红	徐华田
高　云	郭　里	郭良田	曹正琰	梁延爽	隋国亮	蒋海波
程永飞	程恩义	臧立红	臧贤华	翟晓慧	魏长征	

《山东省外经贸工会志(1973～2016)》编辑部

主　　　编　赵维报
副　主　编　尹术兴　金福晔　单吉健　杨育刚　李　强　徐　霄　吕娉娉
特约撰稿人（按姓氏笔画排序）

刁占峰　于　凤　于延雯　于振波　王　芬　王　艳　王　斐
王　斌　王仁泰　王传芳　王振刚　王明哲　王晓娜　亓增奎
孔思聪　左香泉　兰森森　毕可军　吕东荣　曲宝山　曲淑芹
刘　敏　刘丽娟　刘林德　刘荣家　刘剑维　刘继连　江文军
江向华　孙　川　孙　军　孙　晨　孙衍飞　孙举大　孙晓琳
杨　燕　杨甜甜　李　青　李　峰　李秀娟　李金玲　李经国
李建立　李振东　李鲁林　邹　波　辛　伟　宋应魁　张　旭
张　铸　张凤玲　陈宝霞　陈媛媛　苗成长　孟令新　胡汉强
赵　霞　姜雪梅　姚婧媛　耿　静　贾丽群　徐正贤　高　山
高广青　高文强　高新岐　黄祖江　矫　娟　葛宝清　雒晓晓
滕建华　薛润涛　戴肇森

序

山东省外经贸工会自1973年建会以来，已走过43个春秋。

回首过去，感慨万千。40多年来，山东省外经贸工会在同级党委和上级工会的正确领导下，围绕中心，服务大局，锐意改革，扎实工作，各项工作在继承中得到发扬，在探索中找得答案，在完善中得到巩固，在创新中得到发展。在工会组织建设上，形成了横到边、纵到底、全覆盖的全省外经贸工会组织体系；在维护职工权益上，建立和完善了维护职工权益的工作机制和活动载体；在促进企业发展上，发挥优势，搭建平台，组织动员广大职工为企业发展献计出力；在机关作风建设上，加强学习，建章立制，用制度规范各项工作和活动。40年的辛勤耕耘，山东省外经贸工会系统的凝聚力、向心力和战斗力得到加强。40年的不懈努力，山东省外经贸工会系统的知名度、美誉度和认可度得到提高。40年的追求、40年的拼搏，山东省外经贸工会系统一代又一代工会干部，为促进山东外经贸事业持续健康发展做出了积极贡献。

展望未来，任重道远。习近平总书记强调："时代在发展，事业在创新，工会工作也要发展，也要创新。"做好新常态下的工会工作，任务艰巨，使命光荣。山东省外经贸各级工会组织和广大工会干部，要认真学习党的十八大、十八届三中、四中、五中、六中全会精神，增强政治意识、大局意识、责任意识、核心意识和看齐意识；全面领会中央党的群团工作会议精神和习近平总书记就工人阶级和工会工作的一系列重要讲话精神，克服工会组织机关化、行政化、娱乐化、贵族化；坚决贯彻全总、省总关于工会改革工作部署安排，增强工会组织的政治性、先进性、群众性；围绕全省外经贸转方式、调结构、稳增长工作大局，以改革创新精神，适应新常态，站在新起点，坚定信心，自强不息，努力开创全省外经贸工会工作新局面。

此次，我们出版这本书，一方面是对山东外经贸工会的前段工作做个小结，以便继往开来，另一方面是希望通过本书，能够使社会各界对山东外经贸工会有进一步的了解，从而促进山东外经贸工会事业的发展。这也是我们组织编写《山东省外经贸工会志（1973~2016）》的根本目的。

在此，特向为山东外经贸事业和工运事业作出贡献的全省外经贸系统的干部职工和工会工作者致以崇高的敬意！同时，对支持山东外经贸事业和工运事业的各界人士表示衷心的感谢！谨此与大家共勉，是为序。

中国财贸轻纺烟草工会副主席（兼）
山东省总工会副巡视员
山东省外经贸工会主任

王新绂

2016年12月

编纂说明

一、《山东省外经贸工会志(1973~2016)》是一部记载山东省外经贸工会从1973年成立到2016年43年历史的史册。本书以"实事求是"、"存史教化,鉴往知来"为宗旨,全面、系统、翔实地记载了山东省外经贸工会和所属各单位工会及各市商务(外经贸)局工会组织建设的基本情况、历年大事记、荣誉表彰、工作研究、经验交流、文体活动以及工会工作发展的新情况、新进展,为全省外经贸工会各级组织和工会工作者提供翔实的信息资料。

二、《山东省外经贸工会志(1973~2016)》采用分类编辑法。主体内容设篇目、类目、分目、条目四个结构层次,以条目为表现内容的基本形式。全书条目的标题统一用黑体加粗表示。

三、《山东省外经贸工会志(1973~2016)》内容的时间从1973年1月1日开始,到2016年12月31日截止,全书设编纂说明、序、历年照片、组织建设、大事记、荣誉表彰、调查研究、交流与探讨、文体活动、结束语、附录等11个部分,共16个类目。

四、《山东省外经贸工会志(1973~2016)》是集体创作的结晶。在此,谨向所有为会志提供史料、撰稿、编辑、审稿、校对、出版等付出辛勤劳动的单位和个人致以诚挚的感谢。

五、《山东省外经贸工会志(1973~2016)》的编辑出版工作得到中国财贸轻纺烟草工会全国委员会、山东省总工会领导的关怀及山东省总工会有关部室的热情帮助和具体指导,得到了山东省商务厅有关部门、各直属单位工会、各市商务(外经贸)局工会以及中国海洋大学出版社的大力支持、通力合作,谨此致谢。

六、《山东省外经贸工会志(1973~2016)》在编纂过程中,由于时间短、内容多、史料不全和水平所限,难免存在疏漏之处,敬请专家学者和广大读者批评指正。

编 者
2016年12月

继往开来，创新发展，为我省的工运事业做永新的贡献。

山东省人大常委会党组成员、
副主任、省总工会主席　申黑旺

坚定不移地做靠动者，建设动者，发展动者。

山东省总工会党组
书记、常务副主席　刘赞杰

领导题词

心系基会 服务职工 温暖人心
构建和谐职工之家

山东省总工会副主席 冯庆禄

建设职工之家
竭诚服务职工

中国财贸轻纺烟草工会主席 王新卫
2016年12月

坚持科学发展，创建一流团队，全心全意为基层和职工群众服务！

中国财贸轻纺烟草工会巡视员 王洪泽
2016年12月

领导关怀

时任山东省有关领导参加省外经贸活动

山东省总工会尹慧敏主席、刘赞杰常务副主席与省外经贸工会工作人员合影

领导关怀

山东省外经贸工会主任王新强陪同中华全国总工会副主席（兼职）许振超调研

山东省外经贸工会主任王新强陪同中华全国总工会副主席（兼职）许振超调研企业

领导关怀

山东省总工会刘赞杰常务副主席、冯庆禄副主席与省外贸工会机关同志合影

中国财贸轻纺烟草工会时任主席王晓峰与山东外贸工会系统的同志
合影留念

领导关怀

山东省总工会副主席王星海看望山东省外经贸工会工作人员

山东省总工会党组成员、纪检组组长贺余德与山东省外经贸工会主任王新强合影

山东省总工会副主席冯庆禄与省外经贸工会工作人员合影

山东省总工会时任副巡视员苏雷德与山东省外经贸工会干部合影

有关会议

山东省委领导与全省工会领导干部读书会暨创建劳动关系和谐企业活动推进会全体代表合影

山东省外经贸系统劳模表彰会合影（1993年4月28日）

有关会议

中华全国总工会十六届执行委员会山东省执委合影

出席山东省工会十三大的省外贸海员代表合影

有关会议

中华全国总工会领导与全国财贸轻纺烟草行业工会主席培训班学员合影

中国财贸轻纺烟草工会工作会议代表合影

有关会议

1997年10月全国12省市外经贸工会工作交流会代表合影

1998年1月山东省总工会时任主席齐乃贵与出席山东省外经贸系统工会工作会议代表合影

有关会议

全省各市商务局工会干部合影

山东省总工会时任副主席陈维义与参加全省外经贸系统工会工作会议的代表合影

有关会议

山东省总工会时任副主席齐太生参加省外经贸工会工作会议

山东省总工会时任副巡视员苏雷德参加省外经贸工会工作会议

有关会议

2008年3月全省外经贸工会工作会议代表合影

山东省总工会副主席冯庆禄参加全省外经贸工会工作会议

有关会议

2011年3月参加全省外经贸工会工作会议的代表合影

2012年3月参加全省外经贸工会工作会议的代表合影

有关会议

山东省总工会副主席冯庆禄出席省外经贸工会工作会议并讲话

山东省外经贸工会主任王新强出席会议并讲话

山东省外经贸工会时任主任丛毅富出席会议并讲话

山东省总工会民主管理部调研员戴兴召出席省外经贸工会会议并讲话

山东省外经贸工会调研员马骥出席会议并讲话

山东省外经贸工会时任副调研员、女职委主任王惠芳

有关会议

山东省外经贸工会时任副调研员、基层工作部部长邱伟

山东省外经贸工会副主任田敬毅

中国财贸轻纺烟草工会副主席（兼职）王新强参加中国财贸轻纺烟草工会三届九次常委会议

中国财贸轻纺烟草工会三届九次常委会议

全省外经贸工会工作会议

有关会议

中国财贸轻纺烟草工会主席王新卫

中国财贸轻纺烟草工会时任主席秦鲁隽来山东调研

中国财贸轻纺烟草工会巡视员王洪泽

中国财贸轻纺烟草工会商贸部部长王晓华来省外经贸工会调研

山东省外经贸系统工会职工互助保障工作会议

山东省外经贸工会女职委会议

有关会议

山东省外经贸系统生产企业发展与职工队伍稳定现场会

王新强在省外经贸系统生产企业发展与职工队伍稳定座谈会上

出席全国工会代表大会（左起为省总工会秘书长魏勇、省总工会时任经审委主任宫祥宏、省总工会时任主席吕明辰、省外经贸工会主任王新强）

山东省外经贸系统工会主席培训班

山东省外经贸工会时任副主任闻春桂参加省外经贸系统工会干部培训班

山东省外经贸工会主席座谈会

有关会议

山东省外经贸工会女职委会议

全省组建外经贸企业工会联合会现场会

全省市、县（市、区）商务局工会组建工作总结表彰会

参加全省组建外经贸企业工会联合会会议人员合影

有关会议

王新强出席省外贸仓储运输企业现场会

山东省外贸仓储运输企业现场会在中外运山东公司召开

山东省外贸生产加工型企业现场会

全省县(市、区)商务(外经贸)局组建工会现场交流会

全省县(市、区)商务(外经贸)局组建工会工作调度会

调研活动

全国总工会时任副主席苏立青来青岛调研

山东省委巡视组来省外经贸工会调研

山东省总工会副主席冯庆禄调研青岛绮丽佳荣制衣有限责任公司

山东省总工会冯庆禄副主席参加山孚集团工会第九届会员代表大会

山东省外经贸工会主任王新强调研山东山孚日水有限公司

山东省外经贸工会召开外贸生产企业现场会参观山孚实业有限公司技术研发室

调研活动

山东省外经贸工会召开外贸生产企业现场会参观山东英吉多健康产业有限公司

山东省外经贸工会召开外贸仓储运输企业现场会参观青岛中外运物流有限公司

山东省外经贸工会主任王新强在山东三金玻璃机械有限公司调研

山东省外经贸工会主任王新强、调研员马骥、副主任田敬毅到山东英吉多健康产业有限公司调研并与公司领导合影

山东省总工会副主席冯庆禄在山孚实业有限公司调研

山东省外经贸工会主任王新强在临朐海润织造有限公司调研

山东省外经贸工会主任王新强在绮丽集团山东华青服装有限公司调研

颁奖活动

全国模范职工之家授奖仪式在中化青岛举行

山东省外经贸工会领导出席颁奖仪式并与获奖者合影

颁奖活动

山东省总工会时任副主席伊戈扬和省外经贸工会主任王新强与省外经贸获奖单位代表合影

山东省外经贸工会主任王新强为"全国五一劳动奖章"获得者陶琳颁奖

山东省外经贸工会主任王新强为山东山孚大酒店前厅部颁发山东省"工人先锋号"奖牌

山东省外经贸工会主任王新强为青岛市劳动模范阎群颁奖

王新强为山东英吉多健康产业有限公司技术中心颁发山东省"工人先锋号"奖牌

颁奖活动

山东省外经贸工会主任王新强为山东英吉多健康产业有限公司颁发山东省"安康杯"竞赛优胜单位奖牌

山东省外经贸工会主任王新强为山东英吉多健康产业有限公司工会主席高云颁发山东省"安康杯"竞赛先进个人证书

山东省外经贸工会主任王新强、副主任田敬毅与女职工先进单位代表、先进个人合影

山孚集团工会尹术兴主席、周克伟常务副主席与职业道德标兵合影

山东省外经贸工会主任王新强为全省"优秀工会积极分子"获得者刘敏同志颁发证书

山东省外经贸工会主任王新强为全省"优秀工会工作者"获得者孙衍飞同志颁发证书

邵延财获得山东省"最美劳动者"荣誉称号

文体活动

原山东省外经贸委主任王春涛在省外经贸职工庆祝"七一"演唱会上致开幕词

原山东省外经贸委副主任张仁祺在省外经贸职工庆祝"七一"演唱会上致闭幕词

文体活动

原山东省外经贸局副局长陈维秋观看外贸职工文艺演出

山东省外经贸工会时任主任丛毅富主持省外贸职工庆祝"七一"演唱会

原省外经贸委老领导参观职工书法展

原外经贸部副部长刘山在与山东省外经贸职工演唱队合影

25

文体活动

山东省外经贸系统职工乒乓球比赛

山东外贸职业学院工会主席魏长征、山东省东方国际贸易股份有限公司工会主席刘新华为获奖队员颁奖

山东省外经贸工会主任王新强、副主任田敬毅与参加职工羽毛球比赛的代表队合影

文体活动

山东省外经贸工会主任王新强为获奖队员颁奖

山东省外经贸工会调研员马骥在省外经贸驻青单位第七届职工羽毛球比赛上致开幕词

参加省外经贸驻青单位第七届职工羽毛球比赛的各代表队

文体活动

山东省外经贸工会主任王新强、新华锦集团工会主席宋振扬为获奖队员颁奖

山东省外经贸工会主任王新强、副主任田敬毅与山东通利机械制造有限公司代表队队员合影

山东省外经贸工会主任王新强、调研员马骥和各单位工会主席与获奖单位代表合影

文体活动

山东省外经贸工会主任王新强出席"山孚好声音"并与获奖选手合影

中外运山东公司羽毛球比赛队伍

山东外贸职业学院春节联欢会

原山东省外贸局副局长米永法、苗世楷、工会主任丛毅富率省外贸体育代表团参加省直机关体育运动会

文体活动

山东省外贸体育代表团参加省直机关体育运动会获得精神文明队

山东省外经贸工会主任王新强与参加知识竞赛的山孚集团工会干部合影

山东外经贸代表队荣获庆祝中华全国总工会建会80周年全国知识大赛并获得第一名

文体活动

山东通利机械制造有限公司工会组织职工活动

2016年7月2日，山东省对外贸易集团有限公司原工会主席肖黎当选山东大学青岛校友会会长

山东省外经贸工会主任王新强与中国外运山东有限公司"大商杯"羽毛球比赛获奖选手合影

文体活动

山东省外经贸系统
青年鹊桥联谊会

绮丽集团
成立三十
周年庆典

中化青岛职工羽毛球比赛

文体活动

山东省外经贸工会主任王新强为获奖选手颁奖并合影

中国外运山东有限公司消防技能比武

山东海润建设集团公司举行职工运动会

走访慰问

山东省总工会副主席冯庆禄看望省总工会原助理巡视员、省外经贸工会原主任丛毅富

山东省总工会副主席冯庆禄看望省外贸退休职工

山东省外贸退休工会主席合影

2010年4月17日，山东省总工会副主席冯庆禄到青岛航标处团岛灯塔参观和看望慰问全国劳动模范王炳交

走访慰问

山东省外经贸工会主任王新强看望原省服装进出口公司工会主席张亚东、并赠送春联

山东省外经贸工会召开离退休工会主席座谈会

山东省总工会帮扶中心领导向省外经贸特困职工发放慰问救助金

山东省总工会副主席冯庆禄看望绮丽集团工会原主席金福晔

走访慰问

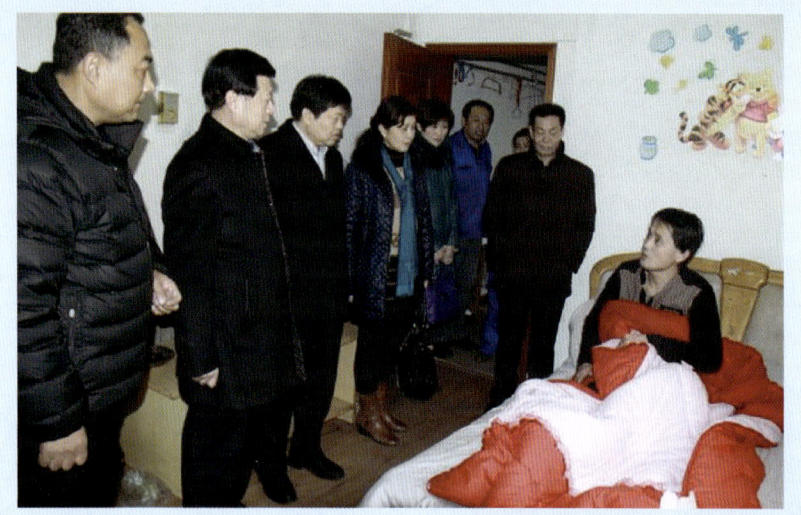

中国财贸纺织烟草工会副主席（兼）王新强代表中国财贸烟草工会看望青纺联控股公司大病职工

山东省外经贸工会主任王新强看望山孚集团退休工会干部

山东省总工会副巡视员、山东省外经贸工会主任王新强代表省总工会看望青岛纺织工人疗养院离休干部

走访慰问

山东省外经贸工会主任王新强看望省劳模马有彭

山东省国际贸易研究所工会原主席陈汝成在全系统离退休工会主席座谈会上发言

山东省外经贸系统部分退休工会主席合影

山东省总工会副主席冯庆禄看望山东省医药保健品进出口公司工会原主席李鲁青

外事活动

山东省总工会时任主席阎启俊率团访问韩国

山东省总工会党组书记、常务副主席刘赞杰率团
访问德国、波兰、意大利

外事活动

山东省总工会时任党组书记、常务副主席吕明辰率团访问印度、新加坡、马来西亚

山东省外经贸工会主任王新强参加全总在中国香港举办的培训班

外事活动

山东省外经贸工会主任王新强参加全总在
中国香港举办的培训班

山东省外经贸工会主任王新强随山东省总工会代表
团访问意大利

外事活动

山东省外经贸工会主任王新强随山东省总工会代表团访问日本

2016年11月10日至17日,山东省总工会党组成员、经费审查委员会主任蒋石宝率山东工会代表团对日本、澳大利亚进行了工作访问,省外经贸工会调研员马骥随访

历年部分荣誉

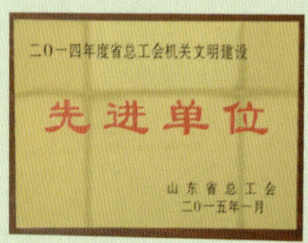

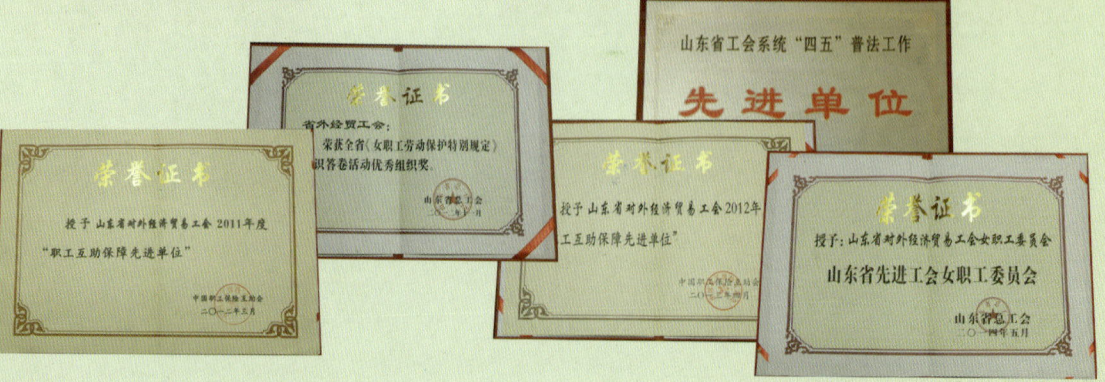

历年办公地址照片

青岛市市南区中山路93号办公楼（20世纪70年代）

青岛市市南区南海路11号办公楼（20世纪80年代）

青岛市市南区保定路18号办公楼（2002年—2003年）

青岛市市南区香港中路32号办公楼（2003年至今）

《山东省外经贸工会志（1973~2016）》编纂委员会主任、副主任和《山东省外经贸工会志（1973~2016）》编辑部主编、副主编合影

目　录
Contents

第一篇　组织建设

山东省对外经济贸易工会委员会 ··· 3
所属企业单位工会及基层工会组织 ··· 4
所属事业单位工会及基层工会组织 ·· 24
各市商务局工会及基层单位工会组织 ·· 25
山东省各县（市、区）外经贸企业工会联合会 ·· 34
山东省外经贸工会及所属企（事）单位工会组织机构沿革 ····························· 35

第二篇　大事记

1973 年—1989 年 ·· 61
1990 年—2009 年 ·· 63
2010 年—2016 年 ·· 105

第三篇　荣誉表彰

山东省对外经济贸易工会和所属单位及个人所获荣誉 ································· 145
1976 年—1980 年 ·· 145
1981 年—1990 年 ·· 146
1991 年—2000 年 ·· 150
2001 年—2010 年 ·· 160
2011 年—2016 年 ·· 169

第四篇　调查研究

1992 年—1994 年 ·· 179
2010 年—2011 年 ·· 187
2012 年—2014 年 ·· 197

2015年—2016年 ………………………………………………………………… 213

第五篇　交流探讨

2008年—2010年 ………………………………………………………………… 225
2011年—2012年 ………………………………………………………………… 245
2013年—2014年 ………………………………………………………………… 276
2015年—2016年 ………………………………………………………………… 293

第六篇　文体活动

山东省外经贸工会及所属单位工会历年组织的文体活动 ……………………… 325
1987年—2000年 ………………………………………………………………… 325
2010年—2016年 ………………………………………………………………… 335

结束语 ………………………………………………………………………………… 347

附　录

关于做好山东省外经贸工会志工作的通知 ……………………………………… 355
山东省对外经济贸易工会志工作方案 …………………………………………… 355
关于做好山东省外经贸工会志基层工会部分撰写的通知 ……………………… 358
山东省外经贸工会所出刊物目录 ………………………………………………… 359
山东省外经贸工会办公电话 ……………………………………………………… 360
山东省直属外经贸企业工会通讯录 ……………………………………………… 360
山东省直属外经贸事业单位工会通讯录 ………………………………………… 363
山东省各市商务局工会通讯录 …………………………………………………… 363

第一篇　组织建设

山东省对外经济贸易工会委员会..3

所属企业单位工会及基层工会组织..4

所属事业单位工会及基层工会组织..24

各市商务局工会及基层单位工会组织..25

山东省各县(市、区)外经贸企业工会联合会......................................34

山东省外经贸工会及所属企(事)单位工会组织机构沿革......35

山东省对外经济贸易工会委员会

山东省对外经济贸易工会委员会（以下简称山东省外经贸工会）成立于1973年，它的前身先后是：山东省革委会对外贸易局工会工作委员会、山东省对外贸易局工会委员会、山东省总工会对外贸易工会委员会、山东省总工会对外经济贸易工会委员会，1997年4月更名为现名称。

山东省外经贸工会机关设办公室、组织民管部、基层工作部和女职工工作部，现有工作人员9人。截止2016年底，山东省外经贸工会辖50个直属外贸企（事）业单位工会、318家基层工会；17个市商务局工会、113个县（市、区）商务（外经贸）局工会、32个县（市、区）外经贸企业工会联合会。

历任山东省外经贸工会主任的有：

曹长治：1977年—1987年8月；
丛毅富：1987年8月—2003年3月；
王新强：2003年3月—今。

历任山东省外经贸工会副主任、调研员、副调研员的有：王增三、吴文教、朱宝发、于赞德、闫改荣、张桂香、马骥、闻春桂、王惠芳、邱伟、贾玉良、田敬毅。

历年曾经在山东省外经贸工会工作过的人员有：丁士仪、黄宝祥、周秀云、鞠新伟、姚青、初嘉胜、王修德、郭刚、尹吉照、孟强、郑颖杰、邢瑛、汪忠华、徐霄、刘寒青、刘国宾、臧贤华、赵维报、吕娉娉、李同普。

办公地点：先后在青岛市市南区中山路93号、南海路11号、保定路18号山东外贸大厦、香港中路32号五矿大厦。

所属企业单位工会及基层工会组织

山东山孚集团有限公司工会委员会

山东山孚集团有限公司是由山东省食品进出口公司（该公司1953年1月成立）改制成立，集团公司成立于2004年5月，主要从事食品进出口贸易、食品加工、内贸、快餐等业务。公司工会成立于1953年1月，历届工会组织人员构成：

1953年1月—1954年3月，工会主席：李海青；

1954年4月—1958年6月，工会主席：刘义怀；

1958年6月—1959年7月，工会主席：刘世挽（代）；

1959年7月—1971年11月，工会主席：刘义怀；

1971年11月—1976年7月，工会主席：王晓波；

1976年8月—1979年3月，工会主席：王建义；

1979年3月—1983年11月，工会主席：王林俶；

1983年11月—1992年9月，工会主席：朱凤岐；

1992年10月—1994年11月，工会主席：孙维芬；

1994年11月—2016年1月，工会主席：尹术兴；

1995年至今，工会副主席：滕建华。

2016年1月—8月，周克伟、滕建华、岳红、卢堃、孙磊、滕先美、王秋玲、李奇志、韩雷、翟启峰、王兴忠、徐子仁、杨媛媛、林丽华十四人组成山东山孚集团有限公司第九届工会委员会；工会常务副主席（主持工作）：周克伟，工会副主席：滕建华、岳红；其他为工会委员会委员。工会经审委主任：林丽华，副主任：滕建华、仲秋维；女职委主任：滕建华，副主任：岳红。

2016年8月至今，曹正琰、周克伟、滕建华、岳红、卢堃、孙磊、滕先美、王秋玲、韩雷、翟启峰、王兴忠、徐子仁、杨媛媛、林丽华、冷志国十五人组成山东山孚集团有限公司第九届工会委员会，曹正琰任工会主席，周克伟任工会常务副主席，滕建华、岳红任工会副主席，其他同志为委员。工会经审委主任：林丽华，副主任：滕建华、仲秋维；女职委主任：滕建华，副主任：岳红。

山东山孚集团有限公司基层企业工会组织

山东山孚实业有限公司工会，成立于2011年7月，现任主席：徐子仁，副主席：岳红。

山东山孚日水有限公司工会，成立于2014年12月，现任主席：孙磊。

山东山孚大酒店有限公司工会，成立于2015年7月，现任主席：滕先美。

日照山孚大酒店有限公司工会，成立于2014年7月，现任主席：韩雷。

山东山孚鸿安物业管理有限公司工会，成立于2014年5月，现任主席：王秋玲。

青岛联合假日国际旅行社有限公司工会，成立于2007年6月，现任副主席：袁海燕。

中国外运山东有限公司工会委员会

中国外运山东有限公司隶属于中国外运股份有限公司，前身是1953年成立的中国陆运公司青岛分公司，1958年3月并入中国进出口公司青岛分公司，对外称：中国对外贸易运输公司青岛分公司，1959年从青岛分公司分出成立中国对外贸易运输公司山东省分公司。2002年11月在中国外运山东公司的基础上成立中国外运山东有限公司。主营业务包括海陆空货运代理、船舶代理、集装箱场站、仓储、汽运、合同物流服务等；同时，可以为工程、能源、化工、汽车、电子、大件、医疗、冷链、赛事等各行业的物流客户提供专业化的物流解决方案。中国外运山东公司仍保留并更名为：山东外运公司，2008年9月由中国外运山东有限公司托管。中国外运山东有限公司工会，1973年前成立至今，历届工会组织人员构成：

1986年1月—1996年12月，工会主席：张炳彦；

1997年1月—2002年1月，工会主席：闫平；

2002年2月—2003年2月，工会主席：于成群；

2003年—2006年，工会副主席：曹君宙；

2006年7月—2014年2月，工会主席：单吉健，经审委主任：刘辉，女职委主任：于靖；

2014年3月—2016年7月，蒋海波、曹君宙、刘辉、吴红梅、丁树武、董文静、田莉、王燕卫、李彬、王渝清、何冰、李志茹、王鹚鹚、刘伟、王文菊十五人组成中国外运山东公司工会委员会。蒋海波任工会主席；刘辉任经审委主任；吴红梅任女职委主任。

2016年7月至今，增补孙秀珍、曾一诺、张伟为公司工会委员会委员。调整后的公司工会委员会由蒋海波、曹君宙、刘辉、吴红梅、孙秀珍、田莉、王燕卫、王渝清、曾一诺、张伟等组成。其他任职未变。

中国外运山东有限公司工会基层企业工会组织

山东中外运弘志物流有限公司工会，成立于2007年4月，原名为山东外运弘志国际集装箱运输有限公司工会，2008年6月更名为现名。历任工会主席：李福忠；2013年7月至今，工会主席：韩淑兰。

潍坊中外运国际物流有限公司工会，成立于1991年12月，原名为山东潍坊中外运有限公司工会委员会，2016年6月更名为现名。历任工会主席：谭展之、宋爱国；2009年5月至今，工会主席：周显亭。

山东济南中外运有限公司工会，成立于1986年1月，原名为中国外运山东济南分公司工会委员会，2007年7月更名为现名。历任工会主席：彭宪宏、李述民、李金锤、李秀贞；2012年10月至今，工会主席：赵玉奎。

山东临沂中外运有限公司工会，成立于1975年1月，原名为山东临沂外贸五队工会、山东省对外贸易运输分公司临沂支公司工会、中国外运山东临沂公司工会，2007年7月更名为现名。历任工会主席：曹敏、陆云鹤、王元芳、杜学之；2004年5月至今，工会主席：曹敏。

山东青州中外运储运有限公司工会，成立于1977年12月，原名为山东省对外贸易仓储分公司益都仓储站工会，2007年7月更名为现名。历任工会主席：李光明、郭利；2012年12月至今，工会主席：许传国。

烟台中外运国际物流有限公司工会，成立于2008年8月，工会主席：刘韶华；2011年4月至今，工会主席：秦颖。

中国外运山东有限公司威海分公司工会，成立于2003年1月，成立至今，工会主席：宋厚军。

中国外运山东有限公司日照分公司工会，成立于2011年3月，成立至今，工会主席：牟宗强。

附录：

山东外运公司工会，2003年4月由中国外运山东分公司更名而来。李建国、孟祥民、吕韶力、姜美娟、刘学云、王义、焦裕来等7人组成山东外运公司第一届工会委员会，李建国任工会主席，孟祥民任工会副主席，其他人为工会委员会委员；孟祥民任工会经审委主任。

新华锦集团工会委员会

新华锦集团是由新华锦集团有限公司联合省纺织、工艺等五家省级外贸企业共同组建的，成立于2002年6月，经营领域涉及国际贸易、金融投资、房地产开发和健康产业。集团工会成立于2003年7月，工会组织人员构成：

2003年7月—2007年4月，工会主席：张洪白；女职委主任：林光辉。

2007年4月—2016年4月，工会主席：宋振扬。

2016年4月至今，工会委员会委员：宋振扬、吕跃进、陈冰然、徐正贤、高山、刁战峰、吕东荣、孙举大、王仁泰、刘剑维、江向华、王艳、王斐、程威、蔡新环、李强；工会主席：宋振扬；副主席：吕跃进、陈冰然；经审委主任：钟蔚；女职委主任：蔡新环。

新华锦集团基层企业工会组织

新华锦集团山东海川工艺发制品有限公司工会，成立于2006年10月，工会主席：徐正贤。

新华锦集团山东新华锦纺织有限公司工会，成立于2012年3月，工会主席：刘继连。

新华锦集团山东海锦国际贸易有限公司工会，成立于2004年4月，历任工会主席：于少钢；2012年5月至今，工会主席：刁战峰。

新华锦集团山东海润工艺品进出口有限公司工会，成立于2004年3月，历任工会主席：迟宗梁；2012年5月至今，工会主席：刁战峰。

新华锦集团山东海诚进出口有限公司工会，成立于2004年3月，历任工会主席：张国风、侯治国；2014年12月至今，工会主席：王仁泰。

新华锦集团山东锦盛发制品有限公司盛泰分公司工会，成立于2006年12月，原名为青岛盛泰发制品有限公司工会，2011年8月更名为现名。历任工会主席：修相淑、张忠庆；2015年4月至今，工会主席：江向华。

新华锦（青岛）置业集团有限公司工会，成立于2004年3月，原名为新华锦集团山东锦源房地产开发有限公司工会，2008年7月在此基础上组建，历任工会主席：张荣胜；2008年7月至今，工会主席：高山。

新华锦集团青岛锦地实业有限公司工会，成立于2006年6月，历任工会主席：许青、吴悦龙；2016年4月至今，工会主席：王斐。

青岛京华饰品有限公司工会，成立于1992年7月，历任工会主席：李顺、倪振善、曾翔霞；2005年10月至今，工会主席：吕东荣。

新华锦（青岛）酒业有限公司工会，成立于2006年7月，历任工会主席：刘洪升；2010年5月至今，工会主席：孙举大。

山东新华锦水产有限公司工会，成立于

2003年10月,原名为新华锦集团山东锦宜纺织有限公司工会,2011年2月更名为现名。历任工会主席:钟蔚、王辉道、曹卫峰、李雪晖;2011年2月至今,工会主席:王艳。

新华锦集团山东海舜国际有限公司工会,成立于2006年6月,历任工会主席:孙皓;2007年1月至今,工会主席:刘剑维。

附录:

山东省纺织品进出口公司工会,成立于1952年,公司几经变更,1962年改为现名。2005年6月,由新华锦集团有限公司托管。1973年后历任工会主席:方才三、冯彬、梁盘金、于晓利、吴悦龙。

山东省工艺品进出口(集团)股份有限公司工会,成立于1950年,公司几经变更。1988年12月,改为山东省工艺品进出口公司,1994年9月进行股份制改革,改为现名。2005年6月,由新华锦集团有限公司托管。1973年后历任工会主席:周吉丰、李淑清、迟宗梁。

山东省特艺品进出口公司工会,成立于1992年,是由山东省工艺品进出口公司特艺品分公司分设而成的,2001年6月,由山东省工艺品进出口公司托管。之后,在原全资子公司长信国际贸易有限公司的基础上成立了山东海川对外贸易有限公司。公司几经变更,2005年5月,原特艺品公司业务和人员变更到新华锦集团山东海川对外贸易有限公司,6月,特艺品公司由新华锦集团有限公司托管。历任工会主席:康保旺、李青岩、李裕民、孙军。

中国出口商品基地建设公司山东公司工会,成立于1981年,2002年5月在基地公司人员和业务基础上成立了山东欣中基国际贸易有限公司。2005年6月,基地公司由新华锦集团有限公司托管。历任工会主席:孙致中、李广彦、王辉道、王仁泰。

中国包装进出口山东公司工会,成立于1961年。2005年6月,由新华锦集团有限公司托管。历任工会主席:曲长贵、胡隆元、王炳华、翁颖伦。

山东省国际贸易集团中心工会委员会

山东省国际贸易集团中心(以下简称集团)是按照现代企业制度运作的综合性外经贸企业集团,成立于2000年7月,经营范围涉及国内外贸易、实业、展览、房地产、物流、旅游、电子通讯、劳务输出、招投标等各种业务领域。集团工会成立于2001年12月,原名为凯远集团公司工会,2013年5月更为现名,历届工会组织人员构成:

2001年12月—2005年11月,工会委员会委员:贾玉良、曲宝山(山东省物产进出口公司工会主席)、宋青华(山东省肉食蛋品进出口公司工会主席)、陈宝霞、刘新青(山东省荣鑫进出口有限公司工会主席)、刘玫(山东宏达国际货运有限公司工会主席)、戴肇森(山东省建筑材料进出口公司工会主席)、樊祥涛、于荣琪、刘培坏(山东省文教体育用品进出口公司工会主席)、邓克银(山东省国际贸易中心工会主席);工会主席:贾玉良;经审委主任:樊祥涛;女职委主任:陈宝霞。

2005年12月—2013年10月,工会委员会委员:王修德、李学明、高广青、曲宝山、陈宝霞、刘玫、戴肇森、刘培怀、李鲁青、吴思洋、高新歧、胡汉强、邓进承;工会主席:王修德;经审委主任:李学明;女职委主任:高广青。

2013年11月—2016年12月29日,工会委员会委员:宋德康、高广青、曲宝山、戴肇森、刘培怀、高新歧、胡汉强、王芬、辛伟、邹波、刘红、李燕、初明辉;工会主席:宋德康;副主席:高广青;经审委主任:李燕;女职委主任：高广青。

2016年12月29日，工会委员会委员：岳海亭、高广青、曲宝山、戴肇森、矫娟、李毓俊、胡汉强、王芬、辛伟、邹波、刘红、李燕、初明辉；工会主席：岳海亭；原女职委和经审委人员组成不变。

山东省国际贸易集团基层企业工会组织

山东省荣鑫进出口有限公司工会，成立于2001年1月22日，历届工会组织人员构成：

2001年1月—2004年2月，工会副主席：刘新青。

2004年3月—2014年10月，工会主席：高新歧；副主席：丛妍；女职委主任：丛妍。

2014年11月至今，工会主席：李毓俊；副主席：丛妍；女职委主任：丛妍。

山东宏达国际货运有限公司工会，成立于1999年5月，历届工会组织人员构成：

1999年5月—2013年4月，工会主席：刘玫；女职委主任：王建美。

2013年5月至今，第二届工会委员会委员：辛伟、王军、段克克；工会主席：辛伟；经审委主任：叶苗花；女职委主任：万彬。

山东省文教体育用品进出口公司工会，成立于1994年4月，历届工会组织人员构成：

1994年4月—1997年5月，工会主席：程书相；女职委主任：于宏玉。

1997年5月—1999年12月，分管工会工作：王文昌。

1999年12月—2000年8月，分管工会工作：赵维捷。

2000年9月—2015年3月，工会主席：刘培怀；经审委主任：杨吉新；女职委主任：袁媛。

2015年4月至今，工会主席：矫娟；经审委主任：刘健健；女职委主任：矫娟。

青岛鲜宇渔具有限公司工会，隶属于山东省文教体育用品进出口公司工会，成立于2002年8月，现任工会主席：殷明玉。

山东元通橡胶塑料机械有限公司工会，隶属于山东省文教体育用品进出口公司工会，成立于2002年7月，现任工会主席：于元敏。

青岛英贝多玩具有限公司工会，隶属于山东省文教体育用品进出口公司工会，成立于2002年8月，现任工会主席：邓学杰。

山东省建筑材料进出口公司工会，成立于1989年4月，原名为山东省鲁源对外贸易开发公司工会，1991年5月更名为山东建筑材料进出口公司工会。历任工会主席：杜守森、戴肇森。

山东省国际服务贸易总公司工会，成立于2003年2月。历任工会主席：2003年2月—2011年6月，工会主席吴思洋；2011年7月至今，工会副主席王芬主持工作。

山东省肉食蛋品进出口公司工会，成立于1997年。历任工会主席：1997年—2001年5月，工会主席马勇；2001年5月—2002年12月，工会主席宋清华；2002年12月至今，工会主席陈宝霞。

山东华食佳食品有限公司工会，成立于2004年，是由原山东对外经济贸易食品总厂改制后成立的。历任工会主席：2004年—2009年，胡汉强任工会副主席，主持工会工作；2010年至今，胡汉强任工会主席。

山东物博国际经贸有限公司工会，成立于1950年4月。公司几经更名，名称先后为：中国土产公司青岛分公司；中国土产进出口公司青岛分公司；中国茶叶土产进出口公司山东省土产工艺品分公司；中国土产畜产进出口公司山东省土产分公司；山东省土产进出口公司；山东省物产进出口公司；2006年更名为山东物博国际经贸有限公司。2007

年4月,山东省物产进出口公司工会更名为现名。历届工会组织人员情况如下:

1988年之前,历任工会主席:王世勋、冯文斋、徐中全。

1988年至1996年3月,工会主席:王盛宾;副主席:曹克茹;女职委主任:曹克茹。

1998年12月至2001年6月,工会主席:曹克茹;女工委主任:曹克茹。

2001年6月至今,工会委员会成员:曲宝山、由晓梦、王志亮、王征途、刘务来、纪义诊、范波德;工会主席:曲宝山;副主席:由晓梦;经审委主任:王征途;女工委主任:由晓梦。

青岛圣匹克时装有限公司工会,隶属于山东物博国际经贸有限公司工会,成立于1999年7月。1999年7月至今,工会主席:杨华东。

山东省医药保健品进出口公司工会,成立于1987年1月,历届工会组织人员构成:

1987年1月—2007年7月,工会主席:李鲁青;女职委主任:李俊哲。

2007年8月—2014年10月,工会主席:潘海平;经审委主任:孟立宪;女职委主任:吕秀芹。

2014年11至今,工会主席:邹波;女职委主任:吕秀芹。

青岛莱特电器有限公司工会,隶属于山东省医药保健品进出口公司工会,成立于2002年1月,历届工会组织人员构成:

2002年1月—2005年7月,工会主席:吴绍虎;女职委主任:谢玲;经审委主任:陆海芸。

2005年8月—2008年5月,工会主席:邹波;经审委主任:陆海芸;女职委主任:夏正艳。

2008年6月至今,工会主席:赵豪杰。

2008年6月至今,工会委员会委员:赵豪杰、陆海芸、夏正艳、国发宝、原炜。

山东省医药保健品进出口实业发展公司工会,隶属于山东省医药保健品进出口公司工会,成立于1987年1月,历届工会组织人员构成:

1987年1月—1994年12月,工会主席:王继美;女职委主任:罗一凤。

1995年1月—1998年10月,工会主席:贾宝安;女职委主任:王延慧。

1998年11—2007年2月,工会主席:王延慧。

2007年3月至今,工会主席:王燕。

山东宝康蜂业公司工会,隶属于山东省医药保健品进出口公司工会,成立于2010年6月,2010年6月至今,工会主席:孙俊。

青岛三峰汽车驾驶培训有限公司工会,成立于2014年5月,工会主席:朱岐峰。

绮丽集团有限责任公司工会委员会

绮丽集团有限责任公司原名为山东省服装进出口公司,2007年企业改制,更名为绮丽集团有限责任公司,是主营各种梭、针织服装、家用纺织品及服装原辅料等进出口业务的大型外贸企业。公司工会成立于1986年7月,历届工会组织人员构成:

1986年7月—1990年7月,工会主席:张亚东;女职委主任:鲁丽芬;经审委主任:张春元。

1990年8月—2001年1月,工会主席:丁来发;女职委主任:孟凡华;经审委主任:李向群。

2001年2月—2002年12月,工会副主席:王红霞;女职委主任:贾玫玫;经审委主任:张春元。

2003年1月—2015年6月,工会主席:金福晔;女职委主任:贾玫玫;经审委主任:李娟。

2015年7月至今,工会主席:王红霞;女职委主任:贾玫玫;经审委主任:李娟。

绮丽集团有限责任公司基层企业工会组织

青岛绮丽佳荣制衣有限公司工会,成立于2005年7月。历任工会主席:张一光、于振波;2012年5月至今,工会主席:孙衍飞。

青岛绮丽高级时装有限公司工会,成立于2002年12月。历任工会主席:刘凯、孙衍飞、于振波;2015年4月至今,工会副主席:刘丽娟。

青岛绮丽佳美制衣有限公司工会,成立于1990年9月。历任工会主席:高仲林、王志鑫;2015年5月至今,工会主席:于振波。

青岛绮丽水洗有限公司工会,成立于2006年7月。历任工会主席:庄鹏、邵全领、孙衍飞;2015年5月至今,工会主席:宋应魁。

绮丽集团山东华青服装有限公司工会,成立于1988年1月。历任工会主席:刘承继;1996年9月至今,工会主席:张铸。

莱州绮丽制衣有限公司工会,成立于2005年6月。历任工会主席:施军、陈成润、赵金城;2015年5月至今,工会副主席:杨甜甜。

山东机械进出口集团有限公司工会委员会

山东机械进出口集团有限公司成立于1958年4月,原名中国机械进出口公司青岛分公司,先后称中国机械进出口公司山东省分公司、山东省机械进出口公司,1994年6月成立山东省机械进出口集团总公司,2010年公司完成改制,称为山东机械进出口集团有限公司至今。公司主要从事机电产品进出口业务。公司工会建于1976年,历届工会组织人员构成:

1978年9月—1981年2月,工会副主任王德生。

1981年2月—1983年11月,工会副主席:陈有道。

1984年11月—1988年 月,工会主席:王寿亭。

1988年12月—1989年3月,工会副主席李志山。

1989年3月—1992年3月,工会主席:张兴华,副主席:李志山。工会委员:李志山、张兴华、王德生、魏学福、逄增德、崔桂生、刘瑞花;工会经审委主任:孙正元。

1992年3月—1993年1月,工会主席:张兴华,副主席:李志山。工会委员:李志山、张兴华、李志山、刁明慧、王玉立、王合祥、王青、张崇发、徐桂花、董新军。工会经审委主任:孙正元;女工主任:刁明慧。

1993年1月—1997年9月,工会主席:郭承文,副主席:李志山。工会委员:郭承文、李志山、张兴华、刁明慧、王玉立、王合祥、王青、张崇发、徐桂花、董新军。工会经审委主任:孙正元;女职委主任:刁明慧。

1997年9月—2002年6月,工会主席:李志山;工会委员:李志山、孙正元、张爱华、庄峰基、周华明、贾从宽、陈建军、王顺田、宗泳。工会经审委主任:孙正元;女职委主任:张爱华。

2002年6月—2008年7月,工会主席:李志山。工会委员:李志山、孙正元、庄峰基、贾从宽、梁耀东、姚振玲。工会经审委主任:孙正元;女职委主任:姚振玲。

2008年7月—2013年11月,工会主席:张金生,工会副主席:姚振玲。工会委员:张金生、姚振玲、孙正元、庄峰基、贾从宽、梁耀东。经审委主任:孙正元;女工主任:姚振玲。

2013年11月—2015年3月,工会主席:张金生;工会副主席:姚振玲。工会委员:张金生、姚振玲、孙正元、李经国、董盛、翟承民。经审委主任：孙正元；女工主任：姚振玲。

2015年3月—2016年3月，工会主席：张金生，工会委员：张金生、孙正元、李经国。经审委主任：孙正元。

2016年3月至今，工会主席：张金生；经审委主任：李经国。

中化（青岛）实业有限公司工会委员会

中化（青岛）实业有限公司成立于2002年10月，是世界500强中国中化集团公司成员企业，主要从事贸易及相关产品的研发等业务。公司成立时，党、工组织与中化山东进出口集团公司同属一个党委、一个工会，2000年10月赵维报当选为中化山东进出口集团公司工会副主席（主持工作）。中化（青岛）实业有限公司工会成立于2010年10月并负责管理中化山东工会工作，2012年7月中化山东划归中化国际物业有限公司（后改为：中化资产管理公司）管理。中化青岛公司历届工会组织人员构成：

2010年10月—2014年4月，第一届工会委员会由赵维报、周红梅、黄巍、徐维华、张丽卫、管晟、宋修义组成。赵维报由会员代表大会直选为工会主席，周红梅直选为工会经审委主任和女职委主任。

2013年7月31日，增补姜雪梅、李英芹、宋爱妮、隋国亮为中化青岛工会委员会委员，周红梅、管晟不再任工会委员会委员；周红梅不再任经审委主任，由李英芹任经审委主任；周红梅不再任女职委主任，由姜雪梅任女职委主任。

2014年4月—2016年3月，工会主席：隋国亮；经审委主任：李英芹；女职委主任：姜雪梅。

2016年3月9日，第二届工会委员会由李英芹、姜雪梅、宋爱妮、张帅、张丽卫、徐维华、隋国亮七人组成，隋国亮任工会主席；李英芹任经审委主任；姜雪梅任女职委主任。

附录：

中化山东进出口集团公司1950年4月13日成立，原名为：中国进出口公司青岛分公司，1959年改称：中国化工进出口公司山东省分公司，1989年改称：中化山东进出口公司，1994年7月成立集团公司，2007年12月4日撤销集团公司又改为：中化山东进出口公司。主要经营化工类、石油及制品等商品的进出口业务并接受委托代理上述进出口业务；承办中外合资经营、合作生产及三来一补、转口及国内贸易；医药、纺织品、服装、食品、普通机械、钢材销售；仓储运输服务等。公司工会成立于1953年，历任工会主席和副主席有：孟维纯、王学崇、刘文轩、白琳玉、周学言、王修德、张起周、李明胜、邓延春、薛继玉、汪纪修、曹琳萍、曹仁瑞、初嘉明、王云祥、石瑞娟、张培亮、赵维报。

山东省粮油进出口有限公司工会委员会

山东省粮油进出口有限公司前身为中粮山东粮油进出口公司，成立于1952年12月15日。主要经营花生、花生制品、油脂杂豆、粉丝等农副产品进出口业务。公司工会成立于1955年，历任工会主席或负责人为：任金贵、邢久亨、赵树茂、高廷川、李意林、韩诰、常宝林。2011年12月30日，经山东省外经贸工会批准，中粮山东粮油进出口公司工会委员会更名为山东粮油进出口有限公司工会委员会。由孙元江、封锡阁、吕晓红、张博、胡永军、李晓明、周文强、刁培善、于勤忠9人组成公司工会委员会；孙元江任工会主席，封锡阁、吕晓红任工会副主席。2013年1月28日，孙元江、封锡阁因退休不再担任公司工会主席、副主席；副主席吕晓红主持公司工会全面工作。现任经审委主任：王爱玲；女职委主任：吕晓红。

山东省粮油进出口有限公司基层企业工会组织

山东粮油长丰实业公司（前身为：省粮油公司一库、第一整理加工厂）工会，成立于1952年，1994年11月改为现名称，现任工会主席：胡永军。

山东粮油油脂公司（前身为：省粮油公司储油所、储炼厂）工会，成立于1952年，1994年11月改为现名称，现任工会主席：李晓明。

山东粮油仓储中转公司（前身为：省粮油公司二库、第二整理加工厂）工会，成立于1952年，1994年11月改为现名称，现任工会主席：周文强。

山东通泰国际货运代理有限公司工会，成立于1994年，现任工会主席：刁培善。

山东粮油益友包装公司（前身为：省粮油公司制桶厂）工会，成立于1952年，1994年11月改为现名称，现任工会主席：于勤忠。

山东省东方国际贸易股份有限公司工会委员会

山东省东方国际贸易股份有限公司，是由山东省畜产进出口公司改制成立。主要从事进出口贸易、生产加工和仓储物流。公司工会成立于2006年7月，2006年8月11日经省外经贸工会批准，公司工会划归省外经贸工会直接管理，原组织机构、人员不变。工会委员会仍由刘新华、黄祖江、邱磊、马晓军、郭淑玉、邵延财、刘峰泉、韩晓东、宋涛、陈怡等10人组成；刘新华为工会主席；黄祖江为工会副主席。

2009年6月至今，工会主席：刘新华；副主席：黄祖江；经审委主任：刘新姿（2012年起为潘维国）；女职委主任：刘小静。

山东省东方国际贸易股份有限公司基层企业工会组织

山东海通达物流有限公司工会，成立2015年6月，现任工会主任：于田田。

山东省奥润特贸易有限公司工会，成立于2012年7月，现任工会主任：于丽君。

青岛宏桥市场经营有限公司工会，成立于2015年5月，现任工会主任：邹美胜。

附录：

山东省畜产进出口公司工会，于1951年成立，历任工会主席：1952年—1953年姜明梅；1953年—1956年张现庭；1956年—1963年彭铭英；1963年—1970年唐洪悦；1970年—1974年姜波；1974年—1977年陈自亭；1977年—1979年姜明；副主席曹国安；1979年10月傅彬接任主席，姜明不再兼任，1978年曹国安调任，李双印接任副主席；1984年—1987年孙建强，副主席傅彬；1987年—1989年孙建强，副主席傅彬；1989年11月—1993年10月傅彬，副主席张守仁、姬巧女；1993年10月—1998年2月副主席刘全世（主持工作）、赵芳秀；1998年2月—1999年3月副主席徐敏华（主持工作）；1999年10月—2009年6月刘新华，1999年3月—至今，副主席黄祖江（主持工作）。

山东省畜产进出口公司青岛肠衣厂（后

改为肠衣公司),于1956年成立工会组织;1956年—1967年工会主席谭美香;1967年—1970年,"文革"期间工会停止活动;1970年5月—1997年11月工会主席娄春萍;1997年11月肠衣公司经营困难,职工分流安置,工会工作停止。

山东省畜产进出口青岛皮毛整理厂,于1958年成立工会组织;1958年—1967年工会主席徐玉浮;1967年—1970年"文革"期间停止工会活动;1970年7月—1984年5月工会主席朱宝华;1984年5月—1984年11月工会主席刘元钧;1984年11月—1997年10月工会主席孙光军;1997年10月皮毛厂经营困难,职工分流安置,工会工作停止。

山东省畜产进出口公司莱阳裘革加工厂(后改为佛来伲公司),于1982年成立工会组织;1982年—1990年工会主席董国超;1990年1—1993年5月工会主席刘爱军;1993年5—1997年10月工会主席徐进京;1997年10月佛来伲公司经营困难,职工分流安置,工会工作停止。

山东机械设备进出口集团公司工会委员会

山东机械设备进出口集团公司,成立于1978年12月,是经原中华人民共和国第一机械工业部、对外贸易部批准成立,中国机械设备进出口集团总公司投资组建的国有企业。1988年4月,公司由中国机械设备进出口总公司成建制划归山东省外经贸局管理,1992年12月又由山东省外经贸委划转山东省机械工业厅管理,现隶属山东省国有资产监督管理委员会。目前,经营范围已经涉及机电产品进出口,成套设备承包工程,原材料进口,国内贸易,资产运营等各个领域。公司工会成立于1978年12月,历届工会组织人员构成:

1978年12月—1999年8月,工会主席:王一鸣。

1999年8月—2006年2月,工会主席:孙国强;女职委主任:程美华。

2006年8月—2012年2月,工会主席:徐坚;女职委主任:程美华。

2012年3月至今,工会委员会委员:袁兵、程美华、杨凤格;工会副主席:袁兵;女职委主任:程美华。

山东省对外贸易集团有限公司工会委员会

山东省对外贸易集团有限公司前身为山东省对外贸易总公司,成立于1980年。1991年以前,总公司和省外贸局属于一个机构、一套人马、两块牌子。1991年实行政企分开,1994年8月组建山东省对外贸易(集团)总公司。1995年被列为全省51家建立现代企业制度试点企业。1996年,经省政府和外经贸部批准,总公司改制为国有独资有限公司——山东省对外贸易集团有限公司,之后又吸纳了省轻工、省仪器和省技术公司,与原有的8家直属企业一起组建成了综合性的山东外贸集团。2015年6月底完成了整体改制,由省属国有外贸企业改制为职工持股的股份制企业。公司以进出口贸易为主,实行综合经营。主要经营范围:进口、出口、境外投资、国际货物运输、出国留学、劳务输出、广告制作发布、国内贸易、房地产开发、物业和酒店管理等。历届工会组织人员构成:

1992年4月—1995年11月,闫改荣任总公司工会副主席(主持工作)。

1995年11月—1999年3月,闫改荣任总公司工会主席和1996年12月公司更名为山东省对外贸易集团有限公司后的工会主席。

1998年3月25日,肖黎任省外贸集团公司工会副主席。

1999年3月—2007年3月,肖黎任工会主席,江惠世任经审委主任,肖黎任女职委主任。

2007年3月—2012年11月,孙建华任省外贸集团公司工会主席,傅少林任副主席;江惠世任经审委主任,陈奭艳任女职委主任。

2012年11月—2015年10月,宋敏任省外贸集团公司工会主席,陈奭艳任工会副主席;江惠世任经审委主任;陈奭艳兼任女职委主任。

2015年10月至今,江惠世任省外贸集团公司工会主席,毕可军任副主席;孙庆军任经审委主任;陈奭艳任女职委主任。

山东省对外贸易集团有限公司基层企业工会组织

山东外贸集团瑞丰有限公司,成立于1993年,隶属于山东元田国际集团有限公司,主营进出口贸易和国内贸易。公司工会成立于2002年2月,历届工会组织人员构成:

2002年2月—2014年3月,工会主席:牟幸福;经审委主任:李颖杰;女职委主任:邢天真。

2014年4月—2015年2月,工会主席:方晖;经审委主任:李颖杰;女职委主任:邢天真。

2015年3月至今,工会主席:吕勇强;经审委主任:李颖杰;女职委主任:邢天真。

山东世纪物业管理有限公司,成立于2001年3月29日,是由山东省对外贸易集团有限公司与青岛荣昌置业集团股份有限公司共同投资兴建的有限责任公司,公司主要经营物业管理,停车场服务等。公司工会成立于2014年4月,第一届工会委员由曲燕、迟澄、李文宇三位同志组成,曲燕选任工会主席,王伟伟任经审委主任。

山东省轻工业品进出口有限公司,成立于1961年4月,前身是中国轻工业品进出口总公司山东省分公司,1988年国家在轻工、工艺、纺织三个外贸行业进行经营体制改革试点,山东省轻工业品进出口公司因属试点范围,其隶属关系随着外贸体制的改革由中央划归山东省政府领导,单位名称更名为山东省轻工业品进出口公司。1994年4月,山东省轻工业进出口公司分为山东省文教体育、日用百货、轻工业品三个省属进出口公司。1997年1月,山东省轻工业品进出口公司划归山东省对外贸易集团有限公司。1999年7月,随着外贸集团对轻工公司的注资和职工参股而改制为有限公司,更名为山东省轻工业品进出口有限公司。2006年1月,公司将主要业务部门和人员剥离组建山东莱特进出口有限公司。2015年6月,公司随山东省对外贸易集团有限公司整体改制,实现了国有产权全部转让,变更为民营企业。公司经营范围:经营商品主要有鞋、塑料制品、火柴、钟表、玻璃器皿、草柳编、五金管件、蜡烛、地毯、玩具、渔具、锁具、不锈钢餐具、自行车零件等大类商品。公司工会建立于1961年5月,历任工会主席:许秀岗(1961年5月—1971年7月);臧国敏(1971年8月—1979年9月);王次兰(1979年10月—1984年3月);程书相(1984年3月—1994年4月);初嘉胜(1994年9月—1998年11月);李金玲(1998年12月—2015年9月)。

山东海润投资集团有限公司工会委员会

山东海润投资集团有限公司,成立于2003年11月,由山东省丝绸进出口公司改制而来，主要经营丝绸产品、纺织品、服装、办公用品加工销售，房屋租赁、动产租赁、广告业务、自有资金对外投资，并对投资企业进行资产委托经营和管理；物业管理、房地产营销、装饰装修；钢材、化妆品、建材产品销售，计算机软件开发。公司工会成立于2005年3月，历届工会组织人员构成：

2005年3月—2008年3月，工会主席：宋修增；女职委主任：赵丽霞。

2008年4月—2012年5月，工会主席：宋修增；女职委主任：刘敏。

2012年6月至今，工会主席：张球；女职委主任：刘敏。

中国烟草山东进出口有限责任公司工会委员会

中国烟草山东进出口有限责任公司，成立于1985年1月，主要经营烟草及其制品、烟机物资的进出口及代理、相关产品的销售和服务提供。公司工会成立于1993年4月，历届工会组织人员构成：

1993年5月—1994年3月工会主席王本洵；

1994年3月—2002年3月工会主席郝成胜；

1998年3月—2002年10月副主席王自贵（2002年3月—10月主持工作）；

1993年5月—1998年7月工会主席邱春娟。

2003年5月，第一届工会委员会由林庆祝、李玉松、王振祥、刘伟华、鲁慧组成。林庆祝任工会主席，王振祥任工会副主席；王业华任工会经审委主任；王笑沛任女职委主任。

2006年12月，李玉松任工会副主席（主持工作）。

2010年9月，第二届工会委员会由王新梅、李玉松、刘伟华、陈学玲、王笑沛、邢群、郝雨生组成。王新梅任工会主席；王业华任工会经审委主任。2012年10月，李玉松任工会主席。

2015年12月至今，工会主席：李玉松；工会委员会委员：吕霞、王翔、郝雨生、张晓倩、孔思聪。经审查委主任：王业华；女职委主任：刘宏。

中国烟草山东进出口有限责任公司基层企业工会组织

青岛中烟商贸中心工会，成立于2003年8月，历届工会组织人员构成：2003年8月—2012年10月，工会主席：刘伟华；2012年11月—2014年10月，工会主席：黄兆源；2014年11月至今，工会主席：朱新月。

山东省新迈特五金矿产有限公司工会委员会

山东省新迈特五金矿产有限公司，成立于1999年7月4日，原隶属于山东省五金矿产进出口公司，2004年4月改制独立。山东省五金矿产进出口公司1954年11月成立，原名：中国矿产公司青岛分公司，1961年4月改名为：中国山东省五金矿产进出口公司，1965年有更名为：中国五金矿产进出口公司山东省分公司，1988年12月改名为：山东省五金矿产进出口公司。1999年7月山东省新迈特五金矿产有限公司成立，隶属于山东省五金矿产进出口公司。公司经营五金、索具、矿产品的销售；自营和代理各类商品及技术的进出口业务；经营进料加工和"三来一补"业务，开展转口贸易，对外派遣工程、生产及服务行业所需的劳务人员；自有房屋租赁；国际货运代理等业务。山东省五金矿产进出口公司工会成立于1954年；山东省新迈特五金矿产有限公司工会成立于2004年6月，历届工会组织人员构成：

1954年—1957年，工会主席：李影；

1957年—1967年，工会副主席：焦守敬；

1967年—1976年，"文化大革命"期间停止组织活动；

1976年5月—1980年12月，工会副主席：马英；

1981年4月—1985年2月，工会副主席：陈月珍；

1982年10月—1989年3月，工会副主席：邢长余；

1983年11月—1987年3月，工会主席：佘志诚；

1986年7月—1987年3月，工会副主席：韩秀云；

1987年3月—1998年11月，工会主席：王炳日；

1987年3月—1998年10月，工会副主席：韩秀云；

1993年7月—1998年10月，工会副主席：丁士江；

1998年10月—2016年4月，工会委员会委员：周家安、马天鹏、王崇丽、张树风、樊颖、许军、姜亦忠。工会主席：周家安；工会副主席：马天鹏、王崇丽；女职委主任：王崇丽；经审委主任：李勇（2002年5月—2003年11月工会副主席：李怀生）。

2016年4月至今，工会委员会委员：马天鹏、樊颖、李勇、姜亦忠、刘爱华、程可征；工会主席：马天鹏；工会副主席：樊颖；女职委主任和经审委主任：樊颖。

中国工艺山东抽纱有限公司工会委员会

中国工艺山东抽纱有限公司（先后名称为：中国抽纱山东进出口公司、山东中艺抽纱实业有限公司）成立于1983年1月，隶属于中国工艺（集团）公司，是经营抽纱品、家居用品、工艺品及酒类产品的进出口、内贸和文化产业的企业。公司工会成立于1983年1月，历届工会组织人员构成：

1983年1月—1988年7月，工会主席：王安荣；女职委主任：刘元珍。

1988年8月—1992年1月，工会主席：高介书；经审委主任：方和珍；女职委主任：李林霞。

1992年2月—2004年8月，工会主席：张青；经审委主任：方和珍；女职委主任：李林霞、赵华、孙慧娟。

2005年12月至今，工会委员会委员：付淑萍、刘荣家、娄红、邵萍、李新；工会主席：付淑萍；经审委主任：包懿；女职委主任：付淑萍。

中国工艺山东抽纱有限公司基层企业工会组织

山东中艺文化创意产业园发展有限公司工会，成立于1983年1月，原名为中国抽纱山东进出口公司第二整理加工厂工会，2016年4月更名为现名。历任工会主席：刘惠、刘永涛；2002年7月至今，工会主席：刘荣家。

青岛港丰国际物流有限公司工会委员会

青岛港丰国际物流有限公司，成立于2004年9月，是经营海、陆、空多领域国际货物运输代理，国际船舶代理，集装箱运输及大宗散杂货（煤炭、矿石、土石方等）运输的企业。公司工会成立于2007年4月，历届工会组织人员构成：

2007年5月—2012年8月,工会主席:邵薇;经审委主任:王道生。

2012年9月—2016年9月,工会主席:李佳欣;经审委主任:邵霖。

2016年10月至今,工会委员会委员:李建国、李震、邵霖、张澜、刘松梅。工会主席:邵霖;经审委主任:刘松梅;女职委主任:张澜。

中外运空运发展股份有限公司山东分公司工会委员会

中外运空运发展股份有限公司山东分公司,成立于1999年10月,隶属于中国外运长航集团,是经营国际、国内货运代理,仓储、物流运输服务、报关、报检等多项服务的国营企业,同年10月,公司工会成立,历届工会组织成员构成如下:

1999年10月—2010年1月,工会主席:徐广武;经审委主任:矫清珍;女职委主任:赵海清。

2010年1月—2015年1月,工会主席:魏茂强;经审委主任:马春波;女职委主任:徐萌。

2015年1月至今,工会主席:孙占勇;经审委主任:腾怀玲;女职委主任:张青。

中国外运大件物流有限公司工会委员会

中国外运大件物流有限公司(先后名称为:山东力神起重运输有限公司、山东中外运力神起重运输有限公司)成立于2000年4月,现为中国外运股份有限公司的全资二级子公司,主营业务包括国内、国际大型物件运输、普通货运、无船承运等。公司工会成立于2008年9月,历届工会组织人员构成:

2008年9月—2009年8月,工会委员会委员:马德泉、房鲁江、周秋岩、龙姗姗、鲁衍文、徐军、兰森淼;工会主席:马德泉;经审委主任:徐军。

2009年8月—2011年11月,工会委员会委员:房鲁江、马德泉、周秋岩、龙姗姗、鲁衍文、徐军、兰森淼;经审委主任:徐军;工会主席:房鲁江。

2011年11月—2014年1月,工会委员会委员:金旭光、姚东辉、周秋岩、龙姗姗、鲁衍文、兰森淼、马奋霞;经审委主任:鲁衍文;工会主席:金旭光。

2014年1月—2016年9月,工会委员会委员:林云平、姚东辉、周秋岩、龙姗姗、鲁衍文、兰森淼、马奋霞;经审委主任:鲁衍文;工会主席:林云平。

2016年9月至今,工会委员会委员:尹国斌、姚东辉、周秋岩、龙姗姗、鲁衍文、兰森淼、马奋霞;经审委主任:鲁衍文;工会主席:尹国斌。

山东省交通进出口有限公司工会委员会

山东省交通进出口有限公司,成立于1996年,主要经营日用玻璃制品的进出口业务。公司工会成立于2002年7月,工会组织人员构成:工会主席:刘宝春;女职委主任:董萌;经审委主任:郝济东。

山东通利机械制造有限公司工会委员会

山东通利机械制造有限公司(原名山东通利机械进出口有限公司),成立于2001年4月18日,主要从事进出口贸易业务,是经营各种机床、阀门配件、铸件、电器机械产品的进出口企业。公司工会成立于2001年5月20日,原隶属山东机械设备进出口集团公司工会,2009年12月9日,经山东省外

经贸工会批准,公司工会划归省外经贸工会直接管理。历届工会组织人员构成:

2001年5月—2004年8月,工会主席:刁运智;工会委员会委员:姜秀华、刘红;女职委员:姜秀华。

2004年9月14日至今,工会主席:臧立红;工会委员会委员:姜秀华、刘红、于凤;女职委员:姜秀华(2011年2月退休)、刘红(2014年2月退休)。

青岛伊都锦时装有限公司工会委员会

青岛伊都锦时装有限公司,成立于1989年10月,公司营业范围是:生产经营高、中档抽纱时装及皮衣、高级人造花及其制品、服装产品的检品检针。但由于公司结构的调整,公司现在的业务已精简为:服装、鞋帽等的检品检针。公司原名为青岛丝金时装有限公司,是一家外商合资企业,后因为股权变更,公司变为日本伊都锦株式会社投资的独资企业,公司名称也同时变更,于2010年5月21日变更为青岛伊都锦时装有限公司。公司工会成立于1989年10月,历任工会主席为:白磊、王明庆。2010年11月8日,公司选举产生了新一届工会委员会,由张宗伟、全英南、金海英、冯安娥、董永红、王建英、刘静组成,张宗伟任工会副主席;刘静任工会经审查委主任。

青岛联合志诚抽纱有限公司工会委员会

青岛联合志诚抽纱有限公司,成立于2003年3月7日,是一家专业生产窗帘、床上用品、浴帘、靠垫、台布等的家纺企业。公司工会成立于2010年4月18日。历届工会组织人员构成:

2010年4月—2011年3月,工会主席:宿学亮;女职委主任:吕建会;

2011年4月至今,工会主席:孙周功;女职委主任:徐秀娟;经审委主任:姜询。

山东英吉多健康产业有限公司工会委员会

山东英吉多健康产业有限公司,成立于1995年8月,主要从事加工制造健身器材,产品以出口为主内销为辅。1995年—2005年隶属山东外贸文体公司,2006年1月改制为股份制企业。公司工会成立于1997年1月,原隶属山东省轻工进出口公司工会,2011年6月经山东外经贸工会批准,英吉多公司工会直接归属山东省外经贸工会管理,历届工会组织人员构成如下:

1997年1月—2003年12月,工会副主席:李萍;女职委主任:李萍兼;经审委主任:高云。

2003年12月—2005年12月,工会副主席:王继军;经审委主任:高云;女职委主任:高扬(女)。

2006年1月—2011年1月,工会主席:高云;经审委主任:赵国龙;女职委主任:汪勤(女)。

2011年1月至今,工会主席:高云;工会委员会委员:高云、崔菁、袁宏涛、王士勇、董全刚、张冬冬;经审委主任:崔菁;女职委主任:崔菁。

山东通顺机械进出口有限公司工会委员会

山东通顺机械进出口有限公司,成立于2003年4月1日(前身是山东机械设备进出口集团通顺机械公司),主要从事进出口贸易业务,是经营钢球、标准件、冰箱配件、五金工具、锁具,电工产品、金属家具等产品的进出口企业。公司工会成立于2003年4月1日,原隶属山东机械设备进出口集团公司工会,2012年7月,经山东省外经贸工会批准,公司工会划归省外经贸工会直接管理。历届工会组织人员构成:

2003年4月—2011年11月,工会主席:刘彬;工会委员会委员:刘彬、杨磊、李克胜;女工委员:杨磊。

2011年12月至今,工会委员会委员:杨磊、王海春、郑彩霞;工会负责人:杨磊;女工委员:杨磊。

山东通用机械进出口有限公司工会委员会

山东通用机械进出口有限公司,成立于1998年7月,主要经营普通机械,机电产品的进出口业务。2002年7月成立工会,原隶属山东机械设备进出口集团公司工会,2012年7月经山东省外经贸工会批准,公司工会划为山东省外经贸工会管理。历届工会组织人员构成:

2002年7月—2008年5月,工会主席:吴延清,工会委员:綦光照、牛海林;女工委员:牛海林。

2008年6月—2014年5月,工会主席:牛海林,工会委员:杨鲁岩、李洁;女工委员:李洁。

2014年6月至今,工会主席:李洁,工会委员:杨鲁岩、李秀娟;女工委员:李秀娟。

山东海外成套设备进出口有限公司工会委员会

山东海外成套设备进出口有限公司(原名为山东机械设备进出口集团海外成套设备有限公司),成立于2000年9月,2003年变更为现名称,主要经营海外成套设备进出口业务。公司工会委员会成立于2000年9月,原隶属山东机械设备进出口集团公司工会,2012年7月,经山东省外经贸工会批准,公司工会划归省外经贸工会直接管理。历届工会组织人员构成:

2000年9月—2007年5月,工会主席:王温煜。

2007年5月—2013年9月,工会主席:韩学兵;工会委员会委员:韩学兵、于晓娟、王刚。

2013年9月至今,工会主席:于晓娟。

青岛中联油国际贸易有限公司工会委员会

青岛中联油国际贸易有限公司是中国联合石油有限责任公司的全资子公司,成立于1994年2月18日。公司工会成立于1998年5月,历任工会负责人和副主席:刘登林、刘娟。2013年3月至今,工会组织人员构成:工会主席:齐增华;工会委员会委员:齐增华、刘雷霆、杨哲;工会经审委主任:郝春洁;女职委委员:刘雷霆。

山东五矿服饰有限公司工会委员会

山东五矿服饰有限公司是2004年8月31日由山东省五矿进出口公司分出建立的公司,主要经营服装进出口业务。公司工会成立于2009年8月,公司工会组织人员构成:

2009年8月至今,工会主席:于建伟;工会委员会委员:于建伟、李青、李嘉、李海燕、刘朝霞。工会经审委主任：李青。

青岛金利五矿进出口有限公司工会委员会

青岛金利五矿进出口有限公司，成立于2004年3月9日，主要经营园艺类五金件为主出口业务。公司工会成立于2013年9月18日，工会组织人员构成：

2013年9月至今，工会主席：姚成青，工会副主席：李洪海；工会委员会委员：姚成青、李洪海、杨锋；工会经费审查委员：范晓斌。

山东韩进集装箱储运有限公司工会委员会

山东韩进集装箱储运有限公司，成立于1995年5月9日，是由韩国Pantos与山东海丰集团共同投资成立的现代化国际集装箱中转站。公司工会成立于2013年9月，由杜庆丽、宁光辉、张琳、耿静、黄健健五人组成工会委员会。杜庆丽任工会主席，宁光辉任工会副主席，张琳任经审委主任，耿静任女职委主任。

山东捷丰国际储运有限公司工会委员会

山东捷丰国际有限公司，成立于2003年，是由海丰国际控股有限公司与A.P.MOLLER GROUP旗下丹马士物流共同投资兴办的国际物流公司。公司工会成立于2013年11月，工会组织人员构成：

2013年11月至今，工会主席：周杰；女职委主任：王晓娜；经审委主任：徐珊珊。

山东捷丰国际储运有限公司基层企业工会组织

青岛捷丰柏坚货柜维修有限公司工会，成立于2013年，现任主席：郑召所；女职委主任：薛玉霞。

胜狮物流（青岛）有限公司工会委员会

胜狮物流（青岛）有限公司是由胜狮堆场企业有限公司与海丰物流有限公司于1994年成立的合资公司，公司的主要经营范围为：集装箱的堆存、保管、中转、清洗、熏蒸修理；集装箱机具设备修理；仓储业务；承办海运、空运进出口业务，包括揽货、定舱、仓储、中转、集装箱拆箱、结算运杂费等费用、报关、报验、保险、相关的运输咨询业务；利用计算机网络与运作物流服务。公司工会成立于2013年11月，工会组织人员构成：

2013年11月至今，工会主席：王俊涛；经审委主任：于华；女职委主任：徐荃。

青岛啤酒海丰仓储有限公司工会委员会

青岛啤酒海丰仓储有限公司是由青岛啤酒进出口有限责任公司与山东海丰国际航运集团有限公司联合投资成立的现代化仓储公司，成立于2002年12月19日，主要经营范围涉及货物仓储、包装、分拨及其他相关业务。公司工会成立于2003年1月，历届工会组织人员构成：

2014年10月—2014年11月，工会主席：于华；女职委主任：张玲玲。

2014年11月至今，工会主席：刘海博；经审委主任：戚晓斐；女职委主任：张玲玲。

青岛海峦国际贸易有限公司工会委员会

青岛海峦国际贸易有限公司,成立于2012年3月,主要经营五金、机械、设备及配件、仪器仪表等进出口业务。公司工会成立于2015年3月,工会组织人员构成:工会主席:姚振玲;工会委员会委员:姚振玲、岳洪亮、刘皓;经审委主任:岳洪亮;女职委主任:郝爱霞。

青岛德爱花园大酒店有限公司工会委员会

青岛德爱花园大酒店,成立于2011年10月,酒店是一所集客房、餐饮、会议,婚宴、娱乐休闲和商务旅游服务为一体的大型花园式涉外准四星酒店。公司工会成立于2013年10月30日,历届工会组织人员构成:

2013年10月—2016年7月,工会主席:于军;女职委主任:翟晓慧;经审委主任:刘立国。

2016年7月至今,负责工会工作:翟晓慧;女职委主任:翟晓慧;经审委主任:刘立国。

青岛宝璐家用纺织品有限公司工会委员会

青岛宝璐家用纺织品有限公司成立于2005年2月,公司主要经营纺织品的进出口业务。公司工会成立于2013年10月30日,工会组织人员构成:工会主席:赵慧;工会委员会委员为:赵慧、赵煜、刘建林。经审委委员:赵煜。

山东泰山壹伍叁贰物联供应链有限公司工会委员会

山东泰山壹伍叁贰物联供应链有限公司成立于2011年5月10日,属中国烟草总公司山东省公司下属的国有全资公司。主要经营原瓶进口葡萄酒;进口高端蜂蜜、橄榄油等保健品;国内知名白酒、各地优选名茶、海产品等中高端商品。公司工会成立于2013年12月,2014年10月召开第一届工会会员大会,选举徐永红、尚俊婷、赵耀、林丙南、王金佩为工会委员会委员;徐永红任工会主席;赵耀任工会经审委主任;尚俊婷任女职委主任。

2016年2月至今,工会主席:徐永红;经审委主任:孙朋淦;女职委主任:尚俊婷。

青岛中服进口免税商品有限公司工会委员会

青岛中服进口免税商品有限公司是中国出国人员服务总公司经海关批准,在青岛设立的外汇免税商店,是目前为止山东省内唯一的市内免税店,公司主要向出国人员供应免税外汇商品。公司工会成立于2014年2月20日,工会负责人:宋铁峰。

山东元田人力资源管理咨询有限公司工会委员会

山东元田人力资源管理咨询有限公司成立于1998年12月,经营范围主要是:为劳动者介绍用人单位,为用人单位推荐劳动者;开展职业指导、人力资源管理咨询服务,国内劳务派遣等人力资源管理服务和翻译服务、国内文化交流信息咨询、会务服务、展览展示服务、企业管理咨询、档案文件保管服务等业务。公司工会成立于2014年8月,公司工会组织人员构成：工会主席：孙迅；副主席：高新岐、马伟华；工会经审委主任：战文峰；女职委主任：马伟华。

青岛中傲物流有限公司工会委员会

青岛中傲物流有限公司成立于2008年5月，公司为客户提供船舶代理、国际货运代理、内外贸海运、陆运、铁路、多式联运、报关报检、仓储分拨、内外贸集装箱运输、内外贸租船、项目物流及货物代理业务。公司工会成立于2015年9月，工会主席：陈青；工会副主席兼女职委主任：贾丽群；工会经审委主任：阚侃。

青岛古岛服饰有限公司工会委员会

青岛古岛服饰有限公司成立于1997年3月，原名称为：青岛古岛时装有限公司，2009年5月22日改为现名称。公司为中日合资：日本古岛时装株式会社持股90%，山东商检局持股10%。主要业务：出口日本服装、箱包、床品等的检品检针，新开发业务：日本元始活水器的代理代购。公司工会成立于2013年12月。历届工会组织人员构成：

2013年12月—2015年7月，工会主席：于振波；副主席：程永飞；女职委主任：林宁；经审委主任：李莉。

2015年7月至今，工会主席：程永飞；经审委主任：孙彩霞；女职委主任：林宁。

青岛益佳国际贸易集团有限公司工会委员会

青岛益佳国际贸易集团有限公司成立于2000年1月，是经青岛市人民政府和国家外经贸部批准成立的大型外经贸综合企业。公司主要经营各类商品的进出口贸易、外派劳务、工程承包、经济技术合作和房地产开发、物业管理、租赁、广告展览、国内商业、加工业、饮食服务业、旅游业、运输业、商务咨询、国际货代、保险代理、科技开发及成果转让、人才培训等。公司工会成立于2001年7月，历届工会组织人员构成：

2001年7月—2008年4月，工会主席：张天顺；工会副主席：徐锦妹；经审委副主任：周敏。

2008年5月—2009年12月，工会副主席：徐锦妹；经审委副主任：周敏。

2010年1月—2011年5月，工会副主席：殷培霞；经审委副主任：周敏。

2011年6月—2015年11月，工会副主席：周敏；经审委副主任：徐淑莲；女职委主任：周敏。

2015年12月至今，工会委员会委员：柴永洁、胡宝玉、任全刚、张安强、蔡方俊、李强、刘本烨、崔祥兰、朱玉兰；工会副主席：柴永洁；经审委副主任：徐淑莲；女职委主任：柴永洁。

青岛益佳国际贸易集团有限公司基层企业工会组织

青岛益佳土畜产进出口有限公司工会，成立于2001年11月，现任工会主席：李强。

青岛益佳抽纱进出口有限公司工会，成立于2002年5月，现任工会主席：崔祥兰。

青岛益佳经贸实业进出口有限公司工会，成立于2001年11月，现任工会主席：任全刚。

青岛益佳针棉织品进出口有限公司工会，成立于2002年2月，现任工会主席：金方善。

青岛益佳纺织品进出口股份有限公司工会，成立于2002年12月，现任工会主席：张安强。

青岛益佳通商进出口有限公司工会，成立于2001年11月，现任工会主席：林迎超。

青岛益佳五矿机械进出口有限公司工会，成立于2002年8月，现任工会主席：党金海。

青岛益佳国际运输代理有限公司工会，成立于2001年11月，现任工会主席：胡宝玉。

青岛益佳世贸物业管理有限公司工会，成立于1998年2月，现任工会主席：朱玉兰。

青岛益佳世贸中心（集团）有限公司工会，成立于2000年9月，现任工会主席：马立建。

烟台工业商贸国有控股有限公司工会委员会

烟台工业商贸国有控股有限公司，成立于2012年3月，由原烟台轻纺国有控股有限公司、烟台机电国有控股有限公司、烟台商贸国有控股有限公司、烟台外经贸国有控股有限公司合并组建。2012年6月10日召开了工会会员代表大会进行了第一届工会委员会的选举，选举产生了第一届工会委员会，由王慨、张海鹰、于海娜、张晋伟、刘伟、张海涌、秦颖、黄建新、周文波共9位同志组成。王慨任工会主席，张海鹰任副主席；2013年4月至今，工会副主席：梁延爽。

烟台工业商贸国有控股有限公司基层企业工会组织

中艺烟台抽纱有限公司工会：中国抽纱烟台进出口公司成立于1988年7月，2016年4月因改制更名为中艺烟台抽纱有限公司。历任工会主席：张玉芹（1988年7月—1994年7月）；牟君安（1994年7月—1998年2月）；王可庆（1998年2月—2008年3月）；工会副主席：邢平（2008年3月至今）。

烟台中外运国际物流有限公司工会：成立于2008年8月。历任工会主席：刘韶华（2008年8月—2011年4月）；秦颖（2011年4月至今）。

烟台绮丽经贸有限公司工会：1992年6月成立。崔瑞光为工会主席，任职至2002年1月；2002年1月宋文君当选为新一届工会主席；2004年公司改制为烟台绮丽集团有限公司，宋文君继续担任烟台绮丽集团有限公司工会主席至2012年5月，周小英于同期当选为新一届工会副主席，主持工会工作至今。

诸城外贸有限责任公司工会委员会

诸城外贸有限责任公司，成立于1975年，属首批农业产业化国家重点龙头企业，建有山东省诸城外贸院士工作站。公司围绕肉禽、淀粉、色素等主导产品形成了肉禽良种繁育、饲料供应、宰杀分割、熟食品加工、淀粉生产、色素提炼等支柱产业，是全国最大的肉鸡出口生产基地之一和全国最大的玉米淀粉生产加工基地。公司工会成立于1975年，历任工会主席有：李世民、李志富、李忠杰、王培章、刘志高；2006年6至今，工会主席：邢相玉。

所属事业单位工会及基层工会组织

山东外贸职业学院工会委员会

山东外贸职业学院隶属于山东省商务厅，是山东省最早也是唯一专门从事外经贸教育的全日制普通高等职业院校。学院前身是创建于1964年的山东省对外经济贸易学校和创建于1984年的山东省对外经济贸易职工大学。2002年7月，经省政府批准，两校合并成立山东外贸职业学院。

山东省对外经济贸易学校工会，成立于1982年5月，对外经济贸易职工大学工会成立于1992年，2003年更名为山东外贸职业学院工会。历届工会组织人员构成：

1982年—1986年，工会主席：徐智章，工会副主席：左毅、段永君；工会委员：刘志勇、杨家梁、姜淑欣、宋杰、王克勋、王增义。

1986年—1988年，工会主席：陈清章，工会副主席：郑学忠；工会委员：盛维国、邹巧玲、宋兆玉、周树玲、陈延宁、周昕、于建国。

1988年—1992年，工会主席：李国良，工会副主席：刘方苓；工会委员：金秀香、刁建东、谷新军、张毅、王占升、范厚亮、于延雯。

1993年—1997年，工会主席：段永君，工会副主席：王胜先；工会委员：刘善斌、于延雯、苏春鹏。

1994年—1997年，工会副主席：王利民；工会委员：王连月、谷新军、邹巧玲、左小航。

1997年—2000年，工会主席：谷新军，副主席：王胜先、王利民；工会委员：邹巧玲、王连月、赫广德、左小航、刘善斌、于延雯、苏春鹏。

2000年—2007年，工会主席：王柏钟（2000年—2001年）、周家勇（2002年—2004年）、魏长征（2005年1月起），副主席：于延雯；工会委员：王利民、刘静华、陈相国、王连月、王德艾。

2007年1月—2013年1月，工会主席：魏长征，副主席：于延雯；工会委员：刘翔飞、李飞、李云情、孙中平、宦宁；经审委主任：李颖；女职委主任：于延雯。

2013年1月至今，工会主席：魏长征，副主席：于延雯；工会委员：于闽青、孙巧奎、李飞、李欣、张庆华、张宗英、赵良；经审委主任：卢吉强；女职委主任：于延雯。

山东省商务厅培训中心工会委员会

山东省商务厅培训中心成立于1992年12月28日，原名为山东省经贸职工技术培训中心，2010年7月更为现名。业务范围有：承办各种培训、会议、网络远程教育等。培训中心工会于2013年5月成立，由周新征、曲淑芹、王晓宏、刘子英、张涛五人组成山东省商务厅培训中心第一届工会委员会至今。工会主席周新政，副主席曲淑芹；经审委主任王晓宏；女职委主任曲淑芹。

山东省商务发展研究院工会委员会

山东省商务发展研究院成立于1980年6月24日，原名称为：山东省国际贸易研究所，1995年6月10日和山东省对外经济贸易计算中心合并，组建为山东省国际经贸信息中心,同时保留山东省国际贸易研究所名称;2011年3月17日山东省国际贸易信息中心更名为山东省商务信息中心;2013年,山东省国际贸易研究所与山东省商务信息中心分离,山东省商务信息中心迁往济南。2015年3月25日,山东省国际贸易研究所更名山东省商务发展研究院。主要任务是,调查研究山东省主要进出口商品国际市场情况、国家和地区的经济贸易动态及有关贸易管制的政策、法令,外商对山东省出口商品质量、花色品种和包装装潢的反映等;负责向有关部门提供商业情况和咨询服务;参与国际交流,组织承办国际经济贸易业务讲座和培训。工会成立于1980年6月,工会组织人员构成:

1980年6月—1993年3月,工会主席:孔庆雨;女职委委员:薛美琴。

1993年3月—2001年10月,工会主席:陈汝成;女职委委员:梁秋娟。

2001年10月至今,工会主席:杨育刚;工会委员会委员:杨育刚、王新利、姜忠茂;女职委委员:陶雪平。

各市商务局工会及基层单位工会组织

济南市商务局工会委员会

济南市商务局成立于2009年12月,是由原济南市对外贸易经济合作局和原济南市贸易服务局合并组建。原济南市外经贸局工会,成立于1998年,工会历任主任(主席)有:王兆理、韩钢山、李树平、钱君毅。

2011年1月—2014年1月,工会主任:韩钢山;

2014年1月—2016年2月,工会主任:李树萍;

2016年2月3日至今,工会主任:钱君毅。

济南市各县(市、区)商务局工会

历下区商务局工会成立于2012年,现任主席:仲惟岭。

济南市各县(市、区)商务局机构改革,济阳县、历城区、高新区、长清区不再设商务局,职能划入经信局(服务中心)等机构。

青岛市商务局工会委员会

2009年12月原青岛市对外贸易经济合作局与原青岛市经济贸易委员会内贸管理职能整合后组建青岛市商务局。经青岛市商务局党委同意、青岛市总工会批准,2013年1月23日,青岛市商务局召开第一次工会会员代表大会,选举产生了市商务局第一届工会委员会,委员会由郭里、时尚茂、赵丽萍、张学力、李永红、张振信、郭育宏、刘丽玲、巩居贤9人组成。同时,第一届委员会第一次会议,选举郭里为工会主席,郑绍玲为工会经费审查委员,张学力、李永红为女职工委员。

青岛市商务局基层单位工会

青岛市招商促进局工会,成立于2011年

3月10日,现任工会主席:王宗晓。

青岛市外商投资服务中心工会,成立于2015年12月4日,现任主席:李永红。

青岛经贸科技学校工会,成立于2004年11月29日,现任副主席:赵立萍。

青岛市商务信息中心工会,成立于2016年10月,现任主席:邓宁扬。

青岛市各县(市、区)商务局工会

平度市商务局工会成立于2013年10月,原工会主席调走,暂无。

莱西市商务局工会成立于2013年5月,现任主席:张怡文;

胶州市商务局工会成立于2010年10月,现任主席:刘艳;

即墨市商务局工会成立于2011年1月,现任主席:王奎武;

市南区商务局工会成立于2015年9月,现任主席:陈鹏;

李沧区商务局工会成立于2015年5月,现任主席:于永梅;

市北区商务局工会成立于2013年5月,现任主席:周鹏;

崂山区商务局工会成立于2011年5月,现任主席:柴晓晨;

黄岛区商务局工会成立于2015年7月,现任副主席:贾海东;

城阳区商务局工会成立于1994年9月,现任主席:江锐。

淄博市商务局工会委员会

淄博市商务局成立于2010年1月,根据淄博市机构改革方案,合并了原市经济贸易委员会和服务业办公室等部门部分职能。2009年7月,市委组织部任命徐华田为市商务局工会主席。2014年9月24日,市商务局召开工会会员代表大会,会议选举产生了市商务局机关第一届工会委员会,委员会由胡方敏、田连梓、李保国等7人组成;同时,第一届委员会第一次会议,选举徐华田为工会主席(2016年10月退休),现由副局长付军分管工会工作。

淄博市各县(市、区)商务局工会

张店区商务局机关工会成立于2004年10月,现任主席:韩翠。淄川区商务局机关工会成立于2009年10月,现任主席:齐菊花。博山区商务局机关工会成立于2010年5月,现任主席:盖洪科。周村区商务局机关工会成立于2013年9月,现任主席:石晶。临淄区商务局机关工会成立于2013年7月,现任主席:闫台。桓台县商务局机关工会成立于2010年5月,现任主席:姜文涛。高青县商务局机关工会成立于2015年3月,现任主席:王凯。沂源县商务局机关工会成立于2008年6月,现任主席:张红。

枣庄市商务局工会委员会

枣庄市商务局成立于2010年1月,是由原枣庄市对外贸易经济合作局和原枣庄市服务业办公室内贸部分合并组建。2010年10月,枣庄市商务局党委任命张道义为枣庄市商务局工会主任;2016年3月,枣庄市商务局党委任命张志强为枣庄市商务局工会主任。

枣庄市各县(市、区)商务局工会

滕州市商务局机关工会成立于2010年7月,现任主席:陈欣。

薛城区商务局机关工会成立于2010年10月,现任主席:高健。

山亭区商务局机关工会成立于2016年5月,现任主席:乔虎。

市中区商务局机关工会成立于2011年8月,现任主席:冯利民。

峄城区商务局机关工会成立于2014年9月,现任主席:孙彦国。

峄城区外经贸企业工会联合会成立于2016年5月,现任主席:陈威。

东营市商务局工会委员会

东营市商务局于2010年1月挂牌成立,是由原东营市对外贸易经济合作局职责、东营市经贸委的内贸管理和机电进出口管理职责整合组建而成。东营市商务局未成立工会组织,现由副局长王新分管工会工作,党委办公室具体负责工会工作。

东营市各县(市、区)商务局工会

东营区商务局机关工会成立于2010年3月,现任主席:张方海。

垦利区商务局机关工会成立于2010年11月,现任主席:王京娟。

利津县商务局机关工会成立于2014年10月26日,现任主席:李星林。

河口区商务局机关工会成立于2014年7月9日,现任主席:麻景光。

广饶县商务局未成立工会组织,现任工会工委主任:荣娟。

烟台市商务局工会委员会

烟台市商务局成立于2010年1月,是由原烟台市对外贸易经济合作局和原烟台市贸易局(挂烟台市政府财贸办公室牌子)合并组建。6月21日,中共烟台市委商务工作委员会任命王林超为烟台市商务工会工作委员会主任。2015年4月23日,烟台市商务局召开第一次工会会员代表大会,选举产生了市商务局机关第一届工会委员会,委员会由王林超、赵蕾、宋少卿、姜晓庆、傅朝英五人组成;王林超为主席,傅朝英为经费审查委员会主任。

附录:原烟台市对外贸易局工会和原烟台市对外经济贸易局工会历任主任有:田峰(1987年1月—2001年9月)、栾洪玉(2001年4月—2010年6月)。

烟台市各县(市、区)商务局工会

芝罘区商务局机关工会成立于2015年3月30日,现任主席:邵元。

福山区商务局机关工会成立于2015年9月7日,现任主席:卫红日;副主席:赵玉斌。

莱山区商务局机关工会成立于2015年2月15日,现任主席:林琳。

牟平区商务局机关工会成立于2015年5月8日,现任主席:曲波。

蓬莱市商务局机关工会成立于2015年6月5日,现任主席:呼官骏;副主席:贾守军。

龙口市商务局机关工会成立于2015年5月15日,现任主席:徐彩虹。

莱州市商务局机关工会成立于2015年2月10日,现任主席:褚红霞。

招远市商务局机关工会成立于2015年8月6日,现任主席:李帧。

莱阳市商务局机关工会成立于2015年11月8日,现任主席:门东风。

海阳市商务局机关工会成立于2015年8月28日,现任主席:李彩丽。

栖霞市商务局机关工会成立于2015年6月15日,现任主席:龚永春。

长岛县商务局机关工会成立于2015年8月25日,现任主席:李厚卫。

潍坊市商务局工会委员会

潍坊市商务局是2010年1月由原潍坊市对外贸易经济合作局和原潍坊市贸易局合并组建。工会成立于2010年11月,耿祥德任工会主任,2012年至2016年11月王富任工会主任,2016年11月7日刘振德任工会主任。

潍坊市各县(市、区)商务局工会

潍城区商务局机关工会成立于2010年5月,现任主席:王永行。

寒亭区商务局机关工会成立于2010年3月,现任主席:徐颖。

坊子区商务局机关工会成立于2010年3月,现任主席:吴文亮。

奎文区商务局机关工会成立于2010年2月,现任主席:王晓红。

青州市商务局机关工会成立于2010年7月,现任主席:孟庆德。

寿光市商务局机关工会成立于2010年2月,现任主席:王玉平。

安丘市商务局机关工会成立于2010年4月,现任主席:张佃军。

昌邑市商务局机关工会成立于2010年2月,现任主席:李赞伟。

高密市商务局机关工会成立于2010年7月,现任主席:赵玮钰。

临朐县商务局机关工会成立于2010年2月,现任主席:张树英。

济宁市商务局工会委员会

济宁市商务局成立于2010年3月,是将原济宁市对外贸易经济合作局职责,原市经济贸易委员会的内贸管理、机电产品进出口管理、整顿和规范市场经济秩序等部分职责整合划入组建成立的。济宁市对外贸易经济合作局工会工作委员会更名为济宁市商务局工会工作委员会,李作民任工会工作委员会主任。7月18日,中共济宁市商务局委员会任命曾方为济宁市商务工会工作委员会主任、孟令新为副主任。2010年9月2日,济宁市商务局召开第一次工会会员代表大会,选举产生了市商务局机关第一届工会委员会,委员会由曾方、周广玲、孟令新、孙雪、李珍丽、扈东赞组成;同时,第一届委员会第一次会议,选举曾方为主席,周广玲、孟令新为副主席,周广玲为女职工委员会主任,扈东赞为经费审查委员。2014年3月至今,济宁市商务局党委委员、副局长于淑琴兼任济宁市商务局工会工作委员会主任。

济宁市各县(市、区)商务局工会

济宁市任城区商务局工会成立于2014年2月16日,现任主席:魏哲玲。

嘉祥县商务局工会成立于2015年9月18日,现任主席:刘占成。

曲阜市商务局工会成立于2010年12月31日,现任主席:秦峰。

邹城市商务局工会成立于2014年2月8日,现任主任:杨传旺;副主任吴杰。

金乡县商务局工会成立于2010年5月15日,现任主任:张培中;副主任:李立群。

泗水县商务局工会成立于2010年7月5日,现任主席:宋宏;副主席:李元元。

汶上县商务局工会成立于2015年8月25日,现任主席:孙皓;副主席:李进军。

附录:

1985年1月,经济宁市总工会批准建立济宁市对外贸易局工会工作委员会,倪学民任工会工作委员会主任,李作民任专职副主任;1986年10月,倪学民因调离不再担任济宁市对外贸易局工会工作委员会主任;1989年6月,李作民任济宁市对外贸易局工会工作委员会主任；1991年5月，徐怀珍任济宁市对外贸易局工会工作委员会副主任；1993年8月，济宁市对外贸易局和济宁市对外经济贸易委员会合并成立新的济宁市对外经济贸易委员会，1993年9月，济宁市对外贸易局工会工作委员会更名为济宁市对外经济贸易委员会工会工作委员会，李作民任工会工作委员会主任，徐怀珍任工会工作委员会副主任；2001年1月，济宁市对外经济贸易委员会更名为济宁市对外贸易经济合作局，济宁市对外经济贸易委员会工会工作委员会更名为济宁市对外贸易经济合作局工会工作委员会，李作民任工会工作委员会主任，徐怀珍任工会工作委员会副主任；2003年9月，徐怀珍不再担任济宁市对外贸易经济合作局工会工作委员会副主任；2006年10月，陈庆河任济宁市商务局工会工作委员会主任，李作民不再担任济宁市商务局工会工作委员会主任；2009年2月，孟令新任济宁市商务局工会工作委员会主任，陈庆河不再担任济宁市商务局工会工作委员会主任；2010年3月，济宁市对外贸易经济合作局撤销，组建济宁市商务局，济宁市对外贸易经济合作局工会工作委员会更名为济宁市商务局工会工作委员会。

泰安市商务局工会委员会

泰安市商务局成立于2010年1月，是由原泰安市对外贸易经济合作局组建。局工会成立于2010年2月，8月12日中共泰安市商务局委员会任命李建立为泰安市商务局工会委员会副主任。2015年4月24日，泰安市商务局召开第一次工会会员代表大会，选举产生了泰安市商务局机关第一届工会委员会，委员由刘凯、赵远、刘文强、高玉华、李翠玲组成；同时，第一届委员会第一次会议选举刘凯为主席，刘文强为妇委会主任。

泰安市各县（市、区）商务局工会

泰山区商务局机关工会成立于2015年3月20日，现任主席：吴修家。

岱岳区商务局机关工会成立于2015年6月4日，现任主席：于宏。

新泰市商务局机关工会成立于2015年12月10日，现任主席：马云成。

肥城市商务局机关工会成立于2014年2月8日，现任主席：李华利。

宁阳县商务局机关工会成立于2015年6月15日，现任主席：刘鹏。

东平县商务局机关工会成立于2015年4月8日，现任主席：刘洋。

附录：

泰安市对外贸易局工会，成立于1986年3月，工会主席：杨军，工会副主席：刘美庆。

泰安市对外经济贸易委员会工会，成立于1988年4月，工会主席：杨军，工会副主席：刘美庆；1993年4月工会主席：刘秀萍，副主席：褚玉波。

1996年4月，泰安市政府决定撤销泰安市对外经济贸易委员会、泰安市对外贸易局，重新组建泰安市对外经济贸易委员会，工会主席：刘秀萍，副主席：褚玉波。

泰安市对外贸易经济合作局工会，成立于2000年10月，工会主席：刘秀萍；2004年1月至2010年2月工会副主席：马广甫。

威海市商务局工会委员会

1987年8月，威海市对外经济贸易委员会成立。同年10月，设立威海市对外贸易局。1991年6月，威海市对外贸易委员会与威海市对外贸易局合并，组建威海市对外经济贸易委员会；2000年11月，更名为威海市对外贸易经济合作局；2010年又更名为威海市商务局，2015年9月威海市商务局与威海市经济合作局合并组建新的威海市商务局。2015年10月12日,威海市商务工会委员会召开第一次代表大会,选举产生了市商务工会委员会第一届工会委员会,委员会委员由郭良田、于振涛、耿俊松、赵静、王振刚5人组成,同时,第一届委员会第一次会议,选举郭良田任工会主席、于振涛任工会副主席,耿俊松任工会经审委员,赵静(女)任女职工委委员,王振刚任工会委员会办公室主任。

威海市各县(市、区)商务局工会

环翠区商务局机关工会成立于2005年8月9日,现任主席:李恩颉。

高区商务局机关工会成立于2016年2月6日,现任主席:胡涛。

经济开发区商务局机关工会成立于2015年3月9日,现任主席:王辉。

文登区商务局机关工会成立于2015年7月10日,现任主席:丛拥军,副主席:于迎春。

荣成市商务局机关工会成立于2001年1月12日,现任主席:马晓东。

乳山市商务局机关工会成立于2005年5月8日,现任主席:赵秀杰。

日照市商务局工会委员会

日照市商务局成立于2010年1月,是由原日照市对外贸易经济合作局和原日照市贸易办公室合并组建。2010年1月—2012年12月,胡善怀为日照市商务工会主任;2012年12月—2014年1月,毛维峰为日照市商务工会主任;2014年1月—2016年7月,吕伟为日照市商务工会主任;2016年3月25日,日照市商务局召开第一次工会会员代表大会,选举产生了市商务局机关第一届工会委员会,委员会由吉秀芹、宋兆银、王素云、吕伟、盛霞组成;同时,第一届委员会第一次会议,选举吉秀芹为主席,吕伟为经费审查委员会主任。2016年8月至今,李鲁林为日照市商务局工会主任。

日照市各县(市、区)商务局工会

东港区商务局机关工会成立于2016年1月,现任主席:张海燕。

岚山区商务局机关工会成立于2015年8月,现任主席:王波。

莒县商务局机关工会成立于2015年10月,现任主席:于新红。

五莲县商务局机关工会成立于2016年2月,现任主席:王增格。

莱芜市商务局工会委员会

莱芜市商务局组建于2010年1月,将市对外贸易经济合作局的职责、市经济贸易委员会的内贸管理和机电产品进出口管理职责,整合划入市商务局。不再保留市对外贸易经济合作局。市商务局机关工会成立于2012年12月,吕恕良任工会主任。

莱芜市各区商务局工会

莱城区商务局机关工会成立于2014年9月,现任主任:孙航兆。

钢城区商务局机关工会成立于2011年12月,现任主任:宓廷安。

附录:

1972年,莱芜县外贸局成立。1975年撤销,在县联社设外贸组。1976年1月,成立外贸公司,由县联社代管。1981年重建外贸局,仍保留外贸公司。1993年,莱芜成立地级市后,成立莱芜市对外贸易总公司,外经外贸机构设置为经贸合一。市外贸总公司下设13个经营单位。1994年底,市政府组建莱芜市对外经济贸易委员会,1995年1月正式挂牌办公。市外贸总公司作为管理性公司保留,归口市对外经济贸易委员会管理。1998年12月,中国贸促会(中国国际商会)莱芜市支会成立,挂靠市对外经济贸易委员会。2001年4月,市对外经济贸易委员会更名为市对外贸易经济合作局。2001年9月市外贸总公司撤销,成立市对外贸易行业管理办公室。2004年1月,设立莱芜市境外招商局,与市对外贸易经济合作局合署办公。历任工会主任:1981年1月—1990年10月陈秉美;1990年4月—1994年12月王芹;1995年1月—2001年5月赵文波;2001年6月—2009年4月张翠萍;2009年5月—2013年7月张兆永。

临沂市商务局工会委员会

临沂市商务局成立于2010年1月,是由原临沂市对外贸易经济合作局和原临沂市流通业发展局合并组建。2011年5月18日,中共临沂市委任命郑沛亮同志为临沂市商务工会主任。2012年12月26日,临沂市商务局召开第一次工会会员代表大会,选举产生了市商务局机关第一届工会委员会,委员会由郑沛亮、张秀胜、李清、杨恩禄、邹莉组成;同时,第一届委员会第一次会议,选举郑沛亮为主席,杨恩禄为经费审查委员会主任,邹莉为女职工委员会主任。2013年9月13日,中共临沂市委任命邱云亮同志为临沂市商务局工会主任,郑沛亮同志不再担任临沂市商务局工会主任。

临沂市各县(市、区)商务局工会

兰山区商务局机关工会成立于2015年12月31日,现任主席:张洪庆。

罗庄区商务局机关工会成立于2015年9月22日,现任主席:于丽。

河东区商务局机关工会成立于2015年12月9日,现任主席:徐进霞。

沂水县商务局机关工会成立于2015年4月17日,现任主席:田付涛。

蒙阴县商务局机关工会成立于2014年9月27日,现任主席:薛西文。

平邑县商务局机关工会成立于2015年7月16日,现任主席:康传兴。

沂南县商务局机关工会成立于2015年3月16日,现任主席:高树录。

兰陵县商务局机关工会成立于2010年5月10日,现任主席:刘红云。

临沭县商务局机关工会成立于2003年3月1日,现任主席:王桂礼。

费县商务局机关工会成立于2016年10月,现任工会主席:王业平。

郯城县商务局机关工会成立于2005年8月,目前由倪敬福负责工会工作。

莒南商务局机关工会成立于2016年9月5日,现任主席:李学海。

德州市商务工会委员会

德州市商务局成立于2010年3月,由原德州市对外贸易经济合作局和原德州市服务业发展局合并组建。2010年12月原德州市外贸工会和原德州市贸易工会合并组建德州市商务工会工作委员会,2012年11月3日,德州市委任命杨学政为德州市商务工会主任。

德州市各县(市、区)商务局工会

乐陵市商务局机关工会成立于2015年2月3日,现任主席:张建。

宁津县商务局机关工会成立于2015年10月8日,现任主席:李迎春。

齐河县商务局机关工会成立于2016年1月27日,现任主席:孟欣欣。

禹城市商务局机关工会成立于2014年8月,现任主席:祝淑静。

夏津县商务局机关工会成立于2014年3月,现任主席:曲晓燕。

陵城区商务局机关工会成立于2011年6月,现任主席:乔书峰。

武城县商务局机关工会成立于2010年9月,现任主席:李真。

庆云县商务局机关工会成立于2014年4月,现任工会分管领导:靳献峰。

平原县商务局机关工会成立于2010年10月,现任工会分管领导:仇洪举。

德城区商务局机关工会成立于2010年8月,现任工会分管领导:陈书峰。

临邑县商务局机关工会成立于2010年4月,现任工会分管领导:王艳萍。

聊城市商务局工会委员会

1994年聊城市外经委、聊城市对外经济贸易合作局合并成立聊城市对外贸易合作局,2010年5月更名为聊城市商务局,并将市经信委内贸职能划归商务局。工会成立于1986年,历任工会主任有:

1996年—1998年聊城地区对外贸易局工会主任:孙殿礼;1998年—2003年聊城市对外经济贸易局工会主任:郝兴国;2003年—2010年聊城市对外经济贸易局工会主任:程恩义;2010年至今聊城市商务局工会主任:程恩义。

聊城市各县(市、区)商务局工会

东昌府区商务局机关工会成立于2009年10月27日,时任主席:袁霞。2016年3月12日撤销机关工会,现工会负责人:袁霞。

临清市商务局机关工会成立于2010年4月,现任主席:王春光。

高唐县商务局机关工会成立于2006年6月,现任主任:杨忠杰。

茌平县商务局机关工会成立于2011年1月,现任主席:袁健。

东阿县商务局机关工会成立于2015年7月,现任主席:暑修宇。

莘县对外经济贸易委员会成立于1991年7月,2002年,改称县对外贸易经济合作局,2010年4月,县政府机构改革,由原莘县商业委员会和原莘县外经贸经济合作局合并组建为莘县商务局,没有成立工会组织。原工会主席:王鲁豫。

冠县经信和商务局成立于2015年3月,是由原冠县经济和信息化局和原冠县商务局合并成立。同月,冠县县委任命焦成栋为冠县经信和商务局工会主席。

阳谷县商务局工会成立于2010年12月,现任主席张燕华。

附录:

1976年6月由聊城地区供销社抽调部分人员组建聊城地区对外贸易局。1994年2月8日,聊城地区对外经济贸易委员会与聊城地区对外贸易局合并,组建聊城地区对外经济贸易委员会,1998年更名为聊城市对外经济贸易委员会,2002年4月19日,对外经济贸易委员会更名为对外经济贸易合作局,2010年1月7日,组建聊城市商务局,对外贸易经济合作局的职责、市经济贸易委员会内贸管理和机电产品进出口管理职责,整合划入市商务局,不再保留市对外贸易经济合作局。1984年聊城地区工会工作委员会成立,1984年—1998年聊城地区对外贸易局工会主任孙殿礼;1998年—2003年聊城市对外经济贸易委员会工会主任郝兴国;2003年—2010年聊城市对外经济贸易局工会主任:程恩义。

滨州市商务局工会委员会

滨州市商务局,2010年8月由原滨州市对外贸易经济合作局改称,没有选举新的工会机构和负责人,工会工作由副局长王成分管、办公室承担。

滨州市各县(市、区)商务局工会

滨城区商务局工会委员会成立于2015年3月,现任副主席:赵俊杰。

沾化区商务局工会委员会成立于2015年5月5日,现任主席:李涛。

惠民县商务局工会委员会成立于2015年3月23日,现任主席:周勇。

阳信县商务局工会委员会成立于2015年3月19日,现任主席:宋守恒;副主席:吴晓蕾。

无棣县经济和信息化局工会委员会成立于2015年3月18日,现任主席:李海燕。

博兴县商务局工会委员会成立于2015年2月,现任主席:周雅琴;副主席:李迎康。

邹平县商务局工会委员会成立于2015年3月2日,现任主席:赵刚。

菏泽市商务局工会委员会

菏泽市商务局成立于2010年1月,是由原菏泽市对外贸易经济合作局和原菏泽市贸易办公室合并组建。2月16日,中共菏泽市商务局工作委员会任命张燕为菏泽市商务局工会工作委员会主席。2013年12月20日,菏泽市商务局召开第一次工会会员代表大会,选举产生了市商务局机关第一届工会委员会,委员会由孙雷、杨忠明、黄涛、武卿、王恩民、苏炜华组成;同时,第一届委员会第一次会议,选举孙雷为工会主席,苏炜华为工会经费审查委员会主任。

菏泽市各县(市、区)商务局工会

牡丹区商务局机关工会成立于2010年3月16日,现任工会主席:李继端。

曹县商务局机关工会成立于2015年4月10日,现任工会主席:李海。

成武县商务局机关工会成立于2015年9月25日,现任工会主席:王继勇。

单县商务局机关工会成立于2016年8月,现任工会主席:蔡爱启。

定陶县商务局现工会负责人:杨素华。

巨野县商务局现工会负责人:李娟。

郓城县商务局现工会负责人:李向东。

鄄城县商务局现工会负责人:张淑云。

东明县商务局现工会负责人:朱永胜。

开发区商务局现工会负责人:杜鑫鑫。

山东省各县（市、区）外经贸企业工会联合会

淄博市周村区外经贸工会联合会，成立于1998年4月15日，现任主席：石晶。

济宁市嘉祥县外经贸企业工会联合会，成立于2016年2月23日，现任主席：刘占成。

东营市河口区商务工会委员会，成立于2016年3月31日，现任主席：麻景光。

济南市商河县外经贸行业工会联合会，成立于2016年4月18日，现任主席：李占武。

临沂市沂源县外经贸产业工会联合会，成立于2016年4月20日，现任主席：张红。

枣庄市峄城区外经贸企业工会联合会，成立于2016年5月20日，现任主席：陈威。

潍坊市昌邑市外经贸工会联合会，成立于2016年6月13日，现任主席：李赞伟。

威海市文登区商务工会委员会，成立于2016年8月10日，现任主席：林超。

威海市乳山市商务企业工会联合会，成立于2016年8月24日，现任主席：赵秀杰。

威海市环翠区商务企业工会联合会，成立于2016年9月16日，现任主席：王飞。

德州市乐陵市商务行业工会联合会，成立于2016年9月19日。

菏泽市成武县外经贸企业工会联合会，成立于2016年9月20日，现任主席：王再阳。

滨州市博兴县外经贸企业工会联合会，成立于2016年9月22日，现任主席：周雅琴。

滨州市沾化区外经贸企业工会联合会，成立于2016年9月27日，现任主席：李涛。

泰安市新泰市外经贸企业工会联合会，成立于2016年9月28日，现任主席：武国。

枣庄市市中区外经贸企业工会联合会，成立于2016年10月13日。

临沂市兰山区外经贸企业工会联合会，成立于2016年10月14日，现任主席：张洪庆。

菏泽市郓城县外经贸企业工会联合会，成立于2016年10月17日，现任主席：孙学中。

临沂市沂水县外经贸企业工会联合会，成立于2016年10月18日，现任主席：田付涛。

滨州市惠民县外经贸企业工会联合会，成立于2016年10月20日，现任主席：周勇。

临沂市平邑县外经贸企业工会联合会，成立于2016年10月26日，现任主席：赵志军。

泰安市泰山区外经贸企业工会联合会，成立于2016年10月26日，现任主席：吴修家。

滨州市滨城区外经贸企业工会联合会，成立于2016年11月16日，现任主席：刘晓红。

滨州市邹平县外经贸企业工会联合会，成立于2016年11月16日，现任主席：景广海。

淄博市高青县外经贸企业工会联合会，成立于2016年11月25日，现任主席：付志文。

威海市荣成市外商投资企业工会联合会，成立于2016年12月6日，现任主席：马晓东。

莱芜市莱城区外经贸企业工会联合会，成立于2016年12月6日。

济宁市邹城市外经贸企业工会联合会，

成立于2016年12月8日。

烟台市栖霞市外经贸企业工会联合会，成立于2016年12月9日。

临沂市罗庄区外经贸企业工会联合会，成立于2016年12月13日，现任主席：于丽。

淄博市淄川区外经贸企业工会联合会，成立于2016年12月21日，现任主席：齐菊花。

济宁市泗水县外经贸企业工会联合会，成立于2016年12月28日，现任主席：宋宏。

山东省外经贸工会及所属企（事）单位工会组织机构沿革

1973年

山东省革委对外贸易局工会工作委员会工会成立，王增三任副主任。办公地址：青岛市市南区中山路93号（现建行大厦）。

1974—1976年

山东省革委会对外贸易局工会工作委员会，副主任：王增三。

1977年

山东省革委会对外贸易局工会工作委员会，主任：曹长治，副主任：王增三；办事员：丁士仪。

1978年

山东省革委会对外贸易局工会工作委员会，主任：曹长治，副主任：王增三；办事员：丁士仪。

1979年

2月14日，山东省总工会发文《关于省级各局所属单位建立工会后领导关系问题的意见》中明确规定，外贸基层工会的各项业务工作和工会经费，由省总工会外贸工作委员会直接领导和管理。

山东省外经贸工会由原山东省外贸局分离出来成立省产业工会。

10月27日，山东省总工会发文《关于省级产业工会编制问题的通知》中确定，山东省总工会外贸工作委员会编制人数为7人。

12月25日，山东省革委对外贸易局工会工作委员会更名为山东省总工会外贸工作委员会，曹长治任主任，王曾三任副主任。

1980年

2月20日，山东省总工会发文《关于省产业工会人员编制管理问题的报告》中确定，山东省总工会外贸工作委员会编制人数为7人。

6月20日，山东省总工会发文《关于公

布恢复建立省产业工会的通知》中：经报请省委批准，我省部分省产业工会已恢复建立。其中，山东省总工会对外贸易工作委员会，主任：曹长治；副主任：王曾三。办公地址：省外贸局（驻青岛）。

9月13日，山东省总工会发文《关于改进工会经费留成比例的通知》对省级产业工会的经费管理问题中明确：省外贸局工会实行垂直管理。

1981年

1月6日，山东省总工会发文《关于下达省总工会干校及各产业工会1981年1至6月份劳动工资计划的通知》中确定，山东省总工会外贸工作委员会人数为7人。

7月18日，山东省总工会发文《关于下达省各产业工会1981年7至12月份劳动工资计划的通知》中确定，山东省总工会外贸工作委员会人数为7人。

12月25日，山东省总工会发文《关于下达1982年第一季度劳动工资计划的通知》中确定，山东省总工会外贸工作委员会人数为7人。

1982年

3月26日，山东省总工会发文《关于下达1982年第二季度劳动工资计划的通知》中确定，山东省总工会外贸工作委员会人数为7人。

6月26日，山东省总工会发文《关于下达1982年第三季度劳动工资计划的通知》中确定，山东省总工会外贸工作委员会人数为7人。

9月30日，山东省总工会发文《关于下达1982年第四季度劳动工资计划的通知》中确定，山东省总工会外贸工作委员会人数为7人。

1983年

2月22日，山东省总工会对外贸易工作委员会向省总工会呈报《关于申请添置交通工作车的报告》。

3月30日，山东省总工会发文《关于下达1983年第二季度劳动工资计划的通知》中确定，山东省总工会外贸工作委员会人数为8人。

9月16日，山东省总工会批复：根据省政府鲁发（1981）71号文，《关于汽车管理的暂行规定》的汽车配备标准，同意省外贸工会配备小汽车一辆。

12月29日，山东省总工会发文《关于下达1984年第一季度劳动工资计划的通知》中确定，山东省总工会外贸工作委员会人数为9人。

1984年

山东省总工会对外贸易工作委员会，主任：曹长治；副主任：吴文教、朱宝发。

1985年

8月26日，山东省总工会发文《关于曹长治等同志职务任免的通知》中决定：朱宝发任山东省总工会对外贸易工作委员会副主任；于赞德任山东省总工会对外贸易工作委员会副主任；免去曹长治山东省总工会对外贸易工作委员会主任职务；免去吴文教山东省总工会外贸工作委员会副主任职务。

1986年

山东省总工会对外贸易工作委员会，副主任：朱宝发、于赞德。

3月18日，山东省总工会发文《关于下达1986年第二季度劳动工资计划的通知》中确定，山东省总工会外贸工作委员会人数为8人。

9月19日，中共山东省总工会党组发文决定：阎改荣任山东省总工会对外贸易工作委员会副主任（列朱宝发之后）；免去其山东省总工会宣传教育部副部长职务。

1987年

8月3日，中共山东省总工会党组发文决定：丛毅富任山东省总工会对外贸易工作委员会主任；免去朱宝发同志山东省总工会外贸工作委员会副主任职务。

1988年—1990年

山东省总工会对外贸易工作委员会，主任：丛毅富；副主任：阎改荣。

1991年

山东省总工会对外贸易工作委员会，主任：丛毅富；副主任：阎改荣。

4月4日，山东省总工会发文《关于下达〈1991年职工人数和工资总额控制指标〉的通知》中确定，省外贸工会人数为7人。

4月24日，山东省总工会对外贸易工作委员会正式向山东省总工会呈报建议，将"山东省总工会对外贸易工作委员会"改名为"山东省总工会对外经济贸易工作委员会"。

6月6日，山东省总工会对外贸易工作委员会正式向山东省总工会呈报《关于山东省总工会对外贸易工作委员会改革领导体制的报告》，就省外贸工会的名称、领导体制、编制、工作范围、性质、人员配备、财务体制等提出了意见和建议。

6月10日，山东省经贸委党组致函省外贸工会：同意"山东省总工会对外贸易工作委员会"改名为"山东省对外经济贸易工作委员会"。成为兼省产业工会职能的企业工会，同时接受委党组和省总工会的领导，以委党组领导为主的体制。同意财务保持原体制不变。

10月，田敬毅由山东省食品进出口公司调山东省对外经济贸易工作委员会工作。

1992年

1月27日，中共山东省对外经济贸易委员会党组发文，周秀云任山东省对外经济贸易委员会机关工会委员会副主任（副处级）。

4月24日，中共山东省总工会党组发文决定：张桂香任山东省总工会对外贸易工作委员会副主任；免去阎改荣的山东省总工会对外贸易工作委员会副主任职务。

4月，山东省总工会对外贸易工作委员会批复：同意阎改荣为山东省对外贸易总公司工会副主席（主持工作）。

6月19日，山东省对外经济贸易委员会发文，成立"山东省对外经济贸易委员会老年人体育协会"，名誉主席：孙超，主席：张仁祺，副主席：张明全、高可尊、曲连科；顾问：陈维秋；委员：28人；秘书长：黄宝祥；副秘书长：朱克礼。

7月经青岛市工商局批准成立了山东外贸工会青岛商社。

8月1日，中共山东省对外经济贸易委员会驻青岛外贸系统委员会发文，（展览公司工会主席）邓克银任中共山东省国际贸易展览公司委员会委员。

9月4日，中共山东省对外经济贸易委员会驻青岛外贸系统委员会发文，丛毅富任省经贸委驻青外贸系统党委委员。

10月6日，王新强由山东外运莱阳公司

调山东省总工会对外贸易工作委员会工作。

10月13日，中共山东省经贸委驻青机关总支委会批复：同意山东省总工会对外贸易工作委员会张桂香任委机关政工三支部副书记。

10月28日，山东省总工会对外贸易工作委员会向山东省总工会呈报《关于调整内部机构的报告》，拟对内部机构调整为三部一室，即：办公室、基层工作部、经济事业部、宣传文体部。同时，确定了山东省总工会对外贸易工作委员会及各部的职责范围。

山东省总工会对外贸易工作委员会主任丛毅富；副主任张桂香；办公室主任王新强，基层工作部部长闻春桂，经济事业部部长初嘉胜，宣传文体部部长邱伟。办公地点：青岛市市南区南海路11号。

10月14日，山东省总工会对外贸易工作委员会批复：同意由孙维芬、尹术兴等十七人组成山东省食品进出口公司工会第八届委员会；孙维芬为工会委员会主席，尹术兴为工会副主席，万培爱、于杰、王卫华、王桂兰、刘素芳、任振强、齐月春、李坚、周爱真、周运民、高寿荣、徐树萱、戚桂玲、窦基进、翟守恩为委员；戚桂玲为工会经费审查委员会主任。

1993年

1月11日，山东省总工会对外经济贸易工作委员会批复：同意经贸部青岛疗养院工会成立"经贸部青岛疗养院经贸开发公司"；李东立为负责人。

1月18日，山东省总工会对外经济贸易工作委员会批复：同意省工艺品进出口公司杨埠寨仓库工会成立"青岛赓发贸易实业公司"；高山任经理（法人代表）。

2月4日，中共山东省对外经贸系统委员会发文，增补（抽纱公司工会主席）张青任中共中国抽纱进出口（集团）公司山东抽纱公司委员会委员。

2月15日，中共山东省总工会党组发文：田敬毅任山东省总工会对外经济贸易工作委员会经济事业部副部长。

2月19日，山东省总工会对外经济贸易工作委员会批复：同意山东省国际贸易展览公司工会成立"青岛古川创想公司"；王为民为负责人（法人代表）。

3月17日，山东省对外经济贸易委员会成立省经贸委托幼工作领导小组，其中，委机关工会主席周秀云为领导小组副组长，省外经贸工会副主任张桂香为领导小组成员。

3月20日，山东省外经贸工会批复：同意对外经济贸易职工大学、对外经济贸易学校工会委员会选举王柏钟任工会主席、于延文任工会副主席，李君秀任工会经费审查委员会主任。

3月20日，山东省总工会对外贸易工作委员会批复：同意由王圣福、蔡燕荣、刘英德等七人组成经贸部青岛疗养院第三届工会委员会；王圣福为工会委员会主席，丛玉福为工会常务副主席，蔡燕荣为工会副主席兼女工委员会主任；刘英德为工会经费审查委员会主任。

3月24日，山东省总工会对外贸易工作委员会批复：同意山东珍珠大酒店工会委员会补选王恩普为工会副主席。

4月24日，山东省机构编制委员会发文《关于山东省总工会对外贸易工作委员会更名的批复》中确定："山东省总工会对外贸易工作委员会"更名为"山东省总工会对外经济贸易工作委员会"，负责全省外经外贸系统的工会工作。

5月6日，中共山东省对外经贸系统委员会发文，（省医保公司工会主席）李鲁青任中共山东省医药保健品进出口公司委员会委员。

5月20日，山东省总工会办公室发文《关于启用山东省总工会对外经济贸易工作委员会印章的通知》中确定:"山东省总工会对外经济贸易工作委员会"印章从1993年5月20日启用(原印章同时作废)。

5月,山东省对外经贸系统委员会发文,批准成立"青岛海牛足球俱乐部"。5月31日山东省对外经贸系统委员会办公室发文自即日起启用"青岛海牛足球俱乐部"新章。

7月,山东省总工会对外贸易工作委员会批复:同意补选丁士江为山东省五金矿产进出口公司工会委员会副主席,列韩秀云之前。

7月12日,山东省总工会对外经济贸易工作委员会批复:同意由于业成等五人组成青岛丝金花饰有限公司第一届工会委员会,于业成任副主席。该工会接受中国抽纱山东进出口公司工会委员会的全权领导。

8月14日,山东省对外经济贸易委员会发文《关于成立第三产业工作领导小组的通知》中,山东省总工会对外经济贸易工作委员会主任丛毅富任山东省经贸系统第三产业工作领导小组成员。

8月23日,山东省对外经济贸易委员会发文《关于成立三项制度改革协调指导小组的通知》中,山东省总工会对外经济贸易工作委员会主任丛毅富任山东省经贸系统"实行岗位技能工资制"中粮山东粮油进出口公司改革协调指导小组组长。

9月,山东省总工会对外贸易工作委员会批复:同意增补刘全世为山东省畜产进出口公司工会委员会委员,任副主席,列张守仁之前。赵芳秀因另有任用,不再担任公司工会副主席。

9月16日,山东省总工会对外经济贸易工作委员会在烟台注册成立"山东外贸汇荣烟台经贸公司",为集体所有制企业,实行独立核算,自负盈亏的管理办法,隶属山东省总工会对外经济贸易工作委员会领导。聘任陈中卿为公司总经理和法人代表。

10月,山东省总工会对外贸易工作委员会批复:同意由刘全世、张守仁、赵芳秀、李玉兰、李根才、刘新姿、刘新华、张来俊、国生、徐进京、娄春萍、曹立举、盖国风、薛修亮、滕俊英十五人组成山东省畜产进出口公司工会第五届工会委员会;刘全世、张守仁任工会委员会副主席,刘全世主持工会工作。刘新姿任工会经费审查委员会主任,韩明惠任工会经费审查委员会副主任。

10月,山东省总工会对外贸易工作委员会批复:同意由周新征、曲永涛、蒋文莉组成首届山东省对外经济贸易财务公司工会委员会,周新征任工会主席。

山东省总工会对外贸易工作委员会批复:同意由白磊、王集钦、丁爱勤、朱秀英、冷健五人组成青岛丝金时装有限公司第二届工会委员会,白磊任工会副主席;仲秀华任工会经费审查委员会主任。

11月18日,山东省对外经济贸易委员会发文《关于转发省三部门的〈关于开展"安保杯"冬季防火安全活动的通知〉的通知》中,山东省总工会对外经济贸易工作委员会主任丛毅富任省经贸委"安保杯"冬季防火安全活动领导小组成员。

1994年

3月经山东省工商局批准成立了山东外贸汇荣总公司。

9月10日,山东省总工会对外经济贸易委员会发文《关于调整省外经贸委安全生产委员会及领导成员的通知》中,山东省总工会对外经济贸易工作委员会主任丛毅富任委员会成员。

9月10日,山东省总工会对外经济贸易委员会发文《关于成立"省外经贸股份有限公司内部职工持股试点工作领导小组"的通知》中,山东省总工会对外经济贸易工作委员会主任丛毅富任领导小组成员。

1995年

2月8日，山东省对外经济贸易委员会发文，免去黄宝祥的山东省对外经济贸易委员会机关工会工作委员会主任职务。

5月10日，山东省对外经济贸易委员会发文《关于成立"管理效益年"活动领导小组的通知》中，山东省总工会对外经济贸易工作委员会主任丛毅富任领导小组成员。

10月至1997年5月，山东省外经贸工会田敬毅到山东省东营市利津县陈庄镇挂职副镇长。

1996年

4月4日，山东省总工会对外经济贸易委员会致函山东凯远集团《关于凯远集团成立工会委员会的意见》，就凯远集团建立工会委员会、委员人数、工会主席和副主席的产生、领导体制等提出了具体意见。

4月30日，山东省对外经济贸易委员会发文《关于调整山东省外经贸委"管理效益年"活动领导小组成员的通知》中，山东省总工会对外经济贸易工作委员会主任丛毅富任领导小组成员。

6月11日，中共山东省委任命丛毅富同志为山东省总工会助理巡视员。

10月28—29日，山东省总工会助理巡视员、山东省对外经济贸易工会主任丛毅富出席中国财贸工会第四届全国委员会会议并选为全国委员会委员。

12月18日，山东省对外经济贸易工会副主任张桂香当选山东省送温暖工程基金会理事。

12月26日，山东省对外经济贸易委员会青岛机关部分处室前往济南市黑虎泉路121号山东省对外经济贸易委员会办公大楼，并将于1997年1月2日起正式对外办公。

1997年

4月10日，山东省总工会发文《关于印发省总工会所属事业单位机构编制调整方案的通知》中确定：山东省总工会对外经济贸易工作委员会更名为山东省对外经济贸易工会委员会，编制由10人调整为11人，其中主席1人，副主席1人。

6月1日，山东省总工会办公室下发《关于启用山东省总工会机关部室及事业单位印章的通知》，其中，"山东省对外经济贸易工会委员会"印章自上级批复文件发布之日起启用，原印章同时作废。

9月1日，山东省对外经济贸易委员会向各单位下发《关于改善和提高山东省外经贸系统离退休劳动模范待遇的通知》。

9月15日，山东省对外经济贸易委员会发文《关于成立凯远集团公司兼并山东省物产进出口公司领导小组的通知》中，山东省总工会对外经济贸易工作委员会副主任张桂香任领导小组成员；王新强任领导小组办公室成员。

11月26日，山东省对外经济贸易委员会工作人员郑颖杰调山东省粮油进出口集团公司从事外贸业务工作。

12月15日，山东省对外经济贸易委员会发文《关于调整省外经贸委安全生产委员会领导成员的通知》中，山东省总工会对外经济贸易工作委员会副主任张桂香任领导小组成员。

12月15日，中共山东省对外经济贸易委员会机关委员会批复：经研究成立山东省外经贸委驻青机关党总支。其中，省外经贸工会副主任张桂香任党总支委员。

12月15日，中共山东省对外经济贸易委员会机关委员会批复：经研究同意系统工会党支部由张桂香、闻春桂、田敬毅三位同志组成，张桂香同志任书记。

1998 年

1月5日，山东省对外经济贸易工会委员会下发《关于启用新图章的通知》，根据山东省机构编制委员会、山东省总工会关于产业工会更名的通知，"山东省总工会对外经济贸易工作委员会"更名为"山东省对外经济贸易工会委员会"。新的图章从1998年1月5日启用。

2月，山东省对外经济贸易工会委员会批复：同意中化山东进出口集团公司工会第四届工会委员会选举张培亮任工会主席。

2月27日，共青团山东省对外经济贸易委员会发文，在全省外经贸系统开展第三届"山东外经贸十佳青年"评选表彰活动。评选活动由省外经贸企业协会和省外经贸团委联合组织实施，省外经贸委成立评选表彰工作领导小组。省外经贸系统党委副书记、省外经贸委副主任刘国栋任组长，外经贸系统党委宣传部长高化军、省外经贸工会副主任张桂香为小组副组长。

2月23日，山东省对外经济贸易委员会发文，调整省外经贸委老干部工作领导小组成员，调整后，省外经贸委副主任刘国栋任组长，省外经贸工会副主任张桂香为小组成员。

2月25日，山东省对外经济贸易委员会发文，调整省外经贸委驻青单位计划生育领导小组成员，调整后，省外经贸委副主任刘国栋任组长，省外经贸工会副主任张桂香为小组成员，省外经贸委机关工会主席周秀云为小组成员兼办公室主任。

3月27日，中共山东省总工会党组发文，田敬毅任山东省对外经济贸易工会委员会主任科员。

6月12日，山东省对外经济贸易委员会在《关于举办山东省外经贸法律知识电视大奖赛的通知》中，成立竞赛组委会，省对外经济贸易委主任王春涛为主任，省对外经济贸易委副主任张群力、任学春为副主任，省对外经济贸易工会副主任张桂香为组委会成员，邱伟为副秘书长。

7月6日，山东省对外经济贸易委员会发文，成立省外经贸委下岗职工基本生活保障和再就业工作领导小组。省外经贸委主任王春涛任组长，省外经贸委副主任刘国栋任副组长，省外经贸工会副主任张桂香为小组成员。

7月28日，中共山东省对外经济贸易委员会驻青机关总支委员会批复：同意组建汇荣培训中心党支部，田敬毅同志兼任党支部书记。

8月4日，山东省对外经济贸易工会主任丛毅富被选为山东省工会第十一次代表大会代表和省产业代表团团长、党支部书记及第一代表组副组长；同时，山东省食品进出口公司工会主席尹术兴也选为大会代表；以上两人于8月13日至16日出席了此次代表大会。会上，丛毅富被选为山东省工会第十一次代表大会主席团成员、大会闭幕式执行主席、山东省总工会第十一届委员会委员、山东省出席中国工会十三大代表。

10月19—24日，山东省对外经济贸易工会主任丛毅富作为代表出席了中国工会第十三次全国代表大会。

1999 年

2月26日，山东省外经贸工会下发《关于调整省外经贸工会女职工委员会的决定》，调整后的省外经贸工会女职工委员会组成如下：主任张桂香，副主任王慧芳；委员：于晓丽、李鲁青、曹克茹、肖黎、林青、李惠松、石瑞娟、滕建华、徐勇刘华、荆淑云、安传英、姜再育、金玉芬、刘黎青。

3月，山东省外经贸工会批复：同意山东省纺织品进出口公司工会委员会选举于晓利任工会主席。

3月，山东省外经贸工会批复：同意山东省外贸集团公司工会委员会选举肖黎任工会主席。

3月，山东省外经贸工会批复：同意山东省特艺品进出口公司工会委员会选举李青岩任工会主席。

3月22日，山东省总工会办公室发文公布《山东工会年鉴》编审委员会主任、副主任、委员名单，省外经贸工会主任丛毅富为委员。

6月30日，山东省外经贸工会批复：同意中粮山东进出口公司工会委员会选举孙元江任工会主席。

6月30日，山东省外经贸工会批复：同意山东设备进出口公司工会委员会选举孙国强任工会主席。

8月2日，中共山东省对外经贸系统委员会发文，成立山东省外经贸委推行厂务公开领导小组，组长：刘国栋，副组长：刘方会、丛毅富；成员：于文亮、张克宁、史连祥、杨秀芳、张鹏远、孙秀云、张桂香；办公室主任：张桂香，副主任：史连祥。

10月13日，山东省外经贸工会批复：同意山东省畜产进出口公司工会会员大会选举刘新华任工会主席。

11月，山东省外经贸工会批复：同意山东省工艺品（集团）进出口公司工会会员大会选举迟宗良任工会主席、柳华力任工会副主席。

2000年

1月13日，山东省外经贸工会批复：同意山东省宏达国际货运代理有限公司工会第一届会员大会选举刘玫任工会副主席，主持日常工作；辛伟任工会经费审查委员会主任。

2月24日，山东省外经贸工会批复：同意山东省五金矿产进出口公司工会委员会选举周家安任工会副主席，主持工会工作。

2月24日，山东省外经贸工会批复：同意山东省对外经济贸易职工大学、对外经济贸易学校工会委员会选举王柏钟任工会主席、于延文任工会副主席，李君秀任工会经费审查委员会主任。

4月28日，山东省外经贸工会批复：同意山东省对外经济贸易学校工会委员会第二届委员会选举王宗湖任工会主席，于云霞任工会经费审查委员会主任。

4月30日，山东省外经贸工会主任丛毅富、副主任张桂香到省服装进出口公司与该公司刘文威书记，就该公司工会主席的变动问题交换意见。

6月2日，山东省外经贸工会主任丛毅富到济南山东珍珠大酒店与该酒店总经理和书记，就酒店的工会主席设置和工会组织建设进行了交流并提出了意见。

6月5日，山东省总工会组织部发文《关于下达2000年职工人数和工资总额计划的通知》中确定，省外经贸工会正式职工人数9人。

6月13日，山东省外经贸工会批复：同意山东省机械进出口公司工会委员会选举增补王宏亚为公司工会委员会委员、并担任工会副主席。

6月20日，山东省外经贸工会批复：鉴于山东省机械进出口公司已更名，同意山东省机械进出口公司工会委员会更名为"山东省机械进出口集团公司工会委员会"，其人员组成不变。

6月28日，山东省外经贸工会批复：同意山东省亚航国际货运代理有限公司工会委员会第一届委员会选举王翠云任工会主席，柴威玲任工会副主席（主持日常工作）；谢清任工会经费审查委员会主任。

6月28日，山东省外经贸工会向各单位工会转发了中共山东省委组织部、山东省总工会《关于中、小企业工会主席实行直接选举工作的意见》并要求认真贯彻执行。

6月28日,山东省外经贸工会向各单位工会转发了中共山东省委组织部、中共山东省委统战部、山东省经济贸易委员会、山东省对外贸易经济合作厅、山东省工商行政管理局、山东省总工会《关于进一步加强新建企业工会组建工作的意见》并要求认真贯彻落实。

8月2日,山东省外经贸委厂务公开领导小组更名为:山东省外经贸厅厂务公开领导小组。

8月8日,山东省外经贸工会批复:同意山东省国际贸易中心工会委员会选举增补张守庭任中心工会委员会副主席。

8月26日,山东省外经贸工会批复:同意中化山东进出口集团公司工会委员会选举赵维报任集团公司工会副主席。

9月4日,山东省外经贸工会批复:同意山东省文教体育用品进出口公司工会委员会新一届委员会选举刘培怀任工会主席,徐勇任工会副主席。

9月12日,山东省外经贸工会批复:同意山东机械设备进出口集团海外成套设备有限公司成立职工持股会。

10月16日,山东省外经贸工会批复:同意山东省东方海盛贸易有限公司成立职工持股会。

11月13日,山东省外经贸工会批复:同意山东海丰国际货运有限公司成立职工持股会。

11月14日,山东省外经贸工会批复:同意组建山东省交通进出口有限公司工会。

11月23日,山东省外经贸工会批复:同意增补李颖为山东省外贸学校工会委员会经费审查委员会委员、并担任主任。

12月1日,山东省外经贸工会批复:同意山东省瀚森国际经济合作有限公司工会委员会第一届委员会选举滕林任工会主席,马晓光、王效民任工会副主席。

12月5日,山东省外经贸厅推行厂务公开领导小组成员调整,组长:刘方会,副组长:王继寅、丛毅富;成员:赵乐民、史连祥、杨秀芳、袭兴、郭洪涛、张桂香;办公室主任:张桂香,副主任:史连祥。

12月6日,山东省外经贸工会批复:同意山东省交通进出口有限公司第一届工会委员会选举刘宝春任工会主席,赵晶任工会副主席。

12月7日,山东省外经贸工会批复:同意增补王红霞为山东省服装进出口集团总公司工会副主席。

12月20日,山东省外经贸工会批复:同意山东长信贸易有限公司成立职工持股会。

2001年

1月8日,山东省外经贸工会批复:同意增选马惠民为山东省交通进出口有限公司工会副主席。

1月22日,山东省外经贸工会批复:同意山东省荣鑫进出口有限公司首届工会委员会选举刘新青任工会副主席。

2月12日,山东省送温暖工程基金会发函通知,省外经贸工会副主任张桂香为山东省送温暖工程基金会理事。

3月7日,山东省外经贸工会批复:同意山东外贸集团泺丰有限公司成立职工持股会。

3月9日,山东省外经贸工会批复:同意山东省服装进出口集团东丽有限公司成立职工持股会。

3月19日,山东省外经贸工会批复:同意山东省服装进出口集团美达有限公司成立职工持股会。

3月21日,山东省总工会、山东省经济贸易委员会联合发文《关于开展"安康杯"竞赛的通知》中,在新调整的山东省"安康杯"竞赛组委会,省外贸工会主席丛毅富任竞赛组委会委员。

4月12日，山东省外经贸工会批复：同意山东省建筑材料进出口公司第三届工会委员会选举戴肇森任工会主席。

5月9日，山东省外经贸工会发函：同意将中联油国际贸易有限公司工会组织关系转至中国联合石油有限责任公司工会，实施统一领导。

5月11日，山东省外经贸工会批复：同意山东省肉食蛋品进出口公司第三届工会委员会选举宋青华任公司工会主席；同意殷聚会担任公司第三届工会经费审查委员会主任。

5月17日，山东省外经贸工会副主任张桂香、基层工作部部长闻春桂陪同山东省总工会组织部副部长张志超、科长房可乐到山东省物产进出口公司了解并协调解决该公司工会主席变动和选举事宜。

6月19日，山东省外经贸工会批复：同意山东机械设备进出口集团通利机械有限公司成立职工持股会。

7月3日，山东省外经贸工会批复：同意山东省物产进出口公司第三届工会委员会选举曲宝山任公司工会主席；同意王征途担任公司第三届工会经费审查委员会主任。

8月22日，山东省外经贸工会批复：同意山东省五金矿产进出口公司第十二届工会委员会选举周家安任公司工会主席；同意冯翠英担任公司第十二届工会经费审查委员会主任。

9月4日，山东省外经贸工会批复：同意王柏钟不再担任山东省对外经济贸易学校工会委员会主席职务；同意增补周家勇为山东省对外经济贸易学校工会委员会委员，并任工会主席。

9月29日，山东省外经贸工会批复：同意将"山东省服装进出口集团总公司工会委员会"变更为"山东绮丽集团公司工会委员会"。

11月26日，山东省外经贸工会复函山东省丝绸总公司党委：同意山东省丝绸进出口公司工会委员会关系隶属省外经贸工会并由省外经贸工会统一实施管理。

12月10日，山东省外经贸工会批复：同意凯远集团公司第一届工会委员会选举贾玉良任工会主席；同意樊祥涛担任第一届工会经费审查委员会主任。

12月18日，山东省外经贸工会批复：同意珍珠大酒店第四届工会委员会选举王汝振任工会主席；同意臧志红担任第四届工会经费审查委员会主任。

12月20日，山东省外经贸工会批复：同意成立山东省丝绸进出口公司职工持股会。

2002年

1月8日，山东省外经贸工会主任丛毅富在中国财贸轻纺烟草工会成立大会上当选中国财贸轻纺烟草工会第一届全国委员会委员。

1月11日，山东省外经贸工会批复：同意山东对外经贸华通公司第一届工会委员会选举陈济升任工会主席。

3月4日，山东省外经贸工会批复：同意郝成胜（因退养）不再担任机关工会主席职务；同意现任机关工会副主席王自贵主持工会工作。

3月4日，山东省外经贸工会批复：同意中国抽纱山东进出口公司工会委员会进行换届并对搞好换届提出了要求。

4月15日，山东省外经贸工会批复：同意山东海丰国际航运集团有限公司工会委员会调整意见，调整后由肖敏廷任公司工会主席，方安舟、王亚男任公司工会副主席；同意张海青任公司工会经费审查委员会主任；王亚男任公司工会女职工委员会主任。

4月28日，山东省外经贸工会批复：同意中国外运山东公司第四届工会委员会选举于成群任工会主席、王本瑞任公司工会副主席;同意孟祥民担任第四届工会经费审查委员会主任。

5月17日,山东省外经贸工会批复:同意成立中国出口商品基地建设山东公司职工持股会。

7月3日,山东省总工会组织部发文《关于下达2002年省总工会直属单位职工人数和工资总额计划的通知》中确定,省外经贸工会正式职工人数9人。

8月22日,山东省外经贸工会批复:同意山东新中基国际贸易有限公司第一届工会委员会选举王辉道任工会主席、王凤亭任公司工会副主席;同意王明友担任第一届工会经费审查委员会主任。

9月2日,山东省外经贸工会批复:同意山东客瑞的进出口有限公司工会委员会选举翁颖伦任工会主席;同意邹英担任工会经费审查委员会主任。

9月2日,山东省外经贸工会批复:同意中国包装进出口山东公司工会委员会选举翁颖伦任工会主席;同意邹英担任工会经费审查委员会主任。

9月28日,山东省外经贸工会根据中外运空运发展股份有限公司的《委托函》,经研究,并致函中外运空运发展股份有限公司:同意接受其委托,自2002年10月1日由山东省外经贸工会对中外运空运发展股份有限公司山东公司工会实施领导。

9月28日,山东省外经贸工会批复:同意金福晔任山东绮丽集团公司工会委员会副主席。

11月26日,山东省外经贸工会批复:同意山东省国际经贸信息中心第二届工会委员会选举杨玉刚任工会主席、梁秋娟任副主席。

12月30日,山东省外经贸工会批复:同意理顺凯远集团公司工会与所属单位工会隶属关系,自2003年1月始,由集团公司工会对所属单位工会实施直接领导。

2003年

1月6日,山东省外经贸工会批复:鉴于山东外贸职工大学和山东省外贸学校已于2002年7月24日合并,成立山东外贸职业学院。同意山东省外贸学校工会委员会更名为山东外贸职业学院工会委员会。

1月2日,中共山东省总工会党组发文:闻春桂任省对外经济贸易工会委员会副主任。

1月10日,山东省外经贸工会批复:同意金福晔任山东绮丽集团公司工会委员会副主席。

2月26日,山东省外经贸工会批复:同意成立山东雅泰投资有限公司第一届工会委员会。

3月3日,山东省外经贸工会批复:同意由张青、赵华、刘明远、刘荣家、吕明江、周婍、孙辉娟、付淑萍、于娟9人组成山东雅泰投资有限公司第一届工会委员会,张青任工会主席,其他人为委员。

3月3日,山东省外经贸工会批复:同意增补李绪华、孙婧、杨安、尚建营4人为山东省食品进出口公司工会委员会委员。

3月19日,山东省外经贸工会批复:同意增补李裕民、宋杰为山东省特艺品进出口公司工会委员会委员。调整后的公司工会委员会由李裕民、宋杰、汤吉芳、孙宗选、刘长缨、杜希山、徐玉红7人组织成,李裕民任工会主席,宋杰任工会副主席,其他人为工会委员会委员。

3月19日,山东省外经贸工会批复:同意由李裕民、宋杰、汤吉芳、孙宗选、刘长缨、杜希山、徐玉红7人组织成山东海川对外贸易有限公司工会委员会,李裕民任工会主席,宋杰任工会副主席,其他人为工会委员会委员。

3月24日，山东省外经贸工会批复：同意由曹君宙、于靖、胡晓燕、陈蕾、李晶、朱新奎、风豹、韩志清、孙华池、王秀娟、孙建林11人组成中国外运山东有限公司第一届工会委员会，曹君宙任工会副主席，其他人为工会委员会委员；李晶任工会经费审查委员会主任。

3月26日，山东省外经贸工会向山东省总工会呈报《关于省外经贸工会和省海员工会合署办公后内部机构设置的报告》，即：内部机构设置为三部一室：组织民管部（商贸工作部）、基层工作部（海员工作部）、女工工作部、办公室。

3月27日，中共山东省总工会党组发文：王新强任省对外经济贸易工会委员会主任；马骥任中国海员工会山东省委员会调研员；王惠芳任省对外经济贸易工会委员会助理调研员。丛毅富因退休不再担任山东省对外经济贸易工会委员会主任职务。

4月17日，山东省外经贸工会批复：鉴于中国外运山东公司已更名为山东外运公司，同意中国外运山东公司工会委员会更名为山东外运公司工会委员会。同意由李建国、孟祥民、吕韶力、姜美娟、刘学云、王义、焦裕来7人组成山东外运公司第一届工会委员会，李建国任工会主席，孟祥民任工会副主席，其他人为工会委员会委员；孟祥民任工会经费审查委员会主任。

5月8日，山东省外经贸工会向各单位工会下发《关于鞠新伟同志任职的通知》，决定聘任鞠新伟同志为省外经贸工会办公室副主任。

5月22日，山东省外经贸工会批复：同意增补陈春高、戴军为中国外运山东公司第一届工会委员会委员。

5月29日，山东省总工会发文《关于下达2003年省总工会机关及直属单位人数和工资总额计划的通知》中确定，省外贸工会、省海员工会职工人数为7人。

6月4日，山东省外经贸工会批复：同意由王海刚、宋修增、曹仁强、梁明、姜培君、官洪秀、赵丽霞、管志超、张本诚9人组成山东省丝绸进出口公司第三届工会委员会，王海刚任工会主席，其他人为工会委员会委员；张焕萍任工会经费审查委员会主任。

6月6日，山东省外经贸工会批复：同意组建新华锦集团工会委员会及相应组织。

6月12日，中共山东省总工会党组发文：撤销省对外经济贸易工会委员会内设的宣教文体部、经济事业部，设立组织民管部和女工部，调整后的内设机构为三部一室：组织民管部、基层工作部、女工工作部和办公室。

6月12日，中共山东省总工会党组发文：王惠芳兼任省对外经济贸易工会委员会女工部部长；邱伟任省对外经济贸易工会委员会基层工作部部长；田敬毅任省对外经济贸易工会委员会组织民管部部长。以上人员的原任职务自行免去。

6月12日，山东省外经贸工会批复：同意由林庆祝、王振祥、鲁慧、刘伟华、郝雨生5人组成中国烟草山东进出口公司第一届工会委员会；林庆祝任工会主席，王振祥任工会副主席；王业华任工会经费审查委员会主任。

6月28日，山东省外经贸工会批复：同意组建青岛鲁粮国际经贸有限公司工会委员会。

7月4日，山东省外经贸工会批复：同意由吕晓红、王爱玲、张博3人组成青岛鲁粮国际经贸有限公司第一届工会委员会，吕晓红任工会主席，其他人为工会委员会委员。

7月28日，山东省外经贸工会批复：同意由张洪白、孙仁照、于燕、王辉道、刘继连、朱雅丽、谷书文、张涛、李君秀、迟宗梁、张冠玲、李裕民、钟蔚、徐琦、翁颖伦15人组成新华锦集团首届工会委员会；张洪白任工会主席，孙仁照任工会副主席，其他人为委员；李秀军任工会经费审查委员会主任。

10月21日，山东省外经贸工会批复：同意增补王理俊为中国外运山东有限公司工会委员会委员。

2004年

1月8日，山东省外经贸工会批复：同意增补李勇为山东省五金矿产进出口公司工会委员会委员并任经费审查委员会主任；马天鹏为工会副主席，李怀生不再担任工会副主席保留工会委员会委员。

3月3日，山东省外经贸工会女职工代表大会及省外经贸工会女职委四届一次会议选举产生山东省外经贸工会第四届女职工委员会委员和主任、副主任。主任：王惠芳，副主任：肖黎、高广青、张冠玲；委员：于延雯、王亚楠、王崇丽、王敏、由晓梦、刘小佩、刘玫、吕俊秀、吕晓红、孙辉娟、宋杰、李金玲、李鲁青、李瑞华、张玉凤、周冬梅、周娉、孟庆华、姜美娟、赵霞、赵丽霞、胡晓燕、侯俊丽、姚振玲、贾玫玫、徐宏心、董香兰、鲁慧、滕建华。

3月19日，山东省外经贸工会批复：同意增补赵学军为山东省丝绸进出口公司工会委员会委员并任公司工会主席，王海刚不再担任公司工会主席。

5月12日，山东省总工会发文《关于印发〈关于省外经贸工会与省海员工会合署办公后有关问题的规定〉的通知》中规定：省外经贸工会与省海员工会合署办公；两个产业工会现有名称、机构、编制不变，实行两个机构、两块牌子、一套班子；省海员工会的工作范围暂维持现状，由合署后的产业工会负责；合署后两会财务工作实行统一管理，沿用省外经贸工会的管理办法和银行账户。

5月26日，山东省外经贸工会制定了《省外经贸工会印章管理办法》并执行。

6月10日，山东省外经贸工会批复：同意成立中国国际电子商务中心山东代表处工会；刘冬梅为工会主席。

7月15日，山东省外经贸工会批复：同意增补吴悦龙、于少刚、徐正贤、徐延华、张国凤、张荣胜为新华锦集团工会委员会委员；同意孙仁照因工作变动不再担任新华锦集团工会委员会副主席，由吴悦龙担任新华锦集团工会委员会副主席。

10月29日，山东省外经贸工会批复：同意金福晔任山东绮丽集团公司工会主席。

2005年

1月25日，中共山东省总工会党组发函，委托青岛市总工会党组管理省外经贸工会和省海员工会两单位的党组织。

根据山东省总工会《关于省外经贸工会与省海员工会合署办公后有关问题的规定》和青岛市总工会机关党委的要求，2月5日，省外经贸工会与省海员工会召开党员大会，选举产生了山东省外经贸、省海员工会支部委员会，马骥、田敬毅、鞠新伟三位同志当选为支部委员会委员。经支部委员会委员选举，马骥为支部书记。

2月17日，山东省外经贸工会批复：同意增补魏长征为山东外贸职业学院工会委员会委员并任工会主席；周家勇不再担任工会主席。

3月2日，山东省外经贸工会女职工委员会决定，增补林光辉、冯爱萍为省外经贸工会女职工委员会委员；张冠玲、徐宏心不再担任省外经贸工会女职工委员会委员。

3月30日，山东省外经贸工会批复：同意成立青岛海润投资集团有限公司工会委员会。

4月5日，山东省外经贸工会批复：同意由宋修增、柳书亮、孙寿强、金志鑫、管志超、赵丽霞、刘敏、任爱华、张本诚、黄存友、丁仲呈11人组成青岛海润投资集团有限公司第一届工会委员会。宋修增为工会主席;张本诚为工会经费审查委员会主任。

6月27日,山东省外经贸工会决定聘任鞠新伟为省外经贸工会办公室主任(正科)。

7月11日,山东省外经贸工会批复:同意增补韩世和、王秋玲、杨丽华为山东省食品进出口公司工会委员会委员。

9月1日,山东省外经贸工会批复:同意增补于俊昌为山东绮丽集团公司工会委员会委员。

11月3日,山东省外经贸工会批复:同意由王修德、曲宝山、陈宝霞、刘玫、戴兆森、刘培怀、李鲁青、李学明、吴思洋、高新岐、胡汉强、邓进承、高广青13人组成凯远集团公司工会委员会;王修德任集团公司工会主席;高广青任集团公司女职工委员会主任。

11月21日,山东省外经贸工会批复:同意成立山东中艺鑫抽纱有限公司工会。

为了推进外贸企业改制过程中的工会组织建设,山东省对外经济贸易工会提出了《关于在外贸企业改制过程中加强工会组织建设的意见》,并于12月20日上报省总工会建议批复执行。

12月31日,山东省外经贸工会批复:同意由付淑萍、刘荣家、刘延洲、周娉、孙建和5人组成山东中艺鑫抽纱有限公司首届工会委员会;付淑萍任工会主席;包懿任工会经费审查委员会主任。

2006年

2月20日,山东省外经贸工会批复:同意将山东滨州山孚食品有限公司工会委员会的隶属关系由山东省食品进出口公司工会转移到滨州当地工会组织管理。

4月10日,山东省总工会下发《关于省外经贸工会所属工会组织领导体制的指示》,指示明确指出:1.现直属省外经贸工会领导的外贸企业工会、改制后工会组织仍由省外经贸工会领导或由省外经贸工会授权有关工会领导,工会主席、副主席的任免须经省外经贸工会或上一级工会批准。2.现直属各外贸公司领导的子公司(含合资企业),改制后其工会组织与各外贸公司工会的隶属关系保持不变。4月12日省外经贸工会向各单位工会转发了省总的指示,并要求认真组织学习和贯彻落实。

4月26日,山东省外经贸工会批复:同意增补徐坚为山东机械设备进出口集团公司工会委员会委员并任工会主席。

4月27日,山东省外经贸工会批复:同意山东省食品进出口公司工会调整增补滕建华、仲秋维、毛作海、张海静、刘惠桐为公司工会经费审查委员会委员。

5月17日,山东省外经贸工会批复:同意由王娅男、王荣亮、林义旭、姜健男、李雪霞、郑丽荣、李青、薛鹏、薛嵩9人组成山东海丰国际航运集团有限公司工会委员会;王娅男任工会主席;薛鹏任工会经费审查委员会主任。

5月30日,山东省外经贸工会成立了山东省外经贸系统创建"劳动关系和谐企业"领导小组,组长:王新强;副组长:闻春桂;成员为各直属单位工会主席。

6月9日,山东省外经贸工会批复:同意成立山东山孚集团有限公司工会,其工会委员会组成由山东省食品进出口公司工会委员会担任。

7月13日,山东省外经贸工会批复:同意增补崔甲国、吴玉涛、周玉公、司福师、朱仲元为山东外运公司工会委员会委员;刘学云、焦裕来不再担任公司工会委员会委员。

7月27日,山东省外经贸工会批复:同意增补单吉健为中国外运山东有限公司工会委员会委员并任工会主席。

8月11日,山东省外经贸工会批复:同意将山东省东方国际贸易股份有限公司工会委员会划归山东省外经贸工会管理。原工会委员会组成人员不变，仍由刘新华、黄祖江、邱磊、马晓军、郭淑玉、邵延财、刘峰泉、韩晓东、宋涛、陈怡10人组成；刘新华为工会主席，黄祖江为工会副主席。

8月29日，山东省外经贸工会批复：同意成立青岛港丰国际物流有限公司工会。

12月12日，山东省外经贸工会批复：同意林庆祝不再担任中国烟草山东进出口公司工会委员会委员、工会主席；增补李玉松为公司工会委员会委员、任工会副主席（主持工作）。

2007年

2月1日，山东省外经贸工会批复：同意由魏长征、于延雯、孙中平、李云情、宦宁、刘翔飞、李飞7人组成山东外贸职业学院第一届工会委员会；魏长征任工会主席，于延雯任工会副主席；李颖任工会经费审查委员会主任。

2月8日，山东省外经贸工会批复：同意"山东绮丽集团公司工会委员会"更名为"绮丽集团有限责任公司工会委员会"，其工会委员会人员由金福晔、于俊昌、薛将稳、辛永宾、任君5人组成，金福晔任工会主席。

3月2日，山东省外经贸工会批复：同意孙建华、傅少林、陈奭艳、李金玲、苏振芳、于杰、安丰来、牟幸福、藏志红9人组成山东省对外贸易集团有限公司工会委员会，孙建华任公司工会主席，傅少林任公司工会副主席；江惠世任工会经费审查委员会主任。

3月14日，山东省外经贸工会致函：中外运空运发展股份有限公司工会就其山东分公司工会应隶属我会管理。3月20日中外运空运发展股份有限公司工会复函：同意中外运空运发展股份有限公司山东分公司工会隶属山东省对外经济贸易工会委员会管理。

4月26日，山东省外经贸工会批复：同意增补徐坚为山东机械设备进出口集团公司工会委员会委员并任工会主席。

4月28日，山东省外经贸工会批复：同意增补宋振扬为新华锦集团工会委员会委员并任工会主席。

5月12日，山东省外经贸工会批复：同意由邵薇、韩晓明、游相君、张泉、华玉亮、薛青、蒋亚诺组成青岛港丰国际物流有限公司第一届工会委员会，邵薇任工会主席。

11月5日，山东省外经贸工会批复：同意成立山东中外运力神起重运输有限公司工会委员会。

2008年

1月30日，山东省外经贸工会批复：同意由单吉健、曹君宙、于靖、王奉欣、丁树彬、王燕卫、赵燕、胡海忠、张宗堂、王建中、袁永红11人组成中国外运山东有限公司工会委员会，单吉健任工会主席，曹君宙任工会副主席；王奉欣任公司工会经费审查委员会主任。

4月11日，山东省外经贸工会批复：同意增补黎权为新华锦集团工会委员会委员并任副主席；吴悦龙不再担任新华锦集团工会委员会副主席。

4月14日，山东省外经贸工会批复：同意增补袁兵为山东机械设备进出口集团公司工会委员会委员并任副主席。张洪吉已退休，不再担任山东机械设备进出口集团公司工会委员会委员副主席。

5月7日，山东省外经贸工会批复：同意增补周克伟、史爱丽、张修林、仲秋维4人为山东山孚集团有限公司工会委员会委员；由尹术兴、滕建华、李绪华、薛支边、王秋玲、周克伟、史爱丽、张修林、仲秋维、于宽光、张海静11人组成山东山孚集团有限公司工会委员会，尹术兴任工会主席、滕建华任工会副主席。

6月23日,山东省外经贸工会批复:同意增补吕剑瑛为山东海丰国际航运集团有限公司工会委员会委员并任工会主席。

6月24日,山东省外经贸工会批复:同意增补张金生、姚振玲、梁耀东为山东省机械进出口集团公司工会委员会委员;由张金生、姚振玲、梁耀东、孙正元、庄峰基、贾从宽6人组成山东省机械进出口集团公司工会委员会,张金生任工会主席,姚振玲任工会副主席。

8月18日,山东省外经贸工会批复:同意增补王强为山东山孚集团有限公司工会委员会委员。

9月8日,山东省外经贸工会批复:同意由马德泉、房鲁江、周秋岩、龙姗姗、鲁衍文、徐军、兰森淼7人组成山东中外运力神起重运输有限公司工会委员会;马德泉任工会主席,房鲁江任工会副主席;徐军任工会经费审查委员会主任。

2009 年

3月10日,山东省外经贸工会批复:同意增补刘伟为山东山孚集团有限公司工会委员会委员。

3月18日,山东省外经贸工会批复:同意曹君宙不再担任中国外运山东有限公司工会副主席,选举于靖为公司工会副主席;丁树武、王建中不再担任公司工会委员会委员,增补匡彩、董文静为公司工会委员会委员。

4月9日,山东省外经贸工会批复:同意山东中粮花生制品进出口有限公司工会归山东省对外经济贸易工会委员会管理。

4月18日,山东省外经贸工会批复:同意增补岳红、刘瑾、袁海燕为山东山孚集团有限公司工会委员会委员。

7月24日,徐霄到山东省总工会报道,9月9日到山东省外经贸工会上班。

9月9日,山东省外经贸工会批复:同意马德泉因工作需要不再担任山东中外运力神起重运输有限公司工会主席,选举房鲁江任公司工会主席。

11月2日,山东省外经贸工会向各单位工会下发《山东省外经贸工会女职工委员会换届工作的通知》并要求认真做好女职工委员会委员的推荐工作。

11月16日,山东省外经贸工会批复:同意山东中外运力神起重运输有限公司工会委员会更名为"山东中外运大件物流有限公司工会委员会",工会委员会组织机构不变。

12月9日,山东省外经贸工会批复:同意将山东通利机械进出口有限公司工会划归山东省对外经济贸易工会委员会管理,其原工会委员会组成及组织机构不变。

2010 年

2月6日,山东省外经贸工会女职工委员会召开五届一次会议,会议选举产生了新一届女职委。主任:王惠芳,副主任:曾翔霞、李金玲、于延雯、高广青;委员:于田田、于靖、王笑沛、王崇丽、毛振华、由晓梦、史咏梅、付淑萍、吕秀芹、吕晓红、刘敏、李艳妮、张静、陈奭艳、邵微、范素静、林光辉、岳红、钟蔚、逄莹莹、姚振玲、贾玫玫、徐萌、陶琳、程美华、蔡新环、滕建华。

2月24日,山东省外经贸工会批复:同意增补徐子仁为山东山孚集团有限公司(山东食品)工会委员会委员。

5月25日,山东省外经贸工会批复:同意成立中化(青岛)实业有限公司工会委员会。

5月26日,山东省外经贸工会批复:同意将原属山东中艺抽纱实业有限公司工会的青岛金丝时装有限公司工会委员会划归山东省外经贸工会管理,原工会委员会人员组成、机构不变。

5月31日，山东省外经贸工会批复：同意徐光武不再担任中外运空运发展股份有限公司山东分公司工会主席；同意选举魏茂强为公司工会主席。

6月3日，山东省外经贸工会批复：同意增补张黎明为新华锦集团工会委员会委员并任工会副主席。

6月11日，山东省外经贸工会批复：同意青岛金丝时装有限公司工会委员会变更为"青岛伊都锦时装有限公司工会委员会"，原工会委员会人员组成、机构不变。

7月21日，山东省外经贸工会批复：同意将原属山东省五金矿产进出口公司工会委员会的山东省新迈特五金矿产有限公司工会委员会划归山东省外经贸工会管理，其原工会委员会组成及机构不变。

7月31日，中共山东省总工会党组发文，徐霄按期转正；8月27日任山东省对外经济贸易工会科员。

8月12日，山东省外经贸工会批复：同意成立青岛联合志诚抽纱有限公司工会委员会。

8月31日，山东省外经贸工会批复：同意李建国不再担任山东外运公司工会委员会主席，选举单吉健为公司工会主席。

9月19日，山东省外经贸工会批复：同意中国烟草山东进出口公司工会委员会名称更改为"中国烟草山东进出口有限责任公司工会委员会"。同意选举由王新梅、李玉松、刘伟华、陈学玲、王笑沛、邢群、郝雨生组成第二届工会委员会，王新梅任工会主席；王业华任工会经费审查委员会主任。

10月11日，山东省外经贸工会批复：同意由王茜、张丽卫、周红梅、赵维报、徐维华、黄巍、管晟组成中化（青岛）实业有限公司第一届工会委员会，赵维报任工会委员会主席；周红梅任工会经费审查委员会主任。

11月8日，山东省外经贸工会批复：同意由张宗伟、全英南、金海英、冯安娥、董永红、王建英、刘静组成青岛伊都锦时装有限公司公司新一届工会委员会，张宗伟任工会副主席；刘静任工会经费审查委员会主任。

2011年

2月22日，经山东省外经贸工会第五届女职工委员会二次会议决定：增补中化（青岛）实业有限公司工会女职工委员会主任周红梅为山东省外经贸工会第五届女职工委员会委员。

5月31日，山东省外经贸工会批复：同意宿学亮不再担任青岛联合志诚抽纱有限公司工会主席，选举孙周功为公司工会主席。

6月7日，山东省外经贸工会批复：同意山东英吉多运动器材有限公司工会委员会归属山东省外经贸工会直接管理。原工会委员会人员、组织不变。

6月28日，山东省外经贸工会批复：同意增选张球为山东海润投资集团有限公司工会委员会委员并任主席。

10月19日，山东省外经贸工会批复：同意增补王全为山东山孚集团有限公司工会委员会委员。

11月17日，山东省外经贸工会分别致函青岛前湾国际物流工业园有限公司、山东捷丰国际储运有限公司，建议依据有关规定建立工会组织。

11月21日，山东省外经贸工会批复：同意房鲁江不再担任山东中外运大件物流有限公司工会委员会主席，继续留任工会委员会委员；选举金旭光为公司工会委员会主席；徐军不再担任工会经费审查委员会主任，选举鲁衍文任工会经费审查委员会主任。

12月14日，山东省外经贸工会批复：同意增补赵磊为山东山孚集团有限公司工会委员会委员。

12月30日,山东省外经贸工会批复:同意中粮山东粮油进出口公司工会委员会更名为山东粮油进出口有限公司工会委员会。同意由孙元江、封锡阁、吕晓红、张博、胡永军、李晓明、周文强、刁培善、于勤忠9人组成山东粮油进出口有限公司工会委员会;孙元江任工会主席,封锡阁、吕晓红任工会副主席。

2012年

1月11日,山东省外经贸工会批复:鉴于山东机械进出口集团公司已改制,同意该公司工会名称变更为山东机械进出口集团有限公司工会委员会。原工会组织机构、人员不变。

2月13日,山东省外经贸工会批复:同意成立山东韩进集装箱储运有限公司工会委员会。

3月29日,山东省外经贸工会批复:鉴于山东机械设备进出口集团公司工会原主席徐坚已办理退休手续,不再担任工会法人,同意由袁兵接任工会法人代表。

6月28日,山东省外经贸工会批复:同意增补张球为山东海润投资集团有限公司工会委员会委员并任主席。

7月9日,山东省外经贸工会批复:同意增补李娟、陈媛媛为绮丽集团有限公司工会委员会委员;同意李娟兼任工会经费审查委员会主任。

8月13日,山东省外经贸工会批复:同意将山东通用机械进出口有限公司工会、山东通顺机械进出口有限公司工会划归山东省对外经济贸易工会委员会直接管理。

9月10日,山东省外经贸工会批复:同意中国外运大件物流有限公司工会增补马奋霞、姚东辉为公司工会委员会委员。新的工会委员会委员组成为:金旭光、鲁衍文、姚东辉、兰森淼、龙姗姗、马奋霞、周秋岩。

9月10日,山东省外经贸工会批复:同意增补李佳欣为青岛港丰国际物流有限公司工会委员会委员并任工会主席。

11月21日,山东省外经贸工会批复:同意王新梅不再担任中国烟草山东进出口有限责任公司工会委员会委员、工会主席,刘伟华不再担任公司工会委员会委员。增补黄兆源为公司工会委员会委员;李玉松任公司工会主席。

11月24日,山东省外经贸工会批复:同意宋敏、陈奭艳、牟幸福、于杰、苏振芳、蓝祥传、王桂荣组成山东省对外贸易集团有限公司第五届工会委员会,宋敏任工会主席,陈奭艳任副主席;江惠世任经费审查委员会主任;陈奭艳任女职工委员会主任。

12月20日,山东省外经贸工会批复:同意山东五矿服饰有限公司工会委员会划归山东省对外经济贸易工会委员会管理,其原工会委员会及组织机构不变。

12月27日,山东省外经贸工会批复:同意将青岛中联油国际贸易有限公司工会划归山东省对外经济贸易工会委员会直接管理,其原工会委员会及组织机构不变。

2013年

1月28日,山东省外经贸工会批复:同意孙元江因退休不再担任山东粮油进出口有限公司工会主席;封锡阁因退休不再担任公司工会副主席;副主席吕晓红主持公司工会全面工作。

2月22日,山东省外经贸工会批复:同意增补齐增华、刘雷霆、杨哲为青岛中联油国际贸易有限公司工会委员会委员;齐增华为公司工会主席。

5月15日,山东省外经贸工会批复:同意成立山东省商务厅培训中心工会委员会。

5月18日,山东省外经贸工会主任王新

强、山东海润投资集团有限公司工会主席张球被选为山东省工会第十四次代表大会代表,6月29日—7月2日两位代表出席了省工会第十四次代表大会。会上,省外经贸工会主任王新强被选为省工会第十四届委员会委员。

5月21日,山东省外经贸工会批复:同意"凯远集团公司工会"名称变更为"山东省国际贸易集团中心工会",原工会委员会、女工委员会、经审委员会机构及人员组成不变。

7月2日,在山东省工会第十四次代表大会上山东省外经贸工会主任王新强当选为省总工会第十四届委员会委员和山东省出席中国工会第十六次全国代表大会代表,马骧当选为省总工会第十四届经费审查委员会委员。

7月31日,山东省外经贸工会批复:同意增补姜雪梅、李英芹、宋爱妮、隋国亮为中化(青岛)实业有限公司工会委员会委员,周红梅、管晟不再担任工会委员会委员;同意李英芹、张思远、张帅为公司经费审查委员会委员,李英芹任经审委主任,周红梅不再担任经审委主任,管晟、贾春成不再担任经费审查委员会委员;同意选举姜雪梅为工会女职工委员会主任,增补景淑霞为工会女职工委员会委员,周红梅不再担任女职工委员会主任。

8月22日,中共山东省总工会党组发文,徐霄任山东省对外经济贸易工会副主任科员。

9月18日,山东省外经贸工会批复:同意成立青岛金利五矿进出口有限公司工会委员会。

9月30日,山东省外经贸工会批复:同意由杜庆丽、宁光辉、张琳、耿静、黄建建五人组成山东韩进集装箱储运有限公司第一届工会委员会;杜庆丽任公司工会主席,宁光辉任公司工会副主席;张琳任公司工会经费审查委员会主任;耿静任公司工会女职工委员会主任。

10月11日,山东省外经贸工会批复:同意由姚成青、杨锋、李洪海三人组成青岛金利五矿进出口有限公司第一届工会委员会;同意姚成青任工会主席;李洪海、杨锋、范晓斌三人组成经费审查委员会,李洪海任经费审查委员会主任。

10月18日,山东省外经贸工会批复:同意成立山东捷丰国际储运有限公司工会委员会。

10月20日,山东省外经贸工会主任王新强在中国工会第十六次全国代表大会上被选为中华全国总工会第十六届执行委员会委员。

10月22日,山东省外经贸工会批复:同意成立青岛啤酒海丰仓储有限公司工会委员会。

10月23日,山东省外经贸工会批复:同意成立胜狮物流(青岛)有限公司工会委员会。

10月30日,山东省外经贸工会批复:同意成立青岛德爱花园大酒店有限公司工会委员会。

10月30日,山东省外经贸工会批复:同意成立青岛宝璐家用纺织品有限公司工会委员会。

11月8日,山东省外经贸工会批复:同意山东省国际贸易集团中心工会委员会由宋德康、高广青、曲宝山、戴肇森、刘培怀、高新岐、胡汉强、王芬、辛伟、邹波、刘红、李燕、初明辉组成,宋德康任工会主席,高广青任工会副主席;高广青任女职工委员会主任;李燕任经费审查委员会主任。

11月11日,山东省外经贸工会批复:同意由于华、张玲玲、刘强三人组成青岛啤酒海丰仓储有限公司第一届工会委员会。同意于华任工会主席;张玲玲、刘强、亓志伟三人组成经费审查委员会,张玲玲任经费审查委员会主任。

11月11日,山东省外经贸工会批复:同意由王俊涛、于华、郭睿、徐荃、高悦、刘磊刚、金晓明七人组成胜狮物流(青岛)有限公司工会委员会;同意王俊涛任工会主席;于华、郭睿、徐荃三人组成经费审查委员会,于华任经费审查委员会主任。

11月12日,山东省外经贸工会批复:同意山东机械进出口集团有限公司工会委员会增补李经国、董盛、翟承民为公司工会委员;新的工会委员会委员组成为:张金生、姚振玲、孙正元、李经国、董盛、翟承民。

11月13日,山东省外经贸工会批复:同意由周杰、王晓娜、徐珊珊、万长春、邱兆策、宋品参、黄滨七人组成山东捷丰国际储运有限公司第一届工会委员会,周杰任工会主席;同意徐珊珊、孙伟、刘海滨组成经费审查委员会,徐珊珊任经费审查委员会主任;王晓娜、崔蕾、王海艳三人组成女职工委员会,王晓娜任女职工委员会主任。

12月2日,山东省外经贸工会批复:同意由周新征、曲淑芹、王晓宏、刘子英、张涛组成山东省商务厅培训中心第一届工会委员会;同意周新征任工会主席,曲淑芹任工会副主席;同意由王晓宏、刘子英、张涛组成经费审查委员会,王晓宏任经费审查委员会主任。

12月4日,山东省外经贸工会批复:同意赵慧、赵煜、王璐三人组成青岛宝璐家用纺织品有限公司第一届工会委员会;同意选举赵慧任工会主席;王璐、赵煜、刘建林三人组成经费审查委员会,王璐任经费审查委员会主任。

12月31日,山东省外经贸工会批复:同意成立山东省泰山壹伍叁贰物联供应链有限公司工会委员会。

2014年

1月9日,山东省外经贸工会批复:同意中国外运大件物流有限公司工会委员会增补林云平为公司工会委员会委员。

1月13日,山东省外经贸工会批复:同意金旭光不再担任中国外运大件物流有限公司工会主席及委员职务;同意选举林云平为公司工会主席。

2月20日,山东省外经贸工会批复,同意成立青岛中服进出口免税商品有限公司工会委员会。

3月5日,山东省外经贸工会第五届女职工委员会第五次会议决定:增补徐霄、姜雪梅、于田田为省外经贸工会第五届女职工委员会委员。

3月11日,山东省外经贸工会批复:同意中国外运山东公司工会增补蒋海波、吴红梅、王鹚鹚为公司工会委员会委员。新的工会委员会成员为:蒋海波、曹君宙、刘辉、吴红梅、丁树武、董文静、田莉、王燕卫、李彬、王渝清、何冰、李志茹、王鹚鹚、刘伟、王文菊。

4月8日,山东省外经贸工会批复:同意蒋海波、曹君宙、刘辉、吴红梅、丁树武、董文静、田莉、王燕卫、李彬、王渝清、何冰、李志茹、王鹚鹚、刘伟、王文菊15人组成中国外运山东公司工会委员会,蒋海波任工会主席。同意刘辉、王琳琳、徐海梅三人组成公司经费审查委员会,刘辉任经费审查委员会主任。同意吴红梅、李慧君、董文静三人组成公司女职工委员会,吴红梅任女工委员会主任。

4月8日,山东省外经贸工会批复:赵维报因退休不再担任中化青岛公司工会委员会委员及主席;同意隋国亮为公司工会主席,黄巍因援藏不再担任公司工会委员会委员。

4月14日,山东省总工会办公室发文"山东省工人运动研究会"会员、理事,其中,省外经贸工会主任王新强为理事。

5月5日,中共山东省总工会党组发文,决定:田敬毅任中国海员工会山东省委员会副主席;邱伟任省对外经济贸易工会副调研员;马骥不再担任中国海员工会山东省委员会副主席职务。

5月7日,山东省外经贸工会批复:同意成立山东物博蜡烛有限公司工会委员会。

5月15日,山东省总工会成立第六届女职工委员会,省外经贸工会女职工委员会主任王慧芳为委员。

6月16日,山东省总工会办公室发文确认"第三届山东省职工文化体育协会理事"其中,省外经贸工会主任王新强为理事。

6月25日,山东省外经贸工会批复:同意青岛古岛服饰有限公司工会由绮丽集团划归山东省外经贸工会管理。

7月3日,山东省外经贸工会批复:同意增补孙磊为山东山孚集团有限公司工会委员会委员。

7月23日,山东省外经贸工会批复:同意牛海林不再担任山东通用机械设备进出口有限公司工会主席及委员职务,李洁为该公司工会主席,增补李秀娟为工会委员会委员。

8月1日,山东省外经贸工会批复:同意于华不再担任青岛啤酒海丰仓储有限公司工会主席职务,刘海博任青岛啤酒海丰仓储有限公司工会主席。

8月8日,山东省外经贸工会批复:同意成立青岛中德物流有限公司工会委员会。

8月29日,山东省外经贸工会批复:同意成立山东元田人力资源管理咨询有限公司工会委员会。

为了加强山东省外经贸工会组织建设,根据省外经贸工会人员结构现状,11月14日,省外经贸工会向省总工会提交《关于申请增加工作人员的报告》,申请增加2名工作人员。

11月24日,山东省外经贸工会批复:同意山东元田人力资源管理咨询有限公司工会第一届会员大会选举孙迅任工会主席、马伟华任工会副主席,刁文峰任工会经费审查委员会主任、马伟华任女职工委员会主任。

12月5日,山东省外经贸工会批复:同意山东泰山壹伍叁贰物联供应链有限公司工会第一届会员大会选举徐永红任工会主席、赵耀任工会经费审查委员会主任、尚俊婷任女职工委员会主任。

2015年

3月17日,山东省外经贸工会批复:同意绮丽集团有限责任公司工会选举增补王红霞为该公司工会委员会委员和副主席。

3月17日至5月29日,山东省外经贸工会主任王新强入山东省委党校进修并结业。

3月18日,经山东省外经贸工会研究,同意成立青岛海峦国际贸易有限公司工会委员会。

3月23日,山东省外经贸工会批复:同意青岛海峦国际贸易有限公司工会首届工会会员大会选举姚振玲任工会主席、岳洪亮任工会经费审查委员会主任、郝爱霞任女职工委员会主任。

3月27日,山东省外经贸工会批复:同意山东山孚集团(食品)有限公司工会选举周克伟为该公司工会委员会常务副主席。

3月27日,山东省外经贸工会批复:同意增补韩雷、李奇志、冷志国、卢堃、江晓五人为山东山孚集团(食品)有限公司工会委员会委员。

4月16日,中共山东省总工会党组发文,经研究决定:因闻春桂退休不再担任副主任职务。并于同日发文,闻春桂同志退休。

6月4日,山东省外经贸工会批复:同意中外运空运发展股份有限公司山东分公司工会选举孙占勇为该公司工会主席。

6月24日,山东省外经贸工会批复:绮丽集团有限责任公司工会主席金福晔达到法定退休年龄,不再担任该公司工会主席;同意选举王红霞任绮丽集团有限责任公司工会主席。

9月17日,吕娉娉到山东省外经贸工会报到正式上班。

10月8日,山东省外经贸工会批复:同意于振波同志不再担任青岛古岛服饰有限公司工会主席,同意由程永飞同志任公司第二届工会委员会主席,孙彩霞同志任公司经费审查委员会主任,林宁同志任女工委员会主任。

10月9日,山东省外经贸工会批复:同意增补江惠世、毕可军同志为山东省对外贸易集团有限公司工会委员会委员。

10月9日,山东省外经贸工会批复:同意宋敏同志不再担任山东省对外贸易集团有限公司工会主席。同意江惠世、陈奭艳、孙庆军、毕可军、吕勇强、于杰、苏振芳、蓝祥传、王桂荣9名同志组成公司工会委员会,江惠世同志任公司工会主席,毕可军同志任公司工会副主席;同意孙庆军任公司工会经费审查委员会主任;同意陈奭艳任公司工会女职工委员会主任。

11月2日,山东省外经贸工会批复:同意增补刘爱华、程可证为山东省新迈特五金矿产有限公司工会委员会委员;樊颖任山东省新迈特五金矿产有限公司女职委主任。

2016年

1月6日,山东省外经贸工会主任王新强在中国财贸轻纺烟草工会三届六次全委会议上当选中国财贸轻纺烟草工会副主席(兼职)。1月11日,中华全国总工会批复,同意其选举结果。

1月6日,山东省外经贸工会批复:同意山东山孚集团有限公司工会如期召开第九届会员代表大会。

1月6日,山东省外经贸工会批复:同意中化(青岛)实业有限公司工会如期召开第一届职工代表大会暨第二届工会会员代表大会。

2月16日,山东省外经贸工会批复:同意由周克伟、滕建华、岳红、卢堃、孙磊、滕先美、王秋玲、李奇志、韩雷、翟启峰、王兴忠、徐子仁、杨媛媛、林丽华十四人组成山东山孚集团有限公司第九届工会委员会;周克伟任工会常务副主席(主持工作),滕建华、岳红任工会副主席,其他为工会委员会委员。林丽华任公司工会经费审查委员会主任,滕建华、仲秋维任副主任。

3月9日,山东省外经贸工会批复:同意由李英芹、姜雪梅、宋爱妮、张帅、张丽卫、徐维华、隋国亮七人组成中化(青岛)实业有限公司第二届工会委员会,隋国亮任工会主席,其他为委员;李英芹任工会经费审查委员会主任;姜雪梅任公司工会女职工委员会主任。

3月10日,山东省外经贸工会批复:同意孙正元不再担任山东机械进出口集团有限公司工会委员会委员及工会经费审查委员会主任职务;由李经国担任公司工会经费审查委员会主任。

3月29日,山东省外经贸工会批复:同意山东通利机械进出口有限公司工会委员会变更为山东通利机械制造有限公司工会委员会,其原工会委员会组成及组织机构不变。

4月5日,山东省外经贸工会批复:同意增补吕跃进、陈冰然、徐正贤、高山、刁战峰、吕东荣、孙举大、王仁泰、刘剑维、江向华、王艳、王斐、程威、蔡新环、李强15人为新华锦集团工会委员会委员。新的工会委员会由宋振扬、吕跃进、陈冰然、徐正贤、高山、刘继连、刁战峰、吕东荣、孙举大、王仁泰、刘剑维、江向华、王艳、王斐、程威、蔡新环、李强等同志组成,宋振扬任工会主席,吕跃进、陈冰然任工会副主席。钟蔚任工会经费审查委员会主任;蔡新环任工会女职工委员会主任。

4月9日,山东省外经贸工会批复:同意周家安同志不再担任山东省新迈特五金矿产有限公司工会委员会主席职务;周家安、张树风、王崇丽三名同志不再担任山东省新迈特五金矿产有限公司工会委员会委员。同意由马天鹏、樊颖、李勇、姜亦忠、刘爱华、程可征六名同志组成山东省新迈特五金矿产有限公司工会委员会,马天鹏同志任公司工会主席,樊颖同志任公司工会副主席。

6月1日,中共山东省总工会党组发文,经省委批准:王新强同志任山东省总工会副巡视员。

6月16日,山东省外经贸工会批复:同意启用中国工艺山东抽纱有限公司工会委员会,不再使用山东中艺抽纱实业有限公司工会委员会,工会委员会人员组成及组织机构不变。

7月1日,山东省外经贸工会批复:同意董文静、李彬、何冰、王文菊、李志茹、王鹨鹨、刘伟七位同志不再担任中国外运山东有限公司工会委员会委员;增补孙秀珍、曾一诺、张伟三位同志为公司工会委员会委员。调整后的公司工会委员会由蒋海波、曹君宙、刘辉、吴红梅、孙秀珍、田莉、王燕卫、汪渝清、曾一诺、张伟等同志组成。

7月2日,山东省对外贸易集团有限公司原工会主席肖黎当选山东大学青岛校友会会长。

8月1日,山东省外经贸工会批复:同意增补曹正琰、冷志国两名同志为山东山孚集团有限公司工会委员会委员;曹正琰同志为公司工会主席;李奇志同志不再担任公司工会委员会委员。调整后的山东山孚集团有限公司第九届工会委员会由曹正琰、周克伟、滕建华、岳红、卢堃、孙磊、滕先美、王秋玲、韩雷、翟启峰、王兴忠、徐子仁、杨媛媛、林丽华、冷志国十五人组成,曹正琰任工会主席,周克伟任工会常务副主席,滕建华、岳红任工会副主席,其他同志为委员。

9月21日,中共山东省总工会党组发文,吕娉娉按期转正并任山东省外经贸工会副主任科员。

9月21日,山东省外经贸工会批复:同意增补尹国斌为中国外运大件物流有限公司工会委员会委员。本届工会委员会由尹国斌、兰森淼、鲁衍文、姚东辉、马奋霞、龙姗姗、周秋岩七名同志组成。同意选举尹国斌任公司工会主席;林云平不再担任工会主席及委员职务。

10月14日,山东省外经贸工会批复:同意邵霖任青岛港丰国际物流有限公司工会主席;李佳欣不再担任公司工会主席及委员职务。

12月12日,中共山东省总工会党组发文,徐霄任山东省外经贸工会主任科员。

12月29日,山东省外经贸工会批复:同意增补岳海亭、矫娟、李毓俊三名同志为山东省国际贸易集团中心工会委员会委员。调整后的公司工会委员会由岳海亭、高广青、曲宝山、戴肇森、矫娟、李毓俊、胡汉强、王芬、辛伟、邹波、刘红、李燕、初明辉等13人组成;岳海亭任工会主席。原女职工委员会和经费审查委员会人员组成不变。

12月29日,山东省外经贸工会批复:同意增补曹正琰为山东省食品进出口公司工会委员会委员并任工会主席。

12月29日,山东省外经贸工会批复:同意增补李旸为山东通用机械进出口有限公司工会委员会委员;杨鲁岩不再担任公司工会委员会委员职务。

第二篇　大事记

1973 年—1989 年 61
1990 年—2009 年 63
2010 年—2016 年 105

概述 山东省对外经济贸易工会委员会(以下将分不同时期简称为:山东省外贸局、山东省外经贸工会)自1973年建立以来,在上级党组织和山东省总工会的直接领导下,紧紧围绕党的中心工作,密切联系职工群众,面向基层,为企业服务,为职工服务,为维护企业和职工的合法权益不懈努力,发挥了工会应有作用,有力地促进了山东外经贸事业的发展,为我省的工运事业做出了突出贡献。

为做实、做好省外经贸系统工会工作,自1987年以来,省外经贸工会坚持了每周一召开例会的制度,有力地推动了各项工作的开展,由于篇幅所限,以下就不再赘述。

1973年—1989年

1976年

3月1日—4日,山东省革命委员会对外贸易局在青召开山东省外贸驻青单位"双学"经验交流会。会上,表彰山东省外经贸系统先进单位和先进个人;部分先进集体和个人介绍了先进经验。省局领导出席"双学"经验交流会并讲话,号召全省广大外贸干部职工向先进学习。

1979年

5月30日—6月1日,山东省革委对外贸易局工会工作委员会召开了省外贸工会财务工作会议。会议学习贯彻了省总工会财务工作会议精神和山东省总工会《关于工会基层组织财务管理的规定》。

6月9日,为了加强山东省外贸工会财务工作,根据山东省总工会《关于工会基层组织财务管理的规定》,山东省革委对外贸易局工会工作委员会结合外贸的实际情况制定了《关于工会财务管理的补充规定》下发各单位工会并要求贯彻执行。

1980年

8月18日,山东省总工会对外贸易工作委员会向各单位下发《关于理货公司经费提取办法的通知》,《通知》规定:从1980年

1月份起，凡属在各公司管理的大集体职工所分摊的工资总额2%的工会经费由所在单位直接提取，不再由理货公司统一拨交。

1981年

11月，为了进一步完善省外贸企业职工代表大会制度，中共山东省对外贸易局党组向所属各单位党委（总支）下发《关于在局属企业推行职工代表大会制的几点意见》。

1985年

1985年5月中旬至5月下旬，为进一步提高广大职工业务技术水平，以适应对外贸易不断发展的需要，山东省对外贸易局向省外贸各分公司下发《关于举行单项业务技术比武的通知》，《通知》中确定了举行外贸系统业务技术比赛并要求各单位抓好此项工作。

5月14日，山东省总工会对外贸易工作委员会向各单位工会下发《关于转发省工艺品公司草制品整理加工厂整顿工会组织创建职工之家补缺方案的通知》并要求各单位工会认真学习借鉴，把组织整顿的各项工作做得更好。

7月1日—6日，由山东省总工会对外贸易工作委员会承办的首届辽宁、天津、北京、山东、上海、广东六省市外贸工会工作情况交流会在青岛市召开。会议的主题是：贯彻党的十二届三中全会和全总十届二次支委会精神，研究和探讨如何发挥工会在外贸体制改革中的作用。经贸部毕可敬，全国财贸工会刘培华、何卿等领导出席，山东外贸工会曹长治、吴文教、朱宝发和省外贸公司孙建强、朱凤岐、周吉丰、徐仲全七人参加会议。

1986年

5月10日，为了规范和统一职工业余文体活动经费开支标准，杜绝随便提高开支标准和乱发钱物，保证职工业余文体活动的正常开展，山东省总工会对外贸易工作委员会制定了《关于职工业余文体活动奖励和伙食补助暂行标准》并下发各单位工会执行。

10月21日—27日，由辽宁省外贸局工会承办的第二届辽宁、天津、北京、山东、上海、广东六省市外贸工会工作情况交流会在大连市渤海饭店召开。会议的主题是：贯彻落实全国外经贸工会工作经验交流会精神，根据外贸职工队伍状况，如何进一步发挥工会在深化外贸体制改革中的作用。经贸部王淑敏、郑秀温，全国财贸工会刘荣旺、张光铎等领导出席，山东外贸工会朱宝发、姚青参加会议。

12月13日，山东省总工会对外贸易工作委员会向各单位工会下发《关于编制1987年工会经费收支预算和1986年工会经费收支决算的通知》并提出做好预决算的要求。

12月13日，山东省总工会对外贸易工作委员会向各单位工会下发《关于开展工会财务检查的通知》，《通知》对检查的内容、方法、时间提出了明确要求。

1987年

3月3日，山东省外贸局向省外贸各分公司下发《关于参加六省市国际贸易知识竞赛的通知》并要求加强领导，专人负责，做好参赛工作。

5月5日，山东省外贸局向省外贸各分公司下发《关于举行省外贸系统国际贸易知识辅导和竞赛的通知》并要求各单位认真抓好。

7月1日—7日，由天津外贸局工会承办的第三届辽宁、天津、北京、山东、上海、广东六省市外贸工会工作情况交流会在天津市召开。会议的主题是：在以提高经济效益为内容的双增双节运动中，工会如何组织、发动广大外贸职工投入社会主义劳动竞赛中，推动和促进出口创汇和各项任务的完成。经贸部徐鹏飞、谭怀仁、梁春明,全国财贸工会刘培华、张光铎等领导出席,山东外贸工会阎改荣、姚青、张桂香和省外贸公司周吉丰、张炳彦五人参加会议。

7月13日,六省市《国际贸易知识竞赛》组委会发文,公布竞赛成绩:山东省外贸系统参加六省市国际贸易知识竞赛集体成绩获得第二名;个人成绩二等奖一名,三等奖七名。

10月9日—12日,山东省总工会外贸工作委员会在莱阳市召开全省外贸系统工会工作经验交流会。会议的主要内容是:各市地、各直属单位工会汇报工作情况,交流经验;研究探讨如何在改革开放的新形势下更好地开展工会工作等问题;传达上级会议精神;通报有关工作情况;评选工会先进单位。各市、地外贸局工会,各直属单位工会负责人52人参加了会议。山东省外贸局副局长陈维秋出席会议并讲话,山东省外经贸工会主任丛毅富作了会议总结。

1988年

8月30日—9月4日,第四届辽宁、天津、北京、山东、上海、广东六省市外贸工会工作情况交流会在北京市召开。会议的主题是:在外贸企业实行经理负责制和承包责任制中,各级工会组织如何开展企业民主管理,发挥新时期工会的职能作用,进一步提高工会的社会地位。经贸部刘岩、刘山在、徐鹏飞、谭怀仁等8人,全国总工会王珣,全国财贸工会刘培华、刘荣旺、张光铎等领导出席,山东外贸工会丛毅富、黄宝祥和省外贸公司朱风岐、地市外贸王庆友、田锋共五人参加会议。

1989年

5月20日,为加强职工技协的财务会计管理,山东省总工会对外经济贸易工会制定了《关于开展职工技协财务会计百分竞赛的标准》并下发各直属工会。

10月10日—15日,第五届辽宁、天津、北京、山东、上海、广东六省市外贸工会工作情况交流会在上海市召开。会议的主题是:在治理经济环境、整顿经济秩序、全面深化企业改革中,如何增强基层工会活力。经贸部刘岩、楼淼德、王贺良,全国总工会王珣,全国财贸工会刘培华、张光铎等领导出席,山东省外贸工会丛毅富、张桂香和省外贸公司张青、地市外贸田锋、王兴才五人参加会议。

1990年—2009年

1990年

2月5日,山东省总工会外经贸工会召开系统工会主席会议,各单位工会主席参加会议。会议由各单位汇报1989年工会工作,省外贸工会主任丛毅富出席会议并讲话。

2月13日,山东省总工会外经贸工会召开系统工会主席会议,各直属单位工会主席参加会议。会议部署了下一步全省工会年会、评选劳模、"三八"节活动、劳动竞赛、巡回演讲等工会工作。省外贸工会主任丛毅富出席会议并讲话。

3月19日，山东省总工会外经贸工会召开办公会议，研究了财务检查、年终表彰、劳动竞赛、体育人才引进等项工作。

4月5日，山东省对外贸易局向省外贸各公司，市、地外贸局下发《关于深入开展社会主义劳动竞赛的通知》并提出了具体要求。同时，成立了省外贸局劳动竞赛委员会，陈维秋为主任，丛毅富、牟华德为副主任，省局各处室负责人为委员。

5月14日，为了深入扎实地推进我省外贸系统社会主义劳动竞赛，山东省外贸工会制定了《全省外贸"十赛十比十夺"劳动竞赛评比规定》，山东省对外贸易局向各地市外贸局、省外贸各公司印发并要求认真贯彻执行。

6月30日，山东省对外贸易局向各地市外贸局、省外贸各公司下发《关于进行上半年全省外贸劳动竞赛检查初评的通知》。

11月8日—12日，第六届辽宁、天津、北京、山东、上海、广东六省市外贸工会工作情况交流会在广州市召开。会议的主题是：工会围绕出口创汇、降低成本、盈亏平衡、开展双增双节、合理化建议、社会主义劳动竞赛的经验和体会。经贸部任忠、张胜利，全国财贸工会刘培华、刘荣旺、郭琼华等领导出席，山东外贸工会丛毅富、张桂香和地市外贸田锋、杨军、王炳日五人参加会议。

1991年

1月12日，山东省总工会外经贸工会向各单位工会下发《建设"职工之家"升级竞赛活动检查验收评比标准》。

1月12日，为了全面落实《中共中央关于加强和改善党对工会、共青团、妇联工作领导的通知》精神，进一步贯彻落实《全民所有制工业企业法》和《山东省实施〈企业法〉加强职工民主管理办法》，保障和发挥广大外贸职工的主人翁地位和作用，根据省总工会的要求，山东省总工会外贸工作委员会制定了《关于组织开展职工民主管理达标活动的意见》并下发各直属工会，要求贯彻落实。

1月30日，山东省总工会外贸工作委员会向各地市外贸工会、各单位工会印发了山东外贸工会工作会议文件并要求做好传达和贯彻落实。

2月7日，山东省总工会外经贸工会召开离退休老工会主席座谈会。省外贸工会主任丛毅富出席会议并讲话。

3月20日，为了积极推进民主管理制度，切实落实职代会各项职权，促进企业发展，山东省总工会外贸工作委员会制定了《山东外贸〈职工代表大会五项职权〉实施规范》并下发各单位工会。

4月11日—15日，为推进外经贸企业的民主管理，山东省总工会对外经济贸易工会举办工会主席民主管理培训班，共有100多人参加学习培训。

5月16日，山东省总工会外经贸工会召开系统各单位工会主席会议，会议传达学习了省委省府领导姜春云、王裕晏等人的讲话，部署工会下一步工作。山东省外贸工会主任丛毅富出席会议并讲话。

4月26日，召开全省外经贸系统劳动模范表彰大会。

5月，为提高我省外经贸企业的民主管理水平，山东省总工会外经贸工会组织省外经贸系统工会干部114人，先后分两期到北京参加全国总工会举办的民主管理学习班。

山东省外经贸工会向各单位工会下发《关于深入开展社会主义劳动竞赛的意见》。

7月30日，为加强省外经贸委所属单位的民主管理，山东省总工会对外经济贸易工会制定了《山东省经贸委所属单位民主管理现状及加强民主管理工作的意见》向各单位工会下发并要求认真贯彻落实。

11月12日，由山东省外经贸工会投资

兴办的"山东省外贸汇荣莱阳贸易公司"开业，莱阳市外贸局原局长马有彭任总经理。

山东省外经贸委副主任张仁琪、省总工会副主席李蔗聪、省外经贸委总会计师仲崇德及各公司和委机关有关处室领导100多人应邀出席开业典礼。省外经贸委副主任张仁琪、省总工会副主席李蔗聪、原省外贸局长孙超为开业典礼剪彩并讲话，省外经贸工会副主任张桂香代表省外经贸工会致贺词。

12月3日，山东省外经贸工会在全系统举行了新《工会法》知识竞赛，共有20支代表队参加比赛，经过两轮预赛，选拔出8支代表队参加决赛。在举行的决赛中，省粮油公司代表队获得一等奖，省外贸总公司、省五矿公司代表队获得二等奖，省医保公司、省食品公司、省外运公司、省土产公司、省轻工公司代表队获得三等奖。省外经贸委副主任张仁琪、省外经贸工会主任丛毅富、各公司党政工领导和委机关各部处领导亲临决赛现场观看并向获奖代表队颁奖。

11月27日，山东省外经贸工会在省外贸抽纱公司召开省外贸工会统计工作会议。会议传达了山东省总工会全省统计工作会议精神，对1991年度外经贸系统工会统计工作进行了总结，部署了1992年的工会统计工作并对评选出的13名先进个人进行了表彰。省外经贸工会主任丛毅富出席会议并讲话。

12月24日，山东省总工会对外经济贸易工会向各单位下发《关于进行1991年度总结评比表彰工作的通知》。

1992年

1月，山东省总工会对外经济贸易工会向各单位工会下发《山东省外经贸工会1992年工作要点》并要求结合本单位实际，安排好全年工会工作。

1月20日，山东省总工会对外经济贸易工会向各直属单位工会转发《关于职工技协财务工作是否接受企业财务和地方参政、审计审查的复函》并要求遵照执行。

1月23日，山东省总工会对外经济贸易工会向各单位工会下发《关于在女职工中开展"学先模、做主人、比贡献"演讲活动的通知》。

2月24日，为了充分调动全省外经贸职工的积极性，发挥外贸企在发展全省经济中的作用，根据全国总工会的号召和省劳动竞赛委员会的要求，山东省对外经济贸易委员会向各地市经贸委、外贸局、各直属单位下发《关于1992年进一步开展劳动竞赛的通知》并要求加强组织领导，推动劳动竞赛深入开展。同时，成立了省经贸委劳动竞赛委员会，主任：张仁祺，副主任：丛毅富，省外经贸委各处室负责人为委员；办公室设在省外经贸工会，张桂香任主任。

2月27日—29日，全省外经贸工会1992年工作会议在青岛全总疗养院召开。会议的主要任务是：认真贯彻党的十四大精神、全国总工会十届五次执委会议、山东省总工会九届五次全委会和全省经贸工作会议精神，总结过去一年全省对外贸易工会的工作情况，部署1992年全年的工作任务。各直属单位、各地市外经贸委工会主席45人参加会议。山东省外经贸委副主任张仁祺出席会议并讲话，山东省外经贸工会主任丛毅富作了工作报告。

3月7日，举行省外经贸委驻青单位庆祝三八国际劳动妇女节大会。

3月，山东省总工会对外经济贸易工会向各单位工会下发《关于贯彻落实〈加强国营工业企业民主管理完善激励机制的试行意见〉的意见》。

5月1日，山东省外经贸委驻青单位举行庆祝五一国际劳动节大会。

5月16日—20日，山东省总工会对外经

济贸易工会在青岛工人疗养院举办全省外经贸工会干部《工会法》学习班，省外经贸系统工会干部60多人参加学习。

5月27日，山东省外经贸工会向各单位工会印发《山东省实施〈女职工劳动保护规定〉办法》并要求做好妇女"五期"保健和常见病查治工作。

7月30日，为了加强职工技协财务管理，严格技协财务制度，省外经贸工会制定了《山东省经贸系统职工技协财务管理暂行规定》并下发各直属单位工会执行。

7月初，在"希望工程"活动中，山东省外经贸委机关和驻青各单位干部职工16000多人，共捐款18万多元救助贫困地区失学儿童。

7月17日，《大众日报》在头版头条刊登了山东省外经贸委驻青27家单位为支援灾区人民抗旱，共捐款92万元。

8月10日，山东省总工会对外经济贸易工会向各直属工会转发《青岛市总工会等七家〈关于工会兴办经济事业若干政策的规定〉的通知》并要求遵照执行。

8月26日，山东省外经贸工会向各单位工会转发了《全国总工会副主席张瑞英和劳动部部长李伯勇在〈女职工劳动保护规定〉发布五周年纪念会上的讲话》并要求认真学习贯彻。

11月27日，为积极推进畜产出口行业工会工作，更好地出口服务，7月由山东省畜产进出口公司工会与上海畜产进出口公司工会发起在青岛成立了由鲁、沪、浙、苏、皖、川、辽、豫参加的八省市外贸畜产系统联谊会并在上海举行了第一次会议。

12月3日，为深入贯彻党的十四大精神，进一步适应新形势，更有效地开展社会主义劳动竞赛，山东省总工会对外经济贸易工会约请省食品、土产、化工等7家公司工会主席召开座谈会。会议对全系统近年来开展劳动竞赛情况进行了回顾，对新形势下出现的新情况、新特点、新问题进行了有益的探索。省外经贸工会主任丛毅富出席会议并对1993年开展劳动竞赛工作提出了要求。

12月10日，山东省总工会对外经济贸易工会向各直属工会下发《关于提取上缴技协团体会费及企事业管理费的通知》并要求按规定提取足额上缴。

1993年

1月7日—8日，全省外经贸系统工会1993年工作会议在外经贸部青岛疗养院召开。各直属单位工会、各地市外贸局（外经贸委）工会主席40多人参加会议。会议传达学习了副省长王裕晏在全省外经贸工作会议上的讲话；回顾总结了1992年的省外经贸系统工会工作，部署了1993年的工会工作；有五个单位分别介绍了在新形势下如何做好工会工作、办好三产和职工技协、开展劳动竞赛、加强民主管理的经验和体会。山东省外经贸委副主任张仁祺、省总工会生产部长郑统和出席会议并讲话，山东省外经贸工会主任丛毅富作了工作报告。

1月，在1993年春节即将来临之际，山东省总工会对外经济贸易工会向全省外经贸系统七万名职工发出《慰问信》，致以节日的祝贺和亲切的慰问。

1月，在1993年春节即将来临之际，山东省总工会对外经济贸易工会邀请部分离退休工会主席召开座谈会。会上通报了全省外经贸系统工会1992年的工作情况和1993年的工作打算，老主席们对未来的工会工作提出了建议。山东省外经贸工会主任丛毅富出席座谈会并讲话。

2月12日，山东省外经贸委向各直属单位、各市地经贸委（外贸局）下发《关于评选表彰劳动模范、先进集体和先进工作者的通知》并对评选提出要求。

2月17日—18日，山东省外经贸工会在

省外贸招待所召开三产事业会议。各单位工会主席、三产负责人和会计80多人参加了会议。会议总结了1992年工会办三产的工作情况和提出了今后发展的意见；邀请青岛市税务局市南分局的有关人员就工会办三产的税收政策进行了辅导。省外经贸工会主任丛毅富出席会议并讲话。

2月19日，山东省外经贸工会在省粮油进出口公司华鲁宾馆召开驻青外贸系统女职工工作会议，各单位女职工委主任和分管干部30多人参加了会议。会议传达了省总工会女职工委员会一届四次扩大会议精神；各单位汇报了1992年的女职工工作和1993年工作打算；回顾总结了外贸系统1992年女职工工作，部署了1993年的女职工工作。省外经贸工会主任丛毅富出席会议并讲话。

3月2日，山东省外经贸工会向各单位工会下发《省经贸工会三产事业会议纪要》并要求结合各单位实际贯彻落实。

3月17日，山东省外经贸工会在省粮油进出口公司华鲁宾馆召开各单位工会主席会议。会上，各单位工会主席汇报交流了1993年工作要点。省外经贸工会主任丛毅富出席会议并对做好1993年工会工作提出了要求。

3月，山东省外经贸工会在省粮油进出口公司华鲁宾馆召开各单位工会主席会议，就财务检查工作进行了部署。

1月18日—4月10日，山东省外经贸工会开展了1992年度工会财务检查工作。本次检查范围和内容是：基层工会财务管理情况、基层职工技协财务管理情况、工会兴办的经济事业财务管理情况。通过检查和考核，评选出1992年度工会财务工作先进单位。6月18日，省外经贸工会召开1992年度财务工作总结表彰会，会议对1992年度工会财务工作进行了总结，对1993年工会财务工作做出部署并对评选出的先进集体进行表彰。各单位工会主席和工会会计60多人参加了会议，省外经贸工会丛毅富主任出席会议并讲话。

4月28日，山东省对外经贸系统劳动模范暨"双先"表彰大会在省外经贸招待所礼堂举行。会上，有41名劳动模范、67个先进集体和172名先进工作者受到表彰。经贸部副部长王久东出席大会指导并发表重要讲话，在青的省外经贸领导王春涛、张仁祺、刘国栋、苗世楷、任学春等领导出席。大会由省外经贸委副主任刘国栋主持，副主任张仁祺宣读表彰决定，副主任苗世楷宣读表彰名单。最后，省外经贸委主任王春涛代表省外经贸系统党委讲话。会后，与会领导与全体劳模合影留念。

5月10日，潍坊市外经贸委党工委召开工会工作会议，山东省外经贸工会主任丛毅富应邀出席会议并讲话。

5月，山东省外经贸工会组织部分地市县外经贸工会主席召开座谈会。会议深入研究探讨了在社会主义市场经济体制下，省、市、县三级外经贸工会机构改革设想和建议。省外经贸工会主任丛毅富出席会议并讲话。

5月，第九届辽宁、天津、北京、山东、上海、广东六省市外贸工会工作情况交流会在江苏无锡市召开。经贸部任忠、张胜利，全国财贸工会刘培华、刘荣旺、郭琼华等领导出席，山东外贸工会丛毅富、张桂香和地市外贸田锋、杨军、王邴日五人参加会议。

6月2日，山东省外经贸工会召开各直属单位工会主席会议，参加会议30多人。会议对三资企业建工会、三产工作和三产经验交流会的准备等工会下一步工作进行了部署。省外贸工会主任丛毅富主持会议并讲话。

6月4日—8日，山东省外经贸工会先后组织各单位工会办的经济实体分片召开座谈会。会议肯定了前段兴办经济实体的成绩，提出了当前存在的问题和办好经济实体的建议及措施。

6月18日,山东省外经贸工会在省外运公司召开省外经贸工会财务工作会议。

7月3日,山东省外经贸工会主任丛毅富应邀出席烟台市外贸局工会召开市直外贸系统工会事业工作会议并讲话。

为了进一步推进省外经贸工会系统三产事业的发展,山东省外经贸工会经济事业部副部长田敬毅带领省纺织品、工艺品、服装进出口公司工会主席等一行六人到上海外经贸工会考察学习。

7月30日,为了使广大工会干部尽快了解社会主义市场经济给工会带来的新情况和解决好新问题,山东省外经贸工会请山东工会干部管理学院刘福元教授就"市场经济给工会工作带来的新问题"进行辅导授课,省外经贸驻青单位工会干部150余人参加了听课。

8月9日—14日,烟台市外贸局工会在养马岛举办社会主义市场经济培训班,山东省外经贸工会丛毅富主任亲临培训班进行指导。

8月24日,省外经贸工会主任丛毅富、省抽纱公司工会主席张青、省工艺进出口公司工会主席李淑青、中国外运山东公司职工谭学明、省外贸总公司储运部科长王亚男五人作为省外经贸系统的代表,赴济南出席了山东省工会第十次代表大会。

8月31日,山东省外经贸工会在省技术进出口公司会议室召开各单位工会主席会议。会议传达学习了山东省工会第十次代表大会精神和全总在临沂召开的三产事业会议精神,通报了省外经贸工会组织到上海经贸工会学习兴办经济实业的经验情况。省外经贸工会主任丛毅富出席会议并讲话。

9月7日—11日,山东省外经贸工会主任丛毅富带队一行四人赴天津参加了中国财贸烟草工会召开的辽宁、天津、北京、山东、上海、广东六省市外经贸工会工作交流会。

9月25日,为了加强省外经贸工会廉政建设,省外经贸工会制定了《关于省经贸工会干部廉洁勤政的规定》并执行。

10月5日,山东省外经贸工会在省技术进出口公司会议室召开各单位工会主席会议。会议传达学习了《山东省实施〈中华人民共和国工会法〉办法》和外经贸部、中国财贸烟草工会联合颁布的《全国对外经贸行业企业民主管理规范》。省外经贸工会主任丛毅富出席会议并就如何贯彻《办法》和《规范》提出了要求。

10月14日,山东省总工会副主席王新礼,在省总工会政研室主任陈先宏、民管部长秦鲁隼、省外经贸工会主任丛毅富陪同下,应邀出席中国抽纱山东进出口公司召开的民主管理现场会。省总工会副主席王新礼和省外经贸工会主任丛毅富分别讲话。

10月15日,为了加强工会兴办企实业的管理,山东省外经贸工会制定了《关于工会兴办企实业管理的暂行规定》并下发各直属单位工会执行。

10月21日,山东省外经贸工会在山东省总工会召开的全省产业工会工作交流会上,介绍了在新形势下,大力兴办工会经济实业的经验。

10月,为了当好代表,为中国工会第十二次代表大会献言献策,作为大会代表的山东省外经贸工会主任丛毅富,专门成立了工作班子,深入省外贸企业进行调查研究、准备大会提案。

11月5日,山东省外经贸工会召开各直属单位工会主席会议。会议传达学习了中国工会第十二次全国代表大会精神和中央领导的重要讲话。山东省外经贸工会主任丛毅富出席会议并对学习贯彻大会精神提出了具体意见。

11月8日,山东省外经贸工会向各单位工会下发了《关于编报1994年工会经费收支预算和1993年工会经费收支决算的通知》。

11月,山东省外经贸工会召开部分单位工会主席、三产负责人、会计座谈会,研究讨论工会兴办企事业的管理规定。

11月5日,为加快全省外经贸系统外商投资企业工会组织建设,山东省外经贸工会制定了《关于近期加快全省对外经贸系统外商投资企业工会组织建设的意见》并下发各地市经贸委(外贸局)工会和直属各单位工会。

11月23日,山东省外经贸工会召开统计工作会议。

1994年

1月20日,在1994年春节即将来临之际,山东省总工会对外经济贸易工会向全省外经贸系统全体职工发出《慰问信》,致以节日的祝贺和亲切的慰问。

1月26日,山东省总工会对外经济贸易工会向各单位工会下发《山东省外经贸工会1994年工作要点》并要求结合本单位实际,安排好九四年的工会工作。

1月26日—29日,全省外经贸工会1994年工作会议在济南召开。会议的主要任务是:认真贯彻党的十四大三中全会精神、中国工会十二大精神和山东省总工会近期召开的会议及省对外经济贸易工作会议精神,总结全省对外贸易工会的工作情况,认真分析我们面临的新形势,部署1994年全年的工作任务。各单位工会、各地市外经贸委(外贸局)工会主席60多人参加会议。省总工会主席刘洪仁、副主席王新礼到会看望了会议代表;省外经贸委副主任张仁祺、省总工会副主席薄振明出席会议并讲话。会上,山东省外经贸工会主任丛毅富作了工作报告;省纺织品进出口公司工会等六个单位介绍了工作经验;表彰了1993年度工会先进集体和个人。

2月7日,在新春佳节到来之际,山东省外经贸工会邀请部分企业劳模召开座谈会,省外经贸工会主任丛毅富主持座谈会,省外经贸委副主任张仁祺出席会议并讲话。

山东省外经贸工会召开直属单位工会主席会议,检查、督促落实工会年会的情况,安排年后的工作。省外经贸工会主任丛毅富出席会议并讲话。

2月28日,山东省外经贸工会向各单位工会下发了《关于进行工会财务检查的通知》。

2月28日—5月上旬,山东省外经贸工会开展了1993年度工会财务检查工作。本次检查范围是:基层工会财务管理情况、基层职工技协财务管理情况、工会兴办的经济事业财务管理情况。通过检查和考核,评选出1993年度工会财务工作先进单位和先进个人。

3月,山东省外经贸工会在省粮进出口公司第一整理加工厂召开驻青外贸系统女职工工作会议,各单位女职工委主任和工会分管干部参加了会议。会议回顾总结了外贸系统1993年的女职工工作,部署了1994年女职工工作;表彰了先进女职工集体和个人;评选了女职工撰写的论文。省外经贸工会主任丛毅富出席会议并讲话。

4月,为了进一步推进山东省外经贸系统工会三产和职工技协事业的发展,省外经贸工会在北航招待所召开工会三产和职工技协总结表彰大会。各单位工会主席、三产负责人和会计140多人参加会议。会议全面总结了1993年工会办三产和职工技协开展情况,表彰了先进单位和先进个人。山东省外经贸工会主任丛毅富出席会议并讲话。

4月,山东省外经贸工会副主任张桂香带领部分省公司和地市工会主席一行6人,到海南省、上海市、江苏省对国有企业改组为股份企业后的工会工作进行学习考察。

5月1日，山东省外经贸系统劳动模范烟台包装公司经理宫本海、山东省粮油进出口公司礼仪之公司经理秦泗春、山东省轻工进出口公司车队驾驶员许胜华、中国外运山东公司第二储运公司张新斌、山东省畜产进出口公司地毯厂保管员滕俊英到北京，参加了由全国总工会组织的"五一"国际劳动节庆祝活动并受到了党和国家领导人的亲切接见。

5月10日，山东省外经贸工会主任丛毅富应邀赴潍坊，出席潍坊市经贸委党工委召开的工会工作会议并讲话。

5月26日，省外经贸工会在省五矿进出口公司会议室召开1993年度财务工作总结表彰会，会议对1993年度工会财务工作进行了总结，对1994年工会财务工作做出安排并对评选出的先进集体和个人进行了表彰。各单位工会主席和工会财务人员70多人参加了会议，山东省外经贸工会主任丛毅富出席会议并讲话。

5月，山东省外经贸工会组织部分地市县外经贸工会主席召开座谈会，研究探讨在社会主义市场经济体制下，省、地、县三级外经贸工会机构改革的设想和建议。山东外经贸工会主任丛毅富出席会议并与大家一起深入研究探讨。

5月，根据国务院妇女儿童工作委员会的通知和山东省总工会的要求，山东省外经贸工会于"六一"前夕，在全系统（驻青）单位开展了"伸出一双手，奉献一颗心"活动。各单位共计捐款69760.50元，衣服1072件，玩具345件。5月29日省外经贸工会副主任张桂香一行6人专程将捐款、衣服和玩具送到对口帮扶的利津县人民政府，当地举行了隆重的捐赠仪式，并留出一部分资金设立了"山东外贸职工教育基金"，其余钱物送给了四所学校。6月3日的《大众日报》在头版报道了这一消息。

6月8日，山东省外经贸工会主任丛毅富应邀赴潍坊，观摩潍坊市外经贸委工会举办的"中基杯"交谊舞比赛并为获奖单位和个人颁奖。

6月，山东省外经贸工会召开直属单位工会会计座谈会。会议通报了全系统上半年工会经费收缴情况，分析了各单位收缴工会经费增长和下降的原因，研究了下一步应采取的措施；交流了在新形势下，如何收好、管好、用好工会经费的经验和做法。

7月26日，山东省外经贸工会向省总工会呈报《关于检查〈山东省实施［中华人民共和国工会法］办法〉落实情况的报告》。

7月，根据山东省总工会关于开展"主人翁与市场经济"知识竞赛活动的意见安排，省外经贸工会在全系统开展了"主人翁与市场经济"主题教育活动。驻青单位两万多名职工参加答卷，参加率99%以上。8月3日—5日，省外经贸工会举办了"主人翁与市场经济"知识竞赛，有30支代表队参加比赛，经过几轮比赛，省外贸总公司代表队获得一等奖，4个单位代表队获得二等奖，7个单位代表队获得三等奖。山东省外经贸委副主任张仁祺、省总工会副主席颜志松出席竞赛活动。

8月上旬，山东省总工会财务检查组一行三人来省外经贸工会进行财务检查。通过检查，检查组对省外经贸工会财务工作给予充分肯定并提出了要求。

8月，省外经贸工会组织各直属单位工会主席、工会专兼职干部100多人参加了中华全国总工会电教中心在青岛举办的《劳动法》学习班的学习。

8月，山东省外经贸驻青单位的广大干部职工，积极响应中央办公厅、国务院办公厅"关于向贫困地区和灾区群众捐赠衣被"的号召，踊跃捐献衣被，截至9月16日，共计收到衣被46760件（床）并按要求打包送到指定地点。

8月2日—5日，全省外经贸工会工作会

议在青岛召开。会议的主要任务是：传达贯彻全国总工会和省总工会有关会议精神，总结上半年的工会工作，安排部署下半年的工作。各单位、各地市外经贸委（外贸局）工会主席70多人参加会议。山东省外经贸委副主任张仁祺、省总工会副主席颜志松出席会议并讲话。会上，山东省外经贸工会主任丛毅富作了工作报告；六个单位介绍了在新形势下，如何做好工会工作的做法和体会。

8月29日，山东省对外经济贸易委员会主任办公会听取了省外经贸工会"1994年省外经贸系统职工体育运动会"筹备情况的汇报，确定：要抓紧抓好系统运动会的筹备工作，运动会要开得紧凑，宣传报道要搞好，切实加强各方面的管理，确保万无一失。此项工作由系统工会负责。

9月10日，山东省外经贸委印发《关于成立"省外经贸股份有限公司内部职工持股试点工作领导小组"的通知》。

9月29日，山东外贸第一家股份有限公司——山东省工艺品进出口（集团）股份有限公司宣布成立。公司工会主席李淑青当选董事会成员，工会副主席李居华当选为监事会成员。

10月，山东省外经贸工会召开部分直属单位工会会计座谈会。会议通报了全系统1—9月工会经费收缴情况；研究分析了工会经费收缴中存在的问题和解决的方法及措施。

10月10日—14日，在北京召开的辽宁、天津、北京、山东、上海、广东六省市外经贸工会工作会议上，山东省外经贸工会副主任张桂香介绍了山东外经贸工会如何加强外商投资企业工会工作的情况，山东外贸食品青岛冷藏厂工会主席周爱珍介绍了党政工齐心协力搞好民主管理的做法，她们的发言受到与会者的好评。

10月21日，山东省外经贸委工会在省文体进出口公司召开直属单位工会主席会议。会议传达学习了省总工会关于认真学习贯彻中央领导同志重要指示和全国总工会《加强外商投资企业工会工作的通知》及省总工会企事业工作会议精神。省外经贸工会主任丛毅富出席会议并讲话。

11月25日，山东省外经贸工会在省文体进出口公司会议室召开直属单位工会会计会议。会议布置了全系统（驻青）1995年工会经费收支预算和1994年工会经费收支决算工作并对1994年全系统工会财务工作进行了总结。

11月下旬，为了更进一步掌握全省外经贸系统工会工作情况，探索在新形势下如何开展工会工作的新路子，山东省外经贸工会主任丛毅富一行四人到7个市地外经贸委（局）工会进行调查研究。

12月初，山东省外经贸工会向各单位工会下发了《关于编报1995年工会经费收支预算和1994年工会经费收支决算的通知》。

12月15日，山东省外经贸工会副主任张桂香和烟台外经贸委党委副书记杨春兴、山东食品进出口公司工会主席尹树兴，出席了在北京召开的全国外经贸系统第二次工会工作会议。会上，烟台市外经贸委介绍了"我们是怎样支持工会开展评议监督干部工作的"经验，收到了与会领导和代表的好评。

1995年

1月5日，山东省总工会对外经济贸易工会向各单位工会下发《山东省外经贸工会1995年工作要点》并要求结合本单位实际，安排好1995年的工会工作。

1月9日—11日，全省外经贸工会1995年工作会议在威海召开。会议的中心议题是：以党的基本理论和基本路线为指导，认真学习贯彻党的十四届三中、四中全会和全总、省总、全省外经贸工作会议精神，从党的工作大局高度，围绕以学习贯彻《劳动法》为契机和突破口，带动工会各项工作，推动自身改革和建设，在改革、发展、稳定中更好发挥作用，认真总结1994年的工作情况，研究确定1995年的工作任务。各直属单位、各地市外经贸委工会主席70多人参加会议，省外经贸委副主任张仁祺出席会议并讲话。会上，山东省外经贸工会主任丛毅富作了工作报告；省工艺品进出口公司等三个单位介绍了做好工会工作的经验；表彰了1994年度工会先进集体和个人。

1月10日，山东省外经贸委工会向各单位工会下发了《关于开展工会财务工作检查的通知》。

1月15日，山东省外经贸委工会向各单位工会下发了《关于评选先进女职工、先进女职工工作者和先进女职工委员会的通知》并要求认真组织好评选工作。

1月27日，山东省外经贸委工会召开离退休工会主席座谈会，会上通报了全省外经贸系统工会1994年的工作情况和1996年的工作安排，老主席们对今后做好工会工作提出了建议。省外经贸工会主任丛毅富出席座谈会通报工会工作情况并向老主席祝贺新春。

1月中旬，根据山东省委、山东省政府、山东省总工会关于在职工中募集资金补助特困企业职工生活的决定，山东省外经贸委工会认真部署，在短短几天收到各单位募集资金达154000多元，并及时上交省总工会。

2月6日，山东省对外经济贸易委员会主任办公会听取了省外经贸工会关于在本系统评选和表彰先模的工作汇报，确定：原则同意工会提出的关于在本系统内评选和表彰全国、全省和本系统劳模和先进个人的意见。成立评选领导小组，由张仁祺任组长，张群力、苗世楷、张明全、丛毅富任副组长，领导小组成员要有东西两地处室的负责人参加，由办公室、人教处、劳资处、宣传部、工会、团委等处室组成。办公室设在工会。

2月13日，山东省对外经济贸易工会向各直属工会下发《关于明确收取会员会费基本工资标准的通知》。

2月15日，山东省对外经济贸易工会向各直属工会下发《关于纪念"三八"国际妇女节活动的通知》。

2月17日，山东省外经贸委工会召开全省外经贸系统工会主席会议，会议就当前的评优表彰、文艺汇演、工会财务检查等项工作进行了部署。省外经贸工会主任丛毅富出席会议并讲话。

2月20日，山东省外经贸工会向直属各单位工会转发《山东省工会企事业审查监督工作的若干规定》。

2月20日—21日，山东省外经贸工会主任丛毅富出席烟台市外经贸委工会工作会议并讲话。

3月3日，山东省外经贸工会在省粮油进出口公司召开驻青外贸系统女职工工作会议，各单位女职工委主任和女职工工作干部40余人参加了会议。会议回顾总结了外贸系统1994年的女职工工作，安排了1995年女职工工作并对做好女职工工作提出了要求；表彰了先进女职工集体和个人；省外经贸工会副主任张桂香出席会议并作工作报告。

3月21日，山东省外经贸委劳动竞赛委员会向各直属单位、各地市外经贸委（外贸局）下发《关于开展管理效益年活动的意见》，并要求认真贯彻执行。

3月25日，山东省外经贸委召开各单位劳动竞赛委员会负责人会议，就全系统如何开展管理效益年活动进行了发动部署。会上，下发了《关于开展管理效益年活动的意见》，要求各单位一定要加强领导，结合各自的实际，把这一活动扎扎实实地开展起来。

4月26日，山东省对外经贸系统劳动模范暨"双先"表彰大会在青岛市人民会堂隆重举行,97名劳动模范、201名先进工作者和108个先进集体受到表彰。省总工会副主席张召盈出席大会,在青的省外经贸系统党委领导王春涛、张仁祺、米永法、苗世楷,原省外贸局孙超、李仲铭、于资平等老领导,省贸促会副会长刘玉书、省外经贸委各处室负责人、各直属单位党政工负责人及2000多名干部职工出席了大会。大会由山东省外经贸工会主任丛毅富主持,苗世楷副主任宣布表彰决定,张仁祺副主任代表省外经贸系统党委讲话,省级劳动模范苏建岛代表先模向全省外贸职工发出倡议书。表彰大会结束后,与会人员观看了由外贸职工表演的文艺演出。

1月10日—4月底,山东省外经贸工会开展了1994年度工会财务检查工作。5月5日省外经贸工会在省外贸抽纱公司召开全系统1994年度工会财务表彰会议。会议总结报告了1994年度全系统工会财务工作并对做好1995年财务工作做出了安排;同时,对财务工作先进单位和个人进行了表彰;省包装进出口公司等三个单位介绍了做好工会财务工作的做法和体会。各单位工会主席和工会会计80余人参加了会议。省外经贸工会主任丛毅富出席会议并讲话。

5月9日,全省外经贸系统第一份集体劳动合同在青岛金丝时装有限公司诞生,这也是青岛市的第一份集体劳动合同。集体劳动合同签约仪式在该公司举行,省外经贸工会主任丛毅富、青岛市劳动局王副局长、省抽纱公司党委副书记兼副总经理刘学明及青岛市总工会生活保障部、劳动局等领导出席。省外经贸工会主任丛毅富在仪式上致词。

6月9日—11日,全国财贸工会华东片区学习建立平等协商签订集体合同制度经验会议在山东泰安举行。会上,山东省外经贸工会和有关单位的工会主席介绍了建立平等协商签订集体合同制度经验和做法。

6月15日—16日,为了进一步提高省外经贸广大女职工干部队伍的整体素质,山东省外经贸委工会在经贸部青岛疗养院举办了女职工干部培训班。培训班由省妇女干部管理学院老师授课,主要讲授和学习了《劳动法》、《妇女权益保障法》等与女职工有关的法律法规和女职工工作。

6月29日,中共山东省对外经贸系统委员会向直属各单位党委(总支、支部)发文,转发了由系统工会提出的《山东省对外经贸工会关于做好新形势下工会工作的意见》,要求结合实际,认真贯彻执行。

7月12日,山东省外经贸委工会在省包装进出口公司召开直属单位工会主席会议。会议传达学习了省外贸系统纪委、工会联合转发中共山东省纪律检查委员会、山东省总工会、山东省监察厅、山东省经济委员会联合发出的鲁会(1995)66号文《关于充分发挥职工民主监督作用,促进企业廉洁经营的意见》和山东省对外经贸系统党委转发《山东省外经贸工会关于做好新形势下工会工作的意见》。省外经贸工会主任丛毅富出席会议并对贯彻两个《意见》提出了具体要求。

7月14、17日,山东省外经贸工会召开部分直属单位工会会计座谈会。会议传达了山东省总工会财务工作会议精神,通报了全系统上半年工会经费拨缴情况;各单位工会会计汇报了上半年的财务工作情况,省工艺进出口公司介绍了城阳仓库建立台账,按时拨缴工会经费的做法。会议就如何做好全年的工会财务工作进行了讨论和提出了要求。

7月中旬,山东外经贸职工储金会开展了互助互济活动。先后对省文体进出口公司2名因病去世的老职工和省设备进出口公司1名长期患病住院的职工家庭进行了救助,使受救助职工及亲属深受感动,深深体会到社会主义大家庭的温暖。

为了转变工作作风，深入基层了解情况，掌握第一手资料，7月山东省外经贸工会分成三个小组，分别由主任、副主任带队到各地市进行调查研究并对下半年的工作安排进行通报。

8月15日，出版的《山东对外经贸》1995年第8期刊登了省外经贸工会王新强撰写的《积极发展工会经济事业，切实履行四项社会职能》。

9月14日，中共山东省对外经济贸易系统委员会向各直属单位党委（总支、支部）下发《关于开展向李邦显同志学习的决定》并希望全系统广大党员干部和职工都要以李邦显同志为榜样，在各级党组织的领导下，认清形势，振奋精神，克服困难，扎实工作，为全面加强党的建设，推动外经贸事业的健康发展而努力奋斗。

10月22日，山东省外经贸工会在《山东经贸工会信息》第十期刊发《解放思想，提高认识，继续办好工会经济事业》。根据统计，截止1994年底，驻青各单位共办各类经济实体103家，注册资金4932万元，实现经济效益221万元，出口创汇120万美元。

11月6日—10日，在上海召开的六省市外经贸工会工作会议上，山东省外经贸工会主任丛毅富介绍了山东外经贸工会关于做好新形势下工会工作的意见，山东抽纱公司工会介绍了青岛四金时装有限公司依法签订集体合同的经验。两人的发言受到与会者的一致好评。

11月28日，山东省外经贸工会在省包装进出口公司召开直属单位工会会计会议。会议布置了1995年工会财务决算和1996年工会财务预算，通报了1996年1—11月份经费收缴情况，讨论了1996年财务工作计划。

12月21日，山东省外经贸工会在《山东经贸工会信息》第十二期刊发《全省外经贸工会信息工作情况的通报》，全年共收到各单位上报信息55条，采用39条，出《山东经贸工会信息》12期，做到每月一期，起到了交流情况，促进工作的作用。

1996年

1月4日，山东省总工会对外经济贸易工会向各单位工会下发《关于印发有关领导讲话和〈全国总工会关于加强现代企业制度试点企业工会工作和职工民主管理的若干意见〉的通知》并要求认真贯彻执行。

1月10日，山东省总工会对外经济贸易工会向各单位工会下发《山东省外经贸工会1996年工作要点》并要求结合本单位实际，安排好1996年的工会工作。

春节前夕，山东省外经贸委副主任刘国栋和工会、人事劳资等部门负责人走访看望了省外经贸部分困难企业和已退休及病故的全国劳模和省劳模家庭。省外经贸工会主任丛毅富带队走访慰问了省外经贸部分企业困难职工和有病的职工。

为了进一步推进职工代表大会条例的实施，山东省外经贸工会制定了《山东省外经贸企业职工代表大会条例实施细则》（试行稿）并于1月20日下发各直属单位工会和各市地外经贸委（外贸局）工会。

1月21日至24日，全省外经贸工会1996年工作会议在日照召开。会议的主题是：深入学习贯彻党的十四届五中全会、全省经济工作会议、全总十二届三次执委会议和山东省总工会十届三次全委会议精神，回顾总结1995年的工会工作，研究部署1996年的工作，在改革、发展、稳定中更好地发挥工会作用，团结和动员全省外经贸系统的广大职工，为实现党的跨世纪宏伟目标而奋斗。各直属单位工会主席、各地市外经贸委（外贸局）工会主席60多人参加会议。省外经贸委副主任张仁祺出席会议并讲话。会上，省外经贸工会主任丛毅富作了工作报告;五个单位工会介绍了开展劳动竞赛、民主管理、签订集体合同等方面的经验体会;表彰了1995年度工会先进集体和个人。

2月19日至5月17日,山东省外经贸工会开展了1995年度工会财务检查考核工作。通过检查考核,评选出1995年度工会财务工作先进单位和先进个人。5月17日,省外经贸工会在华鲁宾馆召开1995年度财务工作总结表彰会,会议对1995年度工会财务工作进行了总结,对1996年工会财务工作做出安排并对评选出的先进集体和个人进行了表彰。各单位工会主席和工会财务人员80多人参加了会议,省外经贸工会主任丛毅富出席会议并讲话。

3月6日,山东省外经贸委工会在省抽纱公司召开省外经贸系统驻青单位女职工工作会议。会议传达了省总工会女工委二届二次会议精神,总结了1995年省外经贸系统女职工工作,部署了1996年女职工工作,表彰了女职工工作先进单位和个人。省外经贸委工会主任丛毅富出席会议并讲话。

3月13日,山东省外经贸委工会在省文体公司召开直属单位工会主席会议。会议传达了胡锦涛在广西考察期间的重要讲话,各单位汇报了贯彻工会工作会议贯彻情况;部署了工会有关工作。省外经贸委工会主任丛毅富出席会议并讲话。

山东省外经贸委工会分片召开工会经济实业负责人会议,学习上级有关工会兴办经济实业方面的政策,研究如何进一步搞好搞活工会经济实业。

4月、5月,山东省外经贸委工会分两期在山东外贸汇荣培训中心举办了两期工会干部上岗资格培训班。各直属单位150多名工会干部参加了培训。

6月21日,山东省外经贸委工会在经贸部青岛疗养院召开工会企事业工作会议。会议学习了《工会企事业管理办法》;全面总结了两年来工会兴办企事业的做法经验,深入探讨研究了今后如何进一步办好企事业的办法;部分单位介绍办好企事业的经验;表彰了先进单位和个人。各直属单位工会主席、企事业单位负责人、会计100多人参加会议。山东省外经贸工会副主任张桂香出席会议并代表省外经贸工会讲话。

6月21日,为了加强对工会企事业的管理,山东省外经贸委工会制定了《山东省外经贸工会企事业管理办法》,通过并印发各直属单位工会并要求认真贯彻执行。

6月14日,山东省外经贸委工会在省食品进出口公司召开直属单位工会主席会议,会议传达学习了全国总工会《关于认真贯彻胡锦涛同志对做好困难企业职工扶贫解困工作的指示的通知》并对当前的几项工作进行了安排。山东省外经贸工会主任丛毅富出席会议并对做好各项工作提出了具体要求。

山东省外经贸工会召开部分直属单位工会主席、会计座谈会。会议传达了山东省总工会烟台会议精神,通报了省外贸系统上半年工会预算执行情况;各单位汇报了上半年的工会财务工作情况;会议就如何做好下半年的工会财务工作提出了要求。

7月25日,全省外经贸系统第一份国营企业集体劳动合同在中国抽纱山东进出口公司第二整理加工厂诞生。该厂在第四届九次职代会上举行了集体劳动合同签约仪式。

9月2日—5日,山东省总工会经审办主任李尚杰一行三人到青,对山东省外经贸委工会的财务工作进行了检查。

9月9日,山东省外经贸委向对外贸易经济合作部发《贺信》祝贺首届全国外经贸系统职工运动会在北京举行并获得圆满成功。

9月11日,中国抽纱山东进出口公司在亚太宾馆举行了集体合同签订研讨会。省外经贸16家公司应邀参加会议,山东省外经贸工会主任丛毅富出席会议并讲话。

10月15日，山东省外经贸委职工体育代表队在省粮油公司华鲁宾馆召开总结表彰大会。参加全国外经贸系统职工运动会和山东省第十八届行业运动会的运动员、教练员、工作人员和省外经贸委机关有关处室负责人参加了会议。省外经贸委副主任张仁祺、刘国栋出席会议并讲话；会议由省外经贸工会主任丛毅富主持，副主任张桂香作总结讲话。

10月27日—11月1日，在全省工会领导班子建设座谈会暨第四期市地工会领导干部研讨班上，省外经贸工会的《尽快转换产业工会运行机制是增强基层工会活力的迫切需要》材料作为研讨班交流材料，由参加研讨班的省外经贸工会副主任张桂香作了发言，受到与会者好评。

11月，为了进一步贯彻实施《劳动法》、《女职工权益保障法》，维护女职工的合法权益，山东省外经贸工会组织外经贸系统驻青单位全体女职工开展了学理论、学法规知识竞赛答卷活动，各单位工会女职工委积极组织女职工进行学习和参赛，此次活动，女职工参赛率达100%。

11月24日—27日，山东省外经贸工会主任丛毅富等三人参加了在广东召开的六省市外经贸工会工作情况交流会。会议的主题是：以邓小平建设有中国特色社会主义理论和党的十四届六中全会精神为指导思想，认真交流和探讨在新形势下，工会如何深入贯彻全总工会工作总思路；工会在履行维护职能中发挥作用；工会如何在市场经济的新形势下支持企业深化改革；加强工会组织建设和自身建设，使外经贸各级工会工作更加朝气蓬勃。经贸部直属机关党委副书记袁再青出席会议并讲话。

12月13日，山东省外经贸委在青岛国贸中心召开山东省外经贸工会工作会议，各直属单位党委书记、工会主席60多人参加会议，省外经贸委副主任米永法主持会议。会议传达学习中央领导的讲话精神和省委召开的全省工会工作会议精神，进一步研究落实党的全心全意依靠工人阶级的根本指导方针，更好地发挥工会组织在两个文明建设中的重要作用，充分调动广大职工积极性和创造性，推进省外经贸事业更快的发展。省外经贸委副主任张仁祺出席会议并讲话，省外经贸工会主任丛毅富出席会议并通报了全省外经贸系统工会工作情况。

12月26日，为积极支持山东省实施的送温暖工程，山东省外经贸工会向送温暖工程基金会捐助人民币10万元。

1997年

1月16日—18日，全省外经贸工会1997年工作会议在青岛召开。会议的主要任务是：认真贯彻党的十四届六中全会、中央和省委经济工作会议、全总十二届四次执委会和省总工会十届四次全委会议精神，总结1996年的工会工作，研究部署1997年的工作，更好地围绕党的工作大局和工会工作总体思路，统一思想，认清形势，明确任务，坚定信心，在推进全省外经贸系统的两个文明建设中积极发挥作用。各直属单位、各地市外经贸委工会主席70多人参加会议，省外经贸委副主任张仁祺出席会议并讲话。会上，省外经贸工会主任丛毅富作了工作报告，有8个单位工会作了大会发言，表彰了1996年度工会先进集体和个人。

1月，春节前夕，山东省外经贸委副主任张仁祺、山东省外经贸工会主任丛毅富分别带领有关处室负责人，走访慰问了省外经贸企业全国劳模、山东省劳动模范和部分特困职工，并送去了慰问金。

2月20日，山东省外经贸工会向系统党委呈报《关于评选表彰劳动模范等有关事宜的请示》，就评选表彰模范的数量、奖励标准、召开山东省外经贸系统先模表彰大会的时间等提出了建议。

3月4日，山东省外经贸工会在中国抽纱进出口山东公司召开省外经贸工会女职工工作会议，各单位工会女工委员会主任和分管女职工工作的同志30多人参加了会议。会议传达了省总工会女工委二届三次会议精神；女职委主任王张桂香作工作报告，回顾总结了1996年的女职工工作，布置了1997年的工作任务；表彰了1996年度女职工先进集体、先进个人和文明职工家庭。山东省外经贸工会主任丛毅富出席会议并讲话。

3月5日，山东省外经贸工会主任丛毅富应邀出席山东省纺织品进出口公司第三届职工代表大会第三次会议。

为了做好职工代表大会民主评议企业领导干部工作，中共山东省对外经贸系统委员会组织部和山东省总工会对外经济贸易工作委员会制定了《关于山东省外经贸委直属企业职工代表大会民主评议企业领导干部工作的实施办法》于3月28日下发各直属单位执行。

2月初—6月底，山东省外经贸工会开展了1996年度工会财务检查工作。通过检查考核，评出1996年度工会财务工作先进单位和先进个人。7月11日，山东省外经贸工会在中国抽纱进出口山东公司召开1996年度财务工作总结表彰会，会议对1996年度工会财务工作进行了总结，对1997年工会财务工作做出部署并对评选出的先进集体和个人进行了表彰。各单位工会主席和工会财务人员70多人参加了会议，山东省外经贸工会丛毅富主任出席会议并讲话。

6月9日，山东省对外经济贸易工会在省食品进出口公司召开各直属单位工会主席会议。会议传达了中国财贸工会长春会议精神；省外经贸工会主任丛毅富出席会议并就做好当前几项工作提出了具体要求。

6月16日，山东省对外经济贸易工会向山东省总工会经审办公室呈报《省外经贸系统驻青直属单位工会经审工作情况报告》。

6月18日，山东省对外经济贸易工会向山东省总工会财务部呈报《省外经贸系统驻青直属单位工会财务及工会资产管理工作调研情况报告》。

6月24日，山东省外经贸工会向青岛市总工会致《贺电》祝贺青岛市外商投资企业工会代表大会隆重召开。

7月4日，山东省外经贸工会向各单位工会转发了山东省总工会、山东省高级人民法院《关于贯彻落实〈山东省实施［中华人民共和国工会法］办法〉和〈山东省外商投资企业工会条例〉中工会经费拨交问题的通知》并要求认真组织学习和贯彻。

7月13日，山东省外经贸工会向各单位工会转发了山东省总工会经审会《山东省各级工会领导干部和财务负责人离任审计暂行办法》并要求贯彻执行。

7月17日，山东省对外经济贸易工会在亨润实业有限公司召开直属单位工会企事业现场会，各单位工会主席、企事业负责人60多人参加会议。会议总结了1996年全系统工会企事业工作情况，安排了1997年的工作；听取了省日百进出口公司工会办好工会企事业的经验和参观了惠中经营公司；表彰了先进单位和个人。省外经贸工会主任丛毅富出席会议并讲话。

9月1日，山东省对外经济贸易工会根据山东省总工会等四部门《关于改善和提高离退休劳动模范待遇的通知》精神，结合外经贸系统的实际情况，会同有关部门制定了《关于改善和提高山东省外经贸系统离退休劳动模范待遇的通知》并下发各单位执行。

9月3日，山东省对外经济贸易工会在省粮油进出口公司召开各直属单位工会主席会议。会议传达了山东省总工会《关于认真学习贯彻中共山东省委书记吴官正同志在省总工会检查工作时所作重要讲话的通知》和《关于做好职工队伍稳定工作的紧急通知》等文件。部署了在全系统开展职业道德知识竞赛的活动。省外经贸工会主任丛毅富出席会议并讲话。

9月25日—26日,为适应新时期女职工工作的要求,提高女职工干部的理论和业务水平,山东省外经贸工会在经贸部青岛疗养院举办了女职工干部培训班,全系统110多名女职工干部参加了培训。培训班邀请专家授课并与其互动研讨有关问题。省外经贸工会副主任张桂香参加培训班并就做好新时期女职工工作提出要求。

10月14日—19日,由山东省外经贸工会承办的全国十二省市外经贸工会工作交流会在青岛市召开。本次会议的主题是:以党的十五大精神为指导,认真落实全总工会工作总体思路,结合本地区、本单位实际总结交流新情况、研究探讨新问题,在改革、稳定、发展中更好地发挥工会作用,促进对外经贸事业的发展。辽宁、北京、天津、河北、江苏、安徽、湖北、上海、广东、四川、云南和山东等省市外经贸工会及部分所属企业工会主席共56人参加会议。山东省外经贸委副主任刘国栋、山东省总工会副主席张召盈等领导出席会议并讲话。

11月13日—14日,为了深入学习贯彻党的十五大精神,山东省外经贸工会举办工会主席学习班,100多人参加学习。学习班传达学习了省委和省总工会领导的有关讲话及省总工会贯彻党的十五大全心全意依靠职工办好企业研讨会精神,邀请了中共青岛市委党校经济专家就当前企业改制等问题进行授课;还学习了广西、深圳、济南、济宁等地关于企业内部职工持股会的办法。省外经贸工会主任丛毅富出席学习班并对学习贯彻党的十五大精神和做好当前的几项工作提出了要求。

12月14日,山东省外经贸工会向各单位工会下发《关于编报1998年度工会经费收支预算和1997年工会经费收支决算的通知》,并对做好预决算提出了具体要求。

12月5日,山东省外经贸工会在设备进出口公司大酒店召开各单位工会财务人员会议。会议布置了1998年工会财务预算和1997年工会财务决算工作,通报了全系统1—11月工会经费收缴情况,研究了1998年工会财务工作思路;要求认真分析工会经费计拨情况,针对存在问题,加大工作力度,争取完成全年的各项指标。

12月2日,为了培养有理想、有道德、有文化、有纪律的"四有"职工队伍,大力倡导职工爱岗敬业,树立行业新风,山东省外经贸工会从年初,开展了"以爱国主义教育为主线,敬业爱岗、无私奉献为主题"形式多样的职工职业道德系列教育活动。同时,为推进活动的深入开展,又组织开展了万名职工职业道德白体竞赛活动,全系统2万多名职工参加,占职工人数96.5%。经过层层选拔,有20多个单位进入竞赛。省外贸系统驻青单位职工职业道德知识竞赛在青岛红旗冷藏厂举行,经过激烈的角逐,最终,山东省五矿进出口公司、中国包装进出口公司山东省分公司并列荣获团体总分第一名。省总工会副主席李蔗聪出席竞赛活动并为获奖单位颁奖。

12月16日,山东省外经贸工会向各单位工会下发《关于对基层工会进行法人资格登记工作的通知》并要求把登记工作善始善终地做好。

12月19日,山东省外经贸工会在山东省服装进出口公司召开各单位工会主席会议。会议传达了省总工会经济事业会议精神,就当前的几项主要工作进行了安排。省外经贸工会主任丛毅富出席会议并对做好各项工作提出了要求。

12月 日,《山东外经贸工会信息》发特刊登载,全总张丁华副主席传达中央书记处各位领导听取全总工作汇报时的重要指示。

12月29日—30日,山东省总工会第十届委员会委员、山东省外经贸工会主任丛毅富出席了山东省总工会第十届委员会第五次全体会议。

1998年

1月5日,山东省对外经济贸易工会委员会下发《关于启用新图章的通知》,根据山东省机构编制委员会、山东省总工会关于产业工会更名的通知,"山东省总工会对外经济贸易工作委员会"更名为"山东省对外经济贸易工会委员会"。新的图章从1998年1月5日启用。

1月5日,山东省对外经济贸易工会委员会向各单位工会下发《山东省外经贸工会1998年工作要点》并要求结合本地区、本单位工作实际,安排好1998年的工会工作。

1月5日,山东省对外经济贸易工会委员会向各地市外经贸委工会、各单位工会转发《全国总工会关于推进工会改革和建设若干问题的意见》并提出了具体的贯彻意见。

1月11日,全省外经贸工会1998年工作会议在潍坊召开。会议的主要任务是:以党的十五大精神为指针,认真贯彻省总工会"三个机制"的要求,紧紧围绕全省外经贸"扩大规模,提高效益"这个中心,开展以"双强竞赛"为主要内容的劳动竞赛和合理化建议活动,充分调动和发挥广大职工的积极性、创造性,为全省外经贸事业的发展建功立业。总结1997年的工会工作,研究部署1998年的工作。各直属单位、各地市外经贸委工会主席近80多人参加会议。省总工会主席齐乃贵、省外经贸委副主任刘国栋、潍坊市副市长李守玉、潍坊市总工会主席郝玉兰、潍坊市外经贸委主任于生等领导出席会议并讲话。会上,省外经贸工会主任丛毅富作了工作报告,表彰了1997年度工会先进集体和个人。

1月25日,为了使省外贸企业进一步树立以经济效益为中心的经营指导思想,推动规模和效益协调发展,根据省政府领导的指示,山东省外经贸委决定,1998年在省属外贸企业中开展"规模效益双强竞赛"活动。省外经贸工会制定了《关于开展"规模效益双强竞赛"活动的实施意见》并以省外经贸委文件下发省各外贸公司执行。

2月8日,山东省外经贸工会向省外贸各直属工会、各市地外贸工会下发了《关于认真贯彻执行中央领导有关加强新形势下工会工作的重要指示切实做好企业改制中的工会工作的意见》并要求结合本单位的实际认真贯彻执行。

2月13日,山东省外经贸工会在省设备进出口公司召开各单位工会主席会议。会议就当前的主要工作进行了安排部署。省外经贸工会主任丛毅富出席会议并对做好当前的各项工作提出了具体要求。

2月23日,山东省政协副主席刘洪仁、山东省总工会主席齐乃贵莅临省外经贸工会检查指导工作。省外贸工会主任丛毅富汇报了省外经贸工会工作情况和1998年的工作思路及工作重点,省总工会主席齐乃贵对省外经贸工会工作和工作思路给予充分肯定并对做好工会工作提出了要求。

3月3日,山东省对外经济贸易工会向青岛市总工会发《贺信》祝贺青岛市总工会隆重举行建会五十周年纪念庆典。

3月4日,山东省外经贸工会在省烟草进出口公司召开省外经贸工会女职工工作会议,各单位工会女工委员会主任和分管女职工工作的同志参加了会议。会议传达了省总工会女工委二届四次会议精神;女职委主任张桂香作工作报告,回顾总结了1997

年的女职工工作,布置了1998年的工作任务;表彰了1997年度女职工先进集体、先进个人和五好文明职工家庭。省外经贸工会主任丛毅富出席会议并讲话。

4月下旬,山东省外经贸工会副主任张桂香、山东省医保进出口公司工会主席李鲁青、烟台外经委工会主任田峰参加了中国财贸工会在福州召开的四届三次全委会。山东省医保进出口公司工会在会上介绍了"充分发挥工会职能作用,积极协助企业妥善安置下岗职工"的做法,受到与会者好评。

5月,山东省对外经济贸易工会在省粮油进出口公司召开各单位工会主席会议。会议传达了中国财贸工会和山东省总工会会议精神,研究部署了近期主要工作,推荐了出席山东省总工会十一大的代表。省外经贸工会主任丛毅富出席会议并讲话。

6月10日,山东省对外经济贸易工会向四川省外经贸工会发《贺电》祝贺四川省外经贸工会第三次代表大会胜利召开。

3月初—6月初,山东省外经贸工会开展了1997年度工会财务检查工作。通过检查考核,评选出1997年度工会财务工作先进单位和先进个人。6月19日,省外经贸工会在省烟草进出口公司召开1997年度财务工作总结表彰会,各单位工会主席、工会会计70多人会议。会议对1997年度工会财务工作进行了总结,对1998年工会财务工作做出部署并对评选出的先进集体和个人进行了表彰。省外经贸工会丛毅富主任出席会议并讲话。

6月24日,山东省对外经济贸易工会委员会向各地市外经贸工会和各单位工会转发了山东省总工会《关于积极协助做好国有企业下岗职工基本生活保障和再就业工作的意见》并要求认真组织学习,结合本地区、本企业实际情况,积极配合行政做好国有企业下岗职工基本生活保障和再就业工作,为全省外经贸事业改革、发展、稳定做出贡献。

6月,山东省对外经济贸易工会委员会举行了社团法人证书颁证仪式。省外贸公司有87个单位工会符合社团法人资格条件并被批准登记和发给社团证书。省外经贸工会丛毅富主任出席社团法人证书颁证仪式并讲话。

7月9日,为了贯彻实施《劳动法》,推进我省外经贸企业实行集体协商和集体合同制度,山东省对外经济贸易委员会制定了《关于在省外经贸企业实行集体协商和集体合同制度的意见》,下发省外经贸各公司并结合本单位实际,抓紧组织实施。

7月27日—30日,山东省外经贸工会主任丛毅富出席了中国财贸轻纺烟草工会四届五次常委会议。

8月5日,山东省外经贸委召开实行集体协商和集体合同制度大会,省外贸直属企业及厂、库、队和三资企业的劳资部门负责人、工会主席200多人参加会议。会议邀请了青岛市劳动局有关负责人讲授了实行集体协商和集体合同制度有关事宜,中国抽纱进出口山东公司介绍了他们推行平等协商和集体合同试点工作经验。委劳资处处长张鹏远代表省外经贸委作了工作部署,山东省外经贸工会主任丛毅富出席会议并作了讲话。

8月21日,山东省外经贸工会向各单位工会下发《关于认真贯彻山东省工会第十一次代表大会精神的通知》并转发了省委、省府、省总领导李春亭、陈建国、齐乃贵在省工会第十一次代表大会上的讲话,要求认真传达贯彻。

8月21日,山东省外经贸工会在省粮油进出口公司召开各单位工会主席会议。会议传达学习了山东省工会第十一次代表大会会议精神,研究部署了近期的主要工作。

省外经贸工会主任丛毅富主持会议并讲话。

8月26日,山东省外经贸工会主任丛毅富应邀出席山东省纺织品进出口公司第十二次工会会员代表大会。

按照中华全国总工会的要求,工会财务制度改革从1999年1月1日起实行新的工会会计制度。从8月起省外经贸工会组织全系统工会会计分批到北京参加培训。

9月22日—26日,山东省外经贸工会主任丛毅富等四人参加了在昆明召开的全国部分省市外经贸工会工作交流会。

10月19日—24日,省外经贸工会主任、中国工会十三大代表丛毅富出席了中国工会第十三次代表大会。

10月28日,山东省外经贸工会在中国抽纱进出口山东公司召开各单位工会主席会议。省外经贸工会主任、中国工会十三大代表丛毅富出席会议,传达了中国工会十三大会议精神并对学习贯彻会议精神提出了具体要求。

11月13日—14日,山东省外经贸工会在青岛市举办全系统工会主席学习班,共有100多人参加了学习。会议首先传达了山东省总工会贯彻党的十五大"全心全意依靠职工办好企业研讨会"的会议精神,学习了陈建国副书记,韩富群副省长,刘洪仁主席在省总工会"贯彻党的十五大精神,全心全意依靠职工办好企业研讨会"上的讲话等文件。山东省外经贸工会主任丛毅富出席学习班并讲话。

12月14日,山东省外经贸工会向各单位工会下发《关于编报1999年度工会经费收支预算和1998年工会经费收支决算的通知》,并对做好预决算提出了具体要求。

12月25日,山东省外经贸委劳动竞赛委员会向各单位劳动竞赛委员会下发《关于评选推荐"最佳创汇(效益)能手"的通知》。

1999年

1月12日,山东省对外经济贸易工会委员会向各单位工会下发《转发山东省总工会〈关于学习贯彻中国工会十三大精神的意见〉的通知》并要求各单位在学习中紧密联系实际,注重实际问题的解决。

1月12日,山东省对外经济贸易委员会向省各外经贸公司下发《关于进行"规模效益双强竞赛"活动总结评比的通知》。

1月13日,山东省监察厅驻省外经贸委监察专员办公室、山东省对外经济贸易工会委员会向各地市外经贸委、各直属单位转发了山东省监察厅、山东省经贸委、山东省总工会《关于转发监察部、国家经贸委、全国总工会监发[1998]4号文件的通知》并要求结合本地、本单位实际,认真贯彻执行。

1月,《山东省外经贸工会信息》1999年第一期刊登了中国抽纱山东省进出口公司工会《建立三项制度 落实五项职权 树立职代会的权威》的经验介绍材料并加按语,要求各单位认真学习借鉴。

1月 日,在1999年春节即将来临之际,山东省外经贸工会向全省外经贸系统职工发出《慰问信》,致以节日的祝贺和亲切的慰问。

1月26日,山东省对外经济贸易工会委员会向各单位工会下发《关于认真学习天津国际经济技术合作公司〈实行厂务公开制度,促进企业扭亏增盈〉经验的通知》并要求各单位认真学习,尽快地实行厂(企)务公开制度,把职工当家做主的权力在本企业里落到实处。

1月26日,山东省对外经济贸易工会委员会向各单位工会下发《关于继续深入开展建设"职工之家"活动的意见》,要求各单位将建设"职工之家"活动卓有成效地开展起来并坚持下去。

1月28日,山东省外经贸委劳动竞赛委

员会向各单位劳动竞赛委员会下发《关于1999年深入开展社会主义劳动竞赛的意见》并要求各单位加强领导,把劳动竞赛的各项工作落到实处。

1月28日—30日,全省外经贸工会1999年工作会议在青岛召开。各直属单位、各地市外经贸委工会主席近70多人参加会议,省总工会副主席陈维义、省外经贸委副主任刘国栋等领导出席会议并讲话。会议总结了1998年的工会工作,研究部署1999年的工作;有5个单位介绍了在新形势下做好工会的做法;表彰了1998年度工会先进单位和个人。省外经贸工会主任丛毅富出席会议并作了工作报告。

2月6日,山东省外经贸委劳动竞赛委员会向各单位劳动竞赛委员会下发《关于在"山东外贸"网站建立"劳动竞赛"宣传栏目有关事宜的通知》,从1999年起每位省外经贸系统"最佳创汇(效益)能手"由"山东外贸"网站免费制作存放中英文个人网页一张,免费获得个人单子邮箱一个。

2月9日,山东省外经贸委副主任刘国栋、省外经贸工会主任丛毅富分别带领有关处室负责人,走访慰问了省外经贸企业部分全国劳模和特困职工,并送去了慰问金。

2月10日,山东省外经贸委工会召开部分离退休工会主席座谈会。省外经贸工会主任丛毅富出席座谈会,通报了1998年全省外经贸工会工作情况和1999年的工作安排并向各位老主席致以节日的问候。

根据中办、国办《关于切实帮助生活困难群众过好1999年春节》的通知精神,山东省外经贸全系统各级工会积极行动起来,截至2月中旬,共走访困难职工1292人,发放慰问金20万元。

2月24日,山东省外经贸工会向各单位工会下发了《关于进行工会财务检查的通知》。

2月28日,山东省外经贸委劳动竞赛委员会向各单位劳动竞赛委员会下发《关于评选推荐"最佳创汇(效益)能手"的通知》。

3月1日,山东省对外经济贸易工会委员会向各单位工会下发《关于印发有关工会工作文件的通知》,同时,附《中共中央关于加强和改善党对工会、共青团、妇联工作领导的通知》、《中共山东省委关于进一步加强新时期工会工作的意见》等15个重要文件一并下发。《通知》要求各级工会组织要认真组织学习和贯彻落实。

3月2日,山东省外经贸工会在教师之家召开省外经贸工会女职工工作会议,各单位工会女工委员会主任和分管女职工工作的同志30多人参加会议。会议传达了省总工会女工委三届一次会议精神;女职委主任王张桂香作工作报告,回顾总结了1998年的女职工工作,布置了1999年的工作任务;表彰了1998年度女职工先进集体、个人和文明职工家庭。山东省外经贸工会主任丛毅富出席会议并讲话。

3月5日,山东省外经贸工会在教师之家召开直属单位工会主席会议,省外经贸工会主任丛毅富出席会议,就当前的五项工作做了具体安排并对做好工作提出了要求。

4月13日,山东省外经贸工会向各市地外经贸委工会、各直属单位工会下发《山东省外经贸系统1999年职业道德建设工作安排意见》。

4月30日,山东省外经贸委向省各外经贸公司下发《关于"规模效益双强竞赛"活动总结评比的通报》。

5月12日—15日,为提高职工代表的素质,充分发挥职工代表作用,进一步加强省外贸企业职工民主管理工作,山东省外经贸工会在黄岛举办职工代表骨干培训班,省外贸各单位170多名职工代表及部分工会干部参加了培训。本次培训,特邀了省工会干部管理学院刘福元教授授课,山东省外经贸工会主任丛毅富出席培训班并作总结讲话。

5月18日，山东省外经贸系统党委副书记刘国栋带领工会、政工处等部门负责人，到自1998年以来，省外经贸系统开展"四抓、四比"为主要内容的"规模效益双强竞赛"活动中，评定为"规模效益双强最佳企业"、"规模效益双强企业"和"规模效益双强最佳企业经营者"、"规模效益双强企业经营者"的单位颁发奖牌及证书。

6月8日，山东省外经贸工会向各单位工会转发了《山东省总工会实施国务院〈中国妇女发展纲要〉1999—2000年规划的通知》并要求结合本单位实际，认真抓好贯彻落实。

6月21日—26日，山东省外经贸工会副主任张桂香与有关省外贸公司工会主席参加了全国外经贸工会工作交流会。会上，山东省服装进出口公司工会主席丁来发介绍了他们"抓好双维护，促进企业健康发展"的做法，受到入会者一致好评。

2月初—6月初，山东省外经贸工会开展了1998年度工会财务检查工作。通过检查考核，评选出1998年度工会财务工作先进单位和先进个人。7月14日，省外经贸工会召开1998年度财务工作总结表彰会，会议对1998年度工会财务工作进行了总结，对1999年工会财务工作做出部署并对评选出的先进集体和个人进行了表彰。省特艺品公司等3个单位介绍了做好工会财务工作的经验。各单位工会主席和工会财务人员50余人参加了会议，山东省外经贸工会主任丛毅富出席会议并讲话。

7月10日，山东省外经贸委在青岛召开了省外经贸系统厂务公开工作会议，省直属单位的党政工及人事、财务负责人参加了会议，会议对做好厂务公开工作作了部署。山东省外经贸厅委副主任刘国栋出席会议并讲话。

8月2日，山东省外经贸系统党委向各单位党委（总支、支部）下发《山东省外经贸企业推行厂务公开制度的实施意见》并要求认真贯彻执行。

8月9日，山东省外经贸委厂务公开领导小组召开会议，研究关于召开"省外经贸委推广厂务公开大会"的筹备工作。

8月11日—13日，山东省外经贸工会主任丛毅富出席了中国财贸轻纺烟草工会四届七次常委扩大会议。

8月16日，山东省外经贸系统党委在青岛国贸中心召开推行厂务公开制度动员大会。省外经贸公司的党委书记、纪委书记、工会主席、人事、财务等部门负责人及省外经贸委有关处室的负责人150多人参加了会议。省外经贸系统党委副书记刘国栋、纪委书记刘方会、省外经贸工会主任丛毅富出席会议。会议传达学习了中纪委、国家经贸委、全国总工会联合下发的《关于推行厂务公开制度的通知》和中央及全总领导的讲话；省外经贸系统党委副书记、省外经贸委厂务公开领导小组组长刘国栋对搞好厂务公开工作提出了具体要求。会上，下发了《山东省外经贸企业推行厂务公开制度的实施意见》。

8月18日，山东省对外经济贸易工会委员会向各单位工会转发山东省总工会、山东省财政厅、山东省审计厅《关于进一步加强工会经费收支管理工作的通知》并要求认真学习贯彻执行。

10月9日—13日，山东省外经贸委厂务公开领导小组办公室组织部分公司工会主席（均为本企业厂务公开领导小组成员）赴天津外经贸委学习厂务公开先进经验。

10月下旬，根据工会会计人员变化快的实际情况，山东省外经贸工会举行了部分单位工会会计座谈会，以会代训，学习了国家有关工会财务方面的政策规定，使大家了解和掌握了国家、上级工会有关工会财务方面的政策及规定。会议重申了工会经费的提取、拨缴、使用等规定。

11月2日，山东省外经贸工会在烟草公司召开直属单位工会主席会议，会议传达了中共中央政治局常委、全国总工会主席尉健行在山东总工会考察工作时的讲话和山东省总工会主席齐乃贵的讲话精神；通报了赴天津外经贸委学习厂务公开的情况。省外经贸工会主任丛毅富出席会议，就做好当前的工作提出了要求。

11月10日，山东省外经贸委劳动竞赛委员会向各单位劳动竞赛委员会下发《关于评选1999年度山东省对外经济贸易系统"最佳创汇（效益）能手"的通知》。

11月上中旬，山东省外经贸委厂务公开领导小组分片召开了所属企业厂务公开工作汇报会。省外经贸委厂务公开领导小组副组长丛毅富等领导小组成员出席会议，各单位汇报了厂务公开工作进展情况，交流了经验做法和体会，分析了工作中存在的问题和面临的困难，找出了差距，明确了今后的努力方向。

11月29日，山东省外经贸工会向各单位工会下发《关于进行建设"职工之家"活动检查验收的通知》。

12月1日，山东省外经贸工会向各单位工会下发《关于编报2000年度工会经费收支预算和1999年工会经费收支决算的通知》，并对做好预决算提出了具体要求。

12月8日，山东省外经贸工会向各直属单位工会、各地市外经贸工会下发《关于2000年元旦春节期间深入开展送温暖活动的通知》。

2000年

为了深入贯彻落实党的十五届四中全会通过的《中共中央关于国有企业改革和发展若干重大问题的决定》，山东省外经贸工会制定了《山东省外经贸工会关于认真贯彻党的十五届四中全会精神充分发挥工会组织和广大职工在国企改革发展中作用的意见》，1月3日，省对外经济贸易工会向各单位工会下发《意见》并要求结合本地区、本单位工作实际，贯彻落实。

1月3日，山东省外经贸工会委员会向各单位工会下发《山东省外经贸工会2000年工作要点》并要求结合本地区、本单位实际，安排好2000年的工会工作。

1月3日，为充分发挥工会组织和广大职工在国企改革发展中的作用，山东省外经贸工会委员会制定了《山东省外经贸工会关于认真贯彻党的十五届四中全会精神充分发挥工会组织和广大职工在国企改革发展中作用的意见》，并向各单位工会下发，同时，要求结合本地区、本单位实际，贯彻落实。

1月18日—20日，全省外经贸工会2000年工作会议在青岛召开。会议的主要议题是：总结1999年全省外经贸系统的工会工作，部署2000年的任务，努力把全省外经贸系统工会工作推向一个新阶段。各直属单位、各地市外经贸委工会主席（主任）60多人参加会议。山东省总工会副主席陈维义、山东省外经贸委副书记兼副主任刘国栋出席会议并讲话。会上，山东省外经贸工会主任丛毅富作了工作报告，表彰了1999年度工会先进集体和个人。

1月29日，为了建立健全和规范职工持股会组织，维护出资者的合法权益，山东省对外经济贸易工会向各单位工会转发了山东省总工会《关于印发〈山东省职工持股会管理试行办法〉的通知》并要求结合本单位实际，严格执行。

2月25日，山东省外经贸工会向各单位工会下发了《关于进行工会财务检查的通知》。

2月25日—5月底，山东省外经贸工会开展了1999年度工会财务检查工作。2月25日，省外经贸工会向各单位工会下发了

《关于进行工会财务检查的通知》,本次检查范围和内容是:基层工会财务管理情况,重点是工会经费计拨是否符合有关规定,经费上解是否按时足额,各项开支是否符合财务规定,基层工会预决算编报是否认真合理、上报及时,账簿设立、科目运用、财务档案等是否规范。通过3个月的检查考核,评出1999年度工会财务工作先进单位29个,先进个人22名。6月20日,省外经贸工会召开1999年度财务工作总结表彰会,会议对1999年度工会财务工作进行了总结,对2000年工会财务工作做出部署并对评选出的先进集体和个人进行了表彰。各单位工会主席和工会财务人员40余人参加了会议,省外经贸工会丛毅富主任出席会议并讲话。

3月2日,山东省外经贸工会向各单位工会下发《关于加强劳动模范管理工作的通知》并要求切实做好劳动模范各项管理工作。

4月3日,为了推进省外经贸系统安全生产工作,山东省对外经济贸易工会向各单位工会转发了山东省总工会、山东省经济贸易委员会《关于开展"安康杯"竞赛的通知》和国家安全生产监督管理局、中华全国总工会《关于开展2001年全国"安全生产周"和"安康杯"竞赛活动的通知》及山东省经济贸易委员会、山东省总工会《转发关于开展2001年全国"安全生产周"和"安康杯"竞赛活动的通知》并要求贯彻落实。

4月3日,山东省外经贸厅厂务公开领导小组向各单位厂务公开领导小组转发了山东省推行厂务公开协调小组《2000年全省厂务公开工作意见》并要求认真贯彻落实。

4月3日,山东省外经贸厅厂务公开领导小组向各单位厂务公开领导小组转发了省纪委、省委组织部、省经贸委、省总工会联合转发中央纪委、国家经贸委、全国总工会《关于认真学习贯彻党的十五届四中全会精神,进一步做好厂务公开工作的通知》并要求结合实际认真贯彻执行。

4月6日,山东省外经贸工会在青岛召开了省外经贸系统工会主席会议,传达学习全省基层工会组织建设工作会议精神和省委领导的讲话。省外经贸工会丛毅富主任出席会议并讲话。

4月,山东省外经贸工会在青岛召开了省外经贸系统工会会计座谈会。会议学习了党和国家有关做好工会经费管理的法律、法规和文件,针对外经贸企业因改革、改制带来的工会经费计拨困难的现状,专题研究了如何适应当前形势,做好工会经费计拨工作并对今后应重点做好的几项工作提出了要求。

4月8日,山东省外经贸委劳动竞赛委员会向各单位劳动竞赛委员会下发《关于在全系统职工中组织开展计算机知识普及、应用竞赛活动的通知》。

6月1日,山东省外经贸工会向山东省总工会财务部呈报《关于省外经贸系统工会经费结构情况报告》。

6月28日,山东省外经贸工会向各单位工会转发了中共山东省委组织部、山东省总工会《关于中、小企业工会主席实行直接选举工作的意见》并要求认真贯彻执行。

6月28日,山东省外经贸工会向各单位工会转发了中共山东省委组织部、中共山东省委统战部、山东省经济贸易委员会、山东省对外贸易经济合作厅、山东省工商行政管理局、山东省总工会《关于进一步加强新建企业工会组建工作的意见》并要求认真贯彻落实。

7月14日,山东省外经贸工会向山东省总工会呈报《关于制止工会资产被侵占的报告》,8月2日,山东省总工会给青岛市人民政府致函《关于商请依法处理好工会财产的函》,就山东省外经贸工会在青岛第一海水浴场两处更衣室资产划归处理补偿问题进行协商。最终,此问题得到圆满解决,使工会资产得到保护。

7月26日,山东省对外经济贸易工会委员会向各单位工会转发省总工会《关于认真做好帮助2000年考上高校的特困职工子女上学工作的通知》并要求各单位结合实际采取措施,认真贯彻落实。

8月7日,为了做好"三五"普法教育的验收工作,山东省外经贸工会向各单位工会下发《关于对"三五"普法教育工作进行检查验收的通知》并就做好验收工作提出了具体要求。

8月8日,山东省外经贸厅厂务公开领导小组向各单位厂务公开领导小组印发了《韩寓群同志在全省厂务公开电视电话会议上的讲话》并要求认真组织学习,结合实际贯彻落实。

8月18日,山东省外经贸工会在山东粮油进出口公司召开"先进职工之家"表彰大会,各直属单位工会主席110人参加会议。会议授予和表彰了获得省外经贸系统1999年度"先进职工之家"的单位;对"建家"工作做了全面回顾总结,肯定了成绩,分析了存在的问题和差距,对下一步深入开展"建家"活动作了部署。

8月28日,山东省外经贸工会向省外经贸系统各单位工会下发《关于在省外经贸系统职工中开展向程伟同志学习的决定》并要求各单位工会结合实际,认真组织,抓出成效。

9月6日,山东省外经贸厅厂务公开领导小组向各单位厂务公开领导小组转发了中共山东省纪委副书记、省厂务公开协调小组组长蒋兰田《在全省实行厂务公开促进企业党风廉政建设和领导班子建设座谈研讨会上的讲话》并要求认真学习贯彻。

9月6日,山东省外经贸工会委员会向各单位工会转发山东省总工会、山东省经济贸易委员会、山东省科学技术厅、山东省劳动和社会保障厅、山东省财政厅、山东省地方税务局《关于在企业技术创新中大力开展职工技协活动的意见》并要求结合本单位的实际,认真贯彻落实。

9月19—22日,山东省外经贸厅厂务公开领导小组分片召开驻青企业厂务公开工作情况汇报会。汇报会由省外经贸厅厂务公开领导小组副组长丛毅富主持,各单位厂务公开领导小组办公室主任参加会议并分别汇报了工作情况。听完汇报后,丛毅富针对存在问题提出了具体要求。

10月8日,山东省外经贸工会向各单位工会转发中共山东省委组织部、山东省经济贸易委员会、山东省总工会《关于建立健全公司制企业职工董事和职工监事制度的意见》并要求认真贯彻执行。

11月10日,为了进一步规范职工持股会的组织和行为,维护出资者的合法权益,山东省外经贸工会制定了《山东省外经贸职工持股会管理实施办法》并下发各单位施行。

11月14日,山东省外经贸工会向各单位工会下发《关于印发有关工会工作文件的通知》,要求各单位认真学习和贯彻执行。《通知》共筛选印发了近年从中央到地方有关涉及工会工作的文件35个。

11月14日—20日,山东省外经贸工会在青岛举行培训班,全系统140名工会干部参加培训。培训的主要内容:近几年来,党和国家有关工会工作的法律法规文件。通过学习培训,使工会干部明确了在当前形势下,如何干好工会工作。

12月5日,山东省外经贸工会向各单位工会下发《关于转发鲁会办(2000)34、35号、鲁财规(2000)10号文件的通知》并对工会经费税前扣除和工会经费拨缴款专用收据使用等问题,提出了具体要求。

12月5日,山东省外经贸工会向各单位

工会下发《关于编报2001年工会经费收支预算和2000年工会经费决算的通知》并对做好预决算工作提出了具体要求。

12月22日，为了深入开展送温暖活动，山东省外经贸工会向各单位工会下发了《关于2001年元旦春节期间深入开展送温暖活动的通知》并对搞好活动提出了具体要求。

12月28日，山东省外经贸厅厂务公开领导小组向各单位厂务公开领导小组转发了中共山东省委副书记陈建国和全国总工会书记处书记、全国厂务公开协调小组成员纪明波在山东省第二次厂务公开经验交流会上的讲话，并要求认真组织传达学习和贯彻落实。

12月28日，山东省外经贸厅厂务公开领导小组向各单位厂务公开领导小组转发了中共山东省纪委副书记、省厂务公开协调小组组长蒋兰田在全省第二次厂务公开经验交流会上的讲话并要求认真学习贯彻。

12月28日，山东省外经贸工会向各单位工会下发《关于评选2000年度山东省对外经济贸易系统"最佳创汇（效益）能手"的通知》。

2001年

1月3日，山东省对外经济贸易工会委员会向各单位工会印发《山东省外经贸工会2001年工作要点》并要求结合本地区、本企业的实际，安排好2001年的工会工作。

1月，山东省对外经济贸易工会向各直属单位工会下发《山东省外经贸工会2001年女职工工作要点》。

2月10日，山东省外经贸工会在青岛召开了省外经贸系统厂务公开工作会议，省直属单位的党政工及人事、财务负责人参加了会议，会议总结了前段厂务公开工作情况，部署了下一阶段工作。山东省外经贸厅厂务公开领导小组组长、省外经贸厅纪检组长刘方会出席会议并讲话。

2月19日，为了加强省外经贸职工持股会的管理工作，山东省对外经济贸易工会委员会向各单位工会下发《关于建立省外经贸职工持股会活动基金的通知》。

2月20日，山东省对外经济贸易工会委员会向各单位工会下发《关于开展工会财务检查的通知》并对工会财务检查工作提出了具体要求。

2月27日，山东省对外经济贸易工会委员会向各单位工会转发山东省总工会女工委员会《关于开展"女职工素质自我达标"活动的意见》。

3月19日，山东省外经贸厅厂务公开领导小组向各单位厂务公开领导小组转发山东省厂务公开协调小组《关于深化厂务公开促进企业党风廉政建设的意见》和《关于深化厂务公开促进企业管理的意见》并要求认真组织传达学习贯彻落实。

3月19日，山东省外经贸厅厂务公开领导小组向各单位厂务公开领导小组转发《2001年全省厂务公开工作意见》并要求认真贯彻落实。

3月27日，山东省外经贸工会向省外经贸厅办公室致函，通报省外经贸工会于4月9日在菏泽曹州宾馆召开全省外经贸工会工作会议，届时请省厅领导出席会议并讲话。

3月30日，为了加强工会会员会籍的管理工作，山东省外经贸工会向各单位工会转发了山东省总工会《关于转发〈中华全国总工会关于加强工会会员会籍管理问题的暂行规定〉的通知》并要求认真组织学习贯彻。

4月6日，为了更好地发挥职工技协的作用，山东省外经贸工会向各单位工会转发了青岛市总工会和青岛市经济委员会、青岛市科学技术委员会、青岛市劳动和社会保障局、青岛市财政局、青岛市地方税务局联合下发的《关于在企业技术创新中进一步加强职工技协工作的意见》并要求结合本单位实际情况,认真抓好贯彻落实。

4月6日,山东省外经贸工会向各单位工会转发了青岛市地方税务局和青岛市总工会联合下发的《关于进一步明确和规范职工技协有关税收问题的通知》。

4月6日,为了妥善处理好企业的劳动关系和职工群体突发性事件,山东省外经贸工会向各单位工会印发了山东省总工会《关于建立企业劳动关系预警机制的意见》和《关于工会参与处理职工群体突发性事件的预案》并要求认真组织学习,把握文件的精神实质,切实做好企业劳动关系的调处工作和做好突发事件工作。

4月10日—11日,全省外经贸工会2001年工作会议在菏泽召开。会议的主要任务是:深入学习贯彻党的十五届五中全会精神,回顾总结2000年的工会工作,研究确定2001年的任务,进一步认清形势,明确任务,振奋精神,坚定信心,动员和组织全系统广大职工,紧紧围绕全省外经贸工作中心任务,创造性地开展工作,推动我省对外经济贸易持续健康发展。各直属单位、各地市外经贸委工会主席60多人参加会议。山东省总工会副主席陈维义、省外经贸委纪检组长刘方会出席会议并讲话。会上,山东省外经贸工会主任丛毅富作了工作报告,有四个单位作了典型经验发言,表彰了2000年度工会先进集体和个人。

4月20日,为了充分调动全省外经贸系统广大职工的积极性和创造性,山东省外经贸工会制定了《关于实施群众性经济技术创新工程的意见》并下发各单位工会,同时,要求加强组织领导,把"创新工程"工作落到实处。

5月10日,山东省外经贸工会向各单位工会转发了《全总平等协商签订集体合同工作协调领导小组关于2001年推行平等协商和集体合同制度工作安排意见》并要求结合本单位实际认真贯彻执行。

5月21日,为了规范山东省外经贸职工持股会的管理,省外经贸工会制定了《山东省外经贸职工持股会管理实施办法》向各单位工会印发并要求结合本企业的实际情况,认真贯彻执行。

5月21日,山东省外经贸工会向各单位工会下发了《关于对基层工会法人资格进行验审的通知》。

5月29日,为了进一步完善和坚持职工代表大会制度,山东省外经贸工会向各单位工会下发了《关于做好职工代表大会换届选举工作的通知》并对做好此项工作提出了具体要求。

5月29日,为了做好工会会员代表大会换届选举工作,山东省外经贸工会向各单位工会下发了《关于做好工会会员代表大会换届选举工作的通知》并提出了具体要求。

6月,为庆祝中国共产党成立80周年,"七、一"前夕,省外经贸工会在驻青单位开展了"普及党的知识,激励广大职工坚定共产主义信念,增强党性观念,坚持有中国特色的社会主义方向"党建知识答卷活动,驻青单位2万多名职工参加答卷,参与率达95%。

6月19日,山东省外经贸工会向各单位工会转发了山东省总工会《关于开展"七一、献爱心、送温暖"活动的通知》并要求认真贯彻《通知》精神。

6月19日,山东省外经贸工会向各单位工会转发了《山东省总工会关于对基层工会法人资格实行定期检验制度的施行意见》并要求认真贯彻执行。

7月18日,山东省外经贸工会召开全系统财务工作表彰会,各单位工会主席和工会财务人员70余人参加了会议。会议对2000年度工会财务工作进行了总结,对2001年工会财务工作做出部署并对评选出的先进集体和个人进行了表彰。山东省外经贸工会副主任张桂香出席会议并讲话。

7月20日,为了推动省外经贸企业厂务公开工作的深入发展,确保厂务公开工作质量,山东省外经贸厅厂务公开领导小组制定了《山东省外经贸企业厂务公开工作考核办法》并印发各单位执行。

8月31日,为了做好献爱心,送温暖工作,支持实施送温暖工程,山东省外经贸工会向山东省送温暖工程基金会捐助人民币10万元。

10月25日,山东省外经贸工会向各单位工会下发了《关于学习贯彻党的十五届六中全会精神的通知》并对学习贯彻全会精神提出了具体要求。

山东省外经贸工会在《山东外经贸工会信息》2001年第6期发了《关于对"伸出一双手、奉献一颗心"活动情况的通报》,全系统驻青33个单位,29个单位开展了活动,共收到捐款150251.50元。

11月13日,山东省外经贸工会向各单位工会下发了《关于认真学习宣传贯彻修改后〈工会法〉的意见》并对学习宣传贯彻提出了要求。

11月20日,山东省外经贸工会向各单位工会转发了由青岛市地方税务局和青岛市总工会联合下发的《关于进一步明确和规范职工技协有关税收问题的通知》。

11月29日,为了维护企业职工合法权益,确保企业职工队伍的稳定,山东省外经贸工会根据省物产进出口公司沧口库因历史遗留问题,遭银行低价拍卖引发职工不满,出现集体上访苗头的实际情况,将调查报告《关于省物产公司沧口库职工情绪不稳有集体上访苗头的报告》向省总工会上报。

12月5日,山东省外经贸厅印发《关于规范省级外经贸企业股份制改革的意见》。

12月1—7日,山东省外经贸工会分两期在全总青岛疗养院举办了《工会法》学习班,近150名工会专兼职干部参加了培训。

12月10日,山东省外经贸工会向各单位工会下发《关于编报2002年工会经费收支预算和2001年工会经费收支决算通知》并对做好预决算工作提出了要求。

12月12日,为了维护企业职工合法权益,确保企业职工队伍的稳定,山东省外经贸工会根据山东省包装进出口公司洪山分公司、立新分公司因历史遗留问题,遭银行低价拍卖引发职工不满,出现集体上访苗头的实际情况,将调查报告《关于对省包装公司洪山分公司、立新分公司职工情绪不稳有集体上访苗头的报告》向山东省总工会上报。

12月20日,山东省外经贸厅厂务公开领导小组向省厂务公开协调小组呈报《关于省外经贸企业厂务公开工作考核情况的报告》。

7月20日,山东省外经贸厅厂务公开领导小组制定了《山东省外经贸企业厂务公开工作考核办法》并印发各单位执行。

12月21日,为了及时总结经验,表彰先进,山东省外经贸工会向各单位工会下发了《关于2002年"三八"节表彰活动的通知》。

12月25日,为了深入开展送温暖活动,山东省外经贸工会向各单位工会下发了《关于2002年元旦春节期间深入开展送温暖活动的通知》并要求采取有效措施抓好落实。

2002年

1月7日—8日,山东省外经贸工会主任丛毅富出席了中国财贸轻纺烟草工会成立大会和中国财贸轻纺烟草工会第一届全国委员会第一次会议。

1月10日,山东省对外经济贸易工会委员会向各直属单位工会、各市外经贸工会印发《山东省外经贸工会2002年工作要点》并要求结合本单位的实际,扎扎实实做好全年的工会工作。

1月14日,山东省外经贸工会向各单位工会下发《关于评选2001年度山东省对外经济贸易系统"最佳创汇(效益)能手"的通知》。

为了维护企业职工合法权益,确保企业职工队伍的稳定,山东省外经贸工会于1月31日,再次将调查报告《关于对省包装公司洪山分公司、立新分公司职工情绪不稳有集体上访苗头的报告》向省总工会上报。

2月5日,山东省外经贸工会批复:同意将青岛益顺贸易实业公司职工持股会所持股份转让山东工艺品进出口(集团)股份有限公司工会。

3月6日,山东省外经贸工会向各单位工会下发《关于进行财务检查的通知》。

3月7日,山东省外经贸工会向各单位工会转发了全国总工会、对外贸易经济合作部、国家工商行政管理总局制定的《关于外经贸试点企业内部职工持股会登记暂行办法》和山东省总工会等部门转发的相关通知,要求贯彻执行。

3月20日—21日,全省外经贸工会2002年工作会议在枣庄召开。会议的主要内容是:学习贯彻全国总工会十三届四次执委会和山东省总工会十一届五次全委会议精神,回顾总结2001年的工会工作,研究部署2002年的工作任务,探讨交流加入世贸组织后如何贯彻落实《工会法》,突出履行维护职责,更好地发挥桥梁纽带作用,保护好、调动好、发挥好广大职工的积极性,为全省外经贸事业的发展做贡献。各直属单位、各地市外经贸委工会主席60多人参加会议。山东省总工会副主席陈维义、山东省外经贸委纪检组长刘方会出席会议并讲话。会上,山东省外经贸工会主任丛毅富作了工作报告,表彰了2001年度工会先进集体和个人。

3月27日,为了切实维护企业职工合法权益,确保企业职工队伍的稳定,山东省外经贸工会将中国包装进出口公司工会上报的《关于强制拍卖洪山坡库引发群体集体事件的紧急报告》转呈省总工会并请省总出面协调解决。

4月1日,山东省外经贸工会向各单位工会下发《通知》,将于4月中旬组织人员到各单位进行调研并要求各单位做好准备。

4月8日,山东省外经贸厅厂务公开领导小组向各单位厂务公开领导小组转发《2002年全省厂务公开工作意见》并要求认真贯彻执行。

4月8日,山东省外经贸工会向各单位工会转发了山东省总工会《关于开展保障工作调研的通知》并要求认真组织实施。

4月8日,山东省外经贸工会向各单位工会印发《山东省外经贸工会开展建设"职工之家"活动检查评分标准》并要求把"建家"活动真正落到实处。

4月19日,山东省外经贸工会向各单位工会转发了山东省总工会《关于认真搞好"五一"国际劳动节庆祝活动的通知》并对搞好活动提出了具体要求。

4月上旬—6月中旬,山东省外经贸工会开展了2001年度工会财务检查工作。本次检查范围和内容是:基层工会财务管理的情况,重点是工会经费计拨是否符合有关规定,经费上解是否按时足额,各项开支是否符合财务制度,基层工会预决算编报是否认真合理、上报及时,账目设立、科目运用、财务档案是否规范,工会专用收据使用是否合理。通过检查考核,评出2001年度工会财务工作先进单位和先进个人。7月12日,省外经贸工会召开2001年度财务工作总结表彰会,会议对2001年度工会财务工作进行了总结,对2002年工会财务工作做出部署并对评选出的先进集体和个人进行了表彰。

各单位工会主席和工会财务人员40余人参加了会议。省外经贸工会主任丛毅富出席会议并讲话。

5月30日，山东省外经贸工会举办了山东省外经贸系统职工持股会培训班，各单位工会主席及相关人员50多人参加培训。

6月5日，为了切实维护企业职工合法权益，确保企业职工队伍的稳定，山东省外经贸工会将山东物产进出口公司工会上报的《紧急情况报告》转呈省总工会并请省总出面协调和帮助解决。

6月，山东省外经贸工会丛毅富（副主编）、张桂香（编委，下同）、王新强、田敬毅及所属单位工会尹术兴、孙元江等12人参与编辑的《中国实用文书写作指南》一书，由青岛海洋大学出版社出版发行。

6月28日，山东省外经贸厅厂务公开领导小组在青岛召开省外经贸厅厂务公开工作会议，各单位厂务公开领导小组负责人、纪委书记、工会主席50多人参加了会议。会议传达学习了中央两办《关于继续深入实行厂务公开制度的通知》，学习了姜大明、蒋兰田等领导的讲话，总结回顾了三年多来省外经贸实行厂务公开的工作情况，研究部署了下一步实行厂务公开制度的意见。

7月初，根据山东省总工会的通知精神，山东省外经贸工会对《工会经费拨缴款专用收据》进行了认真检查。7月10日，省外经贸工会将《关于对〈工会经费拨缴款专用收据〉进行检查情况的报告》上报省总工会。

7月12日，山东省外经贸工会向各单位工会下发《关于对2001年度省外经贸系统工会财务工作检查情况的通报》。

12月18日，山东省外经贸工会向各单位工会下发《关于编报2003年工会经费收支预算和2002年工会经费收支决算通知》并对做好预决算工作提出了要求。

12月18日，为了及时总结经验，表彰先进，省外经贸工会向各单位工会下发了《关于2003年"三八"节表彰活动的通知》并要求认真组织好评选工作。

12月18日，山东省外经贸工会向各单位工会下发了《关于评选表彰2002年度省外经贸系统工会工作先进单位和先进个人的通知》并要求认真组织评选推荐。

12月27日，山东省外经贸工会向各单位工会转发了山东省总工会关于转发《全国总工会关于印发〈工会经费呆账处理办法〉的通知》并要求认真贯彻执行。

2003年

1月16日，为了确保企业职工队伍的稳定，山东省外经贸工会向山东省总工会呈报《关于对省包装公司彩印厂职工有集体上访苗头的报告》并请省总工会出面帮助协调解决有关问题。

1月18日，山东省对外经济贸易工会向各直属单位工会和各市外贸局工会下发《山东省外经贸工会2003年工作要点》，《要点》中首次提出了"一二三一"（即：搞好一个结合，做好两个服务，处理好三个关系，达到一个目的）的工作思路并要求结合本地区、本企业实际，安排好2003年工会工作。

1月18日，山东省外经贸工会向各单位工会下发了《关于评选2002年度山东省对外经济贸易系统"最佳创汇（效益）能手"的通知》并要求组织好评选推荐。

2月17日，山东省对外经济贸易工会向各直属单位工会和各市外经贸局工会下发《关于召开全省外经贸系统工会工作会议的预备通知》。

2月28日，山东省对外经济贸易工会向各直属单位工会下发《关于进行工会财务检查的通知》并提出了要求。

5月13日，山东省外经贸工会向各单位工会下发《关于进一步改进和加强省外经贸工会、省海员工会工作的意见》和《山东省外经贸工会、山东省海员工会工作规则》。

5月22日，山东省对外经济贸易工会向各直属单位工会和各市外经贸局工会转发了山东省总工会《关于在防治非典工作中充分发挥工会组织作用的意见》并要求学习贯彻，切实抓好落实。

5月29日，山东省对外经济贸易工会向各直属单位工会转发了《中华全国总工会办公厅关于印发全总女职工委员会〈关于切实解决单亲困难女职工生活问题的意见〉的通知》并提出了贯彻落实要求。

6月20日，山东省外经贸工会向山东省总工会呈报《关于学习贯彻落实省委八届五次全委会和省委工作会议情况的报告》。

7月3日，山东省外经贸工会向山东省轻工纺织工会委员会致《贺电》，热烈祝贺山东省轻工纺织工会第一届委员会召开。

7月7日，山东省外经贸工会向山东省总工会呈报《关于学习贯彻"三个代表"重要思想情况的报告》。

8月7日，山东省对外经济贸易工会向各直属单位工会转发了全总财务部《关于对辽宁省部分发电企业在电力改革后工会经费上解问题的批复》并要求切实做好工会经费的收解和管理工作。

8月13日，山东省对外经济贸易工会向各直属单位工会和各市外贸局工会转发省食品进出口公司工会《关于开展"解放思想，更新观念，深化改革"大讨论的通知》并提出了具体要求。

8月25日为了加强省外经贸工会机关费用管理，山东省对外经济贸易工会制定了《省外经贸工会有关费用实行定额管理的办法（试行）》并印发执行。

8月25日，为了加强省外经贸工会机关车辆管理，山东省对外经济贸易工会制定了《车辆使用管理规定》并印发执行。

10月9日，山东省外经贸工会向各个单位工会、各市外经贸局工会转发了中国工会第十四大和山东省工会十二大重要文件并发出《通知》要求向同级党委会汇报大会精神和组织广大工会干部、职工群众认真学习贯彻会议精神，努力把工会建设成为党政靠得住、企业离不开、职工信得过的群众组织。

10月22日，山东省外经贸工会向各单位工会下发《关于召开工会主席座谈会的通知》。

11月11日，山东省外经贸工会向各直属单位工会下发了《关于做好2004年度全总和省总工人报刊发行订阅工作的通知》并提出了做好订阅的要求。

12月10日，山东省外经贸工会向各单位工会下发《关于编报2004年工会经费收支预算和2003年工会经费收支决算的通知》并对做好预决算工作提出了要求。

12月23日，山东省外经贸工会向各直属单位工会下发了《关于2004年"三八"节表彰活动的通知》并要求认真组织好评选工作。

12月29日，为了总结经验，表彰先进，山东省外经贸工会向各单位工会下发了《关于表彰2003年度省外经贸系统工会工作先进单位和先进个人的通知》并要求认真组织评选推荐。

2004年

1月12日，山东省外经贸工会向各直属单位工会和各市外贸局工会下发《山东省外经贸工会2004年工作要点》并要求结合本地区、本单位实际，安排好2004年工会工作。

2月2日，山东省外经贸工会向各单位工会下发《山东省外经贸工会关于开展职工医疗互助保险情况的通报》。

2月6日，山东省外经贸工会向各单位工会下发《山东省外经贸工会女职工委员会换届工作的通知》。

2月12日，山东省对外经济贸易工会向各直属单位工会下发《关于进行工会财务检查的通知》并提出了具体要求。

3月1日，山东省对外经济贸易工会向各直属单位工会和各市外贸局工会转发中共山东省委办公厅《关于印发〈关于贯彻中国工会第十四次全国代表大会精神的意见〉的通知》，要求真正把省委《通知》精神落到实处。

3月6日，全省外经贸工会2004年工作会议在日照山孚大酒店召开，会议的主要任务是：以"三个代表"重要思想为指导，深入学习贯彻党的十六届三中全会、省委工作会议、中国工会十四大和省工会十二会议精神，回顾总结2003年的工会工作，研究确定2004年工作的指导思想和主要任务，努力做好各项工作，为全省外经贸改革发展稳定做出新贡献。各单位、各地市外贸局工会主席和工会干部等50多人参加会议。在各单位工作交流中，中化山东工会在省外经贸系统首次使用PPT介绍公司工会工作。山东省总工会副主席陈维义出席会议并讲话，山东省外经贸工会主任王新强出席会议并作了工作报告。

3月26日，山东省对外经济贸易工会向各直属单位转发中共山东省委宣传部、山东省人大内务司法委员会、山东省司法厅、山东省劳动和社会保障厅、山东省总工会《关于认真学习宣传贯彻新修订的〈山东省实施[中华人民共和国工会法]办法〉的通知》并要求认真学习贯彻。

4月29日，山东省对外经济贸易工会向各直属单位下发《关于举办工会干部学习班的通知》。

5月12日—14日，山东省对外经济贸易工会在青岛崂山仰口宾馆举办工会干部培训班。培训内容有：学习山东省工会法实施办法，有关劳动合同管理、劳动保险、劳动关系的调整方面知识，有关方面的知识等。各级工会专兼职干部、工会委员、职工代表80余人参加培训。

5月23日—25日，为了切实做好在企业改制中维护职工的合法权益，山东省对外经济贸易工会举办企业改制和维护职工合法权益培训班，直属单位工会专兼职干部70多人参加培训。培训班邀请了省总工会法律部、地方劳动行政主管机关的专家和专门研究劳动关系劳动法的资深律师授课。通过培训，达到了预期效果。

6月18日，为了推进省外经贸工会信息工作，山东省对外经济贸易工会制定了《山东省外经贸工会信息工作制度》，下发各直属单位工会、各市外贸局工会并要求认真贯彻落实。

6月28日，为了进一步加强工会基层组织建设，山东省对外经济贸易工会制定了《关于进一步加强工会基层组织建设的意见》，下发各直属单位工会和各市外贸局工会并要求认真贯彻执行。

7月29日，山东省对外经济贸易工会向各直属单位工会转发了《关于对基层工会开展财务检查的通知》。

8月9日，山东省对外经济贸易工会向各直属单位下发山东省总工会办公室《关于转发〈中华全国总工会办公厅关于依法做好工会经费独立核算工作的通知〉的通知》并要求认真贯彻执行。

8月26日—29日，山东省对外经济贸易工会在威海乳山举办省外经贸工会领导干部读书交流会。会议主要内容是：以邓小平理论和"三个代表"重要思想为指导，认真学习党的十六届三中全会精神和中央、省委领导一系列重要讲话精神，就工会在新时期如何更好地围绕中心、服务大局、履行职责进行交流和探讨，按照省总工会十二届二次全委会确定的全省工会工作"五四三二一"的基本思路，研究更加有效的措施，推动全省外经贸工会重点工作实现新突破。各单位、各地市外贸局工会主席和工会干部等60多人参加读书交流会。省外经贸工会主任王新强出席读书班并讲话。

9月6日，山东省对外经济贸易工会转发了山东省总工会《关于开展"学振超、练绝活、强素质、创一流"活动意见》并要求认真贯彻落实。

9月7日，山东省对外经济贸易工会转发了山东省总工会《关于转发〈中华全国总工会关于组织各种所有制企业、事业单位级机关的劳务工加入工会的通知〉的通知》并要求认真贯彻执行。

10月14日，山东省对外经济贸易工会向各直属单位下发山东省总工会办公室《关于转发〈中华全国总工会办公厅关于基层工会组织筹建期间拨缴工会经费（筹备金）事项的通知〉的通知》并要求认真贯彻执行。

10月28日—30日，山东省总工会在青岛举办"全省工会系统第一期企业改制与实行职工持股制度培训班"。省外经贸工会主任王新强参加培训班并介绍了全省外经贸企业改制情况。

11月30日，山东省外经贸工会向各单位工会下发《关于表彰2004年度省外经贸系统工会工作先进单位和先进个人的通知》并要求认真组织评选推荐。

12月9日，山东省外经贸工会向各单位工会下发《关于评选表彰省外经贸系统工会先进女职工集体、个人和文明家庭的通知》并要求认真组织评选推荐。

12月30日，山东省外经贸工会向各单位工会下发《关于表彰2004年度省外经贸系统工会工作先进单位和先进个人的通知》并要求认真组织评选推荐。

12月13日，山东省外经贸工会向各单位工会下发《关于编报2005年工会经费收支预算和2004年工会经费收支决算的通知》并对做好预决算工作提出了具体要求。

2005年

1月20日，山东省对外经济贸易工会向各市外贸局工会、各直属单位工会下发《山东省外经贸工会2005年工作要点》并要求结合实际，安排好2005年工会工作。

2月5日，成立省外经贸、海员工会党支部，经全体党员民主选举，马骥、田敬毅、鞠新伟当选为支部委员会委员；支部委员会委员选举马骥为支部委员会书记。

2月17日，山东省外经贸工会向各单位工会下发了《关于开展工会财务检查的通知》。

2月17日，为了深入搞好保持共产党员先进性教育活动，山东省外经贸工会、海员工会党支部制定了《关于开展以实践"三个代表"重要思想为主要内容的保持共产党员先进性教育活动的实施意见》并成立了相应的组织机构。

2月22日，山东省对外经济贸易工会向各单位工会下发《省外经贸工会女职工委员会2005年工作要点》。

3月14日，山东省对外经济贸易工会向各单位工会、各市外贸局工会印发《王兆国等领导同志重要讲话》并要求认真学习贯彻。

3月23日—26日，全省外经贸工会2005年工作会议在德州召开。会议的主要任务是：以邓小平理论和"三个代表"重要思想为指导，深入学习贯彻党的十六大和十六届三中、四中全会精神，按照中国财贸轻纺烟草工会和山东省总工会十二届三次全委会议的要求，回顾总结2004年的工会工作，研究确定2005年的指导思想和主要任务，努力做好2005年各项工作，为全省外经贸改革发展稳定做出新的贡献。各单位、各地市外贸局工会主席和工会干部等50多人参加会议。山东省总工会副主席陈维义出席会议并讲话，省外经贸工会主任王新强作了工作报告。

4月12日，山东省对外经济贸易工会向各单位工会转发山东省国资委、山东省总工会《关于在国有企业改制过程中发挥工会作用的意见》，要求结合本企业实际，认真贯彻执行。

4月15日，山东省对外经济贸易工会向各单位工会下发《关于举办纪念中华全国总工会成立80周年知识竞赛活动的通知》并要求认真组织实施。

5月31日，山东省对外经济贸易工会制定了《省外经贸工会开展保持共产党员先进性教育活动"整改提高"阶段安排意见》。

6月21日，山东省对外经济贸易工会向山东省总工会呈送《邀请函》，特邀请省总工会领导出席6月30日省外经贸工会举行的纪念中华全国总工会成立80周年知识竞赛活动决赛。

8月31日—9月1日，山东省对外经济贸易工会在潍坊青州市举行全省外经贸系统工会主席读书会。各单位工会主席和工会干部40多人参加会议。会议的主要内容是：传达学习党和国家领导人对当前工会工作的重要指示精神和全总十四届六次主席团（扩大）会议通过的《关于坚持走中国特色社会主义工会发展道路的决议》以及全总、中国财贸轻纺烟草工会、省总工会会议精神，交流当前的工作情况，研究部署下一步的工作。

12月6日，山东省对外经济贸易工会向各单位工会下发《关于表彰2005年度省外经贸系统工会工作先进单位和先进个人的通知》并要求认真组织评选推荐。

12月20日，为了推进外贸企业改制过程中的工会组织建设，山东省对外经济贸易工会提出了《关于在外贸企业改制过程中加强工会组织建设的意见》，并上报省总工会建议批复执行。

12月13日，山东省外经贸工会向各单位工会下发《关于编报2005年度工会收支决算和2006年工会经费收支预算的通知》，并对做好预决算提出了具体要求。

12月16日，山东省外贸工会在中化青岛公司召开了省外贸系统工会财务预决算会议。

12月20日，为了推进外贸企业改制过程中的工会组织建设，山东省对外经济贸易工会提出了《关于在外贸企业改制过程中加强工会组织建设的意见》，并上报省总工会建议批复执行。

2006年

1月12日，山东省对外经济贸易工会向各市外贸局工会、各直属单位工会下发《山东省外经贸工会2006年工作要点》并要求结合实际，安排好2006年工会工作。

1月31日，山东省外经贸工会主任王新强一行3人走访慰问省外经贸分企业退休工会主席和特困职工。

2月7日，山东省外经贸工会在青岛山孚集团召开救助特困职工帮扶会议，省外经贸部分企业工会主席和特困职工参加会议，省总工会帮扶中心领导出席会议并向特困职工发放救助金。

2月10日，山东省对外经济贸易工会向各单位工会下发《省外经贸工会女职工委员会2006年工作要点》。

2月18日，山东省外经贸工会向各单位工会下发了《关于开展2005年度工会财务检查的通知》。

3月1日，山东省对外经济贸易工会向各单位工会下发了《关于召开全省外经贸工会工作会议的通知》。

3月3日，山东省外经贸工会在京华饰品有限公司，召开省外经贸工会女职工委员会四届三次会议，会议由女职委主任王蕙芳作工作报告，表彰了女职工先进集体、个人和文明职工家庭。省外经贸工会主任王新强出席会议并讲话。各单位工会女工委员会主任和分管女职工工作的同志50多人参加会议。

3月10日—14日，全省外经贸工会2006年工作会议在烟台召开。这次会议的主要任务是：学习贯彻党的十六届五中全会、山东省总工会十二届四次全委会议和中国财贸轻纺烟草工会一届五次全委会议精神，回顾总结2005年的工作，交流经验，研究部署2006年的工作任务。各单位、各地市外贸局工会主席和工会干部等70多人参加会议。山东省总工会副主席齐太生出席会议并讲话，省外经贸工会主任王新强作了工作报告。

4月6日，山东省对外经济贸易工会向各单位工会下发《关于开展"幸福杯"女职工权益保障知识答卷活动的通知》。

4月10日，山东省总工会下发《关于省外经贸工会所属工会组织领导体制的指示》，指示明确指出：①现直属省外经贸工会领导的外贸企业工会、改制后工会组织仍由省外经贸工会领导或由省外经贸工会授权有关工会领导，工会主席、副主席的任免须经省外经贸工会或上一级工会批准。②现直属各外贸公司领导的子公司（含合资企业），改制后其工会组织与各外贸公司工会的隶属关系保持不变。4月12日省外经贸工会向各单位工会转发了省总的指示，并要求认真组织学习和贯彻落实。

4月16日，山东省对外经济贸易工会向各单位工会转发山东省总工会《关于转发山东省高级人民法院〈关于工会组织向人民法院申请拨缴工会经费适用督促程序等问题的意见〉的通知》并要求向企业党政领导汇报文件精神，抓好文件的贯彻落实，确保工会经费按时、足额计拨、上交。

4月18日，山东省对外经济贸易工会向各单位工会转发了《中共山东省委办公厅转发〈山东省总工会关于开展创建"劳动关系和谐企业"活动的意见〉的通知》并要求认真学习，尽快组织实施。

5月12日，山东省外经贸工会向各单位工会转发山东省总工会《关于山东省高级人民法院〈关于工会组织向人民法院申请拨缴工会经费适应督促程序等问题的意见〉的通知》并要求抓好稳健的贯彻落实。

5月30日，为了深入开展创建"劳动关系和谐企业"活动，山东省对外经济贸易工会制定了《山东省外经贸工会关于开展创建"劳动关系和谐企业"活动的意见》，下发各单位工会并对搞好活动提出了要求。

6月1日，山东省外经贸工会向各直属单位工会、各市外经贸工会转发《山东省总工会关于在全省职工中广泛开展"学振超精神，做金牌工人，当好主力军，建功'十一五'"竞赛活动的意见》并要求认真落实，扎实有效地开展竞赛活动。

6月2日，山东省外经贸工会向各单位工会、各市外经贸工会转发山东省总工会《关于在全省职工中广泛开展"工人有技术才能更有力量"大讨论活动的通知》并要求切实加强领导，扎实推进"大讨论"活动。

6月12日，中化山东进出口集团公司党委办公室和工会主办的《政治工作网》经过几个月的筹备正式上线向职工开放，其中，在工会栏目设立了"组织建设"、"维护两权"、"女工园地"、"工会法规"、"劳动竞赛"、"献计献策"、"厂务公开"、"文体活动"等专栏，这是在山东省外经贸系统和中国中化集团系统首次将局域网络运用到党群工作上。

6月20日，山东省外经贸工会在中化青岛公司召开建立劳动关系和谐企业座谈会。

6月21日，山东省对外经济贸易工会向

山东省总工会呈报《关于省属国有企业改制中应预留省行业劳动模范离退休荣誉津贴的请示》，建议请省总工会与省劳动厅等有关部门协商解决。

6月30日，山东省外经贸工会召开财务工作总结表彰会，会议对2005年度工会财务工作进行了总结，对2006年工会财务工作做出部署并对评选出的2005年度工会财务工作先进集体和个人进行了表彰。各单位工会主席和工会财务人员40余人参加了会议，省外经贸工会主任王新强出席会议并讲话。

7月10日，山东省外经贸工会向各单位工会转发了《中华全国总工会关于进一步推行职工董事、职工监事制度的意见》并要求结合各自实际，认真贯彻执行。

8月15日，山东省外经贸工会向各单位工会下发《山东省外经贸工会关于开展职工互助医疗保险情况的通报》。

8月22日，山东省外经贸工会的《以贯彻落实〈企业工会工作条例〉为契机全面推进山东省外经贸系统工会工作》，在中国财贸轻纺烟草工会一届十次常委扩大会议上做了交流，受到入会人员好评。

10月30日，山东省外经贸工会向各单位工会下发《通知》，拟计划从11月下旬到12月上旬到各单位调研工会工作情况、当前工会工作存在的主要问题及职工队伍状况并征求企（事）业领导对工会工作的意见和建议。

11月6日，山东省对外经济贸易工会制定了《山东省外经贸工会节能降耗管理办法》并从公布之日起执行。

11月7日，山东省对外经济贸易工会向山东省总工会呈报《关于青岛集浩房地产合同纠纷案一审判决情况的报告》并附法院《民事判决书》。

11月23日，山东省总工会主席齐太生、政策研究室主任李臻等一行六人到省外经贸企业进行调研。省外经贸工会主任王新强、副主任马骥、闻春桂等四人和中外运山东公司工会主席单吉健、省食品进出口公司工会主席尹术兴、绮丽集团工会主席金福晔、新华锦集团工会副主席吴悦龙参加调研并分别汇报了省外经贸总体情况和各单位的企业改制、职工维稳、工会建设、企业文化等情况，参观了中外运公司办公场所、职工活动室、职工食堂等。

11月23日，山东省外经贸工会向各单位工会下发《关于表彰2006年度省外经贸系统工会工作先进单位和先进个人的通知》并要求认真组织评选推荐。

11月24日，山东省对外经济贸易工会向山东省总工会上报《关于对文体公司职工有集体上访苗头的紧急报告》。

11月27日，山东省外经贸工会向各单位工会下发《关于评选表彰省外经贸系统工会先进女职工集体、个人和文明职工家庭的通知》并要求认真组织评选。

11月30日，山东省总工会《山东工运信息》刊发了《省文教体育用品进出口公司职工有集体上访苗头》。

12月15日山东省外经贸工会向各单位工会下发《关于编报2006年度工会收支决算和2007年工会经费收支预算的通知》，并对做好预决算提出了具体要求。

2007年

1月16日，山东省对外经济贸易工会向各单位工会印发了《山东省外经贸工会2007年工作要点》并要求结合本单位的实际，安排好2007年工会工作。

1月29日，山东省外经贸工会主任王新强走访慰问省外贸企业的困难职工和部分退休工会主席。

2月6日,山东省对外经济贸易工会向各单位工会下发了《山东省外经贸工会女职工委员会2007年工作要点》并要求结合本单位的实际,安排好工作。

2月16日,为了协助企业做好稳定和维权工作,山东省对外经济贸易工会针对山东省食品进出口公司海带配额问题,专题向中国财贸轻纺烟草工会上报专题报告《关于请求帮助协调中粮总公司与山东省食品进出口公司海带配额问题的报告》。

2月26日,山东省对外经济贸易工会向各单位工会、各市外经贸局工会下发《关于转发山东省总工会重要文件的通知》并附有《山东省总工会关于学习党的十六届六中全会精神,推动构建社会主义和谐山东的决定》、张高丽代表省委在省总工会十二届五次全委会上的重要讲话、柏继民在省总工会十二届五次全委会上作的工作报告,要求认真学习和贯彻落实。

3月5日,山东省外经贸工会向各单位工会下发了《关于开展2006年度工会财务检查的通知》。

3月6日和3月26日,为了做好企业职工队伍的维定工作,山东省对外经济贸易工会先后专题向中国财贸轻纺烟草工会上报《关于对山东省食品进出口公司职工有集体上访苗头的紧急报告》并请中国财贸轻纺烟草工会向国家有关部门反映,尽快妥善处理。

3月16日,山东省对外经济贸易工会向各单位工会、各市外经贸局工会下发《通知》并要求各单位按"山东省对外经济贸易系统离退休工会主席(副主席)家庭生活情况统计表"及时上报。

3月18日,山东省对外经济贸易工会向各单位工会、各市外经贸局工会下发《关于对全省外经贸系统工会工作基本情况进行普查的通知》并要求各单位按时上报。

3月22日,全省外经贸工会2007年工作会议在聊城召开。各单位、各地市外贸局工会主席和工会干部等70多人参加会议。会议的主要任务是:以邓小平理论和"三个代表"重要思想为指导,深入学习贯彻党的十六届六中全会、全国总工会十四届四次执委会议和省总十二届五次全会以及中国财贸轻纺烟草工会二届一次全委会精神,回顾总结2006年工会工作,研究部署了2007年的工作任务。山东省总工会副巡视员苏雷德出席会议并讲话,山东省外经贸工会主任王新强出席会议并作了工作报告。

4月3日,山东省对外经济贸易工会向山东省总工会上报《关于青岛集浩房地产合同纠纷案二审判决情况的报告》。

4月4日,山东省对外经济贸易工会向中国财贸轻纺烟草工会呈报《关于因海带配额问题引发山东省食品进出口公司职工队伍不稳的调查报告》并请中国财贸轻纺烟草工会向国家有关部门反映,督促此事尽快解决。

4月18日,山东省对外经济贸易工会向各单位工会印发了《山东省总工会关于开展创建"文明职工家庭"的活动意见》并要求结合本单位的实际,认真研究,提出意见。

5月9日,为了争取上级工会帮助做好企业职工队伍的维定工作,山东省对外经济贸易工会专题向山东省总工会上报《关于因海带配额问题引发山东省食品进出口公司职工队伍不稳的情况报告》。

5月,为发展山东老龄事业,向山东省老龄事业发展基金会捐赠人民币5000元。

5月20日,山东省对外经济贸易工会向山西省财贸轻纺烟草工会第一届委员会召开发《贺信》致以热烈的祝贺。

6月23日,为了平稳度过国家政策调整对外贸企业的影响,山东省对外经济贸易工会决定:在全系统开展"我为企业发展献一计"活动,制定了《关于在全省外经贸职工中,开展"我为企业发展献一计"活动的实施意见》并下发各直属工会、各市外贸局工会。

7月5日,山东省外经贸工会向各单位工会转发了省总工会《关于认真做好2007年度基层工会法人资格定期检查工作的通知》并要求认真组织学习,尽快组织实施。

7月9日,为了帮助企业做好维权工作,山东省对外经济贸易工会针对山东省文体用品进出口公司职工维权申诉费用问题,专题向青岛市总工会致函《关于请求协调减免劳动仲裁费用的函》,特请求市总工会出面协调有关部门减免仲裁费用。

7月18日,在山东省对外经济贸易工会积极努力下,因海带配额问题引发山东省食品进出口公司职工队伍不稳定情况得到妥善处理,山东省对外经济贸易工会专题向山东省总工会上报《关于因海带配额问题引发山东省食品进出口公司职工队伍不稳定情况处理结果的报告》。

7月26日,山东省外经贸工会向各单位工会转发了中共山东省纪委、中共山东省委组织部、中共山东省委宣传部、山东省经济贸易委员会、山东省国资委、山东省监察厅、山东省总工会、山东省工商业联合会《转发中央纪委等五部委会〈关于做好2007年厂务公开民主管理工作的意见〉的通知》并要求认真贯彻落实。

8月16日,山东省外经贸工会向各单位工会下发《山东省外经贸工会关于开展职工互助保险情况的通报》。

8月17日,山东省外经贸工会向各单位工会转发了山东省总工会《关于认真学习贯彻省领导同志重要批示的通知》并要求认真组织学习和贯彻执行。

8月17日,山东省外经贸工会向各单位工会转发了山东省人大内务司法委员会、山东省人大常委会法制工作委员会、山东省总工会联合下发的《关于在全省集中开展〈中华人民共和国劳动合同法〉学习宣传月活动的通知》并要求认真组织学习和开展好活动。

8月22日—24日,山东省外经贸工会在日照召开省外经贸工会领导干部读书会,各直属单位工会主席30多人参加会议。

9月20日,山东省外经贸工会在《"我为企业发展献一计"活动情况简报》第六期,以《青岛冷藏厂工会开展合理化建议于岗位创新活动促进了企业进步和发展》为题,刊发其开展活动的做法和经验。

9月,山东省外经贸工会组织全省外经贸系统驻青单位开展送温暖捐助活动,收到善款19.1915万元并上交省有关慈善机构。

10月15日,山东省外经贸工会向各单位工会下发《关于表彰2007年度省外经贸系统工会工作先进单位和先进个人的通知》并要求认真组织评选推荐。

11月5日，山东省对外经济贸易工会向各单位工会和各市外经贸局工会下发《关于评选2007年度山东省对外经济贸易系统"最佳创汇（效益）能手"的通知》并要求认真组织好评选推荐。

11月12日，山东省外经贸工会向各单位工会下发《关于评选表彰省外经贸系统工会先进女职工集体、个人和文明职工家庭的通知》并要求认真组织好评选推荐。

12月10日，山东省外经贸工会向各单位工会下发《全省外经贸职工开展"我为企业发展献一计"活动情况的通报》，对活动的开展进行了点评。

12月18日，山东省外经贸工会向各单位工会下发《关于编报2007年度工会收支决算和2008年工会经费收支预算的通知》，并对做好预决算提出了具体要求。

12月21日，山东省外经贸工会在青岛召开救助特困职工帮扶会议，省外经贸部分企业工会主席和特困职工参加会议，省总工会帮扶中心领导出席会议并向特困职工发放救助金。

2008年

1月2日，山东省对外经济贸易工会向各单位工会印发了《山东省外经贸工会2008年工作要点》并要求结合本单位的实际，安排好2008年工会工作。

1月7日，山东省外经贸工会向各单位转发了山东省总工会关于转发《中华全国总工会办公厅关于制止用人单位劝辞职工规避〈劳动合同法〉行为的通知》的通知并要求认真组织好学习和贯彻落实。

1月7日，山东省外经贸工会向各单位转发《中华全国总工会〈企业工会主席合法权益保护暂行办法〉的通知》并要求认真组织好学习和全面贯彻落实。

2月14日，山东省对外经济贸易工会向各单位工会下发了《山东省外经贸工会2008年女职工工作要点》并要求结合本单位的实际，安排好工作。

2月22日，山东省对外经济贸易工会向各单位工会下发了《关于开展2007年度工会财务检查的通知》。

3月12日，全省外经贸工会2008年工作会议在济南召开。会议主要内容是：学习贯彻山东省总工会十二届六次全委会和中国财贸轻纺烟草工会二届二次全委会精神，回顾总结2007年的工作，交流经验，研究部署2008年的工作任务。各单位、各地市外贸局工会主席和工会干部等70多人参加会议。山东省总工会副主席王祝玉出席会议并讲话，省外经贸工会主任王新强作了工作报告。

3月24日，为了开展好送温暖活动，山东省外经贸工会制定了《关于在省外经贸系统开展送温暖捐助活动的意见》并下发各单位工会。

4月1日，山东省外经贸工会在《"我为企业发展献一计"活动情况简报》中，刊发了中化（青岛）实业有限公司工会2007年工作总结《围绕公司中心工作，努力做好工会工作》并发按语给予充分肯定和请各单位工会借鉴，要求广大工会干部增强忧患意识，分析新情况，研究新问题，充分发挥工会组织的优势，组织引导广大职工认清形势，开拓创新，为山东外经贸事业发展贡献力量。

5月4日，山东省外经贸工会向各单位工会转发省总工会办公室《关于积极参加全省安全生产百日督查专项行动的通知》并要求配合企业开展好自查等各项活动。

5月16日，为发展青岛市慈善事业，山东省外经贸工会向青岛市慈善总会捐赠人民币5000元。

5月26日，山东省外经贸工会向各单位工会下发《关于举办〈中华人民共和国劳动合同法〉培训班的通知》。

5月29日，山东省外经贸工会向各单位工会下发《关于发扬抗震救灾精神，努力做好本职工作，全面完成全年各项任务的通知》。

6月10日，山东省外经贸工会向山东省总工会呈报《关于中化山东进出口集团公司职工住房基金被冻结划转引起职工队伍不稳的报告》并请省总工会向有关领导部门反映职工要求，妥善处理此事，避免引发不良后果。

6月20日，为了帮助外贸企业破困境、促发展，山东省外经贸工会在《"我为企业发展献一计"活动情况简报》中，转发了《财政新闻》刊登的《外贸企业：困境与突围》一文。

6月27日，山东省外经贸工会在《"我为企业发展献一计"活动情况简报》中，转发了《财政新闻》刊登的《REACH法规：出口企业的又一道槛》一文，并刊发按语要求各单位组织职工认真学习，及时采取应对措施，确保外贸企业的持续健康发展。

7月15日，山东省外经贸工会向各单位工会和各市外经贸局工会，转发了山东省工会第十三次代表大会上省委领导姜异康、刘伟重要讲话和省总工会主席刘玉功的工作报告。

7月22日，山东省外经贸工会向各单位工会下发《山东省外经贸工会关于开展职工互助补充保险情况的通报》。

8月27日，山东省外经贸工会向各单位工会转发了《中华全国总工会办公厅关于进一步做好工会经费独立核算工作的通知》并要求认真贯彻落实。

8月28日，山东省外经贸工会在《"我为企业发展献一计"活动情况简报》中，刊发了中化（青岛）实业有限公司党委书记、总经理谢险峰同志在中化青岛庆祝"七一"党员大会上的讲话并发按语，请各单位对该公司在逆势中仍保持经营增长的做法借鉴。

10月7日，山东省外经贸工会向山东省总工会呈报《关于山东省食品进出口公司国有产权转让交易引发职工队伍不稳的报告》并请求省总工会协调省有关部门处理此事。

10月17日—18日，山东省外经贸工会在青岛举办工会统员培训班。

10月22日，山东省外经贸工会向各单位工会和各市外贸局工会转发了中国工会第十五次全国代表大会重要文件并要求认真组织学习和贯彻会议精神。

10月29日，山东省外经贸工会召开深入学习实践科学发展观活动动员会，机关7位党员全体参加。会议传达了省总工会深入学习实践科学发展观活动动员大会精神、刘玉功主席在动员大会上的讲话、《省总工会党组关于开展深入学习实践科学发展观活动的实施方案》。省外经贸工会主任王新强出席会议并作动员讲话。

10月31日，山东省外经贸工会向各单位工会下发《关于评选表彰省外经贸系统工会先进女职工集体、个人和文明职工家庭的通知》并要求认真组织评选推荐。

11月12日，山东省外经贸工会向各单位工会下发《关于表彰2008年度省外经贸系统工会工作先进单位和先进个人的通知》并要求认真组织评选推荐。

11月17日，山东省外经贸工会向各单位工会下发《关于组织引导广大职工开展

"群策群力,积极应对全球金融危机对外贸企业的影响"活动的通知》并要求全省各级外经贸工会组织要勇挑重任,奋发有为,通过有效的宣传教育工作,增强职工的忧患意识、大局意识、责任意识,最大限度地把职工的思想情绪引导到团结一心、同舟共济、共渡难关上来,使广大职工坚定信心,振奋精神,从自身做起,从现在做起,为企业的生存发展贡献智慧和力量。

11月24日,山东省外经贸工会向各单位党委、行政和工会下发《省外经贸工会关于学习实践科学发展观活动征求意见的函》。

12月,全年走访看望困难职工、先模人物、老工会工作者148人,发放帮扶资金19.9万元;夏季为16个单位一线职工送消暑茶100余公斤。

山东省外经贸系统医疗互助保险工作,2007年至2008年度为568人办理了职工互助医疗保险,赔付金额78万元。

12月22日,山东省外经贸工会向各单位工会转发山东省总工会办公室《关于及时报送职工群体性事件信心的通知》并要求认真贯彻执行。

12月,山东省外经贸工会向各单位工会下发《关于编报2008年度工会收支决算和2009年工会经费收支预算的通知》,并对做好预决算提出了具体要求。

2009年

1月5日,山东省对外经济贸易工会,向各单位工会印发了《山东省外经贸工会2009年工作要点》并要求结合本单位的实际,认真抓好贯彻落实。

1月7日,山东省总工会巡视员陈先宏在省外经贸工会主任王新强的陪同下,在青岛走访慰问了省外经贸系统困难退休职工和退休工会干部,为他们送去慰问金和慰问品,并鼓励他们坚定信心,依靠党政和工会组织的力量,想方设法战胜困难,并祝愿他们过一个和谐愉快的春节。

2月2日,山东省对外经济贸易工会向各单位工会下发《山东省外经贸工会2009年女职工工作要点》。

2月28日,全省外经贸工会2009年工作会议在淄博召开。会议主要任务是:高举中国特色社会主义伟大旗帜,以邓小平理论和"三个代表"重要思想为指导,深入贯彻落实科学发展观,传达学习中央书记处关于工会工作的重要指示、全国总工会十五届二次执委会议和省委、省政府主要领导对工会工作的指示精神,贯彻落实省总常委扩大会议和上级产业工会会议精神,总结交流2008年的工作,研究确定2009年的任务。各单位、各地市外贸局工会主席和工会干部70多人参加会议。山东省总工会副主席王祝玉出席会议并讲话,省外经贸工会主任王新强作了工作报告。

3月13日,中国财贸轻纺烟草工会商贸部部长王晓华、副部长严红来青岛,对省外经贸工会进行调研检查指导工作。省外经贸工会主任王新强和省外经贸工会机关干部及部分省外贸公司工会主席陪同和参与调研。

3月30日,山东省外经贸工会在《"我为企业发展献一计"活动情况简报》中,转发了中华全国总工会《关于深入推进"共同约定行动"的意见》,并刊发按语要求各单位组织职工认真学习,贯彻落实。

4月13日,山东省外经贸工会在《"我为企业发展献一计"活动情况简报》中,刊发了山东山孚集团公司工会《山东山孚集团公司工会2009年工作意见》并发按语给予肯定和请各单位借鉴。

4月24日,山东省外经贸工会在《"我

为企业发展献一计"活动情况简报》中，刊发了中国烟草山东进出口公司开展"应对全球金融危机为企业发展献计献策"征文活动和部分职工的征文，并发按语予以肯定和大力倡导。

5月7日，为维护职工的合法权益，山东省外经贸工会向青岛市社会劳动保险事业办公室致函《关于省食品进出口公司青岛冷藏厂冷库工申请提前退休的情况反映》并要求尽早予以研究解决。

山东省外经贸工会在青岛举办驻青外贸企业工会干部培训班，各单位工会主席和专兼职干部160多人参加培训。

6月2日，山东省外经贸工会向各单位工会下发《关于进一步做好工会财务工作的通知》并对做好工会财务工作提出了严格要求。

6月26日，为帮助省外贸企业走出金融危机带来的困境，山东省外经贸工会在《"我为企业发展献一计"活动情况简报》中，刊发了《国际商报》的文章《中国外贸打响稳定外需关键战役》供各单位借鉴。

7月1日—15日，山东省外经贸工会开展了送清凉到一线活动。省外经贸工会领导分别带领几个组，先后走访了省外贸在青岛地区的20多家生产企业，慰问了生产一线的干部职工，为他们送去了茶叶、绿豆、白糖等"清凉"物品，受到了基层单位广泛好评。

7月16日，山东省外经贸工会在《"我为企业发展献一计"活动情况简报》中，刊发了绮丽集团工会开展读书活动部分职工的《读后感》，并发按语给予肯定和大力提倡开展职工读书活动。

7月25日，山东省外经贸工会在枣庄滕州市召开省外经贸系统工会主席读书会，各单位工会主席40多人参加。会议的主要内容是：传达学习上级有关会议精神，分析研究国际金融危机对外贸企业的影响，探讨交流面对危机各单位所采取的对策和取得的效果，安排部署下半年的工作。省外经贸工会主任王新强出席会议并作了总结讲话。

7月29日，山东省外经贸工会召开全系统工会2008年度财务工作总结表彰会，各单位工会主席和工会财务人员70人参加了会议。会议回顾总结了2008年面对金融危机的影响，各级工会组织积极探索收好、管好、用好工会经费的情况，安排了2009年工会财务工作任务；省外贸食品公司等三个单位工会分别介绍了面对困难，积极工作，努力做好工会财务工作的做法和经验；表彰了2008年度工会财务工作先进单位和个人。山东省外经贸工会王新强主任出席会议并讲话。

8月4日，中国财贸轻纺烟草工会全国委员会下发《关于授权第二批直接在中国财贸轻纺烟草工会网站上发布信息单位的决定》，山东省外经贸工会名列其中。

8月5日，山东省外经贸工会向各单位工会下发了《关于进一步做好职工互助医疗补充保险工作的通知》。

8月24日，山东省对外经济贸易工会向山东省总工会上报《关于青岛集浩房地产合同纠纷案再审判决情况的报告》。

8月28日，山东省外经贸工会在青岛举办了互助医疗补充保险代办员培训班，来自基层工会的代办员共80余人参加培训。

9月9日，山东省对外经济贸易工会向各单位工会转发了山东省总工会《关于转发〈中华全国总工会关于在企业改制重组关闭破产中进一步加强民主管理工作的通知〉的通知》并要求认真贯彻执行。

9月9日，山东省对外经济贸易工会向各单位工会转发了《中华全国总工会关于加强企业工会女职工工作的意见》并要求认真组织学习和贯彻落实。

9月3日和9月16日，在中华人民共和国成立60周年前夕，山东省对外经济贸易工会在出刊的《"我为企业发展献一计"活动情况简报》第31、32期,刊登了省外经贸系统不同历史时期的全国劳动模范林艳芬,山东省劳动模范于成群、赵明耀,全国五一劳动奖章获得者邵延财、谢险峰,山东省富民兴鲁劳动奖章获得者张建华、孟祥业、尹术兴,全国财贸轻纺烟草系统优秀工会之友李良斋,山东省劳动关系和谐企业中国烟草山东进出口公司,山东省外贸系统劳动关系和谐企业山东海丰国际航运集团、青岛瑞祥抽纱有限公司、山东省通利机械进出口有限公司的先进事迹并配发了编者按,要求各单位工会认真组织广大职工学习先模人物和先进集体事迹,以学习、工作和劳动的丰硕成果向新中国60周年华诞献礼。

9月14日,山东省对外经济贸易工会向各单位工会转发了山东省总工会和中华全国总工会《关于开展会员评议职工之家活动的意见》并要求认真抓好落实。

10月20日,山东省对外经济贸易工会向各单位工会下发《关于表彰2009年度省外经贸系统工会工作先进单位和先进个人的通知》并要求认真组织评选推荐。

10月20日,山东省对外经济贸易工会向各单位工会下发《关于评选2009年度山东省外经贸系统劳动关系和谐企业的通知》并对评选提出了要求。

10月22日,山东省对外经济贸易工会向各单位工会和各市外经贸局工会下发《关于评选2009年度山东省对外经济贸易系统"最佳创新(效益)能手"的通知》并要求认真组织好评选推荐。

10月22日,为了确保完成2009年度工会统计工作任务,山东省外经贸工会在青岛举办了全系统工会统计员培训班。驻青直属外贸企业(事业)单位工会统计人员30多人参加了培训。

10月26日,山东省外经贸工会向各单位工会下发《关于评选表彰省外经贸系统工会先进女职工集体、个人和文明职工家庭的通知》并要求认真组织评选推荐。

11月1日,山东省对外经济贸易工会向各单位工会和各市外经贸局工会下发《关于开展2009年度山东省对外经济贸易系统"工人先锋号"评选活动的通知》并要求认真组织好评选推荐。

11月2日,山东省对外经济贸易工会向省总工会经费审查委员会呈报《关于对审计情况整改意见的报告》。

11月6日,山东省外经贸工会在绮丽集团古岛公司召开职工读书活动现场经验交流会。会议的目的是学习推广绮丽集团在职工中开展读书活动的做法和经验。驻青直属外贸企业工会主席、绮丽集团职工代表共30多人参加会议。省外经贸工会王新强主任出席会议并讲话,要求把读书活动在职工中推广开来。

11月15日,山东省总工会主办的《职工天地》2009年第11期为省外经贸工会出专刊,以"劳模风采"和"和谐企业"专栏登载了省外贸系统9名劳模和5家劳动关系和谐企业的先进事迹。省外经贸工会主任王新强为专刊作序《热爱祖国 学赶先

模 再创佳绩》。

11月15日，山东省总工会主办的《职工天地》2009年第11期刊登了《前进中的中化（青岛）实业有限公司》和《发展中的绮丽集团》。

11月20日，山东省对外经济贸易工会向各单位工会和各市外经贸局工会转发山东省总工会《关于转发〈中华全国总工会关于坚决纠正在企业改革改制中撤销工会组织、合并工会工作机构问题的通知〉的通知》并要求按《通知》规定进行整改，确保工会组织健全完善。

12月，山东省外经贸工会向各单位工会下发《关于编报2009年度工会收支决算和2010年工会经费收支预算的通知》，并对做好预决算提出了具体要求。

2010年—2016年

2010年

1月5日，山东省对外经济贸易工会向各单位工会下发《山东省外经贸工会2010年工作要点》并要求结合本单位实际，认真抓好贯彻落实。

1月6日，山东省对外经济贸易工会向全省外经贸职工发出《致全省外经贸职工新年慰问信》祝贺新年。

1月6日，山东省对外经济贸易工会向中国财贸轻纺烟草工会呈报《关于山东省机械进出口集团公司职工对法院错误执行房地产案侵害权益而引发情绪波动队伍不稳的报告》。

1月18日，山东省外经贸工会向各单位工会和各市外经贸（商务）局工会下发《关于团结动员广大职工开展"我为外贸经营方式转变献一计"活动的通知》。

1月26日，山东省外经贸工会在《"我为外贸经营方式转变献一计"活动情况简报》2010年第二期中刊登了《抢占后危机时代主动权—新华锦集团积极迎接后危机时代的机遇与挑战》全面介绍了新华锦集团积极迎接后危机时代的做法和经验。

1月27日，山东省总工会副主席冯庆禄，在省总资产监督管理中心主任唐艳霞和省外经贸工会主任王新强等陪同下，冒着严寒到青岛走访慰问省外贸系统劳动模范和困难职工。在市劳模、省包装进出口公司退休职工郭锦江和绮丽集团原工会主席张亚东家中，冯庆禄详细询问他们的身体情况和生活状况，并送上慰问金和新年祝福，感谢他们为企业和工会发展做出的贡献，祝愿他们健康长寿、生活美好。

1月28日，山东省对外经济贸易工会向各单位工会下发《山东省外经贸工会2010年女职工工作要点》。

1月18日，为深入学习贯彻中央和全省经济工作会议精神，服务大局，发挥优势，团结动员广大职工为推动我省外经贸事业平稳较快发展建功立业，山东省对外经济贸易工会决定，正在全省外经贸职工中广泛开展"我为外经贸经营方式转变献一计"活动。省外经贸工会向各单位工会下发《关于团结动员广大职工开展"我为外经贸经营方式转变献一计"活动的通知》并对活动提出了具体要求。

2月7日，山东省外经贸工会向山东省总工会呈报《关于"山东海员实业公司与深圳天泰化工公司等方面经济纠纷"处理情况的报告》。

2月20日，山东省总工会副主席冯庆禄对省外经贸工会处理某公司纠纷作出批示：有礼有节，方法的体，上下同心，结果圆满。

2月26日，山东省外经贸工会女职工委员会召开五届一次（扩大）会议。各单位工会女主席、女职委会主任和分管女职工工作的同志50多人参加会议。会议的主要任务是：认真学习贯彻党的十七届四中全会和中央经济工作会议精神，总结第四届女职委的工作，产生新的一届女职委，部署第五届女职委的任务和2010年女职工工作，表彰女职工先进集体、个人和文明职工家庭。第四届女职委主任王惠芳作了工作报告，省外经贸工会主任王新强出席会议并讲话。

3月10日山东省外经贸工会向各单位工会下发了《关于开展2009年度工会财务检查的通知》。

3月22日，山东省外经贸工会向中国财贸轻纺烟草工会呈报《关于因海带配额案引发山东省食品进出口公司职工队伍不稳定的紧急报告》。

3月25日，全国总工会办公厅主办的《全总信息》刊登《山东省食品进出口公司职工酝酿集体进京上访》并报送中办秘书局、国办秘书局。

3月29日，全省外经贸工会2010年工作会议在菏泽市召开。会议主要任务是：以党的十七届四中全会、中央和全省经济工作会议精神为指导，深入学习贯彻全总十五届三次执委会议、省委副书记刘伟关于工会工作的重要指示和在省群团组织负责人座谈会上的重要讲话精神，按照省总工会十三届三次全委会议和中国财贸轻纺烟草工会二届四次全委会议的部署，总结交流2009年的工作，研究确定2010年的任务。各单位、各地市商务（外经贸）局工会主席和工会干部等75人参加会议。山东省总工会副主席冯庆禄出席会议并讲话，菏泽市人大常委会副主任、市总工会主席李玉华到会致辞，菏泽市商务局领导出席了会议。山东省外经贸工会主任王新强出席会议并作了工作报告。

3月30日，山东省外经贸工会在《"我为外贸经营方式转变献一计"活动情况简报》2010年第三期中刊登了《调结构　促转变—绮丽集团全面打造核心竞争力》介绍了绮丽集团积极应对金融危机的影响，不断创新贸易方式，加快企业转型升级，提高企业核心竞争力的做法和经验。

4月17日，山东省总工会副主席冯庆禄到青岛航标处团岛灯塔参观和看望慰问全国劳动模范王炳交，省外经贸工会主任王新强等陪同参观慰问。

4月19日，为进一步加强群众性安全生产工作，防范和遏制重大事故的发生，确保全省经贸系统安全生产，山东省对外经济贸易工会向各单位工会下发《关于进一步加强群众性安全生产工作的通知》并要求各单位工会进一步加大群众性排查隐患治理

力度和对劳动安全卫生工作的参与及监督。

4月22日，山东省外经贸工会在《"我为外贸经营方式转变献一计"活动情况简报》2010年第五期中转载了《国际商报》的《加快转变外贸发展方式刻不容缓》和《暂时回暖 慎言复苏》两文供各外经贸单位参考。

4月26日，为发展青岛市慈善事业和支援玉树地震灾区，山东省外经贸工会向青岛市慈善总会捐赠人民币2000元，省外经贸工会干部个人向青岛市慈善总会共捐款人民币1300元。

4月29日，山东省外经贸工会在青岛山孚大酒店举行庆祝"五一"国际劳动节劳动模范招待会。各单位9位劳动模范和先进人物代表参加招待会，省外经贸工会主任王新强出席招待会并讲话。

5月19日，山东省外经贸工会主任王新强出席新华锦集团举行的该集团酒业员工仇翠芳荣获"山东省富民兴鲁劳动奖章"授奖仪式。王新强主任和集团董事长张建华向仇翠芳颁发了"山东省富民兴鲁劳动奖章"和证书。

5月19日，山东省外经贸工会在《"我为外贸经营方式转变献一计"活动情况简报》2010年第六期中刊登了《抓机遇 调结构 拓市场 激活力—中国烟草山东进出口有限责任公司创新发展》，介绍了该公司面对金融危机和行业政策调整的影响，以"求生存、调结构、谋发展"为总体思路，在稳定传统业务的同时，积极开拓新业务，将产业链向进出口上下游两端延伸，保持了企业稳健发展的做法和经验。

5月26日，为了进一步加强各市商务局（外经贸局）工会组织建设，山东省外经贸系统工会制定了《关于加强各市商务局（外经贸局）工会组织建设的意见》，下发并要求认真贯彻落实。

5月28日，山东省对外经济贸易工会女职委举办了"健康需要管理"知识讲座。讲座邀请了济南军区第一疗养院特级医师燕南授课。省外经贸系统直属单位女职委委员和女职工80多人参加讲座。

6月1日，为了帮助外贸企业解决好面临招工难的问题，山东省外经贸工会向各单位下发了《关于对外经贸生产企业"招工难"现象调研的通知》并提出了做好调研的要求。

6月1日，山东省外经贸工会主任王新强出席山东山孚日水有限公司举行的"工人先锋号"颁奖仪式。王新强主任向公司总经理日向敏夫和公司二车间主任冷志国颁发山东省"工人先锋号"奖牌并发表讲话。

6月9日，山东省外经贸工会在《"我为外贸经营方式转变献一计"活动情况简报》2010年第七期中转载了《国际商报》的《欧洲债务危机威胁企业资金链—外贸企业提防赖账风险》一文，供各外经贸单位参考。

6月12日，山东省外经贸工会在中化（青岛）实业有限公司举行"全国模范职工之家"授奖仪式。出席授奖仪式的领导和嘉宾有：中国财贸轻纺烟草工会部长王晓华、中国中化集团公司工会主席刘孝杰、山东省外经贸工会主任王新强、中化（青岛）实业有限公司党委书记兼总经理谢险峰、省外经贸部分企业工会主席、省外经贸工会干部和中化青岛公司部分职工代表共50多人。山东省外经贸工会主任王新强主持授奖仪式，全委王晓华部长、中化集团公司刘孝杰主席向中化青岛公司工会授奖牌，中化青岛公司工会主席赵维报领奖并发表获奖感言，出席授奖仪式的领导全委王晓华部长、中化刘孝杰主席、中化青岛公司党委书记兼总经理谢险峰、省外经贸工会主任王新强先后讲话。2010年4月全国总工会授予1523个基层工会为"全国模范职工之家"称号，是从全国几百万基层工会中精选出的，是企业工会的最高荣誉。

6月，山东省外经贸工会召开全系统工会2009年度财务工作总结表彰会，各单位工会主席和工会财务人员70人参加了会议。会议回顾总结了2009年面对金融危机的影响，各级工会组织积极探索收好、管好、用好工会经费的情况，安排了2010年工会财务工作任务；省外贸食品公司等三个单位工会分别介绍了面对困难，积极工作，努力做好工会财务工作的做法和经验；表彰了2009年度工会财务工作先进单位和个人。省外经贸工会王新强主任出席会议并讲话。

7月12日，山东省外经贸工会向浙江省财贸工会发《贺信》，祝贺浙江省财贸工会第六次代表大会隆重召开。

8月15日—19日，山东省外经贸系统工会主席读书会在临沂市沂南举行。会议认真学习党中央、山东省委、全国总工会、中国财贸轻纺烟草工会和省总工会一系列会议精神，总结上半年的工作情况，研究部署下半年的工作任务。省外经贸工会直属各单位工会主席40余人参加会议，省外经贸工会主任王新强主持会议并作总结讲话。

8月24日，山东省外经贸工会在《"我为外贸经营方式转变献一计"活动情况简报》2010年第九期中转载了《国际商报》的《坚定不移地加快外贸发展方式转变》一文，供各外经贸单位参考。

8月26日，山东省外经贸工会向各单位工会下发《山东省外经贸工会关于2009年工会财务工作情况的通报》。

9月2日，山东省外经贸工会向山东省总工会呈报《关于省外经贸（驻青单位）生产企业"招工难"现象的调研报告》。

10月12日，山东省外经贸工会向各单位工会下发《关于进一步做好职工互助保险工作的意见》并对做好职工医疗互助保险工作提出了具体要求。

10月15日，山东省外经贸工会在青岛举办了全系统工会统计员培训班。驻青直属外贸企业（事业）单位工会统计人员30多人参加了培训。

10月25日，山东省对外经济贸易工会向各单位工会和各市商务局（外经贸局）工会下发《关于2011年元旦春节期间开展送温暖活动的通知》。

11月1日—2日，全省各市商务局工会主席（主任）座谈会在青岛山孚大酒店召开。会议主要任务是：以党的十七届四中、五中全会精神为指导，总结交流各市商务局工会面临对产业结构调整和行政管理体制改革对工会工作提出的新课题，进一步落实党的全心全意依靠工人阶级根本指导方针，发挥工会组织作用的做法和经验；研究探讨新形势下的市级商务局工会工作，更好地发挥省外经贸工会和各市商务局工会在推动产业科学发展、维护职工权益、促进产业和谐稳定中的积极作用。全省17个市商务局工会主席（主任）参加会议。山东省商务厅直属机关党委专职副书记李群力、山东省总工会组织部调研员戴兴召出席会议并讲话，山东省外经贸工会主任王新强出席会议并作总结讲话。

11月2日，山东省外经贸工会向各单位工会下发《关于评选表彰省外经贸系统工会先进女职工集体、个人和文明职工家庭的通知》并要求认真组织评选推荐。

11月4日，山东省对外经济贸易工会向各单位工会下发《关于评选2010年度山东省对外经济贸易系统"最佳创新（效益）能手"的通知》并要求认真组织评选。

11月5日，山东省外经贸工会向各单位工会下发《关于表彰山东省外经贸系统2010年度工会工作先进单位和先进个人的通知》并对表彰提出了具体要求。

11月8日，山东省外经贸工会向各单位工会下发《关于评选2010年度山东省外经贸系统劳动关系和谐企业的通知》并对评选工作提出了要求。

11月10日,山东省外经贸工会在《"我为外经贸经营方式转变献一计"活动情况简报》(第11期)刊发了《学〈新主人翁精神〉建功立业当主人——绮丽集团2010年职工读书活动展示》并加了《编者语》进行点评和要求各单位借鉴。

11月26日,山东省外经贸工会向各单位工会下发《关于在全省外经贸(商务)工会组织和广大职工中深入开展创先争优活动的实施意见》并对活动提出了具体要求。

12月20日,山东省对外经济贸易工会向省总工会经费审查委员会呈报《关于对审计情况整改意见的报告》。

12月16日,山东省外经贸工会向各单位工会下发《关于编报2010年度工会收支决算和2011年工会经费收支预算的通知》,并对做好预决算提出了具体要求。

2011年

1月5日,山东省对外经济贸易工会向各单位工会、各市商务局工会下发《山东省外经贸工会2011年工作要点》并要求结合本单位实际,认真抓好贯彻落实。

1月6日,山东省对外经济贸易工会向全省外经贸职工发出《致全省外经贸职工新年慰问信》祝贺新年。

1月,山东省外经贸工会王新强主任带队,先后到潍坊、淄博、东营、枣庄、日照等市商务局进行调研,与各市商务局领导了解交流外贸企业的经营和职工队伍的维稳情况,听取市商务局工会在促进企业健康发展、维护职工队伍稳定方面的工作汇报,深入外贸企业一线了解当前面临的问题和困难,并对在经济困难形势下做好外贸企业工会工作提出了要求。

2月22日,山东省外经贸工会向各单位工会下发了《关于开展2010年度工会财务检查的通知》。

2月28日,山东省外经贸工会在《深入开展创先争优活动情况简报》2011年第2期刊发了《大众日报》登载的《山东外贸:以结构调整谋取新优势》的文章,供各外经贸企业参考。

3月2日,山东省外经贸工会在山东外贸职业学院召开第五届女职工委员会二次会议。会议的主要任务是:深入学习贯彻党的十七届五中全会、中央和全省经济工作会议精神,总结2010年女职工委的工作,安排2011年的任务,表彰了女职工先进集体、个人和文明职工家庭,交流学习山东外贸职业学院女职工工作经验。各单位工会女职委主任和委员40多人参加会议。省外经贸工会主任王新强出席会议并讲话,省外经贸工会女职委主任王惠芳作了工作报告。

3月16日,山东省对外经济贸易工会向各单位工会、各市商务局工会下发了《关于开展2011年度山东省外经贸系统"工人先锋号"评选活动的通知》。

3月22日,山东省外经贸工会主任王新强应邀出席山东山孚日水有限公司举行的"双爱双评"活动颁奖仪式并向获奖者颁奖和讲话。

3月29日,全省外经贸工会2011年工作会议在临沂市召开。会议主要任务是:以科学发展观为指导,认真学习贯彻党的十七届五中全会、中央和全省经济工作会议、全总十五届五次执委会议、省总工会十三届五次全委会议和中国财贸轻纺烟草工会二届五次全委会议精神,回顾总结2010年全省外经贸工会工作,研究安排2011年的任务。各单位、各地市商务局工会主席和工会干部等80多人参加会议。山东省总工会副主席冯庆禄出席会议并讲话,临沂市委常委、市总工会主席林祥余到会致辞,省商务厅直属机关党委专职副书记李群力到会讲话,临沂市商务局领导出席了会议。省外经贸工会主任王新强作了工作报告。

4月28日,为了深入贯彻落实全省外经贸工会2011年工作会议精神,推广各单位工会好的经验和做法,山东省外经贸工会向各单位工会转发了《山东山孚集团公司工会2011年工作意见》。

4月28日,山东省外经贸工会在青岛山孚大酒店举行了庆祝"五一"国际劳动节劳动模范座谈会。省外经贸工会主任王新强出席座谈会并讲话,向劳动模范代表致以崇高的敬意和节日的问候。

5月10日,为了帮助外贸企业解决好面临的科学发展和职工队伍稳定的问题,山东省外经贸工会制定了《山东省外经贸工会改制企业职工队伍基本情况调研方案》,下发各单位工会并要求认真组织实施。

6月2日,为了进一步做好职工互助保障工作,山东省外经贸工会制定了《关于进一步加强职工互助保障工作的意见》并下发各单位工会。

6月17日,山东省外经贸工会召开职工互助保障工作交流会。会议通报了全系统近年来职工互助保险工作情况和存在问题,以及困难职工帮扶救助工作进展情况和应注意的问题;邀请中国职工保险互助会青岛办事处主任高兵讲授职工互助保险的重要意义和有关政策规定;有四个单位介绍了开展职工互助保险工作和职工帮扶救助工作的做法及经验体会。各单位工会主席和代办员60余人参加了会议。省外经贸工会主任王新强出席会议并讲话。

7月11日,山东省外经贸工会召开生产企业发展和职工队伍稳定会议。

7月20日,山东省外经贸工会召开全系统工会2010年度财务工作总结表彰会,各单位工会主席和工会财务人员60多人参加了会议。会议回顾总结了2010年面对金融危机的影响,各级工会组织积极探索收好、管好、用好工会经费的情况,安排了2011年工会财务工作任务;绮丽集团等两个单位工会分别介绍了在新形势下,做好工会财务工作的做法和经验;表彰了2010年度工会财务工作先进单位和个人。省外经贸工会王新强主任出席会议并讲话。

从7月山东省外经贸工会根据各单位上报的困难职工家庭情况并逐一排查摸底核实后,制定了详细的金秋助学方案,截止到9月,向各单位共9名品学兼优的职工子女发放助学金23000元。

8月24日—27日,全省外经贸系统工会主席读书会在济南长清区举办。会议主要内容是:传达学习胡锦涛总书记在庆祝中国共产党成立90周年大会上的讲话和上级工会有关会议精神,分析研究外贸企业改制以来的发展变化和存在的问题,总结交流2011年上半年的工作,研究部署下半年的工作任务。各单位工会主席和工会干部等40多人参加会议。省外经贸工会主任王新强主持会议并作总结讲话。

9月1日,山东省对外经济贸易工会向省总工会上报《关于对省外贸改制企业基本情况的调研报告》。

9月,在山东省送温暖工程基金会出刊的《情系职工 温暖万家—山东工会帮扶送温暖工作20周年》画册上,刊登报道了山东省外经贸工会设立职工互助医疗保险,缓解患病职工生活困难和救助特困职工的两幅照片。

10月10日,中华全国总工会主办的《中国工运》2011年第10期刊登了山东省外经贸工会《巩固企业改制成果 推进企业持续发展——山东省外贸企业驻青岛改制企业情况的调查》。

10月20日,山东省外经贸工会向各单位工会下发《关于表彰山东省外经贸系统2011年度工会工作先进单位和先进个人的通知》并对表彰提出了具体要求。

10月20日,山东省外经贸工会向各单位工会下发《关于评选2011年度山东省外经贸系统劳动关系和谐企业的通知》并对评选工作提出了要求。

10月21日,为了切实解决职工群众的实际困难,积极做好困难职工的各项帮扶工作,山东省外经贸工会向省总工会呈上《关于申请增加送温暖基金数额的报告》。

10月27日,山东省对外经济贸易工会向各单位工会下发《关于评选2011年度山东省对外经济贸易系统"最佳创新(效益)能手"的通知》并要求认真组织评选。

10月27日,山东省外经贸工会向各单位工会下发了《关于2012年元旦春节期间开展送温暖活动的通知》,要求各单位工会深入基层,了解困难职工情况,广泛开展"心系职工情、温暖送万家"为主题的送温暖活动。

10月28日,山东省外经贸工会在《深入开展创先争优活动情况简报》2011年第10期刊发了《读〈新主人翁精神〉做岗位主人翁—山东山孚集团2011年职工读书活动展示》并加按语予以推广。

11月2日,山东省外经贸工会向各单位工会下发《关于评选表彰省外经贸系统工会先进女职工集体、个人和文明职工家庭的通知》并要求认真组织好评选推荐。

11月3日,山东省外经贸工会在山东新华锦(青岛)即墨老酒厂有限公司召开省外贸生产企业发展与职工队伍稳定现场交流会,省市外贸驻青单位和外贸生产企业工会主席50多人参加会议。会议贯彻了"促进企业发展,维护职工权益"的企业工会工作指导思想,有四个生产企业工会作了大会交流发言。省外经贸工会主任王新强出席会议并讲话。

12月16日,山东省外经贸工会召开务虚会,研究确定2012年工作思路,部分单位工会主席参加会议。与会人员对省外经贸工会提交的2012年工作要点提出意见和建议。省外经贸工会主任王新强主持会议。

12月20日,山东省外经贸工会向各单位工会下发《关于编报2011年度工会收支决算和2012年工会经费收支预算的通知》,并对做好预决算提出了具体要求。

12月,面对美国经济困难,欧洲债务危机,新兴国家通货膨胀,国内原材料特别是人工成本上升,以及汇率、税率政策等因素对外贸企业的影响,为了及时了解掌握外贸企业经营发展情况和职工队伍稳定情况,山东省外经贸工会主任王新强带队,先后到潍坊、淄博、东营、枣庄、日照市商务局调研。

12月,为更好地贯彻落实"促进企业发展,维护职工权益"的企业工会工作原则,安排好2012年全系统工会工作,省外经贸工会召开以学习贯彻中央经济工作会议精神、研究确定2012年工作思路为主要内容的务虚会。与会同志交流了学习中央经济工作会议精神的认识和体会,并结合各自单位实际,对省外经贸工会2012年工作要点提出了意见和建议。会议由省外经贸工会主任王新强主持。

2012 年

2012年1月14日,山东省总工会副主席冯庆禄在省外经贸工会主任王新强陪同下到青岛,走访慰问了省外贸企业的困难职工和部分退休工会主席。

1月6日,山东省对外经济贸易工会向各单位工会印发《山东省外经贸工会2012年工作要点》并要求结合本单位的实际,认真贯彻落实。

2月12日,山东省外经贸工会向各单位工会下发了《关于开展2011年度工会财务检查的通知》。

2月15日—16日,山东省对外经济贸易工会主任王新强出席山东省总工会第十三届委员会第六次全体会议。

1—2月,省外经贸工会在2012年元旦春节期间,广泛开展"心系职工情、温暖送万家"为主题的送温暖活动。据统计,活动期间省外经贸工会和各单位走访困难职工、困难劳模、患大病职工和离退休职工等432人,发放慰问金24万元。

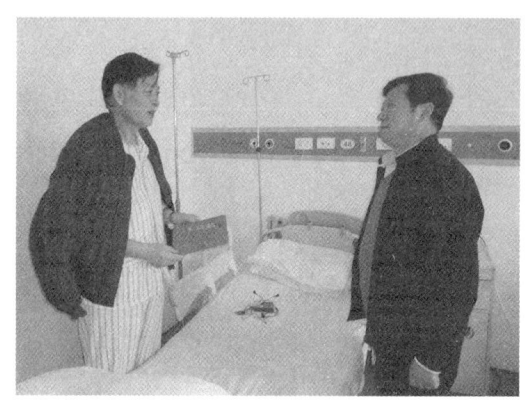

2月28日,山东省对外经济贸易工会向各单位工会转发了中华全国总工会女工部《关于组织先进女职工代表进京参观学习的通知》。

3月2日,山东省外经贸工会在青岛洁神大饭店召开省外经贸系统女职工委员会五届三次会议。各单位工会女主席、女职委主任等40多人参加会议。会议深入学习贯彻党的十七届六中全会、中央和全省经济工作会议精神,总结了2011年工作,部署了2012年的工作,增补了女职工委员会委员,表彰了先进女职工集体、个人和文明职工家庭,交流了女职工工作经验。省外经贸工会女职委主任王惠芳作了工作报告,省外经贸工会主任王新强出席会议并讲话。

3月5日,山东省外经贸工会召开机关全体工作人员"树三风、提三力"活动会议。会议传达学习了省总工会党组书记、常务副主席吕明辰在省总工会开展"树三风、提三力"活动动员大会上的讲话和《关于省总工会开展"树三风、提三力"活动的实施意见》,研究制定了《省外经贸工会关于贯彻落实省总工会开展"树三风、提三力"活动的实施方案》。

3月6日,为了深入贯彻落实党的十七届六中全会精神,推动外经贸企业文化建设,发挥工会"大学校"的作用,山东省外经贸工会决定,对省外经贸(驻青)单位企业文化建设情况进行调研并制定了调研方案,并向各单位工会下发了《关于对省外经贸(驻青)单位企业文化建设情况调研的通知》。整个调研持续三个多月,于6月下旬结束并形成调研报告,报告上报上级工会和下发各单位,受到了上级工会和各单位肯定和好评。

3月12日,山东省外经贸工会召开机关全体工作人员和部分直属企业工会主席参加的省外经贸工会开展"树三风、提三力"活动动员会。会议传达学习了省总工会领导的讲话和省总工会的《关于省总工会开展"树三风、提三力"活动的实施意见》，部署省外经贸工会开展"树三风、提三力"活动《实施方案》，省外经贸工会主任王新强出席会议并对开展活动提出要求。省外经贸工会副主任马骥主持会议。

3月16日，为了深入学习贯彻中央和全省经济工作会议精神，服务大局，发挥优势，进一步团结动员广大外贸职工在推动外贸稳增长、调结构、粗平衡中发挥主力军作用，省外经贸工会决定，在全省外经贸职工中广泛开展"同心同德绘蓝图，调整转变促发展"活动。山东省外经贸工会向各单位工会下发《关于团结动员广大职工开展"同心同德绘蓝图，调整转变促发展"活动的意见》并对开展好活动提出了具体要求。

3月21日，全省外经贸工会2012年工作会议在枣庄召开。会议的主要任务是：以科学发展观为指导，认真学习贯彻党的十七届六中全会、中央和全省经济工作会议、全国总工会十五届六次执委会议、省总工会十三届六次全委会议和中国财贸轻纺烟草工会三届一次全委会议精神，总结回顾2011年全省外经贸工会工作，研究确定2012年主要任务。各单位、各市商务局工会主席和工会干部80多人参加了会议。山东省总工会副主席冯庆禄出席会议并作重要讲话，枣庄市副市长张兵，市政府副秘书长、市商务局局长张建奎，省商务厅直属机关党委专职副书记李群力出席会议并致辞，省外经贸工会主任王新强作了工作报告。

3月28日，山东省外经贸工会根据省总工会的要求，对2012年工作要点进行了分解，制定了《省外经贸工会将2012度工作任务目标分解到人表》。

4月23日，为了搞好省外经贸工会机关"树三风、提三力"活动，加强机关干部思想作风建设，山东省外经贸工会在《开展"树三风、提三力"活动情况简报》（第4期）刊发了省外经贸工会机关所有干部和部分企业工会主席通过学习、联系实际撰写的以"树三风、提三力"为主题的心得体会，以达到相互学习、相互交流、相互促进、相互监督、共同提高的目的。

4月27日，山东省外经贸工会在山孚大酒店举行庆祝"五一"国际劳动节先模人物座谈会，全系统不同时期、不同岗位的12位先模人物参加会议并交流发言，省外经贸工会主任王新强出席会议并讲话。

5月10日，省外经贸工会主任王新强应邀出席山东山孚集团举行省富民兴鲁劳动奖状和省工人先锋号颁奖仪式并向获奖者颁奖和讲话。

5月11日，全国财贸轻纺烟草工会信息工作会议在山西太原召开。山东省外经贸工会上报的《围绕中心，服务大局，发挥信息交流在推进工会工作中的作用》材料，被选为4个大会交流材料之一。省外经贸工会组织民管部部长田敬毅在会上作了交流发言，受到与会者好评。

5月18日—24日，山东省外经贸工会邱伟、鞠新伟、尹术兴3人参加了由中国财贸轻纺烟草工会组织的（44人）大陆财贸轻纺烟草职工交流团赴中国台湾交流访问。

6月7日—8日，中国财贸轻纺烟草工会主席王晓峰、部长王清华等一行四人莅临山东省外经贸工会检查指导工作。王晓峰主席看望了省外经贸工会机关干部和部分外贸企业工会主席并听取了省外经贸工会和5家外贸企业工会的工作汇报，他充分肯定了山东省外经贸系统工会的工作并对做好今后工会工作提出要求。

6月12日，中国财贸轻纺烟草工会网刊登了获得"山东省工人先锋号"的山东山孚集团公司青岛山孚大酒店前厅部事迹。

6月15日，山东省外经贸工女职委召开座谈会，专题学习贯彻《女职工劳动保护特别规定》，部分外贸集团和直属外贸公司女职委主任参加座谈会。省外经贸女工职委主任王惠芳出席座谈会并讲解了《女职工劳动保护特别规定》，要求各单位工会高度重视，做好学习宣传贯彻工作。

6月19日，山东省外经贸工会主任王新强应邀出席新华锦集团在青岛大剧院举行的庆祝集团成立十周年文艺汇演。

6月29日，山东省外经贸工会在《"同心同德绘蓝图，调整转变促发展"活动情况简报》2012年第七期以《加强企业文化建设 促进企业健康发展》为标题，刊登了新华锦集团山东海川工艺发制品有限公司开展企业文化建设经验做法并发按语予以肯定和要求各单位借鉴。

7月6日，山东省外经贸工会召开2011年度财务工作总结表彰会，各单位工会主席和工会财务人员50余人参加了会议。会议通报了2011年度工会财务工作情况，表彰了工会财务先进单位；山东山孚集团等三个单位工会介绍了在新形势下做好财务工作的经验做法。省外经贸工会王新强主任出席会议并讲话。

7月7日—8日，中国财贸轻纺烟草工会主席王晓峰一行3人来青岛，对省外经贸工会进行调研检查指导工作。省外经贸工会主任王新强、省轻工纺织工会主席姜卫红和省外经贸工会机关干部及部分省外贸公司工会主席陪同和参与调研。

7月26日，山东省外经贸工会王新强主任到青岛绮丽高级时装有限公司进行调研，绮丽集团工会主席金福晔、绮丽高级时装有限公司工会主席于振波陪同调研。

7月30日，为支持基层单位企业文化建设，山东省外经贸工会王新强主任到山东山孚大酒店代表省外经贸工会向酒店员工活动室赠送四台高性能电脑，供职工业余学习和娱乐使用。同时，王新强主任调研了山孚大酒店的企业文化建设情况并对搞好企业文化建设提出了要求，山东山孚集团公司工会主席尹术兴陪同参加赠送和调研活动。

8月16日，为了进一步做好职工互助保障工作，山东省外经贸工会制定了《关于进一步加强职工互助保障工作的意见》并下发各单位工会。

6月中旬—8月下旬，山东省外经贸工会开展了送清凉活动，省外经贸工会主任王新强带队先后走访外贸生产企业30余家，看望慰问在高温酷暑中工作的一线干部职工并送去消暑茶叶300多斤。

8月15日—19日，山东省外经贸工会领导干部读书会在烟台招远召开。各直属单位工会主席40多人参加会议。会议认真学习了胡锦涛总书记在省部级主要领导干部专题研讨班上的重要讲话、王兆国主席在会见省总工会领导班子成员时的重要讲话、全省工会领导干部读书会和中国财贸轻纺烟草工会三届二次常委会议等一系列重要讲话、会议精神;各单位工会交流了围绕企业转方式、调结构、保稳定开展的工作和取得的经验;通报了上半年省外贸(驻青)单位企业文化建设调研情况;研究部署了下半年工作任务。省外经贸工会主任王新强出席会议并讲话。

8月31日,山东省外经贸工会召开全系统职工互助保障工作会议,各单位工会主席和互助保险代办员50多人参加会议。省外经贸工会王新强主任出席会议并讲话,副主任马骥主持会议,女工部部长王蕙芳、基层工作部部长邱伟分别通报了2011年度职工互助保险和职工帮扶救助工作情况。

9月5日—7日,山东省外经贸工会主任王新强在绮丽集团工会主席金福晔、凯远集团工会主任高广青和省医保进出口公司工会主席潘海屏陪同下,到济宁汶上佳荣制衣有限公司、泗水圣昌肉制品有限公司两个外贸直属生产企业调研并看望慰问了在一线工作的干部职工,送去乒乓球台、羽毛球拍和部分食品。

10月16日,山东省外经贸工会在山东英吉多健康产业有限公司召开省外贸生产企业发展与职工队伍稳定现场交流会。省外经贸驻青单位和生产企业工会主席60多人参加会议。会议由省外经贸工会副主任马骥主持,省外经贸工会王新强主任出席会议并讲话。

10月26日,山东省外经贸工会在济南召开全省各市商务(外贸)工会主席(主任)座谈会,会议主要任务是:传达学习上级工会有关会议精神,探讨在新形势下充分发挥市商务(外贸)局工会组织作用,全面提升市商务(外贸)局工会工作水平。全省17个市商务局工会主席(主任)参加会议,省外经贸工会副主任马骥主持会议。山东省总工会纪检组长、组织部长贺余德到会看望与会代表,山东省商务厅直属机关党委专职副书记李群力、山东省总工会组织部调研员戴兴召出席会议并讲话。省外经贸工会主任王新强出席座谈会并作了讲话。

10月29日,山东省对外经济贸易工会向省总工会呈上《关于全省外经贸系统困难职工情况的报告》。

11月6日,山东省对外经济贸易工会向各单位工会下发《关于评选表彰省外经贸系统工会先进女职工集体、个人和文明家庭的通知》并要求认真组织好评选工作。

11月12日,山东省对外经济贸易工会向各单位工会下发《关于评选2012年度山东省对外经济贸易系统劳动关系和谐企业的通知》并要求认真组织好评选。

11月12日，山东省对外经济贸易工会向各单位工会下发《关于评选2012年度工会工作先进单位和个人的通知》并要求认真组织好评选工作。

11月20日，山东省对外经济贸易工会向各单位工会下发《关于评选2012年度山东省对外经济贸易系统"最佳创汇（效益）能手"的通知》并要求认真组织评选。

11月25日—27日，山东省外经贸工会组织民管部部长田敬毅参加了在上海召开的"华东六省一市"财贸轻纺烟草行业工会工作交流会。会议的主题是：贯彻落实党的十八大精神，交流华东地区各行业工会基本情况及明年工会工作的新思路、新举措，部署下一阶段工会主要工作。中国财贸轻纺烟草工会主席王晓峰出席会议并讲话。

12月12日，为了安排好2013年全系统工会工作，山东省外经贸工会召开了"以学习贯彻党的十八大精神、研究确定2013年工作要点"为主要内容的务虚会。会议交流了学习党的十八大精神体会，结合本单位实际，对省外经贸工会提交的2013年工作要点提出意见和建议。省外经贸工会主任王新强出席和主持会议。

12月17日，山东省对外经济贸易工会向各单位工会、各市商务局工会转发了山东省总工会《关于在全省工会系统中开展学习宣传贯彻党的十八大精神活动的意见》并要求精心实施，抓出成效。

12月26日，山东省对外经济贸易工会向各单位工会下发《关于编报2012年度工会收支决算和2013年工会经费收支预算的通知》并对做好预决算提出要求。

年初以来，为了切实解决职工群众的实际困难，山东省外经贸工会积极做好困难职工的各项帮扶工作，截止12月底，有310人获得医疗赔付和大病救助款29万元；看望患病住院和慰问家庭突发意外职工14人，送慰问金3.39万元；走访慰问特困职工、劳模、老工会工作者203人，送慰问金15.23万元；为15名特困职工子女筹集上大学学费4.5万元；全年累计走访、慰问、救助职工542人，发放救助金52.12万元。

2013年

1月6日，山东省外经贸工会向各单位工会下发了《山东省外经贸工会2013年工作要点》并要求认真组织实施。

1月6日，山东省外经贸工会向各单位工会下发了《关于在全省外经贸职工中开展"学习十八大精神，争取振兴外经贸主人"活动的意见》并要求加强组织领导，扎实推进。

1月9日，山东省外经贸工会召开财务预决算会议。会议通报了2012年工会经费收缴和财务检查情况，对做好2012年决算和2013年预算提出了要求。

2月18日，山东省外经贸工会向各单位工会下发《关于开展2012年度工会财务检查的通知》并对做好此项工作提出要求。

2月18日，山东省外经贸工会向各单位工会转发《山东省总工会关于进一步加强工会女职工组织规范化建设的建议》并要求结合本单位实际，认真贯彻执行。

3月5日，山东省外经贸工会女职工委员会五届四次会议在青岛召开，各单位女职委主任40余人参加会议。会议总结了2012年省外经贸系统女职工工作，部署了2013年主要任务，表彰了女职工先进集体、先进个人和文明职工家庭；省外经贸工会女职委主任王惠芳作了工作报告；新华锦集团女职工委员会等7个单位介绍了在新形势下做好女职工工作的做法和经验。山东省外经贸工会副主任马骥主持会议并讲话。

4月11日，全省外经贸工会2013年工作会议在青岛召开。会议深入学习贯彻党的十八大精神、中央和省经济工作会议精神、全国总工会十五届七次执委会议精神,按照省总工会、中国财贸轻纺烟草工会和中国海员建设公会的工作部署,总结交流了2012年工作,研究确定了2013年的任务。各单位、各市商务局工会主席和工会干部等140人参加会议。山东省总工会副主席冯庆禄出席会议并讲话;省商务厅直属机关党委专职副书记李群力出席会议并通报了全省商务发展情况及工作安排;省外经贸工会主任王新强作了工作报告。

4月18日,山东省外经贸工会主任王新强应邀出席山东山孚集团有限公司工会2013年工作会议并讲话。

4月24日—25日,山东省外经贸工会分两批组织机关退休干部和系统部分企业工会主席30余人外出踏青,感受青岛春天的气息。他们先后参观了新华锦集团即墨老酒博物馆和四季生态园。

4月28日,山东省外经贸工会向各单位工会下发了《关于对省外经贸(驻青)企业职工教育培训情况调研的通知》和调研方案并要求认真组织实施。

5月6日,山东省外经贸工会就工会经费由地税部门统一代收事宜向各单位工会下发了《关于贯彻落实〈山东省人民政府办公厅关于工会经费(建会筹备金)由地税部门统一代收的通知〉等文件的意见》并要求贯彻落实。

5月8日,山东省外经贸工会向各个单位工会、各市商务局工会,转发了淄博市商务局工会《关于在系统内部落实"六大实事"的意见》并要求结合本地实际,夯实基础,在开展上下工夫。

5月23日,山东省外经贸工会在潍坊中基集团有限公司召开省外贸生产企业座谈会,有关生产企业的外贸(集团)公司和生产企业工会主席30多人参加会议。会上,有15家生产企业工会主席交流发言;参观了潍坊中基集团有限公司所属的饲料和美成食品有限公司。省外经贸工会主任王新强出席会议并讲话。

6月6日,山东省外经贸工会在日照山孚大酒店召开全系统服务型企业座谈会。30多个单位的工会主席、副经理参加了会议。11个单位在会上介绍了企业经营管理、职工队伍建设经验做法以及当前存在的主要问题。省外经贸工会主任王新强出席会议并讲话。

6月13日,山东省外经贸工会向各个单位工会、各市商务局工会,转发了省总工会办公室《关于切实做好当前群众性安全生产工作的紧急通知》并就切实做好安全生产工作提出了具体要求。

6月30日—7月2日,山东省工会第十四次代表大会在济南召开,省外经贸系统有9名代表参加了大会,他们是:山东省外经贸工会主任王新强、副主任马骥,山东省海润投资有限公司工会主席张球,济南市商务局工会主席韩钢山,烟台市商务局工会工委主任王林超,潍坊市贸易工会副主席李汉文,济宁市商务局工会工委副主任孟令新,德州市商务局工会工委主任杨学政,烟台工业商贸国有控股有限公司工会主席王慨。山东省外经贸工会原主任丛毅富作为特邀代表参加大会。

7月12日，山东省外经贸工会向各个单位工会、各市商务局工会转发了山东省工会第十四次代表大会重要文件并发出《通知》要求认真学习宣传贯彻。

7月18日，山东省外经贸工会主任王新强应邀出席山东海润投资集团有限公司第一届职工运动会开幕式并观摩比赛。

7月26日，山东省外经贸工会召开2012年度财务工作总结表彰会，各单位工会主席和工会财务人员50余人参加了会议。会议通报了2012年度工会财务工作情况，表彰了工会财务先进单位；中化（青岛）实业有限公司工会、中国烟草山东进出口有限责任公司工会和新华锦集团工会分别介绍了做好财务工作的经验做法。省外经贸工会王新强主任出席会议并讲话。

7月31日，山东省外经贸工会在青岛召开系统仓储运输企业座谈会。29个单位的经理、副经理和工会主席参加了会议，11个单位在会上介绍了转方式、调结构以及加强职工队伍建设等方面的经验和做法。省外经贸工会主任王新强出席会议并讲话。

8月1日，山东省外经贸工会在山东新华锦国际商务集团有限公司举行简短的"山东省模范职工之家"称号授牌仪式。省外经贸工会、新华锦集团领导、工会工作者等20多人参加仪式。

8月16日，山东省总工会党组书记、常务副主席刘赞杰，在青岛市就开展党的群众路线教育实践活动进行调研之际，到省外经贸工会看望机关的同志，并与大家座谈。省总工会副主席冯庆禄、办公室主任李业文、资产管理部主任唐艳霞陪同活动。

8月20日，山东省外经贸工会主任王新强一行到山东海润投资集团有限公司所属临朐海润进行调研。

从6月中旬，山东省外经贸工会启动了2013年向一线职工"送清凉"活动，到8月下旬，省外经贸工会主任王新强带队对全系统劳动密集型企业开展送清凉活动，先后走访慰问50余家企业，送上消暑降温茶叶600多斤。

8月28日，省外经贸工会主任王新强一行到山东海润投资集团有限公司参加该公司授奖仪式并为荣获山东省总工会授予山东省"优秀工会积极分子"的刘敏颁发荣誉证书。

9月4日，山东省外经贸工会向7名品学兼优、家庭困难的学子每人发放了3000元，共计21000元的助学款，把党和政府的关怀送到学子心坎上，圆满完成了2013年的助学任务。

9月23日，山东省外经贸工会在《"学习贯彻十八大精神　争做振兴外经贸主人"活动情况简报》2013年第10期刊登了《临朐海润"职工自治"，促进企业和谐发展》，介绍了临朐海润织造有限公司成立职工管理委员会并下设文体小组、生活小组、企管小组，紧紧围绕企业生产经营，以"以人为本、立足企业、为职工服务"为工作目标，积极开展各项有利于构建和谐劳动关系的工作，促进企业发展的做法并加《编者按》供各单位借鉴参考。

9月27日—29日，山东省外经贸工会2013年度工会主席读书会在青岛崂山仰口举行。各单位工会主席和工会干部60余人参加会议。会议听取了青岛市委党校程国友教授作的《科学判断当前世界和中国经济形势》讲座和省总工会法律部部长于同阶做的《劳动关系的调整与和谐企业的创建》讲座；总结交流了各单位工会上半年在围绕企业转方式、调结构、稳增长方面的做法和经验，研究部署了下半年的工作任务。省外经贸工会主任王新强主持会议并讲话。

10月10日，山东省外经贸工会在山东

山孚大酒店会议室举行颁奖仪式。山孚集团领导和获奖的山孚大酒店领导及部分员工参加颁奖仪式。省外经贸工会主任王新强出席颁奖仪式，向获得"山东省安康杯竞赛优胜单位"荣誉称号和被授予"山东省模范职工小家"称号的集体及评为"山东省安康杯竞赛优秀组织个人"颁奖并讲话。

10月10日，为了进一步做好职工医疗互助保障工作，山东省外经贸工会制定了《关于进一步加强职工医疗互助保障工作的意见》并下发各个单位工会。

10月18日—22日，山东省外经贸工会主任王新强参加了中国工会第十六次全国代表大会。

10月25日，山东省外经贸工会在青岛召开会议，传达学习中国工会第十六次全国代表大会会议精神。省外经贸工会机关的同志和各直属单位工会主席100余人参加会议，省外经贸工会主任王新强出席会议并就如何学习贯彻落实中国工会第十六次全国代表大会会议精神提出要求。

10月25日，山东省外经贸工会召开全系统职工互助保障工作会议，各单位工会主席和互助保险代办员100多人参加会议。会议邀请中国职工保险互助会青岛办事处主任高兵讲解了职工互助保险的意义和最新政策变化。省外经贸女工部部长王蕙芳、基层工作部部长邱伟分别通报了2012年度职工互助保险和职工帮扶救助工作情况。省外经贸工会王新强主任出席会议并讲话。

11月5日，山东省外经贸工会向各个单位工会、各市商务局工会转发了中国工会第十六次全国代表大会重要文件并发出《通知》要求认真学习宣传贯彻。

11月6日，《山东工人报》在第四版一个版面刊登了《佳酿飘香四千年，继承发展谱新篇——即墨老酒铸就黄酒北宗新辉煌纪实》。

11月11日，为了搞好困难职工的救助工作，山东省外经贸工会向山东省总工会呈送专题报告《关于申请送温暖基金的报告》。

11月13日，山东省外经贸工会主任王新强、副主任田敬毅应邀出席绮丽集团工会为青岛绮丽佳荣制衣有限公司工会主席孙衍飞荣获山东省"优秀工会工作者"称号举行的颁奖仪式，并为获奖者颁发荣誉证书。

11月14日，为全面掌握外贸企业经营和职工队伍情况，并为企业之间提供一个相互交流、相互学习、相互借鉴的机会，山东省外经贸工会在青岛召开全系统贸易型企业座谈会。22个单位的经理、副经理和工会主席参加了会议，省外经贸工会主任王新强出席会议并讲话。

11月15日，山东省外经贸工会向山东省总工会上报《关于对省外经贸（驻青）企业职工教育培训情况的调研报告》。

11月15日，山东省外经贸工会向各市商务局工会下发《关于召开各市商务（外经贸）局工会组建工作现场推进会的通知》。

11月20日，山东省外经贸工会向各单位工会下发《关于评选表彰省外经贸系统工会先进女职工集体、个人和文明家庭的通知》并要求认真组织好评选工作。

山东省对外经济贸易工会向各单位工会下发《关于评选2013年度山东省对外经济贸易系统"最佳创新（效益）能手"的通知》并要求认真组织评选。

11月21日,中国财贸轻纺烟草工会主席秦鲁隼来山东省外经贸工会调研工作。调研期间召开了座谈会,听取了山东省外经贸工会工作情况和明年工作思路及对全委工作建议和意见。山东省外经贸工会机关工作人员和部分外贸企业的工会主席参加了座谈会。山东省外经贸工会主任王新强主持座谈会。

11月22日,山东省外经贸工会在淄博周村区召开全省各市商务（外经贸）局工会组建工作现场推进会。会议传达了上级有关会议精神,总结交流1—10月工作情况,听取淄博市商务局工会关于组建工作经验介绍。省外经贸工会王新强主任出席会议并讲话。

12月2日,山东省外经贸工会向各个单位工会下发《关于表彰山东省外经贸系统2013年度工会工作先进单位和先进个人的通知》和《关于评选2013年度山东省外经贸系统劳动关系和谐企业的通知》并要求认真组织好评选推荐工作。

12月10日,山东省外经贸工会召开务虚会,研究确定2014年工作思路,部分企业工会主席和机关的同志参加会议。与会同志结合本单位工作实际,对省外经贸工会提交的2014年工作要点提出意见和建议。省外经贸工会主任王新强主持会议。

12月10日,《中国财贸轻纺烟草工会通讯》2013年第11、12期刊登了山东省外经贸工会的《关于山东省外贸（驻青）单位职工教育培训情况的调研报告》。

12月12日,《山东工人报》刊登了访谈录《围绕中心服务大局 产业工会大有作为——访中国工会十六大代表、省外经贸工会主任王新强》。

12月12日,山东省外经贸工会在青岛召开党支部专题组织生活会,省外经贸工会8位机关干部参加会议。省总工会副主席冯庆禄、省总工会机关党委专职副书记王吉盛、省总工会资产监督管理中心副主任邵战秋出席会议。省外经贸工会主任王新强主持会议并汇报了近年来省外经贸工会工作情况。会议采取"一人发言、众人帮、逐人进行"的方式,8位同志依次发言。组织生活会开的严肃、认真、务实、高效,达到了预期目的。省总工会副主席冯庆禄对省外经贸工会的工作和这次专题组织生活会给予高度评价。12月13日,山东省外经贸工会将召开专题组织生活会的情况形成专题报告,呈报省总工会党的群众路线教育实践活动领导小组办公室。

12月20日,为了充分发挥广大职工群众在促进企业安全生产中的重要作用,山东省外经贸工会制定了《山东省外经贸工会关于在全系统开展"全员参与、查找隐患、警钟长鸣"群众性安全生产活动实施意见》并下发各单位工会。同时,成立了山东省外经贸系统"查找隐患"活动领导小组和四个工作小组。

12月26日,山东省外经贸工会召开"全员参与、查找隐患、警钟长鸣"群众性安全生产活动动员会议。会议传达学习了全省工会群众性安全生产活动动员大会精神,部署了在全系统开展"全员参与、查找隐患、警钟长鸣"群众性安全生产活动并提出了具体要求。全系统驻青单位工会主席40多人参加会议,省外经贸工会主任王新强出席会议并作了动员报告。会议下发了《山东省外经贸工会关于在全系统开展"全员参与、查找隐患、警钟长鸣"群众性安全生产活动实施意见》、《致全省外经贸职工的安全生产公开信》和相关的安全生产书籍。

12月16日—20日,在元旦前夕,省外经贸工会主任王新强带队走访看望了全系统29位70周岁以上的外贸企业离退休工会主席。

2014 年

1月2日,山东省外经贸工会向各单位工会下发《山东省外经贸工会2014年工作要点》并要求认真贯彻落实。

1月17日,山东省外经贸工会在《全员参与 查找隐患 警钟长鸣 活动情况简报》2014年第二期刊登了《骏马奔腾 圆梦绮丽——绮丽集团工会开展"新春祝福"活动》并加按语予以肯定和让各地、各单位工会借鉴。

1月,为了落实山东省总工会对山东省外经贸工会2012年度预算执行情况审计报告中指出的不足,省外经贸工会制定了整改措施并逐一进行整改落实,1月20日,省外经贸工会对审计整改落实情况向省总工会经费审查委员会上报了《关于对审计情况整改意见的报告》。

1月25日,《职工天地》在2014年第1期刊登了山东省外经贸工会《努力探索工会服务大局的新途径》一文。

2月8日,山东省外经贸工会印发《省外经贸工会2014年工作任务目标分解表》并要求各单位积极配合和监督。

2月10日,山东省外经贸工会向各单位工会下发《关于编报2013年度工会经费收支决算和2014年工会经费收支预算的通知》并对做好此项工作提出了具体要求。

2月11日,山东省外经贸工会向各单位工会下发《关于开展2013年度工会财务检查的通知》并要求各单位高度重视,认真做好此项工作。

2月11日,山东省外经贸工会召开"全员参与、查找隐患、警钟长鸣"活动领导小组会议。部分单位工会主席参加会议并介绍交流了开展"查隐患"群众性安全生产活动情况,研究探讨了下一步如何扎实有效开展这项活动的具体办法。省外经贸工会王新强主任出席并主持会议。

2月20日,山东省外经贸工会制定了《省外贸(驻青)单位工会参与企业经营管理情况调研方案》并下发各单位工会。省外经贸工会成立了以省外经贸工会主任王新强为组长的9人调研组,先后深入基层一线41家企业进行调研,于7月形成了《关于省外贸(驻青)企业工会参与经营管理情况的调研报告》,7月30日,将《报告》上报山东省总工会。

3月5日,山东省外经贸工会女职工委员会五届五次会议在青岛召开,各单位女职委主任40余人参加会议。会议总结了2013年省外经贸系统女职工工作,部署了2014年主要任务,表彰了女职工先进集体、先进个人和文明职工家庭。新华锦集团女职工委员会等8个单位交流了在新形势下做好女职工工作的做法和经验。山东省外经贸工会主任王新强出席会议并讲话。

3月18日,全省外经贸工会工作会议在青岛召开,各单位、各市商务局工会主席和工会干部等105人参加会议。会议以党的十八届三中全会和习近平总书记系列重要讲话精神为指导,贯彻落实省总工会十四届三次全委会议和中国财贸轻纺烟草工会三届四次全委会精神,回顾总结2013年工作,研究部署了2014年任务;省外经贸工会主任王新强作了工作报告。省总工会副主席冯庆禄出席会议,就深入学习贯彻党的十八届三中全会和习近平总书记系列重要讲话精神,进一步贯彻落实中国工会十六大和省工会十四大精神,做好新形势下省外经贸工会工作提出明确要求。省商务厅直属机关党委专职副书记李群力出席会议并通报了全省外经贸情况。会议期间,冯庆禄到新华锦(青岛)即墨老酒有限公司、青岛绮丽佳荣制衣有限公司督导"查隐患"工作。

3月18日,山东省外经贸工会在青岛召开全省各市商务(外贸)工会主席(主任)座谈会,会议主要议题是:为进一步推动全省县(市)区商务(外经贸)局工会组织建设,发挥产业工会熟悉本行业的优势,组织动员广大职工在推进全面改革、推动产业科学发展中充分发挥主力军作用。全省17个市商务局工会主席和部分县(市)区商务(外经贸)局工会主席38人参加座谈会。会上,15位县(市)区商务(外经贸)局工会主席介绍交流了工会组织建设和工作情况。省商务厅直属机关党委专职副书记李群力出席座谈会,省外经贸工会主任王新强主持座谈会并讲话。

3月18日,为提高全省外经贸工会干部和广大职工的素质,省外经贸工会确定在全系统举办"知识就是力量"大讲堂。省外经贸工会邀请山东财经大学袁其刚教授为全系统工会主席和工会干部作了题为《当前经济形势与政策解读》专题讲座。全系统工会主席和工会干部60多人参加讲座。

4月1日,山东省外经贸工会主任王新强在绮丽集团工会主席金福晔的陪同下到青岛绮丽高级时装有限公司进行工作调研,他听取了公司领导、工会主席的工作汇报和进行了工作交流并深入一线看望慰问了职工。

4月2日,山东省外经贸工会主任王新强在山孚集团工会主席尹术兴的陪同下到山孚日水公司进行工作调研,他听取了公司领导的工作汇报和进行了工作交流,深入生产一线看望慰问了职工。

4月10日,《中国工运》在2014年第四期刊登了山东省外经贸工会主任王新强《在服务改革发展大局中发挥产业工会作用》一文。

4月22日—23日,山东省外经贸工会在临朐海润织造有限公司召开全省外贸生产企业现场交流会,有关外贸单位和生产企业工会主席及邀请部分企业行政负责人共40余人参加会议。会议就工会组织如何在生产经营管理中发挥作用进行探讨,并突出了典型示范作用,有14个企业的做法和经验,在会上作了交流。省外经贸工会主任王新强出席会议并讲话。

《山东工人报》分别在4月25日、7月23日、8月19日在头版报道省外贸工会生产企业、仓储运输企业、服务管理企业三个现场会会议情况。

5月5日,山东省外经贸工会主任王新强出席山东荣鑫进出口有限公司举行的"山东省富民兴鲁劳动奖章"荣誉称号颁奖仪式,为奖章获得者该公司总经理岳海亭颁奖并讲话。

5月8日—10日,中国财贸轻纺烟草工会主席秦鲁隼一行来山东调研。调研期间,出席了淄博市周村区举行的商务系统组建工会座谈会,考察了烟台外运公司和威海外运公司。中国财贸轻纺烟草工会王晓旌、刘福厚,省外经贸工会主任王新强、副主任田敬毅,淄博市商务局工会主席徐华田、中国外运山东有限公司工会主席姜海波等参加了调研和座谈会。

5月21日,山东省外经贸工会召开了机关全体干部会议,传达了中共山东省总工会党组《关于田敬毅等同志任免职务的通知》并将会议情况形成《报告》呈报省总工会党组。

5月25日,山东省总工会主办的《职工天地》2014年第5期刊登了《绮丽佳荣 一朵耀眼的奇葩——青岛绮丽佳荣公司坚持信誉务实赢得健康发展纪实》。

5月28日,山东省外经贸工会在青岛山孚大酒店召开了全系统新型职工医疗互助保障工作推进会,省外贸系统各单位工会主席和代办员85人参加会议。省外经贸工会女工委主任王蕙芳通报了新型职工医疗互助保障计划的政策内容和具体要求,省外经贸工会主任王新强出席会议并讲话。

5月，山东英吉多健康产业有限公司被省总工会和省安全生产监督管理局授予"山东省安康杯竞赛优胜单位"荣誉称号，所属技术研发部被省总工会授予"山东省工人先锋号"，工会主席高云被评为"山东省安康杯竞赛优秀组织个人"。6月3日，省外经贸工会在该公司举行颁奖仪式，省外经贸工会主任王新强出席颁奖仪式并讲话。

6月4日，根据今夏高温天气来得早的特点，山东省外经贸工会全面启动夏季送清凉活动，向各单位工会下发《关于做好防暑降温工作的通知》并要求认真贯彻落实。省外经贸工会分三个小组，分别由主任、副主任带队，历时1个多月，到70多家一线企业送去降暑茶近千斤，对一线职工进行慰问。在送清凉过程中，与企业管理者、工会主席交流，了解企业经营管理与创新发展、工会工作开展情况，并实地深入到车间、职工伙房、宿舍、活动室查看。

6月10日，为进一步提升工会主席和工会干部的履职能力，山东省外经贸工会邀请济南铁路局济南车辆段工会主席、山东省管理学院教授管桂云为全系统工会主席和工会干部作题为《工会主席领导艺术与工作技巧》的讲座。全系统工会主席和工会干部50余人参加讲座，省外经贸工会主任王新强、副主任田敬毅出席讲座。

6月15日，为搭建青年职工之间的友谊桥梁，切实解决全系统单身适婚青年婚恋问题，山东省外经贸工会与中建三局山东分公司共青团在青岛海天体育中心多功能厅联合举办了"青春有约你我同行"青年联谊会。省外贸系统与中建三局山东分公司70余名单身职工参加。

7月1日，《山东工人报》在头版头条刊登了《携手并进谋共赢——周村区商务局创新行业工会组织建设新架构发挥新作用纪实》（上）。

7月2日，《山东工人报》在头版头条刊登了《携手并进谋共赢——周村区商务局创新行业工会组织建设新架构发挥新作用纪实》（下）。

7月8日，为了大力推进外经贸系统劳动竞赛活动，山东省外经贸工会制定了《山东省外经贸工会开展"劳动竞赛文化年"活动实施方案》，印发各单位工会和各市商务局工会并要求结合本单位实际，认真贯彻执行。

7月18日，为促进仓储运输企业持续健康发展，山东省外经贸工会在省外贸抽纱公司1688文化创意产业园召开全省外贸仓储企业现场交流会，有关外贸企业总经理（副总经理）和工会主席共40余人参加会议。省外经贸工会副主任田敬毅主持会议，主任王新强出席会议并讲话。会上18个单位介绍了企业经营管理、信息化建设、安全生产、企业文化建设、工会工作等方面的情况；与会代表参观了1688文化创意产业园。

7月30日，山东省外经贸工会向各单位工会下发《关于2013年工会财务工作检查

情况的通报》，对省外经贸系统2013年度工会财务工作检查情况进行了通报。

7月30日，山东省外经贸工会向各单位工会下发《关于贯彻落实〈中华全国总工会办公厅关于加强基层工会经费收支管理的通知〉的意见》并要求认真学习，查找不足，制定整改措施，把《通知》精神落到实处。

8月1日，省总工会副主席冯庆禄对省外经贸工会的做法做出以下批示："省外贸工作继续坚持召开四个座谈会的作法值得肯定。这充分体现了实事求是、一切从实际出发、分类指导的指导思想和工作方法，工作要有针对性。通过召开仓储运输企业现场会，既总结了近期该同类企业的工作特点，分析了存在的问题，同时又指出了下一步的努力方向，现场会开得很好，很成功！"

8月14日，山东省外经贸工会在黄岛富润阁大酒店召开省外贸服务管理型企业现场会，有关企业总经理（副总经理）或工会主席近50人参加会议。会上，有8个单位介绍了企业在创新发展等方面的情况和做法。省外经贸工会主任王新强出席会议并讲话。

8月18日，山东省外经贸工会在《全员参与　查找隐患　警钟长鸣　活动情况简报》第8期，刊登了新华锦集团《打造外贸综合服务龙头企业，全力助推我省中小微外贸企业发展》一文，全面介绍了与青岛市商务局、青岛市税务局、中国进出口银行山东省分行和中信保山东分公司共同打造了"青岛市中小微企业外贸供应链服务平台"的做法和山东中粮花生制品进出口有限公司组织开展"强化执行力"活动介绍，并加了《编者语》，请各地、各单位借鉴。

9月9日，山东省外经贸工会制定了《山东省外经贸工会关于建立完善"查隐患"长效机制的意见》并下发各单位工会。

9月9日，为了认真汲取在全省外经贸系统开展"全员参与、查找隐患、警钟长鸣"活动的经验，充分发挥广大职工群众在促进企业安全生产中的重要作用，推动全省外经贸事业持续健康发展，山东省外经贸工会制定了《山东省外经贸工会关于建立完善"查隐患"长效机制的意见》并下发各单位工会、各市商务局工会。

9月9日，《工人日报》刊登《外经贸工会搭建与企业交流平台的探讨》一文。

9月12日，山东省外经贸工会对省外经贸系统"查隐患"活动领导小组及工作分工进行了调整，并向各单位工会下发了《关于调整省外经贸系统"查隐患"活动领导小组及工作分工的通知》。

9月15日，中国财贸轻纺烟草工会副主席王洪泽对山东省外经贸工会工作做出以下批示：山东省外经贸工会认识明确，思路清晰，主动作为，紧紧围绕在"促进企业创新发展中更好地发挥工会作用"做了很多卓有成效的工作。他们的做法值得肯定和推广。我们商贸企业工会组织一定要很好地领会和贯彻"促进企业发展，维护职工权益"这一工作原则，从各自实际出发，多做工作，多出成果。

9月25日，《山东工人报》刊登省外经贸工会《搭建交流平台　促进企业发展》一文。

9月23日—25日，山东省外经贸工会在青岛崂山仰口举办了省外经贸系统工会主席深入学习习近平总书记系列重要讲话精神专题班。学习班的主要内容是：传达学习省总工会、全委有关会议精神，专家《学习领会习近平总书记系列重要讲话精神》和

《市场经济与道德建设》讲座,通报2013年度工会财务检查情况,总结表彰部署全系统"查隐患"活动,总结交流1—8月工作情况,对学习贯彻习近平总书记系列重要讲话精神和做好下步工作提出要求。各单位工会主席50多人参加学习班。省外经贸工会主任王新强出席学习班并讲话。

9月25日,省外经贸工会召开会议,全面回顾自2013年年底以来,全系统开展"查隐患"活动情况,认真总结经验、查找不足,讨论通过了《山东省外经贸工会关于建立完善"查隐患"长效机制的意见》。

9月28日,省外经贸工会召开各单位工会主席会议,会议传达了省总工会《关于做好国庆期间有关工作的通知》和《省委办公厅、省政府办公厅、省军区政治部关于做好烈士纪念活动的通知》。省外经贸工会副调研员邱伟出席会议并就如何做好节前有关工作提出要求。

9月28日,省外经贸工会主任王新强走访看望了莱阳外经贸公司马有朋和山东山孚集团王佐瑞两位退休劳模并向他们致以节日的问候和亲切的慰问。

10月26日,全省各市商务(外贸)工会主席(主任)座谈会在济南召开,会议主要内容是:传达上级工会有关会议精神,探讨在新形势下充分发挥市商务(外贸)局工会组织作用,全面提升市商务(外贸)局工会工作水平。全省17个市商务局工会主席(主任)参加会议。省总工会纪检组长兼组织部长贺余德、省商务厅直属机关党委专职副书记李群力、省总工会组织部调研员戴兴召出席会议并讲话。

10月28日,山东省外经贸工会主任王新强、副主任田敬毅到青岛中联油国际贸易有限公司调研。

11月7日,省外经贸工会主任王新强应邀到中国外运山东有限公司出席"安全生产知识竞赛"总决赛并向获奖代表队颁奖。

11月11日,为深入贯彻落实党的十八大和十八届三中、四中全会精神,切实做好全系统元旦春节走访慰问活动,省外经贸工会在全系统下发《关于做好2015年元旦春节走访慰问活动的通知》,要求全系统各单位高度重视元旦春节走访慰问工作,加强领导,制定切实可行的实施方案,明确分工,落实责任;摸清困难企业、困难职工、先模人物、离退休工会工作者情况,健全档案,倾听他们的意见和要求;积极争取行政支持,形成工作合力,切实帮助困难职工、困难劳模解决实际困难,把党的关怀和温暖送到他们的心坎上,让全系统职工过一个祥和的节日。

11月13日,省外经贸工会主任王新强、副主任田敬毅到绮丽集团4家生产企业,对企业开展的"查隐患"活动进行督导检查。

11月18日,山东省外经贸工会向各单位工会下发《关于评选表彰省外经贸系统工会先进女职工集体、个人和文明家庭的通知》。

11月20日,山东省外贸单纯贸易型企业座谈会在青岛山孚大酒店召开,有关企业总经理、工会主席近40人参加会议。会上,有9个单位从不同的角度介绍了企业在经营管理方面的做法、经验和教训、存在的问题和困难及采取的对策。省外经贸工会主任王新强出席会议并讲话。

11月25日,山东省总工会主办的《职工天地》2014年第11期刊登了《营造安全良好氛围 夯实安全生产工作基础——中国外运山东有限公司安全生产知识竞赛活动剪影》。

11月26日,山东省外经贸工会向山东省总工会机关党委呈报《关于省外经贸工会、省海员工会党支部学习〈习近平总书记系列重要讲话读本〉的情况汇报》。

12月1日,山东省对外经济贸易工会向各单位工会下发《关于评选2014年度山东省对外经济贸易系统"最佳创新(效益)能手"的通知》并要求认真组织评选。

12月4日,山东省外经贸工会向各单位工会、各市商务(外经贸)局工会下发《关于表彰山东省外经贸系统2014年度工会工作先进单位和先进个人的通知》和《关于评选2014年度山东省外经贸系统劳动关系和谐企业的通知》并要求高度重视和认真对照标准进行评选。

12月19日,全省各市商务(外经贸)局工会主席座谈会在青岛召开,17个市商务(外经贸)局工会主席参加会议,省外经贸工会主任王新强主持会议并讲话,省商务厅机关党委专职副书记李群力出席会议。

12月30日和31日,山东省外经贸工会分别召开机关退休干部和直属企业退休工会主席座谈会。省外经贸工会主任王新强主持座谈会并讲话,机关退休干部和直属企业部分退休工会主席40多人参加座谈会。

2015年

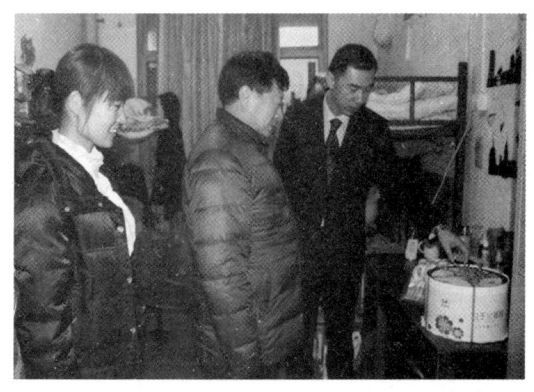

1月5日,新年伊始,山东省外经贸工会主任王新强一行到日照市山孚大酒店调研。

他听取了酒店领导的工作汇报,深入职工宿舍看望了职工,慰问了4名特困职工并送去了救助金。山东省外经贸工会副主任田敬毅和山东山孚集团公司工会主席尹术兴等陪同调研。

1月6日,山东省外经贸工会向各单位工会下发《山东省外经贸工会2015年工作要点》并要求认真贯彻落实。

1月7日,为了更好地贯彻落实全国总工会和省总工会关于新形势下加强基层工会建设的意见,山东省外经贸工会向全省各市商务局工会下发《山东省外经贸工会关于加强全省(市区)商务(外经贸)局工会组织建设的意见》。

1月8日,山东省外经贸工会主任王新强,到枣庄市商务局和山东绮丽集团济宁佳荣制衣有限公司调研基层工作并慰问困难职工。

1月16日,山东省外经贸工会召开全系统"查隐患"活动领导小组会议,各成员单位工会主席(安保主任)参加,山东省外经贸工会主任王新强主持会议并讲话。

1月16日,山东省外经贸工会向各单位工会下发《关于开展2014年度工会财务检查的通知》,本次工会财务检查的重点内容是:工会经费计拨情况、经费使用情况、工会财务管理基层工作、资金管理情况、经审委履职情况。《通知》对工会财务检查工作提出了具体要求。

1月16日,山东省外经贸工会向各单位工会下了《关于编报2014年度工会经费收支决算和2015年度工会经费收支预算的通知》并提出了具体要求。

1月23日,山东省外经贸工会召开全系统财务预决算会议,全系统工会财务人员40余人参加会议。会上,部署了2014年度工会经费收支决算和2015年度工会经费收支预算编制工作;通报了2014年度工会经费收支和财务检查情况,要求各单位财务人员要依法依规做好工会财务管理工作;布置了2015年工会财务检查工作。

1月27日,中国财贸轻纺烟草工会主席秦鲁隼对鲁工外经贸[2015]2号《山东省外经贸工会关于加强全省县(市、区)商务(外经贸)局组建工会组织建设的意见》作出批示:山东外经贸工会立足产业实际,搭建平台,整合力量,加强领导,主动推进,工会组织建设工作力度大,举措实,取得明显成就,积累创造了有益经验。望不断总结完善,更上层楼。请全委工作通讯将其主要做法转发至各地学习借鉴。

1月27日,山东省总工会副主席冯庆禄莅临青岛,在省外经贸工会主任王新强、省总工会资产管理中心主任唐艳霞陪同下,走访慰问了省外贸系统困难职工。

1月27日,山东省外经贸工会向山东省总工会组织部呈报《关于贯彻落实〈关于深入推进机关事业单位"吃空饷"问题集中治理工作的实施意见〉情况的报告》。

1月30日,中国财贸轻纺烟草工会网刊登了"山东外贸英吉多健康产业有限公司转型升级成效显著"的做法。

2月5日,山东省外经贸工会召开全体

工作人员会议,传达了省总工会《关于王惠芳同志免职的通知》和《关于王惠芳同志退休的通知》,省外经贸工会主任王新强主持会议并讲话。会后,形成了《关于王惠芳同志退休情况的报告》呈报省总工会组织部。

2月27日,山东省外经贸工会向各单位工会下发《山东省外经贸工会2015年女职工工作要点》并要求结合本单位实际,认真贯彻落实。

3月4日,山东省外经贸工会女职工委员会五届六次会议在青岛召开。各单位女职委主任40余人参加会议。山东省外经贸工会主任王新强出席会议并讲话。会议回顾总结了2014年全省外经贸系统女职工工作,研究部署了2015年工作任务,通报表彰了获得全总、省总和全系统女职工先进集体、先进个人和文明职工家庭。

3月9日,为贯彻落实党的十八届四中全会精神,大力推进工会工作法治化建设,充分发挥工会组织的作用,团结动员广大职工投身全面推进依法治国的伟大实践,山东省外经贸工会制定并向各单位工会下发了《关于在全省外经贸系统广大职工和工会干部中深入开展法治宣传教育活动的意见》。

3月13日,全省外经贸工会2015年工作会议在青岛召开。会议深入学习贯彻党的十八大、十八届三中、四中全会精神和习近平总书记系列重要讲话精神,贯彻落实省总工会十四届四次全委会议和中国财贸轻纺烟草工会三届五次全委会议精神,通报了2014年全省外贸情况和2015年形势,总结了2014年工作,部署了2015年任务。各单位、各市商务局工会主席和工会干部等140人参加会议。山东省总工会副主席冯庆禄出席会议并讲话。会议期间,冯庆禄到临朐海润织造有限公司、青岛绮丽佳荣制衣有限公司和山东山孚实业有限公司三个生产企业调研并督导"查隐患"工作。

3月13日,为贯彻落实全总和省总关于加强新形势下基层工会建设的意见,进一步推动全省县(市、区)商务(外经贸)局工会组织建设,形成完整的省外经贸产业工会组织体系,更好地发挥各级商务(外经贸)工会的作用,省外经贸工会在青岛召开全省县(市、区)商务(外经贸)局组建工会工作推进会。各市商务(外经贸)局工会主席参加会议,邀请周村区商务局局长梅立勇参加会议并介绍做法,山东省外经贸工会主任王新强主持推进会并讲话。

3月19日,为了继承和发扬省外经贸工运事业优秀历史文化传统,更好地促进我省外经贸工运事业和外经贸事业科学发展,山东省外经贸工会制定并向各单位工会下发了《山东省对外经济贸易工会志工作方案》并要求按照《方案》确定的主要内容和时间安排等要求,尽快组织实施,按时完成任务。

4月14日,《山东工人报》报道,烟台市商务局工会全面贯彻落实《山东省外经贸工会关于加强全省县(市、区)商务(外经贸)局工会组织建设的意见》,力争年内建会率达50%以上。

4月18日,全省各市商务(外经贸)局组建工会现场推进会在淄博召开,会议主要议题是:构建"四位一体"商务工会组织新架构,加强工会组织建设,拓展工会工作领域,延长产业工会链条。全省17个市商务(外经贸)局工会主席参加会议。省总工会组织部部长房克乐、省商务厅机关党委专职副书记李群力、淄博市总工会常务副主席葛泓泉出席会议并讲话,淄博市周村区人大副主任、总工会主席韩桂芳莅临会议致词。淄博市周村区有关部门和镇街道工会主席23人列席会议。山东省外经贸工会主任王新强、调研员马骥、副主任田敬毅参加了会议。

4月27日,山东省外经贸工会向各单位工会转发了《关于转发省总工会办公室〈关于在全省各级工会开展财务大检查工作的通知〉的通知》并提出了贯彻意见,要求认真落实。

5月8日,为了进一步落实党的十八届四

中全会精神和全总、省总关于新形势下加强工会法治化建设的意见，全面掌握省外经贸（驻青）单位工会规范化建设基本情况，找出存在的问题，研究加强全系统基层工会规范化建设的措施，提升和促进工会法治化建设，山东省外经贸工会制定和下发了《省外经贸（驻青）单位工会规范化建设情况调研方案》并要求各单位工会配合搞好调研工作。

5月27日，山东省外经贸工会向各单位工会下发《关于做好夏季防暑降温安全生产工作的通知》并要求认真贯彻落实，确保职工暑期生命健康和生产安全。

5月29日，山东省总工会党组书记、常务副主席刘赞杰对鲁工外经贸〔2015〕25号《全省县（市、区）商务（外经贸）局组建工会工作现场推进会纪要》作出批示：省外经贸工会主动作为，大胆探索创新，积极主动地联系省、市商务部门和市、县（市、区）工会，在外经贸工会组织体系建设方面进行了有益的尝试并取得良好成效。他们这种积极主动的工作态度，改革创新的工作意识，省级产业工会组织体系的工作成效应给予充分肯定，值得各省产业工会学习借鉴。希望省外经贸工会继续努力，进一步完善组织体系并探索发挥作用的有效方法。各产业工会应学习借鉴省外经贸工会的做法，主动开展工作，加快推进省产业工会组织体系建设步伐。

6月1日，国际儿童节适逢山东省商务厅幼儿园建园60周年，山东省外经贸工会调研员马骥代表山东省外经贸工会到省商务厅幼儿园看望小朋友，慰问教职工，祝贺幼儿园60华诞并送去了慰问金。

6月11日，为了推进全省县（市、区）商务局工会组织建设，山东省外经贸工会向各市商务局工会下发《关于借鉴淄博市商务局与总工会联合行文推动县（市、区）商务（外经贸）局工会组织建设的通知》并转发了淄博市总工会、淄博市商务局《关于进一步加强全市商务系统工会组织建设的意见》。

6月16日，山东省外经贸工会主任王新强在山东山孚集团工会主席尹术兴陪同下，到山东山孚日水有限公司向该公司一车间颁发山东省"工人先锋号"奖牌。

6月17日，山东省外经贸工会在山东山孚实业公司召开省外贸生产加工企业现场会，有关外贸单位和生产企业工会主席、行政负责人共30余人参加会议。会上，有11个单位（企业）发言，交流了生产经营管理情况、持续发展的亮点、制约发展的问题、所采取的措施及下一步工作打算，与会人员观摩了山东山孚集团技术中心。山东省外经贸工会主任王新强出席会议并讲话。

7月10日，山东省外贸服务管理型企业现场会在青岛山孚大酒店召开。有关企业总经理（副总经理）或工会主席近40人参加会议，省外经贸工会主任王新强出席会议并讲话。会上，有11个单位从不同角度介绍了在适应新形势、应对新情况，主动调整企业经营管理方面的做法。

7月25日，《中国财贸轻纺烟草工会通讯》2015年第六、七期"工作交流"栏目中，刊发了《山东省外经贸工会加快县（市、区）商务（外经贸）局工会组建步伐》。

7月28日，全省县（市、区）商务（外经贸）局组建工会工作调度会在山东外贸职业学院泰安海岱花园酒店召开。全省17市商务（外经贸）局和17个县（市、区）商务（外经贸）局工会主席近50人参加会议，山东省外经贸工会主任王新强出席会议并讲话。

8月3日，山东省总工会党组书记、常务副主席刘赞杰对省对鲁工外经贸［2015］39号《关于对山东省新迈特五金矿产有限公司职工持股会选举争议处理情况的报告》作出批示：省对外经贸工会对省新迈特五金矿产有限公司职工持股会选举争议处理工作高度重视，积极作为，果断处置，为争议的和平解决发挥了重要作用，体现了省对外经贸工会的政治意识、服务意识和工作水平，应给予充分肯定。

8月15日，为了更好地推动全省县（市、区）商务（外经贸）局工会工作规范化建设，促进全省外经贸事业健康发展，山东省外经贸工会在《山东省外经贸工会工作交流》第7期选编刊发了全省17个县（市区）商务（外经贸）局工会开展工作的做法和体会。

8月15日，山东省外经贸工会在中国外运山东有限公司召开省外贸仓储运输型企业现场会，各单位工会主席、外贸仓储运输型企业工会主席或行政负责人近70人参加会议，省外经贸工会主任王新强出席会议并讲话。会上，有7个单位从不同的角度介绍了适应经济发展新常态、创新发展思路的做法。

8月17日，山东省外经贸工会向山东省总工会呈报《关于省外贸（驻青）单位工会规范化建设情况的调研报告》。

8月19日，山东省外经贸工会向各市商务（外经贸）局工会转发了山东省总工会《关于认真学习贯彻〈机关工会暂行条例〉的通知》并提出了贯彻要求。

8月19日，山东省外经贸工会向各单位工会转发了山东省总工会《关于进一步明确工会经费独立核算有关事项的通知》并提出了认真贯彻的具体要求。

截止8月底，青岛市商务局工会认真贯彻落实山东省外经贸工会关于加强全省县市区商务局工会组织建设的总体工作部署，以及省外经贸工会相关动员会、现场会、推进会、调度会会议精神，积极推进各区市商务局工会组织建设。全市六区四市商务局工会均已建立并开展工作，基层工会组建率达到100%。

9月17日—19日，山东省外经贸系统工会主席深入学习贯彻中央党的群团工作会议精神专题班在即墨市举办。专题班深入学习贯彻中央党的群团工作会议精神和《中共中央关于加强和改进党的群团工作的意见》，请专家学者作经济形势和工会建设等辅导报告，交流各单位工会今年以来的工作情况和经验做法，对全面完成今年工作任务提出要求。山东省外经贸工会主任王新强出席并讲话，各单位工会主席、青岛市商务局及区（市）商务局工会主席70余人参加。

9月初，山东省外经贸工会"送清凉"活动圆满结束。入夏以来，省外经贸工会根据省总工会关于做好防暑降温工作的通知精神，结合省外贸系统实际，分三个小组深入企业送清凉。今年送清凉活动有以下几个特点：一是行动早。5月27日下发《关于做好夏季防暑降温安全生产工作的通知》。二是看得多。先后走访企业70余家，涉及职工10000多人，送去10万余元降温物品。三是了解内容全。借送清凉之机，了解企业经营情况与职工队伍稳定、企业开展"查隐患"活动、企业在高温天气职工防暑降温、农民工入会与服务、工会工作开展、企业经营管理等方面情况。

9月30日，为了加强工会办公室的管理，规范工作人员的言行，树立机关良好形象，把山东省外经贸工会建设成为高效、廉洁、创新、亲民、为民、和谐的职工之家，山东省外经贸工会制定了《办公室工作规范》并颁布实施。

10月9日—17日，山东省外经贸工会组成两个督查组，对17个市商务（外经贸）局工会，17个县（市、区）商务（外经贸）局工会及12家外经贸企业工会进行督查调研。据统计，全省145个县（市、区）商务（外经贸）局，目前已建立工会组织113个，组建率达到78%，超额完成全年50%的工作目标。

10月20日，山东省外经贸工会向各市商务局工会和部分县（市、区）商务局工会下发《关于对全省县（市、区）商务（外经贸）局组建工会情况督查的通报》。

10月22日，山东省总工会党组成员、经审会主任蒋石宝一行到省外经贸工会调研指导经审工作。省外经贸工会主任王新强汇报了近年来的工会工作和经审工作开展情况，六家驻青省外经贸企业工会主席就企业工会经审工作和经费使用情况交流作法，探讨问题。

10月26日，为加强山东省外经贸工会机关建设，根据山东省总工会的要求，山东省外经贸工会制定了《办公室工作规范》、人人制定了励志格言警句并制作成牌子，上墙和摆到办公桌醒目位置。

10月30日，省总工会冯庆禄副主席对《关于对全省县（市、区）商务（外经贸）局组建工会情况督查的通报》作出批示：近一年来，省外贸工会对全省县（市、区）商务（外经贸）局工会组建工作，年初有安排，年中有调度，岁末有检查，工作措施到位，取得可喜成绩。望在总结成功经验基础上，进一步加大工作力度，推动工会组建工作取得新的更大成绩。

11月26日，山东省外贸单纯贸易型企业现场会在绮丽集团有限责任公司召开。有关单位和生产企业工会主席或行政负责人40余人参加会议。绮丽集团有限责任公司总裁赵明耀应邀参加现场会，并结合绮丽集团的发展就如何应对经济发展新常态、实现外贸企业转型升级介绍了经验和做法。会上，有6个单位交流了目前企业的经营状况、管理理念以及未来的发展方向。山东省外经贸工会主任王新强出席会议。

11月30日，山东省总工会副主席冯庆禄到省外经贸工会、省海员工会就两个产业工会2015年工作情况及2016年工作打算进行调研。省外经贸主任王新强汇报了2015年工作和2016年打算，冯庆禄主席认真听取汇报并对省外经贸工会、省海员工会的工作给予充分肯定并就2016年的工作提出要求。山东省外经贸工会、省海员工会全体同志和部分企业工会主席参加调研活动。

12月8日，山东省外经贸工会在青岛德爱花园大酒店召开2016年工作务虚会。会议围绕省外经贸工会提交的省外经贸工会2016年工作要点、直属企（事）业单位工会工作年度考核办法和完善召开四个类型企业现场会的意见进行讨论和修改。山孚集团、中国外运山东有限公司、新华锦集团等13家驻青外贸单位工会主席和山东省外经贸工会机关的同志参加会议，山东省外经贸主任王新强主持务虚会。

12月29日，山东省外经贸工会在青岛召开全省县（市、区）商务（外经贸）局工会组建工作总结表彰会。会议全面总结2015年全省县（市、区）商务（外经贸）局工会组建工作，表彰了在工会组织建设和作用发挥等方面涌现出的25个先进单位，研究探索做好新形势下全省县（市、区）商务（外经贸）局工会工作的途径和方法。省商务厅机关党委专职副书记李群力出席会议，省外经贸工会主任王新强出席会议并讲话。全省17个市商务（外经贸）局和部分县（市、区）商务（外经贸）局工会主席60多人参加会议。近年来，省外经贸工会在建立健全17个市商务（外经贸）局工会组织的基础上，积极探索加强县（市、区）商务（外经贸）局工会组织建设新途径，延伸全省外经贸产业工会组织链条。通过搞好试点，总结经验，制定《意见》，采取对标学习、互学互促、定期通报、调度推进、加强督查、总结表彰"六步走"的工作措施和方法，使全省17个市商务（外经贸）局全部建立工会组织，145个县（市、区）商务（外经贸）局建立工会组织113个，组建率达到78%，圆满完成了全年任务，得到各级领导好评。

2016年

1月4日,山东省外经贸工会向各单位工会下发《山东省外经贸工会2016年工作要点》并要求结合本单位实际,认真贯彻落实。

1月5日—6日,山东省外经贸工会主任王新强赴京出席中国财贸轻纺烟草工会三届六次全委会议。在会上,其当选中国财贸轻纺烟草工会兼职副主席。

1月20日,山东省总工会副主席冯庆禄一行3人到省外贸系统走访慰问困难职工和老工会工作者,中国财贸轻纺烟草工会副主席、省外经贸工会主任王新强陪同走访慰问。同日,山东省总工会副主席冯庆禄应邀到山东山孚集团工会第九届会员代表大会看望了与会代表并出席预备会议,中国财贸轻纺烟草工会副主席、山东省外经贸工会主任王新强陪同看望并出席会议。

1月25日,山东省外经贸工会在德爱花园大酒店召开外经贸系统"查隐患"活动动员会,各单位工会主席或安保主任参加会议。会议以案例为鉴,警钟长鸣,加强群众性安全生产。省外经贸工会主任王新强出席会议并对进一步做好群众性安全生产提出要求。

1月22日—28日,中国财贸轻纺烟草工会兼职副主席、省外经贸工会主任王新强分别深入青岛纺联控股集团有限公司、新华锦集团、烟台中外运国际物流公司慰问困难职工。

从2015年12月召开会议研究部署到2016年春节前,山东省外经贸工会按照省总工会的统一部署和安排,结合外经贸系统的实际情况,走访慰问职工489人,发放各项救助款48.08万元,圆满完成了2016年元旦春节期间送温暖活动。

2月17日,中国财贸轻纺烟草工会主席王新卫一行来山东调研指导工作。山东省总工会党组书记、常务副主席刘赞杰主持召开座谈会欢迎王新卫一行,并就产业工会组织建设和作用发挥问题进行了深入交流和探讨。省总工会副主席冯庆禄,中国财贸轻纺烟草工会兼职副主席、山东省外经贸工会主任王新强,省总工会组织部、省财贸金融工会和省轻工纺织工会负责同志参加了座谈会。

2月18日山东省外经贸工会向各单位工会女职工委员会下发《山东省外经贸工会2016年女职工工作要点》并要求结合本单位实际,认真贯彻落实。

2月28日,为深入贯彻落实中央和省委党的群团工作会议精神,加强和改进新形势下工会工作,建立和健全切实有效的工会工作运行机制,提升工会工作科学化水平,山东省外经贸工会建立了直属企(事)业单位工会工作年度考核制度,并下发各单位工会。

2月28日,为进一步加强县(市、区)商务(外经贸)局工会组织规范化建设,提升工会工作科学化水平,按照全总、省总《关于新形势下加强基层工会建设的意见》要求，对照"六有"工会标准，结合实际，山东省外经贸工会制定了《关于加强全省县（市、区）商务（外经贸）局工会规范化管理工作的意见》，下发各市商务局工会和各县（市区）商务（外经贸）局工会。

3月1日，为把全省外经贸系统广大职工的思想统一到党的十八届五中全会精神上来，力量凝聚到实现"十三五"规划目标任务上来，团结动员广大职工为实现"十三五"规划和我省外经贸创新驱动转型升级建功立业，山东省外经贸工会制定了《关于在全省外经贸职工中开展"贯彻党的五中全会精神，加快外贸转型升级步伐"活动的意见》，下发各单位和各市商务局工会并要求加强组织领导，确保取得实效。

3月3日，山东省外经贸工会第五届女职工委员会第七次会议在青岛山孚大酒店召开。来自各单位的50余名工会女职工工作者参加了会议，省外经贸工会调研员马骥出席会议并讲话。会议回顾总结了2015年度省外经贸工会女职工的各项工作，对2016年各项女职工工作任务进行了安排部署，表彰了山东外经贸系统2015年度工会女职工工作先进集体和先进个人，传达了省总关于组织开展"书香三八"活动的通知要求。山东省外经贸工会主任王新强、副主任田敬毅出席会议，并为获得省城乡妇女岗位建功先进集体的单位和获得省巾帼建功标兵的先进个人颁奖。

3月7日，全省外经贸工会2016年工作会议在青岛召开。各直属单位工会主席、全省17个市商务（外经贸）局和县（市、区）商务（外经贸）局工会主席200多人参加会议。会议总结了2015年全省外经贸工会工作，部署了2016年任务，表彰了全省外经贸工会工作先进集体和个人。山东省外经贸工会主任王新强作了工作报告，省总工会副主席冯庆禄出席会议并讲话。会议期间，冯庆禄到山东英吉多健康产业有限公司、山东中艺文化创意产业园发展有限公司两个企业，调研企业转型发展情况，督导"查隐患"活动开展。

3月7日—8日，山东省外经贸工会在青岛德爱花园大酒店举办全省外经贸工会主席培训班。培训班邀请青岛市委党校、山东管理学院、淘宝大学的有关教授学者就习近平总书记重要讲话精神与中国经济未来发展趋势、党的群团工作会议精神与工会工作、"互联网＋"电子商务等专题进行解读。来自省外经贸直属企业工会主席和市、县（市、区）两级商务（外经贸）局工会主席200多人参加培训。山东省外经贸工会副主任田敬毅主持培训班。

3月15日,山东省委巡视组蒋文彩一行四人,在山东省总工会副主席冯庆禄、资产管理处主任孙文强陪同下,到省外经贸工会和省海员工会进行巡视。省外经贸工会和省海员工会在职人员参加座谈和汇报会。山东省外经贸工会主任王新强汇报了两个工会的基本情况和近年来工作。巡视组组长蒋文彩对省外经贸工会、省海员工会的工作给予肯定,并要求在加强政治性的基础上,发挥群众性的优势,更好地为全省外经贸和海运事业的发展做实事。

3月25日,中国财贸轻纺烟草工会主席王新卫对山东省外经贸工会推动以县(市、区)商务(外经贸)局工会为平台,组建外经外贸企业工会联合会的做法作出批示:山东省外经贸工会《关于加强全省县(市、区)商务(外经贸)局工会规范化管理工作的意见》很好,对于推进市县产业工会在组织、制度及工作内容等方面的规范建设、充分发挥基层产业工会作用,有很强的指导作用,值得借鉴和推广。工会工作党的群团工作的重要组成部分,泰安市商务局党委重视加强外经外贸企业工会联合会建设,明确提出"工会组建起来,工作规范起来,活动开展起来,作用发挥开来",值得点赞。

3月25日,山东省总工会副主席冯庆禄对《泰安市商务局关于全市县(市、区)商务局工会组建外经外贸企业工会联合会的实施方案》作出批示:2015年以来,省外经贸工会采取多种方式推进县(市、区)商务(外经贸)局工会组建工作,并取得良好成效。今年在基本完成组建工会工作任务的基础上,先后通过下发文件、召开座谈会等方式,积极推进以县(市、区)商务(外经贸)局工会为平台,组建外经外贸企业工会联合会。近日,泰安市商务局以党委文件制定下发组建外经外贸企业工会联合会的实施方案,对组建工作的指导思想和目标、实施步骤及方法提出明确要求,这充分说明泰安市商务局党委认真贯彻落实中央、省委党的群团工作会议精神,对工会工作高度重视、大力支持、特别关心,这种做法值得认真学习、借鉴和推广。

3月30日,山东省总工会主办的《职工天地》2016年第3期刊发了《履行职责 担当作为 改革创新 增强活力 在新的起点上开创全省外经贸工会工作新局面——访中国财贸轻纺烟草工会副主席(兼)、山东省外经贸工会主任王新强》《适应变化 主动作为 破解难题——山东省外经贸工会全力推进县级工会组织建设纪实》《继承提升 创新发展 正直做人 用心做事——记山东即墨黄酒有限公司》和《为顾客创造价值 让股东实现梦想 与员工分享成功 促进社会进步和谐——记山东英吉多健康产品有限公司》等涉及外经贸工会方面的文章20篇。

4月1日,中国财贸轻纺烟草工会网刊登了"山东外贸英吉多健康产业公司工会组织管理人员进车间体验一线员工辛苦"的做法。

4月6日,中国财贸轻纺烟草工会副主席(兼)、山东省外经贸工会主任王新强应邀出席山东山孚集团工会召开2016年工作会议并讲话。

4月6日—22日,山东省外经贸工会副主任田敬毅带领调研组一行三人,对全省10个县(市、区)商务(外经贸)局工会就组建外经外贸企业工会联合会情况进行调研。这次调研主要采取召开座谈会、深入企业等方式进行。市、县(市、区)商务(外经贸)局负责同志、工会主席,部分外经外贸企业工会主席参加座谈会,同时邀请了市、县(市、区)总工会的同志参加座谈会。通过调研，与会的同志对组建外经外贸企业工会联合会达成共识，纷纷表示将结合本地实际加大工作力度，推进外经外贸企业工会联合会的组建进度。

4月28日，山东省外经贸工会召开生产加工型企业观摩会，所属企业工会主席、生产加工型企业负责人50多人参加会议。会议先后观摩了青岛绮丽佳荣制衣有限公司、山东英吉多健康产业有限公司、山东即墨黄酒厂有限公司三个生产加工型企业的厂容厂貌、车间现场管理，听取企业负责人的情况介绍。山东省外经贸工会主任王新强主持观摩会并讲话。

5月6日，山东省外经贸工会调研员马骥应邀出席在山东招远金银精炼有限公司举行的"山东省外经贸系统劳动关系和谐企业"授牌仪式，并向公司董事长栾文敬授牌。招远市人民政府副市长刘丰信、招远市总工会副主席张炳坤和烟台市商务局工会主任王林超出席。

5月20日，为更好地推进以县（市、区）商务（外经贸）局工会为平台，组建外经贸企业工会联合会这项工作深入开展，山东省外经贸工会在枣庄峄城区召开全省县（市、区）组建外经贸企业工会联合会现场推进会。各市商务（外经贸）局、部分县（市、区）商务（外经贸）局工会主席（局长）和峄城区、乳山市、昌邑县、嘉祥县总工会的负责同志出席会议。枣庄市、泰安市、峄城区、嘉祥县、商河县、河口区商务局从不同角度介绍了组建外经贸企业工会联合会的认识、作法和经验，会议学习了枣庄市总工会、枣庄市商务局《关于加强区（市）外经贸企业工会联合会组织建设的实施意见》。山东省总工会副主席冯庆禄、山东省商务厅机关党委副书记李群力出席会议并讲话，对组建外经贸企业工会联合会的做法给予充分肯定，并对如何做好下一步工作提出要求。枣庄市人大常委会副主任、市委宣传部部长、市总工会主席张宝民出席会议并致辞，中国财贸轻纺烟草工会副主席（兼）、山东省外经贸工会主任王新强出席会议并讲话，山东省外经贸工会副主任田敬毅主持现场会。与会代表现场观摩了峄城区外经贸企业工会联合会成立大会，山东省总工会副主席冯庆禄，山东省商务厅机关党委副书记李群力，中国财贸轻纺烟草工会副主席（兼）、山东省外经贸工会主任王新强，峄城区委副书记、区长张贺泽共同为联合会揭牌。

6月2日—3日，中国财贸轻纺烟草工会兼职副主席、山东省外经贸工会主任王新强到日照山孚大酒店和山东山孚日水有限公司进行夏季安全生产调研，为企业职工送上茶叶等防暑降温品，拉开山东省外经贸系统2016年夏季"送清凉"活动序幕。

6月7日，山东省人大常委会副主任、山东省总工会主席尹慧敏，山东省总工会党组书记、常务副主席刘赞杰一行，来青岛视察工作之机，到山东省外经贸工会机关，亲切看望机关干部职工，并对山东省外经贸工会工作给予充分肯定。尹慧敏指出，山东省外经贸工会各位干部，团结协作、同心同德，各项工作走在全省产业工会前列,在全系统干部职工中,有地位、有作为,她希望大家一如既往继续努力,开创产业工会工作新局面。山东省总工会副巡视员、秘书长魏勇陪同视察。

6月15日,山东省外经贸工会在日照市召开组建外经贸企业工会联合会片会,烟台、青岛、日照、威海市商务局工会主席(主任)以及日照市辖县(市、区)商务局工会主席参加。山东省外经贸工会副主任田敬毅出席会议并讲话。

6月28日,山东省外经贸工会在淄博市召开组建外经贸企业工会联合会片会,淄博、潍坊、滨州、东营市商务局工会主席(主任)、淄博市总工会组织部、淄博市辖县(市、区)商务局工会主席和县(市、区)总工会相关领导,以及东营市利津县商务局工会主席参加。山东省外经贸工会调研员马骥出席会议并讲话。

6月28日,中国财贸轻纺烟草工会网刊登了山东山孚集团公司日照山孚大酒店工会举办消防安全知识互联网竞赛活动。

7月3日,中国财贸轻纺烟草工会副主席、山东省总工会副巡视员、山东省外经贸工会主任王新强应邀出席山东通利机械制造有限公司工贸联谊会并讲话。

7月13日,宁夏农林水财系统与山东外经贸系统工会主席座谈会在青岛举行。首先,实地考察山东外经贸系统生产加工型企业——青岛绮丽佳荣制衣有限公司、仓储运输型企业——青岛中外运物流有限公司。随后,两地产业工会主席座谈交流。中国财贸轻纺烟草工会副主席(兼)、山东省总工会副巡视员、省外经贸工会主任王新强,宁夏农林水财工会主任闫灵出席座谈会并分别介绍了各自的工作情况。山东省外经贸工会调研员马骥主持座谈会。

6月2日—8月19日,为做好2016年外经贸系统广大职工的防暑工作,切实维护广大职工的安全与健康权益,保证职工平安度夏,省外经贸工会根据省总工会《关于开展2016年"夏送清凉"活动的通知》要求,结合省外经贸系统实际,分三个小组深入到52家企业,为近万名职工送去茶叶等防暑降温物品。各企业也采取不同的方式方法应对高温天气,积极做好职工防暑降温工作,确保夏季生产经营正常进行。

8月18日,山东省外经贸工会在泰安市召开组建外经贸企业工会联合会片会,聊城、济南、泰安、莱芜市商务局工会主席(主任)、泰安市总工会组宣部部长、泰安市辖县(市、区)商务局工会主席和县(市、区)总工会相关领导参加。山东省外经贸工会副主任田敬毅出席会议并讲话。

8月31日,山东省外经贸工会在临沂市召开组建外经贸企业工会联合会片会,临沂、枣庄、济宁、菏泽市商务局工会主席(主任)、临沂市总工会、临沂市辖县(市、区)商务局工会主席和县(市、区)总工会相关领导参加。9月9日,山东省外经贸工会在青岛德爱花园大酒店召开全省县(市、区)商务(外经贸)局组建外经贸企业工会联合会调度会。全省市、县两级商务(外经贸)局工会负责人及部分县(市、区)总工会领导近60人参加会议。会上,各单位交流了目前组建县(市、区)外经贸企业工会联合会的进展情况、遇到的问题及下步工作打算。中国财贸轻纺烟草工会副主席(兼)、山东省总工会副巡视员、山东省外经贸工会主任王新强出席会议。山东省外经贸工会调研员马骥主持会议,副主任田敬毅作会议讲话。

9月19日,中国财贸轻纺烟草工会副主席(兼)、山东省总工会副巡视员、山东省外经贸工会主任王新强应邀出席山东山孚集团工会举行第二届"山孚好声音"决赛并为获奖选手颁奖。

9月27日,滨州市沾化区外经贸企业工会联合会成立大会在沾化区行政大厦隆重召开。中国财贸轻纺烟草工会副主席(兼)、省总工会副巡视员、省外经贸工会主任王新强,滨州市总工会常务副主席耿庆东、滨州市商务局局长贾安利、沾化区委副书记李岩,出席成立大会并为工会联合会揭牌。滨州市商务局党委副书记、副局长王成、沾化区委副书记李岩、沾化区总工会主席吕景春出席会议并讲话。滨州市总工会党组成员、副巡视员、组织民管部部长郭家水出席会议。沾化区外经贸企业工会联合会的成立,标志着全省已有十个县(市、区)成立了外经贸企业工会联合会。

9月26日,山东省外经贸工会向各市商务局工会下发了《关于对县(市、区)商务(外经贸)局组建外经贸企业工会联合会情况进行督查的通知》。

9月28日,山东省外经贸工会向各市商务局工会印发了《全省组建县(市、区)外经贸企业工会联合会三年规划》并要求结合实际,制定组建计划,狠抓落实,扎实推进,确保全省组建县(市、区)外经贸企业工会联合会工作任务全面完成。

10月8日至21日,山东省外经贸工会分两个督察组,对全省县市区组建外经贸企业工会联合会情况进行督查。

11月12日,山东省外经贸工会和青岛德爱花园大酒店联办的第一届山东省外经贸系统青年鹊桥联谊会在青岛德爱花园大酒店举行。来自山东省外经贸系统各单位和政府机关及企事业单位青年共计200余人参加活动。中国财贸轻纺烟草工会副主席(兼)、省总工会副巡视员、山东省外经贸工会主任王新强出席。

11月10日至17日,山东省总工会党组成员、经费审查委员会主任蒋石宝率山东工会代表团一行6人,对日本、澳大利亚进行了工作访问,山东省外经贸工会调研员马骥参加随访。

11月15日,中国财贸轻纺烟草工会副主席(兼)、山东省总工会副巡视员、山东省外经贸工会主任王新强、副主任田敬毅,在山孚集团工会主席尹术兴、周克伟的陪同下,到日照山孚大酒店看望慰问山孚集团驻外员工,并进行了座谈交流。王新强代表省外经贸工会对常年坚守工作岗位的同志们表示衷心的感谢并致以亲切的问候,并要求山孚集团行政和工会要关心好驻外员工的工作、学习、生活,帮助和引导他们成长和发展,真正把这支队伍建设好,助推企业发展。

12月2日,山东省总工会举办了"工会大讲堂"集中展示活动,省总工会领导和机关各部室、驻济省产业工会全体人员及直属事业单位班子成员110余人参加。来自省总工会各党支部(党委)的23名主讲人结合自身工作和生活实际,把自己的所学、所思、所悟进行了精彩生动的讲解。最终,经过由省总工会领导及专家组成的评委现场评分,机关第三党支部周翠、《职工天地》杂志社党支部丛海燕、机关第十党支部刘磊、省外经贸海员工会党支部吕娉娉、机关第九党支部娄文华五名同志分获"优秀主讲人"。

12月13日，中国财贸轻纺烟草工会副主席（兼）、山东省总工会副巡视员、省外经贸工会主任王新强，应邀赴临沂市出席了罗庄区外贸行业工会联合会成立暨第一次工会代表大会，并与临沂市商务局党组书记、局长吴昌力，临沂市总工会党组成员、副主席张涛，罗庄区委副书记钟呈春为工会联合会揭牌。

12月12日至15日，中国财贸轻纺烟草工会副主席（兼）、省总工会副巡视员、省外经贸工会主任王新强先后到临沂罗庄区、枣庄峄城区和泰安市对外经贸企业工会联合会成立后，如何开展工作、发挥作用进行调研，与三个市、县（市、区）商务（外经贸）局和总工会的负责同志，就外经贸企业工会联合会成立后的有关情况进行了交流与沟通，并在枣庄峄城区召开座谈会，枣庄市、峄城区商务局、总工会和部分外经贸企业的负责同志参加座谈会。峄城区外经贸企业工会联合会汇报了成立后开展工作的情况、存在的问题和下步工作设想；市和区商务局、总工会对工会联合会如何开展工作、发挥作用提出建议和要求。王新强强调，工会联合会的工作要避免同地方工会和企业工会工作雷同化，要探索符合各地实际的外经贸企业工会联合会工作途径和载体，为当地外经贸企业的发展贡献力量。调研期间，王新强还到联系点薛城区总工会、山东潍焦集团薛城能源有限公司听取工作介绍、看望困难职工。

2014年至2016年，山东省外经贸工会为近百名省外经贸系统退休工会主席每人送上一副，有书法家、原中国包装进出口山东公司工会主席翁颖伦书写的，以省外经贸工会名义、内容为"感谢对山东外贸工运事业的所做出的贡献"装裱精美、有老工会主席名字的祝福中堂书法作品，受到老工会主席的赞誉。

12月22日，山东省外经贸工会召开2017年工作务虚会，研究2017年工作思路，确定工作重点，部分企业工会主席和机关的同志参加会议。各单位主席结合实际，对省外经贸工会提交的2017年工作要点提出意见和建议。通过交流，大家把思想统一到党的十八大和十八届三中、四中、五中、六中全会精神，习近平总书记系列重要讲话精神上来，进一步明确"为职工群众维权、为改革发展添力"理念，进一步增强做好新形势下工会工作的责任感和使命感。省外经贸工会主任王新强主持会议并讲话。

12月27日，在青岛山孚大酒店召开全省组建县（市、区）外经贸企业工会联合会总结表彰会，省外经贸工会主任王新强，山东省商务厅机关党委专职副书记李群力出席会议并讲话，省外经贸工会调研员马骥通报了《关于表彰全省组建县（市、区）外经贸企

业工会联合会工作先进单位的决定》,表彰了14个市商务局工会和31个县(市、区)商务(外经贸)局工会为"全省组建县(市、区)外经贸企业工会联合会工作先进单位",副主任田敬毅主持会议,各市商务局工会和部分县(市、区)商务(外经贸)局工会主席60余人参加会议。会议确定了全省外经贸工会组织架构,即在完善省外经贸工会、市商务(外经贸)局工会、县(市、区)商务(外经贸)局工会的基础上,建立以县(市、区)商务(外经贸)局工会为平台,组建县(市、区)外经贸企业工会联合会;以市商务(外经贸)局工会为平台,组建市外经贸企业工会联合会;以省外经贸工会为平台,组建省外经贸企业工会联合会,真正实现全省外经贸工会组织体系横到边、纵到底、全覆盖的目标。

12月30日,省外贸单纯贸易型企业座谈会在中化(青岛)实业有限公司召开,有关企业总经理、工会主席参加会议,14个单位从不同角度介绍了适应新形势、实现新发展的做法、经验,交流了企业发展中遇到的困难、存在的问题及采取的对策。

第三篇　荣誉表彰

山东省对外经济贸易工会和所属单位及个人所获荣誉 145
1976年—1980年 145
1981年—1990年 146
1991年—2000年 150
2001年—2010年 160
2011年—2016年 169

山东省对外经济贸易工会和所属单位及个人所获荣誉

概述 山东省对外经济贸易工会委员会(以下简称,前期为:山东省外贸局工会,后期为:山东省外经贸工会)自1973年建立以来,机关及工作人员和所属单位及个人获得了诸多的荣誉,这在山东省外经贸发展史留下浓浓的一笔,它充分体现了省外经贸工会和其所属的各市商务(外经贸)局及企业工会是一支优秀的、具有光荣传统的团队,为全省外经贸事业助力、发展做出了突出贡献。以下记录了山东省外经贸工会机关及工作人员和所属单位及个人四十多年来所获得的荣誉。

1976年—1980年

1976年

3月4日,山东省革命委员会对外贸易局在山东省外贸驻青单位"双学"经验交流会上,表彰山东省外经贸系统先进单位28个,先进个人42人。

1978年

6月,山东省外贸系统参加全国财贸学大庆学大寨会议的领导干部、先进集体和个人代表有:省外贸局长孙超、昌潍畜产进出口支公司党支部书记苗志华、菏泽畜产进出口支公司党支部副书记李文成、诸城县外贸公司党支部副书记李世民、省外贸运输公司汽车三队党支部副书记马世祯、济南畜产进出口支公司黄台仓库党支部书记黄景惠、淄博市畜产进出口支公司政治办公室主任王之丰、省外贸运输公司大修厂副厂长隋长年、省食品进出口公司红旗冷藏厂负责人王修森、青岛商品检疫局棉检组组长池仁昌。

1980年

3月13日,山东省对外贸易局召开总结评比表彰大会,对1979年度做出贡献的所属外贸先进单位和个人进行表彰,其中:先进单位10个,先进集体61个,先进工作者(先进生产者)217名,先进标兵7名。

1981年—1990年

1984年

2月,山东省对外贸易局召开直属单位1983年度先进单位、先进集体、劳动模范、先进生产(工作)者表彰大会,对先进单位和个人进行表彰,其中:9个单位库队(工厂)被授予"先进单位"称号,11名个人被授予"劳动模范"称号,52个单位部门被授予"先进集体"称号,147名个人被授予"先进生产(工作)者"称号;7个单位被授予"计划生育先进单位"称号,15个单位被授予计划生育"四无"单位称号,6名个人被授予"计划生育先进工作者"称号;304名个人被授予"计划生育积极分子"称号。

山东即墨黄酒厂[2009年1月成立新华锦(青岛)即墨老酒有限公司]获得国家轻工业部酒类质量大赛金奖、银杯奖。

1985年

1月,山东省对外贸易局召开1984年总结评比表彰大会,对1984年度做出贡献的所属外贸先进单位和个人进行表彰,其中:16个单位被授予"五讲四美三热爱活动文明单位"称号,55个单位部门(班组)被授予"先进集体"称号,12名个人被授予"劳动模范"称号,147名个人被授予"先进生产(工作)者"称号;10个团支部被授予"先进团支部"称号,6个单位青年之家被授予"红旗青年之家"称号,100名个人被授予"新长征突击手"称号,20名个人被授予"优秀团干部"称号;20个单位部门被授予"职工教育先进集体"称号,41名个人被授予"职工教育先进工作者"称号,27名个人被授予"职工教育优秀教师"称号,97名个人被授予"职工教育优秀学员"称号;24个单位被授予"计划生育先进单位"称号,132名个人被授予"计划生育先进工作者"称号;14个单位食堂被授予"先进食堂"称号,10个单位医务室被授予"先进医务室"称号,8个单位托儿所被授予"先进托儿所"称号;5个单位被授予"保密工作先进单位"称号,3个单位和档案室被授予"档案工作先进单位"称号,16名个人被授予"保密工作先进个人"称号,7名个人被授予"档案工作先进个人"称号。

9月7日,中共山东省对外贸易局党组、山东省对外贸易局表彰抢险救灾先进集体和先进个人表彰大会,对8月19日第九号台风涌现出抢险救灾先进集体和先进个人进行表彰,其中:9个单位库队和部门获得"抢险救灾先进集体"称号,110名个人获得"抢险救灾先进个人"称号。

1986年

3月,山东省外贸局总结评比表彰大会,对1985年度做出贡献的所属外贸先进单位和个人进行表彰,其中:25个单位被授予"文明单位"称号,6个单位分别被授予"出口创汇先进单位"一等奖、二等奖、三等奖,52个单位部门被授予"先进集体"称号,153名个人被授予"先进生产(工作)者"称号;8个单位工会被授予"先进基层工会"称号,29个单位工会基层组织被授予"工会先进集体"称号,25名个人被授予"优秀工会工作者"称号,129名个人被授予"优秀工会积极分子"称号;26个单位基层部门被授予"三八红旗集体"称号;117名个人被授予"三八红旗手"称号;23个单位被授予"计划生育模范单位"称号,132名个人被授予"计划生育先进工作者"称号;14个单位食堂被授予"先进食堂"称号,10个单位医务室被授予"先进医务室"称号,9个单位托儿所被授予"先进托儿所"称号;12个单位部门被授予"职工教育先进集体"称号,20名个人被授予"职工教育先进个人"称号;32名个人被授予"青工轮训先进个人"称号;1个单位被授予"保密工作先进单位"称号,4个单位档案室被授予"档案工作先进单位"称号,9名个人被授予"保密工作先进个人"称号;8名个人被授予"档案工作先进个人"称号;2个单位部门被授予"安全、保卫工作先进集体"称号,15名个人被授予"安全、保卫工作先进个人"称号,5个单位部门被授予"卫生先进集体"称号。

4月25日,中国粮油食品进出口公司山东省食品分公司基建科副科长王佐瑞获得由山东省人民政府授予的"山东省职工劳动模范"称号。

1987年

3月,山东省对外贸易局总结评比表彰大会,对1986年度做出贡献的所属外贸先进单位和个人进行表彰,其中:36个单位被授予"文明单位"称号,91个单位和部门被授予"先进单位"称号,10名个人被授予"劳动模范"称号,268名个人被授予"先进生产(工作)者"称号;7个单位被授予"计划生育工作模范单位"称号,12个单位被授予"计划生育工作达标单位"称号;2个单位被授予"后勤工作先进单位"称号,16个单位食堂被授予"先进食堂"称号,11个单位医务室被授予"先进医务室"称号,9个单位托儿所被授予"先进托儿所"称号。

4月30日,山东省总工会对外经贸工作委员会召开总结评比表彰大会,对1984年以来做出积极贡献的省外贸直属单位20个基层工会授予"先进职工之家"称号,40个单位工会授予"工会先进集体"称号,27名个人授予"优秀工会工作者"称号,158名个人授予"优秀工会积极分子",29名个人授予"特邀工会积极分子"称号。

7月13日,六省市《国际贸易知识竞赛》组委会发文,山东省外贸系统参加六省市国际贸易知识竞赛集体成绩获得第二名;个人成绩二等奖一名:张成斌(省食品进出口公司业务员);三等奖七名:朱克家(省食品进出口公司业务员)、高本湛(省服装进出口公司业务员)、董晓云(省土产进出口公司业务员)、宋宪雁(省纺织品进出口公司业务员)、张玲(省五矿进出口公司业务员)、林旺先(省外贸总公司经理部)、高读斌(省食品进出口公司业务员)。

12月,对外经济贸易部召开"全国对外经济贸易行业表彰先进大会",对在1987年做出突出贡献的全国对外经济贸易先进单位和个人进行表彰,其中我省:山东省对外贸易局、中国纺织品进出口公司山东分公司、诸城市对外贸易局、中国粮油食品进出口公司烟台支公司、临沂联合毛纺有限公司、青岛肠衣厂、青岛啤酒厂、中国粮油食品进出口公司山东分公司水产科8个单位被授予"全国对外经济贸易行业先进集体"称号,诸城市政协副主席兼市外贸公司经理董文焕、莱阳市外贸公司经理马有彭、山东省粮油进出口分公司铁桶制修厂工人张德爱、山东省对外贸易局档案管理员翟惠娟、文登县丝绸厂厂长兼党支部书记王德芝、山东省工艺品进出口分公司日用工艺品科办事员李志强、山东省纺织品进出口分公司储运科副科长董培真7名个人被授予"全国对外经济贸易行业劳动模范"称号,临沂地区畜产进出口支公司经理马林吉、山东省土产进出口分公司红埠仓库主任兼党支部书记李瑶昌、济南食品罐头厂厂长刘振华、青岛土畜产进出口支公司地毯科业务员李强4名个人被授予"全国对外经济贸易行业先进工作者"称号,4个单位邀请参加会议。

山东即墨黄酒厂[新华锦(青岛)即墨老酒有限公司]获得首届中国黄酒节特等奖。

1988 年

2月,山东省对外贸易局召开1987年度总结评比表彰大会,对所属外贸先进单位和个人进行表彰,其中:1个单位(省畜产进出口公司青岛肠衣厂)被授予"省级文明单位",41个单位被授予"市级文明单位";87个单位和部门被授予"先进单位"称号,243名个人被授予"先进生产(工作)者"称号;23个单位被授予"计划生育工作先进单位"称号,50名个人被授予"计划生育工作先进个人"称号;6个单位被授予"后勤工作先进单位"称号,13个单位食堂被授予"先进食堂"称号,13个单位医务室被授予"先进医务室"称号,3个单位托儿所、幼儿园被授予"先进托儿所、幼儿园"称号,50名个人被授予"后勤工作先进个人"称号;24个单位仓库(工厂)被授予"安全消防先进单位"称号,9个单位部门被授予"安全消防先进集体"称号,104名个人被授予"安全消防先进个人"称号;4个单位被授予"档案工作先进单位"称号,11名个人被授予"档案工作先进个人"称号;4个单位被授予"保密工作先进单位"称号,9名个人被授予"档案工作先进个人"称号。

3月7日,山东省对外贸易局召开"三八"红旗手、"三八"红旗集体表彰大会,对获得"三八"红旗手、"三八"红旗集体进行表彰,其中:23个单位部门被授予"三八"红旗集体,42名个人被授予"三八"红旗手。

4月28日,山东省人民政府授予51名同志省劳动模范称号,其中,山东省土产进出口分公司红埠仓库主任兼党支部书记李瑶昌获得此荣誉。

4月28日,山东省五金矿产进出口公司沙岭庄仓库于士江和山东省外贸运输公司快递服务部张顺来分别获得由山东省总工会授予的"山东省富民兴鲁劳动奖章"。

1989 年

1. 山东省外经贸工会和个人所获荣誉

12月,山东省职工技术比武领导小组召开全省职工第一次技术学习、练兵、比武活动总结表彰大会,山东省外贸获得技术比武"组织优胜单位"。

2. 所属单位和个人所获荣誉

4月3日,山东省外贸局决定,对1988年国际包装最高奖"世界之星"奖获得者、中国抽纱山东进出口公司毕建堂给予记大功一次、晋升两级工资和人民币2000元的奖励;对在第三届巴黎国际食品博览会上荣获金奖的山东省食品进出口公司红旗冷藏厂领导、工程技术人员共88人,给予企业标准工资4个月的奖励,其他有关人员551

人,给予企业月标准工资90%的奖励;对在1988年中国食品博览会上荣获银质奖的山东省畜产进出口公司肠衣厂的领导干部和有突出贡献的技术人员25人,给予平均标准工资3个月的奖励,其他有关人员645人,给予平均月标准工资60%的奖励;对在1988年全国首届食品博览会上荣获金奖的山东省粮油进出口公司油脂储炼厂的领导干部和有突出贡献的技术人员45人,给予4个月月平均标准工资的奖励,其他有关人员300人,给予月平均标准工资90%的奖励。

9月26日,山东省对外贸易局职工技术比武领导小组召开全省外贸系统职工技术比武总结评比表彰大会,对技术比武获得名次的团体和个人进行表彰,其中:6个单位获得汽车驾驶员专业比武团体前六名,6名个人获得汽车驾驶员比武全能前六名,10名个人获得汽车驾驶员专业比武理论单项前十名,10名个人获得汽车驾驶员专业比武实际操作单项前十名,6个单位获得外贸进出口专业比武团体前六名,6名个人获得进出口业务专业比武全能前六名,10名个人获得进出口业务专业比武英文打字单项前十名,10名个人获得进出口业务专业比武外贸知识单项前十名,10名个人获得进出口业务专业比武英语基础知识单项前十名,6个单位获得统计专业比武团体前六名,6名个人获得统计专业比武个人全能前六名,10名个人获得统计专业比武统计学原理单项前十名,10名个人获得统计专业比武统计业务单项前十名,10名个人获得统计专业比武微机单项前十名,6个单位获得财会专业比武团体前六名,6名个人获得财会专业比武个人全能前六名,10名个人获得财会专业比武实际操作单项前十名,10名个人获得财会专业比武会计理论单项前十名,10名个人获得财会专业比武珠算单项前十名,10名个人获得财会专业比武计算器单项前十名,10个单位获得技术比武组织优胜奖。

12月30日,山东省职工技术比武领导小组召开全省职工第一次技术学习、练兵、比武活动总结表彰大会,对技术比武获得名次的个人进行表彰,其中:省外贸局获得组织优胜单位;外贸系统6名个人获得汽车驾驶员比武前六名,6名个人获得进出口业务专业比武全能前六名,6名个人获得统计专业比武个人前六名,6名个人获得财会专业比武个人前六名。

1990年

1. 山东省外经贸工会和个所获得荣誉

山东省总工会对外经济贸易工会获得由山东省总工会颁发的1989年度市地级工会财会工作竞赛一等奖。

山东省总工会对外经济贸易工作委员会获得由山东省总工会授予的1990年度"工会工作先进单位"称号。

山东省总工会对外经济贸易工作委员会丛毅富获得由山东省总工会授予的"全省工会教育先进个人"称号。

2. 所属单位和个人所获荣誉

3月26日,山东省对外贸易局下发《关于表彰先进集体和先进工作(生产)者的通报》,对1989年度做出贡献的所属外贸先进单位和个人进行表彰,其中:23个单位和部门被授予"先进集体"称号,65名个人被授予"先进个人"称号;3个单位被授予"保密工作先进单位"称号,10名个人被授予"保密工作先进个人"称号;14名个人被授予"青岛市优秀汽车驾驶员"称号,2名个人被授予"青岛市先进保卫干部"称号,4名个人被授予"青岛市先进武装干部"称号,3名个人被授予"省外贸局先进保卫干部"称号,3个单位档案室被授予"档案工作先进集体"称号,4名个人被授予"档案工作先进个人"称号。

8月6日,山东省总工会发文向我省长期从事工会工作的2208名老工会工作者颁发荣誉证书,其中:省外经贸系统获得此荣誉证书的有高淑瑶、黄宝祥、曹文、曹长治、曹琳萍等5人。

1991年—2000年

1991年

1. 山东省外经贸工会和个人所获荣誉

5月,山东省总工会对外经济贸易工会获得由山东省总工会颁发的1990年度市地级工会财会工作竞赛一等奖。

11月5日,山东省对外经济贸易工会获得由山东省总工会授予的"全省工会统计工作先进单位"称号。

11月5日,山东省对外经济贸易工会田敬毅获得由山东省总工会授予的"全省工会统计工作先进个人"称号。

山东省总工会对外经济贸易工作委员会获得由山东省总工会授予的1991年度"工会工作先进单位"称号。

山东省总工会对外经济贸易工作委员会丛毅富获得由山东省总工会授予的"优秀工会工作者"称号。

山东省总工会对外经济贸易工作委员会丛毅富获得由中国财贸工会授予的"全国财贸优秀工会工作者"称号。

2. 所属单位和个人所获荣誉

山东省总工会对外经济贸易工作委员会发文表彰省外经贸系统1990年度工会先进女职工委员会8个、先进女职工工作者31名。

3月,山东省外贸局劳动竞赛委员会表彰山东省外贸系统1990年度社会主义劳动竞赛先进单位和先进个人,其中:授予10个单位"创汇优胜杯"称号,授予10个地市外贸局"丰收杯"称号,授予10个单位仓库"仓储管理优胜杯"称号,授予10个单位工厂"生产优胜杯"称号,授予9个单位仓库"仓储管理优胜杯"称号,授予16个单位储运科和汽车队"运输优胜杯"称号,授予9个单位工厂"科技进步奖",授予9个单位"奋发优胜杯"称号,授予7个单位工厂"节俭优胜杯"称号,授予10个单位"优质服务杯"称号,授予16个单位"组织优胜杯"称号,授予101名个人"社会主义劳动竞赛积极分子"称号。

8月1日,山东省总工会对外经济贸易工作委员会发文表彰省外经贸系统25家单位工会为"先进职工之家"。

11月27日,山东省总工会对外经济贸易工作委员会在省外经贸工会统计工作会议上,对被评为1991年度统计工作先进个人进行表彰,其中:7人被评为先进个人并获得一等奖,6人受到表扬并获得二等奖。

1992年

1. 山东省外经贸工会和个人所获荣誉

1月17日,获得由中国财贸工会全国委

员会授予的"全国财贸系统先进工会"称号。

1月17日,山东省总工会对外贸易工会丛毅富获得由中国财贸工会全国委员会授予的"全国财贸系统优秀工会工作者"称号。

5月,山东省总工会对外经济贸易工会获得由山东省总工会颁发的1991年度市地级工会财会工作竞赛一等奖。

山东省总工会对外经济贸易工作委员会获得由山东省总工会授予的1992年度"工会工作先进单位"称号。

山东省总工会对外经济贸易工作委员会丛毅富获得由山东省总工会授予的"优秀工会工作者"称号。

2. 所属单位和个人所获荣誉

2月,山东省包装进出口公司包装科张国凤、田志贞两人合作设计的长毛绒玩具"情侣熊"礼品包装,在斯里兰卡科伦坡召开的世界包装联合会上,获得"世界之星"包装大奖。

2月,山东省经贸委劳动竞赛委员会表彰山东省经贸系统1991年度社会主义劳动竞赛先进单位和先进个人,其中:授予10个单位"创汇优胜杯",授予10个地市外贸局"丰收杯",授予10个单位工厂"经济效益杯",授予10个单位"奋发杯",授予10个单位工厂"节俭优胜杯",授予12个单位储运科(部)"运输优胜杯",授予10个单位工厂"科技进步杯",授予10个单位仓库"仓储优胜杯",授予10个单位"优质服务杯",授予12个单位"组织优胜杯",授予215名个人"劳动竞赛积极分子"称号。

2月24日,山东省总工会对外经济贸易工作委员会发文,通报表彰省外贸1991年度先进集体和先进生产(工作)者,其中:先进集体57个,先进个人118名。

4月28日,山东省总工会对外经济贸易工作委员会发文,表彰1991年度工会先进单位和先进个人,其中:授予14个单位工会为"工会先进单位"称号,授予25个单位工会为"工会工作成绩显著单位"称号,授予218人为"优秀工会工作者"称号,授予336人为"优秀工会积极分子"称号,授予26人为"优秀工会之友"称号。

4月,山东丝绸进出口分公司临沂支公司经理尤洪宝获得由中华全国总工会授予的"全国五一劳动奖章"。

12月,山东省纺织品进出口公司工会获得由山东省总工会授予的"模范职工之家"称号。

12月2日,山东省对外经济贸易委员会发文,为表彰山东省经贸委(青岛)足球队在1992年全国足球乙级队联赛中勇夺冠军并晋升为全国足球甲级队,奖励该足球队领队、教练、队医及队员18人各晋升一级工资。

12月15日,山东省对外经济贸易委员会发文,表彰获得山东省外经贸系统1991年度"最佳五优仓库"4个,"五优仓库"19个。

1993年

1. 山东省外经贸工会和个人所获荣誉

3月,山东省外经贸工会张桂香获得由山东省总工会授予的"全省先进女职工工作者"称号。

4月,山东省外经贸工会获得由中华全国总工会授予"全国工会保障工作先进集体"称号。

6月,山东省外经贸工会获得由山东省总工会颁发的1992年市地级工会财会工作竞赛一等奖。

10月,山东省外经贸工会丛毅富、张桂香获得由中华全国总工会授予的"全国优秀工会工作者"称号。

12月,山东省外经贸工会闻春桂获得由

山东省总工会授予的"山东省优秀工会劳动保护干部"称号。

12月，山东省外经贸工会获得由山东省总工会授予的"山东省劳动保护成绩显著单位"称号。

山东省外经贸工会获得由山东省总工会授予的1993年度"工会工作先进单位"称号。

2. 所属单位和个人所获荣誉

1月4日，山东省对外经济贸易委员会发文，通报奖励获得经贸部1991年度"最佳五优"仓库8个：中外运山东公司莱阳储运站、中外运山东公司青州储运站、中国抽纱进出口（集团）公司山东抽纱公司第二整理加工厂、山东服装进出口公司萍乡路仓库、山东纺织品进出口公司四流南路仓库、中国包装进出口公司山东分公司立新仓库、山东医药保健品进出口公司第一整理加工厂。

3月，山东省对外贸易总公司工会副主席闫改荣获得由山东省总工会授予的"全省先进女职工工作者"称号。

3月，中国外运山东公司女职工委员会获得由山东省总工会授予的"全省先进女职工委员会"称号。

3月，山东省对外贸易总公司储运部副科长王亚男获得由中华全国总工会授予的"全国先进女职工"称号。

4月28日，山东省对外经济贸易委员会发文表彰：山东省对外经贸系统劳动模范41名，山东省对外经贸系统先进集体67个，山东省对外经贸系统先进工作者172名。

4月28日，山东省总工会对外经济贸易工作委员会发文表彰省外经贸系统2012年度工会工作先进单位14个、工会工作优良单位18个、优秀工会工作者124名、优秀工会积极分子190名，先进女职工委员会44个、先进女职工工作者32名、先进女职工76名，优秀职工之友28名。

4月，山东食品进出口公司城阳食品加工厂面食车间班长林艳芬、烟台市对外贸易局工会主任田峰荣获得由中华全国总工会授予的"全国五一劳动奖章"。

4月29日，中国外运山东公司副总经理孙冰蕊、山东省对外贸易总公司储运部副科长王亚男、山东省纺织品进出口公司虎山仓库职工逄积玉获得由山东省总工会授予的"山东省富民兴鲁劳动奖章"。

6月18日，山东省总工会对外经济贸易工会发文表彰省外经贸系统1993年度工会财务工作先进集体，其中：一等奖20个单位，二等奖4个单位。

9月24日，山东省对外经济贸易委员会发文，表彰奖励获得经贸部1992年度全国外经贸系统"最佳五优仓库"16个：中外运山东公司莱阳储运站、中外运山东公司青州储运站、中国抽纱进出口（集团）公司山东抽纱公司第一整理加工厂、中国抽纱进出口（集团）公司山东抽纱公司第二整理加工厂、山东省服装进出口公司萍乡路仓库、山东省纺织品进出口公司虎山仓库、山东省纺织品进出口公司四流南路仓库、中国包装进出口公司山东分公司立新仓库、山东省医药保健品进出口公司第一整理加工厂、山东省医药保健品进出口公司第二整理加工厂、山东省畜产进出口公司地毯整理加工厂、山东省五金矿产进出口集团总公司第四仓储加工厂、山东省机械进出口公司李村仓库、山东省机械进出口公司城阳仓库、中化山东进出口公司湖岛仓库、中国抽纱烟台进出口公司珠玑仓库。全国对外经贸"优秀仓储工作者"16人：山东省机械进出口公司城阳仓库袁桂凤、中外运山东公司莱阳储运站初丰山、中外运山东公司青州储运站郑伟、中国抽纱进出口（集团）公司山东抽纱公司第二整理加工厂周建言、山东省服装进出口公司萍乡路仓库张首勋、山东省纺织品进出口公司四流南路仓库吕跃进、山东省纺织品进出口公司虎山仓库曹俊基、中国包装进出口公司山东分公司立新仓库宋治发、山东省医药保健品进出口公司第一整理加工厂郝代云、山东省畜产进出口公司地毯整理加工厂张鹤翔、山东省五金矿产进出口集团总公司第四仓储加工厂孙德胜、中国抽纱进出口（集团）公司山东抽纱公司第一整理加工厂刘延凯、山东省医药保健品进出口公司第二整理加工厂李建新、中化山东进出口公司湖岛仓库刘乃国、山东省机械进出口公司李村仓库张生、中国抽纱烟台进出口公司珠玑仓库高占地。山东省外经贸系统1992年度"最佳五优仓库"7个，"五优仓库"11个。

10月，山东省畜产进出口公司肠衣厂第四车间获得由中华全国总工会授予的"全国模范职工小家"称号。

11月23日，在山东省外经贸工会统计工作会议上，山东省粮油进出口公司工会等6个单位被评为统计工作先进单位，中化山东进出口公司工会等6个单位被评为统计工作优良单位；梁军等12人被评为统计工作先进个人。

12月，山东省服装进出口公司工会主席丁来发获得由山东省总工会授予的"山东省工会群众生产先进工作者"称号。

1994年

1. 山东省外经贸工会和个人所获荣誉

3月7日，山东省外经贸工会王新强获得由中共山东省对外经济贸易委员会机关委员会授予的1993年度优秀共产党员称号。

5月，山东省外经贸工会获得由山东省总工会颁发的1993年度市地级工会财会竞赛评比一等奖。

山东省外经贸工会丛毅富获得由中华全国总工会授予的"全国职工技协先进个人"称号。

9月15日，山东省外经贸工会获得由中华全国总工会授予的"全国工会干部教育工作先进集体"称号。

12月16日，山东省外经贸工会获得由山东省总工会授予的1994年度"工会工作先进单位"称号。

12月16日，山东省外经贸工会丛毅富获得由山东省总工会授予的"优秀工会工作者"称号。

山东省外经贸工会获得由山东省总工会授予的"全省工会财会工作先进集体"称号。

山东省外经贸工会获得由山东省总工会授予的"全省工会工运理论研究先进单位"称号。

山东省外经贸工会获得由山东省总工会授予的"全省主人翁与市场经济主题教育先进单位"称号。

2. 所属单位和个人所获荣誉

1月29日，山东省外经贸工会发文表彰山东省外经贸系统1993年度工会工作先进单位21个，工会工作优良单位23个，优秀工会工作者153名，优秀工会积极分子215名，优秀职工之友42名。

2月16日，山东省外经贸工会发文表彰山东省外经贸系统1993年度先进女职工81名，先进女职工工作者35名，女职工先进集体42个。

4月，中国外运山东公司第二储运公司张新斌、中国包装进出口公司山东公司郭金江、济南珍珠大酒店葛绯绯获得由山东省总工会授予的"山东省富民兴鲁劳动奖章"。

山东省纺织品进出口公司李邦显荣获全国职工职业道德标兵称号。

山东珍珠大酒店工会主席王汝振获得由全国总工会授予的"全国优秀工会积极分子"称号。

5月17日，山东省外经贸工会发文表彰省外经贸系统1993年度工会财务工作先进集体一等奖21个单位、二等奖6个单位、三等奖4个单位；工会财务先进个人21名。

11月26日,山东省劳动竞赛委员会、山东省总工会、山东省合理化建议和技术改进活动领导小组授予山东省土产进出口公司"山东省劳动竞赛先进单位"称号；授予山东省纺织品进出口公司工会主席梁盘金"山东省劳动竞赛优秀组织者"称号；授予山东省畜产进出口新程实业公司职工朱利民和山东省食品进出口公司青岛冷藏厂工会干部王照文"山东省劳动竞赛先进工作者"称号。

1995年

1. 山东省外经贸工会和个人所获荣誉

2月24日,山东省外经贸工会王惠芳获得由山东省总工会授予的"先进女职工工作者"称号。

3月11日,山东省外经贸工会王新强、鞠新伟受到山东省对外经济贸易委员会给予的1994年度嘉奖。

6月16日,山东省外经贸工会王新强获得由中共山东省对外经济贸易委员会机关委员会授予的1994年度优秀共产党员称号。

6月17日,在山东省总工会召开的1994年财务会计工作表彰会上,山东省外经贸工会获得全省1994年度市地级工会财会竞赛一等奖。

12月,山东省外经贸工会获得由山东省总工会授予的"工会工作先进单位"称号。

2. 所属单位和个人所获荣誉

2月20日山东省外经贸工会发文表彰山东省外经贸系统1994年度先进女职工83名,先进女职工工作者40名,女职工先进集体31个。

2月24日,山东省纺织品进出口公司工会女职工委员会获得由山东省总工会授予的"先进女职工集体"称号；山东省粮油进出口公司业务员李立新获得由山东省总工会授予的"先进女职工"称号。

3月8日,山东省畜产进出口公司肠衣公司工会女职工委员会获得由全国总工会授予的"先进女职工集体"称号；中国外运山东省公司孙玉娥获得由全国总工会授予的"先进女职工"称号。

3月11日,山东省对外经济贸易委员会发文表彰1994年度先进单位和个人,其中：5个先进集体和75名个人受到表彰嘉奖。

4月23日,山东省人民政府发文授予全省602名同志山东省劳动模范称号,中国外运山东公司副科长苏建岛名列其中。

4月26日,在山东省对外经贸系统劳动模范暨"双先"表彰大会上,有97名劳动模范、201名先进工作者和108个先进集体受到表彰。

5月5日,山东省外经贸工会发文表彰省外经贸系统1994年度工会财务工作先进集体37个,其中：一等奖20个,二等奖10个,三等奖7个；工会财务积极分子20名。

6月17日,在山东省总工会召开的1994年财务会计工作表彰会上,山东省外运公司工会获得"全省1994年度工会财会工作先进单位"称号。

7月8日,山东省对外经济贸易委员会发文表彰先进单位和个人,其中：省外经贸系统山东省服装进出口公司华青实业发展公司等17个单位获得由外经贸部授予的1994年度全国对外经贸仓储行业"最佳五优企业"称号,山东省纺织品进出口公司怡达实业公司吕跃进等10人获得由外经贸部授予的1994年度全国对外经贸仓储行业"优秀仓储工作者"；山东省粮油进出口公司长丰实业公司等8个单位获得由省对外经济贸易委员会授予的1994年度省外经贸系统"最佳五优企业"称号,山东省五金矿产进出口公司第一仓储加工厂等10个单位获1994年度省外经贸系统"五优企业"称号，山东省粮油进出口公司长丰实业公司孙方田等43人获得省外经贸系统仓储行业"优秀仓储工作者"称号。

9月14日，中共山东省对外经贸系统委员会向各直属单位下发《关于开展向李邦显同志学习活动的决定》。

在山东省总工会十届三次会议上，烟台外经贸工会、潍坊外经贸工会被省总工会评为"全省工会干部教育工作先进单位"，沈洪斌、孙玉娥、丁来发被省总工会评为"全省工会干部教育工作先进工作者"；省外运一公司工会办的星耀经营公司被省总工会评为"山东省工会明星企业"，经理赵振兴被省总工会评为"山东省工会企事业先进个人"；山东省食品进出口公司青岛冷藏厂被省总工会评为"全省职工民主管理先进单位"；省外贸包装公司工会被全国总工会授予"模范职工之家"称号。

1996年

1. 山东省外经贸工会和个人所获荣誉

3月8日，山东省外经贸工会王慧芳获得由山东省总工会授予的"先进女职工工作者"称号。

3月20日，山东省外经贸工会王新强获得由中共山东省对外经济易委员会机关委员会授予的"优秀共产党员"称号。

4月28日，山东省外经贸工会丛毅富获得由山东省总工会授予的"山东省富民兴鲁劳动奖章"。

5月15日，山东省外经贸工会王新强、邱伟获得由山东省对外经济易委员会授予的1995年度嘉奖。

7月3日，山东省外经贸工会获得由山东省总工会授予的"全省工会财会工作先进集体"称号。

7月3日，山东省外经贸工会财会部获得由山东省总工会颁发的1995年度市地级工会财会竞赛一等奖。

7月3日，山东省外经贸工会王新强获得由山东省总工会授予的"全省工会财会先进工作者"称号。

8月，山东省外经贸工会王新强获得由中国工运学院培训中心授予的"优秀学员"称号。

12月26日，山东省外经贸工会获得由山东省总工会授予的"工会工作先进单位"称号。

12月26日，山东省外经贸工会闻春桂获得由山东省总工会授予的"全省优秀工会干部"称号。

2. 所属单位和个人所获荣誉

1月29日山东省人民政府发文授予全省10家外工贸公司为"山东省最佳外贸企业"，其中，外贸企业有：山东省纺织品进出口公司、山东省服装进出口公司、山东省五金矿产进出口公司、山东省机械进出口公司、烟台市食品进出口公司、威海市进出口公司、诸城市对外贸易集团公司、胶州市进出口（集团）公司、文登市对外经济贸易公司。

2月3日，山东省外经贸工会发文表彰山东省外经贸系统1995年度先进女职工83名，先进女职工工作者39名，女职工先进集体35个。

3月8日，山东省粮油进出口公司工会女职工委员会获得由山东省总工会授予的"先进女职工集体"称号。

4月28日，山东诸城市对外贸易集团公司王金友获得由中华全国总工会授予的"全国五一劳动奖章"。

4月28日，山东省五金矿产进出口公司董运祥、山东省工艺品进出口公司京华饰品有限公司郭志越获得由山东省总工会授予的"山东省富民兴鲁劳动奖章"。

5月17日,山东省外经贸工会发文表彰省外经贸系统1995年度工会财务工作先进集体40个,其中:一等奖21个,二等奖14个,三等奖5个;工会财务积极分子21名。

7月3日,中国外运山东公司工会矫清珍获得由山东省总工会授予的"全省工会财会先进工作者"称号。

12月22日,中国包装进出口公司山东分公司工会经审会主任刘素国获得由山东省总工会、山东省总工会经费审查委员会授予的"山东省工会经审工作先进工作者"称号。

12月26日,山东畜产进出口公司肠衣厂工会主席娄春萍获得由山东省总工会授予的"全省模范工会干部"称号。

12月26日,烟台对外经济贸易委员会工会主任田峰获得由山东省总工会授予的"全省优秀工会干部"称号。

12月26日,山东省五金矿产进出口公司工会主席王炳日获得由山东省总工会授予的"全省优秀工会干部"称号。

12月26日,济南外贸抽纱厂食堂管理员、工会小组长姚永奇,淄博市外贸纺织品服装公司政工处长、工会副主席张恒祥,中共烟台市对外经济贸易委员会工作委员会副书记杨春兴,潍坊市对外经济贸易委员会纪委书记、工会工作委员会主任沈洪斌,日照外贸服装有限公司党支部副书记、工会主席张秋香,滨州地区经贸委工会工作委员会副主任许逢和,中国抽纱山东省进出口公司抽纱二厂副厂长、工会主席刘惠七人获得由山东省总工会授予的"全省优秀工会积极分子"称号。

1997年

2月17日,山东省外经贸工会发文表彰山东省外经贸系统1996年度先进女职工82名,先进女职工工作者28名,女职工先进集体20个,"五好文明家庭"22个。

2月24日,山东省日用百货进出口公司工会女职工委员会获得由山东省总工会授予的"先进女职工集体"称号;山东省畜产进出口公司润达利公司服装厂车间主任乔英获得由山东省总工会授予的"先进女职工"称号;山东省日用百货进出口公司工会副主席李会松获得由山东省总工会授予的"先进女职工工作者"称号;山东省抽纱进出口公司第二整理加工厂盖玉美获得由山东省总工会授予的"文明职工工家庭"称号。

7月4日,山东省外经贸工会发文表彰省外经贸系统1996年度工会财务工作先进集体19个,其中:特等奖4个,一等奖20个,二等奖11个,三等奖4个;工会财务工作先进个人24名。

7月21日,山东省对外经济贸易委员会发文,表彰省外经贸系统庆香港回归"职工敬业爱岗演讲比赛"活动中涌现出的先进集体和个人,其中:优秀组织奖14个单位,十佳演讲员10名,优秀演讲员28名。

9月2日,中共山东省对外经贸系统委员会下发表彰《通报》:山东省纺织品进出口公司荣获"全省思想政治工作最佳企业"称号;山东省机械进出口公司荣获"全省思想政治工作优秀企业"称号;中国外运山东公司职工思想政治工作研究会荣获"全省优秀职工思想政治工作研究会"称号;山东省食品进出口公司青岛冷藏厂党总支书记赵炳生荣获"全省优秀企业思想政治工作者"称号;山东省服装进出口公司党办主任张鲁桥荣获"全省职工思想政治工作研究会优秀干部"称号;中国包装进出口山东公司党办主任于建春荣获"全省职工思想政治工作研究优秀研究成果三等奖"。经省委宣传部、省委组织部、省经委、省总工会复审考核,省外经贸系统1994、1995年度曾荣获

"全省思想政治工作优秀企业"称号的中粮山东粮油进出口公司、中国包装进出口山东公司、山东省食品进出口公司青岛冷藏厂，1996年度继续保持其荣誉称号。山东省服装进出口公司荣获1996年度省级"文明单位"称号，山东省纺织品进出口公司、山东省食品进出口公司青岛冷藏厂继续保留省级"文明单位"称号。中国包装进出口山东公司等26个单位荣获青岛市"文明单位标兵"称号；中国包装进出口山东公司立新分公司等43个单位荣获青岛市"文明单位"称号；山东省畜产进出口公司青岛肠衣厂等3个单位荣获青岛市"军（警）民共建先进单位"称号。

1998年

1. 山东省外经贸工会和个人所获荣誉

1月19日，山东省外经贸工会邱伟获得山东省总工会嘉奖。

4月29日，山东省总工会公布省总机关、事业单位工作人员1997年年度考核结果，共有23名同志获得优秀，其中，省外经贸工会闻春贵名列其中。

4月28日，中国财贸工会全国委员会授予山东省对外经济贸易工会"全国财贸系统先进工会集体"称号。

5月21日，山东省总工会对全省市、地工会1997年经审工作考核结果通报中，山东省外经贸工会获得鼓励奖。

6月，山东省总工会发文表彰全省1997年度工会财务工作竞赛评比先进单位，山东省对外经济贸易工会获得"市地级工会财会竞赛一等奖"。

8月17日，山东省外经贸工会获得由山东省总工会授予的"全省工会工作先进单位"称号。

8月17日，山东省外经贸工会张桂香获得由山东省总工会授予的"山东省优秀工会工作者"称号。

12月13日，山东省外经贸工会获得由山东省总工会授予的新中国成立后工运史料征集工作"先进单位"称号。

12月13日，山东省外经贸工会闻春桂获得由山东省总工会授予的新中国成立后工运史料征集工作"先进个人"称号；

12月30日，山东省外经贸工会丛毅富的论文《试论社会主义市场经济条件下产业工会建设问题》获得由山东省总工会颁发的全省工运理论研究优秀奖。

2. 所属单位和个人所获荣誉

1月12日，山东省外经贸工会发文表彰山东省外经贸系统1997年度工会工作先进单位26个，工会工作优良单位19个，优秀工会工作者118名，优秀工会积极分子155名，优秀职工之友52名。

4月28日，山东省对外经济贸易食品总厂工会荣获由中国财贸工会全国委员会授予的"全国财贸系统先进工会集体"称号。

4月28日，山东省五矿进出口公司工会主席王炳日、中化山东进出口集团公司工会主席王云祥、山东省外贸集团公司工会主席闫改荣荣获由中国财贸工会全国委员会授予的"全国财贸系统优秀工会工作者"称号。

6月15日，山东省外经贸工会发文表彰全省外经贸系统1997年度工会财务工作竞赛先进集体24个，其中：特等奖4个，一等奖20个，二等奖8个，三等奖6个；工会财务工作先进个人24名。

8月17日，青岛京华饰品有限公司工会获得由山东省总工会授予的"山东省模范职工之家"称号。

8月17日，山东粮油进出口集团仓储中转公司工会获得由山东省总工会授予的"山东省模范职工小家"称号。

8月17日，中化山东进出口集团公司总经理王福君获得由山东省总工会授予的"山东省荣誉工会积极分子"称号。

1999年

1. 山东省外经贸工会和个人所获荣誉

3月，山东省外经贸工会获得由山东省总工会颁发的1998年度市地级工会财会竞赛一等奖。

6月23日，山东省外经贸工会获得由山东省总工会授予的"全省工会财会工作先进集体"称号；

6月23日，山东省外经贸工会王新强获得由山东省总工会授予的"全省工会财会先进工作者"称号。

12月13日，山东省外经贸工会王新强获得由山东省工运史研究室和《山东工会年鉴》编辑部授予的1998年和1999卷《山东工会年鉴》二等奖。

12月30日，山东省外经贸工会获得由山东省总工会授予的1998年度"工会统计工作先进单位"称号。

12月30日，山东省外经贸工会王新强获得由山东省总工会授予的1998年度"全省优秀工会统计员"称号。

12月，山东省外经贸工会被山东省总工会评为1999年"全省工会群众生产劳动保护工作先进单位"称号。

2. 所属单位和个人所获荣誉

2月5日，山东省外经贸委发文表彰全省外经贸先进单位94个。

2月23日，山东省五金矿产进出口公司工会会计崔泽洲获得由山东省总工会授予的"先进女职工"称号；山东省国际贸易中心工会女职委主任姜再育获得由山东省总工会授予的"先进女职工工作者"称号。

2月28日，山东省外经贸委劳动竞赛委员会发文，表彰省外经贸系统1998年度"最佳创汇（效益）能手"164名。

3月8日，山东省医药保健品进出口公司工会主席李鲁青荣获全国总工会授予的"先进女职工工作者"称号。

4月30日，山东省外经贸委下发通报，经山东省外经贸委"规模效益双强企业"评委会审定：山东省机械进出口公司为"规模效益双强最佳企业"；山东省医药保健品进出口公司等6家企业为"规模效益双强企业"；山东省机械进出口公司总经理刘学才为"规模效益双强最佳企业经营者"；山东省医药保健品进出口公司总经理辛迎东等6家企业负责人为"规模效益双强企业经营者"。

6月23日，山东省纺织品进出口公司工会徐宏心获得由山东省总工会授予的"全省工会财会先进工作者"称号。

7月14日，山东省外经贸工会发文表彰省外经贸系统1998年度工会财务工作先进集体特等奖7个单位、一等奖20个单位、二等奖5个单位、三等奖7个单位；工会财务工作先进个人27名。

山东即墨黄酒厂［新华锦（青岛）即墨老酒有限公司］的即墨老酒被中国绿色食品发展中心确认为中国黄酒的"绿色食品"。

2000年

1. 山东省外经贸工会和个人所获荣誉

1月24日，山东省总工会发文表彰1999年度省总机关先进部室、先进个人，山东省外经贸工会孟强获得嘉奖。

1月31日，山东省外经贸工会获得由山东省总工会授予的1999年度"全省工会工作先进单位"称号。

2月13日，山东省总工会发文通报表彰全省"学亿话迎"系列教育活动先进集体和优秀组织者,其中,山东省外经贸工会获得先进集体,省外经贸工会孟强获得嘉奖。

6月20日,山东省总工会办公室发文,山东省外经贸工会在1999年度工会财务工作竞赛评比中获得"地市级工会工作竞赛先进单位一等奖"。

7月12日,山东省总工会公布省总机关、事业单位工作人员1999年年度考核结果,共有24名同志获得优秀,其中,山东省外经贸工会闻春桂名列其中。

7月13日,山东省外经贸工会获得由山东省总工会授予的全省工会促进下岗职工基本生活保障,实施送温暖工程工作"先进单位"称号。

7月13日,山东省外经贸工会孟强获得由山东省总工会授予的全省工会促进下岗职工基本生活保障,实施送温暖工程工作"先进个人"称号。

12月5日,山东省外经贸工会王新强获得山东省工运史研究室、《山东工会年鉴》编辑部授予的《山东工会年鉴》2000卷"优秀撰稿人"称号。

2. 山东所属单位和个人所获荣誉

1月19日,山东省外经贸工会发文表彰山东省外经贸系统1999年度工会工作先进单位65个,工会工作优良单位19个,优秀工会工作者108名,优秀工会积极分子165名,优秀职工之友100名。

2月13日,山东省总工会发文通报表彰全省"学亿话迎"系列教育活动先进集体和优秀组织者,其中,山东省对外贸易集团有限公司获得"全省'学亿话迎'系列教育活动先进集体"称号;山东省食品进出口公司工会主席获得"全省'学亿话迎'系列教育活动优秀组织者"称号。

2月21日,山东省外经贸工会发文通报表彰1999年度工会先进女职工委员会22个,先进女职工88名,先进女职工工作者28名,文明职工家庭23户。

3月8日,山东省工艺品进出口公司工会女工委员会获得由山东省总工会授予的"先进女职工集体"称号;山东省纺织品进出口公司业务员韩梅获得由山东省总工会授予的"先进女职工工作者"称号。

4月28日,山东省服装进出口集团公司美达有限公司刘志华、山东省畜产进出口公司海丰贸易中心邵延财、山东省机械进出口公司总经理刘学才、山东省工艺品出品进出口股份有限公司副总经理宋国生获得由山东省总工会授予的"富民兴鲁劳动奖章"。

4月28日,山东省纺织品进出口公司纱布分公司化纤部获得由山东省总工会授予的"富民兴鲁劳动奖状"。

6月20日,山东省外经贸工会发文表彰省外经贸系统1999年度工会财务工作先进集体22个,其中:特等奖4个单位、一等奖18个单位、二等奖7个单位、三等奖7个单位;工会财务工作先进个人22名。

7月13日,山东省医药保健品进出口公司工会主席李鲁青获得由山东省总工会授予的"全省工会促进下岗职工基本生活保障,实施送温暖工程工作先进个人"称号。

8月18日,山东省外经贸工会发通报,授予山东省医药保健品进出口公司工会等34家企业为省外经贸系统1999年度"先进职工之家"。

10月10日,山东省总工会生产保护部发文,评出全省工会经济技术创新工程研讨会获奖论文,山东省外贸工艺集团工会副主席柳华力的《浅谈企业文化建设在群众性经济技术创新活动中的作用》一文获得二等奖。

2001年—2010年

2001年

1. 山东省外经贸工会和个人所获荣誉

4月20日,山东省外经贸工会获得由山东省总工会评选的2000年度市级工会财务会计工作竞赛一等奖。

5月24日,山东省总工会公布省总机关、事业单位工作人员2000年年度考核结果,共有22名同志获得优秀,其中,山东省外经贸工会王新强名列其中。

10月,山东省外经贸工会获得由山东省职工技术协会授予的1999—2001年度"山东省职工技协先进集体"称号。

2. 所属单位和个人所获荣誉

2月28日,山东省外经贸工会发文通报表彰2000年度工会先进女职工委员会20个,先进女职工78名,先进女职工工作者30名,文明职工家庭24户。

3月30日,山东省外经贸工会发文,表彰省外经贸系统2000年度"最佳创汇(效益)能手"87名。

4月11日,山东省外经贸工会发文表彰山东省外经贸系统2000年度工会工作先进单位27个,工会工作优良单位15个,优秀工会工作者105名,优秀工会积极分子176名,优秀职工之友53名。

4月29日,2个单位获得由山东省总工会授予的"山东省富民兴鲁劳动奖状";1个个人获得由山东省总工会授予的"富民兴鲁劳动奖章"。

5月24日,山东省纺织进出口公司获得由山东省总工会授予的"山东省工会系统三五普法先进单位"称号;同时,山东省五金矿产进出口公司工会副主席周家安获得由山东省总工会授予的"山东省工会系统三五普法先进个人"称号。

6月30日,中国抽纱山东进出口公司工会、山东省食品进出口公司工会、山东省纺织品进出口公司工会、山东省医药保健品进出口公司工会荣获中国财贸工会全国委员会授予的"全国财贸系统先进工会集体"称号。

6月30日,山东省服装进出口集团总公司工会主席丁来发、山东省国际贸易中心工会主席邓克银、中国抽纱山东进出口公司工会主席张青、山东省医药保健品进出口公司工会主席李鲁青、山东省工艺品出品进出口股份有限公司工会主席迟宗梁、山东省物产进出口公司工会主席曹克茹、山东省对外贸易集团有限公司工会主席肖黎、山东省机械进出口集团公司工会主席李志山、中国烟草山东进出口公司工会主席郝成胜、山东机械设备进出口集团公司工会主席孙国强、中国包装进出口山东公司工会主席翁颖伦荣获中国财贸工会全国委员会授予的"全国财贸系统优秀工会工作者"称号。

7月18日,山东省外经贸工会发文表彰2000年度全省外经贸工会财务会计工作竞赛先进单位23个,其中:特等奖4个,一等奖19个,二等奖5个,三等奖8个;工会财务会计工作先进个人23名。

11月9日,山东省服装进出口集团总公司齐力公司副经理程伟荣获中共山东省委宣传部、山东省精神文明建设委员会办公室、山东省总工会、山东省经济贸易委员会联合授予的山东省职业道德建设"十佳标兵"称号。

11月29日,山东省畜产进出口公司副

总经理、工会经审委主任刘新姿获得由山东省总工会授予的"山东省工会经审委工作先进工作者"称号。

2002 年

1. 山东省外经贸工会和个人所获荣誉

1月10日,山东省外经贸工会获得由山东省总工会授予的2001年度"山省工会统计工作先进单位"称号。

1月17日,山东省外经贸工会获得由山东省总工会授予的2001年度"全省工会工作先进单位"称号;

4月8日,山东省总工会公布省总机关、事业单位工作人员2001年年度考核结果,共有24名同志获得优秀,其中,山东省外经贸工会马骥名列其中。

6月13日,山东省外经贸工会获得由山东省总工会授予的"全省工会财会工作先进集体"称号。

6月13日,山东省外经贸工会王新强获得由山东省总工会授予的"全省工会财会先进工作者"称号。

7月13日,山东省外经贸工会获得由山东省总工会授予的"促进下岗职工基本生活保障,实施送温暖工程先进单位"称号。

11月4日,山东省外经贸工会获得由山东省总工会授予的"全省民主管理工作先进单位"称号。

2. 山东所属单位和个人所获荣誉

1月22日,山东省外经贸工会发文表彰省外经贸系统2001年度工会先进女职工委员会21个,先进女职工78名,先进女职工工作者33名,文明职工家庭27户。

2月4日,中国抽纱山东进出口公司工会女职工委员会获得由山东省总工会授予的"全省先进女职工集体"称号;山东省工艺品进出口(集团)公司工会副主席董香兰获得由山东省总工会授予的"全省先进女职工工作者"称号。

3月18日,山东省外经贸工会发文表彰省外经贸系统2001年度"最佳创汇(效益)能手"158名。

3月20日,山东省外经贸工会发文表彰山东省外经贸系统2001年度工会工作先进单位32个,工会工作优良单位14个,优秀工会工作者100名,优秀工会积极分子191名,优秀职工之友61名。

5月31日,山东绮丽集团公司荣获由中共山东省纪委、中共山东省委组织部、中共山东省委宣传部、山东省经济贸易委员会、山东省监察厅、山东省总工会授予的"全省厂务公开工作先进单位"称号。

6月13日,中国外运山东公司工会徐海梅获得由山东省总工会授予的"全省工会财会先进工作者"称号。

7月12日,山东省外经贸工会发文表彰2001年全省外经贸工会财务工作先进单位21个,其中:特等奖7个单位,一等奖14个单位,二等奖7个单位,三等奖6个单位;工会财务工作先进个人21名。

2003 年

1. 山东省外经贸工会和个人所获荣誉

12月1日,山东省外经贸工会闻春桂获得由中国财贸轻纺烟草工会全国委员会授予的"优秀工会工作者"称号。

山东省外经贸工会获得由山东省总工会授予的全省工会法司法解释知识竞赛活动"优秀组织奖"。

2. 所属单位和个人所获荣誉

1月23日,山东省外经贸工会发文,表彰省外经贸系统2002年度工会先进女职工委员会21个,先进女职工82名,先进女职工工作者33名,文明职工家庭28个。

2月25日,山东省交通进出口有限公司

职工技术协会获得由山东省职工技术协会授予的2002年度"山东省职工技协先进集体"称号。

2月25日,山东省交通进出口有限公司职工技术协会解飞、马惠民、刘宝春获得由山东省职工技术协会授予的2002年度"山东省职工技协先进个人"称号。

3月1日,山东省外经贸工会发文表彰省外经贸系统2002年度"最佳创汇(效益)能手"146名。

5月9日,山东省外经贸工会发文,表彰山东省外经贸系统2002年度工会工作先进单位31个,工会工作优良单位16个,优秀工会工作者114名,优秀工会积极分子192名,优秀职工之友56名。

7月,山东省外经贸工会发文,表彰全省外经贸系统2003年度工会财务工作先进集体34个,其中:特等奖4个,一等奖12个,二等奖5个,三等奖13个。

7月25日,山东省五金矿产进出口公司工会主席周家安和山东省外贸职业学院纪委书记、工会主席周家勇获得由山东省总工会授予的"优秀工会积极分子"称号。

7月25日,山东省食品进出口公司董事长、党委书记滕海波获得由山东省总工会授予的"山东省荣誉工会积极分子"称号。

7月29日,山东省总工会向全省从事工会工作20年以上的2520名同志颁发"山东省老工会工作者"荣誉证书,其中,省外经贸系统22人获得此荣誉证书。

12月1日,山东省畜产进出口公司党委副书记、工会主席曲宝山获得由中国财贸轻纺烟草工会全国委员会授予的"优秀工会积极分子"称号。

2004年

1. 山东省外经贸工会和个人所获荣誉

6月,山东省外经贸工会获得由中共山东省委宣传部、山东省人大内务司法委员会、山东省总工会授予的"全省工会法制宣传教育工作先进单位"称号。

10月,山东省外经贸工会获得由山东省总工会、山东省职工技术协会授予的1999—2004年"职工技协先进集体"称号。

12月6日,山东省外经贸工会田敬毅获得由山东省总工会授予的"全省工会推进协调劳动关系工作先进个人"称号。

2. 所属单位和个人所获荣誉

2月9日,山东省外经贸工会发文表彰全省外经贸系统2003年度先进女职工委员会19个,先进女职工工作者30名,先进女职工77名,文明家庭26户。

3月5日,山东省外经贸工会表彰全省外经贸系统2003年度138名"最佳创汇(效益)能手"。

3月20日,山东省外经贸工会发文,表彰全省外经贸系统2003年度工会工作先进单位33个,工会工作优良单位17个,优秀工会工作者120名,优秀工会积极分子200名,优秀职工之友60名。

4月9日,新华锦集团有限公司董事长张建华获得由山东省总工会授予的"富民兴鲁劳动奖章"。

5月26日,山东省外经贸工会发文,表彰全省外经贸2003年度工会财务工作先进集体34个,其中:特等奖4个,一等奖12个,二等奖5个,三等奖13个。

12月6日,山东省畜产进出口公司、山东省医疗保健品进出口公司获得由山东省总工会授予的"全省工会依法维权共谋发展先进单位"称号。

12月6日,山东省土产进出口公司工会主席曲宝山、山东外运公司工会主席李建国、山东省医疗保健品进出口公司工会主席李鲁青获得由山东省总工会授予的"全省工会推进协调劳动关系工作先进个人"称号。

2005 年

1. 山东省外经贸工会和个人所获荣誉

2月，山东省外经贸工会获得由中国职工保险互助会授予的"职工互助保险工作先进代办处"称号。

10月1日，山东省外经贸工会闻春桂创作的灯谜《举进士，市南宫第一（历史人物）欧阳中鹄》荣获由浏阳市灯谜大赛组委会颁发的《情迷浏阳河》"中国联通杯"中华灯谜创作大赛一等奖。

11月28日，山东省总工会发文表彰全省职工纪念中华全国总工会成立80周年知识竞赛先进个人和先进单位，其中：山东省外经贸工会获得由山东省总工会授予的"优秀组织奖"。

12月，山东省外经贸工会获得由山东省总工会授予的"山东省工会系统四五普法工作先进集体"称号。

12月16日，山东省外经贸工会田敬毅获得由中华全国总工会授予的全国工会系统"四五"普法先进个人称号。

2. 所属单位和个人所获荣誉

1月17日，山东省外经贸工会表彰山东省外经贸系统2004年度工会工作先进单位37个，工会工作优良单位21个，优秀工会工作者117名，优秀工会积极分子172名，优秀职工之友64名。

2月2日，山东省外经贸工会发文表彰全省外经贸系统2004年度先进女职工委员会15个，先进女职工工作者37名，先进女职工66名，文明家庭20个。

3月，山东省外经贸工会表彰全省外经贸系统2004年度138名"最佳创汇（效益）能手"。

3月，山东英吉多运动器材有限公司总经理魏茂昌获得由山东省总工会授予的"富民兴鲁劳动奖章"称号。

4月25日，山东外运公司工会获得由中华全国总工会授予的"全国模范职工之家"称号。

4月，山东省医药保健品进出口公司总经理辛迎东、山东省食品进出口公司工会主席尹树兴、山东绮丽集团美达有限公司业务员李明获得由山东省总工会授予的"富民兴鲁劳动奖章"称号。

7月12日，山东省外经贸工会发文表彰山东省外经贸系统2004年度工会财务工作先进集体21个，其中：特等奖3个，一等奖13个，二等奖5个。

9月20日，山东国贸集团（凯远集团）代表队在河南省许昌市举行的纪念全总成立80周年的"帝豪杯"全国职工知识竞赛决赛中，荣获全国职工知识竞赛金奖。

9月29日，山东省外经贸工会发通报，表彰山东国贸集团（凯远集团）代表队荣获全国职工知识竞赛金奖。

11月28日，山东省总工会发文表彰全省职工纪念中华全国总工会成立80周年知识竞赛先进个人和先进单位，其中：中化山东进出口集团公司工会赵维报获得由中华全国总工会授予的"一等奖"；山东省食品进出口公司的孙静获得由山东省总工会授予的"一等奖"，凯远集团张迪、山东省医药保健品进出口公司的吕秀芹获得由山东省总工会授予的"二等奖"；山东省食品进出口公司工会、中国烟草进出口山东公司工会获得由山东省总工会授予的"优秀组织奖"。

12月，山东省外贸集团公司工会主席肖黎获得由山东省总工会授予的全省工会系统"四五"普法先进个人称号。

2006 年

1. 山东省外经贸工会和个人所获荣誉

1月24日，山东省总工会发文表彰2005

年度省总工会机关先进部门和个人中,山东省外经贸工会邱伟考核为优秀等次、田敬毅受到嘉奖表彰。

9月8日,山东省外经贸工会闻春桂的论文《灯谜训字"钟情"漫谈》荣获由中华灯谜艺术高层论坛组委会颁发的"06宁夏•中华灯谜艺术高层论坛论文入围奖"。

12月,山东省外经贸工会获得由山东省总工会授予的"全省工会干部教育培训工作先进集体"称号。

12月,山东省外经贸工会获得由山东省总工会授予的全省工会法人登记管理工作"先进单位"称号。

12月,山东省外经贸工会田敬毅获得由山东省总工会授予的全省工会法人登记管理工作"先进个人"称号。

12月,山东省外经贸工会获得由中国职工保险互助会授予的"职工互助保险工作先进代办处"称号。

2. 所属单位和个人所获荣誉

1月18日,山东省外经贸工会发文,表彰山东省外经贸系统2005年度工会工作先进单位38个,工会工作优良单位21个,优秀工会工作者115名,优秀工会积极分子147名,优秀职工之友64名。

1月,山东即墨黄酒厂[新华锦(青岛)即墨老酒有限公司]的"即墨老酒"获得布鲁塞尔国际评酒协会唯一特别金奖。同年,被省务业厅授予"山东名牌"。

2月10日,山东省外经贸工会发文表彰全省外经贸系统2005年度先进女职工委员会20个,先进女职工工作者42名,先进女职工72名,文明家庭16户。

3月,山东省外经贸工会表彰全省外经贸系统2005年度130名"最佳创汇(效益)能手"。

4月28日,中化(青岛)实业有限公司总经理谢险峰荣获由中华全国总工会授予的"全国五一劳动奖章"。

6月28日,山东省外经贸工会发文表彰山东省外经贸系统2005年度工会财务工作先进集体24个,其中:特等奖3个,一等奖13个,二等奖4个,贡献奖4个。

8月28日,山东省粮油进出口公司工会张博获得由山东省人大内务司法委员会、山东省人大常委会法制工作委员会、山东省总工会授予的《山东省企业职工代表大会条例》知识竞赛活动优胜个人二等奖。

11月,山东即墨黄酒厂[新华锦(青岛)即墨老酒有限公司]的"即墨老酒"被国家商务部首批认定为"中华老字号"。

11月29日,中化青岛职工王慧迪以生化医药事业部的先进事迹为内容的《学习获得知识,知识促就发展》作品代表山东省外贸系统参加山东省总工会举行的全省"工人有技术才能更有力量"职工演讲比赛中,获得优秀奖。

2007年

1. 山东省外经贸工会和个人所获荣誉

2月2日,山东省总工会发文表彰2006年度省总工会机关先进部门和个人中,山东省外经贸工会邱伟受到嘉奖表彰。

4月2日,山东省总工会对省总工会机关、直属省产业工会、事业单位工作人员2006年年度考核中,山东省外经贸工会田敬毅获得优秀,其他人员为称职。

6月8日,山东省外经贸工会获得由山东省总工会授予的"全省工会干部教育培训工作先进集体"称号。

6月8日,山东省外经贸工会田敬毅获得由山东省总工会授予的"全省工会干部教育培训工作先进个人"称号。

11月26日,山东省外经贸工会获得由山东省总工会授予的"全省工会保障工作先进单位"称号。

12月21日,山东省对外经济贸易工会闻春桂获得由山东省总工会授予的2007年度《山东工会年鉴》编纂工作"先进个人"称号。

2. 所属单位和个人所获荣誉

1月5日,山东华食佳食品有限公司获得由山东省总工会授予的"山东省劳动关系和谐企业"称号和"山东省富民兴鲁劳动奖状"。

1月5日,山东华食佳食品有限公司董事长、总经理綦军书获得由山东省总工会授予的"山东省富民兴鲁劳动奖章"。

1月9日,中化山东进出口集团公司工会副主席赵维报荣获中国财贸轻纺烟草工会全国委员会授予的"全国财贸轻纺烟草行业优秀工会工作者"称号。

1月9日,山东省食品进出口公司工会副主席滕建华荣获中国财贸轻纺烟草工会全国委员会授予的"全国财贸轻纺烟草行业优秀工会积极分子"称号。

1月9日,新华锦集团有限公司党委书记、董事长、总裁张建华,山东机械设备进出口集团公司党委书记、总经理曹辉恩荣获中国财贸轻纺烟草工会全国委员会授予的"全国财贸烟草系统荣誉工会积极分子"称号。

1月18日,山东省外经贸工会发文,表彰山东省外经贸系统2006年度工会工作先进单位43个,工会工作优良单位26个,优秀工会工作者126名,优秀工会积极分子187名,优秀职工之友72名。

1月19日,山东省外经贸工会发文,表彰山东省外经贸系统2006年度"山东省外经贸劳动关系和谐企业"16家。

1月22日,山东省外经贸工会发文,表彰山东省外经贸系统工会2006年度先进女职工委员会22个,先进女职工75人,先进女职工工作者43人,文明职工家庭19户。

3月,山东省外经贸工会表彰全省外经贸系统2006年度114名"最佳创汇(效益)能手"。

4月29日,中化山东进出口集团公司工会副主席赵维报荣获由山东省总工会授予的"富民兴鲁劳动奖章"称号。

8月6日,山东省外经贸工会发文表彰山东省外经贸系统2006年度工会财务工作先进集体26个,其中:特等奖4个,一等奖12个,二等奖5个,贡献奖5个。

12月11日,山东省对外贸易集团有限公司工会、凯远集团公司工会获得由山东省人大内务司法委员会、山东省人大常委会法制工作委员会、山东省总工会颁发的《中华人民共和国劳动合同法》报纸知识竞赛活动组织奖;同时,山东省对外贸易集团有限公司工会付少林、凯远集团公司工会高广青获得竞赛活动优胜个人奖。

2008年

1. 山东省外经贸工会和个人所获荣誉

2月2日,山东省总工会发文表彰2007年度省总工会机关先进部门和个人中,山东省外经贸工会邱伟受到嘉奖表彰。

2月13日,山东省总工会对省总工会机关、直属省产业工会、事业单位工作人员2007年年度考核中,山东省外经贸工会田敬毅获得优秀,其他人员为称职。

8月,山东省外经贸工会荣获由山东省总工会颁发的2007年度市级工会财务会计工作竞赛二等奖。

2. 所属单位和个人所获荣誉

1月25日,山东省外经贸工会发文,表彰山东省外经贸系统2007年度工会工作先进单位42个,工会工作优良单位24个,优秀工会工作者118名,优秀工会积极分子170名,优秀职工之友65名。

1月25日，山东省外经贸工会发文，表彰山东省外经贸系统2007年度"山东省外经贸劳动关系和谐企业"10家。

1月7日，中国烟草山东进出口公司获得由山东省总工会授予的"山东省劳动关系和谐企业"称号。

1月7日，中国烟草山东进出口公司总经理王卫平获得由山东省总工会授予的"富民兴鲁劳动奖章"称号。

3月12日，山东省外经贸工会表彰全省外经贸系统2007年度106名"最佳创新（效益）能手"。

2月14日，山东省外经贸工会发文，表彰山东省外经贸系统工会2007年度先进女职工委员会23个，先进女职工70人，先进女职工工作者48人，文明职工家庭22户。

4月，中国外运山东有限公司总经理于成群荣获由山东省总工会授予的"山东省劳动模范"称号。

4月，新华锦集团陶琳荣获由中华全国总工会授予的"全国五一劳动奖章"。

5月22日，绮丽集团有限责任公司工会主席金福晔获得由山东省总工会授予的"山东省优秀工会工作者"称号。

5月22日，山东省总工会向全省从事工会工作20年以上的2002名同志颁发"山东省老工会工作者"荣誉证书，其中，省外经贸系统尹术兴、滕建华、李志山等7人获得此荣誉证书。

8月6日，中国外运山东有限公司汽运分公司救灾物资运输队获得由山东省总工会授予的山东省支援抗震救灾"工人先锋号"称号。

8月18日，山东省外经贸工会发文，表彰省外经贸系统2007年度工会财务工作取得优异成绩的工会30个，其中：特等奖单位4个，一等奖单位13个，二等奖单位5个，贡献奖单位8个。

9月，山东省机械进出口集团公司工会姚振玲获得由山东省总工会授予的"全省工会财会工作先进工作者"称号。

12月8日，中化山东进出口集团公司工会王梅玉获得由山东省总工会授予的"全省工会财会工作先进工作者"称号。

12月8日，山东省机械进出口集团公司工会获得由山东省总工会授予的"全省工会财会工作先进集体"称号。

12月22日，山东省外经贸工会发文，表彰山东省外经贸系统2008年度工会工作先进单位42个，工会工作优良单位24个，优秀工会工作者119名，优秀工会积极分子175名，优秀职工之友70名。

2009年

1. 山东省外经贸工会和个人所获荣誉

1月20日，山东省总工会发文表彰2008年度省总工会机关先进部门和个人中，山东省外经贸工会田敬毅受到嘉奖表彰。

1月20日，山东省外经贸工会田敬毅在2006—2008年年度考核中，连续三年为优秀等次，山东省总工会给予记三等功。

1月8日，山东省外经贸工会获得由山东省总工会授予的"山东工会年鉴工作先进单位"称号。

2月6日，山东省外经贸工会山东省外经贸工会的调查报告《找准着力点，在推进外贸系统构建劳动关系和谐企业过程中发挥作用》获得山东省总工会、山东省工人运动研究会授予的2008年度全省工会理论政策研究优秀成果优秀奖。

3月，山东省外经贸工会获得由山东省总工会授予的"山东省先进女职工工作集体"称号。

3月，山东省外经贸工会闻春桂被世界民间文艺家协会、中国民间艺术家联合会授予"首届世界民间艺术大师"终身成就荣誉称号。

4月，山东省外经贸工会邱伟获得由山东省总工会授予的"山东省富民兴鲁劳动奖章"。

6月，山东省外经贸工会荣获由山东省总工会颁发的2008年度市级工会财务会计工作竞赛二等奖。

2. 所属单位和个人所获荣誉

1月，中化青岛保健品事业部荣获"全国学习先进班组"称号。

1月8日，新华锦集团有限公司副总裁徐东波获得由山东省总工会授予的"富民兴鲁劳动奖章"。

1月8日，山东华食佳有限公司工会副主席胡汉强和新华锦集团有限公司工会委员代红获得由山东省总工会授予的"全省工会创建劳动关系和谐企业工作先进个人"称号。

1月8日，中国烟草山东进出口公司工会委员会获得由山东省总工会授予的"全省工会创建劳动关系和谐企业工作先进单位"称号。

1月8日，新华锦集团有限公司获得由山东省总工会授予的"山东省劳动关系和谐企业"称号和"富民兴鲁劳动奖状"。

1月13日，山东省外经贸工会发文，表彰全省外经贸系统2008年度102名"最佳创新（效益）能手"。

1月，山东省外经贸工会表彰授予全省外经贸系统2008年度34个单位部门（班组）"工人先锋号"。

1月，山东省外经贸工会表彰授予全省外经贸系统2008年度11个单位"劳动关系和谐企业先进单位"。

2月2日，山东省外经贸工会发文，表彰山东省外经贸系统工会2008年度先进女职工委员会24个，先进女职工86人，先进女职工工作者50人，文明职工家庭24户。

4月28日，绮丽集团有限公司获得由山东省总工会授予的"山东省富民兴鲁劳动奖状"。

4月28日，新华锦集团海川发制品有限公司业务一部获得由山东省总工会授予的"山东省工人先锋号"称号。

4月28日，山东外贸集团瑞丰有限公司总经理孟祥业、中化（青岛）实业有限公司总经理助理黄建华、中国外运山东有限公司威海分公司总经理张少明获得由山东省总工会授予的"山东省富民兴鲁劳动奖章"。

4月，新华锦集团董事长、总经理张建华获得由青岛市人民政府授予的"青岛市劳动模范"称号。

4月，青岛港丰国际物流有限公司董事长、总经理李建国获得由青岛市人民政府授予的"青岛市劳动模范"称号。

7月16日，山东省外经贸工会发文，表彰省外经贸系统2008年度工会财务工作取得优异成绩的工会32个，其中：特等奖单位5个，一等奖单位9个，二等奖单位8个，贡献奖单位10个。

新华锦（青岛）即墨老酒有限公司的即墨老酒馆被评定为省级工业旅游示范点。

2010年

1. 山东省外经贸工会和个人所获荣誉

1月7日，山东省外经贸工会的《组织引导广大职工群策群力积极应对金融危机对外贸企业的影响》荣获由山东省总工会、山东省工人运动研究会授予的2009年度全省工会优秀理论政策研究成果优秀奖。

2月2日，在山东省总工会对省总工会机关、直属省产业工会、事业单位工作人员2009年年度考核中，山东省外经贸工会王惠芳获得优秀，其他人员为称职。同时，王惠芳受到山东省总工会2009年度嘉奖。

6月,山东省外经贸工会荣获由山东省总工会颁发的2009年度市级工会财务会计工作竞赛二等奖。

12月,山东省外经贸工会荣获由山东省总工会颁发的庆祝山东省总工会成立70周年工运知识竞赛"优秀组织奖"。

12月24日,山东省外经贸工会被山东省总工会评为全省工会系统"五五"普法"先进单位"。

12月,山东省外经贸工会田敬毅被中华全国总工会评为全国工会系统"五五"普法"先进个人"。

2. 所属单位和个人所获荣誉

1月12日,山东省外经贸工会发文,表彰山东省外经贸系统2009年度工会工作先进单位50个,工会工作优良单位25个,优秀工会工作者105名,优秀工会积极分子155名,优秀职工之友77名。

1月28日,山东省外经贸工会发文,表彰全省外经贸系统2009年度111名"最佳创新(效益)能手"。

1月,新华锦(青岛)即墨老酒有限公司的"即墨"牌商标被国家工商总局认定为中国驰名商标。

2月6日,山东省外经贸工会发文,表彰山东省外经贸系统工会2009年度先进女职工委员会27个,先进女职工90人,先进女职工工作者50人,文明职工家庭27户。

4月13日,山东省外经贸工会发文,表彰山东省外经贸系统2010年度"工人先锋号"单位(部门)25个。

4月30日,中化(青岛)实业有限公司荣获由中华全国总工会授予的"全国模范职工之家"称号。

4月28日,青岛港丰国际物流有限公司荣获由山东省总工会授予的"山东省富民兴鲁劳动奖状"。

4月28日,山东山孚日水有限公司二车间荣获由山东省总工会授予的"山东省工人先锋号"称号。

4月28日,山东外贸集团新欣有限公司总经理巩秋林、新华锦集团即墨黄酒厂副总工程师仇翠芳、凯远集团美赫尔国际贸易有限公司总经理徐海波荣获由山东省总工会授予的"山东省富民兴鲁劳动奖章"。

8月24日,山东省外经贸工会发文,表彰省外经贸系统2009年度工会财务工作取得优异成绩的工会33个,其中:特等奖单位5个,一等奖单位9个,二等奖单位9个,贡献奖单位10个。

7月21日,中国外运大物件物流有限公司荣获由山东省总工会授予的"山东省富民兴鲁劳动奖状"。

7月21日,中国外运大物件物流有限公司总经理王从武荣获由山东省总工会授予的"山东省富民兴鲁劳动奖章"。

9月26日,山东京华钻石股份有限公司阎立杰、许华、万国平研发的"中国工"钻石加工技术荣获由山东省总工会、山东省科学技术厅、山东省经济和信息化委员会、山东省人力资源和社会保障厅颁发的山东省职工优秀技术创新成果二等奖并在11月11日召开的山东省职工优秀技术创新成果表彰大会上受到表彰。

12月24日,中国烟草山东进出口有限公司副总经理、工会主席王新梅被山东省总工会评为全省工会系统"五五"普法"先进个人"。

2011年—2016年

2011年

1. 山东省外经贸工会和个人所获荣誉

1月,山东省外经贸工会《关于省外贸驻青单位生产企业"招工难"现象的调研报告》荣获由山东省总工会、山东省工人运动研究会授予的2010年度全省优秀理论政策研究成果二等奖。

1月10日,山东省外经贸工会《破解招工难 促进外贸生产企业转方式调结构》荣获由中国财贸轻纺烟草工会授予的2010年度工会优秀调研成果和优秀理论研究成果二等奖。

1月28日,在山东省总工会对省总工会机关、直属省产业工会、事业单位工作人员2010年年度考核中,山东省外经贸工会王惠芳获得优秀,其他人员为称职。同时,王惠芳受到山东省总工会2010年度嘉奖。

3月,山东省外经贸工会获得由中国职工保险互助会授予的2010年度"全国职工互助保障先进单位"称号。

3月,山东省外经贸工会王新强获得由中国职工保险互助会授予的2010年度"全国职工互助保障优秀工作者"称号。

5月10日,山东省外经贸工会荣获由山东省总工会办公室颁发的2010年度市级工会财务会计工作竞赛二等奖。

12月,山东省外经贸工会荣获由山东省总工会、山东省职工技术协会授予的山东省职工技协"先进单位"称号。

12月12日,山东省外经贸工会王惠芳的《关于山东省外经贸工会开展职工互助互济保障活动职工收益情况的调查》,荣获由山东省总工会办公室颁发的全省工会女职工工作理论征文活动获奖论文"二等奖"。

12月12日,山东省外经贸工会荣获由山东省总工会办公室颁发的全省工会女职工工作理论征文活动"优秀组织奖"。

2. 所属单位和个人所获荣誉

1月5日,山东省外经贸工会发文,表彰山东省外经贸系统2010年度工会工作先进单位58个,工会工作优良单位31个,优秀工会工作者113名,优秀工会积极分子184名,优秀职工之友81名。

1月7日,山东省外经贸工会发文,表彰2010年度山东省外经贸企业"双爱双评"先进个人,其中:授予"爱企业好职工"称号20人;授予"爱职工的好领导"称号10人。

1月6日,山东省外经贸工会发文,授予11家企业为山东省外经贸系统2010年度"劳动关系和谐企业"称号。

1月18日,山东省外经贸工会发文,表彰山东省外经贸系统工会2010年度先进女职工委员会30个,先进女职工88人,先进女职工工作者53人,文明职工家庭24户。

1月28日,在山东省总工会对省总工会机关、直属省产业工会、事业单位工作人员2010年年度考核中,山东省外经贸工会王惠芳获得优秀,其他人员为称职。

1月28日,山东省外经贸工会王惠芳获得山东省总工会2010年度嘉奖。

2月,山东省外经贸工会发文,表彰全省外经贸系统2010年度125名"最佳创新(效益)能手"。

4月25日,山东外贸职业学院荣获由山

东省总工会授予的"山东省富民兴鲁劳动奖状"。

4月25日,中化(青岛)实业公司保健品事业部荣获由山东省总工会授予的"山东省工人先锋号"称号。

4月25日,中国烟草山东进出口有限责任公司总经理渠庆忠、绮丽集团有限责任公司副总裁宋维生、山东机械进出口集团公司华明部经理谭雷3人荣获由山东省总工会授予的"山东省富民兴鲁劳动奖章"。

4月28日,山东外贸职业学院公共外语部荣获由山东省总工会授予的"山东省女职工建功立业标兵岗"称号。

4月28日,青岛港丰国际物流有限公司副董事长邵薇荣获由中华全国妇女联合会授予的"全国五一巾帼标兵"。

4月28日,山东省国际贸易集团国际事业部副总经理高广青荣获由山东省总工会授予的"山东省女职工建功立业标兵"称号。

6月23日,山东省外经贸工会发文,授予18各单位为山东省外经贸系统2011年度"工人先锋号"称号。

6月25日,中化青岛公司获得泰国政府"最佳伙伴"奖,时任泰国总理阿披实向中化青岛总经理谢险峰颁奖。

7月18日,山东省外经贸工会发文,表彰省外经贸系统2010年度工会财务工作取得优异成绩的工会36个,其中:特等奖单位6个,一等奖单位8个,二等奖单位11个,贡献奖单位11个。

10月31日,中国外运山东有限公司单吉键获得由中华全国总工会授予的"全国优秀工会工作者"称号。

11月16日,中国烟草山东进出口有限责任公司工会获得由中国财贸轻纺烟草工会全国委员会授予的"全国财贸轻纺烟草行业先进基层工会"称号。

11月16日,山东省新迈特五金矿产有限公司工会主席周家安、新华锦集团山东海锦国际贸易有限公司工会主席于少刚、山东机械设备进出口集团公司工会主席徐坚获得由中国财贸轻纺烟草工会全国委员会授予的"全国财贸轻纺烟草行业优秀工会工作者"称号。

12月12日,中国烟草山东进出口有限责任公司刘宏的《浅谈如何发挥女职工在家庭、企业中的特殊作用》,荣获由山东省总工会办公室颁发的全省工会女职工工作理论征文活动获奖论文"优秀奖"。

12月12日,中国烟草山东进出口有限责任公司王笑沛的《探索做好女职工工作的新方法新途径》,荣获由山东省总工会办公室颁发的全省工会女职工工作理论征文活动获奖论文"优秀奖"。

12月20日,山东省中艺抽纱实业有限公司荣获由山东省总工会授予的"山东省劳动关系和谐企业"称号和"山东省富民兴鲁劳动奖状"。

12月20日,山东省中艺抽纱实业有限公司总经理张志忠荣获由山东省总工会授予的"山东省富民兴鲁劳动奖章"。

新华锦(青岛)即墨老酒有限公司的即墨老酒获得山东100个旅游特色商品第九名,青岛市第一名。

2012年

1. 山东省外经贸工会和个人所获荣誉

1月4日,山东省外经贸工会《关于对山东省外贸(驻青)改制企业基本情况的调研报告》荣获由山东省总工会、山东省工人运动研究会授予的2011年度全省优秀理论政策研究成果三等奖。

1月19日,山东省外经贸工会王新强、王惠芳获得由山东省总工会给予的嘉奖奖励,同时,王惠芳荣立三等功。

2月17日,山东省外经贸工会获得由中

国财贸轻纺烟草工会授予的"2010年度全国财贸轻纺烟草行业工会信息工作先进单位"。

3月,中国职工保险互助会授予山东省对外经济贸易工会2011年度"职工互助保险先进单位"。

5月21日,山东省外经贸工会荣获由山东省总工会颁发的2011年度市级工会会计工作竞赛二等奖。

2. 所属单位和个人所获荣誉

1月6日,山东省外经贸工会发文,表彰省外经贸系统2011年度工会工作先进单位60个,工会工作优良单位29个,优秀工会工作者114名,优秀工会积极分子194名,优秀职工之友80名。

1月6日,山东省外经贸工会发文,表彰省外经贸系统2011年度劳动关系和谐企业15家。

1月7日,山东省外经贸工会发文,表彰2011年度山东省外经贸企业"双爱双评"先进个人,其中:"爱企业好职工"20人;"爱职工的好领导"10人。

1月7日,山东省外经贸工会发文,表彰山东省外经贸系统工会2011年度先进女职工委员会35个,先进女职工91人,先进女职工工作者51人,文明职工家庭27户。

3月,山东省外经贸工会发文,表彰全省外经贸系统2011年度122名"最佳创新(效益)能手"。

4月23日,中国外运山东有限公司副总经理刘晓东荣获由中华全国总工会授予的"全国五一劳动奖章"。

4月23日,青岛山孚大酒店前厅部获得由山东省总工会授予的"山东省工人先锋号"称号。

4月23日,新华锦集团山东海川锦融发制品有限公司总经理魏伟、山东外贸职业学院工会主席魏长征、山东山孚大酒店有限公司客房部经理于清源、山东商务厅机关服务中心主任刘天林4人荣获由山东省总工会授予的"山东省富民兴鲁劳动奖章"。

4月27日,山东通利机械进出口有限公司阎群荣获青岛市人民政府授予的2009—2011年度"青岛市劳动模范"称号。

4月27日,青岛益佳纺织品进出口股份有限公司张君荣获青岛市人民政府授予的2009—2011年度"青岛市劳动模范"称号。

7月18日,山东省外经贸工会发文,表彰省外经贸系统2012年度工会财务工作取得优异成绩的工会34个,其中:特等奖单位5个,一等奖单位8个,二等奖单位13个,贡献奖单位8个。

12月,新华锦(青岛)即墨老酒有限公司的即墨老酒馆被评定为国家AAA级景区、山东省最佳文化旅游景区;省级工业旅游示范点。同年,即墨老酒被评定为山东省旅游接待用酒十大品牌。

2013年

1. 山东省外经贸工会和个人所获荣誉

1月,山东省外经贸工会《关于对山东省外贸(驻青)企业文化建设情况的调研报告》荣获由山东省总工会、山东省工人运动研究会授予的2012年度全省优秀理论政策研究成果优秀奖。

2月4日,在山东省总工会对省总工会机关、直属省产业工会、事业单位工作人员2012年年度考核中,山东省外经贸工会王新强、徐霄获得优秀,其他人员为称职。同时,王新强、徐霄受到山东省总工会2012年度嘉奖。

2月16日,徐霄被评为优秀等次工作人员,并获得嘉奖。

5月20日,中国职工保险互助会授予山东省对外经济贸易工会2012年度"职工互助保障先进单位"称号;同时,授予山东省对外经济贸易工会鞠新伟2012年度"职工互助保障优秀工作者"称号。

6月20日，山东省外经贸工会荣获由山东省总工会颁发的2012年度市级工会财务会计工作竞赛二等奖。

6月，山东省外经贸工会的《关于山东省外贸（驻青）单位企业文化建设情况的调研报告》获得由山东省总工会和山东省工人运动研究会授予的2012年全省工运理论政策研究优秀成果优秀奖。

8月，中华全国总工会女职工委员会授予山东省对外经济贸易工会女工委《女职工劳动保护特别规定》知识竞赛活动"优秀组织奖"。

2. 所属单位和个人所获荣誉

1月11日，山东省外经贸工会发文，表彰山东省外经贸系统2012年度工会工作先进单位59个，工会工作优良单位30个，优秀工会工作者112名，优秀工会积极分子196名，优秀职工之友79名。

1月11日，山东省外经贸工会发文，表彰山东省外经贸系统2012年度劳动关系和谐企业12家。

1月11日，山东省外经贸工会发文，表彰2012年度山东省外经贸企业"双爱双评"先进个人，其中："爱企业好职工"20人；"爱职工的好领导"10人。

1月18日，山东省外经贸工会发文，表彰山东省外经贸系统2012年度工会女职工工作先进集体和先进个人，其中：授予工会先进女职工集体33个，工会先进女职工个人92名，工会先进女职工工作者46名，文明职工家庭26户。

2月20日，山东省外经贸工会发文，表彰全省外经贸系统2012年度119名"最佳创新（效益）能手"。

2月26日，山东山孚大酒店有限公司获得由山东省总工会、山东省安全生产监督管理局授予的"山东省安康杯竞赛优秀组织单位"称号。

2月26日，山东山孚大酒店有限公司杨保群获得由山东省总工会、山东省安全生产监督管理局授予的"山东省安康杯竞赛优秀组织个人"称号。

6月26日，山东新华锦国际商务集团有限公司工会委员会获得由山东省总工会授予的"山东省模范职工之家"称号。

6月26日，山东山孚大酒店有限公司前厅工会小组获得由山东省总工会授予的"山东省模范职工小家"称号。

6月26日，青岛绮丽佳荣制衣有限公司工会主席孙衍飞获得由山东省总工会授予的"山东省优秀工会工作者"称号。

6月26日，山东海润投资集团有限公司工会女职工委员会主任刘敏获得由山东省总工会授予的"山东省优秀工会积极分子"称号。

6月，新华锦（青岛）即墨老酒有限公司的即墨老酒传统酿造技艺被列入省级非物质文化遗产项目名录。

7月，山东即墨黄酒厂有限公司韩吉臣、杜祖远、仇翠芳的"利用现代生物工程技术酿造干型即墨老酒"、"海参即墨老酒"获得由山东省总工会、山东省科学技术厅、山东省人力资源和社会保障厅、山东省经济和信息化委员会联合颁发的山东省职工优秀技术创新成果二等奖；同时，韩吉臣、杜祖远的"糖化机设计与改造"获得山东省职工优秀技术创新成果二等奖。

7月18日，山东省外经贸工会发文，表彰省外经贸系统2012年度工会财务工作取得优异成绩的工会34个，其中：特等奖单位5个，一等奖单位8个，二等奖单位13个，贡献奖单位8个。

8月26日，新华锦（青岛）即墨老酒有限公司荣获由山东省总工会授予的"山东省富民兴鲁劳动奖状"。

8月26日，新华锦（青岛）即墨老酒有限

公司总经理杜祖远荣获由山东省总工会授予的"山东省富民兴鲁劳动奖章"。

2014 年

1. 山东省外经贸工会和个人所获荣誉

1月26日,山东省总工会公布省总工会机关、直属省产业工会、事业单位工作人员2013年年度考核结果:部室(单位)主要负责人"优秀"等次人员有:王新强;部室(单位)其他"优秀"等次人员有:徐霄。

1月,山东省外经贸工会王新强的论文《关于省外贸(驻青)单位职工教育情况的调研报告》荣获由山东省总工会、山东省工人运动研究会授予的2013年度全省优秀理论政策研究成果三等奖。

4月,山东省外经贸工会鞠新伟获得由山东省总工会授予的"山东省富民兴鲁劳动奖章"。

5月15日,山东省外经贸工会女职工委员会获得由山东省总工会授予的"山东省先进工会女职工委员会"称号。

6月18日,中国职工保险互助会授予山东省对外经济贸易工会2013年度"职工互助保障先进单位"。

2. 所属单位和个人所获荣誉

1月13日,山东省外经贸工会发文,表彰山东省外经贸系统2013年度工会工作先进单位57个,工会工作优良单位34个,优秀工会工作者126名,优秀工会积极分子221名,优秀职工之友72名。

1月13日,山东省外经贸工会发文表彰全省外经贸系统2013年度劳动关系和谐企业13家。

1月13日,山东省外经贸工会发文表彰全省外经贸系统2013年度"双爱双评"先进人物,其中:"爱企业的好职工"20人,"爱职工的好领导"10名。

1月23日,山东省外经贸工会发文,表彰全省外经贸系统2013年度120名"最佳创新(效益)能手"。

2月10日,山东省外经贸工会发文表彰全省外经贸系统2013年度先进女职工委员会34个,先进女职工工作者49名,先进女职工92名,文明家庭26个。

3月,山东省东方国际贸易有限公司邵延财在全省"最美劳动者"宣传行动中,荣获由山东省总工会、大众日报社、山东广播电视台颁发的"最美劳动者"称号。

4月,中国外运山东有限公司、新华锦集团获得由山东省总工会授予的"山东省劳动关系和谐企业"称号。

4月,中国外运山东有限公司副总经理王理俊获得由中华全国总工会授予的"全国五一劳动奖章"。

4月,山东英吉多健康产业有限公司技术研发部获得由山东省总工会授予的"山东省工人先锋号"称号。

4月,山东省荣鑫进出口有限公司董事长岳海亭、山东通利机械进出口有限公司工会主席臧立红获得由山东省总工会授予的"山东省富民兴鲁劳动奖章"。

5月,山东英吉多健康产业有限公司荣获由山东省总工会和省安全生产监督管理局授予"山东省安康杯竞赛优胜单位"荣誉称号。同时,该公司工会主席高云被评为"山东省安康杯竞赛优秀组织个人"。

7月30日,山东省外经贸工会发文表彰2013年度工会财务工作先进集体,其中:优秀单位14个,优良单位23个。

8月8日,中国外运山东有限公司荣获由中国交通运输协会能源物流产业联盟、中国交通运输协会物流技术装备专业委员会授予的"2014年度中国能源物流最佳企业大奖"。

8月13日,中国外运山东有限公司荣获

由山东省总工会授予的"山东省富民兴鲁劳动奖状"。

8月13日,中国外运山东有限公司总经理宋嵘荣获由山东省总工会授予的"山东省富民兴鲁劳动奖章"。

9月12日,山东省外经贸工会发文表彰省外经贸系统"查隐患"活动先进("雷厉风行")单位10个,先进("火眼金睛")个人20名。

2015 年

1. 山东省外经贸工会和个人所获荣誉

1月,山东省外经贸工会获得由山东省总工会授予的"2014年度省总工会机关文明建设先进单位"称号。

1月,山东省外经贸工会的《关于对省外贸(驻青)企业工会参与经营管理情况的调研报告》荣获由山东省总工会、山东省工人运动研究会授予的2014年度全省优秀理论政策研究成果优秀奖。

1月,山东省外经贸工会主任王新强的论文《发挥贴近企业熟悉行业优势搭建交流平台促进企业发展》荣获由山东省总工会、山东省工人运动研究会授予的2014年度全省工会优秀调研成果优秀奖。

2月12日,王新强、徐霄被评为省总工会2014年度"优秀"等次工作人员,均受嘉奖奖励,徐霄记三等功。

2月,获得由山东省总工会授予的"工会财务会计管理规范单位"称号。

5月,获得由山东省总工会授予的"全省工会财务工作先进单位"称号。

7月3日,山东省对外经济贸易工会在山东省总工会2014年度工会财务会计工作竞赛评比中,获得"财务会计竞赛一等奖"。

2. 所属单位和个人所获荣誉

1月26日,山东省外经贸工会发文表彰省外经贸系统2014年度工会工作先进单位53个,工会工作优良单位37个,优秀工会工作者125名,优秀工会积极分子226名,优秀职工之友68名。

2月27日,山东省外经贸工会发文表彰全省外经贸系统2014年度先进女职工委员会32个,先进女职工工作者44名,先进女职工88名,文明家庭25户。

2月,山东省国际贸易集团中心国际事业部高广青荣获由中华全国总工会授予的"全国五一巾帼标兵"称号。

5月,中化(青岛)实业有限公司工会姜雪梅获得由山东省总工会授予的"山东省优秀工会工作者"称号。

5月,中国外运山东有限公司工会徐海梅获得由山东省总工会授予的"全省工会财务先进工作者"称号。

9月2日,山东省外经贸工会发文,表彰省外经贸系统2014年度工会财务工作取得优异成绩的工会46个,其中:优秀单位15个,优良单位31个。

12月23日,山东省外经贸工会发文表彰全省市、县、(市、区)商务(外经贸)局工会组建工作先进单位,其中:授予青岛市商务局工会等7个单位、济南市商河县商务局工会等18个单位"全省市、县、(市、区)商务(外经贸)局工会组建工作先进单位"称号。

2016 年

1. 山东省外经贸工会和个人所获荣誉

1月,山东省外经贸工会田敬毅的论文《关于省外贸(驻青)单位工会规范化建设情况的调研报告》荣获由山东省总工会、山东省工人运动研究会授予的2015年度全省工会优秀调研成果优秀奖。

2月2日,王新强、马骥被评为省总工会2015年度"优秀"等次工作人员,均受嘉奖奖励。

2月15日,在山东省总工会2015年度

工作总结表彰暨2016年工作动员大会上，省外经贸工会获得省总工会授予的2015年度省总工会机关文明建设"先进单位"称号。

12月2日，山东省外经贸工会吕娉娉在山东省总工会举办了"工会大讲堂"集中展示活动中，获得"优秀主讲人"奖。

2. 所属单位获和个人所获荣誉

1月28日，山东省外经贸工会发文表彰省外经贸系统2015年度工会工作先进单位81个，工会工作优良单位51个，优秀工会工作者175名，优秀工会积极分子260名，优秀职工之友87名。

1月28日，山东省外经贸工会发文表彰全省外经贸系统2015年度129名"最佳创新（效益）能手"。

1月28日，山东省外经贸工会发文表彰省外经贸系统2015年度劳动关系和谐企业18家。

3月3日，山东省外经贸工会发文表彰全省外经贸系统2015年度先进女职工委员会31个，先进女职工工作者44名，先进女职工92名，文明家庭22名。

3月17日，山东省总工会、山东省安全生产监督管理局发文，表彰全省"安康杯"竞赛先进集体和先进个人，山东英吉多健康产业有限公司获得"山东省安康杯竞赛优胜单位"称号；山东英吉多健康产业有限公司工会主席高云获得"山东省安康杯竞赛先进个人"称号。

5月12日，山东通利机械制造有限公司工会委员会获得由山东省总工会授予的"全省模范职工之家"称号。

9月5日，山东省外经贸工会发文，对2015年度工会财务工作取得优异成绩的40个单位给予表彰，其中：优秀单位14个，优良单位26个。

12月19日，山东省外经贸工会决定，授予济南市商务局工会等14个单位、济南市商河县商务局工会等31个单位"全省组建县（市、区）外经贸企业工会联合会工作先进单位"称号。

第四篇　调查研究

1992 年—1994 年 179
2010 年—2011 年 187
2012 年—2014 年 197
2015 年—2016 年 213

1992 年—1994 年

1992 年
加速工会运行机制的转换
努力提高工会组织的整体素质

丛毅富　张桂香

当前,我们国家面临许多新的情况,出现了许多新的问题,这些新情况、新问题的突出特点简言之为"转换",例如国家的经济体制在转换;党的职能在转换;各级政府的职能在转换;企业的内部经营机制在转换……在全党、全国各行各业都在大"转换"的形势下,各级工会组织在深化改革方面的主要任务应该是:认清新形势、紧跟新形势,依据《工会法》《企业法》和《全民所有制工业企业转换经营机制条例》等法规,加速工会自身运行机制的转换,努力清除工会工作中"左"的影响,提高工会组织的整体素质,推动全心全意依靠工人阶级的方针向深层次落实。为此要解决好以下几个问题:

一、认清转换工会运行机制的新形势,增强转换工会运行机制的紧迫感。

所谓工会的运行机制,我们认为应该是工会为适应社会主义市场经济发展的需要,改变过去在产品经济体制下形成的束缚工会发展的不适应新体制的东西,在党的路线方针政策指引下,在法制的轨道上独立自主地开展工作,从实际出发,设立新的组织机构,确立新的工作思路,制定新的制度办法,使工会保持生机勃勃的活力,更好地发挥整体功能作用。

工会加速自身运行机制的转换不是主观臆断,不是权宜之计,不是临时之举,不是乱学时髦,而是长久之计,是工会事业战略性转变的需要,是适应整个国家经济体制由社会主义计划经济转换到社会主义市场经济的需要,是适应政府职能的转换和机构改革的需要,是适应企业转换内部经营机制的需要,是适应增强工会自身活力的需要。为此,各级工会组织在当前的形势下,既要积极支持政府转变职能,支持企业转换内部经营机制,把《企业法》和国务院颁发的《全民所有制工业企业转换经营机制条例》极早、极快、极好地落到实处,同时,必须把加速工会自身运行机制的转换列入重要的工作日程,领导要亲自抓、靠上抓,并组织专人来研究、部署、狠抓落实,防止只去参与政府职能和企业内部经营机制的转换,而忽略自身运行机制的转换。要把搞好外观上的转换与搞好自身运行机制的转换辩证地统一起来。

二、制定转换运行机制的目标,使转换工会运行机制有方向。

各级工会转换和完善自身的运行机制,

应当达到什么样的目标？我们认为应当与各级政府和企业转换机制相适应，相配套。具体讲这个目标起码应包括以下几个方面。

一是在坚持四项基本原则上有持久力。不是政治形势紧张了就大谈坚持，形势"太平"了就忘记坚持，更不是口头喊坚持，实际不坚持。

二是参政议政有能力。各级工会按照规定是要参与领导的，特别是企业的领导体制就是"三位一体"。体制上解决了，如果工会的工作人员参政议政能力差，组织领导能力差，那是不行的。

三是在工作中有自主力。各级工会能够自主在党的领导下，依据《工会法》《工会章程》和党规国法，按照工会工作的规律，独立自主地开展工作，独当一面地干好工作，绝不是唯唯诺诺，胆小怕事，离开"请示"、"报告"就不能开展工作。没有自主力的工会组织，不是合格的工会组织。

四是对政府转变职能和企业转换经营机制有促进力。要坚决支持政府（行政）把"规划、监督、协调、服务"的职能落到实处，把企业的"自主经营、自负盈亏、自我发展、自我约束"的目标落到实处。工会要在这两个转换中起到监督与促进的作用，把国家给企业的14项权利落实好、运用好。

五是抓紧经济工作要下大力。各级工会组织应该和各级党政一样，始终抓住经济这个中心不放，并且要大见成效。

六是实施民主管理有威力。转换运行机制后，在民主管理方面一定要动真格的，敢碰硬，把民主管理的权威性显现出来，不能像过去那样"软骨症"，随意性左右了规范性，灵活性代替了原则性。

七是履行四项职能有魄力。工会的运行机制转换了，但是"四项职能"不能变，只能更好更坚决地履行，不能有丝毫放松。当然，在履行"四项职能"时要紧密联系实际，从实际出发，每个时期各有侧重，不能平铺直叙，不讲重点。

八是对践踏工会法规的行为要有威慑力。不管是什么人，出于何种动机，践踏了工会的发挥，作为工会组织来讲，就应该给予坚决纠正。工会转换运行机制后，一定要把狠抓《工会法》《工会章程》等有关法规的工作列入重要议事日程上来。

九是在工人阶级中有凝聚力。工会组织是工人阶级的群众组织，在工人阶级中必须有凝聚力，把千千万万的职工群众团结起来。各级工会组织能认真贯彻"两个维护"，使广大会员了解、关心、热爱、信赖工会，有话愿找工会说，有事找工会办，有建议找工会提，有困难愿找工会帮，感到离了工会不行，把工会真正当作自己的家。

十是对工会组织自身大办经济实体有开拓力。以经济为中心的内涵十分丰富，其中也包含着工会自身办好经济实体，这对国家、集体、职工都是极为有利的。工会的运行机制转换后，要拿出相当的精力，投入一定的人力财力去大办实体，在办实体方面要想大的、干大的，开拓前进。

十一是工会自身的建设要有活力。转换运行机制后，必须把各级工会组织都搞活，不能老是死气沉沉。

十二是工会的领导班子要有进取力。领导班子一定要成为团结的班子，有能力的班子，有魄力的班子，有权威的班子，在群众中有威望的班子。

总之，在转换运行机制时，目标必须明确，方向必须对头，并且下大力把目标落到实处。

三、确立完善运行机制的战略，把工会转换运行机制的目标落到实处。

各级工会应根据转换运行机制的目标，去确定建立和完善运行机制的内容，把工会转换运行机制的目标落到实处，使之大见成效。我们认为，在转换工会运行机制时，要特别注意建立与完善以下几种机制。

1. 在领导体制上，要由附属型向独立自主型转换，建立与完善新型的领导运行机制。新型的领导运行机制在企业中必须首先体现出来，党中央已明确现行的企业领导体制是："充分发挥党组织的政治核心作用，坚持和完善厂长负责制，全心全意依靠工人阶级"。江泽民指出："工会是工人阶级的群众组织，全心全意依靠工人阶级，必须把工会办好，充分发挥工会的作用"。总之，从党规国法中清楚地告诉我们，在企业领导体制中，工会必须代表和组织职工参政议政，是领导集团的一员，工会转换运行机制后，一方面党政不能把工会当成党政的附属机构，另一方面工会组织也不能忍气吞声地把自己降到"附属"的位置上。应该按照党中央（89）12号文件，依据《工会法》《工会章程》在党的领导下独立自主地开展工作，理直气壮地参加领导，不要怕个别人，包括个别领导说三道四，久而久之就会改观的。

2. 在工作的思路上，要由维持型向开拓型转换，建立与完善开拓创新的运行机制。从工会人员的配置、机构设置，到工作的思路、工作的内容、工作的方法及工作作风都要体现出来，必须克服"保守""依赖"，不求有功，但求无过的行为。一定要把工会事业干得轰轰烈烈，卓有成效。

3. 在思想政治工作上，要由文体型向宣传教育型转换，建立宣传教育机制。工会组织是"学习共产主义的学校"的性质，决定了它必须加强对职工的政治思想教育，文化科学知识和业务技术教育，为提高职工的政治素质和业务素质而努力。工会转换运行机制后，应当正确处理文体与宣传教育的关系，把主要精力用在宣传教育上，而不能仅搞文体，放弃宣传教育。要有精神文明建设规划、业务技术培训规划、劳动竞赛规划、思想和文化教育规划。

4. 在职能上，要由履行义务型向行使权力型转换，建立与完善权利与义务相统一的权利保障机制。过去大部分工会只讲义务，只能履行义务，不敢讲权利，不敢行使权利的现象较为普遍，把权利与义务断然分开。这是极不正常的，是"左"的表现，是法律观念淡薄的表现。转换运行机制后，一定要依据《工会法》把履行义务与行使权利辩证地统一起来。

5. 在财力上，要有依靠补助型向大办经济实体型转换，建立与完善生财机制。财大气粗，有了财力就有了势力，也就有了活动。必须把党和国家给予工会大办技协和经济实体的政策，用活用足，为工会生财创收大做文章。对实体要狠抓不放，一抓到底，彻底改变"乞丐"形象，向"大富翁"看齐。

6. 在活动方式上，要有"打呼隆"型向注重实效型转变，建立与完善竞争激励机制。一定要从根本上解决只满足于一般号召，忽略深入实际；只满足于忙忙碌碌，忽略工作的深度。今后要围绕工作重点、工作成效建立起考核机制和奖励机制，真正做到赏罚分明。

7. 在作用上，要由"听令型"向"桥梁纽带型"转换，建立与完善维护机制。工会就是要当好党、政府与群众联系的纽带和桥梁，但是，有不少工会组织只敢把党和政府的指示传达给职工群众，而不敢把群众的心声反映给党和政府，这是"左"的影响在工会工作上的反映，这种行为实际上是不敢发挥"桥梁和纽带"作用。今后必须从理论和实践的结合上加深对"桥梁和纽带"含义的理解，真正起到"桥梁和纽带"作用，正确处理好国家、集体、个人三者关系，把维护三者利益辩证地统一起来。

8. 在工作的方法上，要由传统型向正规化转换，建立与完善按照《工会法》《工会章程》开展工作的制度保障机制。要改变传统的工作方法，首先就要根据《工会法》，对以前的工会工作分门别类，一类是工会自身的工作,对此,要全力干好;二类是配合党政的工作,对此要尽力干好;三类是强加给工会的工作,对此,要理顺出去。在分类的基础上,要结合自身的工作,制定规章制度,最终使工会的工作科学化、规范化、制度化。

要把工会的运行机制转换好,使工会组织的整体素质得到提高,把上述工作落到实处,就必须强化认识,更新观念;就必须增强法制观念,依照《工会法》去加强工会的全面建设;就必须用改革的精神,去指导工会的工作。

(作者:时任山东外经贸工会主任、副主任,1992年12月)

1994年
外商投资企业工会工作探索

丛毅富

山东外经贸工会的主要任务是负责全省对外经贸系统的工会工作。近几年,随着改革开放的不断深入,环境的不断改善,全省外经贸系统创办外商投资企业318家,其中各市地外经贸系统自办外商投资企业181家,省外经贸直属单位创办外商投资企业137家。总投资6.97亿美元。省外经贸直属单位在青岛注册的外商投资企业工会组建率已达89%,其中有10家建立了职代会制度。几年来。我们在做好国有企业工会工作的同时,又下大力,狠抓外商投资企业的工会工作,使国有企业和外商投资企业的工会工作同步前进,为全省的工运事业和对外经贸事业的发展做出了应有贡献。

几年来,我们在外商投资企业工会工作中,遇到和解决了不少问题,但是,我们认为有三个问题必须下大力从理论和实践的结合上加以探索解决。这三个主要问题是:要不要在外商投资企业中建工会?怎样在外商投资企业中建工会?建起了工会怎么办?这三个问题构成了外商投资企业中工会工作的一个整体,缺一不可。

一、抓住热点,认真做好在外商投资企业中组建工会的思想政治工作

在外商投资企业中组建工会,这在我们党的历史上,在我国工运事业的历史上是史无前例的,可谓新生事物。但是,在外商投资企业中要不要建立工会组织,在很长的一段时间里成了方方面面所关注的热点问题之一。事实说明,要认识这件事,办好这件事,使方方面面取得共识,是不容易的。在外商投资企业中组建工会是极其困难的。难就难在认识上不一致和人为地制造种种阻力上:有些领导对外商投资企业组建工会的重大意义认识不足,没有把组建工会的工作提到议事日程上来;有相当多的外商投资企业的"老板",对中国工会缺乏了解,担心工会与企业闹对立,对组建工会存有戒心和疑虑,有的甚至想方设法阻挠工会的建立;有些外商投资企业的中方管理人员对外商迁就忍让,对组建工会持消极态度;外商投资企业不少职工素质低,缺乏组建工会的意识;宣传舆论不够,在外商投资企业中组建工会的空气不浓,使建会工作难以得到社会各界的共识。上述问题的存在,集中到一点,就是方方面面对在外商投资企业中组建工会的重要性认识不足、法纪观念不强。因此,导致了外商投资企业工会组建率偏低,工会工作薄弱。

实践证明,要在外商投资企业快速地、高质量地做好组建工会的工作,首先要认真、扎实地解决方方面面的思想认识问题,增强法纪观念。认识的高度决定着组建工会的速度。为此,几年来我们利用学习《工会法》、《工会章程》、上级有关在外商投资企业组建工会的文件和贯彻中国工会十二大之机,利用召开外商投资企业"老板"座

谈会之机,利用召开工会工作会议之机,利用下发文件之机,利用到外商投资企业调查研究、指导工作之机,大造舆论,发动宣传攻势,反复讲明外商投资企业组建工会的重要性和必要性。

一是联系工人阶级的历史作用,反复讲明外商投资企业组建工会,是依靠工人阶级,深化改革,扩大开放,办好外商投资企业的需要。使方方面面认识到,工人阶级是我国的领导阶级,是改革开放最基本的社会动力,是我国社会主义现代化建设的主力军。不管是深化改革,还是扩大开放,都需要工人阶级。工人阶级离不开共产党的领导,也需要工会这个组织,没有工会,依靠工人阶级就是一句空话。外商投资企业的中国工人也是中国工人阶级的组成部分,他们加入到工会组织中来,是理所当然的,是《工会法》等法律条文所明确规定了的。在外资企业中成立工会是中国工人阶级的迫切愿望。

二是联系工会的维护使命,反复讲明在外商投资企业组建工会,是建立稳定、协调的企业劳动关系,更多地吸引外资的需要。使方方面面认识到,工会在维护职工合法权益、协调企业劳动关系等方面,具有其他组织不可替代的作用。实践说明,凡是建立了工会组织的外商投资企业,劳动纠纷发生较少,企业内部相对稳定,即使出了问题,也能及时得到解决,企业能健康地发展。反之,问题就较为突出,发生了问题,解决企业就比较棘手,而且影响较大。所以,加快组建工会的步伐是完全正确的,也是非常必要的。

三是联系工会的"桥梁和纽带"作用,反复讲明在外商投资企业组建工会,是加强党在这些企业中的群众工作和保证党对工人运动领导的需要。使方方面面认识到,由于外商投资企业的特殊性,企业中党组织的工作条件、活动方式与国有企业大不相同。因此,在这些企业中组建工会,通过工会来宣传党的路线、方针、政策,是实现党对外商投资企业工人运动领导的一个重要途径。

四是联系工会的教育职能,反复讲明在外商投资企业组建工会是适应深化改革、扩大开放,提高职工队伍是,加强职工队伍建设的需要。使方方面面认识到,深化改革、扩大开放、发展外经贸事业,都要求我们有一支政治思想和业务素质比较高的职工队伍。而外商投资企业的职工队伍素质普遍偏低,要提高他们的素质,工会组织能够起到独特的作用。

五是联系有关的法律条款,反复讲明在外商投资企业组建工会是国家法律所明确规定了的,也符合国际惯例。使方方面面认识到,让不让组建工会,这不是个工作方法问题,也不仅仅是个思想认识问题,而是一个守法不守法的原则问题。不准成立工会就是违法,应该受到法律的制裁。所有外商投资企业,都必须遵循中国的法律,建立工会组织,并依法支持工会的工作。

事实说明。只要方方面面思想认识提高了,法制观念增强了,行动积极了,上级工会对组建工会指导得力了,外商投资企业组建工会的工作就会取得可喜的成绩。

二、围绕难点,努力做好外商投资企业中组建工会的实质性工作

解决组建工会的认识问题是不容易的,但是,认识问题的解决代替不了在组建工会中实质性问题的解决。所谓实质性问题就是组建工会的"硬件",必须解决好。否则,组建工会是不可能的。在组建工会中要解决哪些实质性的难题?在解决这些难题中要遵循的原则、采取的方法是什么?在这方面,没有现成的经验可借鉴,我们本着开拓、创新的精神,从实际出发,加强调查研究,虚心请教,克服困难,探索前进。

——明确隶属关系,各司其职地做好工会的组建工作。对各个层次的外商投资企业,在组建工会前,首先要明确隶属关系,以

便于分级负责,做到各司其职,一抓到底,防止扯皮推诿现象的发生。地方工会有地方工会的特点,产业工会有产业工会的特点,我们从产业工会的特点出发,将各类企业的隶属关系做出明确规定:省外经贸委直属的外商投资企业工会,由省外经贸工会直接负责;以公司所属二级公司(含厂、库、队)为合资方的外商投资企业工会,原则上由省公司工会实施领导,条件允许的,也可委托二级公司工会代管。实践证明,这种隶属关系明确、协调、合力,能充分调动合资方党政和各级工会组织的积极性、增强责任感,使外商投资企业工会有组织领导上的保证,这样就能出现稳步发展的良好局面。

——做好"老板"的工作,加快组建工会的步伐。为了加快外商投资企业建工会的步伐,我们专门召开了外商投资企业"老板"座谈会,与他们共商建工会的问题,听取他们的意见,给他们提出明确要求。实践证明,在外商投资企业建工会,必须做通老板的工作,否则,建工会是不可能的。省外贸轻工公司与韩国合资兴建的"鲜宇渔具有限公司"组建工会的曲折过程就足以说明这个问题。该公司于一九九二年六月开业,由外方派总经理带一套班子驻青管理,由于中方副总经理带原企业人员私下利用设备学技术,引起外方强烈不满,想要解除合作关系,导致中方董事长出面道歉,使本来就难产的工会组建工作陷入困境,成为一大难题。我们支持公司工会采取冷处理、等待时机的策略。最后终于通过中方董事长将省外经贸工会关于外商投资企业建工会的正式文件电传给对方,使外方总经理签署了"按中国法律办"的意见。经过民主协商和选举,鲜竽渔具有限公司139名职工终于有了自己的组织。

——由易到难,循序渐进地组建工会。由易到难,循序渐进,这是符合辩证法的工作方法。在组建工会的工作中必须遵循,切不可急于求成,"越着锅台上炕",否则就会给组建工会工作造成挫折。省外经贸系统创办外商投资企业时间较长,从一九八零年六月"鲁兴企业有限公司"成立至今已整整十四年了,在这期间陆续创办外商投资企业137家,在组建工会中我们坚持了由易到难、循序渐进的原则。早在一九八七年,我们就帮助鲁兴公司筹建工会,于一九八八年正式建立。当时没有关于外商投资企业组建工会方面的法规可以遵循,但是,我们根据该公司是中方全权管理的企业这一特点,依据《工会法》和《工会章程》的原则,协助他们按国有企业的模式将工会组织建立起来,尔后逐步得到完善。在此之后,国家、全总和山东省有关外商投资企业建工会的法规陆续下达,我们依据各种法规,结合我们的实际,做到成熟一个建立一个,成熟一批建立一批。据此,才取得了今天这样的成绩。

——讲求效率,划定组建工会的时限。任何工作都离不开时空观,干任何工作都要讲实效。在外商投资企业组建工会的工作中,我们既有长远目标,又有近期目标,从时间上对组建工会提出明确要求。一九九三年下半年,组建工会工作进入关键时期,我们以省外经贸工会的名义,适时下达文件,提出明确要求:凡在青岛地区注册的外商投资企业,应建工会的,除特殊情况外,一律要在年底将工会组建起来。同时加大措施,会同各单位工会深入进行检查督促,暂不组建外,其他的都建起了工会。

——坚持原则,灵活从事。在外商投资企业中组建工会的政策性是很强的,所以在组建工会时必须把原则性与灵活性有机地结合起来。这样做事十分必要,否则仅有原则性,没有灵活性,工作就要统死;仅有灵活性而没有原则性,工作就要搞乱。事实告诉我们,外商投资企业的情况是千差万别的,对组建工会所持的态度也不一致。有的企业经反复宣传后,通情达理,态度积极;有的企业则比较消极;有的企业特别是外方"老板",对组建工会横加干涉,百般阻挠。对此,必须坚持有理、有利、有节的斗争原则,既讲原则性,又讲灵活性,必要时就要拿起法律武器与之斗争。有一家服装公司,是与日本合资兴办的。在筹备、组建工会时受到日方经理的百般刁难和压制。当选的工会主席和另两位主要成员都相继被日方制造种种借口降职降薪,后来又都被迫辞职,工会组织一度名存实亡,曾受到省总的关注。鉴于这种情况,上级工会几次到该公司调查事实真相,并约日方"老板"谈判,依据中国法律对其进行说理,同时还通过有关途径向日方社长反映情况,使这位"老板"陷入被动,后被日方调回国内,受到冷遇。这个企业的上级工会抓住日方新任"老板"到任之机,通过谈判和协商将工会重新组建起来,并研究了活动方式,以劳动竞赛等形式组织了一系列"共谋企业发展"的活动。既增强了工会的凝聚力,又赢得了日方的信任,使企业取得了显著的经济效益。元旦晚会上,日方"老板"高兴地宣布,从一九九四年元月开始,全体职工每人晋升一级工资。在他本人的请求下,公司工会吸收其为名誉会员。从此,他更加支持工会工作,还借鉴他本人在日本从事工会工作的经验,对本公司的工会工作,提出了许多建设性意见。现在双方协商共事,关系融洽,企业更加兴旺。一九九三年被评为"全国合资明星企业",工会也跨入了先进行列。

三、依据特点,积极做好外商投资企业工会上档次的工作

事实证明,由于种种原因造成了外商投资企业工会组建得比较粗,工会素质比较低。如何提高工会的整体素质,使工会工作上档次?这是外商投资企业工会组建后所面临的一大难题。这一难题解决不好,就会导致工会组织有名无实。外商投资企业的工会组织建立后,要马不停蹄,依据提点,努力提高整体素质,力争上档次,出色地开展工作。

——依据外商投资企业工会组织的状况开展工会工作,使工会工作上档次。省外经贸系统的外商投资企业工会组织的现状可分四类,我们针对不同的类别确定了不同的工会工作方针。一类是二十世纪八十年代建立的外商投资企业。这类企业由于创办早,工会组建早,工会工作的基础好,我们基本上按高标准来规范其工会工作。二类是外商全权管理的企业。这类企业共有10家,工会组织力量较弱,工会工作比较敏感,始终是我们关注的焦点,我们要求这类企业的工会组织要坚持量变到质变、循序渐进的原则,既要加强工会建设,又要做到与外商合作共事,不用顾此失彼。在这方面,前面讲到的那家服装公司工会恢复工作之后做得就比较好,达到了合作共事,共同发展的目的。三类是厂中建厂的企业。这类企业共有12家,大多是由企业利用一个车间或一个部门与外商合资,形成"一厂两制"。除两家由外方参与管理外,其余10家都由中方单独管理,管理者由原企业领导兼任。我们指导这类企业在原工会组织的基础上,重新进行会员登记,重新划分工会小组,重新调整工会干部,与原企业工会接轨,并落实各项职权,大部分企业工会作用更加明显,工会工作更加主动。四类是属二十世纪九十年代建立的企业。这类企业数量多,工会工作基础差,我们重点指导加强工会基础建设,求得稳步发展。另外还有一些非生产性企业,一般由省公司的某一业务部室出面合资,人员很少,无法建立工会。我们要求设立组织员,与上级工会保持畅通的联系渠道,工作不留死角。

——依据外商投资企业的状况开展工会工作,使工会工作上档次,从而推动企业上档次。外资企业的特点很多,其中以下几

方面的特点尤为突出：讲效益，不讲安全；讲严格纪律，不讲民主管理；讲工作效率，不讲员工身体健康；讲"老板"权威，不讲党群工作。为此，我们要求，外商投资企业的工会组织，从劳资双方的结合部、共同点出发，去开展工会工作。事实证明，这个结合部、共同点不是别的，就是工会的维护、建设、参与、教育四项社会职能。这四项职能，不管是国有企业还是外资企业的工会都要全面履行。尽管四项职能在国有企业和外资企业有着不同的表现形式，但其原则不能变，更不能丢。丢掉了四项职能，外资企业的工会工作就失去了方向。省外经贸系统外商投资企业的工会组织都能较好地履行四项社会职能，并且取得了较为明显的成绩。一是较好地做到了在维护国家利益和促进其企业发展的同时，更好地维护职工群众的合法权益。有一个外资企业要辞退两名职工，工会通过认真调查了解，认为不符合有关的法规精神，在与公司交涉时据理力争，终于使外方"老板"收回成命，从而维护了职工的合法权益。当然，处罚的合理，工会也要坚决支持，工会只能改造落后，不能袒护落后。二是做到发动职工开展多种形式的劳动竞赛、合理化建议活动，协助企业搞好生产经营，共谋企业的发展。教育职工热爱企业，振兴企业，企业发展了，才能改善个人的物质文化生活。避免工人走"只搞斗争、不搞生产"的错误道路。三是较好地做到了依照法规参与企业管理。在依据外资企业的实际情况开展工会工作，使工会工作上档次，进而使企业上档次方面，"京华饰品有限公司"就是一例。这家公司是由省外贸工艺品公司与中国香港合资兴建的专门从事钻石加工和经营的企业。工会与行政互相支持，配合默契。加强对员工的教育，使广大员工认识到自己是企业的主人，不是雇员，企业的兴衰成败与员工利益息息相关。在企业生产经营中认真贯彻全心全意依靠工人阶级的指导方针，建立起比较完善的职代会制度，加强企业的民主管理。总经理在职代会上认真听取职工代表的意见，进行提案解答。有时还召开各类人员座谈会，直接听取员工的批评建议。他们关心员工生活，为员工排忧解难。办起福利性食堂，改建了澡堂，购买员工住房30套，明年"五一"全体员工基本上都能解决住房。总经理、工会主席经常走访有病、有困难的员工家庭。工会还组织开展了"跨黄河、过长江"的劳动竞赛，规定达到竞赛目标的，可以跨过黄河或长江去旅游。广大员工在竞赛中热火朝天，争分夺秒，竞赛持续50天，共完成1500克拉的钻石加工任务，超平日平均水平30%多。竞赛结束后，公司专门开车送优胜者跨过黄河和长江去旅游。进一步激发了广大员工的劳动热情和集体主义精神，使京华饰品成为全国经营钻石的同行业中的佼佼者，先后被评为全省"出口创汇先进企业""出口创汇双优企业"，总经理郭志越被评为全省外经贸系统劳动模范。

——依据员工的实际状况，开展工会工作，通过工会的工作来提高员工队伍的素质。省外经贸系统外商投资企业员工队伍的结构是复杂的。一部分是原外贸职工，有的被委派担任中方管理人员，有的成建制专业，受聘受雇于现企业的同时，又与原企业保持着某种隶属关系；一部分是在青岛市区招聘的青年学生，大都受过本企业的技术培训；一部分是打工仔、打工妹。相当一部分人雇佣思想严重，群体意识差，依法维护自身权益的意识淡薄，对组建工会和参与工会活动持无所谓的态度。与公有制企业相比，职工队伍流动性大，很不稳定，使外商投资企业工会工作难以形成广泛深厚的群众基础。为此，我们要求各外商投资企业工会要把工会的着眼点放在提高员工队伍的素质上，努力建设"四有"职工队伍，针对企业职工队伍的不同情况，不断提高其思想道德素质,进行爱国主义、集体主义、社会主义教育和法制教育,培养工人阶级意识。支持和参与企业职工的培训工作,提高职工的文化技术素质。据统计,接受系统培训的员工占外资企业员工总数的55%以上。与"老板"协商,按《工会法》为职工提供一定的文化、娱乐、体育设施。工会积极组织职工开展丰富多彩的文体活动,以达到增进健康,陶冶情操,增强团结的目的。通过工作,省外经贸系统的外商投资企业基本上形成了一种重视职工物质生活、文化生活、政治生活的气候,员工队伍素质有明显提高。在这方面"鲁丰航运有限公司"最具有代表性。鲁丰公司是一九八四年创办的中外合资企业,中方出任总经理。他们既不照办国外的管理模式,也不硬套国内先进企业的经验,而是结合自己的实际,依靠员工的力量,发挥工会和职代会的作用,形成自己的一整套管理方法。该公司组建之初,三家投资买下一条集装箱船,租了一间办公室,配几张桌子,条件非常简陋。通过十年的艰苦创业和发展,公司已拥有三条远洋集装箱货轮,拥有自己的高规格办公楼和宿舍楼。办公室配有空调、地毯、高级座椅、大写字台、高档文件柜、挂衣柜等。办公楼内设有餐厅、卡拉OK歌舞厅、健身房、乒乓球室等文体娱乐设施。公司依靠员工,员工振兴公司,使鲁丰公司在两个文明建设中连年结硕果,被评为"全国先进三资企业",连续三年被省政府评为"先进三资企业",连续五年被青岛市评为"文明标兵"单位。

在外商投资企业组建工会和开展工会工作方面,我们虽然进行了一些探索,做了一些工作,取得了一定成绩,有了几条粗浅的体会,但是,我们深知,所有这些就像是万里长征刚刚走了第一步。今后的路还很漫长,新情况、新问题会不断出现。我们一定要以高度的政治责任感,虚心学习,深入探索,依法行事,开拓前进,把外商投资企业的工会工作做得更好,为全省对外经贸事业和工运事业的发展做出新的贡献。

(作者为时任省外经贸工会主任,1994年8月)

2010年—2011年

2010年
关于对省外贸(驻青)生产企业"招工难"现象的调研报告

山东省外经贸工会

近年来,我省外贸企业、特别是劳动密集型企业,不同程度地出现了"招工难"现象,影响了企业的经营和发展。为深入了解这一情况,协助企业采取应对措施,保持我省外贸经济平稳较快发展,省外经贸工会从2008年就要求有关生产企业的公司工会搞好这方面的调研。山孚集团工会、绮丽集团工会在这方面做了大量工作,收到明显成效。去年以来,外贸生产企业用工"招不进、留不住"的现象更为突出,为此,省外经贸工会组织力量对外贸生产企业"招工难"现象进行了全面调查研究。

这次调研总体要求是,按照"促进企业发展、维护职工权益"的工会工作原则,对外贸生产企业"招工难"现象进行深入调研,掌握情况,发现问题,研究对策,总结经验,提高各级外贸工会组织服务外贸企业、服务外贸职工的能力和水平。调研范围限于驻青单位的外贸生产企业。调研主要内容:后金融危机时期外贸企业生产经营的基本情况,困扰发展的难题,特别是用工方面的问题;外贸生产企业职工队伍构成情况;外贸生产企业"招工难"的状况和特点;造成外贸生产企业"招工难"的原因和不足;破解外贸生产企业"招工难"的意见和建议。调研方式方法:企业调研与省外经贸工会调研相结合,确保所有生产企业的全覆盖;听取企业负责同志的情况介绍;与职工一对一访谈式交流;企业填写相关表格;职工填写问卷等。为做好这项工作,省外经贸工会多次召开相关会议,研究调研具体事宜,成立领导小组,制订活动方案。在各单位调研的基础上,省外经贸工会调研组又对5个企业进行调研,发放问卷230份,收回210份,访谈不同层面员工90人。通过近三个月的调研,对外贸生产企业用工"招不进、留不住"现象取得较为详细的了解。

一、外贸生产企业的基本情况和存在的主要问题

（一）外贸生产企业的基本情况

2009年,省外贸企业（指企业驻地在青岛的原省属外贸公司,简称省外贸企业）进出口总额41.3亿美元。其中,出口28.7亿美元,进口12.6亿美元。2009年,外贸生产企业（指省外贸企业投资成立的为出口服务的加工企业,简称外贸生产企业）完成产值2.81亿美元,占全年出口额的9.8%。外贸生产企业（驻青单位）共有39家,员工总数15741人。通过调研我们认为外贸生产企业有以下几个特点:

一是为外贸出口服务。外贸生产企业所加工的产品全部出口,有些产品在世界市场有较高的知名度。这部分外贸生产企业是省外贸企业为转变经营方式,实行贸工一体化战略期间兴建的。通过近年来的充实和完善,外贸生产企业为外贸公司能够及时、优质提供合格产品起到决定性作用,为老外贸企业健康发展立下功勋。如绮丽集团下属的生产企业提供的出口产品占整个集团出口额的24%,中粮花生公司占42%,山孚集团占79.8%。同时,外贸生产企业承担着为省外贸企业验厂、制作样品、产品验收和后整理等服务工作。

二是工厂建设标准高,设备先进。省外贸企业在投资兴建工厂时比较注重规范化。外贸生产企业绝大部分厂房设计规范合理,建设宽敞明亮,装修大方实用,所用设备先进。如加工水产品的山孚日水有限公司、加工服装的绮丽佳荣服装有限公司、加工钻石的京华公司等企业,在同行业处于领先地位。

三是生产任务足,企业知名度高。由于外贸生产企业主要为外贸公司出口服务,是省外贸企业的直属企业,所以在生产任务方面得到优先保证,这部分企业不用为找订单而费心用力,在社会上有较高的知名度。在员工问卷和一对一交流访谈时,得到员工的普遍认可;在回答"你认为企业的优势是什么"时,有66%的员工认为企业知名度高,订单充足有保障,市场前景好。

四是工资发放及时,劳资关系和谐。近年来外贸生产企业比较注重劳资关系,为妥善处理劳资关系做了大量工作。如山东海川工艺发制品公司总经理每年春节前为员工家人写贺年卡;绮丽高级时装公司开设员工阅览室;山东华食佳公司每年春节安排专车接送员工;山孚日水公司每年按时组织春游等。在员工回答自己对企业满意度方面,87%的员工认为满意。

（二）外贸生产企业用工情况和存在的主要问题

调研中发现，外贸生产企业所用的员工95%以上是新生代农民工。外贸生产企业员工以18岁至28岁年龄段为主，60%是80后出生，19%是90后生出；文化程度以初高中为主，初中占46%，高中50%；主要来自山东、河北、河南、山西等省农村，省内以鲁西南为主；新生代农民工在企业工作年限大部分在2年以下，个别企业1年以下的占67%。当前新生代农民工呈现如下特征：

一是成长环境优越。新生代农民工基本上是80、90后出生，绝大部分是独生子女，从小就受到家庭和社会的宠爱。他们是改革开放中成长起来的一代，环境优越，经受挫折较少，造就了他们心智不太成熟，出现实际年龄与现实年龄不符的差距，缺乏吃苦耐劳精神，思想起伏大。

二是文化程度较高。新生代农民工文化程度较高，从调研中发现大部分接受过初高中文化教育，同时由于当前获取知识信息渠道多种多样，他们知识更新比较快。

三是价值取向多元化。新生代农民工在成长过程中，正处世界经济全球化和中国经济、文化等各领域变革时代，这就决定了他们的价值取向多元化，外在表现衣着时尚新潮、言辞自信，敢于标新立异、维权意识强。

四是职业期望值高。从求职动机上看，他们基本上不是基于"生存理性"外出，在问卷"第一次外出原因"时，回答"改变环境"的占47%，"挣钱"的只占20%。从职业期望值上看，希望环境好、待遇高、工作压力少，不满足简单、机械、重复的劳动。

当前影响外贸生产企业发展的主要矛盾是员工"招不进、留不住"。据统计，2009年外贸生产企业员工离职率68.06%，个别企业员工离职率高达96.7%。有的企业为鼓励多招人，采取了形式不同的奖励办法，如每招一名工人奖励300元，每年用于奖励就要支付300多万元；新工人来公司有两个月的熟练期，要支付工资近1000万元。由于人员流动性大，从而造成了招工成本高，用工成本高，给本来利润就薄的生产企业雪上加霜。

二、外贸生产企业"招工难"的原因分析

（一）经济发展原因

一是经济发展加快，企业用工数量增多。一方面，随着经济持续回暖，企业订单明显增多，企业的用工数量迅速增加，致使部分企业和行业出现用工缺口。据统计，截止到2010年5月底外贸生产企业缺员2312人，缺员率16%。另一方面，企业间恶性竞争引发工人跳槽热，增加了招工难度。目前，外贸生产企业多为劳动密集企业，企业用工多，外资企业、内资企业数量猛增，尤其是同行业间互相竞争，不少企业面对当前的招工难题，想出各种办法留人、挖人，部分企业为了留住老员工、招聘熟练工人，推出高额补贴，也引发了部分工人的跳槽事件。

二是农村经济发展加快，部分劳力回流农村。随着国家惠农政策的相继出台，农村经济社会发展日益加快，尤其是县城和重点小城镇经济较以往发展更快，社会环境也逐步得到改善，相比较青岛等沿海发达地区，在工资待遇，特别是周围圈子熟悉程度上，吸引部分外出打工者放弃回城，而选择在当地就业。某企业2009年春节后返回率仅为59.2%，从而造成企业招工难。

（二）企业自身原因

一是工资福利偏低，劳动时间过长。调研中大部分员工认为，外贸生产企业工作时间太长，员工获取较高的收入主要靠加班加点，若按正常上下班时间，收入是很低的。据统计，绝大部分企业员工月工作时间在40天左右，如果按照国家规定，每天工作8小时，每周工作40小时，员工收入850元，

比"最低工资标准"920元/月,低70元/月。而新员工绝大多数在2—3个月的时间内普遍达不到完成定额计划的水平,每月只能挣到500元左右,成为新员工大批流失的主要原因。

二是企业环境较差,业余生活枯燥。如有的公司员工长年在潮湿阴冷的车间作业（水产加工），被关节炎等职业病所困扰；有的公司车间夏季处于高温状态,劳动过于辛苦成为企业的致命伤；有的企业四周都是农田,一到晚上厂区周围一片漆黑,企业缺乏文化娱乐设施。在这样的环境工作,不要说青年员工,就是年纪大一点的员工也留不住。

三是以人为本观念不强,企业文化理念不足。大部分企业对如何培养、留住员工不够重视,没有部门或专人负责思想宣传工作。或者对内宣传教育缺乏力度,大部分员工反映他们不清楚企业发展思路和目标。或者对外宣传联络缺乏力度,不重视与社会沟通,关门办厂,当地政府在有些政策的支持上很难到位。或者对员工中的典型培养缺乏力度。调研中发现有的员工爱岗敬业、无私奉献,有的员工刻苦学习、技术过硬,有的员工爱厂如家、助人为乐等,这些在平凡工作岗位上,为企业发展贡献智慧和力量的员工却没有得到很好地总结、培养、宣传和表彰,员工队伍何来主人翁责任感？还有的企业老板认为自己是企业的主宰者,员工仅仅是雇员,对员工从工作到生活关心较少,企业死气沉沉,员工敬而远之,一旦时机成熟便远走他厂。

四是供求信息不对称。企业招工方与外出打工的意愿者之间信息不通,缺少一个双方沟通了解的平台,从而使双方缺乏互信。待遇好,宣传到位的企业,往往容易吸引到打工者。相反,则较困难。

（三）工人自身原因

一是面子观念、享受观念的影响。爱面子、想享受是年轻人的共同特点,无可厚非。但从企业的角度看,面子观念对生产企业招工是不利的。有些80、90后年轻人认为,在发达地区或者大城市打工是很有面子的一件事,既开阔自己的眼界,又能在同龄人当中讨论起来,说自己在某个大城市工作,能够得到相当多羡慕的目光,有爱慕虚荣的思想。当然,一旦做的累了、腻了、没劲了,干两三个月就随随便便的辞职跳槽,有的干脆回老家,90后的世界观已经发生了巨大的变化。另一方面有些年轻人择业图安逸享受,只想挣大钱,不想出大力；对挣钱少、出力大的工作岗位不肯屈就；这山望着那山高,一旦有报酬高、环境相对好点的岗位,就会跳槽。

二是兼得观念的影响。现在出来打工的大多是90后,80后已经是老员工了,90后相对80后无论在吃苦耐劳和思想认识方面都有很大的差距,而且出来打工有些是为了开眼界、玩玩而已,而不是单纯的养家糊口,他们已不把挣钱当作外出打工的唯一愿望。他们希望鱼和熊掌能兼得,既想打工挣钱,又想外出开眼界、见世面、增知识、长本领；还想积累资本回乡办企业当老板；同时也想利用外出打工的机会顺便旅游观光。因此,他们把跳槽看得再平常不过,总是好高骛远。

三是安全观念的影响。出于安全考虑,外出打工喜欢扎堆,图的是有熟人照应。他们往往多人结伴,奔着熟人出行。有一个人在某个企业打工,就会带来一批周围的人前来,他们感觉有老乡的地方,便于照顾,不至于自己上当吃亏。

（四）社会环境原因

一是生活成本太高,融入城市难度增大。高烧不退的房价,对有房才算家的中国人来说,他们无力买房,即使买了,他们也要依靠双方父母和亲朋好友的积蓄,以及用自己今后很长的一段人生来偿还房款。同时,他们还面临孩子入托、上学的难题,他们可以毫无顾忌待在城市,但他们的下一代有可能面临和他们现在一样的命运,因此,他们中的许多人宁愿选择在结婚后辞职返乡,也不愿让自己的后辈重蹈覆辙。

二是劳动力成熟度低,忠诚教育缺失。现在的家庭一般都是独生子女,成熟劳动力的总量相对减少,难以满足企业快速发展的需要。同时,相对于80后、90后的打工者多是在溺爱中成长起来的,思想普遍叛逆,我行我素,缺少基本的忠诚度教育,工作不踏实。

三是企业用工与学校教育脱钩。当前有一个现象,学校培养的人才不适用于企业,而企业急需的人才,学校则没有跟上培养,造成两者脱钩。劳动就业者首选是与自己所学内容能够对口,但所学的往往不是企业所需要的。

三、解决外贸生产企业"招工难"的意见和建议

(一)发挥企业在招工用工工作中的主体作用。在市场经济条件下,招工用工的主体必然是企业自身,企业必须像抓生产经营一样来抓招工用工工作,把招工用工工作摆上重要的议事日程,做到机构、人员、职责、经费四落实。

一是建立科学合理的薪酬制度,提供经济保障。根据国家政策,结合企业的承受能力和员工的实际需求,建立一套让劳资双方都能接受的薪酬制度,是实现员工招得进、留得住的基本途径。

二是规范用工行为,维护员工权益。依据国家法律法规同员工签订劳动合同,为员工提供相应的社会保险,解除员工的后顾之忧,增强员工的归属感。

三是树立"以人为本"的观念,创造和谐的工作环境。企业要改变用人方式、调整管理模式、构建企业文化、讲求诚信、善待员工,为员工提供一个良好的、宽松的工作生活环境。做到以企业文化、感情留人,用待遇、环境和事业留人。

四是加快产业调整,提高产品的附加值。外贸生产企业要逐步从劳动密集型转化为技术密集型,通过产业结构调整从根本上解决用工结构问题。

五是加大宣传力度,提高企业知名度。通过各种媒体加大对企业的宣传,同时应加强同劳动力资源丰富地区的联系,建立比较稳定的招工渠道。

另外,省外贸企业也要转变对生产企业的管理定位,要从服务型、附属型逐步向经营型、独立型过渡,给生产企业一个独立经营、自我发展的空间,彻底解决出口与生产两本账、两张皮的现象。

(二)发挥政府在招工用工工作中的促进作用。政府是劳动力市场的调控者和管理者,招工用工问题反映一个地区的经济发展水平和投资环境。

一是履行职能,为企业招工用工保驾护航。建立以市场为主导、以企业为主体、规范有序的招工机制。建立联系协调机制,利用好信息平台。

二是制定政策,为企业招得进、留得住提供政策保证。在外来工居住、子女上学、就医、社保等方面提供政策支持,让新生代农民工进得来,留得下,解决城乡二元结构。同时可以以减免税的形式,为员工解决社保经费问题。

三是检查督促,规范企业政策落实。要发挥政府的主导作用,定期检查企业落实国家政策方面的情况,对执行政策好的,企业劳资和谐的,要宣传、要奖励,反之要通报曝光。

(三)发挥工会在招工用工工作中的积极作用。工会组织是职工合法权益的维护者,同时也是企业健康有序发展的促进者。这就决定了工会组织在稳定职工队伍,协助企业解决用工难中承担的责任。

一是开展劳动合同法及相关法律知识的教育,提高员工维权意识。工会组织要发挥教育职能,组织员工学习国家有关劳动工资方面的政策规定,让员工知法、懂法、守法。同时也要督促企业依法治企。

二是积极推进劳动关系"和谐企业"建设活动。建立一个和谐的劳资关系,实际是企业和员工共同的愿望。发挥工会组织在化解劳资矛盾和畅通利益诉求渠道的作用,通过"劳动关系和谐企业"建设活动,营造一个和谐的劳资环境。

三是积极推动企业文化建设。工会要发挥联系员工广的特点,积极开展各种员工喜闻乐见的文体活动,调节员工情绪,丰富员工业余生活,让员工感到工作有干劲、生活有意义。

四是开展多种形式的劳动竞赛。通过开展劳动竞赛和合理化建议活动,充分调动员工干事创业的积极性,增强企业活力和提高生产效率。

(2010年9月)

2011年
关于对省外贸(驻青)改制企业基本情况的调研报告

山东省外经贸工会

目前,山东省外贸(驻青)企业改制工作基本就绪。为了解情况,总结经验,发现问题,更好地引导企业和职工正确处理改革、发展和稳定的关系,巩固和扩大改制成果,山东省外经贸工会组织力量对省外贸(驻青)改制企业基本情况开展了调研。

这次调研的总体要求是,深入贯彻落实党的十七届五中全会和全省群众工作会议精神,按照"促进企业发展、维护职工权益"的企业工会工作原则,帮助企业解决好面临的科学发展和职工队伍稳定的问题,推动实现企业与职工互利共赢、共同发展。这次调研,首先由山东省外经贸工会制订方案、成立组织,在19个改制企业对本单位有关情况全面摸底和分析的基础上,山东省外经贸工会对4个企业实地调研。历时3个月的调研,基本了解和掌握了省外贸(驻青)改制企业的情况。

一、山东省外贸(驻青)改制企业的基本情况

2003年以来,在山东省委省政府的正确领导下,各级政府主管部门和省外贸企业认真贯彻落实中央关于国有企业改革改制的各项政策规定,采取多种形式加快推进国有外贸企业改制,取得明显成效。山东省外贸(驻青)企业符合改制条件的已经基本完成改制工作。企业改制后,实现了"两个退出"、"两个转变":即国有资产从外贸企业退出,转变为投资主体多元化;职工从国有企业身份退出,转变为非公有制企业员工。改制企业成为自主经营、自负盈亏的市场竞争主体,责任、权利、义务更加明晰,劳动、人事、分配三项制度逐步健全,实现了企业活力进一步增强、资产结构进一步优化、业务渠道进一步拓宽、经营管理进一步深化、职工收入进一步提高、职工队伍进一步稳定的改制目标。主要体现在以下几个方面:

(一)企业活力焕发,效益显著提高。一是优化了资产结构。通过改制,用好国家出台的一系列政策,解决了外贸企业在银行的不良资产,使企业摆脱了沉重的历史包袱,轻装上阵。国有资本从外贸企业退出,鼓励经营者和职工持股,形成了投资主体多元化。改制企业积极盘活资产,将闲置的资产、回报率不高的资产和历史上形成的不良资产加以处置、清收,扩大了资产规模。由于改制企业注重资产的管理和使用,在世界经济增速放缓、国内原材料人工成本上升、汇

率利率税率发生变化的背景下,大部分企业没有出现资金短缺、融资困难和进出口下降的情况。从统计数据看,19家企业改制前进出口总额为20.72亿美元,改制后进出口总额为34.93亿美元,提高了68.5%。二是优化了业务经营结构。改制后的外贸企业在调结构、转方式上下功夫、做文章,由原来单一的以出口为主转变为进出口兼有;由原来以外贸业务为主转变为房地产、仓储物流、实体经济、保险融资等多元化并举;由原来经营粗放型低附加值产品转变为经营集约型高附加值产品。通过对经营业务和管理链条全面整合,实现扁平化管理,减少管理层次,缩短管理链条,降低了经营成本和经营风险,提高了运作效率和核心竞争力。绮丽集团坚持调整客户结构、市场结构、产品结构和人才结构,提高了企业适应市场需求的能力。

(二)职工妥善安置,收入明显增加。一是困难职工及冗余人员得到了安置。根据政策规定,部分职工经过自愿申请,给予相应的补偿金,将他们纳入社会保障体系,在社会上享受到更多的优惠政策和更好的生活保障。从统计数据看,退养职工总数由改制前的2190人减少到改制后的689人,困难职工总数由改制前的815人减少到改制后的186人。这说明改制中有1501名退养职工得到了妥善安置,629名困难职工有了生活保障。二是建立了企业自主用工、劳动者自主择业的新型劳动关系。部分职工通过转换劳动关系,与改制企业重新签订劳动合同,使新企业摆脱了老企业沉重的人员包袱;员工竞争上岗,在各自的岗位上充分发挥聪明才智,进一步增强了企业凝聚力。从统计数据看,虽然在职职工总数由改制前的23319人减少到改制后的13903人,减少了40.4%,但是行政人员和业务人员的年平均收入分别由改制前的25972元和31980元,提高到改制后的38352元和48894元。

(三)履行社会责任,维护社会稳定。一是认真贯彻落实中央有关企业改制的方针政策,妥善解决职工实际困难。山东畜产公司在职工待遇问题上做到不拖欠工资、不欠缴各种保险,并一次性补发欠职工多年的医疗费600多万元。二是积极履行社会责任。面对金融危机,改制企业正确处理长远利益与眼前利益的关系,在经营困难的情况下,不但没有出现裁员、减薪等现象,反而创造条件为社会吸纳就业人员。新华锦集团与青岛市市北区联合创办的青岛外贸城,一方面安置几千人就业,另一方面为外贸商品扩大内销开辟了新渠道。三是回报社会。改制企业在提高经济效益、增加职工收入的同时,主动承担回报社会的义务。在汶川特大地震发生后,全系统干部职工积极行动,为灾区捐款1024万元。有的企业还捐建残疾人康复中心,或为红十字会捐款,赢得社会赞誉。

(四)建立健全组织,依法开展工作。企业根据有关规定建立股东大会、董事会和监事会,成立经营班子,为健康持续发展奠定了组织基础。建立健全党委、工会等组织,为管理者与员工的沟通发挥了桥梁和纽带作用。工会组织围绕改制、发展和稳定,开展了形式多样的活动。企业加大对投资、进出口业务、贷款等方面的评估和审核力度,聘请法律顾问,有效避免了风险。

二、山东省外贸(驻青)企业改制的主要做法和经验

山东省外贸(驻青)企业改制工作之所以能够平稳顺利推进,主要是在指导思想上,始终坚持以人为本,正确处理改革发展稳定的关系;始终坚持一切为了职工,一切依靠职工,最大限度地维护职工合法权益;始终坚持公开、公平、公正的原则,严格按照国家法规和政策实施,得到了广大职工的参与和支持。

（一）善待职工，把职工的利益放在心上。一是切实保障职工的合法权益。搞改制，职工最担心的是饭碗改丢了，保障没有了，生活没靠了。改制企业想职工之所想，忧职工之所忧，在改制过程中贯彻党的群众路线，把维护职工合法权益放在首位，调动职工参与改革、支持改革的积极性。严格执行有关规定，准确测算职工补偿金；确保职工身份转换、补偿金发放及时到位；所有补偿金的发放过程向职工开放，公开透明，坚持依法操作、民主操作、阳光操作。有的企业在资金没有到位的情况下，自筹资金垫付给职工。有的企业为符合条件的职工补缴养老保险、医疗保险等。个别困难企业拖欠职工多年的工资、社保费、医药费、丧葬费等，也得到解决。二是大力促进分流职工再就业和自主创业。把妥善安置职工作为改制工作的重中之重，出台了一系列优惠政策，千方百计帮助职工实现再就业和自主创业。新华锦集团成立就业中心，承诺不抛弃任何一名员工，特别是关注技能单一、家庭条件较差的员工，尽可能地为每位员工提供或创造合适的工作岗位。三是真情帮助困难职工。对因疾病、伤残等造成生活困难的职工，企业始终挂在心上，采取各种办法给予救助帮扶，让每一位职工切身感受到企业大家庭的温暖。

（二）依法遵规，以公开公平公正赢得人心。一是坚持依法办事。建立由党政工等组成的改制领导小组，在制定改制方案时，做到有法律条文的不越线、有政策依据的不越界、有纪律要求的不越规。在实施改制过程中，做到一个步骤不少、一个程序不乱、一个环节不错。二是坚持依靠职工。职工的事情职工议，职工的事情职工办。为解决好职工身份转换所产生的负面影响，企业耐心、细心、真心地做好职工的思想工作。山东食品进出口公司建立职工思想动态分析制度，及时掌握职工的思想状况。发挥了职工代表大会在企业改制过程中的作用，落实好职工的知情权、参与权、决策权和监督权，最大限度地减少了改制成本。三是坚持公开公平公正。依据政策标准，保证执行政策的严肃性，避免各企业间的攀比性。资产清查结果、资产处置情况、职工身份状况、职工身份置换补偿情况等全部公开。有的企业通过意见箱、职工问卷等方式，让职工对改制工作发表意见，反映问题。

（三）解疑释惑，以思想政治工作凝聚人心。一是思想政治工作全程参与、全面覆盖。企业改制是一场深层次的攻坚战，不仅涉及利益的调整，而且触及观念的碰撞。各改制企业把思想政治工作做在前头，通过内部报纸、网络、墙板报和职工大会、部门班组会议、不同类型座谈会等多种形式，广泛开展宣传讨论，使改制政策深入人心。在改制的每个阶段和每个环节，都有计划、有重点地强化思想政治工作，防止"道听途说"、"断章取义"或"相互矛盾"。二是关注职工诉求，做到有的放矢。畅通职工诉求渠道，广泛听取不同群体的意见。面对职工的诉求不推诿，提高思想政治工作的针对性，避免矛盾激化。省机械进出口公司通过与职工一对一谈心等形式，了解诉求，化解矛盾。三是充分发挥党组织和工会组织的作用。广大党员干部站在改制第一线，成为改制政策的宣传员、职工群众的主心骨。工会及时反映职工的意见和要求，发挥了代表职工、凝聚职工的作用，展示了群众组织的新作为。

（四）调整结构，建立适应市场经济的运行机制。一是转变员工的思想观念。由于长期受计划经济的影响，外贸作为垄断行业因享受国家政策保护而缺乏市场竞争意识。改制企业采取多种形式开展市场经济条件下外贸政策宣传教育，请专家授课、到南方考察学习外贸企业改制发展的经验。同时建立与市场经济相适应的分配制度，提高了员工参与市场竞争的主动性。二是积极应对金融危机,落实中央扩内需、调结构、保增长的要求,在危机中抓机遇,在困难中求发展。绮丽集团、新华锦集团等敏锐捕捉商机,成功实施低成本扩张;华食佳食品有限公司、英吉多健康产业有限公司等及时调整产品结构,开拓国内国外两个市场;通利机械进出口有限公司、宏达国际货运有限公司等加强成本核算,完善防控机制。三是建立适应市场经济的组织结构和管理模式。改制企业摆脱了体制上的束缚,打破了传统企业固有的模式,建立起产权清晰、定位明确的现代企业组织结构,较好地处理了"新三会"与"老三会"的关系。董事会、党委会、工会交叉任职,确保了党组织在企业运营中的核心地位,员工在企业运营中的主体地位。

三、山东省外贸(驻青)改制企业存在的问题

实践证明,改制是外贸企业走出困境,建立现代企业制度的重要途径。但是,国有企业改制是一项复杂的系统工程,涉及清产核资、产权界定、资产评估和处置、员工身份置换等一系列事关民生的重大问题,由于历史、政策、体制等方面的原因,省外贸(驻青)改制企业尚存在一些亟待解决的问题。

(一)个别企业改制不够彻底。有的企业虽然完成了改制工作,但是老的企业没有注销,新的企业没有登记;有的企业虽然对资产评估并交易,但是土地没有进入改制企业;有的企业虽然国有资本全部退出,但是仍然托管着国有企业和国有企业职工,这种"把难题挂起来再说"的改制方式,久而久之,还会产生一些新的问题;有的企业党的组织关系没有妥善交接;有的企业还代管离休干部。这些问题造成了改制企业的性质界定不清,不同程度地影响和制约了企业发展。

(二)现代企业制度不够规范。有的企业未严格按照公司治理规范运作,总体上是形式上的变化大于实质上的变化,有效的法人治理结构没有真正建立起来;有的企业虽然成立了"新三会",但是仍然沿用原企业的老办法运作;有的企业董事长与总经理没有分设,新企业的领导层基本还是原班人马,传统的思维方式、保守的经营理念仍占据着主导地位,监事会的监督职能没有很好地发挥,对企业经营者缺乏有效监督。

(三)下岗分流职工不够稳定。改革,说到底就是利益分配的再调整。下岗分流职工为企业改制付出巨大代价,尽管国家通过收入的再分配,保护职工的利益,但是大部分下岗分流职工在收入上处于社会的底层。职工身份置换的措施就是通常所说的"买断工龄",这对于在国有企业工作了十几年、几十年的职工来说,心理上难以接受。再加上不同行业、不同企业职工的补偿差异,很容易造成他们的思想失衡。

(四)利益分配机制不够完善。多数企业采取领导持大股、员工持小股的分配形式,这对于多数老员工来说,股份的激励作用不大;对于新员工,包括在"改制基准日"以后进入企业的"老职工",由于没有股份,对企业缺乏归属感而产生"打工"心态,不利于留住优秀员工;对于应届毕业生的入职收入设定也没有吸引力,对多年来"不愁招不到人"的外贸企业将成为"不成问题的问题"。

(五)基层工会组织不够健全。改制企业工会基层组织、工作机构被撤销或合并的现象比较突出,尤其是改制为非国有企业,工会发挥作用的渠道不畅通,机制不健全,职代会形同虚设。企业所有制形式改变后,工会干部既要拿老板工资、为老板做事,又要代表和维护员工的合法权益,往往处于两难的尴尬境地。

四、进一步加强山东省外贸(驻青)企业改制工作的意见和建议

省属外贸企业是随着新中国的成立或者是改革开放以来建立的,具有30多年甚至近60年的发展历程。长期以来,在为经济社会创造巨大财富的同时,也积累了大量的问题和矛盾,不是一朝一夕能够解决的,改革改制也不可能一劳永逸。调研中认为的5个问题,可以分为两个方面,一方面是企业改制前或改制中遗留下来的问题,另一方面是企业改制后出现的新问题。这些问题的存在,提醒我们的改制工作还需要进一步深化。

(一)针对企业改制遗留下来的问题,建议政府主管部门给予高度重视,择机逐步解决。比如个别改制企业托管老国企的问题、老国企职工身份转换的问题、土地等资产产权不清的问题、离休干部管理的问题等。这些问题的产生和存在有其历史根源,也具有十分复杂的利害关系和解决难度,凭借企业自身的力量几乎难以解决,但又是一个制约企业发展的沉重包袱,甚至涉及国有资产安全和职工切身利益,成为影响社会稳定的隐患。解决时机对于这些问题至关重要。如果推延下去,解决问题的难度和成本将会越来越大。

(二)针对企业改制后出现的问题,建议政府主管部门给予正面引导,尽力扶持解决。比如现代企业制度不规范的问题、利益分配机制再完善的问题、下岗分流职工不稳定等问题。加之近年来外部环境中遇到了全球金融危机、贸易保护主义、人民币升值、工厂招工难等因素,对于起步阶段的改制企业举步维艰。建议政府有关部门一如既往地关心爱护这些改制企业,为他们营造良好的外部发展环境,使他们尽快融入新的经济发展环境中并茁壮成长。

(三)改制企业要正视问题,苦练内功,逐步走上健康发展的轨道。不管是历史遗留的问题,还是改制后出现的问题,改制企业一是要正确面对,争取支持。要全面梳理企业存在的问题,分清主次矛盾,及时向政府主管部门汇报,争取政府主管部门政策上的支持,使重点难点问题得到解决。二是要开拓进取,练好内功。既要争取政府的支持,又要学习借鉴先进经验,完善内部管理机制,调动经营者和广大员工的积极性,群策群力,共渡难关,共谋发展。三是要转变观念,适应市场。随着企业改制的完成,要由传统的有需求"找政府"的思维方式向有需求"找市场"的观念转变,建立完善议事决策机制,发挥股东大会、董事会、职代会的作用,真正成为市场竞争的主体。四是要处理好几个关系。如继承与创新的关系,企业改制前多年形成的经营模式、管理方式、组织结构、企业文化等,要在继承中创新,在创新中发展。如发展与稳定的关系,没有企业的发展,谈不上员工队伍的稳定;没有稳定的内部环境,发展更无从谈起。如股东与员工的关系,没有股东的出资,也就没有企业的存在;没有广大员工的辛勤努力,也就失去企业的发展动力。五是要依法经营,回报社会。要积极贯彻落实党和国家的方针政策,在法律法规的范围内开展经营活动,同时要积极承担社会责任和义务,为建设社会主义和谐社会做出贡献。

(四)各级工会组织要责无旁贷地做好对改制企业的服务工作。一是解放思想,更新观念。不论企业经营者还是员工都要从思想上真正树立市场经济观念和市场竞争意识。同时,加大劳动法律法规宣传力度,使企业经营者和广大员工增强法律观念和自我保护意识。二是工会组织要进一步加强源头参与,严格规范民主程序,将党的全心全意依靠工人阶级根本指导方针落到实处。三是认真贯彻落实《中华全国总工会关于坚决纠正在企业改革改制中撤销工会组织、合并工会工作机构问题的通知》,保证企业工会在党的领导下独立自主、创造性地开展工作。四是进一步提升企业工会干部的素质和能力,大力发展和谐劳动关系和推进"两个普遍",切实维护职工合法权益。五是深刻领会中央关于加强和改进新形势下群众工作的重要精神,多从职工群众角度思考问题,多从职工群众立场谋划工作,多从基层实际出发开展活动,努力提高做好新形势下职工群众工作的水平。

(2011年9月)

2012年—2014年

2012年
关于对省外贸(驻青)企业文化建设情况的调研报告

山东省外经贸工会

为深入贯彻落实党的十七届六中全会精神,发挥工会组织"大学校"作用,推动外贸企业文化建设,加快外贸企业转方式、调结构步伐,山东省外经贸工会于3月~6月,组织力量对山东省外贸(驻青)单位企业文化建设情况开展专题调研。一是成立调研小组;二是制定调研方案,下发调研通知;三是组织48家企业填写《调查表》,36家企业撰写《调研报告》;四是调研小组选择8家企业实地调研,与被调研企业党政领导及部分职工座谈,对140名职工问卷调查。通过调研,对山东省外贸(驻青)单位企业文化建设情况有了基本了解。

一、山东省外贸(驻青)单位企业文化建设的基本情况

山东省外贸(驻青)单位重视企业文化建设,对企业文化建设的意义、作用认识比较深刻,有组织保证,有专人负责,有财力投入,形成了具有时代特色、符合外贸企业实际的企业文化建设品牌,有力地推动了外贸企业顺利完成改制,化解了金融危机带来外需不足的不利因素,克服了国内物价上涨造成的经营困难,保证了外贸企业持续健康发展和职工队伍和谐稳定。

(一)注重"文化兴企"的品牌建设,形成符合企业实际的文化特色。企业文化建设是社会主义文化建设的重要组成部分,是决定企业兴衰的关键因素,是造就高素质职工队伍的有效载体。基于这种认识,省外贸(驻青)单位党政领导高度重视企业文化建设,把企业文化建设摆上重要日程。新华锦集团从成立之初,就确定把大力发展符合新华锦特色的企业文化作为实现百年强企的重要举措,确定了"追求卓越、奉献社会"的企业宗旨,"诚信创新、协作共赢、不求最大、但求更强"的经营理念,明确了"正直做人、用心做事"的核心价值观。为推进集团企业文化建设步入健康发展的轨道,集团成立了企业文化办公室,有专职工作人员,制定了集团企业文化建设规划,明确了VI系统。通过多年的实践证明,新华锦集团的"正直做人、用心做事"的核心价值观,张建华董事长提出的"十二条体会"等特色企业文化,已经成为全体职工做人做事的行为准则和规范,统一了职工的思想和行动,保证了集团各项事业健康发展。

(二)注重企业精神理念的培育,形成企业和职工互动的良好氛围。启动企业要从人开始,启动人要从精神开始。调研发现,外贸企业在提炼企业精神时防止空洞化、雷同化,突出个性,特色鲜明。绮丽集团面对改制后的企业实际,适时提出"没有大家的繁荣,哪有小家的幸福"的核心价值观。为使这一核心价值观得到广大职工认同,集团主要领导以无私奉献繁荣大家、依法经营奉献社会、培养人才促进发展的实际行动带头践行。集团工会发动职工围绕这一核心价值观献计献策,在集思广益的基础上由经营者和职工共同创作《共建绮丽之歌》,唱出了企业发展的宏伟远景,唱出了广大职工的和谐心声。经过长时期反复歌唱,统一了职工的认识,凝聚了职工的人心,鼓舞了职工的斗志,面对金融危机严重影响,绮丽集团变危机为机遇,乘势而上,创造了生产经营和职工收入历史新高。

(三)注重践行企业理念,形成催人奋进的激励机制。企业文化作为企业的"软实力",在精神层面上指导着企业和职工的发展。调研发现,外贸企业把企业文化建设渗透到经营管理、人才培养等方方面面。中国烟草山东进出口有限责任公司以企业文化为导向,构建了ISO9000质量管理体系,坚持"以客户为中心"的服务宗旨,营造以用户为中心、零缺陷为标准的企业质量环境,从制度流程层面构建规范管理平台,强化文化管理的制度基础。开创人力资源管理新模式,通过岗位日志、周志直至月志写实,打造全方位、多角度、立体式职工认可的绩效薪酬晋升的人力资源管理体系。中国外运山东有限公司采取搭建党群团活动平台,增强党群组织活力;搭建职工建功立业平台,鼓励职工与公司共同发展;搭建学习培训平台,积极向学习型企业迈进;搭建文化娱乐平台,陶冶职工情操。省机械进出口有限公司根据职工的要求,调整规范了主任业务员、副主任业务员的标准,使之评定工作规范化、制度化,调动了广大业务人员的积极性。

(四)注重继承与创新相结合,形成企业和职工双赢的局面。随着市场经济的发展,企业文化建设也面临着前所未有的新情况、新问题、新挑战。调研发现,外贸企业积极探索企业文化建设的新思路,增强企业文化建设的时代感,加强企业文化建设的针对性、实效性和主动性,开创外贸企业文化建设的新局面。山孚集团多年来重视企业文化建设,根据形势变化、企业要求、职工需要,及时赋予文化建设新形式、新内容。面对外来务工人员多、流动性大、年龄小、思想活跃等特点,在外来务工人员中开展以"争创文明宿舍、争当文明员工"为主题的"双文明"活动,制订活动方案,完善评选条件,定期检查评比和表彰,在经营管理中重点突出人性化,在生产生活中关爱每一位员工,体现了感情留人、环境留人。中化(青岛)实业有限公司充分利用内部网,对企业经营、重大投资、人事变动、职工薪酬、业务招待费予以公开,听取职工的意见和建议,调动了职工主人翁积极性。

二、山东省外贸(驻青)单位企业文化建设的主要做法和经验

在我国对外贸易日趋严峻复杂的形势下,山东省外贸(驻青)单位能够持续健康发展,其中得益于各单位注重企业文化建设。调研发现,各单位结合各自的实际,把企业文化建设与企业经营管理有机地结合起来,形成了互相融合、互相促进、共同提高的生

动局面。

（一）领导重视，认识到位。企业文化是企业长期生产、经营、建设、发展过程中所形成的管理思想、管理方式、管理理论、群体意识以及与之相适应的思维方式和行为规范的总和。外贸企业对企业文化建设的认识也有一个从不认识到认识、从不自觉到自觉的演变过程。特别是在企业改制前期，还存在着重物质轻精神、重经营轻管理、重资本轻人力的观念。随着改革开放的深入，职工思想观念的变化，企业经营当中遇到的各种困难和问题，使各级领导逐步认识到，管理好企业，团结好职工，不能缺失文化建设。为此，外贸企业各级领导积极探索企业文化建设的方式和方法，对企业文化建设与企业经营管理同样重视，纳入企业的议事日程。有的企业领导积极学习国内外成功的做法和经验，为我所用。有的企业领导身先士卒，积极践行先进的企业理念；有的企业领导深入基层深入职工，倾听对企业文化的要求和建议；有的企业领导亲自备课为职工讲授。在调研的48家企业中，29家有企业文化建设规划，占被调研企业的60%；提出经营理念和核心价值观的36家，占被调研企业的75%；设有报刊、简报、板报的27家，占被调研企业的56.2%；安装内部网的22家，占被调研企业的45.8%。

（二）以人为本，全员参与。职工是企业的主人，也是企业文化建设的主体。关心职工的民主权利，维护职工的合法权益是做好企业文化建设的关键。特别是在省外贸（驻青）单位改制过程中，各单位坚持以人为本，正确处理改革发展稳定的关系；坚持一切为了职工，一切依靠职工，最大限度地维护职工合法权益；坚持公开、公平、公正的原则，严格按照国家法规和政策实施，从而保证了改制工作顺利平稳推进。帮助职工排忧解难，为职工办实事好事是做好企业文化建设的基础。各单位建立健全困难职工档案，组织职工参加互助医疗保险，坚持送温暖工程和对特困职工子女上大学救助。据统计，每年用于有病住院、生活困难、特困职工子女上大学的款项400多万元。发动职工积极行动，全员参与是做好企业文化建设的重要保证。京华钻石公司征集职工格言；青岛山孚大酒店、日照山孚大酒店打造三星级入住环境，五星级服务标准；海川工艺公司企业文化宣传栏从内容到布局都由职工设计；国贸集团坚持"大家的文化大家建"；即墨老酒厂在全体职工中形成"黄酒北宗"的共识。

（三）健全组织，做好培训。开展职工队伍培训，提高职工队伍的政治业务水平是企业文化建设的首要任务，各单位采取多种培训形式，丰富培训内容，提高培训质量。有的单位选拔优秀职工到国内外高校进行系统培训，山孚集团领导班子中有3位同志到美国进行为期一年的培训；有的单位为职工深造提供时间上财力上的支持；有的单位请专家授课，中化（青岛）实业有限公司每年都请国内知名经济专家授课。据统计，近两年省外贸（驻青）单位各类培训862次，参加人数32527人次。建立健全企业文化组织机构，配备必要的人力物力是企业文化建设的保证。调研的48家企业中，党委组建率75%，工会组建率100%，团委组建率45.8%；设企业文化办公室的占47.9%，有专职工作人员76人，兼职工作人员328人；各类图书45972册、阅读人数9421人次，配备电脑4021台、活动人数5123人次，各种健身器材140台、活动人数8772人次。

（四）抓好经营，相互促进。加强企业文化建设，激发广大职工干事创业的积极性，是促进企业持续健康发展的保证。抓好企业经营管理，增强企业市场竞争力，提高企业经济效益，为做好企业文化建设提供有力的物质支撑。各单位正确处理企业经营与企业文化建设的关系,避免"两张皮"的现象,形成了同规划、同布置、同考核、同表彰,两手抓、两手硬,相互渗透、相互促进的良好局面。面对金融危机的影响,外需减弱、国内成本上涨的不利因素,各单位采取措施及时调整市场结构、产品结构、客户结构,加大新市场、新产品、新客户开发力度,加强成本核算,减少开支。广大职工围绕转方式、调结构、促发展的中心任务,积极开展了争创最佳创新(效益)能手活动,我为企业发展献一计活动,群策群力、积极应对全球金融危机对外贸企业影响的活动,我为外贸经营方式转变献一计活动,创先争优活动,同心同德绘蓝图、调整转变促发展活动等。

三、山东省外贸(驻青)单位企业文化建设面临的主要困难和问题

调研发现,山东省外贸(驻青)单位企业文化建设总体上是积极的、健康的,效果是明显的。但是也存在着一些问题和不足。

(一)社会大环境对企业文化建设产生负面影响。当前,社会上还存在着一种重经济轻文化、重物质轻精神的现象,不能正确地看待物质财富,甚至将物质财富当成唯一的追求,导致了物欲膨胀,思想空虚,人心浮躁,道德缺失。这些现象尽管不是社会的主流,但客观上给企业文化建设带来许多不利因素,增加了对职工进行正确的人生价值观宣传教育的难度。

(二)企业文化建设在认识上有误区。从调研情况看,不同程度地存在认为企业文化建设是远水解不了近渴,企业文化不能当饭吃、不能当钱花的认识上的误区。因此,不少企业虽有文化建设规划、核心价值观和理念等,但是未能很好地渗透到制度建设中,发挥制度规范和保障作用;未能融入经营管理的全过程,用正确的价值观念解决经营管理中的问题;未能重视行为规范的教育培训和养成,使得企业文化在解释、解决经营、行为规范等现实问题方面的优势和作用没有得到充分发挥,企业文化成了"浮在水上的油",难以融入实践,像没有植入土壤的种子,难以生根发芽。

(三)企业文化建设发展不平衡。一是企业文化建设存在空白点,有的单位没有组织、没有人员、没有规划、没有投入。二是企业文化建设作用发挥不到位,虽然有组织、有人员、有口号,但只是说在嘴上、写在纸上、贴在墙上,没有融入企业经营管理全过程。

(四)在企业文化建设中工会作用发挥不够。有的企业工会组织没有充分发挥作用,主要表现在忙于日常工作多,精心研究企业文化建设的规律少;忙于企业文化建设口号提出多,积极推动企业文化建设向纵深发展少。

四、加强山东省外贸(驻青)单位企业文化建设工作的建议

针对目前山东省外贸(驻青)单位企业文化建设中存在的问题,我们做了一些思考,并提出几点建议。

(一)进一步营造建设和谐企业文化的氛围,不断提高企业文化建设重要性的认识。一种文化的形成需要一定的环境条件,企业文化同样如此。这就需要全社会共同营造文化建设的氛围,以学习宣传贯彻党的十七届六中全会精神为契机,建议各级党委以及行业协会进一步加大企业文化建设的宣传力度,营造一种建设和谐企业文化的氛围。在宣传方式上,要结合活动开展、结合时事形势、结合典型事例、结合工作进展,努力实现宣传内容与目的要求相统一,与形式方法相统一,与动机效果相统一,坚持宣传的针对性、广泛性、群众性、整体性、持久性和实效性,争取宣传取得良好的效

果。通过宣传，让广大企业和职工明确什么是企业文化、什么是企业文化建设最基本的概念，深刻理解企业文化建设的内涵，认识建设企业文化的目的和意义，增强广大职工参与企业文化建设的积极性和主动性，使企业文化建设由职能部门推着搞，变成基层单位和全体职工的自觉行动，呈现出"大家建设企业文化，建设大家的企业文化"的局面。

（二）企业领导要高度重视企业文化建设，使之纳入到与经营管理同等重要的地位。调研发现，企业文化归根到底是企业主要领导的文化。在企业里，讲企业文化不是由专家学者来讲，而是企业的高层来讲，企业主要领导来讲。通过企业高层在整个企业不断的布道，就能够形成一种有企业主要领导思想色彩的文化氛围。因此，企业文化建设绝不是仅仅停留在口头上，而是企业主要领导对企业总体发展规划的理解和谋划。同时，还要努力做好企业文化落地工作，在企业管理中，要把企业文化建设纳入到与经营管理同等重要的地位，并持续投入。通过多种形式进行大力宣传学习，教育引导职工把实现个人的理想抱负和企业发展战略目标结合起来，把企业的事业当成自己的事业，让自己的价值在企业发展中得到实现，从而实现对企业的认同，产生"我的企业，我的家"的强烈感情和归属感，使全体职工达成共识，形成为企业发展甘愿奉献的持久动力。

（三）进一步发挥工会组织的作用，不断增强企业文化的辐射力和吸引力。企业文化建设是一项具有广泛群众基础的工作，需要广大职工积极参与和共同努力。在企业文化建设中工会有着不可替代的组织优势和强大的号召力。工会在企业文化建设中着重从如下几个方面下工夫、做文章：一是要履行工会组织的维护、建设、教育、参与等职能，引导广大职工提高综合素质，使企业文化建设更具广泛群众基础；二是要利用工会的组织优势，引导广大职工积极参与，提高企业文化建设的品位；三是要通过对先优的表彰活动，弘扬他们身上所体现出的企业精神，陶冶职工的情操，培养职工的群体意识和道德风尚；四是要积极开展各种活动，灌输企业文化理念，帮助职工树立正确的世界观、人生观、价值观；五是要通过组织职工开展劳动竞赛、合理化建议、革新创新等活动，激发职工的劳动热情，帮助职工树立爱岗敬业、诚实守信、奉献社会的良好职业道德和职业风尚。

（2012年）

2013年
关于对省外贸（驻青）单位职工教育培训情况的调研报告

山东省外经贸工会

职工的素质决定企业的存亡，职工的能力决定企业的兴衰，教育培训则是提高职工素质与能力的有效途径。在当今信息社会和知识经济时代，市场竞争日趋激烈，教育培训作为知识传播的重要载体，发挥着前所未有的关键性作用，而终身教育将占据核心位置。作为实现终身教育的重要途径——职工教育培训是知识经济时代的必然需求。企业的职工教育培训工作，直接决定一个企业的命运与前途。当前，山东省外贸（驻青）企业处在转方式、调结构、稳增长的节点，建设和形成一支高素质职工队伍尤为迫切，他们是企业最终实现转型升级的人才保证。了解和掌握职工教育培训情况，是工会加强职工队伍建设的有效途径。为此，山东省外经贸工会组织力量深入调研，形成专题报告。

一、山东省外贸(驻青)单位职工教育培训的现状和做法

参加调研的57个单位中,男职工6268人,女职工5182人。其中在岗学历中,大学生和研究生占22.9%,大专生和中专生占28.6%,高中生以下占47%。取得学历的职工共1105人,占职工总数的9.6%。有专业的职工6076人,其中国贸专业1105人、占18.2%,外语、会计等专业1451人、占23.9%,其他与经营产品相关的专业占57.9%。这足以说明外贸职工素质高。尽管如此,各单位始终高度重视职工教育培训工作,不断取得新成效。

(一)领导重视,常抓不懈

一是各单位领导提高认识。多年来,省外贸(驻青)单位各级领导从"人才兴企"的战略高度深化认识,始终将职工教育培训工作作为提高职工队伍素质、促进企业健康发展的中心任务工作,并以此统一干部职工的思想,做到制定安排年度工作有职工教育培训内容、布置下达年度工作有职工教育培训要求、组织考核年度工作有职工教育培训指标。各单位每年年初认真制订职工教育培训工作计划或实施意见,年中加强管理,年底搞好工作总结,形成了涉及各个层次、不同内容的教育培训体系。

二是营造舆论氛围。各单位把职工教育培训工作作为实现企业可持续发展的重要内容,列入规划,加强考核,采取多种形式和方法,加大对职工教育培训工作的宣传力度。新华锦集团坚持利用《新华锦》报,宣传上级有关加强职业教育和人才培养工作的精神、所属单位年度职教计划内容和开展教育培训工作好的做法与经验;即墨老酒厂定期发放《即墨老酒报》,使职工了解公司的大好形势及发展前景。中化(青岛)实业有限公司利用网络平台、《中化政工》、人力资源期刊等方式,在通过职工访谈获取职工需求的基础上进行相关知识和理念的分享。

三是制订政策措施。结合建设"学习型"企业,各单位普遍制订或修订了教育培训管理规定和奖惩办法。中国烟草山东进出口公司把培训考试成绩纳入绩效考核,对取得各类有效证书的职工年底通过"评先树优"活动给予表彰,使职工对教育培训有了一个重新的认识和理解,增强了职工参与学习的积极性。

(二)形式多样,完善体系

一是建立了较为完善的培训网络,做到培训工作经常化、制度化和规范化。有的积极与高校合作,如中国烟草山东进出口公司与山东外贸职业学院合作,第一轮安排了"文秘档案"、"外贸业务"、"外贸英语"、"外贸财会"等专业课程,并计划安排70个周。通过培训拓宽了职工的知识面,提高职工的业务能力,从而使职工能够较为系统地掌握文书写作、档案管理、外贸业务、外语和会计等基本理论知识,提高了职工、尤其是近年新入职职工的业务技能和操作水平。有的加强自我培训,如绮丽集团坚持每年进行岗前培训、生产技术人员集中培训等常规培训。华青公司每季度安排一次针对业务工作和安全生产培训。青岛金利五矿公司每月举办两次1小时的外贸口语培训。日照山孚大酒店每月举办一次全员参加的大培训,培训企业文化、职业道德、消防知识等。这些常规的企业培训,已经形成企业文化的一部分。

二是通过"请进来"、"走出去",坚持常规培训与专门培训并重。在常规培训方面,各单位普遍选用电脑网络发送学习材料或者建立图书室、采购书籍等方式进行。即墨老酒厂采购了《细节决定一切》、《没有任何借口》、《结果决定一切》等成才类书籍,人手一本供职工自学。同时围绕管理、营销、生产与技术三方面需要,建立3个现场图书室,选购及订阅了企业管理、市场营销、酿酒科技等方面的书籍及刊物1000余册,供职

工随时借阅学习,掌握知识,提高素质。绮丽高级时装公司、山东交通进出口公司分别设立图书室和图书角,购买大量的专业书籍供职工免费借阅以提高专业知识。日照山孚大酒店建立纸质图书室和电子阅览室为主的员工之家活动室。在专门培训方面,各单位采取不同的方式。有的根据自身发展需求,从实用性的角度,不定期举行专门性培训,起到了立竿见影的效果。山东宏达国际货运公司邀请唯思宁公司专业人员讲解应收账款风险培训。绮丽集团建立"案例交流分享平台",进行案例培训。日照山孚大酒店各部门每周组织相关的技能培训,并根据部门职工实际和酒店要求及时增加相关培训内容。有的组织职工"走出去",鼓励自学成才。绮丽佳荣公司长期与国外工厂合作,选派优秀职工出国研修,学习国外先进的技术和理念,回厂在各个重点岗位发挥作用。山东通利机械进出口公司把新进职工派到有贸易往来的工厂去熟悉产品性能,检测产品质量,加强与工厂的沟通。此外,还通过老业务员带新职工出国洽谈,学习洽谈技巧,锻炼口语。同时组织全体职工参加专业机构举办的业务培训和全国外贸业务员资格考试,做到理论与实践相结合。山东山孚集团选拔优秀职工到国内或国外有关学术部门培训。即墨老酒分梯次组织50余名骨干职工到江浙黄酒企业参观学习,有6人取得国家高级酿酒师、品酒师资格证书,有7人才参加青岛市经信委组织的EMBA班学习。山东英吉多健康产业公司每年组织职工到即墨劳动局技工学校进行培训考试,合格者劳动局给予发放合格证书,确保职工都持证上岗。有的把行业专家、教授"请进来"专门授课。绮丽佳荣公司邀请国外技术专家进厂指导,提升职工的质量意识和生产效率,还聘请专家对管理人员进行管理培训。有的单位还通过发布高校招生简章,鼓励职工"走出去"深造。绮丽高级时装公司定期在宣传栏发布各大高职院校招生简章,鼓励职工提升自身专业素养,深入学习专业知识。山东山孚集团总部鼓励职工参加与本岗位有关的各类夜大、电大、函大、成人高校等学习。

(三)全力以赴,加大投入

一是企业提供资金支持。中国烟草山东进出口公司近三年的教育经费先后投入达42万余元。山东海润投资集团为鼓励职工自学,从学习时间、学费、交通费和取得学历奖励等方面做出具体规定。绮丽高级时装公司每年拿出4万～5万元专项资金专门用于职工的教育培训经费,电工证、电梯安全操作证、急救证、会计证、安全培训合格证、内审员资格证等资格证书的取得所需要的培训经费由公司支付。

二是企业与职工共同出资。如山东山孚集团、山东外贸集团、即墨老酒厂、山东交通进出口公司、青岛五矿服饰公司、中粮山东花生公司、青岛金利五矿公司鼓励职工进入学校在职深造,为自学成才取得专业晋升的职工报销一定数额学费、考务费。这些措施的实施,有效保证了职工教育培训资金的持续、高效投入,促进了教育培训工作的连续性。

(四)加强考核,成效显著

考核是检验学习成果的最直接最有效方式。只有通过绩效考核,才能确定教育培训是否成功。山东山孚集团在培训结束后,对参加培训的职工进行书面考核,并对考核成绩优秀的职工给予物质奖励。山东外贸集团制定《学习培训管理办法》,规定培训期间及培训结束后的培训评估及反馈。通过考核,省外贸(驻青)单位职工教育培训取得效果。根据调研统计,3年来,全系统获得高级职称的职工有43人,中级职称153人,初级职称268人。开展劳动竞赛累计1963人次,有3549人次参加了合理化建议活动。

二、山东省外贸（驻青）单位职工教育培训存在的问题

事业要发展，人才是关键。虽然当前省外贸系统职工教育培训工作取得了一定成绩，但是通过调研发现，仍然存在一些不容忽视的现实问题。

（一）职工对企业依存度较低，影响部分企业对职工教育培训的积极性

外贸企业多属于劳动密集型产业，是充分竞争行业，业务运作主要依靠业务人员长期的经验和知识积累，对有的企业而言，即使培训做得再好，职工也照样跳槽不误，甚至业务做得越好的业务员越不稳定，因此在一定程度上影响了部分企业对职工教育培训的积极性。

（二）对教育培训认识存在误区，造成顾此失彼

不少企业对专业技能培训重视有余，对职工如何做人的道理教授、培育认识不足。比较突出的问题是，企业和职工都急功近利，认为做人的道理离现实的、实际的物质需求太远，远水不解近渴，因此，少有企业能静心地结合实际研究教育的根本所在是如何做人。如"教"字是从"孝"从"文"，所谓教育，是孝文化的教授培育，在中华文明中，孝就是做人的根本。倘若缺失了做人的教育，则不知如何做人怎能将事做好。其实在现实的企业管理中，普遍让各级管理者头痛的诸如忠诚度问题、执行力问题、信誉问题、因信任缺失影响沟通交流问题等等，其根源多出在如何做人教育的缺失。

（三）对考核重视程度不一，影响培训效果

有的单位每年都能及时安排各类培训，但课讲完了培训即结束，对学习掌握的情况，缺乏跟踪考核，没有建立起有效的激励机制，企业需求和职工个人发展的要求不能很好地结合起来，使培训效果大打折扣。再加上培训工作没有结合企业生存的一些根本性问题，因而难以充分调动职工参与培训的积极性。

三、加强山东省外贸职工教育培训工作的建议

（一）创新理念

加强教育培训，实施人才开发战略，对企业现有人才素质进行大幅度提高和人才潜能的有效开发，无疑是扩大和积累人才资源最为有效的途径。因此，要从战略高度，及时完成从使用人、利用人到开发人的潜能、激发人的创造力的转变。企业管理者首先要转变观念接受教育培训，使其对人才培训看得长远些，企业投资培养出来的人才，即使流动了，也仍然是为国家建设出力，不能因为个别人培训后跳槽就因噎废食，关键在于防患于未然。诸如通过签订《培训服务协议书》的约定，规定职工培训后在公司的最短服务年限；把企业的培训计划与个人发展计划融为一体；着重人才的忠诚培训，让企业文化这只"看不见的手"挽留住受训人才等多种方法来稳定人才队伍。对职工进行持续、全面的培训和教育，向教育培训要素质、要能力、要效益。

（二）丰富内容和方法

一是要认识到抓好提高职工素质的经常性工作。职工素质的提高是一个长期的工作过程，绝不是仅仅搞几次活动就能奏效。为此，要把职工素质落实在日常性的工作过程之中。要经常举办各类学习班。在开展职工教育培训中，既要举办以提高科学文化水平、专业技能水平为主要内容的培训班，也要举办以提高职工思想理论水平为主要内容的培训班。要坚持经常化、制度化、正规化，把教育培训作为提高职工素质的治本之策。二是企业必须不断探索适合职工特点的教育培训模式和教学方法，改变笼统

的讲座方式,采用课堂教学、实操演练、案例分析、现场模拟、研讨交流等多种教学方法,因人施教,分层施教,力求以职工易于接受的教学模式开展教育培训,全面增强教育培训效果和提高教育培训质量。三是要在坚持传统的教育培训方法外,根据行业发展,建立远程教育培训网络,加快完善远程教育,以满足职工个性化、自主化、经常化学习的需求。要以取得实效为目的,采取脱产学习、定期培训、自我进修等多种形式相结合的办法,为职工提供既可全程参与的长期培训,也可根据自身发展需求选择单元或阶段性培训。

(三)完善机制

企业要形成有力的发展机制,关键要促成"育人"与"用人"的一体化,形成竞争上岗的环流机制,从而有效推进职工素质的自觉提高。一是建立"三考"机制。对在职培训、脱产学习、学历教育、专业技术职称等各种形式的教育培训,要进行定期考察、考核、考评,加强监测评价,实行动态管理。二是建立奖惩激励机制。要制定教育培训等级管理及考评办法,将学习培训的结果与岗位津贴、评选先进、培养深造、提拔晋升、评聘专业技术职称以及工资福利待遇挂钩。三是建立上岗资格与职称、收入的挂钩机制,推行持证上岗考试。对考试合格者,发给上岗资格证书,聘任相应技术职称;对于不合格人员,只有在补考合格后,其收入水平才能恢复到原有水平或者重新上岗,否则取消其原有技术职称,扣减相应收入。通过这些措施,能够形成利益分配和用人导向的有机结合,这既是一种方向,又是一种风尚,也是一种环境,要以正确的导向推动职工教育培训工作的广泛开展,有利于职工成才,有利于企业发展。

(2013年6月)

2014年
关于对省外贸(驻青)企业工会参与经营管理情况的调研报告

山东省外经贸工会

近年来,山东省外贸(驻青)企业各级工会围绕中心、服务大局,采取多种形式,积极参与经营管理,在外贸企业转方式、调结构、稳增长中发挥了重要作用。总结工会参与企业经营管理的做法和经验,找出存在的问题和困难,探索提升工会参与水平的新途径,对于促进全省外经贸事业持续健康发展尤为重要。为此,山东省外经贸工会组织力量深入调研,形成专题报告。

一、工会参与企业经营管理的主要做法

(一)开展活动,调动广大职工干事创业的积极性

针对省外贸企业在领导体制、所有制形式、经营方式等方面的变化,以及国内生产要素价格上涨、汇率利率税率改革等带来的困难,省外经贸工会适时开展活动,增强广大职工的使命感和责任感。在常年开展争创创新(效益)能手、双爱双评和创建劳动关系和谐企业等活动的基础上,近年根据形势发展和企业实际,先后开展了"我为企业发展献一计"活动、"群策群力,积极应对全球金融危机对外贸企业的影响"活动、"我为外贸经营方式转变献一计"活动、"同心同德绘蓝图,调整转变促发展"活动、"学习党的十八大精神,争做振兴外经贸主人"活动、"全员参与、查找隐患、警钟长鸣"群众性安全生产活动等。每次活动前都征求基层工会的意见和建议,拟定活动方案,活动期间有检查有督促,年终有总结有表彰,

同时以《简报》形式交流经验和情况，使这些活动的开展既扎实有效，又丰富了工会参与企业经营管理的内容。各企业工会大力开展职工经济技术创新活动。据参加调研的41家企业统计，2013年开展劳动竞赛活动95次，6731人次参加；开展岗位练兵活动64次，1850人次参加；开展群众性安全生产活动312次，33205人次参加；1644人次参加合理化建议活动，提出合理化建议805件，被采纳258件；职工技术创新成果67个，发明创造3项，取得专利1个。

（二）搞好调研，为企业发展献计献策

为解决企业经营管理中遇到的难题，省外经贸工会于2010年—2013年连续四年分别开展关于省外贸（驻青）生产企业"招工难"现象的调研、改制企业基本情况的调研、企业文化建设情况的调研，职工教育培训情况的调研。每次调研都制订方案，下发调查表，通过实地调研，形成报告，为企业发展提出了许多建议和意见，得到了有关部门的重视。各企业工会通过专题调研，为行政决策提供有力的信息支持。山东山孚集团工会《安全无小事，责任重于山》的调研报告，为加强企业机电设备安全生产工作提出4条可操作性建议。绮丽集团工会《业务工作状况调研报告》，查找出企业在客户结构调整情况下影响业务工作质量的5大原因及其对策。

（三）搭建平台，共享企业发展成果

省外经贸工会发挥产业工会贴近企业、熟悉行业的优势，搭建交流平台，为不同类型外贸企业提供一个交流、学习、借鉴、提高的机会。2012年底，根据外贸企业经营状况、行业类别、生产需求，将其分为单纯贸易型、生产加工型、仓储运输型、服务管理型四个类别。2013年初，组织力量到60多家企业了解情况，听取企业负责人对经营管理情况的介绍、工会干部对企业发展和工会工作的意见、职工对企业经营管理和收入分配方面的呼声，到车间、食堂、职工宿舍和活动室了解现场管理情况。在全面了解掌握情况的基础上与企业负责人和工会主席一起总结企业经营管理、职工队伍、工会工作等方面好的做法和存在问题。2013年5、6、7、11月，分别召开生产加工型、服务管理型、仓储运输型、单纯贸易型企业四个专题座谈会，共计100余家企业的行政或工会负责人参加会议，交流了在经营管理、职工队伍、安全生产、工会工作等方面的特色工作。会后在第一时间出刊专题简报，增强了座谈会的效果。各企业工会积极搭建内部交流平台。绮丽集团工会开设业务案例经验分享平台，整合业务操作中的经验与教训，形成专业性和针对性强的案例材料，开阔了业务员的思路，提高了业务员的能力。中国外运山东公司工会征集照片、实物、先进事迹，挖掘各单位日常管理中"看得见""摸得着"的先进做法、成功案例，制作宣传材料在全省外运系统推广，促进了职工技术水平的提升。

（四）发挥优势，为企业排忧解难

企业改革改制过程中，各种矛盾显现出来。省外经贸工会利用产业工会组织网络的优势，协助企业妥善解决好人员纠纷、劳资矛盾、历史债务、经营管理等方面的问题。省外贸食品公司由于部门经理离职，将公司经营多年的海带业务带走，给企业造成巨大损失。公司行政协调多个相关部门，始终没有解决问题。省外经贸工会为维护企业正当经营和职工合法权益，到公司召开不同人员参加的座谈会，与有关人员个别交流，理清事情的前因后果，形成调查报告，专程向中国财贸轻纺烟草工会主要领导汇报，在全国总工会和中国财贸轻纺烟草工会多方协调下，最终取得很好效果。此外，在省外贸食品公司改制最终摘牌、省外贸文体公司办公楼拍卖、省外贸包装公司土地转让、青岛冷藏厂70多名职工提前内退等问题的成功解决方面,发挥了积极作用。

二、工会参与企业经营管理取得的成效

(一)促进了企业持续发展

一是开展常态化的劳动竞赛和岗位练兵活动。中国外运山东公司工会2013年开展"叉车操作技能比武"和"集装箱拖车驾驶员技能比武"等竞赛7次,营造了党政工团共抓经营的浓厚氛围。山东山孚集团工会多年来把岗位练兵与争创"四个一"(一流岗位技能、一流岗位业绩、一流岗位文明、一流岗位效益)岗位竞赛活动相结合,每年评选"岗位创新工作能手",推动了企业生产经营进步。

二是发挥职工聪明才智,增强企业创新能力。绮丽集团济宁佳荣制衣公司职工不断改造生产模具,研发出中缝明线压脚、后口袋压脚、上腰机压脚、大档明线喇叭裤腰机等工具,应用到生产流水线,效率提高了一倍。山东山孚日水公司职工2013年提出合理化建议101条,采纳50条,产生经济效益122万元。

三是强化群众性安全生产活动。各企业工会通过开展职工安全生产培训、消防演练和紧急疏散演练、机电设备安全运行无事故竞赛等活动,增长了职工的安全生产技能,提高了企业的安全管理水平。

(二)维护了职工队伍稳定

一是加强厂务公开民主管理制度建设。各企业普遍建立职代会制度,并以职代会为载体,拓宽民主参与渠道。中化(青岛)实业公司工会建立审议议案制度,对关系职工切身利益的事项,公司行政均提交工会由全体职工审议,2014年上半年经全体职工审议的议案达15件,实现了工会组织由事后维权向事前维权的转变。山东省东方国际贸易股份公司工会把厂务公开内容重点放在职工关心的问题上,通过公开栏、网络、邮箱等多种途径,坚持公开企业重大经营决策、职工福利计划、考核奖惩措施、干部招用解聘等,保障了职工的知情权、参与权、表达权、监督权。

二是构建和谐劳动关系。各企业工会常年开展"送温暖"活动,对于病困职工、工伤职工等及时走访慰问,对于困难职工子女上大学及时帮扶救助;为农民工春节返乡返岗购票,或提供交通工具,在职工宿舍设立夫妻间;重视农民工的培训学习,建立图书室、电子阅览室等引导他们自学,对工作突出、思想政治觉悟较高的青年农民工参加业务学习在经费等方面予以支持;普遍组织职工参加医疗互助保险,每年定期组织职工体检,针对女职工提供更适合的体检项目,为职工建立起健康屏障。

三是掌握职工思想动态。各企业工会健全劳动争议调解组织,畅通职工利益诉求渠道,及时有效的协助企业化解可能发生的各类矛盾,稳定了职工队伍。山东山孚集团工会近十年坚持职工思想动态调研分析报告制度,以访谈、问卷、家访、座谈等形式了解职工的动态和诉求,形成思想动态报告报集团董事会,职工的一些实际问题得到及时改进和解决。

(三)提高了工会干部能力

外贸企业经营方式的转变,工会参与经营管理的现实,迫切要求工会干部适应形势,加强学习,提高素质。山东省国际服务贸易总公司工会要求工会干部增强服务理念,坚持服务至上,通过一杯茶、一个礼貌问候、一个寒暄,切实让职工感受到工会干部是贴心人。山东省物产进出口公司工会强调"打铁还需自身硬",要求工会干部掌握调解劳资纠纷和劳动关系矛盾的方法,提高参政议政的能力。新华锦集团山东锦盛发制品公司盛泰分公司工会要求工会干部成

为懂经营、会管理,在企业生产经营中有话语权,成为真正的复合型人才。

(四)扩大了工会组织影响

各企业工会通过参与经营管理,更加贴近职工、服务职工,更加贴近企业、服务企业,促进了干群之间、职工之间的和谐,同时用和谐的音符推动了企业健康持续发展。一方面,工会组织尽心尽力推动解决职工最关心、最直接、最现实的困难和问题,让职工感受到亲情,感受到"家"的"安全"和"温暖",不但扩大了工会组织在职工中的号召力,而且奠定了扎实的群众工作基础。另一方面,工会组织站在企业长远发展的高度,支持鼓励职工创造性劳动,为企业改革发展稳定贡献智慧和力量,不但增强了工会组织在企业中的影响力,而且成为企业的坚强后盾。

三、工会参与企业经营管理存在的问题

(一)认识不到位

个别企业经营管理者对工会组织还停留在"三类科室"的认识上,对工会作用还停留在"唱歌打球""走访慰问"等活动层面上,"依靠"观念淡薄,"参与"意识不足。个别改制企业出现工会会员大量流失、工会组织名存实亡的现象,工会"参与"无从谈起。基层工会主席兼职化倾向突出,个别基层工会形同摆设,没有真心实意为职工群众做好事、办实事、解难事,致使相当部分职工对工会组织漠不关心,对工会工作不闻不问,工会"参与"缺乏群众基础。

(二)水平不够高

随着企业改革改制的深化,部分工会主席实际上成为企业应工会需求而确定的兼职干部,由于"委派"且身兼数职,无论对企业经营管理,还是对工会工作,甚至对职工权益等问题,都缺乏系统性研究,只能做一些表面性、应付性的工作,处境"微妙"。个别工会干部进取精神不强,业务素质不高,很难在源头上表达具有前瞻性和全局性的意见,也很难从源头上代表和反映职工群众的意愿。

(三)方法不太多

有的工会干部特别是主要负责人,自身修养、知识结构、法律意识以及组织协调能力有待提高,对社会主义市场经济条件下企业发展和工会工作面临的机遇和挑战缺乏应对办法,习惯于传统的工作思路和工作方法,难以叫响品牌特色的工会工作,难以形成含金量高的工会活动,说话没底气,参与没分量。对工会工作的评价考核机制尚未建立起来,致使有些工会干部做多做少一个样,维权不维权一个样,缺乏参与动力和压力。

四、提升工会参与企业经营管理能力的建议

(一)提高认识

一是明确工会参与企业经营管理是重要使命。各级党委和政府(行政)高度重视工会工作,广大职工热切期盼工会工作,工会组织必须不负重托,不辱使命,充分发挥自身植根于职工、植根于企业的优势,密切同职工的血肉联系,密切与企业的依存关系,把参与企业经营管理作为发挥优势、发挥作用的重要渠道,多办职工欢迎、普遍受益的实事,多解企业忧虑、反映强烈的难事,处理好维护职工权益与促进企业发展的关系,使工会组织真正成为企业离不开、职工信得过的群众组织。

二是明确工会参与企业经营管理是重要职责。习近平总书记强调,时代在发展,事业在创新。工会工作也要发展,也要创新。工会组织要深刻理解习总书记这一重要论断,解决企业生产经营是行政的事,工

会不过就是个无权无责的群众团体，只能吹拉弹唱喊个号子、敲个边鼓，发挥不了多大作用的陈旧观念。要很好地理解、把握和践行维护职工权益、促进企业发展的工会工作原则，充分认识工会不是企业直接生产经营者，但是企业的生产经营参与者。要发挥工会联系职工、熟悉企业的优势，把参与企业经营管理作为切实履行工会基本职责的重要渠道，在参与中架起企业与职工共同发展的"连心桥"，推动党的全心全意依靠工人阶级根本指导方针的落实，推动涉及企业、职工和工会重大问题的解决。

（二）加强学习

一是学业务提素质，提高参与水平。工会干部和广大职工整体素质的高低，决定了工会参与企业经营管理效果的优劣。为此，工会要根据形势任务和职工的需求，研究制订学习计划，努力营造一个善于学习的氛围，为工会干部和广大职工自觉学习创造条件。一方面，工会干部在学习掌握工会知识的基础上，要学习企业需要的相关知识，扩大知识面，成为懂经营、会管理的行家能手。另一方面，引导广大职工立足本职，自觉学习，采取形式多样的学习方法，培养职工终身学习的习惯，通过学习提高工会干部和广大职工的整体素质，为工会参与企业经营管理提供智力支持。

二是熟知厂情民情，真情参与。全面准确地了解企业实际和职工愿望，是工会有针对性地参与企业经营管理的前提。一方面，通过调研、座谈、对话、恳谈等多种形式，让职工说出想说而无机会说的话，管理层听到想听而无机会听到的话，使工会代表职工参与企业经营管理"顺民心、合民意"，最大限度地把广大职工的劳动热情和创造潜能激发和凝聚到企业发展上来。另一方面，通过面对面地与职工和企业交流，实打实地为职工和企业服务，办实事、做好事、解难事，最大限度地增强工会组织在职工和企业中的吸引力和凝聚力。

（三）积极探索

一是聚集正能量。企业工会要围绕"经营管理"这个中心点，立足"广大职工"这个工作面，广泛开展形势任务教育，教育职工正确处理国家、企业、职工三者关系，积极投身到企业改革发展之中。引导职工明确只有企业健康发展，职工才能享受发展成果；同时，只有职工辛勤劳动、诚实劳动、创造性劳动，企业才能克服困难，持续发展。组织职工开展形式多样的劳动竞赛和合理化建议活动，为企业发展献计出力。通过丰富多彩的活动，强化职工团结奋斗的思想基础，汇聚职工为企业发展做贡献的强大正能量。

二是进行有效沟通。企业发展必须调动包括经营者在内的广大职工的积极性和创造性，工会组织要充分发挥桥梁和纽带作用，运用源头参与、民主管理、思想疏导和合理化建议等方式，畅通职工与经营管理层沟通的渠道，根据新形势新任务注入新的内容，使其焕发生机。

三是创新参与载体。目前，工会参与企业经营管理的趋势呈现出新的时代特性，创新参与的方式和方法，势在必行。工会以维护职工合法权益为基本职责，参与企业经营管理必须以基本职责为出发点和落脚点，实现广大职工的整体利益和具体利益。同时，要结合企业实际发挥工会组织优势，丰富参与内涵与载体，与有关部门积极配合，形成工作合力，更加有效地参与企业经营管理。

（2014年5月）

省外经贸工会关于工会改革发展调研情况报告

根据省总工会《关于工会改革发展调研的通知》要求,省外经贸工会围绕调研内容,召开不同类型座谈会,听取相关人员对工会工作的意见和建议,现将情况报告如下。

一、围绕中心开展工作的作法和体会

（一）确定符合实际的思路

根据远离省总工会机关、不依附在省商务厅,直接管理驻青岛的外贸企业工会、机关人员少、事情多的特殊情况,以及近年来外贸企业内外环境变化给企业经营和职工队伍稳定所带来的问题的实际,在调查研究的基础上确定了"一二三一"工作思路,即搞好一个结合,做好两个服务,处理好三个关系,达到一个目的。搞好一个结合,把党和国家及上级工会的政策规定与省外经贸工会工作结合起来,在结合上下工夫、做文章。做好两个服务,为全省外贸企业服务,为全省外贸职工服务。处理好三个关系,与上级的关系,尊重、服从;与平级的关系,交流、沟通;与下级的关系,关心、帮助。达到一个目的,党政放心、企业认可、职工信任的职工之家。经过多年实践,证明这个思路是正确的,符合上级的要求,也符合山东外贸的实际。

（二）探索促进企业发展的方式

一是开展活动,调动职工干事创业的积极性。在常年开展争创创新（效益）能手、双爱双评和创建劳动关系和谐企业等活动的基础上,近年来根据形势发展和外贸企业实际,先后开展了"我为企业发展献一计"活动、"群策群力,积极应对全球金融危机对外贸企业的影响"活动、"我为外贸经营方式转变献一计"活动、"同心同德绘蓝图,调整转变促发展"活动、"学习党的十八大精神,争做振兴外经贸主人"活动、"全员参与、查找隐患、警钟长鸣"群众性安全生产活动等。二是搞好调研,为企业发展献计献策。2010年—2014年连续五年分别开展关于省外贸（驻青）生产企业"招工难"现象的调研、改制企业基本情况的调研、企业文化建设情况的调研,职工教育培训情况的调研、工会参与企业经营管理情况的调研,并形成报告,为企业发展提出了许多建议和意见,得到了有关部门的重视。三是搭建平台,促进企业相互交流、共同提高。在充分论证的基础上,将外贸企业划分为生产加工型、服务管理型、仓储运输型、单纯贸易型四类企业,每年在全面深入企业了解情况的基础上,分别召开由企业行政负责人或工会主席参加的座谈会,为不同类型的外贸企业提供一个交流、学习、借鉴、提高的平台。四是发挥优势,为企业发展排忧解难。如某公司由于部门经理离职,将公司经营多年的业务带走,公司损失巨大。我们组织人员到企业召开座谈会,与有关人员个别交流,理清事情的前因后果,形成调研报告,并专程向中国财贸轻纺烟草工会主要领导进行了汇报,在中华全国总工会及中国财贸轻纺烟草工会多方协调下,最终取得良好效果。

（三）依法维护职工的权益

一是坚持职代会制度,依法维护职工的民主权利。坚持企业重大问题提交职代会讨论通过制度,对企业改革改制方案、职工安置分流方案、企业重大投资意向等都认真听取职工的意见和建议,严格履行职代会程序,没有发生因违反职代会条例而引发的纠纷和矛盾。二是千方百计为职工着想,努力多为职工办实事。做好职工互助医疗保险工作,近五年共有2000余名职工得到赔付,赔付金额200多万元。每年走访特困职工、先模人物、老工会工作者,资助特困职工子女上大学100多人次,发放救助款20余万元。全系统驻青单位有离退休工会主席近百人,采取不同方式走访慰问,让这些老工会主席感受到组织的温暖。每年夏季走访慰问60余家生产企业,并送去高温茶等降暑品。三是做好信访工作,确保职工诉求渠道畅通。每年接访10余次,做到有访必接,认真负责地接待每位上访职工,通过努力使许多问题得到妥善解决。

（四）完善工会组织体系

近年来,在加强工会组织建设上,本着统一规划、分步实施的原则进行。一是加强直属企业工会组织建设。2003年省委国有企业改革会议之后,我们按照"搞好调研、掌握情况,征求意见、研究办法,争取支持、出台政策,依据规定、抓好落实"四个步骤,加大直属企业工会组建工作力度。在企业改制初期,为保证工会组织在企业改制过程中发挥作用,不被合并撤销,2004年制定下发了《关于加强工会基层组织建设的意见》,同时组织力量深入企业,听取有关人员对工会隶属关系、组织建设、活动方式等方面的意见和建议,2005年形成了《关于在外贸企业改制过程中加强工会组织建设的意见》,并报送省总工会。省总于2006年下发了《关于对省外经贸工会所属工会组织领导体制的指示》,进一步明确了省外经贸工会的管理范围和权限,这是在新形势下省总工会对省外经贸工会的新授权。2012年以《山东省人民政府办公厅关于工会经费（建会筹备金）由地税部门统一代收的通知》为契机,采取多种措施,抓好文件的落实,从而保证了在企业改制之年工会组织健全的良好局面,为今后工作的开展奠定了基础。到目前为止,直属省外经贸工会领导的外贸企业有40家,基层工会286家。二是加强市商务局（外经贸）局工会组织建设。2010年市商务局改革之前,深入到17个市商务（外贸）局、30多个市县属外贸企业,征求意见,听取建议,于2011年制定下发《关于加强各市商务（外经贸）局工会组织建设的意见》,按照《意见》抓落实,保证在机构改革过程中,全省17个市商务（外贸）局工会工作有人管、有人干。目前有11个市局有工会组织,6个市局无工会组织但有人负责工会工作,5个市局工会主席按同级副职配备。三是加强县（市）区商务（外经贸）局工会组织建设。2011年开始探索推进县（市）区商务（外经贸）局工会组织建设,在济南召开县（市）区商务（外经贸）局工会组织建设推进会。选择淄博市周村区商务局为试点,在多次调研的基础上,周村区商务局根据行政工作特点,结合所联系企业实际,提出"四位一体"商务工会组织新架构,把政府联系企业与工会服务企业有机结合起来,拓宽了新形势下区商务局行政监管和服务企业新领域。我们总结经验,于2012年在周村召开全省各县（市）区商务（外经贸）局组建工会工作现场推进会,在全系统推广周村区商务局积极探索依托政府机关建立工会的作法,目前全省158个县（市）区商务（外经贸）局中有47个县（市）区商务（外经贸）局已经建立工会组织,现正在起草《关于加强各县（市）区商务（外经贸）局工会组织建设的意见》。

（五）加强企业文化的建设

随着形势的发展变化,外贸职工的需求也变得多种多样,归结起来主要表现在政治上、工作上和生活上三个方面。政治上,坚持以职工代表大会为基本形式的民主管理制度,重大事项让职工参与,让职工了解企业的发展方向,积极参与企业经营管理。工作上,为职工创造宽松的工作环境,加强对职工的业务培训,提高职工的业务水平;开展劳动竞赛、合理化建议等,让职工更好地发挥主动性和创造性。生活上,积极开展职工喜闻乐见的文体活动,连续举办九届职工乒乓球比赛和四届职工羽毛球比赛,对困难职工及时给予精神上的鼓励和物质上的帮助,让外经贸职工感受到外经贸工会就是他们的家。

总之,在改革改制之年,我们做到了工会组织没散,会员没减,各项工作正常运转,各级外贸工会组织的影响力凝聚力逐年增强,省外经贸工会在全系统有地位、有作为,有以下几点体会。一是营造良好的工作氛围。始终坚持党的领导,重大问题及时向省总报告,日常工作与省总各部门、全委各部门、各企业党政主要领导及青岛市相关单位多沟通,让领导和相关单位了解我们的情况,支持我们的工作。同事间相互包容,形成正能量。二是对工作尽职尽责。对事业有激情、有超前意识,要处理好执行政策与结合实际的关系,要敢于负责、善于负责,遇事不推诿。对职工要有爱心,千方百计为职工多办实事。三是把握好、把握准方向。做工会工作不能就工会谈工会,要把工会工作融入外贸工作大局去把握、去思考、去安排,解决工会工作与行政工作两张皮的问题。严格执行政策和规定,用制度规范行为。四是研究创新工作方法。产业工会工作不能面面俱到,要按照上级工会的要求,结合外贸的特点,在突出重点工作上下工夫,把重点工作做好、做细、做出特色。

二、产业工会的特点和存在的问题

产业工会与地方工会相比有两个显著特点:一是同行业可比、同行业可学。所以这些年来,各产业工会紧紧围绕本产业工作大局,组织动员广大职工为本产业的持续健康发展,开展了形式多样、职工喜闻乐见的劳动竞赛、合理化建议、技术比武、岗位练兵以及制定行业工资标准等多项活动,受到本产业各级领导和广大职工的认可。二是人多事多、点多面广、经费不足。由于在隶属关系、组织体系、管理方式、人员配备、经费来源等方面存在着不够(重视不够)、不顺(组织不顺)、不全(人员不全)、不足(资源不足)等问题,从而制约和影响了产业工会作用的发挥。

(一)重视不够。从了解的情况看,对产业工会重视程度不够。省外经贸系统17个市商务(外经贸)局有6各市局没有工会编制。

(二)组织不顺。一方面产业工会特点不明显,如中国财贸轻纺烟草工会,涉及多个行业。另一方面产业链条不畅通,市级以下基本没有产业工会。省外经贸工会与市、县(市)区商务(外经贸)局工会名称不相对应;市商务(外经贸)局工会属于机关工会,对县商务(外经贸)局工会没有隶属关系(市总、编委没有授权)。

(三)人员不全。绝大部分产业工会没有按照编制配足工作人员。省外经贸工会11个编制,现空缺5个,17个市商务(外经贸)局工会没有专职工会工作者。

(四)资源不足。驻会的产业工会没有行政做依托,缺乏行政资源。驻厅局的产业工会参与行政工作多,种了别人的田,荒了自家地。产业工会绝大部分单位不管经费,财力不足。省外经贸工会缺少对应的行业协会,县(市)区商务(外经贸)局工会没有活动经费。

三、加强产业工会的几点意见和建议

(一)各级总工会要重视产业工会。在人员配备、干部使用、资源分配等方面要向产业工会倾斜。建议市总工会向编委协调,解决市商务(外经贸)局这一级工会编制问题,同时明确县(市)区商务(外经贸)局工会的管理范围和权限。

(二)理顺产业工会管理体制。尽量按照行业相近相似的原则,理顺组建产业工会。省外经贸工会更名为省商务工会,与市县(区)商务局工会名称对应。

(三)调整产业工会管理范围。没有直属企业的产业工会,要根据行业实际授权管理部分企业。建议市总授权市县商务(外经贸)局工会管理范围。

(四)扩大经费管理权限。没有管理经费的产业工会,授权管理部分企业工会经费,做到管事管人、虚实相统一,相结合。对市县商务(外经贸)局工会经费问题,建议市总按上解经费比例给予一定的活动经费。

(五)探索聘任工会工作人员。产业工会人员不足,上级工会可制定聘任企业退休工会干部和劳务派遣人员管理办法,解决产业工会人员不足的问题。

2014年8月

2015年—2016年

2015年
关于对省外贸(驻青)单位工会规范化建设情况的调研报告

山东省外经贸工会

为全面了解省外贸(驻青)单位工会规范化建设的基本情况,总结工会规范化建设的做法和经验,找出存在的问题和不足,探索加强工会规范化建设的新途径,省外经贸工会组织力量,对省外贸(驻青)单位工会规范化建设情况进行专题调研,并形成专题报告。

一、工会规范化建设基本情况

(一)在工会组织建设上——建立健全

省外经贸工会直属单位工会44个,涵盖基层单位工会169个,职工23200人。符合建会条件的直属单位工会组建率、职工入会率达到全覆盖,同时建立工会经费审查委员会和工会女职工委员会。

(二)在工会干部配备上——配齐配强

全系统共有专兼职工会干部464人。按年龄分,50岁以上的占总数的20.9%;40~50岁的占总数的45.52%;40岁以下的占总数的33.58%。按学历分,大专及以上学历占总数的87.85%。按政治面貌分,党员占总数的46.18%。直管的44家二级单位有22家工会主席进入领导班子,享受副职待遇;其他单位因职工人数少、企业规模小,工会主席由总经理助理、办公室主任或人力资源部经理担任。

(三)在工会履职上——继承创新

探索召开仓储运输、生产加工、单纯贸易、服务管理四个类型企业现场会的做法,为企业搭建交流学习借鉴提高的平台。加强工会组织建设,提出横向到边保质、纵向到底增量的建会思路并狠抓落实。维护职工权益,做到帮职工所需、解职工所忧、救职工所困,积累了许多切实可行的办法。维护企业利益,发挥工会组织的优势和平台,积极争取上级工会的支持,协助企业在资产保全、劳资纠纷、职工提前退休等方面做了大量工作。

(四)在工会经费管理上——收足管好

对工会经费管理全会上下认识一致,采取编制好预决算、实行目标管理、分解指标任务、定期跟踪调度、严格控制开支、加大检查力度、适时总结表彰等措施,每年经费收缴按比例递增,全面完成上级工会下达的各项任务指标。2014年,省外经贸工会被省总工会评为"财务会计竞赛一等奖"单位。

(五)在工会活动开展上——喜闻乐见

省外经贸工会连续举办十届职工乒乓球比赛和五届职工羽毛球比赛,带动全系统文体活动广泛开展。许多单位常年为职工购买活动用品,预订活动场地,开展形式多样的活动。如山东山孚集团工会举办"山孚好声音"歌咏比赛,绮丽集团工会连续8年组织职工开展"祝福绮丽"祝福语征集活动,新华锦集团、山东外贸职业学院、中国外运山东公司、山东东方国际贸易公司、中化(青岛)实业公司等单位工会开展职工乒乓球、羽毛球比赛,山东海润投资集团、青岛绮丽高级时装公司等单位工会每年举办职工趣味运动会等活动。

二、工会规范化建设的主要做法

（一）搞好调研，理清思路，营造开展工作的良好环境

省外经贸工会根据远离省总工会机关、不依附在省商务厅、直接管理驻青岛的外贸企业工会工作，机关人员少、事情多的特殊情况，以及近年来外贸企业内外部环境变化给企业经营和职工队伍稳定带来问题的实际，在调查研究的基础上，确定了工作思路，即搞好一个结合，做好两个服务，处理三个关系，达到一个目的。搞好一个结合，把党和国家及上级工会的政策规定与省外经贸工会工作结合起来，在结合上下工夫、做文章。做好两个服务，为全省外贸企（事）业服务，为全省外贸职工服务。处理好三个关系，与上级的关系，尊重、服从；与平级的关系，交流、沟通；与下级的关系，关心、帮助。达到一个目的，打造党政放心、企业认可、职工信任的职工之家。经过多年实践证明，这个思路是正确的，符合上级要求，也符合山东外贸实际。省外经贸工会把工作重心放在基层，每年深入100多家企业开展调研，与企业管理层、职工代表和工会干部座谈交流，全面了解详细掌握各企业的情况，为开展工作创造了条件。近几年，根据外贸系统的实际，先后开展省外贸（驻青）单位生产企业"招工难"现象的调研、改制企业基本情况的调研、企业文化建设情况的调研、职工教育培训情况的调研和工会参与企业经营管理情况的调研，形成专题调研报告，受到各方面好评。

（二）加强学习，完善制度，用制度规范各项工作

省外经贸系统各级工会始终注重学习，坚持自学与培训、集中与分散、以会促学等多种形式，为工会干部学习创造条件。每年举办工会领导干部读书会，组织女职委主任、工会财会人员、工会统计员、职工保险代办员专题培训，积极完成上级工会的轮训任务，通过培训提高工会干部履职能力和水平。根据形势和任务需要，请专家授课，2014年举办"知识就是力量"专题讲座4期，300多人次参加授课，拓宽工会干部视野。中国工会十六大和省工会十四大召开之后，及时将领导讲话、工作报告汇编成册，供大家学习，并召开会议传达学习大会精神。习近平总书记对工人阶级和工会工作重要讲话发表之后，第一时间组织全系统工会干部传达学习，结合实际贯彻落实，保证工会工作正确政治方向。各单位工会结合实际开展"创建学习型组织"活动，如山东山孚集团工会举办"职工大讲堂"，绮丽集团工会组织"读好一本书"活动，中国烟草山东进出口公司设立"周五充电站"，推动全系统形成良好的学习氛围。在抓学习的同时注重制度建设，建立健全财务管理制度、学习制度、会议制度、汇报制度、调研制度、沟通制度、集体研究制度、开展批评和自我批评制度等，用制度规范约束每个同志、每项工作。

（三）健全组织，配好人员，为开展工作提供组织保障

在加强工会组织建设上，根据形势变化和外贸企业改制的实际，及时调整加强工会组织建设的措施和方法。本着统一规划、分步实施的原则，采取搞好调研、掌握情况，征求意见、研究办法，争取支持、出台政策，按照规定、抓好落实等方式方法，促进工会组织建设。特别是积极争取省总工会出台《关于省外经贸工会所属工会组织体制的指示》，明确外贸企业改制后工会组织隶属关系不变，保证在改制之年省外贸系统工会组织不散。2012年，以全省工会经费由地税部门统一代收为契机，组织力量对所属企业进行摸底，制定《关于贯彻落实山东省人民政府办公厅〈关于工会经费（建会筹备金）由地税部门统一代收的通知〉等文件的意见》，并对省总工会授权省外经贸工会管理

的企业进行梳理,采取全面排查、认真梳理、分门别类、列出清单、现场办公、一企一策、上门督办、限期组建等措施,使直属企业工会组织建设做到质、量双增。在工会干部选配上,一是按照规定,宣传政策,依法要求企业选配好工会干部。二是提前介入,搞好摸底,发挥对企业工会主席协管的作用,协调企业选配好工会干部。三是积极作为,赢得企业信任,为选配好工会干部争取更多的话语权。目前,在位的工会主席政治素质好,业务水平强,职工认可度高,在企业有为有位。

（四）主动作为,尽职尽责,为全系统持续发展尽力

根据不同时期、不同情况,省外经贸工会适时开展一些活动,如开展争创最佳创新(效益)能手活动,我为企业发展献一计活动,群策群力、积极应对全球金融危机对外贸企业影响的活动,我为外贸经营方式转变献计活动,争先创优活动,同心同德绘蓝图、调整转变促发展活动等。各企业工会围绕中心工作开展活动,如中国外运山东公司举办拖车驾驶员及维修人员技能比武,中化(青岛)实业公司举办"绩效看板",山东东方国际贸易公司、山东韩进储运公司举办叉车司机技能比赛和安全生产应急预案演练,青岛绮丽高级时装公司开展缝纫线劳动竞赛,山东海诚进出口公司举办英语口语比赛,即墨老酒厂举办酿酒技能大赛等活动。为适应外贸企业改制后的变化,省外经贸工会发挥联系企业、贴近企业、熟悉行业的优势,探索为不同类型外贸企业搭建交流、学习、借鉴、提高的平台,每年召开生产加工、仓储运输、单纯贸易、服务管理四个类型企业现场会。这些活动的开展,激发了广大外贸职工的责任感和使命感,为山东外贸在转变发展方式上做出了贡献。

根据职工的需求及时调整维权的重点。在企业改制期,坚持重大问题提交职代会讨论通过制度,维护职工工作权益并领到合理的补偿金。在全系统职工中开展读书活动,让青年职工有更多的学习发展机会。积极组织职工参加全总举办的职工互助医疗保险,减轻职工生病住院费用上的负担。坚持"两节"走访慰问制度,给生活困难职工送上慰问金。坚持夏送清凉活动,督促企业落实一线职工防暑降温的有关规定。坚持每年高考结束后,摸情况,解决特困职工子女上大学的学费问题。全年支出100多万元,解决了职工的实际困难,保证了职工队伍的稳定。

三、工会规范化建设中存在的主要问题

（一）对工会组织地位作用认识不全面

有部分改制企业,党政领导对工会组织不了解、不熟悉,认为工会可有可无,成立工会增加企业负担,开展工作增加企业麻烦,是职工受益、企业受损的"零和关系"。也有部分工会主席对工会的职能、地位和作用认识不足,一切唯"老板"是从,工会组织形同摆设,工会工作流于形式,工会作用未能发挥。

（二）工会干部整体素质与形势要求不相适应

一是基层工会主席兼职化倾向突出。有的工会主席"一兼两职"甚至"一兼数职",工作忙,压力大,力不从心,迫于被动应付。二是基层工会干部业务水平不高。部分工会干部忽视学习,对工会知识掌握不够,对当前企业经营中遇到的新情况、新问题研究不够,对职工队伍出现的新变化、新需求把握不够,对如何做好工会工作办法不多,职工对工会干部的认可度不高,影响工会组织的凝聚力。

（三）工会组织建设发展不平衡

省外经贸工会直属单位建立健全工会组织,并发挥积极作用。相较而言,部分三

级单位工会组织存在不健全的现象。有的没有建立工会组织；有的即使成立工会，也无工作人员、无办公场所、无活动经费，无工作实效；有的工会组织不能按时换届，不能及时补选工会主席和工会委员；有的单位工会主席、副主席和女职委主任待遇没有落实；有的单位工会经费上解不及时、不足额。

（四）部分工会工作相对薄弱

部分单位工会工作重点不突出，如集体合同与工资协商谈判，厂务公开民主管理制度，基层工会工作考核激励制度，职工技能比赛等，都需要加强、完善和提升。

四、加强工会规范化建设的意见和建议

（一）加强学习，提高认识

党的十八大以来，党中央对工会工作非常重视。近期，先后下发了《中共中央关于加强和改进党的群团工作的意见》、《中共中央、国务院关于构建和谐劳动关系的意见》。7月6日，中央召开群团工作会议，习近平总书记发表重要讲话。2014年，习近平总书记就加强工会基层组织建设作出"三个着力"重要批示。这为新时期工会工作指明了前进方向，对进一步加强工会规范化建设提出了新的更高要求。省外经贸各级工会要认真组织学习中央、省委、全总和省总有关会议精神，特别是习近平总书记对工人阶级和工会工作做出的重要论述，通过学习领会精神、把握实质。在学习的同时要利用各种方式方法进行宣传，让企业党政领导全面了解中央对工会工作的方针政策，让工会干部全面领会中央对工会工作的要求，让广大职工全面掌握中央对工人阶级的关心。并结合本单位实际对照规定找差距，制定整改措施，提高对工会规范化建设重要性的认识。

（二）健全组织，发挥作用

对已建立工会组织并积极开展工作的企业，在各项工作创新上下工夫，适应当前出现的新情况、新问题，加强调查研究，学习借鉴先进单位的做法，修订完善各项制度规定，积极探索符合本企业实际的方式方法。对已建立工会组织但有些方面还需要加强的企业，在规范化建设上下工夫，工会组建符合程序，工会干部落实待遇，工会经费按时计拨，开展工作扎实有效。对未建工会的企业，依法推动组建，以"六有"标准加以规范，健全工会组织体系和工作制度，促进工会作用有效发挥。

（三）加强培训，提高素质

严把工会干部入口关，积极协调企业把热爱工会工作，政治素质好，有群众观念的干部选配到工会岗位上来，解决好工会干部兼职过多的问题。加强工会干部培训，本着缺什么补什么的原则，组织各类培训，同时积极推荐参加上级工会组织的学习培训。鼓励工会干部自学成才，对于善于学习、成效明显的工会干部要给予表扬和奖励。定期组织系统内工会干部进行工作思想交流，发挥好身边榜样的带动作用。落实工会干部的政治经济待遇，解除他们的后顾之忧。

（四）建章立制，加强考核

全面推进制度化和标准化建设，使每项工作有章可循、有据可查，进一步规范基层工会工作，夯实基层组织基础。对工会组织和工会干部的考核做到年初有计划、年中有检查、年底有量化，激发基层工会干部的工作热情和创新能力。按照"六有"工会标准制定详细考评制度和具体实施细则，积极推进基层工会有依法选举的工会主席、独立健全的组织机构、服务职工的活动载体、健全完善的制度机制、自主管理的工会经费、会员满意的工作绩效，实现组织健全、维权到位、工作规范、作用明显、职工信赖的目标要求，进一步增强工会组织的吸引力和凝聚力。

（2015年4月）

2016年关于对省外经贸(驻青)单位工会财务情况的调研报告

山东省外经贸工会

为全面了解省外经贸(驻青)单位工会财务方面的基本情况,查找工会财务管理工作中存在的问题和不足,探索加强工会财务管理的有效途径,推动新形势下各级外经贸工会依法收好、管好、用好工会经费,实现全省外经贸工会财务工作的法制化、规范化。日前,省外经贸工会组织力量,对全系统驻青单位工会财务管理情况进行了调研,并形成调研报告。

一、基本情况

此次调研的范围为省外经贸(驻青)直属单位及部分所属单位。调研的形式为:一是召开座谈会,分别到39家直属单位和19家三级单位,与企业负责人、工会主席、工会财务人员和职工代表座谈;二是组织调查问卷,印制了《山东省外经贸系统工会财务情况调查表》,共发放58份,收回49份;三是查看有关档案和财务账表。

通过调研,基本摸清全系统工会财务工作方面的基本情况、存在问题,征询了各方对促进工会财务工作规范化管理的意见和建议。总体而言,省外经贸各级工会不断加强对做好工会财务管理工作重要性的认识,突出依法依规,强化管理,积极作为,成效显著。省外经贸工会全面完成了上级工会下达的各项任务指标,实现工会经费每年按比例递增,全系统工会财务工作运转良好,省外经贸工会连续多年被省总工会评为"工会财务会计竞赛一等奖"。2015年度有14个单位被评为山东外经贸系统工会财务工作优秀单位,有26个单位被评为山东外经贸系统工会财务工作优良单位。

(一)开户建账情况

随着省外经贸工会对工会财务工作规范化建设的推进,各单位对工会经费独立管理的重要性认识普遍提高,调研的58家单位中除个别2015年度新建工会单位外,具备开户条件的基层工会普遍开设工会基本账户或专用存款账户,开户率达到93%,独立建账的比例为91%。

(二)经费收缴情况

各单位认真贯彻落实《工会法》"按每月全部职工工资总额的百分之二向工会拨缴经费"的规定,按时足额向本级工会拨付工会经费;同时,大部分单位工会按照规定及时足额上解工会经费。

(三)制度建设情况

各单位工会按照《会计法》、《会计基础工作规范》和《工会会计制度》的规定,加强领导,明确职责,建立健全各项规章制度,规范会计核算,保证工会财务资料真实、完整,建立良好的会计工作秩序,逐步实现工会财务工作的规范化、制度化、科学化。被调研单位中97%建立工会财务制度并严格执行。

(四)财务管理情况

各单位工会均配备有专兼职工会财务管理人员,实现工会财务专人管理,完善内控制度,强化监管措施,规范支付手续,健全相关档案,严格执行《现金管理条例》,加强库存现金管理,各项收入、支出和往来款项全部纳入工会经费账户进行管理和核算,确保现金账面余额与实际库存额相符。同时,明确工会财务管理责任人,坚持工会主席"一支笔"审批制度,收好、管好、用好工会经费。

(五)经费使用情况

各单位工会认真贯彻落实中央八项规

定和《工会法》、《中国工会章程》的规定和全国总工会《关于加强基层工会经费收支管理的通知》及其补充通知的要求，优化工会经费支出结构，严格控制和压缩"三公经费"以及一般性支出，坚持重心下移，将工会经费支出重点向基层倾斜，确保大部分经费用于服务职工。目前各单位工会经费主要用于开展职工活动、维护职工权益以及合理的福利、奖励支出等方面，做到"用得合理，职工满意"。对于困难职工帮扶资金、劳模"三金"等专项资金，严格规范管理，确保专款专用，没有发生转移、截留、挪用、改变资金用途等违法违纪违规问题。

（六）预算管理情况

各单位根据省外经贸工会的要求，按照本年度工会工作的计划，以上年度实际收入为基础，按照"量入为出，收支平衡，略有结余"的原则严格编制预算。预算支出坚持勤俭节约的原则，确保把主要资金向维护职工权益、开展职工活动等方面倾斜，预算内容更加合理、准确。被调研单位中91％年初有预算，工会预算全年执行情况良好。

二、主要做法

省外经贸工会每年采取编制好预决算、实行目标管理、分解目标任务、定期跟踪调度、严格控制开支、加大检查力度、适时总结表彰等措施，全面抓实抓牢全系统的工会财务工作。各单位工会注重从建立机构、完善制度、配齐人员等方面入手，注重加强工会财务会计管理规范化建设，使全系统工会财务工作管理水平不断提高。其主要做法有：

一是领导重视，职责明确。省外经贸工会历来重视工会财务工作，在每年的工作计划中都提出明确要求，有部署，有检查。编印下发《国家和省有关工会财务管理方面的法规文件摘编》，使工会主席和工会财务工作人员明确工会财务管理的法律法规，明确职责分工。加强与企业党政领导联系沟通，向他们宣传有关工会工作和工会财务工作的法律法规，引起重视和支持，为工会开展各项工作创造条件。各单位工会主席作为工会财务工作负责人，具备较强的工会经费管理法律观念，坚持工会经费独立管理和工会主席"一支笔"审批制度。注重加强工会经费预算管理，优化支出结构，完善内控制度，正确把握工会经费的使用原则和使用方向，关心、帮助、支持财务人员履行职责。

二是机构完善，人员齐全。大部分单位建立独立的工会经费管理机构，设有专兼职工会财务人员，绝大部分单位工会会计人员与出纳人员分设。在工会组织人员构成发生变化时，能够及时进行交接，省外经贸工会积极协调新建工会经费拨缴工作，对新任工会会计进行一对一培训，使其能较快熟悉工会财务工作。大部分单位坚持"工会组织建到哪里，工会经审委就组建到哪里"，做到了组建工会委员会与组建工会经审委员会"三同时"，保证了经审委组建任务和开展工作落到实处。近年来，各单位工会经审委不断加强对同级工会经费收、管、用的审查和监督，以及工会主席、工会会计离任审计，发挥了工会经审工作的监督约束作用。

三是建章立制，管理规范。各单位工会按照《会计法》《会计基础工作规范》和《工会会计制度》的规定大都独立开设银行账户、独立建账，为工会经费独立管理、独立核算提供了必要条件。省外经贸工会每年年初布置上年度工会经费收支决算和本年度工会经费收支预算编报工作，要求各单位严格预算管理，规范预算内容和会计核算，建立工会经费收支预决算制度。各单位根据国家法律法规，结合企业实际情况，建立健全工会财务管理规章制度并纳入企业管理制度当中。

四是依法使用，服务基层。在做好财务

工作的基础上，省外经贸各级工会组织按照统筹兼顾，保证重点的原则，将工会经费用在重点工作上，发挥促进企业发展、维护职工权益作用。一是围绕中心，服务大局，积极参与企业经营管理。每年召开生产加工、服务管理、仓储运输、单纯贸易四个类型企业座谈会，为同类企业搭建相互交流、学习、提高的平台，帮助企业解决生产经营实际困难，促进企业发展；各单位根据企业实际开展不同岗位、不同工种的劳动竞赛来提升职工职业能力水平；积极开展"查保促"群众性安全生产活动。二是加强工会组织建设，夯实基础，延伸产业工会组织链条。省外经贸工会在建立健全直属企业工会、市县两级商务（外经贸）局工会的基础上，继续推进以县（市、区）商务（外经贸）局工会为平台，组建外经贸企业工会联合会工作，拓宽服务外经贸企业和职工的领域。三是服务基层、服务职工，为职工办实事办好事。坚持日常帮扶与重大节日帮扶相结合，困难职工帮扶与特殊诉求职工帮扶相结合，个别帮扶与整体帮扶相结合，完善帮扶救助的常态化。每年坚持走访困难职工、劳动模范、老工会工作者，慰问生病住院、家庭发生意外的职工，资助特困职工子女上大学。夏季为一线企业"送清凉"，看望一线职工，并为他们送去降暑茶。帮助支持企业特别是生产企业建立职工活动室与职工书屋。本级工会每年为一线企业和一线职工支出合计约 80 万元。

三、存在的问题

多年来，全系统工会财务工作取得了一定的成绩，但仍然存在一些问题和不足，主要有：

一是部分单位重视不够、认识不到位。有小部分单位工会主席、工会会计对工会财务工作不重视，经费计拨不足额、不及时。部分单位对工会财务工作没有部署、没有目标、没有检查。对工会经费存在认识上误区，认为企业改制、经营困难、资金紧张就不拨或少拨经费，没有按照法律规定及时足额上解工会经费。

二是财务管理制度不严。有的单位工会多年来没有制定相关的财务管理制度，财务报销及审批制度不明确，尤其缺少预决算管理制度，经费支出随意性大；有的工会会计、出纳一人担任；有的财务人员审核把关形同虚设，尚有白条报账现象；有的单位工会未严格执行现金管理规定，发放物品未附发放明细。有个别单位工会财务不独立，未独立建账，账务处理不及时，年终结账不规范，工会行政费过大。部分单位对往年财务检查过程中指出的问题整改力度不够。

三是会计基础工作薄弱。有的单位工会财务人员变动频繁，又身兼多职，工会财务专业知识缺乏，未按照工会财务相关流程规定、管理体系进行，造成会计核算不及时、科目使用不准确、档案管理和凭证装订不规范等现象。有的单位仍存在发放现金、使用收据入账、发票户名不符、发放慰问款无职工本人签字、定额收缴经费等问题。

四是工会经费监督缺位。部分单位工会经费收支情况未经同级经费审查委员会审查，未定期向会员（代表）大会报告，接受监督。经审委的作用发挥还不到位，工作处于空白或流于形式，缺少监督职能，由工会主席、会计、出纳三人按照《工会会计制度》规定执行情况居多。

四、做好工会财务工作的意见建议

工会经费是工会开展各项工作的物质保障，是工会组织履行职能和发挥作用的重要保证。做好基层工会经费财务管理工作是服务基层、服务职工的迫切需要，更是当前顺应工会改革发展形势的必然要求，是坚决克服"机关化、行政化、贵族化、娱乐化"现象，保持和增强工会工作和工会组织政治性、先进性、群众性的题中之义。针对此次调研发现的问题，为进一步增强工会组织的活力，提升工会组织服务职工的能力，提出如下意见和建议。

（一）加强学习，提高认识，发挥工会财务工作在工会组织改革发展中的作用

当前，工会组织正处于改革发展的关键时期，党和国家对工会工作的重视和支持力度不断加大，中央党的群团工作会议提出群团组织要坚持"眼睛向下、面向基层"的要求，各级财政、上级工会在帮扶困难职工、补助困难劳模、金秋助学等方面提供的专项资金也越来越多。企业党政、广大职工对工会工作和工会经费的关注度日益提高，凸显出各级工会组织在企事业单位和广大职工中的存在感、地位和作用。因此，各级工会组织要高度重视，提高认识，树立大局意识、担当意识和责任意识，把工会财务工作抓出水平、抓出实效。认真贯彻执行中央八项规定、相关法律法规以及上级工会的规定，树立红线意识，着重在制度落实上下功夫。加强工会经费的收缴、管理和使用等各个环节的工作，做到收管并重、以管促收，确保将有限的经费真正用于服务职工、服务基层、服务大局。增强节约意识，树立工会组织在广大职工中的良好形象。各单位工会主席作为工会财务管理的总负责人，更要增强工会经费管理法制观念，依法依规抓好本单位的工会财务工作，同时要积极向企业党政汇报沟通，宣传好有关工会经费的相关政策、法律法规，为工会财会人员营造良好的工作环境。要适应时代发展要求，积极探索利用"互联网＋工会财务"、微信平台等现代电子信息技术，建立工会财务管理、调度、学习、交流、沟通的平台，提高工会财务管理的效率和质量。

（二）提升工会财务规范化工作水平

各单位工会要努力实现应收尽收工会经费，并严格按分成比例上缴上级工会，纠正按定额任务收缴工会经费的错误做法。推行工会经费收缴与绩效考核挂钩制度，将其纳入工会系统评优资格考虑范围。对截留、挪用应上缴工会经费的，按照全总《关于截留、挪用应上解工会经费处罚的暂行规定》，视情节给予通报批评，取消各种评先资格，并对有关责任人建议同级党委进行严肃处理。要建立预算管理、工会经费审查和监督管理制度。各单位要把所有工会费用纳入预算，本着统筹兼顾、收支平衡、量入为出、略有节余、保证重点的原则认真编制和执行，杜绝随意性支出。同时建立预算、决算和经费审查监督制度。对年度预决算、经费开支范围、审批程序、财务管理等进行认真细致地审查，并坚持"一支笔"审批制度，进一步落实财务管理法规，确保工会经费合理收支。要加大考核力度和一年一度财务检查工作力度，对存在问题逐项整改，确保工会经费收入稳定增长，提高工会财务工作科学化、规范化管理水平。

（三）加强培训，提升工会财务工作人员能力

各单位工会要坚持工会经费正确使用方向，坚持重心下移，树立将工会经费支出重点向基层倾斜意识，确保工会经费主要用于维护职工权益、提高职工素质、开展劳动竞赛和各项职工文体活动等工会重点工作。要重视工会财务人员配备和培训，通过选树先进典型，以点带面，增强工会财务人员为职工群众服务的意识和才干；加强职业操守、政策法规、业务知识、管理知识等方面的学习培训，全面提高工会财务人员执行政策和依法理财的能力和水平。要探索建立工会经费使用绩效评价制度，并出台相应奖惩措施。同时要结合工会经费年度预决算，定期对工会经费支出结构进行分析，对专项资金的效果跟踪评价，促进资金效能的最大化。

（四）发挥经审委的作用

目前，各单位工会的经审具体工作大

都由财务人员兼职。经费总量大,经审人员变动频、少骨干、监督责任大的困难,凸显了基层工会经审工作的复杂性、艰巨性。因此,要积极争取各单位党委的重视和支持,推进工会经审组织建设,使经审组织能够依法全过程参与工会工作,加强预算监督和财务监督,加强事前和事中监督,建立健全覆盖所有工会经费和财政补助资金运行全过程的监督机制,有效地消灭监督死角和降低财务风险。同时还要积极与审计、纪检等部门协调沟通,建立"大经审"的经费审查格局,不断提升经审监督的效能,确保工会经费真正用在职工身上和工会工作开展上。

(2016年10月)

第五篇　交流探讨

2008年—2010年 225

2011年—2012年 245

2013年—2014年 276

2015年—2016年 293

2008年—2010年

2008年
组织引导广大职工群策群力积极应对金融危机对外贸企业的影响

山东省外经贸工会

当前受金融危机的影响,外贸企业深受其害。为及时了解和掌握外贸企业在金融危机中受到的冲击情况,研究确定在这场危机之中工会组织应该做什么、怎样做,才能团结广大职工与企业共渡难关,是落实全总提出"促进企业发展,维护职工权益"要求的具体体现,为此,省外经贸工会组织力量,先后多次深入企业了解当前出口结汇、成交履约、汇率变化、职工队伍状况等情况;召开有关人员座谈会,分析金融危机对进出口的影响;组织学习党和国家近期出台的方针政策,让广大职工认清形势,增强忧患意识,明确任务,增强大局意识,在全系统开展了群策群力,积极应对全球金融危机对外贸企业的影响活动。全系统干部职工积极响应中央扩内需、调结构、保增长、促和谐的总体要求,结合本地区、本企业的实际情况,以满腔热忱的工作激情,脚踏实地的工作作风,坚忍不拔的工作毅力,创造性地开展工作,保持了职工队伍稳定,生产经营正常运转的良好局面。

一、认清形势,增强信心

经过调研分析我们认为,影响外贸企业出口有如下几个方面:一是世界经济增速放慢影响出口。受美国次贷危机的影响,美国消费者消费能力不断下降,由此导致美国对中国的进口订单减少。德国、日本的经济与美国经济关联度很高,美国经济放缓也导致德、日经济放缓,以德国为代表的欧洲和日本从中国进口的货物也相继减少。二是出口成交风险增大影响出口。由于金融危机的蔓延,国外客户经营困难出现倒闭破产,造成接单日益困难。由于汇率不稳造成接了单做单更困难。三是人们对预期收入信心不足影响出口。当金融体系出现危机,市场恐慌情绪蔓延时,大多数人对预期收入信心不足,购买力下降从而影响中国商品的出口。四是生产成本上涨影响出口。由于劳动力的短缺、劳动力成本的提高以及原材料的涨价,使部分商品失去在国际市场上的竞争力从而影响出口。五是市场流动性严重短缺影响出口。受金融危机的影响,金融政策发生了变化,有些企业因资金短缺从而影响出口。另外还有产品结构和市场结构不合理、经营管理不善等原因也影响出口。

在分析不利因素的同时,也要清醒地认识到当前有许多有利于外贸企业发展的条件。一是国家经济实力增强有抗风险的能力。我国经过三十年的改革开放，综合国力明显提高，有能力解决当前的困难。二是外贸企业的改革改制增强了抗风险的能力。外贸企业经过十多年的改革改制，基本上从困境中走出，练就了企业的内功，适应了市场竞争的环境。三是国家金融体制监管规避了许多风险。我国金融体系没有完全放开，是在国家宏观调控之中逐步与国际接轨，从而规避风险。四是国家出台政策对外贸企业给予支持。国家在信贷、出口退税等方面出台了有利于外贸企业发展的政策，从而增强了外贸企业抗风险的能力。五是专业性综合型的外贸企业具有一定的抗风险能力。专业性综合型的外贸企业具有客户资源多、信息量大、经营商品多等优势，在市场、客户和产品发生变化时，能及时调整市场、客户和产品，做到东方不亮西方亮。

二、明确任务，精心组织

通过学习我们认为，金融危机是挑战，同时也是机遇。全省各级外经贸工会组织要结合学习实践科学发展观活动，以学习贯彻胡锦涛总书记在同全国总工会新一届领导班子成员和中国工会十五大部分代表座谈时的重要讲话精神为动力，以学习贯彻中国工会十五大精神为契机，勇挑重任，奋发有为，在有序引导职工思想情绪上发出工会的声音，在充分发挥工人阶级主力军作用上体现工会的作为，在妥善解决企业发展难题上拿出工会的建议和办法，组织引导职工群策群力，积极应对金融危机对外贸企业的影响。

各级工会要引导职工正确处理危机与机遇的关系，在提高职工认识上下功夫。采取多种形式组织职工学习有关金融危机方面的文章，提高对金融危机的正确认识。将企业发展面临的问题向职工讲清楚，使广大职工充分认清企业发展受外部因素的影响和制约，不可避免地会出现困难，增强职工的忧患意识；充分认清尽管经济形势复杂多变，困难很多，但我国经济的基本面没有改变，经济发展的态势是好的，增强职工的大局意识；充分认清工人阶级既是发展的主力军，更是攻克发展难关的主力军，增强职工的责任意识。通过有效的宣传教育工作，最大限度地把职工的思想情绪引导到团结一心、同舟共济、共渡难关上来，使广大职工坚定信心，振奋精神，从自身做起，从现在做起，为企业的生存发展贡献智慧和力量。

各级工会要引导职工正确处理挑战与应战的关系，在调动职工干事创业上下功夫。工会干部要深入一线搞调研，做到对影响企业发展的因素清楚，对优化产品结构、提高市场竞争力的环节清楚，对职工最关心的问题清楚，组织职工围绕调整结构，开拓市场，规避风险，增收节支，安全生产等方面开展"我为企业发展献一计"活动，促进企业发展重点、难点和关键点问题的解决。要以创建"工人先锋号"活动和争当"最佳创新（效益）能手"活动为载体，引导职工从生产、经营和管理的各个环节抓起，扩大业务范围，增加经济效益。要加强职工业务培训，增强企业发展后劲。

各级工会要引导职工正确处理企业与职工的关系，在维护职工合法权益上下功夫。针对部分企业因危机可能出现的减薪和裁员分流现象，要按照《山东省企业职工代表大会条例》的规定，组织职工代表审议企业裁员分流方案，监督企业严格按照《劳动合同法》的规定解除或变更与职工的劳动关系，督促企业按照国家规定支付放假期间职工工资，确保职工权益不受侵害。要更加重视群众性安全生产工作，开展安全生产检查，查改事故隐患，为企业摆脱困境创造安定环境。要更加关心困难职工的生产、生活，深入实施送温暖工程，多渠道、多形式地为职工群众做好事、办实事、解难事，确保职工队伍稳定。

三、真抓实干,效果明显

经全系统干部职工的共同努力,呈现出许多亮点。

1. 抓住机遇,积极实施低成本扩张。

经济危机对于优秀的企业来说,处处是商机,对于竞争力不强的企业来说,到处是困难。在危机与机遇面前,绮丽集团经过充分论证,抓住机遇果断出击,以较低的价格收购了一家日资工厂和一家韩国企业。这次以较低的成本收购两家工厂,既增强公司的实力,又解决职工的就业,既巩固国内外的客户,又增加新的出口亮点,可以说是多赢的举措。新华锦集团通过收购、参股及合作等方式,建立海外分销网络,渗透到终端市场,提升了竞赛力。

2. 调整产品市场结构,努力开拓国内国外两个市场。

金融危机造成需求下降,从而影响外贸企业的出口,但是我们也应该看到当前的形势对外贸企业进行产品市场结构调整创造最佳时机,老产品、老市场很难适应当前的形势,调整结构,转变经营思路,开拓国内外两个市场是外贸企业的当务之急,也是迎接困难、渡过难关的有效举措。山东省机械进出口集团公司充分发挥公司整体优势,积极开拓新市场,开展多种贸易方式,如来图来样加工、进料加工、内销等业务,公司经营的纺织品及出口中东非洲的商品保持去年水平。中国外运山东有限公司山东船代公司严抓服务质量,各项业务稳步提升,6月底散杂货代理同比增长46.03%,代理净吨同比增长12.21%,代理货量同比增长6.79%。山东外贸集团积极开展造船业务,出口规模同比增长62.5%。山东华食佳食品公司积极开发欧美、韩国等市场,为全年出口任务的完成打下了良好的基础。山东荣鑫进出口公司努力开拓国内市场,开发以网络为平台,面向最终消费群体的BTOC集群消费形式,重点是以粮油食品等日用消费品为主的新型商业运作模式。

3. 加强成本核算,建立防控机制。

在当前金融危机的情况下,节约开支,控制风险显得更为重要。中国外运山东有限公司鼓励全体员工进行管理挖潜、技术挖潜、岗位挖潜,有效地压缩了可控费用12%。新华锦集团较早建立起严格的风险控制机制,加大对进出口业务的审核力度,及时退出一些价格起落风险极大的大宗商品,很好地控制了风险,避免了损失。中化青岛公司经营与管控并举,从业务源头开始加大对合同执行情况的跟踪核查,清查超期合同,加强对应收账款监控和催收,控制融资成本,加强对预算执行情况的检查,防范市场风险,上半年在出口规模略有下降的情况下,税前责任利润超预算进度两个百分点。

4. 履行社会责任,为构建和谐社会做贡献。

在金融危机的情况下,企业正常经营不停产、不裁员、不减薪,保持职工队伍稳定,就是很好地履行了社会责任。外贸企业较好地处理了长远利益与短期利益的关系,在经营非常困难的情况下,没有出现裁员、减薪等情况,为构建和谐社会做出应有的贡献。中国外运山东有限公司按时发放季度奖金。绮丽集团不但没有减员,反而为社会创造近1000人的就业岗位,并为所有员工增加了企业年工工资,增强了企业的凝聚力。

国务院总理温家宝日前在泰国出席东亚领导人系列会议时指出,中国经济还面临很大的困难,国际金融危机仍在蔓延、加深,外部需求持续减少,进出口下降,企业效益下降,财政收入减少,就业压力增大。胡锦涛总书记最近在山东考察时强调指出,谁能顶得过去,谁就能赢得更大的发展。总书记和总理的讲话,既指出了形势的严峻,又指明了努力的方向,山东省外贸系统有一批思想觉悟高，业务能力强，关心职工冷暖，想干事、会干事、能干成事的领导干部，有一支爱岗敬业，乐于奉献，懂业务，会经营，能吃苦的职工队伍，相信经过广大干部职工的共同努力，一定能够抓住机遇，战胜危机，夺取这场抗击危机的全面胜利，再创外贸事业的新辉煌。

（2008年11月）

2009年
找准着力点在推进外贸系统构建劳动关系和谐企业过程中发挥作用

山东省外经贸工会

党的十六届六中全会确立了构建社会主义和谐社会的宏伟目标，这是全党和全国各族人民的共同愿望，也是建设富强、民主、文明、和谐的社会主义国家的内在要求。作为党联系职工群众的桥梁和纽带，职工合法权益的表达者和维护者，工会在构建社会主义和谐社会的伟大事业中，担负着义不容辞的责任和不可替代的作用。企业是社会的经济细胞，企业和谐是社会和谐的基础。劳动关系是最基本的社会关系，劳动关系和谐是企业和谐的关键。工会在推进和谐社会建设中应重点做好劳动关系和谐工作。本文就省外经贸工会在推进外贸系统构建劳动关系和谐企业过程中的做法谈点认识和体会。

一、加强工会组织建设，最大限度地把职工吸引到工会中来，是构建劳动关系和谐企业的前提

构建劳动关系和谐企业，首先要建立健全工会组织，把广大职工组织起来，才能真正做到在共建中共享，在共享中共建。在计划经济时期，全省外经贸系统工会组织建全，作用发挥到位。但是，随着国家产业政策的调整，外贸企业出现了商品结构不合理，历史包袱沉重等诸多困难。特别是2003年省委工作会议之后，外贸企业改制步伐加快，对工会工作特别是工会组织建设带来许多新问题。我们根据形势变化的要求，结合行业特点，在调查研究的基础上，确定了"统一规划、分步实施"的加强工会组织建设的指导思想。

搞好调研，掌握情况。省委工作会议之后，省政府下达了《关于深化省属国有企业改革的意见》。省属外贸企业要在三年内全部退出国有资产，完成产权制度的改革。对这样体制上的重大变化，我们深感责任重大，专题研究工会组织如何适应这种变化，才能确保组织不散，队伍不乱。安排大量时间深入企业，与企业党政主要领导交换对企业改制、职工安置及工会组织建设的看法和设想。召开工会主席座谈会，听取工会主席对企业改制后工会组织建设的意见和建议。通过大量的工作，基本上摸清了全系统工会组织的现状和企业改制后可能出现的情况，为下一步工作奠定了基础。

征求意见，研究办法。由于企业改制打破了原有的行政隶属关系和管理渠道，形成了以资产为纽带新的隶属关系和管理渠道。为保证在企业改制过程中更好地发挥工会组织的作用，我们本着"一企一策"的建会原则，制定了工作计划：巩固加强现有的基层工会组织；调整规范改制企业工会组织；组建理顺与原外贸企业有关的子公司的工会组织；加强完善中央驻青外贸企业工会组织；研究探讨民营外贸企业和三资企业工会组织；加大进城务工人员入会工作力度。

争取支持，出台政策。随着企业改制的深入，新情况、新问题不断出现。原有的文件规定有些方面已不适应新的形势要求，深感依靠自身力量很难解决当前出现的问题。我们多次向省总工会领导汇报外贸企业改制过程中,工会组织出现的新情况,请求省总工会在政策上给予支持。我们提出了《关于在外贸企业改制过程中加强工会组织建设的意见》。省总工会对这个《意见》进行专题研究,并下达了《关于省外经贸工会所属工会组织领导体制的指示》,这是新形势下省总工会对省外经贸工会一次新的授权。

抓好落实,规范运作。根据省总工会的《指示》要求,结合企业改制出现的新问题,加大对全系统工会组织建设的工作力度。首先,将所有企业进行综合分类,对于巩固完善的、理顺加强的、组建调整的、更名换届的等类型都分别制定建会目标和进度。其次,定期对组建中存在问题的企业进行分析排查,找出问题症结,研究解决办法。第三,跟踪督办,对于符合建会条件的单位,指定专人负责,靠上去协助解决建会中遇到的困难。由于认识到位,措施得力,确保了在改制之年,工会组织不散,会员队伍不乱,工会经费不减,工会各项工作正常开展的良好局面。

二、组织职工开展各种形式的竞赛活动,充分激发广大职工的工作热情,是构建劳动关系和谐企业的基础

党的十六届六中全会《决定》强调社会要和谐,首先要发展。同样劳动关系和谐,企业也要发展。发展是第一要务。工会组织只有坚持促进企业发展,维护职工权益的原则,才能在推进构建和谐社会的进程中找准位置,发挥作用。

近年来,我们始终围绕全系统工作大局,积极开展争创"最佳创新(效益)能手"活动。每年根据实际情况,赋予活动新的内容。这项活动贴近企业,贴近职工,深受广大干部职工的欢迎,已成为省外经贸系统开展劳动竞赛活动的一个品牌。年初有计划安排,年中有调度检查,年终有总结表彰,调动了广大职工的积极性,有力地促进了企业出口创汇和经济效益的提高。

面对金融危机对外贸出口企业的影响,我们在全系统广大职工中开展了"群策群力,积极应对金融危机对外贸企业的影响"的活动和"我为企业发展献一计"活动。主要是围绕调整产品、客户和市场结构,围绕在签订外贸合同时选择好支付货币方式,围绕新产品、新市场、新客户开发,围绕节能降耗等方面开展活动。为使活动开展的扎实有效,定期将活动进展情况、好的作法经验以《简报》方式通报各单位,促进了这项活动的开展。

外贸系统职工文体活动有着很好的群众基础和辉煌的历史。但是,由于市场经济体制的建立和完善,国家产业政策的调整,外贸企业在经营上受到了严峻的挑战,一度时间外贸系统职工文体活动跌入低谷。随着外贸企业改革改制的深化,广大干部职工经过近10年的探索,逐步走出了适应本企业发展的经营之路。为活跃职工文体生活,增强企业向心力,我们在全系统每年举行一届职工乒乓球比赛。这项比赛是我们全系统广大职工展现竞技才能的一次盛会,是鼓舞广大职工蓬勃向上、干事创业的大会,是振兴外贸,凝聚人心的大会,也起到了增加交流、增进友谊的作用。我们研究制定了开展这项活动的具体意见,力争形成制度,办成品牌。

各单位从出发实际,进一步拓宽活动范围,丰富活动内容。有的组织外语口语比赛,有的组织财务知识竞赛,有的组织服装制版、排料比武等活动。每逢元旦春节等节假日,还组织文艺、体育、绘画、书法等活动,丰富职工的文化生活,陶冶职工的情操,激发职工的干劲,促进了企业发展。

三、维护企业和职工的合法权益，努力协助解决企业和职工最关心、最直接、最现实的问题，是构建劳动关系和谐企业的保证

党中央要求工会主动维权、依法维权、科学维权，这是对工会组织加强协调劳动关系，切实提高维权能力的必然要求。加大建立和谐劳动关系的工作力度，必须坚持中国特色社会主义工会维权观，真正理解工会不为职工维权就失去了存在的价值，工会不为企业分忧就失去了存在的基础的含义，处理好两个维护和双赢的关系。

企业改制过程中，各种矛盾都显现出来。如何利用工会组织这个平台，协助企业解决好人员纠纷、劳资矛盾、历史债务、经营管理等方面的问题，是工会组织落实促进企业发展，维护职工权益工作原则的具体体现。近几年来，我们先后协助解决了有关重大问题。曾经轰动全国的企业工会主席将自己的"东家"告上法庭一案，经前后两年多时间，几十次沟通、协商，最终得到圆满解决。某公司由于部门经理离职将公司经营多年的业务带走，公司损失巨大，我们充分利用工会信息渠道，向中国财贸轻纺烟草工会、山东省总工会汇报，经过多方努力最终取得较好的效果。有几家企业因历史原因欠银行的贷款，银行要拍卖公司办公楼及仓库，我们及时向上级汇报并协调有关部门，妥善处理此事。改制后的企业无主管部门，企业老总与下属人员发生矛盾，无人在中间牵线协调处理，我们发挥与各方面人员熟悉的优势从中斡旋，使有些矛盾得以解决。

如何维护好广大职工的合法权益，是工会组织工作的重中之重。我们首先建立职工思想动态分析报告制度。全面了解和掌握各类企业、职工对改革的承受度和期望值，摸清职工真实思想和所关注的热点、难点问题，定期进行分析，及时向企业党政领导反馈，为企业改革改制提供了正确的决策依据。同时重点从维权的角度提出意见和建议，将工作做到前面，避免工作中的失误。其次，规范职工代表大会程序。做到对企业改制重组或破产方案、国有股转让方案、职工安置方案等须经职工代表大会审议通过；需要通过的方案提前交职工代表，征求其所在单位部门职工的意见；要按比例确保一线职工代表的人数，不能用主席团（组）长会议代替职代会，不能用干部会代替职代会；表决采用票决制，每个职工代表要在职代会决议上签字。第三，畅通职工信访渠道。由于外贸企业成立时间长，历史遗留问题多，在企业改制过程中不可能把所有问题一次性全部处理完。难免存在一些问题，有的是职工对国家政策理解不够，有的是企业对职工处理不妥，也有个别职工提一些不正当要求。保持职工信访渠道畅通是解决上述问题的有效途径。省外经贸各级工会对职工信访非常重视，做到有访必接，认真负责地接待每一位来访职工，耐心倾听他们的诉求，详细做好记录，及时与有关单位、部门沟通，督促问题的解决。仅2008年省外经贸工会就接访20余次，职工反映的问题绝大部分都通过做工作得到了解决。第四，健全职工互助医疗保险制度。职工互助医疗保险是社会医疗保障的重要补充，也是工会组织帮助困难职工的有效载体。省外经贸各级工会大力宣传，积极发动，搞好培训，制订方案，在各企业全面推开。据统计，从2004年到2008年底全系统共有2300多人得到赔付，赔付金额200多万元。第五，开展各种帮扶救助活动。全系统建立健全特困职工档案，形成了基层、公司和系统工会三级档案管理体系。实行动态管理，因人制宜地开展多种帮扶活动。坚持元旦、春节等重大节日对困难企业、困难职工、先模人物和老工会工作者走访慰问制度。持续开展

资助特困职工子女上大学活动，做好单亲困难女职工家庭的救助工作。仅2009年元旦春节期间，省外经贸工会本级筹集资金10余万元，对98户特困职工、先模职工、患病职工、老工会工作者进行了救助帮扶。

四、加强职工队伍培训，提高广大职工适应市场经济的能力，是构建劳动关系和谐企业的关键

企业改革改制离不开职工的参与和支持，企业发展离不开高素质的职工队伍。发挥工会组织的教育职能，做好职工队伍的培训工作，提高广大职工的政治业务素质，是我们常抓不懈的重要任务。

加强职业道德教育，培育"四有"职工队伍。连续多年在全系统开展"职业道德教育"活动，大力倡导爱岗敬业、诚实守信、办事公道、服务群众、奉献社会的职业道德；引导员工更新职业观念、端正职业态度、培育职业情操、树立职业理想；培养员工企兴我荣、企衰我耻的精神境界，共同维护企业的利益和社会形象。近年来，涌现出一大批不为名利、岗位奉献的先模人物，有40多人被上级授予荣誉称号。

充分发挥工会组织的优势，动员和组织广大职工支持党和国家关于加强和改善宏观调整的一系列政策措施，教育和引导职工理解、支持和参与改革，正确对待改革过程中的利益调整。用对比的方式，让广大职工感受到改革开放30年间所发生的巨大变化，让广大职工感受到企业改制所带来的实惠，较好地处理了当前利益与长远利益的关系，全系统没有因改制而出现群体上访事件。

企业间的竞争，归根到底是人才的竞争。各单位工会根据企业总体工作需要，每年都制定可行的职工培训计划，坚持学以致用。引导员工从"要我学"的被动状态向"我要学"的自觉境界转化。在学习内容和方式上，采取统一学习与个人自学相结合，走出去与请进来相结合，学习时事政治与业务知识相结合，个人自学与集体讨论相结合，学习知识与文体活动相结合。许多单位制定了支持自学成才的激励机制，形成了良好的学习氛围。

新的形势，新的任务，赋予工会新的历史使命。我们要进一步贯彻"组织起来、切实维权"的工作方针，全面理解"促进企业发展、维护职工权益"的工作原则，找准着力点，以饱满的工作热情，积极的工作态度，科学的工作方法，坚忍不拔的工作毅力，求真务实的工作作风，为构建省外经贸系统劳动关系和谐企业而做出应有的贡献。

（2009年7月）

坚持科学发展观
积极创建和谐企业

——中化青岛创建劳动关系和谐企业纪实

赵维报

近年来，中化青岛认真贯彻科学发展观，围绕中心、服务大局，不断创新工作思路，结合企业实际，扎实推进"劳动关系和谐企业"创建工作，并取得了显著成效，促进了企业健康科学发展。2008年全公司实现销售收入15.42亿元，同比增长3.3%；税前利润突破4000万元达到4018万元，利润较上年增长26%，创公司历史最好水平。2007年被评为青岛市100强企业列第31位，2008年1月公司被青岛市企业信誉认定委员会授予"AAA级信誉企业"，2008年12月在山东省外经贸工作会议上，公司被山东省人民政府授予"山东省外经贸先进企业"并受到通报表彰。现将我公司创建劳动关系和谐企业工作情况汇报如下：

一、积极开展"劳动关系和谐企业"创建活动

开展劳动关系和谐企业创建活动,是推动建立互利共赢、和谐稳定的社会主义新型劳动关系的有效载体,是构建社会主义和谐社会的重要举措,企业发展是经济发展的动力,企业和谐是社会和谐的基础。因此,在企业开展和谐劳动关系创建活动不仅对企业发展至关重要,而且对全面贯彻落实以人为本的科学发展观、构建和谐社会也具有重要促进作用。根据省外经贸工会的统一部署,我公司对开展和谐劳动关系创建活动极为重视,2007年制定了《中化青岛"劳动关系和谐企业"创建活动方案》,成立了以公司党委书记、总经理为领导小组组长的组织领导机构,做好创建活动的组织、指导和协调工作,并抓好贯彻落实。我公司创建活动,在公司党委的领导下,各方密切配合,职工积极参与,使劳动关系和谐企业创建活动健康发展。

二、推行厂务公开,做好"两个维权"工作

在劳动关系和谐企业创建活动中,我们不断完善民主管理制度,积极推行厂务公开,努力做好"两个维权"工作,创造企业科学发展的良好氛围:一是公司重大事项都组织全体员工进行讨论、审议和通过。二是每年为开好公司领导班子民主生活会,在公司局域网上广泛征求职工意见和建议,并将职工意见和建议分类汇总打印成文字材料发给班子成员。班子成员根据员工意见和建议,就理论学习、转变领导作风和工作作风、廉洁自律、推进公司战略发展规划等情况进行了梳理和查找存在问题,同时,开展了批评和自我批评,并理出了下一步的工作思路和改进措施,有力地促进了班子建设,取得了很好效果。为使职工当好企业的主人,我们还在公司《政治工作网》设立了职工献计献策栏,搭建起了职工向公司提合理化建议的平台,将阶段性的活动改为正常性的工作,职工随时都可向公司提合理化建议。三是公司的业务招待费、差旅费、办公费等可控费用,按规定每月上网和在业务例会上公布,每年3月我公司纪委和工会都对公司各部室上年度的业务招待费进行检查并将检查结果在《政工简报》和公司局域网上进行了通报,接受员工的监督,使公司可控费用明显下降。四是公司的经营业务和现金流动,严格按照公司风险和财务管控体系的工作制度在公开、透明的流程下进行,凡是违犯公司规章制度的都按规定处理并进行通报,以警示职工,较好避免了违规违纪现象的发生。五是为维护职工的人身安全权益,积极做好职工健康安全工作,我们每年组织职工进行体检,每年7月至9月,在高温期间,为在岗职工购买降温冷饮,保护了职工的身体健康和保证了公司各项工作的正常开展,受到了职工的欢迎和好评。六是对办理退休的职工由公司工会和纪委逐一审核、公示,退休审批表由职工签字;上报职工社会保险缴费基数,由职工本人签名。七是对职工的养老、医疗、失业、工伤、

生育等五项保险,按规定及时足额缴纳,并为职工办理了补充养老保险"年金"。八是为了保护和维护好职工的合法权益,我们公司还制定了《中化青岛薪酬管理办法》《中化青岛员工福利管理办法》《中化青岛员工考勤、请假及福利休假制度》《中化青岛员工培训管理规定》《中化青岛员工住房公积金管理办法》《中化青岛企业年金方案实施细则》等与职工切身利益有关的规章制度18个。我公司在经营管理上积极推行厂务公开和做好"两个维权"工作,既促进了公司班子建设和党风廉政建设,又推进了公司的民主管理、民主监督,既维护了公司法人依法行使职权,又维护了职工的合法权益,保证了公司的经营发展。实践使我们体会到:只有强有力的制度和措施作保证,才能使创建劳动关系和谐企业活动落到实处。

三、开展"送温暖"活动,积极构建和谐公司

在劳动关系和谐企业创建活动中,我们积极组织开展"送温暖"活动,扎扎实实地做好困难职工的帮扶工作,尽最大努力为职工办实事、办好事,努力构建和谐公司,两年来,主要做了以下工作:一是积极建立健全帮扶困难职工的长效机制,每年组织开展元旦和春节期间、中秋节和国庆节期间,对离退休、离岗有病和特困、病故职工及家庭的走访"送温暖"活动;及时对离休干部和退休职工住院、病故、有特殊困难员工家庭走访慰问,两年累计走访200多(户)次,共发救济慰问金3万多元。二是积极争取山东省总工会帮扶中心,对我公司的12名身患重病和子女上大学的特困家庭进行了救助,金额达11000元。三是为了体现公司大家庭的温暖和构建和谐公司,始终坚持向过生日的员工祝贺生日和送由总经理签发的生日贺卡及生日蛋糕,两年向员工送生日蛋糕和贺卡350多个,还义务帮助员工为其亲属订送生日蛋糕20多个。我们还根据公司员工的建议,经公司工会委员会研究确定:从2007年9月1日起,向公司新婚员工赠送由公司总经理签名的花篮,并送到婚庆典礼上,此举受到了公司员工及家人的欢迎和赞誉。四是为了使公司员工过一个祥和温馨的中秋佳节,每年八月十五我们都向家在外地的单身员工送了中秋月饼。为了营造和谐的气氛,2007年我们还特意购买了一斤一个的大个月饼,由公司工会主席率各部室工会小组长代表公司送到每个部室现切现吃并祝大家中秋节快乐。2008年中秋节,我们又专门定做了刻有"中化青岛"和"阖家团圆"字样的三斤重的大月饼,送给员工每人两个,以便回家与父母(已婚的男女员工与双方父母)享用,使公司员工和家人分享到了公司大家庭的温暖和谐。五是健全完善职工大病互助补充保障机制,为职工办理了医疗互助保险和福利套餐,两年为公司员工新办和续办医疗互助保险4批次共计720多人次,共为员工办理赔付50多人次,累计赔付金额达21000多元,解除了患大病职工的后顾之忧。六是2007年组织开展了以"携手慈善,共建和谐"为主题的"慈心一日捐"活动,共有153名员工捐款,金额达4515元。2008年在全国抗击南方雪灾和四川汶川大地震中,公司广大员工众志成城,心系灾区,纷纷向灾区人民奉献爱心。特别是在这次四川汶川地震灾害中,公司员工在第一时间踊跃捐款,全体党员包括离休、退休、内退、离岗员工党员积极交纳"特殊党费",向灾区人民献爱心,三次累计有454名党员和员工交纳了"特殊党费"和捐款,共计117450元,充分体现了"一方有难,八方支援"的伟大民族精神。七是为庆祝中国人民解放军建军节,增强员工的荣誉感和凝聚力,每年组织公司在岗的复员转业军人和现役军人家属的员工进行了联谊活动。八

是每逢元旦、春节、五一节、国庆节等重要节日，我们都以工会的名义在公司局域网上向全体员工发送电子贺卡祝贺节日。九是积极做好公司的维稳工作，以热情、耐心的态度做好每位员工的来访工作，我们经常与离退休和离岗职工进行思想交流，宣传党和政府的有关政策规定和公司的现状，达到相互理解，两年我们与他们交流思想和做思想工作累计达200多人次。我们在与他们交流思想和做好思想工作的同时，努力帮助他们解决实际问题：对住院的随时看望慰问，并给予一定的救济；每逢重要节日对有病和困难职工开展走访送温暖活动；对特困职工、子女上大学和患大病的困难家庭进行帮扶和救助，较好解决了离休干部的生活补贴和退休军转干部的地方性补贴，公司对退休员工退休金低于800元的给予适当的生活补贴。2008年又为下岗和内退员工大幅度的增长了工资。通过开展"送温暖"活动和注意做好来访员工的思想工作，积极地为员工办实事办好事，使公司职工体会到了公司大家庭的温馨、和谐，既维护了公司的稳定，又增强了公司职工的凝聚力。

四、开展各种文体活动，积极推进公司的企业文化建设

在劳动关系和谐企业创建活动中，我们围绕公司的中心工作，积极组织员工开展丰富多彩的文体活动：一是2007年举办了中化青岛员工首届卡拉OK比赛。二是每年组织举行公司员工新春联欢会。三是组织

举行了两届中化青岛与中化天津、中化河北足球友谊比赛。四是每年组织公司员工进行春游登山健身活动。五是每年组队参加

了省外贸驻青单位职工乒乓球比赛；两年举行了中化青岛第二、三届员工乒乓球比赛，职工积极参与，赛出了友谊，赛出了风格，赛出了水平。六是两年举行了中化青岛第五、

六届羽毛球比赛，累计有28支团体代表队和200多名职工个人参加团体和男女单打比赛，公司领导和职工及家属累计有340多人到场助威，场上场下相互鼓励，相互交流，既锻炼了员工身体，又增进了大家的友谊。七是两年举行了中化青岛第五、六届员工"迎新年，明年工作更上一层楼"健身登楼比赛，并由公司总经理发令，在岗职工全部参加比赛，并把奖品设为花生油，寓意：为明年工作更上一层楼加油。八是为了公司员工午饭就餐创造温馨舒畅的环境，我们购置了音乐片，每天午饭时向员工播放。九是为活跃公司员工的业余文体生活，专门购置了影视碟片免费向员工出租赁；还购置了羽毛

球活动卡、扑克、毽子、跳绳等发给各部室，由各部室工会小组长分别组织员工活动，据不完全统计，两年参加活动的人员累计达16000多人次。十是我们设立的精神文明建设基金，为公司各部室全年组织集体活动提供了有力的资金支持，两年共支出2多万元，各部室利用该项基金组织集体活动累积达400多次。我们组织的各类文体活动成为一种载体，为公司领导与员工、员工与员工相互交流、互相沟通搭建了有益的企业文化平台，既活跃了员工的业余文体生活，陶冶了员工的情操，又营造了和谐的氛围，增强了公司的凝聚力，促进了构建和谐公司和企业文化建设。

五、积极做好女职工工作，维护女职工的合法权益

在劳动关系和谐企业创建活动中，我们积极做好女职工工作：一是每年"三八"节在公司局域网上向全体女职工发节日贺词，2007年向女员工赠送了健康顾问《生活中来》一书和康乃馨花，同时，举行了庆祝"三八"妇女节座谈暨表彰先进座谈会，公司总经理出席座谈会并向女职工祝贺节日，向先进女职工及文明家庭颁奖。2008年向女员工赠送了购物卡和康乃馨花，祝福公司女职工精神愉快、身体健康、事业有成、家庭幸福。二是对受到省外经贸系统工会表彰的先进女职工和文明家庭，在公司《政工简报》和公司局域网上进行宣传，号召职工向她们学习。三是2007年组织女职工进行了维护女职工合法权益知识竞赛活动，增强了女职工的维权意识。四是每年组织女员工进行妇科检查，公司对女职工的"三期"，严格按照国家规定执行，维护和保障了女职工的合法权益。五是积极组织女职工参加公司开展的各种文体活动，两年参加活动的女职工累计达1600多人次，有力保证了女职工的身心健康。六是组织女职工参加公司开展的各种职业技能培训和劳动竞赛活动，两年参加培训的女职工累计达900多人次，提高了女职工的素质。七是积极组织女职工参加公司开展的劳动竞赛活动，全年有24名女职工被评为各类先进并受到上级和公司表彰。八是积极发挥女职工在公司各项工作中的作用，在公司工会小组长中女职工占58.9%，在科以上干部中女职工占36.11%。注重做好公司的女职工工作，较好地维护了女职工的合法权益。九是根据省、市的计划生育政策，我们对独生子女员工报销托儿费和学费；对退休的职工给予一次性养老补助费。

六、规范用工制度，促进劳动关系协调发展

劳动关系的和谐是企业和谐的基础，规范劳动用工是劳动关系和谐的前提。我们把规范用工制度，作为创建活动的重要内容，主要做法：一是依法规范用工制度。公司根据《中华人民共和国劳动法》、《山东省劳动合同条例》、《青岛市劳动合同管理规定》，制定了《中化青岛劳动合同管理规定》，公司与员工按照平等自愿、协商一致的原则签订《劳动合同》，明确双方权利和义务，劳动合同签订率100%，依法规范公司与员工的劳动关系，以法律的形式保障企业与劳动者双方的合法权益。二是积极吸收新员工入会。凡是新进员工，符合入会条件且个人提出申请的，都吸收入会，以维护和保护职工的合法权益，增强了职工的归属感，形成了企业靠职工发展，职工靠企业生存的氛围。

七、不断推进"创争"活动，积极推进企业和谐发展

在劳动关系和谐企业创建活动中，我们

开展了"创建学习型组织,争当知识型职工"活动,每年公司和部门都要对职工进行两次以上的素质和专业技能培训,从而进一步提高了全体职工的思想道德、科学文化、

业务技术素质,全面提升企业创新力和竞争力。在活动中,公司生化医药事业部先后荣获了"中央企业学习型先进班组"、"全国学习型先进班组"、"山东省学习型标兵班组""山东省富民兴鲁劳动奖状"等称号。2007年我们在公司开展了向学习型先进集体生化医药事业部学习活动,并把"创争"活动作为职工继续教育、终身学习的一个平台,提高企业整体素质和竞争力,2008年公司被山东省人民政府授予"山东省外经贸先进企业"并受到通报表彰。

以上是我们在创建劳动关系和谐企业工作中的一些做法和体会,几年来,我公司"创建"活动取得了一定成绩,但是,与上级的要求和兄弟单位相比还有差距,我们还需不断创新工作思路,不断充实和完善活动内容,进一步推动企业规范用工,严格劳动管理,完善劳动合同制度,促进企业劳动关系的协调发展。

(时任中化青岛工会主席 2009年7月)

2010年
抢占后危机时代主动权

——新华锦集团积极迎接后危机时代的机遇与挑战

去年下半年以来,世界各国经济出现了不同程度的回暖迹象,我国经济也开始企稳向好发展。国内外经济形势正向人们传递一个新的信息,金融危机逐步告别全球流动性恐慌阶段,现在到了着手考虑后危机时代的时候了。全球经济应该如何跨越失衡发展的障碍、走向富有活力的可持续发展新阶段?这是新华锦集团2009年年中工作会议热议的一个命题。面对后危机时代到来的新形势,新华锦集团迅速行动起来,以创业般的激情投入到新一轮发展的大潮中。

一、统一思想,迅速行动

思想是行动的先导,只有思想认识统一,才能保证步调一致。去年9月15日,集团总裁办公会回顾总结了集团成立7年来的两个发展阶段,作出了2010年实现集团新一轮大发展的决策。9月28日,张建华董事长又在内部刊物《新华锦》报上发出了"行动起来,以创业般激情迎接后危机时代的变革与发展"的倡议。他号召广大干部员工从现在开始,开展一次全集团范围的大讨论,群策群力,凝聚智慧,为集团发展献计献策。张建华董事长提出:"后危机时代的经济发展、行业和产业发展、企业发展趋势会是什么样?我们的机会在哪里?新华锦人应该以什么样的姿态迎接后危机时代?贸易创新的方向在哪里?管理变革对企业发展有什么意义,应该怎样着手?"等问题,以此引导集团上下深入思考,以全新的面貌投入到新一轮大发展中来。

10月18日和11月22日,集团先后召

开了置业集团有关项目现场会和海川工艺发制品公司现场会。利用现场会这种方式，让大家亲身感受集团内部先进团队好的做法，展示他们所迸发出来的创业激情和在这种激情激励下的跨越式发展，在集团内部形成和谐互动、比学赶超的氛围，不断转变大家的思维模式，改进管理理念，增强创新能力，适应新一轮大发展的要求。《新华锦》报也适时开辟了"总经理论坛"专栏，各子公司领导班子成员纷纷撰文交流心得体会，集团上下互动，形成了讨论新一轮大发展的高潮。

与此同时，集团着眼于可持续发展，突出强调新一轮大发展中人才队伍建设的重要性。2009年11月1日，张建华董事长在《新华锦》报"董事长论坛"专栏上发表了题为《抓班子、带队伍是各级领导干部的基本责任，也是领导干部更大的业绩》的文章，全面阐述了各级领导干部带好队伍、培养人才的责任。指出抓好人才队伍建设，虽然是一个在短时间内难以出成效的工作，但却是集团事业可持续健康发展的重要保证，也是集团在后危机时代能够走多远的基础。

通过层层发动，集团上下的思想认识进一步统一起来，全体员工的激情进一步高涨起来，精神面貌进一步得到改观。大家对集团提出的新一轮大发展的决策达成了共识，集团上下干事创业的激情明显升温，一些原本持等待、观望态度的人也开始行动起来。集团及早研究讨论2010年工作思路和措施，一些项目紧锣密鼓地开展前期工作。所有的一切，都在为2010年的新一轮大发展做准备。

二、加快创新贸易方式，深入推动国际贸易服务平台的创建

新一轮大发展目标的提出，是集团审时度势、对内外部形势进行综合分析后做出的决策，是对集团事业高度负责、抢抓机遇的责任感和紧迫感的具体体现。新一轮大发展必须要在集团上下形成敢为人先的拼搏精神，迸发舍我其谁的创业激情，树立做事成就人生的坚定信念。同时，新一轮大发展最重要、最关键的还是沉下心来，用一系列扎扎实实、切实有效的工作措施来支撑发展，一定要在落实上下工夫，不喊号子，不做空事，要在实现规模和效益的大提升上做出成效。

新华锦集团自成立以来，始终致力于国际贸易增长方式的创新。在2009年7月召开的年中工作会议上，张建华董事长进一步提出了"关于转变和创新国际贸易发展方式"的要求，以实现集团国际贸易板块的突破，改变国际贸易的传统经营理念和经营方式，创新国际贸易经营模式。为此，集团研究决定，成立以张建华董事长为组长的贸易创新工作领导小组。在领导小组的领导下，对商品品牌、经营商品、电子商务、国际贸易、贸易服务平台、国内市场开发、产业链延伸和贸易创新中金融杠杆作用等工作进行了责任分解和落实。11月15日，集团高层研讨会又围绕"实现集团新一轮大发展"的目标，重点研究了2010年工作思路，其中一个重要内容就是"贸易创新"。贸易板块的振兴和提升已经成为集团极为关注的重要课题。

集团于2007年成立了国际贸易服务集团。当初的设想就是要发挥新华锦集团作为外贸龙头企业在人才、经验、网络、资金等方面的优势，打造专业化、标准化的外贸服务流程，通过服务环节综合运筹，依托电子平台向广大中小外贸企业提供平台化、一站式、一条龙的国际贸易服务，从而在贸易模式上率先突破。2009年3月，集团与青岛市外经贸局、阿里巴巴联合启动了"青岛国际贸易服务平台"，旨在帮助广大中小外贸企业渡过金融危机，促进外贸企业的平稳健康发展。9月，集团与青岛市外经贸局、中信

保山东分公司达成合作协议,为在国际贸易服务平台开展业务的中小外贸企业提供以集约保单的形式,享受中信保大企业的保险政策,并享受费率优惠待遇。同时,集团还成立了两家担保公司,利用国家有关政策,缓解中小外贸企业融资难的问题。11月12日,集团又与青岛市外经贸局、中信银行青岛分行签订了三方合作协议,中信银行对集团担保业务提供金融支持。

通过国际贸易服务平台两年多的运营实践,证明了这个平台的巨大作用和发展潜力。对此,省政府有关领导作出重要批示:这个(注:贸易服务平台)做法很好,在当前外需萎缩的情况下,搭建这个平台非常必要,望关注支持平台建设,不断总结积累经验。这是对新华锦打造国际贸易服务平台工作给予的充分肯定和鼓励。目前,青岛国际贸易服务平台的规模日益扩大,模式逐渐成熟,流程和服务更加完善。

三、积极推进相关项目,实现跨越式发展

面对后危机时代,集团领导始终保持清醒的头脑,既认真落实"有效发展"年度经营主题,又要求必须注重从形势变化中捕捉和把握难得机遇,在逆境变局中发现和培育有利因素,凝聚起逆势而上、科学跨越的精神动力。对此,一系列项目正在有序推进。

2009年7月18日,新华锦·爱丁堡国际公寓奠基开工仪式举行,在岛城房地产界引起很大反响。目前,该项目达到预售条件,于12月18日正式开盘销售,在房地产界创造了一个"新华锦速度"。

10月30日,在香格里拉大酒店隆重举行了"爱晚工程落户青岛暨世纪爱晚(青岛)实业有限公司揭牌仪式"。12月下旬,计划投资15亿元的"青岛爱晚中心"正式奠基,向社会各界全面展示了新华锦老年颐养产业板块所获得的实质性进展,展示了集团美好的发展前景。

11月7日,山东即墨黄酒厂举行"建厂六十周年庆典仪式"。其深刻含义在于酒业公司班子调整后,通过从原来的连年亏损,到2009年实现税收、利润大幅增长所形成的鲜明对比,来触动各子公司管理层进行深度思考。

这些活动的开展,不仅仅提振了士气,更重要的是激发了大家干事创业的激情。

时不我待,机不可失。现在,危机中最困难的时期虽然过去,但是后危机时代将是一个漫长的过程,经济的反复波动导致外需不可能在短期内回到以前。因此,新华锦集团广大干部员工已经做好充分准备,把思想和行动统一到坚持科学发展观的要求上来,统一到中央对经济形势的客观判断上来,统一到集团的决策部署上来,以更加坚定的信念,更加开阔的思路,更加务实的举措,来应对挑战、抢抓机遇,掀起新一轮发展的高潮,推动集团实现新一轮大发展。

(新华锦集团　2010年1月)

调结构　促转变
绮丽集团全面打造核心竞争力

绮丽集团公司

受金融危机的影响,2009年是外贸行业形势最严峻、变数最多、困难最多的一年。国际需求持续下滑,尤其是美国的消费信贷不断萎缩,阻碍了进口消费的恢复性增长。但是,对于绮丽集团来说,这一年却是化"危"为"机"、收获颇丰的一年。面对服装出口订单散、价格低、风险大等挑战,绮丽集团董事会、总裁班子审时度势,坚持以利润最大化为目标,紧紧围绕调结构、促转变的经营方针,认真贯彻信誉、公平、机制、务实的经营理念,全面落实集团八大战略,不

断创新贸易方式,加快企业转型升级,提高企业核心竞争力,在发展中促转变,在转变中谋发展,努力开创了科学发展、和谐发展、跨越发展的新局面。

一、调整客户结构,促进由进口商向零售商方向转变

2000年以前,绮丽集团大部分业务都是通过中国香港、中国台湾、韩国等国家和地区的中间商或者转口商接单,直接贸易很少。经过几年来的调整,已全部淘汰了中间商,直接与进口商、批发商和零售商接触。而眼下激烈的低价竞争又促使集团认识到:只有再淘汰进口商,直接与零售商对话,才是市场的必然选择。因此,进一步转变贸易方式,减少销售环节,不断拓展生存和发展空间,成为绮丽集团调整客户结构、加快海外企业建设步伐的内在驱动力。

利用金融危机带来的历史机遇,集团果断出击,先是在美国一举收购了两个牛仔服装品牌,设立了美国贸易公司,从而得以在贴近美国零售商的本土上进行设计与销售,再充分利用国内样品开发及生产加工的优势,形成了设计、开发、生产、销售一条龙的全新运作模式,为企业的转型升级提供了切实可行的样板和示范。

集团紧接着又参与收购了一家德国公司,其旗下的PAMPOLINA是国际顶级童装品牌,产品知名度高、设计力量雄厚、市场前景远大。绮丽集团的品牌零售业务借势一蹴而就,直接对接到了国际化发展层面,由此拉动出口、拓展内销、切入亚洲市场、带动利润增长等等好处不一而足,这对于绮丽集团来说可谓是具有深谋远虑的战略选择。

二、调整内外销结构,促进向国际国内两个市场方向转变

绮丽集团抓住成功收购国际品牌PAMPOLINA的发展契机,充分利用其在中国乃至整个亚洲市场的独家使用、采购、经营等权利,按照"设计在欧洲、生产在中国、销售在全球"的运作模式,精心布局内销市场,积极在日本、韩国、印度等亚洲国家寻找代理,逐步完成欧洲设计与亚洲市场需求的最佳结合,力争在内销市场实现跨越发展,真正实现两条腿走路、两个市场兼顾,从而打开由低附加值向高附加值转变的突破口,形成新的利润增长点,获取更大的发展空间。

三、调整单一业务人才结构,促进向复合型人才结构方向转变

人是生产力第一要素。绮丽集团懂英语、懂业务的人才较多,但同时懂管理又懂技术的人才却比较少。对此,集团领导认真研究"用人、留人、培养人"的策略,按照"引得进、用得好、留得住"的原则,制定了培养与引进、稳定与流动相结合的人才战略计划,重点抓了几项工作:一是根据业务需要,加大内部人才的培养力度,在坚持业务培训的基础上,对业务主管进行培训,提高了团队管理水平。二是把招收大学生和引进有经验的业务人员两项工作抓紧抓好,同时加大了复合型人才、中高端人才的招聘力度。三是从分配机制、服务机制入手,搭建了一个公正、公平、高效服务的平台,营造了良好的工作环境,让各类人才安心舒心工作,实现企业与个人的同步发展。

四、培育大客户及拳头产品优势,提高核心业务竞争力

按照2009年确定的大客户发展计划,集团紧紧围绕"保住大客户、开拓大客户、发展大客户"的工作主线,对大客户业务进行了深度挖掘,10个"过千万"的大客户业务成绩斐然,增长强劲,一个潜力大、风险小、后劲强的大客户体系基本形成。从目前看,大客户业务主导着集团业务的发展全局,是核心竞争力的关键所在。与此同时,裤子及

T恤衫业务实现了大幅度增长,对业务的拉动作用尤为突出,大客户与拳头产品的同步良性发展,将在2010年达到新高度。

五、培育生产基地优势,提高贸工综合竞争力

生产基地是贸易生存之本。加强生产基地建设,实现"贸工一体",是绮丽集团较早确定的战略目标之一,并为之付出了大量的心血和汗水。2009年集团7个直属工厂应时而变,积极调整产品和客户结构,全面提升生产管理和品质控制能力,"红绿灯管理体系"逐步健全,客户验厂一次通过率明显提高。其中绮丽佳荣的牛仔裤产品荣获"国家免验产品"资格,为今后的发展奠定了良好的基础。

同时,"业务进工厂,运作在总部,利润搞统筹,年底共分享"的贸工一体模式不断推进,逐步完成了绮丽针织、莱州绮丽、高级时装与相关业务部的结合,贸工融合的优势进一步加强。

集团还确立了生产基地建设战略转移意识,积极加强与西部工厂的对接,目前已着手对中西部等偏远地区的考察,在劳动力资源丰富、劳动力价格低廉、招商环境好的地区,酝酿建设生产基地,彻底解决订单安排生产受限的问题,提高集团的贸工综合竞争力。

六、培育团队服务优势,提高服务竞争力

绮丽集团认为,在业务上将面临这样一种发展趋势,中间环节逐步减少,客户要求不断提高,要么顺势而上,要么顺流而下,发展的决定因素就是服务。因此,必须以构建优质快速反应机制为主线,丰富完善优质服务内容,不断创新设计能力和品质保障能力,尽快建立小批量、多品种、快交货的运行机制,由此形成团队服务的整体优势,提高对客户的吸引力,赢得与进口商博弈中的优势。一是以新取胜,以新颖的设计吸引零售商。集团进一步整合自主品牌Indigo Rein和Rocks Indigo的美国牛仔设计、PAMPOLINA的欧洲童装设计及技术中心的综合模仿设计等资源,将设计资源由松散管理转为集约管理,逐步建立"主动设计为主,图片来样模仿设计为辅,来样加工为补充"的设计服务机制,不断提高产品附加值,努力实现变被动成交为主动成交。二是以质取胜,以优良的品质稳住客户。集团充分利用自身的大货品质优势,完善红绿灯管理体系,坚持质量控制在先,建立了适应生产实际的有效品质管控流程。三是以速取胜,以高效的快速反应机制、准确的交期,赢得了零售商的信赖。

七、培育成本优势,提高管理竞争力

为更好地提高业务运行质量,集团从合同的签订、面辅料的采购、生产成本的核算、加工企业的选择、产品质量的把关等各个环节对业务全面加强了监控管理,业务流程更加科学规范,低成本战略取得了新成果。一是向财务管理要效益,充分利用货币市场变化,加大财务运作力度,降低财务成本,提高资金利用率。二是向集中采购要效益,逐步完善面辅料统一招标采购机制,充分发挥集团的集合降价优势,把采购成本有效控制在最低限度。2009年集中采购面辅料货值近1亿5千元人民币,采购价格同比下降15%;客人来样开发的成功率达到95%,直接下单在75%以上,面辅料带动服装销售的作用初步显现。三是向业务管理要效益,业务部进一步加强成本核算,通过推广使用自动排料软件,提高了排料工作效率,降低了用料成本。四是向后勤管理要效益,加强水、电、气、煤、油等能源的使用管理,不断节约挖潜,努力降低了生产经营成本。

(2010年3月)

抓机遇 调结构
拓市场 激活力

——中国烟草山东进出口有限责任公司创新发展

近两年来,面对国际金融危机和行业政策调整对进出口业务带来的不利影响,中国烟草山东进出口有限责任公司在科学发展观指引下,以"求生存、调结构、谋发展"为总体思路,苦练内功,夯实基础,在稳定传统业务的同时,积极开拓新业务,将产业链向进出口上下游两端延伸,保持了企业整体稳健发展态势。2009年实现销售收入41300万元,同比增加6.3%;实现利润总额1500万元,大大超出126万元的年初预算,得到董事会的充分肯定。

一、多措并举,提升服务,全力维护传统主营业务

在国际金融危机严峻的背景下,山东烟草进出口公司积极作为,多渠道、多举措广揽货源,确保传统主营业务不萎缩,实现了保增长、保民生的目标。

(一)巩固客户关系,做好出口备货,确保烟叶出口稳定。公司把烟叶出口的重点放在巩固客户关系和做好出口备货两个方面。一是对外主动与新老客户沟通,邀请客户来访,全力维护山东烟叶固有市场份额,加大货源储备,为确保公司烟叶出口业务稳定打下了良好的合作基础;二是在内在省局(公司)的协调下,加强与产区的沟通交流,取得烟叶主产区的进一步理解和支持,为确保公司烟叶出口业务稳定打下了坚实的货源基础;三是认真做好烟叶出口备货、装运及代理进口烟叶工作。

(二)及时沟通,跟进服务,确保卷烟出口稳定。公司开拓思路,强化措施。一是加强与客户联系,增进理解和互信,不断改进和提升服务质量,严格按照客户要求及时准确发运货物;二是积极收集市场信息,配合山东中烟工业公司改造老产品,开发新产品,加大产品促销,提高产品美誉度;三是主动向中烟国际汇报工作,取得上级领导的支持和帮助,在完成全年卷烟出口计划的基础上,实现了出口量大幅度增长。

(三)确立理念,争取政策,确保烟机物资和卷烟进口稳定。公司一是按照"为山东两烟服务"的理念,为两大烟厂技改项目代理进口烟机设备5套,保证了工业公司的生产需要;二是针对国家局丝束调拨价格下调的不利因素,积极争取上级政策支持,避免了500万元的利润损失,确保了丝束进口业务的稳定,2009年完成丝束进口5940吨;三是针对进口卷烟利润空间被压缩的不利形势,积极争取进口卷烟计划,调整规格、牌号,在保量前提下实现了利润最大化,2009年进口卷烟1.53万万支、销售收入同比增长27.7%;四是奋力开拓其他业务,与牡丹江恒丰纸业再度合作,首次向法国烟草公司代理出口卷烟纸12.97吨。2009年完成非烟草类产品进口合同11份,其中签订牛卡纸等进口合同5份、共计927.73吨,铜版纸合同6份、共计108.50吨。

(四)加强监督,优化结构,使下属企业首次实现扭亏为盈。青岛金叶阳泰商贸中心作为公司下属企业,由于业务单一,长期处于亏损状态。2009年,公司对其实施管理、经营两手抓。一是与其签订目标责任书,细化绩效考核指标,理顺管理制度,规范业务流程,保证了商贸中心各项工作稳步迈进。二是积极为其寻找商机。在为其争取投标山东中烟工业公司的纸箱、纸张等主营业务的同时,还为其争取到烟叶仓储由按吨位计费改为按面积计费的有利政策,并协助其开展了烟梗储存业务,使其增加收入70万元。在公司的大力支持和其自身努力下,2009

年商贸中心实现销售收入2395万元,同比增长19.7%。

二、积极探索,抢抓机遇,全力拓展创新业务

国际金融危机既是挑战,也是机遇,关键是正确应对。山东烟草进出口公司对此上下达成共识。他们克服重重困难,深入市场拜访客户,主动出击广揽货源,增强了企业可持续发展力。

(一)寻求机遇,经济效益取得新增长。由于受资源、政策等制约,公司传统出口业务不尽如人意。为此,各部门潜心研究市场,在创新业务上大做文章,取得显著经济效益。

1. 审时度势,抓住烟梗备货有利时机。公司充分利用国际烟梗市场呈现供销两旺局面,紧紧抓住国内工业企业大量处理烟梗库存的有利时机,及时制定了烟梗采购计划和销售预案,广泛争取货源,签订了1.6万吨烟梗供需合同。

2. 积极推进,加大薄片产品出口力度。为满足国际市场和客户需求,公司在完成正常备货计划外,加大与国内薄片生产企业合作力度,积极开拓薄片出口业务,提高资源利用效率及出口产品附加值,首次出口国际市场50吨,标志着山东烟草薄片出口业务实现突破性进展。

3. 探索创新,寻找利润增长点。为扩大业务范围,公司细致、综合分析国际烟草市场,并通过与新老客户的沟通及广泛的市场调研,最终确定"优选初加工后淘汰资源再加工出口"这一新的利润增长点,在满足国际市场需求的同时,也探索出一条新的复烤加工废弃余料利用之路。相关方案已提交省局(公司)及国家局,并得到肯定和支持。

(二)准确定位,"走出去"战略取得新进展。今年以来,公司紧紧围绕国家局"走出去"战略,解放思想,转变观念,积极拓展卷烟海外市场,在迪拜建立了山东卷烟海外销售平台,实现了"人员走出去"、"自有品牌卷烟走出去"。

1. 派驻人员到位,海外工作进入实质性运转。随着海外派驻人员及办公场所的确立,公司驻迪拜办事处正式投入业务运转。一是变"坐商"为"行商",为寻找海外市场空间和贸易机会奠定了基础,并与几十家客户建立了良好的关系,邀请多家国外客户来山东参观交流、评吸样品、商谈合作,加深了彼此的了解,促进了各项工作的开展。二是变"被动服务"为"主动出击",实现了"在海外研究国际市场",为丰富产品、培育品牌、拓展新市场提供第一手研究资料。根据市场需求变化和客户要求,公司对"Fisher"牌卷烟的包装和口味进行了调整,并新开发了超淡味卷烟品种,圆满完成了全年免税出口计划,出口量同比增长53.1%。

2. 突破传统模式,实现"自有品牌卷烟"出口。通过反复磋商,最终确认了"Hatamen"品牌卷烟的配方、包装、价格、销售市场和促销方案。2009年7月,将"Hatamen"牌卷烟首次推入中东市场,实现了出口1040件的目标。该品牌卷烟上柜后,驻外人员密切跟踪产品销售动向,不断了解销售状况和存在问题,向山东中烟工业公司反馈,及时有效地解决了相关问题。2009年12月完成了第二批订单6000万支的出口任务,为以后的工作开展打下了良好基础。

(三)确定方向,非烟业务开展取得新成效。为响应省局(公司)"零售户富民工程"号召,扩大经营范围,增加收益,确保企业长期稳定发展,公司确立了"依托全省卷烟营销网络开展非烟草类产品经营"的战略定位,即从行业内走向行业外,一年来非烟业务运作进展良好。

1. 选定酒水作为渠道配送的首批非烟商品。通过对食品、文具用品、日化产品、保健用品、饮料、酒水等商品的广泛调研和

与行业内先行者——"海烟物流"的充分交流,根据对调研产品的特性、毛利水平、市场情况、渠道类型和营销特点等综合分析,结合海烟物流的先进经验,公司最终选定与烟草关联度强、毛利率高、保质期长、易于配送的酒类产品作为非烟业务的首批尝试性经营商品,同时确定以青岛市场的商超、餐饮和高端烟酒专卖店等作为销售渠道,由点到面、分步实施的营销思路。

2. 确定战略性经营合作伙伴。在明确经营商品目标后,公司组织人员对省内酒水市场进行了深入细致的调查,先后发放调研问卷200多份,并与贵州茅台、五粮液、泸州老窖和剑南春等国内知名白酒厂家的有关主管人员进行了接触和沟通。最终确定泸州老窖作为酒类业务的经营合作伙伴,与其签订了骨干品牌的青岛市场总经销协议。

3. 探索适宜运营模式。在运作过程中,公司逐步建立起一系列规章制度和相关流程,规范了运营模式,加速了业务进展。目前,公司初步形成了一支有一定专业知识、了解市场运作且相对稳定的营销队伍。为成功实施非烟业务战略,公司还根据酒类业务的特性和实际需要,大胆"借用外脑",通过猎头公司招聘职业经理人,以引领酒类业务的快速成长。

三、严格规范,提升效率,推进和谐企业建设

山东烟草进出口公司通过抓规范促自律、抓考核促执行、抓文化促活力,构建刚柔相济的企业文化管理模式,实现企业和谐发展。

(一)创新激励机制。2009年,公司积极稳妥地推进了以"竖起一架梯子、制定一把尺子、打造一支队伍"为核心内容的用工分配制度改革。通过广泛集中民智,几上几下、反复论证、不断完善,绩效考核方案于3月经职工大会审议通过。薪酬初套、绩效考核试行从4月开始实施,下半年绩效考核正式运行,奖惩兑现。通过绩效考核,2009年同岗绩效兑现出现了15%左右的差异,适度拉开了员工收入差距,既保证了利益分配的公开、公正、公平,又通过岗位练兵考出了员工敬业态度、绩效能力,还为岗位考核、干部选拔提供了重要依据,有力地激活了人力资源。

(二)抓实自律规范。公司深入开展"规范自律年"活动,健全了"一项一卷"内容,规范了采购招标程序,完善了现有制度体系。共梳理各类规章制度80项,其中废除20项、修改17项、延用19项、新建22项、重新发布2项,增强了制度建设的系统性、针对性、有效性。在健全制度的基础上,公司进一步梳理规范工作流程。经过学习培训、充分研讨、上下互动,6月颁布实施了《质量手册》,随后开展了两次内审、一次管理评审,12月顺利通过了第三方认证。

(三)建设"扬帆文化"。2009年年初,公司启动了"烟草进出口企业文化管理模式构建"项目,通过访谈、调研和问卷等多种形式,就企业制度、文化现状和人力资源管理机制等进行诊断分析,最终确立了以"扬帆文化"为主题的既具备行业特点又兼有公司个性的企业文化。另外,通过开展"应对金融危机征文"、"祖国在我心中征文"、"慈心一日捐"、爬楼梯比赛、职工运动会、组织老同志参加门球赛及红色旅游等一系列活动,丰富企业文化载体,增强了职工的凝聚力和企业的向心力,促进了企业和谐稳定。

四、发展为重,和谐为道,"扬帆"挺进2010年

2010年,山东烟草进出口公司以科学发展观为统领,围绕"走出去"战略,积极培育核心竞争力,进一步夯实思想、组织、工作基础,抓实严格规范、管理创新工作,以"扬帆"精神创建"和谐、高效"的创新型企业。

（一）推进现有业务，增强远航能力。一要确保烟叶出口实现新增长。一是继续争取山东中烟工业公司和其他省份中烟企业的支持，落实出口烟梗货源；二是继续构建销售网络，加大推销力度，开拓中上等烟销售市场；三是做好出口装运工作，确保全年出口烟叶计划的完成；四是确保烟叶备货工作顺利完成。二要扩大卷烟出口数量。一方面，采取多种措施了解市场需求状况，争取客户，力争早下、多下订单，争取每一票订单都落实出口；另一方面，配合海外工作人员做好"哈德门"卷烟出口保障工作。三要圆满完成烟机物资出口计划。一是确保全年5000吨丝束进口顺利完成，保证省内工业企业正常生产；二是做好两大烟厂异地技改后续进口设备的供应；三是加强与兄弟公司的沟通交流，保证进口卷烟各项工作顺利开展。

（二）拓展创新业务，增加航线数量。一要跟踪落实残次烟叶加工再出口业务。与京鲁复烤公司、青岛科技大学密切合作，开展科技攻关，使其成为公司稳固的业务增长点。二要加快烟叶种植基地的实施工作。争取省局（公司）对重点产烟区优良品种种植的支持力度，继续做好与诸城公司和青州烟草研究所"规模生产经营下主料烟的开发研究"科研项目的联合开发工作，满足国际市场传统客户对山东特色烟叶的需求，提高山东烟叶在国内外市场的竞争力。三要将海外工作由"做产品"转变为"做品牌"。在努力推动"哈德门"、"J&J"和"泰山"等卷烟在中东市场销售的同时，推进贸易洽谈，争取早日实现将"HATAMEN"和"J&J"卷烟雪茄烟通过新客户推向南亚、非洲、美国等新市场。四要深化非烟业务。建立专业化团队，完善激励机制，为酒类业务在青岛市场全面铺开、实现规模化经营，并向泛胶东市场拓展提供人力资源保障；同时，积极做好红酒、日化产品等非烟业务的拓展工作。

（三）提升管理水平，夯实远航保障。一要进一步规范管理基础，提高执行力。一是加强制度建设和执行，在进一步完善管理制度体系的基础上，提升制度运行质量，严格制度培训与执行，确保用制度管权、按制度办事、靠制度管人。二是继续推进质量管理体系建设，将体系的要求贯彻落实到实际工作中，并通过绩效考核加以巩固和强化，确保持续改进。三是深入推进绩效考核，重点考核执行能力、创新能力。调整对部门的考核指标体系，从业绩情况、日常工作情况和重点工作计划完成情况三个方面考核各部门的全面工作；对员工的绩效考核，公司充分放权给部门负责人，并加强对各部门考核工作的讲评。二要开展创新比武活动，提升创新力。为促进企业各项管理创新、业务创新和技术创新的开展，公司决定开展创新比武活动，并将之纳入绩效考核。从二季度起，在季度考核会上，各部门分别展示创新项目，由相关与会人员从创新性、推广性、效益性和展示形式四个维度对其评价，从而促进部门创新。各部门也要在内部开展岗位创新比武活动，从而形成企业上下积极创新、以创新促发展的良好局面。三要使扬帆文化入脑、入行，增强文化力。汇编出台《员工手册》，召开企业文化暨服务品牌建设发布会，固化企业文化建设成果，以丰富的内容、生动的形式，深入开展企业文化宣贯工作，充分发挥文化管理管灵魂的"软"管理作用，使制度"硬管理"与文化"软管理"有机结合，激发企业活力，打造严肃活泼、和谐奋进的优秀团队。四要加强团队建设，凝聚和谐力。以建设学习型企业为契机，通过形式多样的培训及活动，增进部门之间、岗位之间相互理解,相互支持,增强团队凝聚力,建立团队合作意识,为公司凝心聚力谋发展创造和谐的工作氛围。以开展"整体规范提升年"活动为重点,强化对严格规范"生命线"的认识,着力构建内部监管长效机制。深入推动党风廉政建设,尤其是加强对资金管理使用、工程建设、物资采购等方面的监督检查力度。以上年度绩效考核为基础开展岗位考核,以竞争为主开展岗位晋升和干部选拔工作,拓展全员职业晋升通道,让每位员工看到成长的空间与希望,实现员工与企业的同步发展。

(中国烟草山东进出口有限责任公司 2010年5月)

2011年—2012年

2011年
持经达变　应对国内外危机

——山东外贸英吉多健康产业有限公司应对国际金融危机纪实

国际金融风暴给中国企业带来了一系列生存危机。国外市场竞争激烈,汇率变化使出口型企业利润空间大幅降低;国内物价指数连续上升,再加上持续不断的用工荒,导致众多企业缩减规模或关闭破产。"英吉多"在此种恶劣的环境下稳健经营、持续发展,2011年较2010年同期产值增长7%。总结经验做法有以下几点:

一、打造企业文化

加强企业文化建设,打造健康、明确的企业核心价值观。对外做到全心全意为客户服务,百分之百使客户满意。对内充分调动员工积极性,提高工作效率,增强员工对企业的认同感,提高企业凝聚力。

"英吉多"在物质上力求使员工的付出与所得相符,精神上更是尽力做到尊重人才、关心人才、爱护人才,同时也采取有效的措施保持骨干队伍的稳定。比如:每年7月份定期为公司员工做体检;为外地的员工提供住宿或住宿补贴每月100元;每年春节假期安排包车专程接送等等,充分体现了人性化管理的先进理念。

二、优化组织结构

优化组织结构,解决组织结构不合理带来的许多困惑与损失。"英吉多"将品管员、采购员归属生产车间,调整到车间生产一线,降低了由于组织内部信息传导失灵、部门间职责划分不清导致的工作中相互推诿、掣肘。同时采取措施削减非增值岗位,降低信息传播成本,减少沟通成本,降低人力成本,提高了人力成本率12%。在生产任务比较紧张的情况下,由工会积极牵头,组织管理人员参加生产实践,协助车间完成生产计划。

三、调整产品结构

产品定位"精品、专业、高端"。淘汰能源消耗较大、占用人力资源多、低附加值的产品,同时提高自主研发的中高端产品。"英吉多"在产品设计时通过差异性、独占性、持续性来不断提高核心竞争能力,树立精品意识,生产专业器材,占领高端市场,打造世界一流的品牌和企业。比如:2006年开始淘汰能源消耗较大利润较少的国际几个品牌1000万美元以上的订单,同时提高自主研发产品,打开国内销售,虽销售额降低但利润提高了6%。

四、提升和改善工作质量

好的工作质量决定了企业的劳动生产率,提升和改善员工的工作质量,才能最大限度地降低无效人力成本,从而降低人力成本总量。

1. 提高企业设备机械化程度。在各工序合理应用自动化机械设备、工艺装备达到65%以上,提高了生产效率36%,降低了员工劳动强度35%。公司焊接工序采用机器人焊接手后降低了技术工人需求量32%,工作效率成倍提高。

2. 合理配置。根据生产的安排统筹计划简化工艺流程,并收集一线员工的合理化建议提高效率、减少浪费、降低成本,清除、简化、整合了非增值流程活动。2010年收集到员工合理化建议78件,48件被采纳到生产中,提高了同类生产效率15%,成本降低了9%。

五、提升绩效

成本与绩效两者之间有着极为密切的内在联系。在人力资源管理整条生态链的内部,绩效往往与薪酬是一对孪生子,而薪酬又与人力成本有着难以割舍的关系,薪酬体系具有不可替代的激励和导向作用,是调动人力资源最有力的杠杆。"英吉多"在关键技术岗焊接、烤漆、装配采取合理的绩效考核制度确保薪酬能够吸引、激励和保留员工,保证企业在国内外市场上具有强大的竞争力和稳定发展的能力。实施绩效考核后,2011年上半年员工平均工资增长了32%,同时生产的质量有很大的提高,生产效率增长了26%。

(山东外贸英吉多健康产业有限公司 2011年11月)

充分发挥工会信访工作在促进外贸企业发展和职工队伍稳定中的作用

山东省外经贸工会

近年来,省外经贸工会积极面对行政体制改革、产业结构调整和企业转型改制给工会工作提出的新课题,顺应形势发展的新要求和产业职工的新期待,坚持"促进企业发展、维护职工权益"的企业工会工作原则,始终把信访工作摆在重要位置、作为重点任务常抓不懈,不断丰富内容、创新形式,发挥优势、落实责任,有效发挥了工会信访工作反映民意,化解矛盾,推动发展,维护稳定的作用,为山东外贸改革发展稳定创造了和谐环境。

一、不断增强做好新形势下工会信访工作的紧迫感和责任感

社会主义市场经济体制的确立,使越来越多的企业取得外贸经营权,我省的专业外贸公司失去了垄断地位。这些老国企,资产负债率高,人才严重流失,在市场竞争中一度处于被动地位,面临重重困难。2003年

以来，省政府主管部门和省外贸企业认真贯彻落实中央关于国有企业改革改制的各项政策规定，采取多种形式加快推进国有外贸企业改制。去年，省外贸企业符合改制条件的基本完成改制工作，实现了"两个退出"、"两个转变"（国有资产从外贸企业退出，转变为投资主体多元化；职工从国有企业身份退出，转变为非公有制企业员工）。企业改制，导致思想观念更新、利益格局调整和劳动关系变革，其中"人"往哪里去成为最重要、最艰难的问题。下岗分流职工为企业改制付出巨大成本和代价，尽管国家通过收入的再分配保护职工利益，但大部分下岗分流职工在收入上仍处社会底层。特别是职工身份的置换，对于在国企工作了几十年的职工来说，心理上难以接受。加上不同行业、不同企业职工的补偿差异，很容易造成不同职工群体的思想失衡。在我国社会保障体系尚不完备的情况下，企业转换或解除职工劳动关系，不仅容易损害职工感情和切身利益，且极易诱发职工群体事件。

对此，我们从讲政治和顾大局的高度，充分认识工会信访工作的重要性和紧迫性，牢固树立抓信访、促发展、保稳定的理念。一方面，坚持关注民生、为职工排忧解难，把工会信访工作当做送上门的群众工作。主动宣传党和国家的政策法规，及时疏导情绪、消除矛盾，把职工的认识统一到党和政府的决策部署上来，把产业职工的力量凝聚到促进产业可持续发展上来。另一方面，认真履行工会维权维稳职责。无论是困难企业还是改制企业，职工的利益诉求主要涉及劳动就业、收入分配、社会保障等问题，工会作为职工利益的代表者和维护者，认真解决职工信访反映的突出问题，有利于更好地维护职工合法权益，有利于促进职工队伍和社会稳定。思想统一，思路明确，是我们做好信访工作的重要前提。

二、不断提高做好新形势下工会信访工作的针对性和实效性

我们在深化信访工作重要性认识的同时，立足于产业工会与企业联系密切的优势，突出重点，努力在调处劳动争议、解决企业改制遗留问题、协调企业生产经营等方面下工夫。

努力调处劳资矛盾问题引发的职工信访。这些年，外贸系统由于企业困难和改制，劳动合同不规范或执行不力、工资偏低或拖欠、不依法为职工缴纳社会保险或不提供必要的福利待遇等劳资矛盾凸显，由此引发的信访案件在信访总量中占比较高。在这些案件中，绝大多数上访职工不想同企业打官司，希望通过工会以调解的方式帮他们解决问题。我们在认真调查核实的基础上，一方面向信访职工做好解释工作，讲明政策规定，把处理信访问题的过程作为思想教育疏导的过程；另一方面积极与企业沟通，用政策法规说服相关企业，最大限度地把问题解决在基层，防止重大劳动争议案件发生。某企业工会副主席在企业改制中失去工作岗位，工资也不能正常发放。我们认为这位工会副主席与企业没有解除劳动合同，企业应发工资，经多方努力使问题较好解决。几年来，我们接待受理职工来信来访102件次，件件有着落，事事有回音。

努力调处企业改制问题引发的职工信访。目前，省属外贸企业改制工作基本完成。但是，少数企业改制时由于政策宣传不到位、职代会召开不规范、资产负债情况不透明等，改制遗留问题不断暴露。这类问题政策性强，涉及面广，情况复杂，影响广泛，往往都是群体上访，协调处理难度较大。我们对因改制引起的职工上访高度重视，依法依规及时协调，坚决避免越级上访和群体上访。对正在改制或准备改制的外贸企业，我们特别注重职工安置、社会保障和职工权益

保护问题。要求企业必须按照规定召开职工(代表)大会,审议通过涉及职工切身利益的重大事项;对企业在改制时执行政策不到位引起的职工上访,我们理直气壮地代表职工向有关部门反映职工诉求。几年来,先后为山东省食品进出口公司青岛冷藏厂70多名职工提前退休、山东省文体进出口公司办公楼拍卖、山东省食品进出口公司改制摘牌等问题的最终妥善解决,起到关键性作用。今年,我们组织力量对4个外贸改制企业实地调研,就历史、政策、体制等原因导致改制企业存在的亟待解决的问题,向有关部门和上级工会提出了意见和建议,并且引起重视。

努力调处企业经营问题引发的职工信访。外贸企业改制后没有了政府主管部门,在市场经济大潮的博弈中,难免出现企业自身解决的问题,既制约企业经营发展,又涉及职工切身利益。我们认为,随着市场经济的发展,职工与企业的命运休戚与共,只有加强合作,才能实现互利共赢。因此,企业经营发展中出现问题,工会组织应当发挥自身优势帮助解决。2008年,某法院在裁决某外贸企业经济纠纷案件中,查封了职工住房基金741万元。职工对法院的做法极不理解,准备集体上访,影响了企业正常经营秩序。我们及时深入企业,了解事情真相和职工思想状况,召开有关方面人员参加的论证会,一方面要求企业工会做好职工思想工作,稳定职工情绪,避免事态恶化;另一方面及时向上级工会报告事态发展趋势,提出意见建议。我们的工作得到了全国总工会和山东省委领导的高度重视,有效维护了企业和职工的合法权益。2010年,我们协调山东省食品进出口公司解决海带配额问题,通过中国财贸轻纺烟草工会和省总工会向中办、国办、中央政法委和全国总工会等领导机关报送专题信息6次,为问题的解决起到积极

作用,维护了职工队伍和社会稳定。

三、不断健全做好新形势下工会信访工作的体制和机制

随着改革不断深入,各种社会矛盾大量出现,工会信访工作任务越来越重,难度越来越大。我们认为,做好工会信访工作,关键是源头预防,根本是解决问题。为此,应积极探索信访工作长效机制,加大领导力度和落实力度,着力在积极预防和及时化解矛盾上下工夫,千方百计为党政分忧、为职工解难,提升信访工作效能。

建立健全厂务公开制度。我们坚持把厂务公开民主管理与依法规范改制相结合,切实维护职工群众在改革改制中的知情权、参与权、决策权和监督权。一是建立由党政工等组成的改制领导小组,在制定改制方案时,做到有法律条文的不越线、有政策依据的不越界、有纪律要求的不越规。二是把维护职工合法权益放在首位,调动职工参与改革、支持改革的积极性。严格执行有关规定,准确测算职工补偿金,确保职工身份转换、补偿金发放及时到位。三是把思想政治工作做在前头,通过内部报纸、网络、职工大会、班组会议和不同类型座谈会等多种形式,广泛宣传讨论,使改制政策深入人心。在改制的每个阶段,都有计划、有重点地强化思想政治工作,防止"道听途说"或"断章取义"。同时畅通职工诉求渠道,广泛听取不同群体的意见,面对职工的诉求不推诿,提高思想政治工作的针对性,避免矛盾激化。

建立健全帮扶救助机制。我们始终把困难职工的冷暖疾苦挂在心上,努力实现帮扶送温暖工作常态化、长效化。近三年,通过建立完善各类困难职工档案,做到普遍帮扶与重点帮扶、一般性帮扶与特殊性帮扶相结合,坚持每年元旦春节走访慰问、经常性

困难救助和"金秋助学"活动,共救助慰问特困职工、困难劳模和老工会工作者 600 多次,发放救助款 80 多万元。大力开展职工互助医疗保险工作,为 500 多名职工办理大病理赔,赔付金额 90 多万元。

加强对工会信访工作的领导。我们始终将工会信访工作作为一件大事放在心上、抓在手上、落实在行动上,并将其列为重要议事日程,定期分析工会信访工作的形势,了解掌握工作开展情况,加大组织协调和工作指导力度。主要领导坚持阅批重要来信、接待重要来访,过问重大信访案件的解决,以实际行动带动和促进信访工作的开展。今后,我们将继续自觉加强理论武装和业务学习,不断增强职工群众观念,不断增进对职工群众的感情,提高政策和法律水平,改进工作作风,在服务和谐社会建设中求作为、谋发展。

(2011 年 12 月)

山东外贸潍坊中基集团有限公司注重员工队伍稳定成效显著

潍坊中基集团有限公司成立于 1984 年,是集饲料生产、良种繁育、禽类养殖、果蔬加工、禽肉加工、劳动保健品等为一体的农牧业企业集团。集团及下属企业先后被授予农业产业化国家级重点龙头企业、全国饲料行业五十强企业、中国食品工业优秀龙头企业、山东省质量管理先进企业等荣誉。集团目前共有员工 4000 多人。集团所属的潍坊美城食品有限公司、潍坊中基饲料有限公司等骨干企业均是劳动密集型企业,一线员工需求量大。他们事事处处以"把企业当成家,视员工为亲人"为指导,在招进员工、留住员工方面做了大量工作,特别是在稳定员工队伍方面取得成功经验。

一、用优秀的企业文化吸引人

中基集团经过 20 多年快速发展的积累、沉淀,逐步形成了"优质、高效、真诚、创新"的企业文化,并贯穿于企业所有部门,在经营管理中形成了"永恒品质"、"合作共赢"、"用创新的思维解决发展中遇到的问题"等理念,对于增强团队意识、增强企业凝聚力和向心力发挥着重要作用。集团及所属企业把文化、理念贯彻到各项工作中去,展现了集团蓬勃发展的面貌,树立了积极向上、充满朝气的精神氛围。优秀的企业文化、强大的竞争实力、人性化的用工管理、良好的企业形象聚集起来,形成了巨大的"磁场",吸引着越来越多的人才来企业工作;已经在企业工作的员工全身心地为集团发展贡献力量。

二、用良好的工作环境培养人

企业能不能给员工创造一个良好的发展空间,是决定员工是否留得住的重要因素。中基集团每年都制定员工培训和发展计划,努力为员工创造学习和提高专业技能的空间。通过不同内容的培训、外出学习等方式,不仅使员工的本职工作业务能力得到提高,而且提高了员工的综合能力,促使员工更好地发挥潜能,更好地为企业贡献力量。集团还要求所属企业创造条件和机会,为全体员工营造展现自我的舞台。通过这个舞台,使许多善于学习、有良好综合素质和能力的员工参与企业管理,实现自己的人生理想和价值。

三、用健康向上的活动感染人

集团管理者要求各企业想方设法让员工感受到企业"家"一样的温暖。潍坊美城食品有限公司员工 3000 多人,大部分是生产一线的外地员工,有些来自贵州、云南等少数民族地区。对于这些来自五湖四海的员工，企业一视同仁，努力为大家营造良好的工作和生活环境。新员工入厂时，各生产车间都安排专人负责，了解员工衣食住行等方面的困难。发现员工有了难处，及时给予解决。对于生活困难员工，每年都经各生产厂推荐、公司评定审核后，给予一定数额的困难补助。对于员工或家庭遇到重大困难，公司在捐助的同时，还由工会组织员工捐款，解决燃眉之急。对于回族、彝族等少数民族员工，公司尊重他们的民族习惯，在住宿、伙食等方面特殊关照。公司还建立了各种娱乐及活动设施，经常组织不同层次的文体活动，丰富员工业余生活。每年的节假日文艺表演，都成为公司各民族员工共同欢乐的海洋，"企业不仅要有待遇，更要有和谐的用工环境和人性化的管理，这样才能有强大的吸引力"，这是集团和美城公司管理者的共识。

四、用放心舒心安心的环境留住人

衣食住行不是"大事"，胜过"大事"，对于留住员工至关重要。集团各生产厂分布于山东各地，有的在城市，有的在偏远的山区。但无论在哪里，集团都要求把员工的吃、住问题解决好，并把生活水平情况作为干部考核的主要内容。各企业餐厅都配备充足的人员，每天的饭菜品种丰富多样。各餐厅还严把饭菜原料进货关，保证员工吃上安全、可靠的饭菜。美城公司是食品加工企业，公司充分利用这一优势，把生产产品过程中剩余的原料等低价给餐厅，用作饭菜原料，既降低了饭菜价格，又丰富了品种。在美城，经常会听到有员工说"来美城不几天就胖了，营养太丰富了"。在住宿方面，各生产厂根据集团统一要求，加大资金投入，积极建设、整修员工宿舍，配备电视等电器设备，并制定了卫生考核标准，实施公寓式的物业管理，让员工们居住在一个舒适、温馨的环境里。

五、用完善的制度建设规范人

集团规范统一的用工管理，加强员工招聘、用工等制度建设，通过制度来规范各企业的行为，保证员工的合法利益不受侵害。集团工会等组织经常性地对各单位用工及劳动保护情况进行检查，切实保障制度的执行，保证员工队伍的稳定。集团还对各单位的用工情况建立台账，各生产单位及时填报用工变化情况，分析用工减少、流失的原因，找出问题，提供对策。公司还把各级管理者的工资与员工流失情况挂钩，建立起考核机制和监督机制，促使管理者把保持员工队伍稳定当作一件大事抓好。集团要求建立稳定用工的长效机制，每年都制定用工计划。遇到生产淡季，也合理安排人员，用"带薪休假"等方式，保证员工收入，减少用工波动和人员流失。

（潍坊中基集团有限公司　2011年12月）

淄博市商务局工会开展"双问"活动推动工作创新发展

为广泛征求社会各界对淄博市商务系统工会工作的意见和建议，倾听民意、汇集民智、解决民忧、凝聚民力，充分调动广大干部职工参与企业发展的积极性和创造性，增强局所属各级工会工作的针对性和有效性，提高职工群众对工会工作的满意度和局属各级工会的公信力，淄博市商务局工会于7月20日到8月31日，在全市商务系统开展了"问计于民、问需于民"活动（以下简称"双问"活动）。

一、加强领导，广泛宣传

（一）统一思想，提高认识。局工会领导高度重视，把活动的开展作为发挥各级工会职能的重要抓手。活动开展前，系统工会专门召开会议，统一思想，提高广大干部职工对开展"双问"活动重要性和必要性的认识，并把活动列入各单位工会近期工作重点，全力支持和配合活动的顺利开展。同时，在淄博市商务局门户网站上开辟专栏，提高社会各界和广大职工群众的参与度，扩大活动的社会效应，为活动的开展营造良好的工作环境和舆论氛围。

（二）加强领导，健全机制。为进一步落实市商务局工会关注民生、服务企业、服务职工的工作宗旨，突出"双问"活动的实践特色，最大限度地听取企业干部职工的意见建议，切实帮助企业解决发展中的突出问题，市商务局成立了以工会主席徐华田为组长，其他工会委员为副组长，各有关单位工会工作人员为成员的"双问"活动领导小组，负责活动的统筹规划和组织实施。制定下发《淄博市商务局工会委员会关于开展"双问活动"的实施方案》，在全市商务系统形成了各单位工会主席亲自抓、分管领导具体抓、相关科室各司其职、密切配合、层层抓落实的工作格局，保证了整个活动高质量、高品位完成。

二、精心组织，周密安排

（一）问计于民。一是工会领导干部带队，深入基层调研，其中到区县商务主管部门调研51人次、到企业生产经营一线（行业协会）调研158人次。通过调研，广泛征求职工群众对市商务局各级工会在贯彻落实科学发展观、推动经济发展、改善民生、加强自身建设等方面的意见建议，以下沉服务重心，拓展服务领域，增强服务的针对性和实效性。二是认真听取各单位干部职工对本单位班子建设、工会队伍建设等方面的意见建议，切实了解和掌握各级工会在推动工作开展中存在的不足和问题，认真加以整改。三是围绕各级工会的重点工作、企业管理等日常工作，听取各方面建议，重点就如何推动商务经济更好更快发展、破解企业瓶颈制约和改善困难群体生活条件等社会普遍关心关注的热点难点问题进行调研，收集职工群众对进一步改进各项工作的意见建议，并制定整改措施。四是围绕全市"转方式、调结构"总体要求，加强对全市企业特别是重点企业运行中存在的问题调查摸底，明确企业需求，积极帮助企业破解发展难题，发现并策划投资项目和工作项目21个，发现工作亮点和典型事例11个。

（二）问需于民。进一步关注民生，摸清职工群众的迫切需求，了解基层单位、服务对象和职工群众所急所盼所愿，特别是关注职工群众在工作环境、生活环境、政策环境等方面急需解决的问题。把收集到的意见建议梳理归纳为42大项，并逐条提出落实意见，对具备解决条件的及时予以解决；对暂不能解决的也做出了解释，并创造条件尽快予以解决；对需要反馈的，也由相关科室、单位及时与反映者进行了沟通。

三、多种渠道，征求意见

（一）开展谈心活动。在局各级工会和所属企业广泛进行谈心活动，坚持人人谈，主动谈，争取每个人都能谈到。采取个人谈心和集体谈心相结合、工作时间谈心与业余时间谈心相结合、面对面谈心与网上谈心相结合、谈心活动与征求意见相结合等多种形式，交流思想、探讨工作、查摆问题。坚持做到谈者诚心、听者虚心、双方交心，在谈心过程中推心置腹、畅所欲言。大家结合工作谈思想，结合实际谈发展，既对各级工会组织、领导班子以及工会干部的工作给予充分肯定，又诚恳指出存在的问题和不足，坦诚相见，互相鼓励，互相学习。活动期间，工会班子成员之间谈心136人次，工会班子成员与干部职工之间谈心500人次，干部职工之间通过双向交流，消除了误会，密切了联系，加深了了解。

（二）召开座谈会。通过邀请企业职工代表、工会干部代表召开座谈会，广泛听取了广大干部职工在发展经济、改善民生等方面的意见；对企业和工会在思想观念、体制机制和有效履行职能方面的建议；对各单位在工作作风、队伍建设、服务企业、服务职工等方面的看法。

（三）发放征求意见表。针对影响和制约本企业工会乃至市商务局工会科学发展的突出问题和职工群众反映强烈的突出问题，以发放征求意见表的方式，广泛征求职工群众的意见建议。活动期间，局共发放征求意见表1000余份，收回有效问卷800余份。对征求到的意见建议，汇总归纳为8大类40多项，并制定下发了《关于落实"双问"活动意见建议的意见》，逐条提出落实意见，制定促进经济社会更好更快发展的新思路、新举措。

（四）提供便利的沟通渠道。一是在市商务局门户网站上开设专题栏目。二是局各级工会在办公地点配置意见箱。三是设置公开电话，采取点对点互发短信等形式。通过灵活多样的方式为职工群众发表意见建议提供便利通畅的渠道。活动期间，共收到合理化建议85条，其中区县26条，局机关37条，企业22条。

四、注重结合，力求实效

一是做到广泛调研与典型分析相结合，深入企业基层，探索解决问题的新角度、新思路、新方法。二是做到广泛收集与反馈职工群众意见相结合，及时收集、疏理、归纳、反馈，从群众中来，到群众中去。三是做到广泛开展批评与自我批评相结合，知无不言，言无不尽，言者无罪，闻者足戒。坚持"惩前毖后，治病救人"的正确方针，营造宽松和谐的工作环境，为开创工会工作新局面奠定坚实的组织基础和群众基础。

胡锦涛总书记在庆祝建党90周年大会上的重要讲话中明确提出，要高度重视并切实做好新形势下群众工作，坚持问计于民、问需于民，依法保障人民群众各项利益。工会组织作为党联系职工群众的桥梁和纽带，对于实现好、维护好、发展好最广大人民群众的根本利益具有重要作用。市商务局工会在全系统开展的"问计于民，问需于民"活动，既是为了贯彻落实胡总书记重要讲话精神，又是一次"内部谈心，外部调研"活动，必将推动淄博市商务经济又好又快发展。

（淄博市商务局工会　2011年12月）

创建和谐增活力
围绕中心促发展

新华锦（青岛）即墨老酒有限公司工会

近几年来，新华锦（青岛）即墨老酒有限公司遵循"倡导科学消费，谋求大众健康"的经营宗旨，紧紧团结和依靠广大员工办企业，坚持走"继承提升，创新发展"之路，大大提升了即墨老酒的品牌价值。为力求在优化需求结构、促进即墨老酒产业升级上实现更大突破，企业坚持以"高效发展、规模发展、快速发展"为经营主题，围绕"转方式、调结构、谋发展"这一主线，大胆创新，乘势而上。自2009年以来，企业的产量、销售收入、利润、税收等经营指标连续三年均以40%以上速度增长。2010年，企业实现即墨老酒产销量达到1万吨，销售收入突破1亿元，上缴税金1200万元。企业先后被评为"全国酿酒行业信用等级评价AAA级企业""推动中国酒业发展的优秀企业""中国食品安全放心品牌""消费者最信赖健康食品品牌""省级环境友好企业""山东省、青岛市旅游特色产品"等荣誉称号。2009年企业成功申报省级工业旅游示范点、省级技

术中心,即墨老酒被认定为中国驰名商标。总结起来,主要做法和体会如下:

一、认真践行科学发展观,始终坚持以人为本的经营理念,为促进企业发展打牢根基

社会要和谐,首先要发展。同样的道理,企业要生存、要和谐,要为社会创造财富、要使员工受益,更要靠发展,只有使企业具有可持续发展的能力,才能为构建和谐企业提供雄厚的物质基础,才能有效促进企业和谐稳定。反过来说,只有企业和谐稳定,具有内部活力,才能创造出更大的经济乃至社会效益。为此,我们始终把落实以人为本的科学发展观放在各项工作的首位,动员和组织全体员工为发展即墨老酒事业献策出力。在实际工作中做到三个到位:一是思想观念转变到位。实践使我们认识到,企业生存靠发展,发展企业靠员工,员工的利益与企业的效益是紧紧联系在一起的,只有保持企业效益的稳定增长、保证员工收入的持续提高,才能从根本上维护好企业的整体利益和员工的具体利益,使企业得以和谐发展。在日常工作中,我们经常向员工宣传大河有水小河满,小河水满大河涨的道理,教育员工正确处理个人与企业的关系,敬业爱岗,努力完成本职工作任务,以实际行动为发展即墨老酒事业做贡献。同时,随着企业效益的提高,每年完善分配政策,使员工收入也有所提高,在全公司形成了齐心协力创大业的良好局面;二是技能培训到位。公司建有严格的培训计划和制度,使员工上岗前必须培训合格,上岗后必须持续学习,积极参加公司组织的各种岗位技能培训,不断提高岗位技能和业务素质,每年新员工培训率、岗位变换员工培训率、关键岗位员工培训率都达百分之百,其中有50余名员工参加了外出专业培训,公司三次组织部分骨干员工到江浙黄酒企业参观学习,开阔眼界,多次邀请营销专家到企业授课,努力创建学习型企业,使企业市场竞争力和员工整体素质不断提高,可持续发展能力不断增强;三是活动开展到位。公司工会根据上级要求和公司实际情况,组织员工大力开展劳动竞赛、岗位比武、提合理化建议和技术革新活动,公司专门制订了活动奖励政策,几年来,组织开展"我为企业献一计"、"创建劳动关系和谐企业"等活动和岗位技能比赛20余次,共收到员工技术革新方案34个,被采纳18个,已实施13个,收到各种合理化建议50余条,被采纳38条,为企业创造效益100余万元。这些工作的落实,较好地调动了员工的积极性,保证了公司经营目标的顺利完成,取得了较好的经济效益,同时员工收入也达到当地中等水平以上。大家比较满意,企业呈现出一派和谐发展的大好局面。

二、切实加强民主管理,依法维护员工各项权益,为企业稳步、和谐、快速发展提供保障

落实民主管理规定,维护好员工的权益,是工会的基本和主要职能,也是企业立足和发展的基本保障。只有把这项工作做好,才能把工会办成员工之家,受到员工的欢迎,也才能使整个企业团结和谐,充满活力。为了搞好民主管理,公司始终做到四个坚持:一是坚持公司经营班子向员工大会报告工作制度,分年中、年终两次进行,主要内容是总结一年(半年)的经营情况和经验教训,提出下(半)年度的经营目标措施,让员工知道公司干了些什么,干得怎么样,下步打算怎么干,并动员员工积极提出自己的意见和建议,公司经营班子根据大家提出的意见和建议及时修订经营计划、完善工作措施;二是坚持民主评议干部制度,公司制订了从工作态度到工作业绩共11个小项的测评表,做到每月对中层以上管理人员评议一次,既有上级评下级,也有下级评上级,并

以测评结果作为奖惩依据，较好地调动了各级管理人员自觉履行职责的积极性；三是坚持凡涉及员工利益的规章制度，特别是工资分配方案、奖惩办法等，都先提交全体员工讨论，反复听取大家的意见和建议，并按规定时间进行公示后再颁布实施。对每年的工资调整方案、社保和公积金缴纳情况，都提交全体员工讨论，有意见的提出，无意见的签字确认，公司做到每月按时足额发放工资，依法为员工缴纳各类社会保险，无拖欠现象；四是坚持拓宽民主管理渠道，公司设有总经理信箱、邮箱，员工有什么意见和要求，随时可以直接通过总经理邮箱、信箱提出，公司在办公大楼和各车间设有民主公开宣传栏，及时发布企业应向员工公开的信息、合理化建议采纳及落实情况等。这些措施的落实，较好地维护了员工的合法权益，营造了公司的和谐氛围，干群关系融洽，凝聚力、向心力大大增强，促进了即墨老酒稳步和谐快速发展。

三、努力为员工提供良好的工作学习环境，真诚帮助他们解决各种实际问题，为推动企业持续发展营造良好氛围和动力源泉

为了给员工提供一个良好的工作学习生活环境，为即墨老酒的持续发展营造良好的氛围和发展的动力源泉，近几年来，我们坚持做好如下几点：一是以弘扬即墨老酒品牌文化为主题，搞好厂区美化。公司先后投资800多万元，美化改造了厂区的生产环境和设施，新建了即墨老酒博物馆等文化景点，使厂区成了展现即墨老酒品牌文化的开放式旅游景点。对外开放以来，深受当地政府领导和游客的好评。二是加快酿酒设备、设施改造，投资300多万元，改造了酿酒和包装设施，提高了酿酒和包装车间的机械化程度，降低了员工的劳动强度，配套了各项劳动保护设施，使员工在安全清洁的场所愉快工作。三是努力丰富员工的业余文化生活，工会、团委经常组织一些有益员工身心健康的有奖征文、演讲比赛、乒乓球比赛等业余文体活动。四是关心和解决员工遇到的实际困难。对患病住院的员工，公司领导、工会亲自看望，公司对驻外业务人员尽可能的协调并帮助他们解决家庭中的一些实际问题，对家庭或遇到特殊困难的员工，公司及时发动员工进行救助，2010年公司组织员工为患病员工捐款，仅刘胜先一人就捐助了1.4万元，几年来公司员工没有因经济困难而使影响工作或使子女失学的现象发生。

四、坚持按照市场经济对现代企业的要求，发挥好即墨老酒优势，推行科学管理，实现即墨老酒快速发展

上述工作的实施，保持了企业内部的和谐稳定和内在活力，这是即墨老酒发展的基础和前提，如何把这种活力变成企业发展的现实和成果，这才是工作的关键。因此，我们清醒地认识到，要把这种活力和动力变成企业发展的成果，必须在以上工作的基础上，坚持真抓实干，敢于担当，坚持按照市场经济对现代企业的要求，发挥好即墨老酒优势，推行现代企业科学管理，这也是我们工作的出发点和落脚点，更是我们工作的关键点。基于这些认识，我们坚持做了以下卓有成效的工作。

1. 创新市场营销模式，抓住龙头促发展。现代企业的发展，营销是关键。近几年来，我们围绕国家和政府提出"转方式，调结构"的方针要求，大胆创新营销模式，进一步加强终端和渠道建设，市场销量快速增长，增强了企业发展后劲。一是调整市场结构，在保证已有市场巩固和新市场开发的基础上把渠道和终端做深做细，建立了区域代理、渠道代理、产品代理、产品贴牌、产品直供、专卖店销售等多种形式的营销模式，收到了显著成效。在青岛、烟台、潍坊等地建

立3000多个直供终端点,直销业务团队的建立使得我们的业务人员能够深入到市场第一线,有效地充当起"侦察兵""宣传员"和"狙击手"的角色,能够把公司与市场更加有效的结合在一起,在很大程度上帮助经销商和公司更加准确的把握市场脉搏。在省内各地市及昆明、海南、西安、江苏等省外等地共建起了70多个产品专卖店,使即墨老酒的销售区域逐步由省内向省外扩张,形成了覆盖山东、遍布全国的营销网络。二是调整经销商结构,根据经销商的业绩和经营思路,淘汰了部分不适合即墨老酒发展的代理商,开发了一大批符合即墨老酒经营思路、愿与即墨老酒共同发展的代理商,使目前的经销商队伍达到近300家。三是调整产品结构,加大产品研发力度,根据不同市场状况,取消了部分不适合市场需求的滞销产品,开发了部分适销对路的新产品,使产品结构日趋合理。截至目前,即墨老酒已经形成了焦香型即墨老酒、清爽型即墨老酒、即墨花雕酒、即墨康酒四大系列产品近百个品种,还针对专卖店、餐饮渠道、团购礼品消费等多样化需求进行了产品区隔,同时加大了对"贴牌产品"和"专销产品"的开发力度,与即墨老酒的合作伙伴采取多种多样的形式进行合作,从而极大地满足了广大消费者多样化的需求,掌握了酒类市场的主动权。同时,重点推介适合夏季饮用、适合搭配海鲜就餐、痛风患者首选的清爽型产品,使产品结构进一步优化。

2. 注重历史底蕴挖掘,抓好文化促发展。在市场发展日趋深化的今天,市场竞争的惨烈程度不言而喻。如何保持企业在如此激烈的竞争中脱颖而出,并保持不败;如何保持企业核心竞争力,使其永葆青春;如何能够让"即墨"牌即墨老酒成为广大消费者喜闻乐见、朗朗上口的黄酒品牌等等,一句话,我们清晰地认识到加强品牌建设的重大意义。一是我们按工商申报程序进行中国驰名商标申报,经过公司精心组织,积极申报,"即墨牌"商标被国家工商总局认定为"中国驰名商标",实现了几代即墨老酒人60年的梦想,成为即墨老酒继荣获"中华老字号"后获得的又一"国字号"荣誉。二是举办了声势宏大的建厂60周年庆典活动,行业主要领导,省、市以及当地政府有关领导应邀出席了庆典仪式,极大地提升了企业知名度,在行业和各级政府树立了良好的企业形象。三是投资300多万元,建成了中国北方唯一一座黄酒专业博物馆。即墨老酒博物馆以即墨老酒四千多年的历史文化为主线,通过大量的文物、实物、图片、名家墨宝等的搜集、整理、收藏、展出,借助高科技表现手法,向人们讲述以即墨老酒为代表的中国民族工业发展史,讲述酒文化知识,全面地展现了即墨老酒的悠久历史、独特工艺、品牌文化、产品文化和企业文化,淋漓尽致地展示了即墨老酒所具有的独特酒韵。四是以"注重宣传策略、保证宣传效果"和"把有限的费用用在刀刃上"的原则,2009年第一次在央视投放广告,并常年占据青岛、即墨新闻前的黄金时段。同时扩大宣传范围,分别在山东电视台、青岛生活在线投放广告,并选择济南、淄博、日照、烟台、潍坊等市场投入提示性和引导性广告,基本上形成了宣传范围涵盖全国、全省、青岛、即墨的格局,且定位准确,形式多样。

3. 实施规模扩张,发挥优势上台阶。随着即墨老酒品牌的快速发展,产销之间的矛盾日趋突出,为保证即墨老酒品牌的健康发展和市场需求,我们在2010年全资收购了即墨第二黄酒厂。在此基础上,我们又开始进行规划设计占地450亩的新的即墨老酒工业园,新的工业园建成后,将大大提升企业的生产加工和原酒储存能力,不仅能满足市场的巨大需求,更为我们未来的快速发展奠定基础,同时也标志着即墨老酒走上了资本扩张的发展之路。未来五年，即墨老酒将形成年产5万吨、销售额5亿元，利税2亿元的规模；未来十年，将使其形成集生产、销售、文化、旅游、休闲于一体，中国北方最大的老酒集中发展区、全国著名的老酒制造基地和技术中心、最具活力的老酒历史文化中心。

（2011年11月）

设计绮丽人生　建功立业当主人

青岛绮丽高级时装有限公司工会

为充分发挥员工工作积极性、创造性，增强员工集体荣誉感，提升广大员工的职业素质，培养造就一批"热爱绮丽、立足本职、积极进取、勇创佳绩"的专业技术人才，自2010年7月以来，我司开展了"设计绮丽人生，建功立业当主人"主题竞赛活动。

一、活动主题和目的

以"设计绮丽人生，建功立业当主人"为主题，开展以争当"创新能手、技术能手、技术标兵、先进班组"为主要内容的劳动竞赛活动，为员工营造一个"设计绮丽人生，建功立业当主人"的氛围，创造一个设计绮丽人生展示青春风采的环境，搭建一个发挥聪明才智建功立业当主人的平台，通过活动的开展提高员工的整体技术水平和素质，培养一大批技术人才和技术标兵，树立一批先进集体，让每一个员工在绮丽高级时装的大家庭里有所学习、有所提高、有所创造、有所成就、有所收获，为员工健康成长和发展创造机会和条件，增强企业的竞争力。

二、活动方法和措施

（一）制定标准

1. 创新能手：根据公司的生产、设备、管理等方面的问题，围绕有利于提高产品质量、提高生产效率、节约能源（或降低损耗），在一个年度内首次针对其中一项提出改革（或发明、创造）方案，其方案经实践证实有可操作性和效益。

2. 技术能手：精通单道工序，质量合格率、速度方面，属全厂同工种最优秀的员工。

3. 技术标兵：相同工种必须熟练三道工序以上（含三道工序），在质量合格率、速度方面属全厂综合考评，在同类工序技能突出且连续三次被评为技术能手的员工。

4. 先进班组：A. 缝纫班组每月按产量评出先进班组。B. 缝纫班组及其他部门每月按品质、现场管理等方面评出先进班组。

（二）宣传发动。在全公司范围内通过广播、《绮丽时装报》和宣传栏等多种形式，向所有员工进行宣传发动。

（三）组织评比。首先，各部门员工投票选举，部门负责人根据选举结果及员工平时工作表现，将名单上报工会。其次，工会委员会根据员工的工作业绩进行评估，将评估结果进行统计，产生拟获奖人员。第三，将拟获奖名单在公司公告栏公示，无异议后确定获奖人员。

（四）表彰奖励。工会将每月设立创新能手、技术能手、先进班组等奖项，每季度评比技术标兵。单项奖励额度分为50元—200元，并颁发荣誉证书，在《绮丽时装报》上公布照片和名单。

三、活动成果

1. 自活动开展以来，涌现出一批技术人才，其中技术能手52名，创新能手9名，技术标兵暂缺，先进班组8个。调动了员工学技术的积极性，提高了生产效率和产品质量，促进了员工队伍的稳定。

2. 一年多来，通过竞岗方式从普通员工走上管理及各专业技术岗位的各类人才共计20余人。使我公司的人才结构得以优化，管理层次有一定提升。因为都是从普通员工做起的，所以这批管理技术人员功底扎实、技术过硬,故在管理过程中驾轻就熟,成为员工心目中信得过的骨干力量。

3. 评选"技术、创新能手",激发了员工技术创新的热情。通过对原有设备、工具的功能开发、增加、改造改进,为工厂节省投资几十万元,十几项工具创新、改造、推广使生产效率提高了六个百分点。

4. 评选"先进班组",增强了员工的集体荣誉感,增强了班组凝聚力。随着工作态度的不断转变,员工的主人翁意识得以不断增强,"爱岗敬业,以厂为家"的精神逐渐渗透在了员工的一言一行当中。产品不良率有所下降,工作效率有所提高,员工的收入在增加,人均工资由去年的 1630 元涨到现在的 1830 元,实现了企业和个人的双赢。

(2011 年 11 月)

2012 年
以变应变,牢牢把握工作的主动权

山东省外经贸工会

这些来外贸形势发生了巨大的变化,山东省外经贸工会坚持与时俱进,以变应变,努力把握工作的主动权,增强了系统的凝聚力和感召力。

一、根据外贸工会的特点,确定符合实际的思路

山东省外经贸工会是省总工会和中国财贸轻纺烟草工会管理的产业工会,负责全省外经外贸的工会工作。根据远离省总工会机关、不依附在省商务厅、直接管理驻青岛的外贸企业工会工作、机关人员少、事情多的特殊情况,以及近年来外贸企业内外环境变化给企业经营和职工队伍稳定所带来的问题的实际,在调查研究的基础上确定了工作思路,既搞好一个结合,做好两个服务,处理好三个关系,达到一个目的。搞好一个结合,把党和国家及上级工会的政策规定与省外经贸工会工作结合起来,在结合上下工夫,做文章。做好两个服务,为全省外贸企业服务,为全省外贸职工服务。处理好三个关系,与上级的关系,尊重、服从;与平级的关系,交流、沟通;与下级的关系,关心、帮助。达到一个目的,党政放心、企业认可、职工信任的职工之家。经过多年实践证明这个思路是正确的,符合上级的要求,也符合山东外贸的实际。

二、根据外贸企业的实际,开展具有特色的活动

省外贸企业这些年来发生了很大的变化,如领导体制的变化、企业所有制的变化、企业经营方式的变化、企业工作重心的变化等。遇到了许多的困难,如世界金融危机、欧美市场需求减弱、局部地区政局不稳、国内生产要素价格上涨、汇率利率税率变化等的影响。外贸企业的经营可以说是雪上加霜,为了组织动员广大外贸职工干事创业的积极性,化危机为机遇,根据不同时期、不同情况,适时提出开展一些活动,如开展争创最佳创新(效益)能手活动;开展我为企业发展献一计活动;开展群策群力,积极应对全球金融危机对外贸企业影响的活动;开展我为外贸经营方式转变献计活动;开展争先创优活动;开展同心同德绘蓝图,调整转变促发展等活动。这些活动的开展,进一步激发了全省广大外贸职工的责任感和使命感,为山东外贸在转变发展方式上做出了贡献。

三、根据职工结构的变化,依法维护职工的权益

外贸职工队伍这些年发生许多变化,我们根据职工的需求及时调整维权的重点。在企业改制时期,维护职工工作权益和领到合理的补偿金是维权的重点,坚持重大问题

提交职代会讨论通过制度。对待青年职工让他们有更多的学习发展机会是维权的重点，在全系统职工中开展读书活动，鼓励企业工会多举办各类培训班，支持企业工会对自学成才的职工给予奖励。对待职工在生病住院费用支付上是维权的重点，积极组织职工参加全总举办的职工互助医疗保险，每年有300多名住院职工得到理赔。对待生活困难的职工两节期间走访慰问是维权的重点，坚持两节走访慰问制度，给职工送上慰问金。对待特困职工子女上大学学费筹集上是维权的重点，坚持每年高考结束后，摸情况、送学费。这些工作的开展，解决了职工的实际困难，保证了职工队伍的稳定。

四、根据形势变化的要求，完善工会组织的体系

省外经贸工会要想更好地发挥促进企业发展，维护职工权益的作用，必须做到工会组织健全、人员到位。在加强工会组织建设上，根据形势变化的要求和外贸企业改制的实际，及时调整加强工会组织建设的措施和方法。近年来在工会组织建设方面，本着统一规划，分步实施的原则进行，如搞好调研，掌握情况；征求意见，研究办法；争取支持，出台政策；按照规定，抓好落实。特别是争取省总工会在新的形势下对省外经贸工会新的授权，制定下发了加强各市商务（外贸）局工会组织建设的意见，调整理顺新建多家工会组织，及时督促调整充实工会干部。保证了在改革改制之年工会组织健全的良好局面。

五、根据外贸职工的需求，加强企业文化的建设

随着形势的发展外贸职工的需求也是多种多样的，归结起来主要表现在政治上、工作上和生活上。政治上坚持以职工代表大会为基本形式的民主管理制度，重大事项让职工参与，职工了解企业的发展方向，参与企业经营管理。工作上为职工创造良好的宽松的工作环境，加强对职工的业务培训，开展劳动竞赛，开展读书活动，让职工更好地发挥主动性和创造性。生活上积极开展职工喜闻乐见的文体活动，连续举办七届职工乒乓球比赛和三届职工羽毛球比赛，对困难职工及时给予精神上物质上的帮助，让外贸职工感受到外贸工会就是他们的家。

随着形势的发展，我们也感到在思想认识上，具体工作上离党和政府对工会的要求，离企业对工会的希望，离职工对工会的期望都有一定的差距。决心在全委和省总的领导下，发扬成绩，找出不足，研究办法，努力把工作做得更好，为山东外贸事业的持续健康发展贡献力量。

（2012年8月）

发挥贴近企业　熟悉行业优势
搭建交流平台　促进企业发展

王新强

根据新形势、新任务、新要求，各级工会组织积极探索围绕中心，服务大局的新途径。省外经贸工会根据本产业的特点，在充分论证的基础上，提出了搭建交流平台，促进企业发展的工作思路，经过两年的实践，深受各方的好评。

一、搭建交流平台的现实要求

为更好发挥工会组织参与企业经营管理的作用，由省外经贸工会牵头，搭建起为不同类型外贸企业提供一个交流、学习、借鉴、提高的平台，是符合当前形势任务的要求。一是外贸企业发展的需要。近年来，随着形势的变化，外贸企业一统天下的时代已成为历史，企业为了生存和发展，在巩固进

出口业务的基础上,发挥自身优势向其他领域开拓和发展。到目前为止,已形成单纯贸易型、生产加工型、仓储物流型和服务管理型等行业,这些企业需要有个交流平台。二是政府职能转变后出现的空缺需要一个部门来承接。省外经贸厅不直接管理企业,企业改制重组,所有制结构、隶属关系发生变化,这些企业没有主管部门,同行业间缺乏正常的交流平台。三是省外经贸工会具备搭建交流平台的条件。工会组织不是企业的直接经营管理者,但是企业经营管理的参与者,根据促进企业发展,维护职工权益的工会工作原则,和省外贸工会联系企业、贴近企业、熟悉行业的优势,为不同类型企业搭建交流平台提供了保证。四是外贸企业绝大部分驻地在青岛,原来都是省外经贸厅直接管理的企业,地域集中,经营范围类同,人员熟悉,这为搭建交流平台提供了可能。

二、搭建交流平台的具体做法

搭建交流平台的载体,就是按企业的分类开好现场会,开好现场会需要做如下几方面工作,一是确定企业填报有关情况和数据。如企业基本情况、经营管理中特色工作、职工队伍现状、工会工作、存在的问题及解决问题的建议和意见,通过填报有关情况和数据,企业对自身工作有一个全面回顾和总结。二是详细掌握各企业的情况和特点。组织力量对所属企业进行调研,按照预备通知要求分别与企业管理者交流,了解企业经营管理情况;与工会主席交流,了解工会工作开展情况;与职工代表交流,了解职工对企业满意度。并深入车间班组看生产现场,到伙房、宿舍、活动室了解职工食宿条件。在此基础上,确定这个单位在现场会上发言侧重点,力求做到每个现场会、每个企业的发言言之有物,有可借鉴之处。三是选好现场会地点。选择在某个方面工作有创新、有特点、可供学习借鉴的企业召开现场会。今年上半年召开的生产加工型企业现场会,在省丝绸公司临朐工厂召开,他们在"职工自治"方面有探索、有成效。仓储运输型企业现场会,在省抽纱公司第二仓库召开,他们充分发挥现有仓库的优势,建立文化创意产业园的做法值得借鉴。四是提出切实可行的建议和要求。在各单位介绍交流情况之后,我们要提出关于做好这类企业工作的建议和要求。建议是针对企业行政讲的,由于会前深入企业多、听取各方面情况多、现场看的多,所以能针对企业在经营管理方面提出一些建议。同时对企业工会在如何发挥自身优势,促进企业发展,维护职工权益方面提出具体要求。五是会后及时形成会议纪要。纪要包括各单位好的作法好的经验、存在的问题和原因、建议和要求,深受企业的欢迎。

三、搭建交流平台的作用和影响

由于每次现场会准备得充分,情况了解得详细,提出的建议和要求可行,受到各方好评和认可。一是通过搭建交流平台,起到了企业间相互交流、学习、借鉴、提高的目的。现场会主要内容是交流企业经营管理中的作法和经验,探讨存在的问题和不足,研究解决问题的建议和办法,因为企业经营范围相似,交流主题突出,存在的问题类同,容易产生共鸣。二是通过搭建交流平台,发挥了工会在参与企业经营管理中的作用。要开好现场会,需要工会上下共同研究、共同分析、共同提出解决问题的建议和办法,会后还要组织职工为企业发展出谋献策,倒逼工会干部学习业务,懂得经营。三是通过搭建交流平台,促进了工会干部作风转变。搞好调研,了解情况是开好现场会的关键,每年四次现场会需要对100多个企业进行调研,没有好的调研,现场会也开不成功。四是通过搭建交流平台,促进工会工作的顺利开展。由于深入企业多,与企业行政领导接触多,听工会主席和职工意见多,所以对工会组织建设、工会干部配备、工会经费收缴、工会难点工作开展等情况了解得详细、具体,力求做到借到企业调研,召开现场会,使问题得到解决。

(作者:山东省外经贸工会主任)

树立口岸文明服务品牌
展现航运巾帼靓丽风采

中国外运山东有限公司

在青岛航运代理市场、中国外运山东有限公司(中国外运长航集团)里,活跃着一支朝气蓬勃、创新发展、锐意进取的队伍——集装箱海运业务中心(以下简称海运中心)。作为山东外运在青岛口岸集装箱业务服务的窗口与平台,团队现有女性员工69人,占总人数的57%,从基层员工到业务骨干、班子成员,每一个岗位上,团队中的娘子军们以精心、精细、专业的优质服务赢得了客户的理解与信任,用真情爱心奉献社会,以无私真诚奉献外运事业。

海运中心自2006年组建以来,在五年发展中,海运中心与50余家国内外班轮船公司建立了集装箱业务代理合作,与海关、港口等口岸单位有着密切业务往来,与国内外数百家客户建立了稳定的业务合作,创建了目前青岛乃至山东地区规模最大的集装箱业务操作服务平台,团队成员秉承"服务创造价值"的理念,内强素质,外树形象,以优质服务促进了企业品牌形象的提高,推动了外运事业的发展,打造了一支敢打硬仗、能打硬仗队伍,团队先后获得共青团"省直机关青年文明号"、山东外经贸系统"工人先锋号"、省外贸厅"先进基层党组织"、省商务厅"先进团组织"等荣誉称号,10人次获省外经贸系统"先进女职工""最佳创汇能手""最佳创新能手"等荣誉称号,并于2011年获得省"巾帼文明岗"称号。团队发展的点滴,凝聚着巾帼的艰辛付出和无私奉献,汇集着巾帼忠诚与创新。

一、深入开展创先争优,认真践行"巾帼文明岗"

在省公司工会和海运中心党支部的指导下,不断加强员工思想政治学习,坚持和落实科学发展观,学习创先争优理论,以党员为基点,坚持用党的思想理论武装巾帼文明岗女员工,引导其正确理解党和公司的政策方针。通过明星评比、板报宣传、内部交流等多种形式激发女员工的学习热情,鼓励她们多读书,多看报,开阔视野,将深入开展创先争优活动与创建省"巾帼文明岗"紧密结合,上下一致、团结一心,制定目标、建立措施,立足本职,积极投身到创建工作中。

二、外树形象内强素质,不断提升客户服务水平

海运中心始终将人才建设作为部门发展的关键点来抓,以优质服务作为部门生存发展的基础,全体员工认真学习"巾帼文明岗"的相关要求,部门积极推行"五心"服务,即工作要有责任心,接待客户要热心,服务工作讲诚心,咨询回答要耐心,业务处理要细心。做到工作环境整洁,开展微笑服务。

通过专业知识、业务技能等多种培训,开展"质量服务月""岗位服务明星评选"等活动,不仅提升了员工的业务技能、服务水准,增强了员工主人翁和团队意识,创建了专业高效业务管理队伍,女员工占到了队伍成员的半成,人才的积累、优质高效服务的队伍,推动了海运中心管理经营的提高,树立了省外运在口岸单位和各类客户,特别是在外籍班轮船公司中良好的形象。

三、高效优质服务，创造一流业绩

海运中心通过创建巾帼文明岗，不断加强部门管理，促进员工素质提升，部门建设与经营飞速发展，成为省外运系统经营效益的佼佼者。在残酷激烈的航运代理市场中，2011年团队揽取了十余条班轮船公司航线代理权，实现了与中国台湾德翔航运、中国香港阿联船务的首次合作；与马士基签订了CARGO AGENT代理协议，作为该公司青岛口岸唯一双重代理（CARGO AGENT代理和订舱代理）身份，开展业务合作；新增太荣商船订舱代理权等。

2011年，海运中心代理船公司进出口集装箱达142万TEU，占青岛集装箱公共代理业务市场份额的20%，实现主营业务收入、利润总额分别为19.9亿元和5302.6万元，同比分别增长了27.6%、21.56%，保持着健康快速发展的态势，推动了省外运的整体发展与提高。

海运中心作为山东外运的平台部门，发挥桥梁纽带作用，支持配合口岸单位、内地公司与船公司开展多种类业务合作：协调APL、CMA、COSCO、万海与烟台威海公司的内支线业务合作；为系统内经营单位解决集装箱货代业务发展的难题和短点，在两个月内协助威海公司与近二十家船公司达成大列业务合作意向、签订合作协议、实施业务合作；促成物流园、弘志公司与韩进海运的内地场站业务；争取MSC在烟台、威海、日照三个口岸的支线换单业务，开发青岛公司代理船公司危险品安全适运申报业务等。

这些成绩的取得，离不开团队巾帼的无私奉献，她们克服家庭、工作的双重压力，加班加点为客户提供优质的个性化服务，也是她们艰辛付出的回报。

四、开展公益活动，阵地延伸社会

实施"慈善一日捐"，获得公司社会一致好评，其中仅捐款、捐物一项，累计达万元。重大节日送温暖、送爱心，助人为乐，得到了广泛好评。以创建活动为载体，充分发挥女员工组织的作用，积极参加公司组织的文体活动，如公司文艺汇演、职工羽毛球比赛等，均获得优异成绩。团队成员之间你追我赶、争做部门典范，优秀事迹不断涌现。

"巾帼文明岗"是一个服务社会，岗位建功的工程，在活动中，海运中心不断探索新思路、新方法，拓展创建途径和空间，把创建目标转化为理念、转化为行动，不断开拓创新，以自尊、自信、自立、自强的精神激励女员工，发挥女员工的作用，努力展现巾帼风采，为构建和谐文明社会奉献光与热。

（2012年3月）

围绕中心　服务大局 发挥信息交流在推进 工会工作中的作用

山东省外经贸工会

近年来，山东省外经贸工会紧紧围绕全省外经贸中心工作，积极面对行政体制改革、产业结构调整和企业转型改制给工会工作带来的新课题，服务于改革发展稳定的大局，创造性地开展信息工作，准确、及时地反映山东省外经贸各级工会工作的新成果、新情况和新问题，为各级领导了解情况、科学决策，发挥了桥梁纽带作用，同时为基层单位掌握政策、加强沟通和互相借鉴提供了学习与交流的平台。我们的主要做法是：

一、围绕中心，不断增强做好新形势下工会信息工作的责任感和使命感

工会信息工作是维护职工合法权益，促进行业和企业健康发展，树立工会组织良好形象的重要内容。信息工作既是上级工会

了解下级工会工作进展情况的有效渠道和决策依据，又是基层工会了解政策、把握上级工会工作部署和工作重点的窗口。各单位工会之间的信息交流还可以相互取长补短，共同提高。同时，源于基层、贴近职工群众的工会信息，经过整理上报可以使职工意愿得到有效传达，密切党群关系。

作为一个远离省总工会机关、不驻厅局、又直管企业工会、人员较少的省产业工会，如何找准位置，发挥作用，体现特色，成为我们工作创新发展的重要课题。经过几年的实践，我们提出"1231工作思路"（搞好一个结合，做好两个服务，处理好三个关系，达到一个目的）。搞好"一个结合"：各级工会要把上级有关方针政策与本单位的实际情况结合好，在结合上下工夫、做文章；做好"两个服务"：为企业服务，为职工服务；处理好"三个关系"：处理好与上级的关系，与同级的关系，与下级的关系；达到"一个目的"：通过我们的工作，使各级外贸工会成为企业离不开、职工信得过的职工之家。我们的信息工作也是在这样的工作思路下开展的，并取得了良好效果。

一是注重学习，立足高度。注重学习贯彻中央和省委、上级工会重要会议精神，落实重点工作部署，选好主题、选准高度、选精内容，努力使信息工作贴近中心、反映全局、服务大局。如2011年组织全系统职工认真学习党的十七届六中全会精神，引导职工正确处理物质与精神的关系，广泛宣传了山孚集团工会在职工中开展"读好一本书，做好身边事"活动，在职工中引起较好反响。

二是重心下移，拓展广度。我们在夯实基础的同时，坚持重心下移，把工作重点放在基层单位与生产企业，发挥信息工作在促进基层单位的发展和职工队伍稳定方面的作用。2010年，针对外贸企业尤其是劳动密集型企业用工"招不进留不住"的现象进行全面调研，通过下发调查问卷、一对一访谈、与企业领导座谈等形式，了解生产企业招工难的成因，协助他们采取应对措施，提高了各级外贸工会服务外贸企业、服务外贸职工的能力和水平。2011年，召开了外贸生产企业发展与职工队伍稳定现场交流会，为外贸生产企业搭建平台，提供了一个相互交流、相互学习，取长补短、共谋发展的机会。

三是加强调研，挖掘深度。抓住当前社会反映最强烈，职工群众需求最急迫，推动实际工作最直接的重点、难点和热点问题展开调研。今年，为发挥工会"大学校"作用，协助企业做好企业文化建设工作，下发《关于对省外贸（驻青）单位企业文化建设情况调研的通知》，助推企业转方式、调结构的步伐，了解掌握广大职工的精神文化生活状况，以有针对性地满足他们的精神文化生活需求。

二、与时俱进，不断提高做好新形势下工会信息工作的针对性和实效性

做好信息工作，应注重坚持"准确、真实、快速、新颖"的原则。信息的价值，首先体现在其效用上，关键要准确选择与当前工作有密切关系的信息，选择带有倾向性、动向性的重要信息；其次体现在真实性上，实事求是地反映企业和职工的情况是报送信息的基本原则和基本要求。再次体现在其时效性上，错过了时机，再好的信息也会失去价值；最后体现在其新颖性上，关键要把本产业的新思路、新做法、新经验总结出来，体现出特色与创新。近年来，根据不同时期山东省外贸实际情况和国际国内形势的发展变化，我们坚持与时俱进，注重加强工会信息工作的针对性和实效性。

一是坚持反映全系统的重点工作。围绕"促进企业发展、维护职工权益"的工作原则，我们相继开展"我为企业发展献一计""群策群力，积极应对金融危机对外贸企业的影响""我为外贸经营方式转变献一计"

"创先争优"等活动,今年正在开展"同心同德绘蓝图,调整转变促发展"活动。各个活动有实施意见、有追踪反馈、有评比表彰,并以《简报》形式,交流开展活动中涌现的好做法和好经验,推动活动深入开展。各单位工会按照要求,把结合本单位实际情况开展的活动情况报送上来,相互交流、相互借鉴,调动了广大干部职工的积极性和主动性,推动了山东外贸经济发展方式转变。

二是坚持关注企业和职工的热点问题。2011年,为帮助企业解决好面临的科学发展和职工队伍稳定的问题,巩固和扩大企业改制成果,我们组织力量对省外贸改制企业开展了全面调查研究,基本了解和掌握了省外贸(驻青)改制企业的基本情况,提出了进一步加强省外贸(驻青)企业改制工作的意见和建议。据此形成的调研报告,引起上级有关部门的重视,被全国总工会主办的《中国工运》和省总工会主办的《职工天地》选登。对开展走访慰问特困职工、生病住院职工、先模人物、老工会工作者,关注特困职工子女上大学,坚持每年夏季开展送清凉活动,召开帮扶救助工作专题交流会完善了帮扶救助机制等工会重点工作也通过信息进行了报道宣传。

三是坚持捕捉工作亮点。不断加强与基层工会的联系,注重收集整理各级工会组织在工作中的新探索、新做法和新典型,并借助信息工作加以推广。如我们以简报形式刊发了绮丽集团工会开展的职工读书活动情况,带动了全系统职工读书活动;以山孚集团工会做好企业外来务工人员春节期间安全回乡探亲工作为契机,在全系统下发紧急通知,要求各单位采取措施积极行动,保证广大农民工顺利返乡。

三、求真务实,不断健全做好新形势下工会信息工作的体制和机制

工会信息工作是一项长期性、系统性工程,动态性很强,必须加强领导,持之以恒,常抓不懈,建立健全长效机制,才能巩固并扩大工作成果。

一是领导关心重视信息工作。我会主要领导多次在全系统工会工作会议、工会主席读书会、专题会议上强调信息工作的重要性,把报送信息作为一项经常性的基础工作常抓不懈,要求各基层工会主席要高度重视,加强领导,确定专人负责信息工作,营造了良好的信息工作环境。

二是发挥重点单位资源优势。注重发挥山孚集团、绮丽集团、新华锦集团、东营市商务局等工会工作的特色和创新优势,加强与政治理论素养、工会业务水平和文字综合能力较高的工会信息员的沟通联系,及时交流信息,保证了稳定的信息来源和较高的信息质量。

三是加强基础性建设。适应现代办公条件的要求,从抓基础工作入手,加强信息报送和处理的现代化建设。通过电子邮件、建立工会QQ群等方便、快捷地传递、发布信息。在信息的质量上,对于报送的信息认真审阅把关,不断提高了信息编报的质量和水平。同时把信息工作纳入全年重点工作考核中,增强各单位工会对信息工作的责任意识,同时调动激发广大信息员的工作热情,推动了全系统工会信息工作不断取得新的成绩。

(2012年5月)

加强企业文化建设
促进企业健康发展

山东海川工艺发制品有限公司

编者按:近年来,新华锦集团山东海川工艺发制品有限公司把企业文化建设与企业经营管理有机结合起来,促进了企业持续健康发展。他们在加强企业文化建设方面有三个显著特点:一是领导重视,员工认同。山东省劳动模范、公司总经理万志刚对企业文化建设认识到位、行动到位,根据不同时期的实际情况确定企业文化建设的重点,对企业文化建设做到有计划、有部署、有检查、有总结,在人力、物力上给予支持。广大员工既是企业文化建设的设计者,又是企业文化建设的参与者,公司的宣传栏、温馨提示、报纸、内部网都成为反映员工心声的窗口。二是企业理念、风格、追求、口号朴实易懂,很有感召力。如,肚皮贴着地皮——踏踏实实工作;越墙精神——顽强克服一切困难,去实现自己的工作目标等。三是企业文化建设融入企业经营管理,克服了"两张皮"的现象,实现了"两个轮子"一起转,全员参与,共同打造"共生共存"的企业文化,增强了企业发展的"软实力"。本期《简报》刊登新华锦集团山东海川工艺发制品有限公司企业文化建设的部分内容,供各单位借鉴。

——山东省外经贸工会

新华锦集团山东海川工艺发制品有限公司企业文化内容(选摘)

一、企业理念:共生共存

诠释:简单地说就是员工与员工之间,员工与供货厂商之间,员工与社会和大自然之间,必须是一个共同生存,你依赖我、我依赖你的关系。

二、企业风格:

(1)家庭式的气氛,海尔式的管理

诠释:(随着公司的发展,内容也会有不断的深化)在工作中追求严谨的现代化管理方式,在公司氛围上追求家庭般的温馨(把这两个看似矛盾的内容,有机地结合在一起)。

(2)讲究单纯的人际关系

三、企业追求、目标、定位、氛围

企业追求:团结和效益

企业口号:做长期的、稳定的、发展的事业

企业长期目标:(不做流星、不做义和团)做有贵族血统的企业

企业产品定位:为社会贡献美丽和健康的产品

企业氛围:让每个人高高兴兴、愉愉快快地工作

诠释:公司是共同的家园,希望明媚的阳光照耀到公司的每一个角落,每一名员工的脸上都能绽放出灿烂的笑容,用心工作,快乐工作,共同呵护这个大家庭健康成长。

四、工作态度

1. 越墙精神——顽强克服一切困难,去实现自己的工作目标。
2. 肚皮贴着地皮——踏踏实实地工作。
3. "1+1=2"的精神——认真工作。
4. 精心工作,用心工作。

诠释:产品做工细致,注重细节,追求完美。质量就是生命,品质上精益求精,用心制作,让精细制作成为山东海川的特色和旗帜。一直以来,我们也正是凭着精细制作出来的产品,不断地让客户获得更大的满足。

5. 快速理解,马上行动。
6. 遇事三亲自:亲自看一看,亲自动一动,亲自问一问。

五、工作方法

1. 先迈步原则——在行动中解决问题。

诠释:(1)万事开头难,不要因为无从下手而畏畏缩缩。任何工作都要有勇气去开

始,在不断解决问题的实践中一步一步趋于完善。(2)无论是什么样的事情,只要是确定下来的,先不要找各种借口。

2. 要当防疫站,不当大夫,反对当救护站。

诠释:做事要有准备,有计划。凡事预则立,不预则废。提倡事前计划、提前预防,不要等到出现问题再解决、治疗。

3. 提倡联系、汇报、商量。

诠释:工作中,遇到事情要及时与同事沟通,事情办到什么程度要及时汇报,遇到不清楚的事情要及时与同事商量,确保大家沟通无障碍,能够进行有效交流。

4. 用大家的力量、大家的智慧办事。

诠释:公司一直倡导团队精神,公司这个大家庭是一个整体,只有集中大家的智慧、团队的力量,才能将工作做好。

5. 用最简单、最直接的方式解决问题。

6. 不勉强原则。

诠释:跳跳脚能够得着的叫努力,跳跳脚够不着的叫勉强;在工作中只要跳跳脚能够得着的一定去努力,跳跳脚够不着的一定不勉强。

六、特色文化

(一)百福自集
——性急性躁者一事无成
——心平气和者百福自集

(二)内心富有

诠释:① 工作和生活中不要因为追求名和利而受其困,真正的富有来自于内心的充实、内心的富有,简单地说,就是从内心里觉着工作和生活有意思。② 不断提升自己的素质,使得自己可以从精神层面上享受工作带来的快乐,以能为公司做出自己的贡献而自豪。

(三)微笑与感谢

诠释:温馨的画面中,妈妈用慈爱的笑脸爱抚着怀中天真烂漫的孩子;幸福的孩子除了享受这份伟大无私的母爱,更多的应是对妈妈的感激,感谢妈妈的养育之恩,感谢妈妈给予的一切一切……这幅画的名字就叫作《微笑与感谢》。这幅画虽然看似平常,却寓意深刻:首先,由母子情让人情不自禁想到的是每天萦绕在我们身边深深的师徒情,无论是言传身教、纠正错误,还是关照生活,师傅们始终是那张可亲可敬、笑容可掬的脸庞;徒儿们每每早来晚归、跑前跑后、用心地做这做那,想成长得更快、想承担得更多,因为他们内心充满着对师傅的——感谢。

从最深、更广义的角度,人与人、人与社会、人类与大自然之间同样也应该是这样的,你给了我微笑、给了我良好的生活和工作环境、给了我赖以生存的一切,我一定要用感恩的心情,微笑地、认真地、积极热情地对待多姿多彩的人生!

(2012年6月)

发挥医疗互助保险作用
为职工办好事办实事

山东山孚集团有限公司工会

近年来,随着我国社会主义市场经济体系的建立健全,各种配套改革不断深入,其中医疗制度的改革尤为突出。由于改革直接关系到企业每位职工的切身利益,因此备受职工关注。职工一旦患了大病、重病,高额的医疗费用将是一笔很大的经济支出,给处于工薪阶层的职工个人及家庭带来沉重的负担。为减轻患病职工的医疗负担,提高职工的医疗保障能力,集团公司工会在省外经贸工会的领导、支持和帮助下,始终把推进职工医疗互助保险工作当做一件大事来抓,努力为职工办好事,办实事,解难事,努力为职工筑起了一道抵御风险的屏障,为广大职工尤其是困难职工撑起了一把遮风挡雨的保护伞，做到用小钱保大病，在为家庭和企业减负的同时，全面提高职工群体抵御风险的能力。目前，集团公司共有647人参加了职工医疗互助保险；159人参加了女职工特殊疾病保险；103人参加了重大疾病保险。参保率达到85%。

一、主要工作情况

（一）健全组织，加强对实施职工互助保障计划的学习宣传。建立职工互助保障体系，是党政所需，职工所急，工会所能，涉及面广，政策性强的一项重要工作。自开展此项工作以来，公司始终将这项工作列入工会工作的重要议事日程，各级工会主席亲自抓，并有专人（代办员）具体负责，切实抓紧抓好。

集团公司共有13个单位参加了职工医疗互助保险，为做好此项工作，集团公司工会召开有关会议，全面贯彻落实上级工会的工作要求，在集团工会和各级工会干部带头宣传的同时，以工会小组为单位，由上而下，动员全体职工学习、领会医疗互助保险精神，形成了以工会小组长、代办员为骨干的工作网络。同时围绕职工医疗互助保险保费低、手续简便、出险赔付及时等特点大力开展宣传工作，使他们认识到，职工医疗互助保险工作不以赢利为目的，具有明显的互助性、公益性和社会性；同时也是一项涉及职工和企业双方切身利益的事情，是工会组织为职工办实事、办好事，维护职工权益，保持企业稳定，构建和谐企业的重要措施。

在整个工作过程中，各级工会组织积极向广大职工宣传互助保险的目的、意义、作用，使职工真正体会到，参加职工医疗互助保险目的是，无病保平安，有病享保险，无事我为人人，有事人人为我，是一件有益于职工个人、有益于企业和国家的大事。

为确保参保率，保证不让一个符合参保条件的职工漏保，各级工会的工作人员和代办员纷纷深入到退养、长休、保中、待岗职工家中，不厌其烦地与他们进行交流，宣传政策，进行动员，让他们充分了解职工互助保险的目的、意义、办法和内容，使职工能够自觉自愿地参加互助保险。

（二）开展慰问，积极做好职工互助保障计划的实施工作。几年来，公司每年都有从医疗互助保险中受益、得到大额赔付金额的事例。职工患病住院后，职工除了可以按社保规定报销医疗费外，各级工会干部及互助保险代办员都能及时掌握公司每名住院职工的情况，一方面到医院及时进行看望慰问，另一方面告知患病职工在办理出院的同时，注意取得住院期间的相关证明资料，以便出院后办理医疗互助保险的赔付工作，使职工既能体会到组织的关心，又能弥补职工因患病造成的部分经济损失，让职工能够切身感受到职工医疗互助保险的好处，自觉自愿的参加职工互助保险，并把职工互助保险的好处进行广泛宣传，带动更多的职工参加互助保险。从职工患病住院治疗到痊愈后出院，再到工会代办员帮助办理赔付的整个工作过程，代办员都能在第一时间开展一系列的相关工作，争取在最短时间内将赔付金送到职工手中。

（三）突出重点，确保进度，推进职工互助保障计划的开展。集团公司下属的老企业较多，如青冷厂、鸿安公司、大港仓储、四方仓储等单位，历史遗留问题多，效益差，改革改制过程中又出现不少过去不曾出现的新问题。广大职工有在岗、下岗、分流、外借、放假、退养、待岗等不同情况，收入不同，反应各异，在这种环境下，职工怨言多、牢骚多，抵触情绪大。这项工作适逢在这种情况下进行，可以说难上加难。但是我们认为这是为职工办的一件大好事，为了职工的利益，我们要求工作人员理解职工的情绪，忍辱负重做好工作。为确保医疗互助保险的参加率达到80%以上，集团工会采取先易后难的方法，先确保在职、在岗的职工参加，再来做下岗、分流、放假和长休人员的工作，从而使全集团在职职工参加医疗互助保险的比例达到85%。

二、几点体会

1. 开展工会医疗互助保险工作，是对企业和职工个人都有利的大好事、大实事。虽然企业都为职工缴纳了医疗统筹，但是还有未尽之处，职工医疗互助保险从另一个层面为职工解决实际困难提供了一个渠道。在推进中切实体现了职工集体主义意识和互帮互助精神，充分体现了一方有难多方支援的传统，提升了工会工作能力，增强了组织凝聚力。

2. 开展工会医疗互助保险工作，有利于促进企业和谐劳动关系的建立。工会开展互助保险工作，也是工会组织联系职工、凝聚职工，想职工之所想、急职工之所急，为职工服务，提升工会组织的影响力的重要平台。在赔付过程中，通过千方百计帮助职工解决实际问题，维护职工权益使广大职工感受到工会和企业的温暖，促进了企业的劳动关系和谐。现在，职工互助保险工作真正得到了公司和广大职工的认可和公司领导的肯定与支持，发挥了工会组织"桥梁和纽带"作用。

3. 开展工会医疗互助保险工作，使工会在服务职工中发挥了组织特殊作用。几年来的工作证明，广大职工积极参加互助保险，对于保障职工的利益，提高职工的医疗保障能力，增强职工抵御风险的能力是极为有益的，它减轻了患病职工的医疗负担和经济上的压力，缓解了职工因患病而带来的生活困难，起到了雪中送炭的作用。

（2012年10月）

积极发动　全力推进　全面做好职工互助保险推广工作

新华锦集团工会

近几年来，新华锦集团工会按照上级工会的要求，积极宣传，全面推动，认真做好职工互助保险的推广工作，取得了比较明显的成效。2011年7月1日至2012年6月30日，集团共赔付61人次，其中包括一个重大疾病险，共计赔付金额44946元。

一、领导重视，全面推广

集团自全面开展职工互助保险以来，给广大职工带来了实实在在的好处，有效减轻了他们的负担。职工互助保险体现出来的积极作用已越来越为各级领导和广大员工认同，职工互助保险投保人数逐年增多，员工受益面逐年扩大，互助保险影响力日益深入人心。

领导重视是职工互助险得以快速发展的重要保证。多年以来，这项工作始终得到集团党政领导的有力支持。集团领导班子把帮助员工参加互助保险作为凝聚职工、带好队伍、促进企业健康发展的契机与动力，在人力上给予支持，在资金上给予帮助，工会为每一位参保员工购买了医疗互助保险，让他们享受到工会组织的温暖。在开展职工互助保险工作中，我们建立健全了各项管理制度和参保职工档案，加强台账管理。

同时，集团充分利用《新华锦》报、集团网站以及各种会议等方式进行广泛宣传，使职工群众进一步认识了职工互助保险的作用，为集团推广职工互助保险营造了浓厚的氛围。

二、措施有力，注重实效

一直以来，集团各级工会组织把推广职

工互助保险作为工会组织服务职工群众最直接、最具体的工作，主要采取了以下措施：

一是成立专门机构，集团工会主席主管职工互助保险，由专人具体承办。

二是将职工互助保险作为"送温暖工程"的一个重要组成部分，积极向集团困难职工送医疗互助险，把送温暖、帮困解困变成经常性的关心职工的事业，扩大延伸了互助保险覆盖面。

三是积极做好理赔工作。遇到参保职工出险后，集团工会及时联络互助保险办事处，并对出险职工进行慰问，派人协助职工办理赔付手续，及时把赔付金送到职工手中，增强了职工抵御风险的能力。

通过这些措施，在集团内形成了上下联动，齐心协力，共创佳绩的良好局面。

三、热情服务，赢得信赖

工会是党联系职工群众的桥梁纽带，工会是职工之家，对职工热情、诚信、服务是工会的基本职责，集团各级代办人员及工会干部做到了潜心学习、领悟、吃透职工互助保险业务知识，对职工的咨询做到百问不厌、关心体贴，对出险后的理赔做到全面、周到、便捷，用爱心、热情和诚信赢得了广大职工的信任和支持，使基层工会和职工真正感受到互助保险给他们带来的方便和好处。

（2012年10月）

山东美佳集团有限公司打造亲情美"家"

山东美佳集团有限公司历经30多年风雨，发展成为集种植、养殖、加工、贸易于一体的外向型综合型食品企业，下辖日照美佳水产、美佳科苑、日照佳苑、美佳世韩、泰安佳禾、九江美佳、美佳营销公司、日照美冷食品公司、日照美佳餐饮公司等9个分公司。集团公司资产总额达到6亿元，2010年销售收入超过11亿元、年出口创汇超过1.6亿美元。先后获得"农业产业化国家重点龙头企业""全国外经贸质量效益型先进企业""省渔业产业化龙头企业""高新技术产品出口先进企业""省大型出口企业突出贡献奖""全省农业产业化优秀龙头企业""市先进民营企业"等一批荣誉称号。集团公司不仅将客户当作重要资源，同时将员工当作重要资源，尊重人、关心人、理解人，处处以员工的利益为重，赢得共同发展。

一、多措并举，提高员工综合素质

多年来，集团公司倡导"引领健康生活，创造美食文化，运营食品未来"的企业宗旨，坚持"永远的事业，浓重的感情，合理的薪金，公正的待遇，公平的机会"的用人留人观。决策者们认为，员工是企业发展的最宝贵财富，是企业的第一资源。因此，高度重视管理人员的储备、培养和选拔，除实施通过业绩导向的薪酬制度吸引、保留和激励员工外，还构建良好的人力资源平台晋升系统，将一些素质良好的员工作为后备干部进行培训、培养，提供机会让他们参与管理。许多员工通过培训、培养，走上了管理岗位，两名员工享受到每月500元的总裁津贴。这些做法，得到了广大员工的积极拥护，形成了人人争做学习型员工、学习型干部的良好风气，美佳人利用业余时间学外语、学技术成为自觉行动。

二、为员工营造温馨的"家外之家"

集团公司致力于"美佳我家、我爱我家、我爱美佳"的企业文化建设，打造"家"的企业文化氛围，使员工有"家"的归属感，喜欢这个家、留恋这个家。在企业文化建设中，突出抓好员工的物质生活和精神文化生活，努力改善员工工资待遇、工作条件和生活条件。

（一）实行员工三餐就餐免费制。全体员工凭员工卡免费在食堂就餐，每周五为员工改善一次生活。每逢传统民族节日除了免费供应节日食品外，还为员工提供具有节日特色的免费餐，端午节让员工吃上粽子和鸡蛋，中秋节让员工吃上月饼。住宿免费。春节员工回家为员工供应水产品等，一切都像在自己的家里一样。

（二）为员工过集体生日。把每月的30日定为当月生日的员工集中过生日。过生日的员工收到由集团总裁签名的生日贺卡，分公司领导班子成员分别参加员工的生日晚会，与员工一起吃蛋糕和长寿面，然后一起参加安全、卫生、产品质量等有奖知识问答和各种形式的文化娱乐活动。

（三）从集团总部到各分公司都设有阅览室和体育器械，让员工工作之余参加体育活动，丰富自己的文化爱好。每月为员工放一次电影，每年"五一"、"十一"开展一次大型文娱比赛活动，七一举办体育比赛活动。

（四）春节放假送员工回家。每年春节放假，按照员工居住的不同地区，租用近百辆客车专程将员工送回家乡。员工春节回返车费全部报销。

（五）工间休息。车间设立休息室，休息室备有热水。工作时间播放音乐，减轻员工工作疲劳。每天上午和下午各有15分钟为员工的工间操时间，不能到广场做工间操的员工，可就地活动休息。工作中，能坐着的工作决不让员工站着干。

三、将亲情延伸到员工身后

（一）组织百名优秀员工家属免费来日照观光旅游。为体现美佳集团人性化、亲情化管理，展现美佳优秀员工的风采，鼓励先进，自2007年以来，集团公司连续举办"百名优秀员工家属旅游活动"，邀请优秀员工家属或家长到日照旅游、参观工厂，集团公司承担全部费用。2009年开始，对连续两年被评为"百名优秀员工"的员工，继续在美佳工作期间，集团公司每月给其家属寄发100元的亲情工资。

（二）给员工70岁以上的父母过生日。

（三）为学子提供助学金。2005年以来，学子升学或高校学习，集团公司规定每年发放助学金，直至毕业。

（四）成立救助金扶助协会和爱心协会。每年对有重大疾病的员工和困难员工，进行家访慰问，发放救助金少则几万元，多则几十万元。工会组织随时跟踪、关心重大疾病员工和困难员工。

（五）牵线搭桥当红娘。工会牵头，联系兄弟单位利用联谊会或野外郊游等方式，给大龄适龄青年员工创造相互了解的机会，牵线搭桥，使他们找到称心如意的人生伴侣。

（六）参加员工婚礼。逢员工结婚大喜日子，集团领导都要委托工会，带上礼金参加新人婚礼，送上集团美好的祝福。

（七）开展"四好"评选。为发扬"大家爱小家，小家有爱心"精神，集团公司对员工进行了"好儿子、好女儿、好媳妇、好女婿"的小家"四好"评选奖励活动。对评选出的"好儿子、好女儿、好媳妇、好女婿"，到其父母或岳父母家中，敲锣打鼓放鞭炮，送喜报、送奖金。

（山东美佳集团有限公司　2012年10月）

临朐海润"职工自治"促进企业和谐发展

编者按：面对外需不振、国内综合成本上升、贸易环境不佳等诸多困难，山东海润投资集团临朐海润织造有限公司今年1—8月产量、产值、出口、效益等各项经济指标都好于往年，职工队伍比较稳定。其原因是多方面的，有集团的支持，有企业加强管理的效果,其中有一条作法值得借鉴。公司从成立起,就建立了职工管理委员会,下设文体小组、生活小组和企管小组。这个委员会主要由职工组成,各个小组各司其职、各尽其责,根据企业经营生产的现状和广大职工的需求,采取多种措施,开展丰富多彩、喜闻乐见的活动,调动广大职工的积极性、主动性和创造性。这种作法充分体现了全心全意依靠职工办企业的方针,充分尊重了职工的主体地位和首创精神,充分发挥了职工的智慧和力量,是企业相信职工、依靠职工的具体体现,是职工"自治"管好自己、管好企业的有益探索。

——省外经贸工会

临朐海润织造有限公司职工管理委员会成立于2005年,下设文体小组、生活小组和企管小组。三个小组紧紧围绕企业生产经营,以"以人为本、立足企业、服务职工"为工作目标,积极开展各项有利于构建和谐劳动关系的工作,促进了企业发展。

一、文体小组

1. 组织春游活动。每年五一节前后组织全体职工外出旅游,并免费邀请优秀职工、先进工作者家属参加。

2. 组织趣味运动会。建立以来策划并组织了8次职工趣味运动会,包括拔河、跳绳、折返拍球跑等各种有益职工身心的趣味活动。

3. 组织野餐活动。组织职工以小组或部门为单位,利用业余时间野餐。

4. 组织文艺表演。每逢国庆节或五四青年节,举办演、唱、跳、说等各种形式的职工文艺表演活动。

5. 积极参与县总工会组织的各项活动。观摩并参与县总工会"临朐之夏"文艺演出;投入社会公益活动,组织职工参加捐献血小板和献血活动;参与文明城市创建和交通文明劝导活动;参加祭扫革命烈士墓、城市环保等活动。

二、生活小组

1. 做好食堂管理工作,切实解决职工的吃饭问题。负责食品原材料的采购,支付加工费给聘请厨师,保证饭菜质量。夏季发放高温补贴,督促食堂免费、无限量供应绿豆汤和冰糕。

2. 做好宿舍管理工作。定期进行检查评分,奖优罚劣;定期添置宿舍生活必需品。

3. 做好互助保障和送温暖工作。职工住院医疗互助保障和职工特种重病医疗互助保障项目的参保率和体检人数都达到100%。定期对困难职工走访慰问,坚持开展对因病伤休班职工的探望活动。

4. 积极参加县总工会组织的各项活动。响应县区政府号召,组织职工参与"慈善一日捐"活动,为本地慈善事业做出应有贡献。

5. 动员职工自己动手改善生产生活和工作条件,进一步美化公司环境。上半年,在单位原有绿化的基础上进行优化,铺设了新草坪,科学移栽了高密度区域的花木,改善了职工生活质量。

6. 针对公司"招工难、留人难"的问题,提出相关措施并督促公司实施。如针对上下班安全及路程远的问题,建议公司租赁车辆,开班车接送职工;针对结婚职工不能按期返岗的问题,实行婚假礼金制度,分别在婚假前和返回工作岗位时发放礼金;针对育儿期女工迟迟不上班的问题,实施育婴补贴,对孩子不满3周岁的返岗女工按月补贴;对直系亲属死亡的职工发放慰问金等。

三、企管小组

1. 举办各类技术比武活动,打造学习型班组。公司高度重视职工队伍的整体素质建设,深入开展岗位练兵、劳动竞赛、技能培训,在准备挡车工、准备保全工、力织挡车工、力织保全工等一线生产岗位 150 余人中开展技术比武活动。

2. 积极做好职工的动态检查，按时召开职工座谈会。与广大职工直接交流，听取意见和建议，了解职工思想，为职工解决工作、生活中遇到的实际困难和问题；设置意见箱，收集反馈职工的各种意见及建议，切实保障职工在企业发展中的知情权、参与权、表达权和监督权。

3. 做好企业宣传工作。制作车间黑板报；扩大对外宣传报道，上半年被临朐县总工会采纳 4 篇文章，被海润集团采纳数篇文章。

4. 建立华企网上商学院，引导管理人员、广大职工热爱学习，爱岗敬业，扎实工作。

5. 设立创新基金，鼓励职工小技小革，发挥职工的聪明才智。

临朐海润职工管理委员会积极参与企业各项经济活动，围绕公司的发展和稳定，充分发挥桥梁纽带作用，使广大职工明确公司的发展方向，树立危机意识和竞争意识，为公司发展遇到的问题寻求对策，为公司领导科学决策提供依据，使公司更好地抓住机遇、迎接挑战，推动了公司持续健康发展。

（临朐海润织造有限公司　2012 年 9 月）

文化沉淀　精彩绽放

——山东外贸日照山孚大酒店积极开展企业文化建设工作

日照山孚大酒店自 2001 年重新装修开业至今已有 12 年，硬件的使用时间已超出正常年限 5 年，酒店现在设备老化、设施陈旧。与之相对应的是，随着日照旅游市场的繁荣，酒店业如雨后春笋般迅猛发展，四星级、五星级酒店一个个落成，客人消费水平、消费要求逐渐提高。在这样的困境和压力下，酒店不仅没有被击垮，反而保住了三星级酒店不摘牌，在竞争中占据了一席之地，员工精神状态饱满，热情高涨，用优质的软件服务为酒店赢得了无数顾客的赞誉，赢得了无数酒店想都想不到的荣誉，原因何在？

酒店回答得很坚定：遵循"山孚重信"文化理念，是企业文化的力量。

那么日照山孚大酒店是如何将企业文化建设工作落地的呢？

一、以市场、消费者为导向，在经营中体现企业文化

日照山孚大酒店建筑面积 10820 平方米，但客房只有 100 间，餐饮只有 1 个零点大厅及 3 个多功能厅，包间 11 个，从目前日照市酒店业来看，日照山孚酒店仅属于商务型酒店规模。面对困境，酒店管理者深知搞好经营是生存和发展的前提，只有将自己的产品销售出去，得到消费者的认可，才能获得生存和发展的空间。于是，根据日照当地的消费观念、消费习惯、饮食特点，以及时令的变化，酒店采取了以下经营方式：

1. 坚持与时俱进，根据实际情况明确经营定位

2012 年，酒店根据设施设备的实际情况及市场特点重新进行了市场定位和销售策略的调整。

（1）彻底抛开星级酒店的架子，将客房销售对象定位为以会议、团队、协议单位、老客户、网络客户为主，加强与商务酒店的客源竞争。重点加强与各大预定网站的合作，提高网络预订率。酒店通过优质的服务，不仅赢得了网上订房客户的赞誉，而且也赢得了携程和艺龙两大网络预订公司的青睐，这两家网站还准备在其网页上对日照山孚大酒店进行全面推荐。2012 年酒店的网络销售较 2011 年同期增加了将近 3 倍，网络好评率达 90% 以上。

（2）由于酒店的餐饮设施在高档宴会竞争中没有优势，于是就将餐饮的销售定位为中低档，面向普通的大众消费。在日照酒店业首创海鲜火锅自助餐的餐饮模式，今年自助餐品种达到了200多种，价位仅59元/位。每年10月份酒店还推出朝鲜风味火锅，已赢得了社会各界的好评。火锅自助餐的模式不但很好地弥补了淡季客流量少的营业额损失，而且在日照当地形成了"吃火锅到山孚"的特色。为了吸引以家庭为单位的客人，酒店还推出了家庭套餐，价位定位在中低端，不但增加了销售量，而且增强了酒店的人气。

（3）酒店还加强特殊宴会市场，加大了聚会、生日、寿宴、婚宴的销售力度。针对餐饮场地小的弊端，推行对婚宴场地进行免费布置、定15桌免1桌等方式加大优惠力度，让客人在心理上忽略场地小的问题。酒店还先后推出中式出场秀和西式出场秀，不仅提高了婚宴的预订量，而且在日照婚宴市场形成了自己的特点，产生了一定的品牌效应。

2. 推行细微化服务，为顾客营造温馨的家外之家

在前台，无论客人入住与否，酒店一律提供柠檬水或红枣枸杞茶；当客人入住时，客房部员工会在书桌上用铅笔写上问候语，在床上用玫瑰花瓣摆成心形，在床头放上巧克力威化饼；为感冒的客人免费送上姜汤；为客人清洗衣物；帮客人打鞋油；不计个人得失为客人外出买东西等等。用细微化的服务，给客人"三星级的入住环境，五星级的服务标准"的感觉，得到客人的赞许。

2010年，日照山孚大酒店在日照市酒店行业中首创了GRO岗位（宾客公共关系处理），主要职责是为每一位客人进行细微服务和延伸化的服务，并与前厅、客房形成链锁式服务状态，使客人从入店到离店能享受贴身管家式的服务。

2011年，酒店选派人员参加了金钥匙培训，并取得了金钥匙资格，以点带面树立了"满意加惊喜"的客服理念，进一步提升了客服的技巧性，提高了整体服务水平。今年2月份，酒店又将前厅部与GRO进行重组，成立客服中心，加大了客服人员力量，力争给每一位入住的宾客提供完美的服务享受。

这些措施使入住日照山孚大酒店的每一位宾客都能尽享细微服务，感受家的温暖。

3. 注重形象宣传，改善酒店环境

（1）根据集团公司对外形象VI的统一要求，酒店制作了各类形象标识，完善了客用品、办公用品及环境识别的VI工作，在日照的酒店行业中树立山孚鲜明的形象特点。酒店还注重对一线员工工装的颜色、样式的搭配等进行设计，获得了"山孚大酒店工装在日照酒店行业中最好看"的美誉。

（2）在资金紧张的情况下，酒店注重对硬件设施进行改造和修缮，如：对大楼外墙进行粉刷，前后广场地面进行铺垫，客房更换地毯、布草、壁纸等，用有限的资金取得最大的成效，让顾客感觉入住山孚"物有所值"。

二、以服务质量为导向，在管理中渗透企业文化

酒店在集团公司"一诺如山、众望必孚"企业文化理念的总框架下，结合实际情况，明确了用文化立企、文化助企、文化强企的管理思路，总结出了一套适合自己的管理精要。在管理中重点以"心系山孚，营造顾客温馨的家外之家"的企业文化产品理念为主轴，实行"老酒店新做法"的思路，硬件不足用软件补，用优质的服务留住客人，打造出适合生存与发展的服务品牌。

1. 增加管理透明度，让员工知家底

酒店一直遵循把经营情况透明公开的原则，让员工知家底、知店情，引导员工树立

与企业同甘共苦、共同奋进的信心，调动每一位员工的工作积极性。

2. 采用三级质量管理法

酒店在以企业文化软性管理的基础上，经过摸索和实践，逐步形成了适合自己的《三级质量管理法》。实行部门经理、主管、领班三级传达、落实的步骤，工作落实到人。当质检部门对各部进行抽查或日常巡查发现不合格的问题时，依据此管理办法逐级追究责任人，杜绝"扯皮"现象，从而提高执行力，使酒店各项工作的合格率大幅度提高。

3. 完善奖励机制，提高员工工作积极性

（1）酒店注重对优秀员工进行奖励，通过突出典型、树立榜样，以榜样的力量促进其他员工进步，形成人人争当先进的良好氛围。如每季度评选 A 级员工，每年年底评选优秀员工，行政部门与工会相配合，每年评选职业道德先进个人、工会积极分子、文明员工等。

（2）补充完善质检细则奖励标准，实现"五元权重，遍地开花"，鼓励员工为客人做好每一件小事，让员工看到用心服务的成效与喜悦。

（3）扩展激励渠道，营造争创先进的氛围，为工作优秀的员工提供升职或外出培训的机会等。

4. 完善培训机制，提高员工整体素质

（1）酒店领导班子十分重视员工培训工作，总经理及各部门领导坚持亲自授课，使培训更有力度。为使培训工作落到实处，不走过场，真正达到预期效果，酒店实行计划、执行、检查、反馈四个程序循环量化式管理，每年度根据实际情况，制定短期、中期和长期培训计划。其中，短期计划主要以质检应知应会培训为主、中期计划主要以部门岗位技能培训为主，长期计划主要以酒店综合培训为主，并根据需求安排外出参观与学习。

（2）加强员工专业知识培训，新入职的员工都要经人力资源部培训合格后方可上岗。酒店对员工政策法规的培训也不放松，如：防疫部门的相关政策培训、消防知识培训等，并加强监督落实。

（3）加强技能培训，酒店采用以部门培训为主，实行以老带新及现场跟踪培训的方式，使新员工能较快掌握本岗位技能，并能很快适应并融入整个团队中。同时酒店注重开展技能比武活动，使员工的工作能力得到更好的提高。

（4）注重加强企业文化培训，特别突出对企业价值观、企业生存意识、服务产品等理念的培训，要求员工每日上岗前宣读企业文化墙上的内容，作为日常培训的一部分，加深员工对企业文化理念的认识和理解。

三、以细节管理为导向，在制度中落实企业文化

企业的制度对每个企业来说都不陌生，而日照山孚酒店的关键是结合酒店实况形成一套制度文化，保障制度文化落地，防止制度形成虚无的书面东西。

1. 酒店一直坚持"以制度文化管理酒店，以企业文化理念规范人员"的工作思路，严格按照《作业指导书》及《质检细则》等制度进行工作，并根据酒店的发展需要，对各部的作业指导书进行流程化修改，做到简洁明了，提高学习和工作效率。同时酒店还结合实际工作的需要，及时对现有的综合管理文件进行修改，让其真正适合酒店的经营与发展。

2. 对制度细则进行量化，让制度得以落实。比如，对质检细则奖励标准进行完善和量化，从而使各项奖励有据可依，加大对好人好事、延伸服务的表彰奖励力度，鼓励员工为客人做好每一件小事，让员工看到用心服务的成效。注重对网络订房客人在网上

点评的收集，如有表扬全部落实到个人进行奖励，让员工感觉到只要你用心服务了，酒店一定会给予奖励。

3. 在完善各种基本制度的同时，注重规范细节方面制度。

（1）在各岗位设置管理人员巡检签到卡，要求各分管部门经理每天不少于两次对部门区域进行巡视检查，便于及时发现和解决出现的问题。

（2）每天例会结束时，由人力资源部将各部门经理需要完成的工作，制作成命令颁布书，发到OA网上，使各项工作有据可查。

（3）加强食品卫生安全，采取有效措施对餐饮食材进行管理，并配合集团公司开展QC活动。

（4）人力资源部员工去一线实习跟岗，并定期抽查监控，全面掌握酒店情况。

（5）注重节能降耗、部门挖潜，降低各项费用。为了加强对一次性物品的控制，酒店成立了管理小组，每天检查一次性物品的数量，根据住房量来确定物品发放；把客人用过的香皂回收后给洗衣房使用，火柴回收免费提供给堂吧的客人使用等；质检员每日清晨检查粗加工间的剩余食材是否有浪费现象，厨师长每天下班检查垃圾筒是否有浪费。

四、以提高向心力为导向，在员工队伍建设中企业关爱文化

1. 坚持以人为本，营造和谐氛围，在增强企业凝聚力上下工夫。

（1）酒店在经营管理过程中始终坚持"以人为本"，在员工婚丧嫁娶时，酒店领导都会进行慰问，同时还建立了困难员工档案，对困难员工进行帮扶救助。酒店行政部门与工会联合，先后发出5次"向病困员工及受灾地区捐款"的倡议，共募集2万余元爱心款，转交给需要帮助的员工及受灾地区，让员工切实感受到公司大家庭的温暖，感受到企业与员工息息相关的紧密联系，进一步增强了凝聚力。

（2）做好后勤保障工作，为员工提供良好的食宿条件。酒店将员工餐交给餐饮部管理，统一采购，合理运用食材，保证员工吃好吃饱。住宿上尽最大努力给员工提供舒适的环境，在夏季气温超过30度时在宿舍放置冰块降温。在员工吃好、住好的同时，酒店在房屋紧张的情况下，调整出一间房屋，设立了员工电子阅览室，制作了配套的桌椅，还在集团工会的支持下，购买了8台全新电脑，方便员工闲暇时学习和娱乐，丰富了员工的业余生活。

（3）企业管理人员与员工打成一片，经常开展活动，增进彼此间的感情交流。日照山孚酒店有很多家在青岛的、多外来务工人员中的管理人员，大家平时都回不了家，工作之余难免寂寞无聊。但在酒店有这么一个传统，那就是抓阄吃饭，谁抓到多少就掏多少钱，大家一起聚餐，大家非常快乐。这种模式就传播到各个部门，很多基层的员工也参与进来，这种方式不但活跃了管理层和员工间的气氛，让员工感觉领导在工作之外不那么古板和严肃，也不那么难接近，从而增进了感情，提高了凝聚力。这就体现了一种领导的文化，领导带动了自己团队的成员，活跃了团队的气氛，增强了团队成员的融洽，形成了以酒店领导为导向的团结和谐的良好文化氛围。

2. 积极开展以"创建文明宿舍，争当文明员工"为主题的"双文明"建设活动。

酒店严格按照集团工会"双文明"建设活动的要求，制定了"双文明"活动评比标准，努力改善员工住宿条件、提升员工精神面貌。"文明员工"每半年评选一次，成绩优秀及表现突出者，酒店工会将给予通报表扬和物质奖励。"文明宿舍"每月评选一次，

由各宿舍舍长组成评选小组进行评选,对评选出的文明宿舍授予流动红旗,并进行奖励,对评选不合格的宿舍,限期整改,对整改后还不合格的进行处罚并张榜公布。酒店工会为了更好地开展"双文明"活动,在资金困难的情况下,专门购置了洗发水、香皂、整理袋、洗衣粉等卫生清洁用品,用于对员工的奖励。酒店支持"双文明"建设工作,认为做好"双文明"建设工作就是对酒店发展的有力支持,是酒店管理的一项重要工作。他们把对文明员工的培训纳入整体的培训计划,把职能部门对宿舍管理的责任与部门绩效管理挂钩,各部门经理要把对员工的关爱管理延伸到宿舍,要求经常性的巡视访谈,从各方面增强了"双文明"建设的领导力度。企业关爱每个员工,管理中渗透着亲情感,冬季员工宿舍的温度、员工食堂的饭菜质量,都是酒店领导亲自过问和关心的重大问题,从这里演化出一种凝聚团队的关爱文化。

3. 开展丰富多彩的员工活动

(1) 酒店领导充分发挥工会组织的作用,先后组织了两届技能比武大赛,通过技能比武活动,不仅检验了员工的岗位技能培训成果,而且活跃了员工的生活,形成了"人人争当先进"的良好氛围,为企业职工文化建设的开展起到了良好的促进作用。

(2) 开展形式多样的文化活动。在集团公司的支持和帮助下,酒店组织开展了形式多样、健康有益的活动,如迎新春晚会、知识竞赛、岗位技能练兵、踏青等活动,大大丰富了员工的业余文化生活。

在调研中,我们随机发放了60份调查问卷,其中有34%的员工认为制约酒店发展的主要因素是硬件设施较为落后,39%的员工认为硬件设施急需提高和改善,35%的员工认为薪酬福利需要提高,有31%的员工认为酒店最大的优势是具有良好的企业文化建设基础。而对于是否了解企业愿景、使命、宗旨、价值观、经营管理理念、CI等,94%的员工表示了解或非常了解,有58%的员工认为酒店的未来前景一定会更好。这些统计数字表明,虽然员工知道自己酒店的条件落后,也渴望提高薪酬待遇,但大部分员工都了解和认可酒店的企业文化,愿意在这种文化下长期发展,与酒店共进退,并且坚信在良好的企业文化基础上,领导一定会带领大家获得更好的发展。

诚然,我们不得不承认,日照山孚大酒店现在仍然处于亏损的状态,但酒店最大化地利用现有资源,在经营、管理、制度、员工队伍建设等方面处处渗透着以"山孚重信"为核心理念的企业文化,并凭借着出色的文化管理和长期的文化沉淀,形成了自己的特色,使老酒店绽放出新的精彩,不但保持了三星级不摘牌,而且为酒店资产的保值增值,也为集团决定酒店最终的发展方向提供了空间。

(山东山孚集团有限公司企业文化建设工作小组 2012年12月)

2013年—2014年

2013年
努力探索工会服务大局的新途径

王新强

山东省外经贸工会在做好日常工作的前提下,积极探索企业改制后没有行政主管部门的外贸企业发挥工会组作用的新途径。

一、开展活动,调动职工干事创业的积极性

近年来,山东省外贸企业在领导体制、企业所有制、企业经营方式等方面发生了很大变化,也遇到了国内生产要素价格上涨、汇率利率税率变化等诸多困难。为动员外贸职工干事创业的积极性,山东省外经贸工会适时开展活动,激发全省外贸职工责任感和使命感。如争创创新(效益)能手活动;双爱双评活动;我为企业发展献一计活动;群策群力,积极应对全球金融危机对外贸企业影响的活动;我为外贸经营方式转变献计活动;同心同德绘蓝图,调整转变促发展活动;学习党的十八大精神,争做振兴外经贸主人活动等活动。为使活动开展的扎实有效,避免流于形式,在活动前听取基层工会的意见和建议,拟定活动方案,活动期间有检查有督促,年终有总结有表彰,并以《简报》形式交流活动开展情况。这些活动的开展,为山东外贸在转变发展方式上做出了积极的贡献。

二、发挥优势,为企业发展排忧解难

企业改制过程中,各种矛盾凸显。山东省外经贸工会利用产业工会组织网络的优势,协助企业妥善解决人员纠纷、劳资矛盾、历史债务、经营管理等方面的难点问题。如某公司由于部门经理离职,将公司经营多年的业务带走,公司损失巨大。企业行政先后协调相关部门,问题始终没有得到解决。我们了解到这一情况之后,组织人员到企业召开座谈会,与有关人员个别交流,理清事情的前因后果。我们认为,这件事情不能单纯从业务角度去分析和处理,而应该从维护企业的正当经营和职工合法权益方面去把握。根据这一思路,形成调研报告,并专程向中国财贸轻纺烟草工会主要领导进行了汇报,在中华全国总工会及中国财贸轻纺烟草工会多方协调下,最终取得良好效果,维护了企业和职工的正当权益。

三、搭建平台,促进企业相互交流、共同提高

找准工会工作切入点,发挥产业工会组织联系面广、信息量大的优势,围绕中心有针对性地开展工作。2013年初以来,组织力量到60余家企业进行实地了解情况,听取企业负责人对企业经营情况的介绍,工会干部对企业发展与工会工作及职工队伍稳定方面的意见、企业职工对企业经营管理和收入分配方面的呼声,到车间、伙房、职工活动室、职工宿舍现场了解管理的情况,在全面了解掌握情况的基础上,与企业负责人和工会主席一起总结企业的经营管理、职工队伍稳定、工会工作等方面好的做法和存在的问题。在走访了解企业情况的基础上,分别于5、6、7、11月份召开了生产加工型、服务管理型、仓储运输型、单纯贸易型四个专题座谈会,共计100余家企业的行政或工会负

责人参加会议,交流各单位在经营管理、职工稳定、安全生产、工会工作等方面的特色工作。会后在第一时间出刊一期专题简报,增强了座谈会的效果,为不同类型的外贸企业提供了一个相互交流、相互学习、相互借鉴、共谋发展的平台,受到各单位的好评。

这些年来的实践让我们体会到,工会工作要有地位、有作为,让企业和职工认可,就必须植根企业,为促进企业健康发展发挥工会组织的积极作用。目前,省外经贸工会正在根据省总工会开展的"查身边隐患、保职工安全、促企业发展"的活动,结合外贸企业改制后没有主管单位的特点,在全系统开展"全员参与,查找隐患,警钟长鸣"的群众性安全生产活动,并逐渐将这项活动作为常规性工作,丰富工会参与企业经营管理的新内容,为外贸企业健康发展保驾护航。

(作者:山东省外经贸工会主任)

以理念创新引领工会工作开展

周村区商务局工会

近年来,周村区商务局工会突出特色,创新思路,完善措施,注入活力,不断取得工作新进展。

一、注重理念引导,按照职能找准工会工作切入点

工会组织能否发挥作用,关键是要搭建舞台,创造良好的环境和条件,从而增强工会组织的活力。一是树立"共赢"理念。周村区商务局于2010年3月成立,履行外经贸、商贸流通、招商引资和外事侨务工作职能,密切联系和服务30家餐饮企业、17家商贸流通企业、40家外商投资企业和180家外经贸企业。为了做好商务工作和工会工作,实现共赢,2012年3月,局工会按照职能相继成立了周村区餐饮行业工会联合会、商贸流通行业工会联合会、外经贸企业工会委员会和区商务局机关工会委员会,形成了"四位一体"的新组织架构。在企业中广泛开展"项目建设年""安康杯"竞赛、"四进四送"关爱进城务工人员、"促专调、谋发展"劳模创新工作室、区工友志愿者服务团等活动,紧贴企业生产经营和职工需要,促进了企业健康发展,赢得了企业对工会工作的认可和支持。二是树立"全覆盖"理念。坚持商务工作开展到哪里,工会工作就覆盖到哪里。目前外经贸企业工会覆盖三金机械、西铁城等40家单位,会员4700人;餐饮行业工会联合会覆盖嘉周、知味斋等30家单位,会员1681人;商贸流通行业工会联合会覆盖银座、利群等17家单位,会员2664人;局机关工会会员40人。三是树立"倾力服务"理念。按照"定位需求——真情服务——促进和谐"的流程,开展了"劳动关系和谐企业"创建活动,外经贸、餐饮、商贸流通行业工会联合会在成立时就建立了工资集体协商制度,并签订了餐饮行业工资集体协议,企业和职工双方形成了和谐稳定的劳动关系。今年三金公司等10家企业获得"劳动关系和谐企业"称号。定期组织文体、走访慰问、捐款捐物等活动,靠服务职工来凝聚和吸引职工,既提高了工会的影响力,也增强了企业的社会责任感。

二、注重架构优化,探索商务工会工作新模式

新形势下的工会工作不能搞"一刀切",要体现差异性和针对性,以科学的方法推进,才能更为顺畅、更见成效。一是工作责任上体现分类管理。在局工会的统一领导下,坚持"谁管更有效就让谁管",将商务工会工作分为四类进行管理。外经贸企业工会委员会依托外资、外经贸科负责;餐饮行业工会联合会依托市场建设运行科负责;商贸流通行业工会联合会依托商贸秩序管理科负责;局机关工会委员会直接管理。二是

服务职能上体现层级管理。对成立时间较长、开展工作较好的企业工会，注重在全区推广，相互借鉴，相互提高；对新成立的企业工会注重引领和服务。三是发挥作用上体现标杆管理。通过表彰先进，树立榜样，发挥示范带动作用。西铁城公司获得日本西铁城精机公司中国销售总部的奖励；在全市鲁菜创新大赛上，周村区共摘得3个特金奖、4个金奖、8个银奖；指导银座、利群等开展了消费满意促进月活动；2名企业家被评选为市级劳动模范，4名企业家被评选为区级劳动模范，8个班组被评选为"工人先锋号"和"工人先锋岗"，3名职工分别被授予金牌工人、岗位标兵、服务明星。

三、注重功能创新，夯实商务工会工作基础

创新是工会工作保持生机和活力的不竭源泉和内在动力。商务工会坚持以特色促发展，以建立行业工会为突破口，条块结合、行业联合、优势互补，以行业为类别积极拓展新领域，朝着阶梯式、行业化发展。工会开展活动要适应企业实际，以开放的心态和开阔的视野，搭建灵活多样的活动载体。积极开展"十万职工大家赛"活动、"幸福周村职工行动"劳动竞赛、"合理化建议竞赛"和"机关干部素质提升技能大赛"，引导职工增强对企业的归属感和认同感，形成企业与职工互利共赢、共同发展的良好局面。突出解决难题，切实维护职工合法权益。完善工资集体协商制度，健全困难职工救助帮扶机制。推动企业形成独具特色的企业文化职工文化，开展职工读书、歌咏、摄影书画展、健身等丰富多彩的文体活动，活跃职工精神文化生活。依托周村商务预报，开辟职工服务专栏，及时发布外经贸、餐饮、商贸流通工会新动态。积极组队伍、建台账、建机制、搭平台，提升服务职工的能力和水平。

（2013年8月）

佳酿飘香四千年
继承发展谱新篇

—— 即墨老酒铸就黄酒北宗新辉煌纪实

战国时期齐国将领田单，在齐国古城——即墨，率领壮士饮老酒壮军威，摆火牛阵大破燕军；

诗仙李太白游崂山饮老酒留下了"所期就金液，飞步登云车"的千古名句；

中国第三次赴南极科学考察队将即墨老酒作为御寒的营养补品饮用，给予"琼浆化南天冰雪，佳酿祛极地风寒"的评价……

四千多年来，即墨老酒壮了无数英雄胆，酬了多少豪情志，它是华夏酒文化的佐证，是中华民族的瑰丽瑰宝。

"即墨老酒饮誉天下、老树新枝再放光华"，作为有着4000年悠久历史的物质文化遗产，即墨老酒近年来取得了举世瞩目的飞速发展。2009年以来各项经营指标连续四年保持40%以上增长的即墨老酒发展速度，实现了产量、销售收入、利润、税收两年翻番。2012年上缴税金2415万元，占即墨市黄酒企业纳税总额的96%，即墨老酒一跃成为中国北方知名度最高、效益最好的中国驰名商标品牌，为北派黄酒发展树立了新航标。

"古遗六法"酿造的"液体蛋糕"

提到即墨，人们对于这座小城的印象也许并不太清晰，但是提起即墨老酒却是无人不晓。即墨老酒，因即墨而得名，起源于商代，原始社会已是一坛好酒。

春秋时，齐国君齐景公朝拜崂山仙境，谓之"仙酒"；秦始皇东赴崂山索取长生不老药，谓之"寿酒"。历代君王开怀畅饮此酒，谓之"珍浆"。即墨当地官员也因之将醪酒作为了进贡皇室的不二之选。

盛唐时期，人们发现喝醪酒有舒筋骨、壮骨髓之功效，便名其曰"骷髅醪酒"。宋代以后，酿酒压榨技术已完备成熟，即墨的老酒酿造已成为了当地的一大行业，俗称"老干榨"。人们为了把酒史长、酿造好、价值高的"醪酒"同其他地区黄酒区别开来，以便于开展贸易往来，故又把"醪酒"改名为"即墨老酒"。

到了清代道光年间，即墨老酒产销达到极盛，不仅畅销全国各大商埠，而且出口远销日本及南洋诸国。清朝光绪年间，即墨城内有"隆盛栈"等有名老酒馆十几家。到了民国8年（1931年），"源兴泰""泉盛祥""元聚栈""振源馆"等有名的老酒作坊就增加到五百余家，沿墨水河两岸的"老酒馆"生意特别兴隆，并一直延续至新中国成立前夕。

好山好水酿好酒，即墨老酒之所以成为黄酒中的极品，得益于得天独厚的地理条件。即墨地处崂山矿泉水系，水质优良，甘甜爽口；土地肥沃，盛产黍子和小麦。天赐的酿酒先决条件，为先祖们开创了酿造老酒的先河。

据《史记·律诗》中说："酉，八月也"。《说文》中解释"酉，酒也，八月黍成可为酎酒"。仲秋八月，黍米成熟之时，正是用黍米酿酒的最好时机。纵观古今中外，用黍米为原料酿酒者，唯有即墨老酒。

大公精酿，唐朝骷髅，宋代干榨，即墨老酒，千古名酿。几千年来，即墨老酒传承和提炼了一套独特的酿造工艺"古遗六法"："黍米必齐、曲蘖必时、水泉必香、陶器必良、湛炽必洁、火齐必得"。

用独特的"古遗六法"酿造的即墨老酒含有十六种人体所需要的微量元素及酶类维生素，十七种氨基酸，被营养学家誉为"液体蛋糕"，并深受各级领导和专家等社会各界的赞誉。

原中共中央政治局委员、中顾委常委杨得志将军任济南军区司令员时，曾于1973年11月6日到山东即墨黄酒厂视察，1985年2月，他任中央军委副秘书长、总参谋长时，获悉即墨老酒在轻工部组织的质量大赛上获金杯奖，欣然题词："即墨老酒传天下，改革创新夺金杯"。

原全国政协副主席、中央军委秘书长杨成武将军题词："继承传统工艺，发展科技水平"。

1985年6月，原山东省委书记、著名书法家舒同亲笔题写了"山东即墨黄酒厂"厂名和"即墨老酒"品牌名。

中国营养协会会长顾景范为即墨老酒题词："营养健身，黄酒之最"。

中国黄酒营销模式的开创者

即墨老酒以其悠久历史、独特工艺和优秀品质，自成一派，成为北派黄酒的典型代表，被誉为"黄酒北宗"，但即使这样，即墨老酒与包括南方黄酒在内的中国黄酒，并不能像白酒、啤酒那样占据市场主流。而打破这一僵局，敢于在中国传统黄酒行业产品、技术、品牌、文化、营销等领域"第一个吃螃蟹的人"是杜祖远。

杜祖远，42岁，新华锦（青岛）即墨老酒有限公司总经理，中国当代最年轻国家高级酿酒师、品酒师。他是黄酒行业建立直销模式的第一人，同时也是北方"黄酒银行"的积极推动者，他所开创的即墨老酒营销模式在中国黄酒发展史上具有里程碑意义。其先后荣获当代中国酒界杰出人物、改革开放三十年食品行业优秀企业家、山东十大创新鲁商、影响山东年度风云人物、山东省"富民兴鲁劳动奖章"、山东省轻工行业首席技师、2009、2010连续两届青岛年度经济人物、青岛市技术拔尖人才、青岛市有突出贡献技师等荣誉。

2008年底，从车间普通洗瓶工干起的杜祖远走马上任担任新华锦（青岛）即墨老酒有限公司总经理，"时不我待，奋起直追"是他当时的座右铭,三年内实现各项经营指标翻番是他的奋斗目标,创新营销模式是他引领中国黄酒从深巷走向全国乃至世界的突破口。

在黄酒行业首次引进快消品直销模式,是杜祖远的首创。由杜祖远亲自操刀,引进了具有丰富实战经验的营销专家及销售精英组建了首支直销团队,这支直销团队充分扮演了"宣传员、侦察兵、狙击手"的作用,营销执行力实现了大步提升,不仅宣传了企业、品牌和产品,同时根据直销业务员搜集的市场终端信息,为企业进行市场操作提供了一线的真实资料。

同时,这支直销团队地毯式摸排终端店,掌握大量直供网络终端,不仅在成熟市场的终端网络布局实现了无缝隙覆盖,同时也增加了产品品项,改变了以一两个低端产品占据货架的产品终端形象,摆脱了唯经销商是瞻的局面。手里拥有了足够分量的市场话语权和市场操作权,即墨老酒销售额实现了大幅提升。

在销售渠道上,进行了扁平化操作,健全完善了流通、医药、餐饮、团购、专销、专卖店等渠道,各个渠道相互补充,并根据国内整体酒水消费环境适时进行渠道战略转移。在市场战略定位上,建立了省内深耕终端、省外以专卖店的开发建设为前沿阵地的全国网络布局。

"黄酒银行"的诞生及付诸实施,是杜祖远推动行业发展的一个里程碑。随着即墨老酒品牌价值的攀升,即墨老酒升值潜力被广泛看好。2009年,即墨老酒与古越龙山遥相呼应共同开启了原酒交易渠道,原酒交易便捷的"活期存折"存取功能,在当地迅速掀起了即墨老酒收藏热。2011年,经过从收藏、保管、交易、保险、监控、个性化定制服务等多方面论证,"黄酒银行"正式出炉,不仅解决了投资者的仓储问题,还对代为保管的部分原酒,根据"部分回收,价格优先,先到先购"的原则进行协商回购,以此解决投资者资金回笼问题。这一模式还将发展为原酒期货品种进入期货市场进行交易,并可以通过银企联合推出金融衍生理财品种,投资者可以利用黄酒银行的存酒作为抵押担保向银行贷款,实现二次投资。"南绍兴,北即墨",即墨老酒与古越龙山这两大中国黄酒流派品牌,共同引领中国黄酒向高端化、多元化发展。

即墨老酒营销模式已成为中国黄酒营销创新的典型案例,受到业内的广泛关注。2011年,中国酒业协会黄酒分会理事长傅建伟曾在中国黄酒七大巨头峰会上说"看到即墨老酒的发展速度,躺在已有成绩上睡大觉的南方黄酒企业应当站起来跑了!"之后,中国绍兴黄酒集团公司、江苏张家港酿酒有限公司、无锡玉祁酒业公司、安徽古南丰酒业公司等众多黄酒企业先后率团到即墨老酒考察交流。国内行业权威媒体《中国酒》《华夏酒报》《中国黄酒》等都纷纷撰文对即墨老酒营销模式创新进行了专题介绍,引起了不小轰动。

中国黄酒行业标准的制定者

北方黄酒一直以来都缺乏系统的行业标准规范和相应的基础研究,即墨老酒作为中国酒业协会常务理事单位、黄酒分会副理事长单位、中国食品科学技术学会黄酒学会副会长单位、即墨市黄酒行业协会会长单位,责无旁贷地肩负起历史的使命。

参与制定行业标准,是一个企业所处的行业地位和综合实力的象征。近年来,即墨老酒相继参与了《黄酒》《酒类行业流通服务规范》国家标准、《黄酒企业良好生产规范》《黄酒中无机元素的测定方法》等行业标准的制定;作为《红薯酒》联盟标准协会会长单位,牵头制定了联盟标准;作为北方黄酒行业唯一应邀企业参与了《黄酒高级酿酒师全国酿酒行业职业技能鉴定统一培训教材》的编写，为黄酒行业各类标准的制定、规范行业发展和北方黄酒的基础研究工作起到了积极推动作用。

近年来，即墨老酒把技术创新作为核心竞争力之一，投资1000多万元，建立了中国北方规模最大的黄酒"省级企业技术中心"、首批省级企业实习实训基地和中国海洋大学"卓越计划"工程实践教育基地，拥有技术拔尖人才、首席技师、国家级酿酒师、品酒师、高级工程师等复合型专家团队20多人，年投入科研经费占销售收入5%，为保证即墨老酒品质和可持续发展提供了强有力的技术支撑。

目前，即墨老酒拥有自主知识产权及国家专利31项，利用生物工程技术酿造即墨老酒、海参功能型老酒、干型老酒、预防痛风清爽型即墨老酒等一大批自主及产学研合作技术创新项目顺利孵化。针对糖尿病患者研发的低糖老酒通过专家组鉴定，其技术水平国内领先；与中国海洋大学联合研究的海参即墨老酒酿造工艺获得国家发明专利，开创了功能型即墨老酒的先河；在没有成功案例可借鉴的前提下，与青岛大学联合进行的糖化机技术改造，打破了北方黄酒行业糖化工序千百年来一直手工操作的历史，填补了国内空白，为北派黄酒生产设备的机械化和现代化改造起到了示范和引领作用。

质量就是生命的践行者

"质量是生命，安全是效益，将食品安全当做生命一样重要"，这是即墨老酒企业核心价值观"正直做人，用心做事"的另一诠释。即墨老酒把这种食品安全意识始终贯穿于原料采购、生产加工、市场销售的各个环节。

在源头上，即墨老酒投资1000多万元，在内蒙古、东北等地建立了万亩有机黍米种植基地，获得北方黄酒行业首批"绿色食品"认证。

在生产加工上，投资600多万元，对生产设备储酒罐和输酒管道进行全面不锈钢改造，杜绝一切与塑料设备及管道接触。

关键岗位持证上岗，未取得合格证者一律重新培训直至取得认证后上岗。

实行责任溯源追究机制、自查自纠等措施，把质量安全问题消除在萌芽状态。

为保证产品质量、产品的分级管理和年份酒的可持续供应，中央酒库扩容达到2万平方米，原酒储酒量年均增长10万坛。

为保证包装产品质量安全，杜祖远亲自带队到深圳和景德镇考察，设计并生产了"花开富贵"系列产品，一经面世便受到了消费者的热捧。

近年来，即墨老酒陆续通过了ISO9000、ISO14000、ISO22000等食品质量安全管理体系认证，严格按照甚至高于国家标准进行生产，在国家质检总局组织的历次抽检中，均100%合格，并受到多次通报表彰。近期备受市民关注的青岛市首届最严厉的规模以上食品生产经营企业董事长培训班考试成绩面向社会公布，即墨老酒从99家企业中脱颖而出，成为青岛黄酒行业中首批唯一通过且成绩排名前三名的企业。

无论面对政府官员，还是众多的媒体记者和黄酒行业会议，杜祖远总是不断呼吁和提倡：加大监督检查力度，确保黄酒产品质量，一旦有厂家出现不合格的产品流入市场，波及的将是整个黄酒行业。尤其是杜祖远曾多次在会议上提交了《关于加强食品生产和流通环节监督抽检检测工作的建议》等提案，并在国家权威媒体上撰写了上万字的《论道德约束下自觉保证食品安全》论文，引起了食品行业的关注和思考。

基于即墨老酒始终如一的优秀品质，早在1963年就荣获全国评酒会国优银质奖章，之后又陆续荣获轻工部酒类质量大赛金杯奖、首届中国黄酒节特等奖、中国食品博览会金奖、全国轻工业博览会金牌、全国酒类产品质量安全诚信推荐品牌、全国酿酒行业信用等级评价 AAA 级企业、推动中国酒业发展的优秀企业、中国食品安全放心品牌、消费者最信赖健康食品品牌、省级环境友好企业、推动城市发展成就贡献奖等。

老酒文化的传承与创新者

为保护和发扬即墨老酒品牌文化，杜祖远亲自靠上狠抓即墨老酒文化的挖掘及保护，大力实施了品牌发展战略。2006 年即墨老酒被国家商务部授予首批"中华老字号"，2009 年被国家工商总局授予"中国驰名商标"，使即墨老酒成为中国北方黄酒行业唯一同时拥有这两项国家级荣誉的企业。同时加大了品牌推广力度，他带领团队对广告投放一系列研究论证，广告宣传实现了"系列化、立体式、针对性"投放，进一步提升了品牌号召力和影响力。

在省内利用大型 LED、高炮、主流电视台、报纸、动车等传统媒体和新型媒体进行了品牌推广，品牌宣传实现了"高密度、系列化、立体式、针对性"投放，进一步提升了品牌号召力和影响力。

在省外，即墨老酒以专卖店的开发和建设作为品牌推广的前沿阵地，使专卖店的布局覆盖了北至东北、南到海南，即墨老酒作为靓丽的城市名片将即墨的城市文化传播至全国。

在杜祖远的规划下，打造了中国北方唯一一座黄酒专业博物馆——即墨老酒博物馆，在 2009 年被评定为"省级工业旅游示范点"的基础上，2012 年被授予了"国家 AAA 级旅游景区"，开创了即墨市工业企业中开展工业旅游项目的先河。同时与青岛 30 多家旅行社达成了合作关系，将即墨老酒工业旅游市场化运作，接待游客近 4 万余人次。

近年来即墨老酒将工业旅游作为一项礼遇，邀请经销商、零售终端纷纷到博物馆参观品尝，将即墨老酒体验融入了更多的历史、文化、人文等内涵，增强了他们的归属感和认同感，促进了客情的建立和进一步的深化合作，更加坚定了他们与即墨老酒共同发展的信心。

随着即墨老酒品牌力的不断提升，顺势推出了包括封坛酒等系列旅游商品，游客将即墨老酒作为地方特产馈赠亲朋成为理想的选择。在山东省旅游局组织开展的"好客山东休闲汇山东旅游 100"推荐评选活动中，即墨老酒被评为了"到山东最想购买的 100 种旅游特色商品"，位列全省第九、青岛第一。

和谐企业的创建者

在企业规模、效益、质量同步增长的同时，即墨老酒不忘企业职工和社会对即墨老酒发展所付出的辛勤劳动和给予的大力支持，以感恩之心积极履行社会责任。

逐步提高员工的工资水平和福利待遇，员工的工资收入每年增幅达 10%；解决企业历史遗留问题上，仅 2012 年就为 120 多位内退职工普涨了 10% 工资，并承担了历年来投保基数递增后由个人承担的部分，补发了 200 多位与企业解除劳动关系人员由企业承担的住房公积金，维护了员工的合法权益，企业连续多年被省外经贸工会评为"工会工作先进单位""先进女职工委员会"。

即墨老酒把组织学习培训当成是一种福利待遇，让员工在学习实践中不断提高工作技能，每年定期组织生产技术、职业规划、营销技能、安全生产等专业培训，内部关键岗位员工培训率都达 100%；分梯次组织 50 余名骨干员工到江浙黄酒企业参观学习。一系列丰富多样的学习形式，极大地调动了员工的学习积极性，综合素质也得到了极大提升，企业内部形成了赶学比超的良好学习氛围，被青岛市总工会评为了"书香企业"。

努力丰富员工的业余文化生活，工会、团委经常组织一些有益员工身心健康的有奖征文、演讲比赛、乒乓球比赛、文艺晚会等文体活动，使员工在工作之余得到了精神上的满足。

注意关心和解决员工遇到的实际困难，对患病住院的员工，公司领导、工会代表亲自看望慰问；对驻外业务人员，公司尽可能的协调并帮助他们解决家庭中的一些实际困难；对家庭或遇到特殊困难的员工，公司及时发动员工进行救助，2010年，公司组织员工仅为患病员工一人就捐助了1.4万元，近年来公司员工没有因经济困难而影响工作或使子女失学的现象发生。

即墨老酒把积极参与社会公益慈善事业、反哺社会当成自己一项义不容辞的社会责任。在汶川地震、玉树地震、春蕾行动资助贫困女童上学、捐资助学等活动中踊跃捐款500多万元；积极与即墨市慈善总会对接，先后建立起了伍佰万元、壹仟万元慈善基金；热心参与和赞助老年书法家协会等活动，赞助金额达100多万元；积极参与驻村工作队帮扶活动，出资10余万元帮助村庄五化建设等社会公益事业，为困难群体脱贫和建设和谐即墨发挥作用。2013年被授予"全省劳动关系和谐企业"称号，省外经贸工会主任王新强向企业颁奖时指出，即墨老酒厂要组织动员广大职工、紧紧依靠广大职工在新产品的研发上、新市场的开拓上、新员工的培训上、新的劳资关系协调上下工夫、做文章，以优异的成绩为新华锦集团发展出力，为山东外贸系统增光，为中国黄酒行业添彩。

限于地域、气候、水源、古法工艺传承等独特的苛刻酿造条件，即墨老酒已被列为省级非物质文化遗产项目，具有不可复制性，也因此赋予了即墨人神圣的历史使命，那就是要像爱惜自己的身体一样，去传承、爱护、发扬即墨老酒，让这一宝贵历史文化遗产世代薪火相传！而随着第一个三年发展规划已经画上了圆满的句号，2013年作为第二个三年发展规划的起点已扬帆远航，即墨老酒美好未来蓝图已徐徐展开……

附录：

荣誉室

1963年获全国黄酒评酒会银质奖章；

1984年获轻工部酒类质量大赛金杯奖、银杯奖；

1987年获首届中国黄酒节特等奖；

1999年首家被中国绿色食品发展中心确认为中国黄酒的"绿色食品"；

2005年首批通过"QS"认证；

2006年获布鲁塞尔国际评酒协会唯一特别金奖；

2006年被授予"山东名牌"；

2006年通过ISO14001环境管理体系认证；

2006年被国家商务部首批认定为"中华老字号"，全国仅有443家，即墨老酒是第一批；

2007年通过ISO22000食品质量安全管理体系认证；

2009年即墨老酒博物馆被评定为省级工业旅游示范点；

2010年"即墨"牌商标被国家工商总局认定为中国驰名商标。

2011年即墨老酒获得山东省100个旅游特色商品第九名，青岛市第一名；

2012年即墨老酒博物馆被评定为国家AAA级景区、山东省最佳文化旅游景区，即墨老酒被评定为山东省旅游接待用酒十大品牌；

截至2012年，企业连续四年被即墨市委、市政府授予经济强企荣誉称号。

2013年被授予"全省劳动关系和谐企业"和"山东省富民兴鲁劳动奖状"光荣称号。

2009年以来大事记

2009年6月，当选为即墨市黄酒行业协会会长单位，杜祖远当选为首任会长。

2009年10月，即墨老酒博物馆开馆并被认定为省级工业旅游示范点。

2009年11月，举办建厂六十周年庆典

系列活动。

2010年1月,"即墨牌"商标被国家工商总局认定为"中国驰名商标"。

2010年4月,收购即墨市第二黄酒厂。

2010年10月,技术中心被认定为"省级技术中心"。

2011年3月,启动企业搬迁扩产及即墨老酒现代工业园建设项目。

2011年,企业销售收入、利税指标比2009年翻了一番。

2012年12月,即墨老酒博物馆被授予"国家AAA级旅游景区"。

2013年5月,成为《酒类流通行业服务规范》国家标准起草单位。

2013年6月,即墨老酒传统酿造技艺被列入省级非物质文化遗产项目名录。

(青岛即墨老酒有限公司 2013年)

加强"三个文化"建设
全面提升机关文化品质

威海市商务局工会

威海市商务局工会为进一步丰富和活跃机关文化生活,提升机关党员干部整体素质,打造机关文化品牌,促进全市外经贸事业平稳健康发展,加大工作力度,注重加强"三个文化"建设,全面提升机关文化品质。

一是加强精神文化建设,提升机关党员干部的思想素质。在商务局机关开展"双月书谈"活动,提供更加丰富充实的阅览书目,在全体党员干部每两个月自主选学一本书的基础上,党小组每两个月组织一次座谈活动,交换学习书目,交流学习体会。党支部每半年开展一次演讲比赛和优秀读书体会评选,并将优秀文章在局机关内网学习平台上进行公开交流学习。

二是加强行为文化建设,提升机关党员干部的身心素质。在去年开展"机关文化体育年"活动的基础上,今年结合深化机关作风建设年,进一步深化"机关文化体育年"活动。加大文体活动开展力度,丰富完善了各项文体比赛活动的形式、内容,使全体干部职工以更加饱满的热情,开心工作、舒心生活,在快乐中完成各项商务工作任务。以"健康生活,快乐工作"为主题,在工作日统一播放10分钟广播,组织干部职工参加工间操,增强干部职工的体质,激发热爱生活、愉快工作的活力。

三是加强管理文化建设,提升机关党员干部的业务素质。通过进一步细化机关干部职工职能职责、工作要求等工作规范及各项规章制度,对32个岗位职责、67项重点工作流程进行系统解剖,细化再造,优化"路线图"和"时间表",并编发了《外经贸岗位职责说明书工作流程》作为企业办事指南,加强了内部管理。通过各类知识培训、常态化岗位技能培训与竞赛等多种形式,切实加强党员干部业务能力建设,不断提升服务本领。积极组织机关党员干部参加市委组织部组织的干部精品班、提升班、专题培训班的培训,全面提升党员干部的业务素质和服务水平。

(2013年12月)

2014年 绮丽佳荣
一朵耀眼的奇葩

——青岛绮丽佳荣公司坚持信誉务实赢得健康发展纪实

王新强 金福晔

当前,在人民币升值、劳动力成本增加、招工难等不利因素的影响下,很多企业出现订单下滑、利润下降的趋势。2013年,青岛绮丽佳荣公司出口达7600万美元、产品

500万件，比2012年增长26%，这是一份骄傲的答卷。

从2006年的出口2000万美元，到2013年的7600万美元，青岛绮丽佳荣公司以年均20%以上的速度稳步增长，实现了经营健康发展、职工队伍稳定的局面，是青岛生产制造企业中一朵耀眼的奇葩。

一、信誉务实，赢得了客户的信任和尊重

青岛绮丽佳荣公司始终把讲信誉、重务实作为兴业发展的根本，不遗余力地维护企业的信誉。去年腊月二十七，佳荣公司和济宁佳荣都已陆续放假，就在这时，接到了日本优衣库的一个紧急电话，要求在济宁佳荣加工的一个订单必须赶在年前发货，怎么办？员工已走了大半，留下的也早已归心似箭，如何组织人员生产？如果答应客户请求，能否保证按期保质完成任务？面对一连串的难题，佳荣却把克服困难，看作是赢得客户信任、锻炼队伍的机遇，于是立即召集管理人员进行动员调度，从青岛佳荣抽调50人前去支援，为了确保按质按量及时交货，管理人员全部靠在一线与职工一起加班，经过一天两夜的连续工作，终于在腊月二十九将货发出。事后，优衣库连用了三个"感谢"，表达了对佳荣的信任和尊重。

最近，佳荣公司的一个普通水洗实验结果惊动了日本优衣库，优衣库业务负责人、面料厂商、跟单员、技术员等火速从日本、上海飞赴佳荣。原因是，佳荣公司站在"消费者"的角度，对即将出口的大货做了一个家用洗衣机水洗的试验，结果发现裤子出现了一道白痕，影响了外观品质，如果30万条裤子投放市场，优衣库将会遭到消费者的投诉和退货，可能因此会给优衣库带来一次全球性的质量信誉危机。这对始终秉持"信誉务实，做客户坚强后盾"的佳荣公司来说，是头等大事，因此，在第一时间将实验结果向客户进行了通报并提出了暂停出货的建议，所以，才出现了开头的一幕。

优衣库对产品质量的苛刻在业内是有名的。"当年面对优衣库对质量的苛刻，也不知道脱了几层皮，真是'草鸡'了，但是，咬咬牙也就过来了。"张总平淡地说。或许这些就是佳荣坚持讲信誉，重务实，赢得客户信任和尊重的"秘密"。

二、以人为本，凝聚了人心和力量

经常到佳荣的人都有种感受，每次来看到的都是些"熟面孔"，尤其是各岗位主要负责人。据统计，佳荣公司现有职工约为850人，与2012年的总人数持平，其中：10年以上的职工约为200人，5年以上的职工约为350人，这些老职工大多分布在各部门、各车间的主要岗位。在当前纺织服装业

招工难、留人难、人员流动性大的情况下，他们在传承企业文化，传授生产技能，稳定企业发展和产品质量中发挥了重要作用。

如何增强员工对企业的归属感，让员工早日成才，是佳荣多年来不断探索、实践的重要课题。为此，佳荣坚持对骨干培训，他们利用每周一次的中层调度会和每月一次的班长以上管理人员调度会，由张世杰总经理结合公司生产经营的实际，带领大家学习古今中外先进思想智慧和管理经验，或解读分析，启发大家破解难题的思路，或分享学习心得和经验体会，引导大家树立正确的人生观、价值观，统一管理队伍思想意识，开阔做好工作的思路，提高管理层次和能力。

佳荣把"识人者兴、用人者旺、育人者远"的哲理智慧，作为育人、用人、兴业的根本。为此他们特别重视对骨干的选拔培养和作用发挥。如青岛佳荣、济宁佳荣生产副总，所有生产科长、车间主任等管理干部，都是从基层岗位选拔培养起来的、认同企业文化、乐于奉献、诚信务实、善于担当的优秀员工。如今，她们已经成为企业的综合性管理人才，成为企业发展的中流砥柱，在绽放自己人生绚丽色彩的同时，成为佳荣员工学习效仿的楷模。

企业增效，员工增收，则体现了佳荣公司在物质上对员工的关爱。近年来，尽管人民币大幅升值等各种因素压缩了利润空间，但佳荣公司员工的收入每年却保持了10%的增长，让员工切身感受到"繁荣大家，幸福你我"所带来的实惠。如今，厂区院内停满了员工的小车，很多外地的员工在当地买上了房子，过上了幸福的生活，这些都是让佳荣员工引以为自豪的。

经营企业就是经营人心，"抓眼球、揪耳朵，都不如暖人心"。多年来，佳荣公司将关爱员工落在实处、微处。开辟与职工交流的渠道，及时了解和解决员工的合理诉求；对遇到困难的员工，第一时间给予救济和帮扶；夏送清凉，冬送温暖，为员工创造一个温馨舒适的工作环境……正是这些看似很小，却润物无声、"接地气"的关怀，凝聚了人心和力量。

三、规范管理，奠定了企业发展基础

市场再大，需要用过硬的实力去经营；客户再好，需要用规范的管理去维系。近年来，佳荣以满足客户需要为目标，以市场为导向，不断在实践中完善质量管理，先后提炼了70余个涉及管理、质量控制、作业规范类的文件，形成了一套符合公司特点，适应客户要求的管理体系，明确的责任与义务，清晰的流程与规范，让原本琐碎的工作井井有条，实现了规范管理，为企业健康稳定发展奠定了坚实基础。

省外经贸工会主任王新强多次到佳荣调研，他对佳荣公司注重标准化管理给予了充分的肯定。他指出佳荣公司能持续健康发展，是多年来公司始终坚持标准化管理，用标准化管理来规范员工行为的结果。他们在坚持设备专、人员专、模式专的基础上，力求对原材料精挑细选，对生产精工细作，对出厂产品精益求精。

四、贸工一体战略，给企业注入了发展活力

没有产业支撑的外贸，因没有根基而缺乏生命力；没有贸易引领的产业，因缺乏"国际基因"将无法做大做强。多年来，佳荣公司一直践行赵明耀总裁提出的"贸工一体

战略",整合客户资源与生产资源,使贸易和生产有机地结合成一体,实现了优势互补,减少了环节,降低了成本,消除了业务部门和工厂的矛盾,增强了贸易、生产的一致性和计划性,大大提高了效率,增强了成本核算和物料消耗的可控性,实现了1+1>2的效果。"贸工一体"让工厂自身特点和优势得到了充分发挥,让佳荣走出了一条"精而专"的发展之路,更让佳荣奠定了不断完善和凸显自身优势,开发高端客户和产品的基础,增强了健康发展的内在动力。

目前,佳荣公司与优衣库建立了长期合作伙伴关系,成为优衣库牛仔系列男裤的重要生产基地和全球样板工厂,佳荣公司在国际市场中的话语权得到了提升。同时,与从三年前开始的美国高端女装品牌的合作也渐入佳境。

五、品牌战略,增强了核心竞争力

对赵明耀总裁提出的"品牌战略"要求,佳荣公司在认识上有高度,在制度上重规范,在行动中务实、坚持。他们认为,在当前竞争激烈的国际市场环境下,一个出口型企业要想得到生存空间甚至更广阔的发展机会,必须形成具有自身特色的品牌优势,才能在国际市场中占有一席之地。多年来,佳荣公司坚持"质量信誉第一"的经营方针,用最过硬的产品质量去稳固市场,连续多年没有发生质量事故和客户投诉,得到了客户的信任和尊重;严格规范的生产工艺技术管理;重信誉、讲务实,做客户最坚强、最忠实的后盾,已成为佳荣公司的品牌,核心竞争力得到不断增强。

青岛绮丽佳荣公司的发展给我们的启示是,只要不遗余力地坚持践行信誉、公平、机制、务实的经营理念和"八大战略"就一定会赢得健康发展。

(2014年3月)

山东省外贸生产企业现场交流会会议纪要

山东省外经贸工会

为进一步建立健全由省外经贸工会搭建,外贸生产企业参加,企业间交流、学习、借鉴、提高的平台,4月22日—23日,省外经贸工会在临朐海润织造有限公司召开全省外贸生产企业现场交流会。有关单位和生产企业工会主席(行政负责人)40余人参加会议,省外经贸工会主任王新强出席会议并讲话,副主任马骥主持会议。这次会议突出典型示范的作用,会前省外经贸工会组织力量深入生产企业,与企业负责人、工会主席及职工代表就企业品牌培育、研发团队建设、新产品开发、新市场开拓、现场管理、薪酬制度、职工队伍建设、企业(职工)文化建设及工会工作等方面进行交流,形成具有本企业特色的典型经验材料14份。

从介绍交流的情况看,外贸生产企业经过多年的努力,呈现出良好的发展势头:一是注重品牌培育,提高产品含金量。二是注重产品(市场)结构调整,提高市场占有率。三是注重企业标准化建设,提高企业竞争力。四是注重企业(职工)文化建设,提高企业凝聚力。但也有些因素制约着外贸生产企业的发展:一是企业竞争力不强;二是资源经营(资源配置)不到位;三是各种费用太高;四是工会组织作用发挥不到位。

会议就工会组织如何在生产企业经营管理中发挥作用进行探讨:一是引导教育职工为企业发展定好位、定准位。工会组织要发挥优势,引导职工树立"企业是员工的企业,企业发展员工受益"的"命运共同体"观念,引导工会干部树立"工会组织不是企业的直接生产经营者,但是企业生产经营的参与者"的大局观念,充分调动经营者和广大职工两方面积极性,通过各种活动引导职工为企业的长远发展提出意见和建议,为决策层提供依据,为企业和产品定好位。二是组织发动职工为企业发展献计出力。开展适合本企业的劳动竞赛,创新活动载体、丰富活动内容、探索活动方式、增强活动效果,通过形式多样的竞赛活动,调动广大职工干事创业的积极性。三是搞好各种培训,提高职工的技能水平。当今社会的竞争说到底就是人才的竞争,哪个企业拥有高素质、高技能的人才,这个企业就有话语权,企业的竞争力就强。工会组织具有培训教育的职能,应根据企业生产经营的实际情况,结合职工需求,有针对性地搞好各种形式的培训,因材施教,特别要加强一线职工的教育培训,培养职工的一技之长。四是搭建各类平台,为稳定职工队伍创造条件。在政治上尊重职工,把职工当成企业的主人,让职工参与企业规划和发展,做到体面劳动。在经济上要制定合理的薪酬办法,保证职工多劳多得。在生活上要改善职工的吃、住现状条件,应尽其所能为职工着想,关心职工精神生活,帮助职工解决实际困难,让职工住得舒心、吃得放心、玩得开心、干得尽心。

(2014年4月)

山东省外贸仓储运输企业现场会会议纪要

山东省外经贸工会

为促进仓储运输企业持续健康发展,7月18日,由省外经贸工会组织、外贸仓储运输企业参加的现场会在省外贸抽纱1688文化创意产业园召开。有关企业总经理(副总经理)或工会主席40余人参加会议,省外经贸工会主任王新强出席会议并讲话,副主任田敬毅主持会议,副调研员邱伟参加会议。会上有18个单位详细介绍了企业的经营管理、信息化建设、安全生产、企业(职工)文化建设、工会工作等方面的情况。与会代表参观了中艺1688文化创意产业园。

从交流介绍的情况看,外贸仓储运输企业经过多年的阵痛转型,企业呈现以下几个特点:一是着眼长远,克服困难,经营好现有资源。外贸仓储企业占有大量土地,随着工业化、城镇化进程的加快,土地正成为稀有资源,谁拥有土地,谁就拥有资源。外贸仓储企业克服了种种困难,绝大部分单位没有将土地卖掉,这为企业今后发展提供了坚强的物质保证。二是立足本职,发挥优势,拓宽经营链条。外贸仓储运输企业有仓库、运输设备、运输网络等优势,积极探索"储""运"结合、"储""贸"结合、"储""厂"结合等发展形势,加大保税库、期货交割库建设,输出先进的管理方式,延长服务链条,增强企业竞争力。三是拓宽视野，用好政策，实现转型突破。这些年来各级政府对外贸仓储运输企业出台一些支持鼓励政策，许多企业能很好地学习政策、研究政策，充分用好政策。如省抽纱第二加工整理厂，就是充分用好、用足国家政策，争取集团公司的支持，打造中艺1688文化创意产业园，实现企业整体转型升级。四是以人为本，优化服务，提高企业竞争力。外贸仓储运输企业做好服务工作是企业立足的基础。各单位围绕企业经营在优化服务上下工夫，坚持以人为本，提高职工的整体素质，坚持客户利益最大化，增加投入，改善企业的软、硬环境，提高企业的竞争力。

但也有些因素制约外贸仓储运输企业的发展：一是企业间发展不平衡，发展动力不足。二是企业定位不清晰，缺乏创新意识。三是企业资源配置不到位，竞争力不强。四是企业管理粗放，职工结构不合理。五是行业协会不健全，企业间存在无序竞争。

会议认为，工会组织和其他组织相比有得天独厚的优势。工会组织是职工群众组织，虽不是企业经营管理的主体，但具有联系面广的优势，具有动员和教育职工的义务和责任。工会组织有自己的活动经费和活动方式，在促进企业发展中大有作为。一要组织职工认真学习总书记的系列重要讲话精神，为企业发展解决动力问题。企业是由人组成的集体，没有人也就没有企业的存在。企业要发展，首先要解决发展动力问题，充分调动职工的积极性和创造性，是企业发展的根本，也是工会组织的义务所在。当前，要组织职工认真学习总书记的系列重要讲话精神。今年以来，总书记对工人阶级和工会工作提出了新的更高的要求，强调要做好广大职工凝心聚力工作，始终高举维护职工合法权益旗帜，积极做好协调劳动关系工作，把全心全意依靠工人阶级方针落实好，发挥职工群众主人翁作用。这些新思想和新要求，对企业来说，就是在政治上尊重职工的主人翁地位，经济上保障职工的合法权益，让职工有用武之地。工会组织要采取集中学习、分组讨论、组织培训、个人自学等形式，让企业行政、广大职工明确总书记对工人阶级的要求。通过学习，用总书记的讲话精神统一广大职工的思想，凝聚广大职工的力量，激发广大职工的干劲，为企业的发展解决动力不足的问题。二要组织职工献计献策，为企业的发展谋求新思路。思路决定出路，思路又来源于基层、来源于职工。一个企业的发展思路不能单靠几个管理层，必须建立健全合理的决策机制。依靠职工、发动职工为企业发展献计献策是工会组织的职责所在。要发挥工会群众组织的优势，根据国家政策规定，结合企业实际情况，制定切实可行的方案，定期组织职工围绕企业发展的中心工作提出合理化建议和意见，引导职工积极参与，激发职工提建议的潜力。同时各级行政也要注意保护职工的积极性，正确处理、正确对待职工的建议和意见。三要组织职工构建和谐企业，为企业发展营造良好的环境。当前，我国经济正处于经济增长速度换挡期，结构调整的阵痛期，前期刺激政策的消化期，产业结构调整和重组对劳动关系和谐稳定产生一定的影响。工会组织要充分认识劳动关系和谐发展的重要性，只有"和谐"，企业才能人心齐、干劲大，企业才能得到发展；只有企业发展了，职工才能受益。反之，二者都要受到损失。开展劳动关系和谐企业创建活动是工会工作的一个创举，受到党和国家的认可。各单位要按照规定和要求，结合本企业的实际情况，务必将这项工作抓好、抓出成效，为企业的发展营造良好的环境。四要关心职工、爱护职工，为企业发展提供智力支持。高素质的职工队伍是企业持续发展、稳定发展的根本所在。工会组织要推动企业在政治上尊重职工,把职工当成企业的主人,让职工了解、参与企业的规划和发展,让职工在企业体面工作、快乐工作;在经济上让职工拿到合理的报酬,在公平、公正的环境中工作和生活。要做好职工的教育培训工作,培养职工自觉自愿学习、终身学习的习惯,建立健全激励机制,鼓励职工自学成才。要不断改善职工的工作生活条件,开展丰富多彩的文体活动,丰富职工的业余生活,努力营造温馨和谐的"职工之家"。

(2014年7月)

山东省外贸服务管理型企业现场会会议纪要

山东省外经贸工会

8月14日,由省外经贸工会组织,外贸服务管理型企业参加的现场会在黄岛富润阁大酒店(山东省服务外包实训基地)召开。有关企业总经理(副总经理)或工会主席近50人参加会议,省外经贸工会主任王新强出席会议并讲话,调研员马骥参加会议,副主任田敬毅主持会议。会上有8个单位详细介绍了企业在创新发展等方面的情况。

外贸服务管理型企业起步于改革开放之初,经过多年探索努力,已形成餐饮、住宿、旅游、批发零售、养老、金融、教育、投资、物业、技术服务等门类,呈现以下特点:一是规模大。如丽晶大酒店、山东外贸职业学院、山东元田人力资源管理咨询公司、绮丽技术服务中心等单位在同类企业中属规模较大的企业。二是起点高。长乐颐养服务公司,与日本合作新型养老机构,以优美的环境、优良的设施、优质的服务,高起点、高水平、高品质受到各界的好评。山东泰山壹伍叁贰物联供应链有限公司的策划团队、配送力量、配送商品都坚持"高点定位"。三是创意新。新华锦国际商务集团有限公司改变原有贸易方式,搭建起为中小微外贸企业服务的平台,提供融资、物流、退税、清关、信息咨询、客户介绍、产品展示、海外追账等涵盖国际贸易各个环节的增值服务。山东元田人力资源管理咨询有限公司,坚持创新发展,实现产品多样化、地域多样化、平台多样化、服务多样化,营业收入大幅提升。四是经营专。山孚实业公司、京华钻石门店、现代服饰公司等企业都是专心经营好一类商品。五是借势好。山东粮油公司借助中粮集团的平台和优势,延伸和扩大自身业务。日照山孚大酒店借助网络销售平台和虚拟空港平台,扩大经营额。

外贸服务管理型企业,由于认识不高,投入不足,创新不够,资源整合不到位等因素,企业发展受到制约。

会议认为,工会组织在促进外贸服务管理型企业发展中应做好以下几项工作。一是引导职工正确认识发展服务业的重要作用,增强广大职工做好工作的积极性和主动性。服务业具有经营范围广、路子宽、门槛低的特点,随着人们生活水平不断提高,消费观念逐渐转变,对服务业的需求也越来越高。我国服务业水平低,发展相对滞后,社会需求远远没有得到满足,服务业发展空间很大。同时,国务院专门出台了一系列支持服务业发展的政策规定,服务业的发展环境与发展机遇很好。工会组织要引导职工充分认识服务业在我国经济持续健康发展与优化产业升级中的作用,增强职工的职业认同感、成就感和自豪感。二是组织职工积极探索发展服务业的新途径,扩大企业服务项目和提高盈利水平。在巩固传统服务业和服务项目的基础上,横向拓宽经营面,纵向延长经营点,赋予企业发展新内容。关注依托信息技术和现代管理理念发展起来的新兴服务业,探索新型服务方式,培育新的增长点。处理好巩固与创新的关系,鼓励引导职工探索新领域,为企业增添发展动力与活力。三是教育职工努力提高服务质量和水平,增强企业的竞争力和影响力。服务业竞争体现在服务细节上,只有做到"人无我有、人有我优",不断增强服务意识,转变服务观念,强化服务质量,才能赢得客户信任。动员职工把自身职业当成事业来做,自觉自愿地从客户的角度去理解、去把握,去践行,努力做到诚信服务、温馨服务、微笑服务、全程服务,形成全心全意为客户服务的浓厚氛围。四是开展形式多样的活动,搭建职工工作、生活、学习、发展的平台。企业与职工是利益共同体,企业健康发展离不开职工努力工作,同时职工个人成长成才也离不开企业发展平台。各单位要关心职工,努力做到"事业留人、待遇留人、感情留人、环境留人",让职工感受到家的温暖。根据年轻人的需求与特点,采取不同管理办法;关注职工成长,加强对职工的教育培训,提高职工的业务水平;开展丰富多彩的文体活动,活跃职工情绪;为职工提供必要的支持和帮助,改善工作生活条件,解决实际困难。通过多种形式为职工提供良好的发展平台,营造温馨的工作生活氛围,努力构建和谐劳动关系,实现企业与职工的双赢。

今年外贸服务管理型企业现场会较去年有较大变化:一是重视程度高。发言的8个单位中有5个是总经理介绍情况,并精心制作PPT。二是发言内容有特色、质量高。如长乐颐养中心在定位上突出一个"新"字;山东元田人力资源管理咨询公司在核算上突出一个"精"字;日照山孚大酒店在服务上突出一个"全"字;山东新华锦国际商务集团有限公司在开拓市场上突出一个"平"字;山东山孚实业有限公司在产品质量上突出一个"诚"字;山东粮油进出口有限公司在经营上突出一个"借"字;富润阁大酒店在对待员工上突出一个"爱"字;青岛中服进口免税商品有限公司在进货渠道上突出一个"严"字。三是会议时间短。有的与会人员没有介绍完情况。四是大家普遍认为座谈会每年召开一次,间隔时间太长,应半年召开一次。

(2014年8月)

山东省外贸单纯贸易型企业座谈会会议纪要

山东省外经贸工会

11月20日,省外贸单纯贸易型企业座谈会在山孚大酒店召开,有关企业总经理、工会主席近40人参加会议。省外经贸工会主任王新强出席会议并讲话,副主任田敬毅主持会议,会上有9个单位从不同角度介绍了企业在经营管理方面的作法、经验和教训,存在的问题、困难及采取的对策。

当前，外贸经营环境严峻，经营成本上升，经营难度增大，但经过全系统广大干部职工的共同努力，做到了企业正常经营，职工队伍稳定。通过会前调研和会上各单位介绍情况看，单纯贸易型企业有两个显著特点：一是经营方式和市场布局呈现多元化。外贸企业为生存和发展，不断拓宽经营渠道，形成出口与进口、内贸与外贸、商品贸易与服务贸易、自营进出口与代理进出口、传统市场与新兴市场并举的经营格局。如绮丽集团注重专业化经营，产品专一、人员专业、业务专营；新华锦集团实行贸工一体、金融、养老、房地产等行业多元化发展战略；山东外贸集团瑞丰公司抓住机遇，形成具有特色的专业代理出口业务；烟草公司、通利公司、文体公司开拓美洲新市场。二是企业规模由大变小、经营商品由粗变精、经营模式由综变专。如山东英吉多健康产业有限公司从贴牌加工企业发展到具有高端研发、高端产品、高端市场、高端人才的高新技术出口企业；山东中粮粉丝杂豆进出口有限公司注重品牌培养，专营龙口粉丝，在国外市场有很高声誉。

单纯贸易型企业也存在企业规模不大、实力不强；品牌不多、竞争力不强；知名度不高、凝聚力不强等问题。

会议认为，工会组织要从四个方面积极参与单纯贸易型企业经营管理：一要教育职工认清国内外经济形势，增强做好工作的动力。当前国内外经济形势错综复杂，世界经济复苏态势不稳，发达国家对我国制造业投资大幅下降，国际市场竞争加剧，国内生产成本不断上升。各单位工会组织既要教育引导职工正确对待对外贸易发展的诸多不利因素，更要正确研判国际需求有所回升、外贸综合竞争力逐步增强、外贸发展环境不断优化等有利条件和时机，尤其是国务院、海关总署、质检总局等相继出台的一系列促进外贸发展的优惠政策，增强广大干部职工做好工作的信心和动力。二要动员职工探索企业转方式、调结构的新途径，提高企业竞争力。办法总比困难多，智慧来源于职工、来源于基层。各单位工会组织要发挥自身优势，动员职工为企业调整市场结构、产品结构、客户结构献计出力，促进企业实施多元化经营，打造特色品牌，提升管理能力和水平，培育竞争新优势。三要引导职工树立终身学习的意识，增强应对市场变化的能力。学习是人生成长之梯，企业发展之基。工会组织要充分发挥"大学校"的作用，营造良好的学习氛围，引导职工加强对马克思主义哲学、国际国内经济形势、国家政策法律和业务知识的学习，树立正确的人生观与价值观，提升整体素质，适应变幻莫测的经济形势。四要组织职工开展喜闻乐见的活动，增强企业凝聚力。企业发展离不开各类人才，企业要营造留住人才的氛围。各单位工会组织要开展合理化建议等活动，畅通民主渠道，动员职工积极参与企业经营管理，充分发挥职工聪明才智为企业发展献计出力；加强职工教育培训工作，为职工成长搭建平台；广泛开展文体活动，增强企业活力与向心力；帮助职工解决实际困难，让职工切实感受到企业的温暖。

（2014年11月）

2015年—2016年

2015年
超前谋划 主动作为 推进市、县商务（外经贸）局工会组织建设

山东省外经贸工会

近年来，省外经贸工会大力推动建立健全直属企业工会组织，做到横向到边；与此同时，积极探索市、县商务（外经贸）局工会组织建设，主动延伸工会组织链条，做到纵向到底，取得了良好成效。

一、找准短板，统一思想，提高对推进市、县商务（外经贸）局工会组织建设的认识

省外经贸工会作为直管企业工会的产业工会，多年来，在工会组织建设上存在着横向到边、纵向不到底的问题，没有形成省、市、县商务（外经贸）局工会组织体系和工作渠道，制约了产业工会作用的发挥。面对组织建设上的"短板"，省外经贸工会一班人，克服畏难情绪，主动调查研究，把握发展规律，不断提高加强产业工会组织建设重要性、必要性的认识。我们认为，加强新形势下的产业工会组织建设，就必须主动延伸工会组织链条，尽快建立健全市、县商务（外经贸）局工会，充分发挥他们直接联系外经贸企业、服务外经贸职工的优势，更好地推动各项工作的贯彻落实，这既是法律法规的明确要求，也是产业工会组织建设的迫切需要，更是广大外经贸职工的殷切希望。

二、适应形势，深入调研，积极推进市商务（外经贸）局工会组织建设

省外经贸工会是依托省外经贸委建立起来的产业工会。随着各级外经贸委（局）管理职能及名称的变化，给省外经贸工会开展工作带来了诸多问题。如何适应政府机构改革带来的新变化，继续发挥好省外经贸产业工会的作用，力求在改革中找准切入点，在发展中不断壮大自己，是我们面临的新课题。对此，我们认真分析了省外经贸工会的历史和现状、优势和不足，提出了"适应变化、主动作为、破解难题"的工作思路。

首先，成立工作班子，制订工作方案，全面了解掌握17个市商务局组建后与工会工作相关的情况。通过了解分析，我们认为，省、市商务部门虽然名称发生了变化，但人员仍是大家比较熟悉的原外经贸的班底，工会工作基础较好，这是我们推动产业工会建设的有利条件。其次，主动向省商务厅和17个市商务（外经贸）局领导汇报交流产业工会建设的想法和意见，积极争取行政主管部门的认同和支持。先后多次召开市商务（外经贸）局工会主席座谈会，征求和听取他们对组建工会和接受省外经贸工会领导的途径和意见。在深入调研、听取意见、达成共识的基础上，经充分酝酿、反复修改，于2010年5月制定下发了《山东省外经贸工会关于加强各市商务（外经贸）局工会组织建设的意见》。《意见》要求机构改革后，各市商务（外经贸）局工会在同级党委（党组）的领导下，同时接受所在市总工会和省外经贸工会的领导。我们根据《意见》要求，分门别类，加强指导，全力推动，到目前为止，全省17个市商务（外经贸）局有11个市建

立了局工会,有专(兼)职工会干部,其中5个市的工会主席为商务局党委委员、享受副职级待遇,其他各市由办公室或组织人事科负责人负责工会工作。由于组织健全,人员到位,工会各项工作开展得有声有色,受到了领导和职工的好评。

三、超前谋划,搞好试点,主动推进县(市、区)商务(外经贸)局工会组织建设

在建立健全市商务(外经贸)局工会组织的基础上,我们积极探索加强县(市、区)商务(外经贸)局工会组织建设新途径,继续向下延伸工会组织链条。我们选择工会工作氛围好、基础好的淄博市商务局工会进行试点,多次到淄博市商务局共同研究推进县(市、区)商务(外经贸)局工会组织建设的办法,征求淄博市总工会对县(市、区)商务(外经贸)局工会组织建设的意见。在各方共同努力下,淄博市总工会与淄博市商务局联合行文,提出了推动淄博市县(市、区)商务(外经贸)局组建工会的意见。我们抓住有利时机,指导总结推广淄博市周村区商务局将政府联系企业与工会服务企业相结合、构建"四位一体"商务局工会组织新架构并发挥作用的经验,组织全省各市商务(外经贸)局和部分县(市、区)商务(外经贸)局工会主席到周村区商务局学习,并于2015年1月制定下发了《山东省外经贸工会关于加强全省县(市、区)商务(外经贸)局工会组织建设的意见》,确定2015年为县(市、区)商务(外经贸)局组建工会工作推进年,提出年底组建率达到50%的目标。

为完成这个目标,我们采取"四步走"的作法。一是对标学习。4月18日,在淄博市周村区召开全省县(市、区)商务(外经贸)局组建工会工作现场推进会,省总工会、省商务厅、淄博市总工会、淄博市商务局派员参加会议,并给予指导,进一步增强紧迫感和责任感,达到学有目标、赶有方向的目的。二是互学互促。我们将17个市商务(外经贸)局按区域划分为四个片组,每个片组在7月初召开现场会,达到"近邻"取经、"抱团"联动的目的。三是定期通报。各市商务(外经贸)局工会及时将所属各县(市、区)商务(外经贸)局组建工会工作情况上报,省外经贸工会在全系统通报,并把典型经验向有关媒体推荐,达到压力拉动、典型带动的目的。四是总结表彰。7月28日在泰安市召开了全省县(市、区)商务(外经贸)局组建工会工作调度会。从各市商务局汇报交流情况看,到目前为止,绝大部分市商务(外经贸)局所属县(市、区)商务(外经贸)局工会组建率在60%以上,有的县(市、区)商务(外经贸)局工会组建后,各项工作开展得扎实有效。拟于12月召开总结表彰会,达到推广经验、破解难题的目的,努力健全省外经贸工会横向到边、纵向到底的产业工会组织体系。在抓组建的同时,注重建会质量,处理好数量与质量的关系,避免流于形式。

我们将借这次会议的东风,认真学习刘赞杰主席的重要讲话,学习借鉴先进单位的经验和作法,进一步推进全省市、县商务(外经贸)局工会组织建设。借此机会,非常感谢各市总工会多年来对市外经贸局、市商务局工会工作的关心和支持。

(2015年)

总结经验,提高认识,扎实做好全省县(市、区)商务(外经贸)局工会工作

王新强

为更好地贯彻落实习近平总书记关于加强基层工会建设"三个着力"的重要批示精神,按照全总《关于在全国基层工会广

泛开展"争创模范职工之家、争做职工信赖娘家人"活动的通知》和山东省总工会《关于在基层工会组织和工会干部中广泛开展"双亮、双争、双述、双评"活动的意见》要求,结合山东省外经贸实际,山东省外经贸工会在加强工会组织建设,完善省外经贸工会组织体系,夯实工会基础,激发工会活力方面进行有益探索。

一、超前谋划,积极作为,全省县(市、区)商务(外经贸)局工会组织建设取得可喜成果

搞好试点,总结经验。近年来,省外经贸工会在建立健全17个市商务(外经贸)局工会组织的基础上,积极探索加强县(市、区)商务(外经贸)局工会组织建设新途径,延伸省外经贸产业工会组织链条。一是选择工会工作氛围好、基础好的淄博市商务局工会进行试点,多次到淄博市商务局共同研究推进县(市、区)商务(外经贸)局工会组织建设的办法,征求淄博市总工会对县(市、区)商务(外经贸)局工会组织建设的意见。在各方共同努力下,淄博市总工会与淄博市商务局联合行文,提出了推动淄博市县(市、区)商务(外经贸)局工会组织建设的意见。二是抓住有利时机,指导总结推广淄博市周村区商务局将政府联系企业与工会服务企业相结合、构建"四位一体"商务局工会组织新架构并发挥作用的经验,周村区商务局组建工会的做法得到中国财贸轻纺烟草工会和省总工会主要领导的充分肯定,《山东工人报》连续两天头版头条予以报道。

制定《意见》,规范运作。在调查研究,听取意见,反复酝酿的基础上,省外经贸工会于2015年1月下发《关于加强全省县(市、区)商务(外经贸)局工会组织建设的意见》,确定2015年为县(市、区)商务(外经贸)局组建工会工作推进年,提出年底组建率达到50%的目标。《意见》明确了加强全省县(市、区)商务(外经贸)局工会组织建设的主要任务,要求各市商务(外经贸)局工会对所属县(市、区)商务(外经贸)局工会组织建设负责,加强工作指导,积极向同级党委(党组)汇报,与地方总工会和机构编制部门沟通,争取政策支持。各县(市、区)商务(外经贸)局从实际出发,适应县(市、区)行政机构改革和当地产业发展需要,本着精简、效能的原则,建立起符合地方产业工会性质、特点的领导体制和管理体制,形成省、市、县商务(外经贸)三级产业工会组织架构。

积极推进,加强督导。去年3月份,在青岛召开全省县(市、区)商务(外经贸)局组建工会工作动员会,统一思想、明确目标,研究确定采取对标学习,互学互促,定期通报,调度推进,加强督查,总结表彰"六步走"的工作措施和办法。4月份,在淄博市周村区召开现场会,7月初分四个片组召开推进会,7月底在泰安召开调度会,10月9日—17日,分两个小组对17个市商务(外经贸)局工会,17个县(市、区)商务(外经贸)局工会及12家外经贸企业工会进行督查和调研,并及时形成督查通报,12月底在青岛召开总结表彰会。到目前为止,全省17个市商务(外经贸)局全部建立工会组织。145个县(市、区)商务(外经贸)局建立工会组织113个,组建率达到78%,较好地完成全年任务。省总工会党组书记、常务副主席刘赞杰和时任中国财贸轻纺烟草工会主席秦鲁隼对这项工作给予充分肯定并做出批示,《中国工运》、《工会工作通讯》、《中国财贸轻纺烟草工会通讯》、《山东工人报》、《职工天地》、《山东省总工会业务工作通报》等媒体给予报道。

二、学习文件,把握精神,提高做好全省县(市、区)商务(外经贸)局工会工作的认识

中央、省委党的群团工作会议为县(市、

区)商务(外经贸)局工会工作指明了前进方向、提供了根本遵循。中央党的群团工作会议和习近平总书记发表的重要讲话,充分体现了中央对党的群团工作的高度重视,为群团工作创新发展带来难得的历史机遇。中共中央《关于加强和改进党的群团工作的意见》指出,新形势下,党的群团工作只能加强,不能削弱;只能改进提高,不能停滞不前。必须加强和改进党的群团工作,全心全意依靠工人阶级和广大人民群众,最大限度把人民群众团结在党的周围,打造抵御国内外敌对势力干扰破坏和"颜色革命"的铜墙铁壁,夯实党执政治国的群众基础。群团组织要大胆履责,积极作为,依法依章开展活动,维护群众权益,最广泛吸引和团结群众。这些规定和要求为工会工作指明了方向。全省各级外经贸工会干部,特别是县(市、区)商务(外经贸)局工会,要认真学习,深刻领会,在完成组建任务的基础上,提高做好工会工作的认识,切实保持和增强工会工作和工会组织的政治性、先进性、群众性,把自觉接受党的领导、团结服务职工群众、依法依章开展工作有机统一起来,引导职工群众听党话、跟党走,努力为职工办实事、做好事,使工会干部成为职工信得过、靠得住、离不开的知心人、贴心人、娘家人。

全总"双争"活动、省总"四双"活动对做好县(市、区)商务(外经贸)局工会工作提出具体要求。县(市、区)商务(外经贸)局工会是全省外经贸系统的基层工会,直接联系和服务广大外经贸职工,是工会工作的基础和关键,是扩大工会工作有效覆盖面的重要支撑。为进一步加强基层工会建设,激发基层工会活力,发挥基层工会作用,全总制定下发了《关于在全国基层工会广泛开展"争创模范职工之家、争做职工信赖娘家人"活动的通知》(简称"双争"),对"双争"活动的总体要求、活动内容、方法措施、组织领导都做了具体部署。省总工会按照全总的要求,结合山东工会的实际,提出《关于在基层工会组织和工会干部中广泛开展"双亮、双争、双述、双评"活动的意见》(简称"四双"活动)。在全省产业工会工作座谈会和省总十四届六次全委会上,省总工会党组书记、常务副主席刘赞杰对做好新形势下产业工会工作提出明确要求。全省各级外经贸工会组织和工会干部,要把学习全总省总有关文件规定与学习中央省委党的群团工作会议精神有机结合起来,学习好、领会好、把握好全总"双争"、省总"四双"及刘赞杰主席对产业工会工作提出的具体要求,以解决工会组织行政化、机关化、娱乐化、贵族化为重点,切实增强工会组织的政治性、先进性、群众性。

形势的发展和职工的需求需要做好县(市、区)商务(外经贸)局工会工作。当前,受外需疲软、内需不振、外贸企业转型升级以及劳动力短缺、成本增加等多种因素影响,今年全国、全省外经贸形势比较严峻,下行压力很大,同时广大外经贸职工年龄结构、知识结构、需求结构、劳资结构等诸多方面都发生了很大变化。如何适应形势发展和广大职工的需求,更好地发挥工会组织桥梁纽带作用,为促进全省外经贸转方式、调结构,维护职工队伍稳定,彰显全省外经贸产业工会的作为,成为重要课题。加强县(市、区)商务(外经贸)局工会组织建设,发挥好县(市、区)商务(外经贸)局工会作用,在当前形势下尤为重要。县(市、区)商务(外经贸)局工会直接联系商务(外经贸)企业,服务商务(外经贸)职工,是全省外经贸产业工会链条的重要组成部分,是落实产业工会各项工作的组织者、推动者,全省各级外经贸工会组织和工会干部,要认清形势,明确任务,敢于担当,履职尽责,组织动员广大职工围绕外经贸转方式、调结构工作大局献计出力,在维护广大职工合法权益、构建和谐劳动关系上发挥应有作用。

三、制定措施,加强督导,规范全省县(市、区)商务(外经贸)局工会工作

制定《关于加强全省县(市、区)商务(外经贸)局工会组织规范化管理的意见》。2015年是全省县(市、区)商务(外经贸)局工会组织建设推进年,在全省商务(外经贸)系统各方的大力支持和积极推进下,全省县(市、区)商务(外经贸)局工会组织建设取得很好的成果。建会是做好工作的载体,发挥好作用才是目的。2016年省外经贸工会在提高县(市、区)商务(外经贸)局工会组织规范化管理上下工夫、做文章,在建起来的基础上,让他转起来,发挥应有的作用。根据中央省委党的群团工作会议精神,全总省总对基层工会工作具体部署,结合全省外经贸系统的实际,在广泛调研、听取意见的基础上,拟定了《关于加强全省县(市、区)商务(外经贸)局工会组织规范化管理的意见》。《意见》在加强全县(市、区)商务(外经贸)局工会组织建设,健全县(市、区)商务(外经贸)局工会工作机制,明确县(市、区)商务(外经贸)局工会工作任务等方面提出了具体要求。

采取有效方式方法,推进这项工作健康开展。加强全省县(市、区)商务(外经贸)局工会组织规范化管理是一项系统工程,需要全系统上下各方的共同努力,需要各市、县商务(外经贸)局党委的重视和支持,需要各市、县商务(外经贸)局工会干部的积极作为,只有上下联动、齐心协力,才能真正促进全省县(市、区)商务(外经贸)局工会组织规范化管理。各市商务(外经贸)局工会要担当"第一责任人"的任务,争取局党委和行政的大力支持,会同辖区内的县(市、区)商务(外经贸)局工会,结合本地区实际,制订具体的工作方案,力求这项工作做细做好。省外经贸工会将做好服务协调工作,为这项工作的开展营造良好的氛围。计划3月在青岛召开关于县(市、区)商务(外经贸)局工会规范化管理工作动员会,进一步统一思想,提高认识,增强做好这项工作的自觉性。4月在枣庄召开现场会,听取部分县(市、区)商务(外经贸)局工会在规范化管理方面的经验和做法。6月分四个片组召开现场会,起到交流、学习、借鉴、提高的作用。7月召开情况通报会,交流通报上半年规范化管理工作情况和存在的问题,研究推进这项工作的措施。10月组织力量,深入县(市、区)商务(外经贸)局工会现场督查,督查面不小于全省县(市、区)商务(外经贸)局工会的三分之一,年终召开总结表彰会。

以创新思维及时总结县(市、区)商务(外经贸)局工会工作规范化管理的经验和做法。十八届五中全会提出五大发展理念,创新发展排在首位,突出强调,必须把创新摆在国家全局的核心位置,让创新贯穿党和国家一切工作。开展全省县(市、区)商务(外经贸)局工会组织规范化管理,也必须以创新的思维谋划工作、开展工作。各市、县商务(外经贸)局工会,根据《意见》要求,结合本地实际,积极探索工会组织规范化管理的途径和方法,如在工会组织建设方面,县(市、区)商务(外经贸)局工会要扩大工作领域和范围,更好地发挥作用、体现价值,必须争取局党委和当地总工会的支持,探索组建辖区内外经外贸企业工会联合会,将县(市、区)商务(外经贸)局管理企业与县(市、区)商务(外经贸)局工会服务职工有机结合起来,拓宽县(市、区)商务(外经贸)局工会工作的领域,只有这样,才能真正发挥县(市、区)商务(外经贸)工会的作用。在开展工作方面,要围绕外经贸转方式、调结构工作大局,发挥好县(市、区)商务(外经贸)局是外经贸企业行政主管部门的优势,为外经贸企业搭建起相互交流、学习、借鉴、提高的平台,组织动员广大外经贸职工围绕外经贸企

业转方式、调结构献计出力。在服务职工方面，要坚持问题导向，根据职工需求，开展活动，千方百计为职工做好事、办实事。各市、县(市、区)商务(外经贸)局工会适时将开展这项工作有创新、有特点的做法报省外经贸工会，省外经贸工会将组织力量总结推广。

（作者：山东省外经贸工会主任）

来自中国外运山东有限公司的报道之一　创新是企业发展的动力

杨明清　蒋海波

编者按：中国外运山东有限公司2014年实现主营业务收入61.69亿元，利税4.98亿元；自2003年上市至今，公司资本保值增值率连年保持在113%左右；主营业务收入年平均复合增长率达20.73%，利润总额年平均复合增长率达11.85%。今年1月～6月，公司营业收入33.49亿元，业务收入、利润总额较去年分别增长了11.99%和14.98%，经营业绩再创历史新高。在全球经济持续下滑的情况下，物流行业也必然受到影响，绝大部分同行业都出现了不同程度的经营困难，这个公司为什么能逆势而上取得这么好的成绩呢？本报从今天起连续4天刊发该企业的报道，以对这一现象进行诠释。

中国外运山东有限公司隶属于中国外运长航集团，是山东地区专业从事综合物流业务的大型物流企业。公司本部位于青岛，主要从事国内外海运、空运、公路运输、铁路运输、大宗商品物流、供应链物流、航运物流等业务，能够为工程、能源、化工、汽车、电子、大件、医疗、冷链、赛事等行业客户提供全程供应链解决方案。记者在公司采访时，该公司执行董事、总经理，山东省国际货运代理协会会长、中国物流与采购联合会物流装备专业委员会首席专家宋嵘说："全程供应链物流，必然呼唤全球服务、全程服务、全方位服务。我们把握住了这个方向，为我们的发展打开了一条走向世界的路。国家实施的'一带一路'战略，也为我们的发展进一步打开了思路，我们必须在这个战略的前提下实施各项创新与升级，企业才能得到大的发展。"在国际经济形势普遍不景气的情况下，怎么开展公司的业务呢？随着海外业务的延伸，中国外运长航集团和中国外运股份有限公司在日韩、东南亚、欧洲、美洲的组织机构持续加强，在非洲、中东、南亚等新兴市场的网络布局不断完善，海外的资源配置和服务能力显著提高。山东公司借集团和股份公司东风，不断加强与海外企业的联系和合作，为客户提供国外目的港服务，取得了良好效果，极大地提高了客户满意度和忠诚度。为加强与总部海外企业的联系，山东公司主动创造机会，让下属业务单位与总部海外企业进行面对面直接交流。山东公司邀请中国外运(日本)有限公司总经理一行来到山东,并组织召开了与日本外运的业务交流会;邀请中外运美国华运公司总经理一行到青岛进行业务交流,山东公司下属16家单位相关负责人参加会见并进行了深入广泛的沟通,山东公司上层的积极推动与基层的广泛互动,有力地促进了在各项业务上与集团、股份公司海外企业的合作。他们紧紧抓住国家"一带一路"国家战略,利用集团的国外网络优势,与中国外运泰国物流有限公司联合营销,成功揽取了潍坊诚宇物流有限公司青岛至曼谷的LED灯拼箱出口业务。此外,物流事业部还受中外运(香港)物流所属上海伟运的委托,操作了其客户出口机械设备由青岛至泰国的订舱、报关业务。山东公司以成本与服务优势中标山东辰岳重工机械设备有限公司出口到印尼雅加达的一套窑炉系统的代理业务。在运输过程中,山东公司所属弘志公司积极与中国外运印度尼西亚代表处联系,为客户提供门到门服务。经过多次研究出货方案,最终敲定所有货物通过集装箱运输,共配40英尺框架箱9个、40英尺开顶箱15个、40英尺超高箱8个、20英尺干货箱41个,不仅方便了客户,也节约了费用。去年6月份,山东公司和中外运美国华运公司联合操作了山东海阳核电设备有限公司共计8台风机的进口项目,为其提供境外装船、海运、国内运输"门到门"一条龙服务。美国华运公司负责装船、件杂货订舱等境外操作,委托山东公司代理操作上海港的卸船、通关、检疫、陆运等作业。在狠抓国际市场的同时,他们也不断创新开展国内业务。今年以来,山东公司按照既定的"五线三面"的战略构想不断深化业务整合,着力打造大宗商品事业部、集装箱场站事业部、船代事业部、物流事业部、集海公司等五大业务平台,重点推进鲁中区域、鲁南区域、胶东区域的三大区域一体化运营,有力地促进了主营业务的集约化经营和区域公司的协同发展。大宗商品事业部的铁矿石、煤炭、硫黄等货类的代理量稳居省内第一,并大胆尝试大宗商品进口贸易综合服务,顺利完成了前湾港保税堆场的扩容工作,开发了嘉能可、托克、嘉吉、英美资源、凯斯尔顿、EXFUTURE等一批大客户、新客户,利润同比增长23.8%。集装箱场站事业部克服了"三废业务"政策调整、场地租金增长等不利因素的影响,积极开展联合营销,不断加强小商品货物、铁路集装箱、特种集装箱运输业务的开发力度,稳步推进箱控平台系统、汽车甩挂班列项目,利润同比增长14.3%。船代事业部充分发挥一体化营销优势,不断延伸服务链条,积极开展船东服务、船舶供应等新业务,成功开发了新加坡BW、中国台湾TAI SHINE等新客户,稳固了市场地位,在市场严重下滑的态势下依然保持着17.8%的利润增长幅度。物流事业部以"全力打造区域综合物流旗舰,致力成为客户首选的最佳物流方案设计者与执行者,一流的全程供应链管理专家"为目标,以电商为突破口不断推进业务创新,开发了青岛双星集团等大客户,中标了壳牌成品油运输项目,所属汽运公司、物流公司利润同比分别增长45.71%、25.6%。集海公司重点加强"订舱、班轮、内贸"三大中心建设,积极推进内部调整和业务创新,不断提高市场营销、业务操作和风险管控能力,上半年新增25条班轮航线的代理权,成功开发了全球知名的声学产品供应商歌尔声学股份公司的出口订舱业务,利润同比增长20.5%。鲁中区域所属淄博弘志公司、济南公司、潍坊公司、青州公司4家单位通过不断强化业务协同促进了共同发展,揽取了魏桥集团、鲁泰纺织集团在印尼、柬埔寨等地建厂设备"门到门"的运输项目,并将业务触角延伸至德州、聊城、莱芜等周边地区,利润规模接近去年同期的1.5倍。鲁南区域内各单位逐步建立了业务协同框架,重点开发"大宗货、长期货、稳定货",先后开发了临沂联恒、江苏丰禾等鲁南地区新客户，日照公司、临沂公司的发展都取得了长足进步，利润增幅达到20.4%。胶东区域业务稳健发展，威海公司、烟台公司积极开拓市场，创新业务模式，开通了卡车航班新干线、铁路班列新渠道、内贸运输新途径，成功中标杰瑞集团委内瑞拉国家石油PDVSA项目，利润增长分别达到19.0%、19.3%。在现在的市场竞争中，企业要想不断地赢得对手、占领市场、获得超额利润，必须不断强化坚持创新发展，持续不断地打造核心竞争能力，创新是企业永恒的主题，也是企业核心竞争力之所在。下一步，山东公司将坚持"全面推进战略指引下的创新发展"的工作思路，不断开拓进取，切实把创新工作提高到一个新水平，推动公司不断前行！

（2015年8月3日《工人日报》）

来自中国外运山东有限公司的报道之二 党建和工建是企业发展的关键

杨明清 王新强

在企业发展过程中，中国外运山东有限公司积极探索企业党建和企业文化建设相融合的途径和方法，以党建工作促进企业文化发展，抓企业文化建设促进党建工作落实，形成了相互促进、协同发展的工作格局。以党的建设促进工会建设，不断提升企业的向心力。

宋嵘总经理认为，企业要升级壮大，获得长期持久的发展，不能仅仅依靠某个能人，依靠所谓的"严格"管理和制度，更不能依靠纯粹的物质刺激，而是要依靠先进的企业文化。因此，他和班子全体同志高度重视党群工作和企业文化建设，以多种形式、全方位推动先进企业文化建设，团结凝聚广大职工群众，培植健康理性的文化生态环境，使企业发展始终建立在不断创新的先进文化生态基础之上。加强工会自身建设，确保工会工作有序进行，增强了工会组织的凝聚力。公司通过职代会，选举产生新的工会委员会、女职工委员会、经费审查委员会，健全了工会组织，为开展好各项工作奠定了基础；公司所属各单位都有经选举产生的新的工会小组长，负责各单位工会日常工作；公司各级工会组织按照"扩大覆盖面、增强凝聚力"的工作方针，坚持每年吸收新会员，工会会员不断发展壮大，有效保证了工会活动的有序进行。新一届的工会组织更加注重自身建设，始终把党的群众路线工作作为工会的生命线和根本工作路线。一是加强思想政治建设。组织学习习总书记重要讲话精神，用先进的理念武装头脑，引导工会干部树立为广大员工服务的思想。二是加强作风建设，密切了工会与职工群众联系。积极推行"一线工作法"，及时了解职工群众队伍的新变化新情况，把握职工的思想动态，把思想政治工作与解决实际困难结合起来，把矛盾化解在基层、解决在萌芽状态，切实维护了职工队伍和企业的稳定。三是加强队伍建设，不断提高工会干部的整体素质，更好地为企业及职工服务，切实让职工感受到工会干部是最可信任的"娘家人"。以人为本，内外兼修，全面提升职工素质，为公司发展提供了不竭动力。"问渠那得清如许？为有源头活水来"，职工群众既是工会工作的源头活水，也是企业发展的生机与活力所在。今年，在公司党委的指导下，公司工会号召广大职工以强化"四个能力"建设为引领，发扬主人翁精神，积极投身到山东外运的发展中。一是践行"动车组"理念，把劳动竞赛作为激发职工创造活力的重要载体，联合安管部在全省系统开展"拖车驾驶员及维修人员技能比武"活动，全省共有7支参赛队35名队员参加比武，共设调整拖车后轮刹车、安装防滑链条等6个现场比武科目。通过开展岗位练兵活动，激发了岗位职工内在潜力，在公司内掀起了学技术、比技能的热潮。二是以"从善如流，不拘一格降人才"为指导，把能力建设作为转变发展方式的基础工程，深入开展"创建学习型组织、争做知识型员工"活动。与相关部门共同组织开展"安全生产宣传专栏评比"、"平安交通百日安全无事故"、"安全知识竞赛"、"读一本好书"等活动，提升了员工安全生产意识和科学文化素质，提高了职工参与率、受益面，为企业生产经营活动的顺利开展夯实了群众基础。三是开展创先争优活动，广泛宣传各岗位员工先进事迹。党、政、工、团有效联动，在全省系统内开展"践行核心价值观、做最美央企人"活动、"劳动最美丽——一线工人故事会"系列活动，共推选出11名员工作为先进上报，同时积极宣传引导广大职工学习先进、争当先进，立足本职岗位、争创一流业绩，发挥了企业整体效力。同时，围绕创建劳动关系和谐企业的有关要求，携手党政工领导班子精诚团结，紧密配合，认真贯彻落实教育实践活动的有关精神，切实发挥了党委在经营管理中的政治核心作用，充分发挥了工会组织的桥梁纽带作用，把维护出资人利益、公司利益和员工合法权益统一起来，有关工作得到了上级有关部门的肯定。近几年，中国外运山东有限公司党委被省直机关党委分别授予2012年度、2014年度"省直机关先进基层党组织"荣誉称号。宋嵘总经理立足物流服务行业实际，积极倡导"服务创造价值"的核心理念，积极打造营销品牌，提升客户满意度，加强学习型组织建设，加强员工爱岗敬业教育，2014年公司组织内外部各类学习培训6000余人次，提升了企业战斗力、凝聚力和向心力，在公司内部形成了积极向上的文化氛围，在山东地区物流航运业内起到了表率作用，近年来在口岸文明共建等活动中多次获得有关部门的表彰。

（2015年8月4日《工人日报》）

来自中国外运山东有限公司的报道之三 职工是企业发展的根本

杨明清 马骥

近年来，国内外经济形势复杂严峻，物流企业发展步履艰难。对此，宋嵘总经理认为：职工是企业发展的根本，只有从心里对职工好，并为职工解决一切企业可以解决的问题，那么职工肯定能和你拧成一股绳，企业没有不快速发展的道理。企业效益上去了，如何让职工充分享受企业发展成果并进一步调动其积极性呢？宋嵘总经理提出开展以"职位梳理"为核心的薪酬体系改革和收入分配优化。员工的岗位贡献、工作业绩与员工实际获得的职位薪酬挂钩；薪酬的高低也将和职位体系、绩效体系更好地相结合，使员工在不同的职位系列都能够获得足够的晋升空间，从而实现贡献价值的不断提升、职业生涯的不断发展。同时，进一步规范了职位薪酬调整程序，使职位薪酬制度更加全面、科学、规范、合理，减少了职位薪酬调整的盲目性和随意性。此举使收入分配进一步向一线员工倾斜。强化维稳维权意识，营造和谐的企业内外部环境。工会把维护公司稳定作为头等大事来抓，在公司领导的指导下，协助公司党委突出抓好离退休人员、离职内退人员、在职职工三个群体的稳定工作，转发了上级工会下发的《关于认真做好当前及春节期间企业军转干部解困和稳定工作》的通知以及《关于认真做好矛盾纠纷排查化解工作》的通知，并开展了一系列工作：一是下发通知对各单位困难职工、困难军转干部及潜在的矛盾纠纷倾向进行了调查摸底，并给予有关人员经济救济。二是协助党委重点走访了老干部和特困职工并送去慰问金、慰问品。三是对日常来访的人员按政策和公司规定做好思想和说服工作。此外，还配合党委组织了复转军人座谈会等活动，为维护公司的稳定做了大量的工作。有效化解了一些可能产生的矛盾，为公司经营管理创造了和谐稳定的内外部环境。关心职工生活，维护职工权益、积极履行社会义务。工会十分注重职工的生产生活和身心健康，把职工日常生活和健康放在重要议事日程上。2013年以来，一是公司本部食堂改造后，工会及时增配了大型消毒柜及餐具用具等。二是组织了全体职工、离退休干部及山东外运退休干部等进行了全面体检。三是先后出资十几万元对30多名困难职工和重病人员进行了救济。四是深入生产一线看望职工并送去了慰问品和降温物品。五是"三八妇女节"、"八一建军节"等节日配合公司党政对女职工、复转退伍军人进行了慰问并进行了座谈。在维护职工权益方面，工会按规定程序，组织职工代表审议了公司的管理制度和工作报告。开展丰富多彩的文体活动，增强企业凝聚力，打造健康向上的企业文化氛围。公司工会结合职工队伍的特点和爱好，开展了丰富多彩的文体活动。公司在中联体育馆长期租用羽毛球场地，供爱好羽毛球运动的职工业余活动使用。去年组织了上百人参加的羽毛球团体赛，7人制足球赛等职工喜闻乐见的体育活动。

配合人力资源部开展了读一本好书等活动。工会还积极组织员工参加上级工会举办的各项活动，在省外经贸工会组织的乒乓球、羽毛球比赛中都取得了较好成绩。这些活动的开展锻炼了员工的体魄，开阔了视野，增强了企业的凝聚力和向心力，激发了员工顽强拼搏、奋勇争先的斗志。宋嵘总经理认为：职工重要的一项福利是培训，必须做好职工的教育与培训工作。公司注重"以能力建设为基础、以创新发展为方向，着力提升人才层次、因'才'施教、内容充实新颖、形式创新多变"的特点，坚持以公司业务实际为导向，关注身体健康培训、关注心灵成长培训和关注能力与素养培训，不断创新服务，坚持"改善结构、优化素养、提升能力、固强补弱、关键人才重点培养、稀缺人才加紧培养、一般人才有计划分层次培养"的原则，参加培训覆盖面积大，培训效果明显。一方面，做好职工的思想教育与引导，提高职工的政治觉悟和思想认识；另一方面，深入实施"职工素质工程",强化职工培训,深入开展职业职工教育,建立提高职工队伍素质的长效机制,为职工搭建成长的阶梯,构筑施展才华的舞台。重视公司人才队伍建设。一是育才方式进一步创新,2014年启动了公司上市以来首次全日制骨干培训班"鹰"才项目,一期、二期共有全省系统选派的96名青年骨干员工参加为期5周的脱产培训,其中已有20余名骨干员工走上公司管理岗位。二是在今年5月份又选派60名青年骨干员工参加OSG"卓越成长营"项目培训,为公司新形势下持续发展再次注入新动力,强化企业核心竞争力,以能力建设推动公司全面战略指引下的创新发展。三是人才效能进一步提升,通过实施对标管理、中高层能力培养、金蓝领技能培养、营销队伍建设等多项工作,多途径、多层级、多维度加强人才队伍能力建设。四是人才管理模式进一步完善,通过调整绩效管理与考核机制、职位与薪酬优化对接、定岗定编与岗位竞聘、细化完善营销激励方案等多种举措,人才队伍建设水平再上新台阶。

(2015年8月5日《工人日报》)

来自中国外运山东有限公司的报道之四 有责任的企业,必须对社会有担当

杨明清 田敬毅

宋嵘总经理认为:一个有责任的企业,必须对社会有担当。在他的主持和推动下,中国外运山东有限公司一班人适应形势,超前谋划,将公司发展融入山东省社会经济建设蓝图,在山东物流市场成功打造了中央企业核心竞争力,使公司业绩保持了快速稳健增长,利税保持较大增幅。2014年,公司完成主营业务收入61.69亿元,达到历史最高水平;完成利税4.98亿元,再创历史新高,为促进山东省综合物流事业的振兴和地方社会经济发展作出了积极贡献。近几年,国务院批复了《黄河三角洲高效生态经济区发展规划》与《山东半岛蓝色经济区发展规划》,将黄蓝两大战略升级为国家级战略,黄河三角洲高效生态经济区和山东半岛蓝色经济区成为"十二五"规划期间全省经济发展的重要引擎。山东公司抓住机遇,睿智地把公司的发展融入青岛口岸乃至山东地区发展的大格局,紧扣产业发展趋势和地方经济建设需求,积极打造"省内领先的、具有供应链整合能力的综合物流服务供应商",服务地方社会经济发展。伴随着山东省"蓝黄"两区建设的步伐,在上级公司的指导下,山东公司积极推动在青岛、威海、烟台、青州、济南、东营、潍坊等地的物流项目建设,"十二五"期间公司在山东省内的总投资预计将达15亿～20亿元,逐步搭建起以青岛为中心,辐射省内的更为顺畅的物流网络。山东外运积极响应交通主管部门号召,通过一系列调研、规划及对车辆、拖车、场站的投资、采购、建设,成功推出甩挂运输和中韩陆海联运项目,在节省场站仓储资源、整合社会运输资源、解决国内物流成本过高、运输效率偏低等方面成效显著,对培育发展现代物流,促进道路货运行业的升级改造、建设节约环保可持续发展的道路货运业作出了重要贡献。通过一系列卓有成效的举措,山东外运不仅在国内物流市场取得了荣誉,而且在国际上也赢得了尊重。所属青岛分公司与汽运分公司通力合作,凭借专业的物流方案、突出的业务实力,成功操作驻青某部国产第一代导弹驱逐舰"银川"舰的退役运输项目,获得部队首长和地方政府的高度认可。2013年被中央电视台及各大媒体纷纷报道的"中国向法国出口铁路罐车,欧洲首次迎来欧美以外的铁路装备产

品"的第一批40辆Zags型铁路罐车运输项目也是由公司下属济南公司和鲁丰公司一体化操作完成的,展示了公司卓越的综合物流服务能力。仅用时11小时就成功完成全球最大集装箱船"阿拉伯巴尔赞"轮首航代理任务,再一次展现了山东外运具备应对超大型船舶的实力和出色的业务素质,得到船东的好评。参与和运作魏桥集团印尼建厂项目,并先后为中国机械工业建设集团、鲁泰纺织集团、青岛恒顺众晟集团等企业提供了工程项目的全程物流服务,使我们在海外工程物流的发展上迈出了坚实的第一步,在国际竞争中强筋健骨、发展壮大。宋嵘总经理从公司业务实际出发,积极推进物流产业转型升级,服务于山东省内外经贸事业发展,脚踏实地的组织实施了延伸服务链条、提高服务附加值、创新服务产品等方面的工作。在他的指导下,公司系统操作的省内青岛至博兴、黄岛至威海、黄岛至淄博3班铁路集装箱班列,2012年均被纳入了铁道部提出的货运新产品"百千战略"计划。开发了青岛至新疆的氧化铝集装箱班列业务,在与中国铝业物流签订内陆铁路运输战略合作协议的基础上,又成功开发了中铝中州公司的氢氧化铝铁海联运业务,本次铁海联运业务的成功运作,为打通西至新疆、东经青岛等多个口岸直达韩国的物流通道奠定了坚实基础。新筹划的青岛至东平集装箱铁路班列2013年也已开始试运行。开通了威海至黄岛每周3班的"五定"班列,为发展远洋运输提供了有力支撑。当前已初步实现了集装箱在内陆场站的进出口中转,充分利用内陆场站的功能,不断拓宽集装箱海铁联运业务覆盖面,大大扩大了山东口岸的内陆腹地,受到了地方政府和口岸单位的高度好评。公司特色业务中韩转关物流运输、集装箱内陆场站、保税油库等得到持续发展。公司在矿石、硫黄、石油焦等传统货类上的代理优势进一步巩固,特别是在2013年操作了董家口港区的首票5.56万吨镍矿的保税业务,不仅取得了公司在董家口港运作保税业务的开门红,对于董家口的业务发展也具有重要的里程碑意义。日前,山东歌舞剧团在山东省副省长夏耕的带领下赴法国雷恩演出,济南公司接到该演出道具运输任务后,根据不同道具的尺寸、重量,定制了不同的运输方案,目前已完成累计1吨的演出道具空运托运业务。济南公司加强与山东歌舞剧团、山东省杂技团等省文化厅所属企业的合作,为其演出道具提供物流服务,丰富了服务类型。作为中央企业,山东公司以全局为重,热心公益事业,积极回报社会。2013年4月份雅安地震发生后,仅公司本部和驻青单位干部员工就积极捐款14.8万元,所属威海公司、弘志公司还派出厢式货车、集装箱运输车,在第一时间将部分救援物资运送到了震区。公司坚持每年在系统内组织开展"慈善一日捐"活动,2013年~2015年共筹集善款32万元;关心少年儿童成长,为烧伤儿童、患白血病儿童捐款近10万元。每年积极参与当地政府部门的扶贫助困活动,奉献爱心,在为政府鼓劲,为百姓造福的同时,也大大提升了企业的知名度和影响力,有力促进了企业发展及和谐企业建设。2013年,该公司被评为"山东省履行社会责任示范企业",并获得"山东省劳动关系和谐企业"和"山东省富民兴鲁劳动奖状"荣誉称号,宋嵘总经理荣获"山东省富民兴鲁劳动奖章"荣誉称号。山东省外经贸工会主任王新强在参加对中国外运山东有限公司劳动关系和谐企业考核时指出,公司这些年来,各项业务在创新中得到长足的发展,职工队伍和谐稳定,公司的凝聚力、感召力日益增强,企业知名度、社会美誉度不断提高,得益于公司很好地处理了经营者与职工之间的关系,业务工作与思想工作之间的关系,经济效益与社会效益之间的关系,严格管理与人文关怀之间的关系,当前利益与长远利益之间的关系。

2015年8月6日《工人日报》

建起"连心桥" 当好"娘家人"促稳定发展

——山东山孚集团有限公司工会工作纪实

近年来,我们集团工会坚持"山孚重信"、"以人为本"的理念,贴近中心促发展,贴近职工办实事,贴近基层搞服务,逐步形成了党政支持、工会积极作为、职工参与的工会工作新格局,在日常工作中总结出了符合集团实际的工作思路,充分发挥工会与职工、与企业的"连心桥"作用。联系集团不同时期的工作重点,认真履行基本职能,坚持"党政所望、职工所盼、工会所能"的工作思路,牢牢把握工作的大方向,掌握工作上的主动权,围绕企业的中心任务,充分调动广大职工干事创业积极性,在工作上不断创新,为企业的和谐稳定发展努力工作,取得了比较好的工作效果。

作为国有转换为民营的企业工会,在日常工作中既要保证广大职工在企业发展不同时期的思想稳定,带领和团结职工为企业的发展贡献力量,又要充分保障广大职工的利益,代表职工向企业争取合法权益,工作中我们始终坚持从五个方面发挥工会的积极作用:即当好"充电器",不断提升广大职工和工会干部的综合素质,以适应形势和工作上的变化;做好企业发展与职工稳定的"稳压器",创造和谐的环境;充当企业利益与职工利益的"调节器",努力营造企业与职工发展共赢的条件;做好企业发展的"助推器",不断丰富企业与职工稳定发展的物质条件;工会干部要当好以身作则、模范带头的"传感器",为履行职责、团结凝聚职工创造条件。因此,我们带领广大工会干部立足本职、爱岗敬业、理论联系实际,用心倾听、用心思考、用心办事,真正在企业与职工之间搭建起了"连心桥"。

一、当好"充电器",不断提升广大职工和工会干部的综合素质。

集团工会利用多种形式,组织好工会骨干力量的学习,提高工作主动性;利用一切机会教育引导广大职工树立终身学习的理念,努力学习技艺、钻研业务,提高诚实劳动、创新工作的自觉性和紧迫性。我们在职工中开展新主人翁精神培训及职工读书活动,并召开专题交流会,互相交流读书活动中的心得体会,选取优秀稿件在《山孚报》上发表。先后从外经贸工会、工人日报设驻青工作站和集团内部邀请有关人员为集团工会干部、企业文化信息员做《走中国特色社会主义工会发展道路》《怎样撰写新闻稿件》《工会知识培训》以及《摄影技巧》等方面的培训,并在每次培训结束后根据培训内容设计考核题目,参加培训的工会干部都认真答题,巩固学习成果。

2012年4月新主人翁培训宣讲

关注外来务工人员(农民工)的培训学习。集团工会要求各企业工会要创造有利条件,督促、引导他们自我学习,通过职工图书室、电子阅览室、购买书籍、培训等方式,鼓励他们积极参加业务学习,走自学成才之路。2005年集团工会拍摄并自己制作了素质教育光盘,发放给有外来务工人员的企业培训使用,现在是各企业作为新入职员工必需观看的培训教材。目前山孚实业、青岛山孚酒店、日照山孚酒店等企业都建立了电子阅览室,青岛山孚酒店、日照山孚酒店、山孚日水建立了图书室,山孚日水还在系统工会的帮助下建立了LED电子屏,方便职工学习娱乐。

集团工会在山孚实业、日照酒店、青岛酒店创办电子阅览室

加强职工岗位技能培训和学习工作。集团工会每年都组织从事机电设备的职工学习业务,进行技能培训和防范机电设备安全事故的培训,培训结束后组织机电设备人员的考核,各单位组织机电设备岗位上的职工都积极参加,有利于推动知识型、技术型、创新型、机电合一型的技术职工队伍的建设。

二、促发展、维护职工队伍稳定,发挥工会组织的"稳压器"作用。

2006—2008年是山东省食品进出口公司改革改制的关键时期,期间很多老的国有企业职工不能接受改革改制带来的利益缺失,造成人心不稳。同时,一些别有用心的人利用企业改制之机,企图占有原企业的海带业务,在企业挂牌拍卖中做手脚,侵害公司和广大职工的利益。面对这种情况,集团工会进一步提出了加强基层工会组织建设,转变思想观念,更新工作思路,尤其要做好改制企业的工会组建工作,要求各级工会会同企业改制小组人员向广大职工充分说明改革改制不同阶段的进展情况,取得职工的理解;同时,加强职工思想文化动态的调研分析,及时向企业党政反映职工的意见和要求,为企业改革稳定发展提供有力支持,坚持做到企业改制的意见和方案必须经职代会讨论审议,职工要有知情权,切实维护广大改制职工的合法权益,保证职工思想的稳定。另一方面,组织广大职工采取积极行动,阻止个别人企图非法占有企业海带业务的行为和利用法律漏洞在企业改制资产挂牌拍卖中占有集体财产的图谋,同时向上级领导积极反映广大职工的意见和要求,为海带业务的回归及改制企业的顺利摘牌做出了积极地贡献,维护了企业的稳定发展和职工的合法权益。

由于企业效益不好,原鸿安公司变卖车和船还债,并在职代会上通过了在职职工发放70%工资的决议。到2000年时又变卖了土地安置职工,这时部分已退休职工上访提出要求补发当时未发放的30%的工资,并采取激进的方式到集团办公场所拉横幅、堵门等行为,严重干扰了集团的正常工作。工会对此事做了认真分析,有理有节的充分做好上访职工的思想沟通工作,顺利化解了矛盾,维护了企业正常的经营秩序和后续改革的进行,达到了企业与职工的双满意。

坚持做好职工思想文化动态调研分析工作,通过调研分析,及时把握职工想什么、关注什么,合理反映职工的利益需求,对不合理的或一时难以解决的问题,做好引导工作,能办到的就积极反映,把事情办好,赢得职工的理解,把职工的思想凝聚到企业发展的工作大局中。职工思想文化动态的调研,为企业制定政策、调节与职工的联系提供了重要依据,工会也能及时了解职工关注的热点问题,把握了职工的思想脉搏,使工会与企业领导之间的交流和反映问题有了主动权。如2012年9月,由于思想动态把握及时,成功避免了一场山孚日水员工集体停工事件。

山孚集团下属企业以生产加工和酒店

服务为主,企业外来务工人员最多时将近2000人。为了团结凝聚好这个群体,集团工会提出各级工会要把做好外来务工人员的思想教育工作,维护他们的合法权益放到重要的议事日程上的要求。通过长期的深入调研,在2001年我们提出了在外来务工人员中组建工会的主张。在企业的支持下,经过积极的工作,在当时的青岛冷藏厂组建起了第一个农民工工会组织,受到员工的支持和赞扬。工会始终把加强外来务工人员职业道德、社会公德、文明行为和岗位技能等方面的培训作为长期的工作,不断提高外来务工人员的整体素质,实现企业发展与员工个人发展的和谐统一,有效地保证了员工队伍的稳定,促进了企业的稳定健康发展。

我们坚持和完善企业劳动关系预警上报制度,促进劳动关系的和谐。在每年的工会工作会议上,集团工会对劳动关系预警上报、做好职工思想动态分析、稳定职工队伍、建立和谐劳动关系工作都作出严密细致的部署,推动了职工与企业共同和谐发展的步伐。山孚日水公司是山孚集团公司的合资企业,员工以外来务工人员居多,员工整体素质不高,管理不完善,随意性比较强,人员流动频繁,加上公司成立以来一直没有实现预期效益,员工的思想波动很大。为增强员工的凝聚力和向心力,集团工会狠抓山孚日水公司的工会组织建设,集团工会亲临现场就地办公解决工会工作中存在的问题,充实调整了工会班子,建起了各级分会组织,通过工会开展各种活动,凝聚人心,促进企业稳定。为了更有效地增强员工的向心力,集团工会受集团公司董事长委托,深入山孚日水进行了为期9个月的企业文化建设,确立了"我爱SANNIS,SANNIS爱我们"文化建设主题,开展了内容丰富的宣传、培训、走访、岗位练兵、业余文化活动等工作,以工会组织的力量来团结广大职工,使得"我爱SANNIS,我爱我家"的思想观念逐步深入人心,不但增强了员工的向心力,增强了企业自豪感,有效促进了企业的稳定健康发展。山孚实业工会和青岛山孚酒店工会协助企业领导把关爱员工、关心员工工作落实到实处,努力改善员工的工资福利、生活条件、居住环境,为员工提供学习、培训平台,真正达到企业和员工的和谐共赢,通过努力山孚实业和青岛酒店先后被省外经贸工会评为"劳动关系和谐企业"。

集团工会注重维护职工合法权益的实际效果,切实把维权落到实处。我公司联合假日旅行社一名离职员工因为档案转移的问题申请了劳动仲裁,公司工会及时启动了企业劳动关系预警机制,在做好调查调解的基础上,圆满解决了这一仲裁案件,维护了双方当事人的权益。

日照山孚大酒店工会协调企业在冬季根据天气情况延长了对职工宿舍的供暖时间;购置了微波炉,解决了夜班员工吃凉饭和吃不上饭的问题;在征求员工的意见基础上,对员工餐饭菜进行调整,经常变换菜品,让员工吃饱、吃好;夏季到来,酒店为了方便员工洗澡,将男、女员工洗澡时间每周分别增加2天。这些措施的实行让员工感受到企业的温暖,促进了劳动关系的和谐。

三、为员工办好事、解难事,发挥工会组织的"调节器"作用。

工会要做企业与员工沟通的桥梁,要发挥出应有的作用,把企业和员工融合在一起,同舟共济,攻坚克难,使"连心桥"更加稳固、畅通,就必须把为员工服务放到首位。这一点我们看得清楚、想得明白、准备充分,明确了工作定位,认真实施"送温暖"工程,履行工会是困难职工的"第一知情人、第一报告人、第一帮扶人"的职责。平时经常看望下属企业的病困职工,每逢重大节日都看望、慰问有困难的退休职工、劳模、老工会干部和病困职工,带去组织的关心和爱护,深受广大职工的信赖和拥护。尤其在我们困难企业，通过实施送温暖活动，不仅树立了工会组织的形象，带去了企业的关爱，更重要的还稳定了职工队伍，使企业党政领导满意，职工群众认可。为加强"送温暖"工程建设力度，加大帮扶救助生活上有特殊困难的职工，协助企业做好困难职工群体的安抚稳定工作，集团工会在实施"送温暖"工程中建立了动态化的病困职工档案、建立了"四必访"（生病住院必访、家庭发生重大事项必访、发生天灾人祸必访、生活特困必访）和"四助"（助困、助医、助残、助学）制度，并在每年度的工会工作意见中要求各级工会结合企业的实际情况严格执行，从而在制度上规范了"送温暖"活动，真正把群众利益无小事的原则落到实处。以2014年至今年上半年为例，仅集团工会走访救济困难职工29人次，救济款31100元。2008年年底，山孚日水一名外来工家庭遇到重大困难，我们了解到情况后，工会干部带头为其捐款，号召大家共同帮助这名农民工渡过难关。2009年春节期间，青冷厂仓储部韩如兄病倒在岗位上，经医院确诊为肺癌晚期，集团工会先后三次前往探望，在了解到韩如兄同志的实际困难之后，组织基层工会在员工中发起了为韩如兄同志捐款的倡议，并在第一时间将近万元捐款送到医院。在2009年，我们得知鸿安公司内退职工的孩子考上大学后因生活困难要放弃上学的情况后，我们第一时间向系统工会报告了情况，系统工会非常重视，并报告了省总帮扶中心，在各级工会的帮助下，为这名要辍学的孩子送去7000元的救济金，圆了困难职工孩子的上学梦。日照山孚酒店员工李善花的对象是独生子，在地里收麦子时触电死亡，当时家里还有年迈的父母和几个月的孩子，得知此情况后，集团工会把李善花列为帮扶的重点，每年两次给予救济，使她走出了生活的困境。山孚实业公司工会成立后，通过思想动态调研工作，积极反映职工呼声，为内退职工调整了生活补助费，为职工整合了工资，实行了同岗同酬。每年中秋节、春节前夕，集团工会会同各基层工会携带救济款和慰问品深入到困难职工家中走访慰问，使困难职工感受到了党的温暖、企业的关怀。这样的事例在我们山孚各级工会数不胜数，通过各级工会"送温暖"工程的有效实施，传递给职工的是组织的关怀和克服生活困难的信心，也化解了一些职工心中的"怨气"，稳定了他们的情绪，为企业稳定经营、尽快走出困境谋发展营造了和谐环境。

为职工办好事，解难事，久而久之的坚持，当职工有困难、有意见时，都愿意找工会"娘家人"倾诉，而我们也总是耐心听取职工的呼声，通过交流、劝导和有效地向企业反映情况，使很多矛盾和问题得以解决。如提高集团各企业内退职工的工资问题的解决，鸿安物业公司在岗职工的工资待遇问题的解决，对职工的震动都很大，职工也更加信任工会，职工有事也愿意向工会反映，真正使工会成为企业与职工间的沟通桥梁，在企业与职工之间发挥了"调节器"作用。

帮扶病困职工

四、谋大事、维护企业利益，发挥工会组织的"助推器"作用。

工会要进行正确的定位，要服务于公司生产经营的大局，在维护好职工利益的同时，要更好地维护企业的整体利益，把工会工作融入企业的生产经营中去把握，绝不能把工会工作与企业经营活动形成二张皮。在实践工作中，我们坚持工会工作服务于生产经营大局的基本原则,根据企业不同历史时期的特点创造性地开展工会的各项工作。结合企业的生产中心任务,充分发挥工会组织劳动竞赛活动的优势,多年来组织指导各级工会开展"立足岗位,争创一流的岗位技能、一流的岗位业绩、一流的岗位文明、一流的岗位效益"为内容的争创"四个一"岗位创新竞赛活动,对做出成绩的年底评为岗位工作能手,披红戴花给予奖励。仅2010年至今,集团共表彰奖励工作能手45名。我们在职工中常年开展岗位创新竞赛与合理化建议活;为了提高企业技术工人的整体素质,以适应企业生产发展的要求,连续多年在公司组织开展"机电岗位技能练兵、比武活动";为确保职工和机电设备的安全运行,防止人机事故的发生,我们连续六年在企业机电岗位组织开展"机电设备安全生产运行无事故竞赛活动",不断增强企业和职工的安全生产意识,杜绝重大人机事故的发生。通过多种安全教育培训活动,让职工逐步形成人人讲安全、事事讲安全、时时讲安全的良好氛围,也使职工逐步实现了"要我安全"到"我要安全"的思想转变,达到"我会安全"的目的,培育和建立了具有山孚文化特色的安全文化。2014年,我们结合"全员参与、查找隐患、警钟长鸣"群众性安全生产活动,全集团组织了以安全生产、安全生活等为内容的知识培训答卷活动,全公司有11家单位1175名职工参加培训学习答卷。本次安全知识培训答卷知识面比较广,结合职工日常工作和日常生活的实际进行,收到较好的效果。

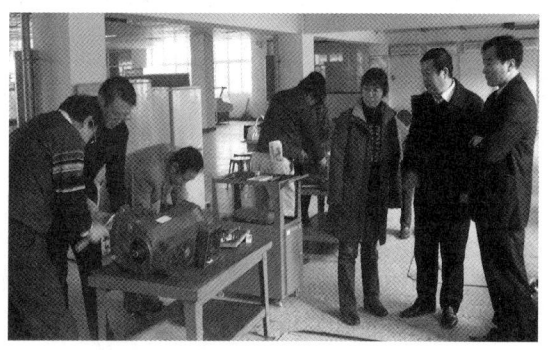

"机电岗位技能练兵、比武活动"

借助劳动竞赛这个大平台,结合企业生产经营实际,适时组织开展和指导了"山孚日水车间加工岗位技能大练兵活动""发展山孚快餐大讨论活动""山孚快餐加工岗位技能练兵活动""保障厨王鸡品质点评活动"等,对提高企业产品和服务的质量,促进企业发展,起到了积极的推动作用。

搭建竞赛平台,提高员工技能。青岛山孚大酒店工会开展"微笑大使"和"服务明星"竞赛评选活动,每季度末评选出"微笑大使"和"服务明星",并给予奖励,提高了员工的服务意识和服务水平。日照山孚大酒店组织了为期1个月的春季岗位技能练兵竞赛活动,竞赛项目涵盖了客房和餐饮服务、餐厅厨师烹炒技能、管理岗位应知应会、消防保安、机电设备及维修等各个工作岗位上的工作技能及操作流程,并将竞赛成绩作为酒店评选A级员工的考评标准,与岗位奖励挂钩,激发了员工学习岗位技能,不断提高岗位工作水平的积极性,也为员工营造了相互学习,切磋技艺的良好氛围。山孚实业开展争做岗位明星活动,每月评选表彰"岗位明星",树先进典型,发挥岗位明星的模范引领作用,带动各岗位职工立足本职、爱岗敬业做贡献收到一定的成效。2012年,集团工会结合团队建设制定了创建"工人先锋号"活动的条件和考评标准,将创建"工人先锋号"活动贴近企业团队建设的实际情况,使"创建"活动让职工看得见、摸得着,在引领企业班组、团队建设中发挥更大的作用。在深化创建"工人先锋号"活动中,青岛山孚大酒店前厅部和山孚日水生产一车间、二车间分别获得省外经贸系统和省总工会颁发的"工人先锋号"荣誉牌匾。

加强职业道德教育,鼓励职工爱岗敬业。集团工会坚持常年在职工中开展以"爱岗敬业、诚实守信、乐于奉献"为主题思想的教育活动,把主题教育融合到企业文化建设之中,坚持用"山孚重信"的核心价值观引领广大职工的行为,把强化以"重信"为核心的企业理念贯穿于职工思想教育的全过程。在每年的"五一"劳动节前夕,集团工会都要召开"爱岗敬业,诚实守信,乐于奉献"主题思想教育座谈会,对职业道德先进个人、优秀工会积极分子和外来务工人员中的优秀文明员工进行表彰奖励。自2010年至今,集团工会共表彰职业道德标兵38名、表彰优秀文明员工141名、表彰工会积极分子308名。被表彰的先进人物绝大多数在企业的各岗位上能发挥模范带头作用,在全公司营造一种讲职业道德,讲诚信的良好氛围,为企业的持续发展起到了表率作用。

"爱岗敬业、诚实守信、乐于奉献"座谈会表彰先进

据统计,山孚集团32岁以下青年职工(含外来务工人员)达56%,是企业发展的生力军。多年来,我们把加强青年职工的思想工作提到重要的议事议程来思考和布局工会工作,用"山孚重信"的理念熏陶企业80后、90后青年职工的思想意识,用山孚的关爱文化温暖着青年职工的心。通过有特色、适应青年职工特点的活动,如开展培训、踏青活动、宿舍访谈、(下班后)餐桌座谈会、传统节日(端午节、中秋节)与员工亲情就餐、工作期间参加活动、开会、谈话等不影响本人工资、骨干员工参加业余学习给予适当经济补助等形式,确实为青年职工办实事、排忧事、做好事,感化、引导、鼓励青年职工努力学习,树立正确的人生观和价值观,不断提高他们的学习能力和工作技能,为企业发展历练和凝聚一支比较过硬的轻工骨干队伍。在集团工会的强力推动下,集团工会建立了山孚工会微信公众号,各企业都建立了QQ群、微信群,特别是山孚日水的各车间都建立了QQ群,利用这种网络平台交流工作,不但提高了工作效率,加大了与青年人的交流,而且传递了先进理念,对团结凝聚青年力量起到了很好的作用。

2014年8月14日山孚科技学会正式成立,工会积极参与筹备组织工作,并制订了学会的章程、领导组织机构等,为学会各项工作的开展打下了良好的基础。山孚科技学会成立后,积极组织专家,参加了日照山孚大酒店更换燃气锅炉、山孚实业改造低温冷库、高密鸡场建设等项目的考察论证和建设工作,为企业的技术项目的建立和技术改造提供了有力的支持。

组织开展丰富多彩的文化活动,增强职工的凝聚力和向心力。结合企业外来务工人员(农民工)多的实际情况,由集团工会出资帮助,在有外来工的单位建立图书阅览室(或书橱);组织开展各种喜闻乐见、参与面广、受益性强的员工活动,每年举办"山孚杯"职工乒乓球比赛和羽毛球比赛,组织青岛山孚酒店、山孚实业、日照山孚酒店、山孚日水,常年开展以"创建文明宿舍、争当文明员工"为主题的"双文明"建设活动,并对取得优异成绩的优秀文明员工组织踏青活动。集团工会给青岛山孚大酒店工会、日照山孚酒店工会和山孚日水工会经费支持,分别根据企业自身实际情况,分期分批组织了郊游活动。这些活动极大活跃和丰富了职工的业余生活,激发了广大职工参与强身健体活动的积极性,为职工增强体质,促进团结起到了积极的作用。

在外来务工人员队伍建设中,集团工会分两次组织外来务工人员参观团岛部队和百年灯塔,对职工进行了爱岗敬业职业精神教育。在纪念中国共产党成立90周年之际,集团工会举办了山孚职工"庆祝中国共产党成立90周年"歌咏演唱会,在党的十八大召开前夕,我们组织了"放声歌唱党、喜迎十八大"卡拉OK比赛,在今年,为庆祝中华全国总工会工会成立90周年,我们举行了"山孚好声音"大奖赛。通过这些活动的开展,陶冶了职工的情操,凝聚了人心,增强了合力,培养了职工顽强拼搏、积极向上的作风,激发了广大职工以积极向上 精神状态投入到工作中,为企业的发展做出了积极的贡献。

2015年山孚好声音大奖赛十佳歌手合影

五、做表率、树工会形象,发挥工会组织的"传感器"作用。

工会干部要牢固树立"以职工为本"的思想观念和工作理念,坚决执行民主集中制的组织原则,坚决反对消极、懈怠、涣散工作意志的作风存在。要通过工会干部扎扎实实的工作,团结带领广大工会积极分子,围绕中心工作出实招,围绕职工关心的问题办实事,不断增强工会组织的适应力、亲和力和凝聚力,把工会建设成党靠得住,企业离不开,职工信得过的优秀团队。

为加强工会干部的作风建设,2012年开始,集团公司工会在工会干部中提出了职工思想状况在一线掌握,工会维权帮扶在一线实现,劳动竞赛活动方案在一线实施,构建和谐劳动关系在一线推进,工会工作在一线落实,工作能力在一线提高,工会组织的战斗力、凝聚力在一线考验"七个一线"的要求,切实加强工会干部作风建设。集团工会组成工会干部考评小组,对各级工会委员会委员的工作情况进行考评,分批与个人进行工作谈话,既有批评,也有肯定,更指出了工作方向,也进一步了解了工会干部的实际情况,对知人善任、引领工作起到很好的作用。在"七个一线"自我讲评活动中,集团及各企业工会委员成员,都深刻对照"七个一线"的要求,对照自己的工作,进行了自我剖析,述职讲评,为保持工会干部密切联系群众的本色,脚踏实地地做好应承担的工作任务打下了基础。

工会干部"七个一线"自我教育讲评

我们经常说,工会经费是我们工会工作的血脉,是工会工作顺利开展的重要保障,要把钱花在刀刃上,力求将工会经费的一分一毫都用到职工身上。集团下属各级工会都加强了工会经费收缴、使用和工会财产的管理工作。严格执行工会经费预决算制度,加强工会经费的管理,提高经费的使用效能,积极安全的进行经费运作,增加收入,补充经费的不足,保证工会活动的正常开展。

在加强对各级经费的使用监管的同时,集团工会压缩开支,对下属工会开展"双文明"建设活动经费有一定困难的进行经费补助,以今年为例,集团为各级工会补助"双文明"建设活动经费7万元。对困难企业的直属工会组织员工活动购置培训设备、笔记本电脑、单反照相机、投影仪等器材,保障了企业工会工作的开展。定期安排工会经审委对各单位的经费使用情况进行检查审核,并在每年的工会工作会议上报告工会经费的使用情况,做到经费使用公开化。

加强工会组织建设,做到有职工的地方就有工会组织,结合企业情况的变化,集团工会及时调整企业工会组织结构,建立、健全、完善基层工会组织。集团工会建立了酒管公司工会,面对山孚日水上届工会主席退休的情况,及时进行了工会干部的选拔和培养,组建起了新的山孚日水工会班子,选拔了部分年轻的工会干部,充实了工会的力量,保证了工作不断层。工作中我们与企业积极协调推荐工会干部担当企业管理工作,现已取得较好效果。青岛酒店、日照酒店工会今年召开会员代表大会重新改选了工会委员会,工会主席由会员代表直接选举产生,在组建工会班子时注重大胆使用青年人,把要求进步、知识面广、有闯劲的青年选到工会班子中来,给他们压担子,增强工会班子的工作活力。实践证明我们的做法是成功的,刚走上一线工作的青年人有工作激情,利用业余时间做工会工作,从不计较得失,已成为工会工作的中坚力量。集团工会在组织建设中采取的这些措施,保证了基层工会组织的建立健全,增强了工会组织的桥梁纽带作用。

发挥工会广泛联系企业和职工的优势,做好企业文化建设的"排头兵",开展企业文化建设工作。集团工会从2009年7月份开始指导山孚日水企业文化建设工作,采取多种措施,强力推进企业文化建设工作的有效进行;督导山孚日水在最短的时间里建立起了山孚日水企业文化领导小组、工作小组及车间企业文化建设小组,建立了比较完整的企业文化领导机构和文化建设的工作机构,同时落实责任,实施问责管理,开展了企业文化培训,建立了公司与车间的企业文化宣传栏,制作了企业文化宣传页,加强对先进文化的宣传和培训,努力推动各项工作的扎实开展。

受集团公司委托,由工会牵头,借助工会的工作平台,协助集团公司组织开展山孚企业文化建设工作。以"山孚重信"的核心理念为指导,制订了企业文化建设方案,设立了"山孚企业文化大讲堂"开展了网络营销、企业文化等方面的多种培训,为了筹备培训课件,参加宣讲的企业文化宣传员,连续几个月放弃休息时间,聚到一起调整修改课件,为广大职工进行了图文并茂、声像合一的完美培训。

2014年7月企业文化培训

大力开展企业文化宣传工作,先后设计制作了55期以图片新闻为主的企业文化宣传栏,报道集团公司及各单位发生的时事、主要会议精神、表彰奖励、职工活动等,并创办了山孚人风采栏目,宣传优秀员工,宣传栏除了在集团公司进行展示外,还同步用彩印的形式打印发放到各单位,促进了信息的及时传递,扩大了企业文化宣传面。为做好报道工作,建立了企业文化建设工作网络信息员制度，重新梳理了企业通讯员队伍，建立了信息网络员档案，明确了工作职责和工作内容，扩大了各企业信息的搜集面；设立了文化建设信息库，为更好地开展宣传工作和培训工作，为办好《山孚报》和《山孚企业文化园地》这两个舆论阵地提供支持。

自企业外来务工人员（农民工）建立工会后，组织员工开展了以"创建文明宿舍，争做文明员工"为内容的"双文明"活动，通过活动为外来务工人员办实事、办好事，及时帮助他们解决学习、工作、生活上的困难，引导他们加强学习，不断提高文化水平，为他们营造更好的发展空间。工会先后抽出大量经费对外来务工人员的居住环境进行改善，为集体宿舍添置洗衣机、更衣橱，购置凉席、风扇等，同时还帮助企业工会为外来务工人员建起活动室，丰富员工的业余生活，让员工有了企业如家的感觉。近年来为了深化以"创建文明宿舍，争做文明员工"为主要内容的"双文明"建设活动，每年进行"双文明"建设调研考评，听取各单位的活动情况汇报，到宿舍区察看宿舍管理和宿舍文化建设情况，对存在的问题提出整改意见。2014年集团工会还对各企业职工队伍建设情况进行了问卷调查，本次问卷调查设计题目33项，共发放问卷610份，实际回收599份，回收率98.1%。参与调查的员工填写问卷比较规范、全面，阅卷采取集中统计的方式，且要求阅卷统计人员不得参与本企业问卷的统计工作，确保问卷统计有效率达100%。问卷结束后写出问卷分析报告，并将分析报告提报给了公司董事局和有关行政部门，报告对员工思想动态、对企业管理现状的看法、职工对企业的关切度、有关工作的满意度等，作了较为深刻的分析，为企业更好地做好职工工作，加强企业管理，改善企业管理人员的工作作风，关注民意、促进职工队伍建设等提供了第一手资料，得到集团公司领导的肯定。

开展创建双文明活动现场调研

集团工会制定了职工思想动态分析、工会工作月报、职工家庭"四必访"、劳动关系预警上报、职代会提案预审、工会干部中心组读书学习等近十项工作制度，坚持用制度规范日常的工会工作。坚持民主集中制原则，做到大事讲原则，小事讲风格，始终坚持企业的重大事项通过职代会研究决定。

在集团工会的带领下，山孚集团工会一班人认真贯彻落实党的全心全意依靠工人阶级的方针，紧紧围绕企业的中心任务，突出工会的基本职能，不断创新工作方法和工作内容，充分调动工会干部和广大工会积极分子的积极性，集中精力抓大事，创新工作抓重点，较好的推动了工会的发展，工作上也取得了较好的成绩。2001年公司工会被评为全国财贸工会先进集体；2003年在工会法司法解释知识竞赛活动中，公司工会被省总授予优秀组织奖；公司工会也连续多年保持了省外经贸工会工作先进单位的光荣称号。

在今后的工作中，我们一定要加强新时期工会组织建设，落实党的群团组织工作会议精神，在上级工会的领导下，在集团公司董事局的关心支持下，努力把山孚集团工会建设成为优秀的政治性、先进性、群众性的堡垒，更好地为职工、为企业发展服务。

（山东山孚集团工会 2015年9月）

2016年
以县（市、区）商务（外经贸）局工会为平台组建外经贸企业工会联合会的思考与探索

王新强

当前，根据新形势、新任务、新要求，各级产业工会正积极探索加强产业工会组织建设，发挥产业工会作用的新途径。省外经贸工会在建立健全直属企业，市、县商务（外经贸）局工会组织的基础上，根据省总工会《关于进一步加强产业工会建设的意见》和省总工会党组书记、常务副主席刘赞杰在全省产业工会座谈会上的讲话精神，结合省外经贸系统工会实际，提出以县（市、区）商务（外经贸）局工会为平台，组建外经贸企业工会联合会的工作思路。

一、组建外经贸企业工会联合会的现实要求

组建外经贸企业工会联合会是党和国家的要求。《中国工会章程》规定，中国工会实行产业和地方工会相结合的组织领导原则。去年7月中央召开党的群团工作会议，习近平总书记在会上的重要讲话和《关于加强和改进党的群团工作的意见》，都强调新形势下党的群团工作只能加强，不能削弱；只能改进提高，不能停滞不前。法律法规规定和中央的要求，为组建外经贸企业工会联合会提供了根本遵循。

组建外经贸企业工会联合会是全总和省总工会工作部署。为加强基层工会建设，发挥基层工会作用，全总制定下发《关于新形势下加强基层工会建设的意见》，省总工会按照全总的要求，结合山东工会实际，提出《关于进一步加强产业工会建设的意见》，省总工会党组书记、常务副主席刘赞杰多次会议上对做好新形势下产业工会工作提出明确要求。全总和省总工会工作部署，为组建外经贸企业工会联合会提出具体要求。

组建外经贸企业工会联合会是形势的发展和职工的要求。当前，受外需疲软、内需不振、外经贸企业转型升级等多种因素影响，全国、全省外经贸形势比较严峻。同时，产业转型升级也给外经贸职工队伍带来诸多变化。组建外经贸企业工会联合会是顺应形势发展和广大外经贸职工的需求，有利于更好地发挥外经贸产业工会组织在促进企业发展、维护职工权益方面的作用。

组建外经贸企业工会联合会是省外经贸产业工会组织建设的需要。省总工会和省编委授权省外经贸工会负责全省外经贸企业工会工作。因种种原因，省外经贸产业工会在组织建设上存在着横向不到边、纵向不到底的问题，特别是县域内的外经贸企业工会没有纳入省外经贸产业工会组织体系，游离于省外经贸产业工会组织之外。组建外经贸企业工会联合会是建立健全省外经贸产业工会组织体系的必然要求。

二、组建外经贸企业工会联合会的可能性和必要性

发挥优势。县（市、区）商务（外经贸）局是外经贸企业的行政主管部门，与外经贸企业联系密切。随着政府机构改革、简政放权深化，组建外经贸企业工会联合会，把县（市、区）商务（外经贸）局监管企业与联合会服务企业有机结合起来，拓宽县（市、区）商务（外经贸）局简政放权后的工作领域，是政府职能转变后弥补职能空缺的有效承接。

搭建平台。近年来，省外经贸工会在建立健全直属企业和市商务（外经贸）局工会组织的基础上，积极推动县（市、区）商务（外经贸）局工会组织建设。由于领导重视、认识到位、措施得力、效果明显，到目前为止，

全省符合建会条件的县(市、区)商务(外经贸)局已基本建立工会组织,这为组建外经贸企业工会联合会创造了条件,搭建起平台。

补齐短板。县(市、区)商务(外经贸)局工会虽然组建起来了,但由于受编制、人员、经费等多方面因素的影响和制约,很难发挥作用。只有以县(市、区)商务(外经贸)局工会为平台,组建外经贸企业工会联合会,才能使县(市、区)商务(外经贸)局工会实现由机关工会向产业工会的职能转变,拓宽县(市、区)商务(外经贸)局工会工作领域;才能使县(市、区)商务(外经贸)局工会和各外经贸企业工会由独立、松散型向制约、联合型组织体系转变,发挥促进外经贸企业发展,维护外经贸职工权益的作用;才能使县(市、区)商务(外经贸)局工会与外经贸企业工会资源共享、抱团联动,破解制约县(市、区)商务(外经贸)局工会作用发挥的缺人缺钱的矛盾。

三、组建外经贸企业工会联合会的方法和步骤

争取支持,达成共识。主动向各级商务(外经贸)行政主管部门和各级地方总工会汇报征求,对组建外经贸企业工会联合会的想法和打算,争取商务(外经贸)行政主管部门和地方总工会的认可和支持。召开市、县商务(外经贸)局工会主席座谈会,深入外经贸企业调研,征求和听取组建外经贸企业工会联合会的意见和建议,调动市、县商务(外经贸)局工会和外经贸企业工会对组建外经贸企业工会联合会的积极性和主动性。

搞好试点,制定意见。在深入调研、听取意见、达成共识的基础上,年初制定下发了《山东省外经贸工会关于加强全省县(市、区)商务(外经贸)局工会组织规范化管理工作的意见》。重点加强与泰安市商务局、泰安市总工会的交流与沟通,在各方共同努力下,泰安市商务局以局党委行文,推动泰安市各县(市、区)商务(外经贸)局工会组织建设,并与泰安市总工会联合行文,制定下发《关于进一步加强全市商务系统工会组织建设的意见》,在泰安市形成商务局党委重视、总工会支持,外经贸企业参与的齐抓共管、共推共建的良好局面,省外经贸工会及时将泰安市商务局的做法转发各市商务局工会。

积极推进,规范运作。年初召开组建外经贸企业工会联合会动员会,4月初组织力量对10个县(市、区)商务(外经贸)局工会和22个外经贸企业工会进行调研,采取点对点、面对面的形式共同确定组建思路,商讨组建方法,研究组建步骤,规范组建程序,确保组建质量。5月召开组建外经贸企业工会联合会现场推进会,6月分四个片组召开组建外经贸企业工会联合会交流会,7月召开组建外经贸企业工会联合会调度会,10月对组建外经贸企业工会联合会实地督查,年终将召开组建外经贸企业工会联合会总结表彰会。

四、组建外经贸企业工会联合会的作用

在促进外经贸事业发展上发挥作用。外经贸企业工会联合会成员单位都是外向型经济,这些企业有诸多相近之处,可借联合会平台,组织所属企业工会开展职工技术创新、劳动竞赛等具有产业特色的群众性经济技术创新活动,提高外经贸职工创业、创新能力和技能素质,调动广大职工干事创业的主动性和积极性;可借联合会平台,组织所属企业间相互学习、交流、借鉴、提高,实现企业间资源共享,提升外经贸企业抱团发展的抗风险能力;可借联合会平台,组织力量对企业经营和职工队伍稳定方面重大事项进行调研,为行政当好参谋;可借联合会平台,组织职工开展"查保促"活动,做好群众性安全生产工作,促进企业安全生产。

在维护外经贸职工队伍稳定上发挥作

用。加强对外经贸系统宏观经济政策的研究分析,在涉及外经贸职工切身利益的政策规定制定时发出声音。在外经贸系统开展平等协商签订集体合同和工资集体协商工作,推动全省外经贸系统建立平等协商和集体合同制度。根据外经贸系统需求,结合职工队伍特点,开展职工教育培训,提高外经贸职工队伍整体素质。密切关注职工思想动态,为职工队伍稳定提供保证。

以县(市、区)商务(外经贸)局工会为平台,组建外经贸企业工会联合会,涉及面广、工作量大、任务艰巨,是一项系统工程,是当前和今后一个时期省外经贸工会的一项重点工作,需要认真负责、扎实推进。经过几年的不懈努力,使全省外经贸产业工会在组织建设上真正做到横到边、纵到底、全覆盖。

(作者:山东省外经贸工会主任)

在全省外经贸工会工作会议上的讲话

山东省总工会副主席　冯庆禄

同志们:

今天,省外经贸工会在这里召开2016年工作会议,深入学习贯彻党的十八大和十八届三中、四中、五中全会精神,学习贯彻习近平总书记系列重要讲话精神特别是关于工人阶级和工会工作的重要论述,学习贯彻中央、省委、全总和省总一系列决策部署,总结2015年工作,部署2016年任务。这对于团结动员广大职工为实现"十三五"规划、夺取全面建成小康社会决胜阶段伟大胜利而拼搏奋斗,促进我省外经贸平稳健康发展,具有重要意义。我代表省总工会向会议的召开表示热烈祝贺!向全省广大外经贸职工和工会干部,致以亲切的问候和崇高的敬意!

2015年,是党和国家事业发展很不平凡的一年,对于工会工作来说更是具有重要意义的一年。中央、省委先后召开了党的群团工作会议,下发了关于加强和改进党的群团工作的意见。一年来,全省外经贸工会各级组织,在同级党委和上级工会的正确领导下,牢固树立"为职工群众维权、为改革发展添力"的理念,在围绕中心服务大局方面彰显作为,在全心全意服务职工方面履职尽责,在加强基层组织建设方面改革创新,各项工作取得了新进展新成效,得到了有关方面的肯定,扩大了产业工会的影响。

2016年是实施"十三五"规划、夺取全面建成小康社会决胜阶段新胜利的开局之年,也是着力推进结构性改革的攻坚之年。对于工会来说,更是在全总改革试点基础上,全面启动工会改革的一年。面对新的形势任务,全省外经贸工会各级组织必须按照中央书记处关于2016年工会工作的重要指示精神,抓住机遇、勇于担当、乘势而上,努力开创产业工会工作新局面。下面,我就贯彻落实省总工会十四届六次全委会议的部署和尹慧敏主席、刘赞杰常务副主席的重要讲话精神,做好今年工会工作,讲几点意见。

一、要把统一思想行动、坚持正确方向的工作做实做好

工运事业是党的事业的重要组成部分。衡量工会工作做得好不好,关键看工会组织能不能承担起引导职工群众听党话、跟党走

的政治任务，为夯实党执政的阶级基础和群众基础作出贡献。这就要求我们必须把思想和行动统一到中央、省委的重大判断和决策部署上来，始终坚持正确政治方向。

第一，要着重加深对五大发展理念的理解和把握。党的十八届五中全会谋划了"十三五"经济社会发展的宏伟蓝图，鲜明提出了创新、协调、绿色、开放、共享五大发展理念。这一重大理论创新，是对马克思主义发展观的进一步丰富和发展，为决胜全面建成小康社会提供了强大思想武器。学习贯彻五中全会精神，要牢牢抓住五大发展理念这一灵魂和主线，并落实到工会全部工作中去。对于工会来说，践行创新发展理念，重在引导职工创新创业、推动工会改革创新；践行协调发展理念，重在全面履行工会职责、加强统筹形成合力；践行绿色发展理念，重在动员职工节能减排、共享绿色低碳生活；践行开放发展理念，重在对内实行开门办会、对外讲好中国故事；践行共享发展理念，重在尊重职工主体地位、共建共享发展成果。

第二，要着重加深对习近平总书记系列重要讲话精神的理解和把握。党的十八大以来，以习近平同志为总书记的党中央紧紧围绕坚持和发展中国特色社会主义这个主题，形成了一系列治国理政新理念、新思想、新战略，为新形势下推进党和国家各项事业发展提供了行动指南和根本遵循。各级工会干部一定要充分认识学习贯彻习近平总书记系列重要讲话精神的重大意义，以更加坚决的态度、更加有力的举措、更加完善的制度，不断把学习贯彻工作引向深入。要按照党中央部署，组织开展好"学党章党规、学系列讲话，做合格党员"学习教育，不断加大学习宣传、研究阐释力度，深刻领会把握科学内涵和精神实质。尤其要在思想上划清中国特色社会主义工会发展道路和西方工会理论的界限，增强政治定力，践行"三性"要求。

第三，要着重加深对经济发展新常态的理解和把握。在中央经济工作会议上，习近平总书记就新常态下"怎么看"、"怎么干"作了进一步阐释，为我们认识新常态、适应新常态、引领新常态，寻求新突破、积聚新动能、实现新发展，进一步指明了方向。工会工作要在大局下思考、在大局下行动，必须不断深化对经济发展新常态的认识，深刻领会"三期叠加"、"十个更加注重"、五大政策支柱、"三去一降一补"、加强供给侧结构性改革等重要论述，引领和推动工会工作与时代同步、与大局合拍。必须深入思考新常态下工会工作怎么干的问题，更加注重调查研究，高度关注化解过剩产能、结构性改革中职工生产生活遇到的新情况新问题，了解真实情况，加强综合研判；更加注重源头参与，主动参与涉及职工的政策措施制定，反映职工诉求，维护职工权益；更加注重宣传引导，积极引导广大职工坚定发展信心、调整心理预期、提升技能素质、适应新的要求。

二、要把凝聚智慧力量、助力强省建设的工作做实做好

落实"一个定位、三个提升"的要求，加快建设经济文化强省，实现"十三五"规划目标，确保我省在全面建成小康社会进程中走在前列，是当前和今后一个时期全省工作的大局。工会工作必须紧紧围绕这个大局来谋划、部署和推进。

第一，要围绕强化创新第一动力作用，着重深化职工技术创新竞赛。习近平总书记强调，"创新是引领发展的第一动力。抓创新就是抓发展，谋创新就是谋未来。"深入实施创新驱动发展战略，需要强化企业在技术创新中的主体地位，需要发挥职工在技术创新中的主力军作用。各级工会要始

终把职工技术创新摆在服务发展全局的核心位置,以职工技术创新竞赛活动为重要载体,充分激发广大职工的创新活力和创造潜能。深化职工技术创新竞赛,要立足于企业工作实际,适应企业转型升级的需要,针对生产运行中的重点难点问题,组织职工开展技术革新、揭榜攻关,助推企业提升技术水平和核心竞争力。要立足于职工岗位特点,鼓励引导广大职工围绕改进工艺流程、提升质量效率、促进节能减排、防范安全风险等,多提合理化建议,多搞适用型创新。要立足于工会职能优势,着重加强职工创新团队建设,发挥劳模创新工作室的人才集聚和成果孵化作用;着重加强激励机制建设,调动广大职工的创新创造热情;着重加强成果推介平台建设,推动职工创新成果加快向现实生产力转化。

第二,要围绕强化人才第一资源作用,着重深化职工素质建设工程。人才是最宝贵的资源。转方式调结构,推进结构性改革,落实中国制造2025山东省行动纲要,实现从制造业大省向制造业强省的跨越,都离不开高素质职工队伍的强力支撑。引导和帮助职工提升素质特别是技能素质,既是一项系统工程,更是一项长期任务。在这项工作中,工会组织要积极参与配合,发挥独特作用。要围绕提高职工队伍的思想道德素质,不断深化中国特色社会主义和中国梦宣传教育,积极培育和践行社会主义核心价值观,切实加强以职业道德为重点的"四德"建设,大力弘扬劳模精神、劳动精神。要围绕提高职工队伍的科学文化素质,教育引导职工树立终身学习的理念,充分发挥"职工书屋"、工会电子阅览室等作用,广泛开展职工读书活动。要围绕提高职工队伍的职业技能素质,加强与有关方面协作配合,推动构建职工教育培训立体化网络,充分发挥职工网上学习系统、职业技能竞赛、劳模创新工作室、职工大讲堂等平台作用,组织引导广大职工立足岗位学技术、提升技能展作为。

第三,要围绕强化群众监督第一防线作用,着重深化"查保促"活动。这项工作经过全省各级工会两年多的探索和实践,取得了很好的成效,体现了服务经济发展、促进社会稳定、维护职工权益的有机统一,也得到了各级党政的高度重视和企业、职工的普遍欢迎,并纳入了全省安全生产监管体系。2月27日,以省政府名义在齐鲁石化集团公司召开现场推进会,总结交流经验,推动深化发展。各级工会要认真贯彻落实省政府会议、文件精神,按照这次省总全委会议的工作部署,把这项工作牢牢地抓在手上,进一步加大推进力度,完善工作方案,精心组织实施,推动"查保促"活动全员化、常态化、长效化发展,努力促进全省安全生产形势持续稳定好转。

三、要把推进改革创新、保持增强"三性"的工作做实做好

破除机关化、行政化、贵族化、娱乐化这"四化",保持和增强政治性、先进性、群众性这"三性",是党中央对群团、对工会提出的明确要求,更是加强和改进工会工作的努力方向。要落实好中央的要求,增强工会组织和工会工作的政治性、先进性、群众性,根本出路在改革,根本动力在创新。

第一,增强机遇意识,做改革创新的促进派。2015年11月,中央批准了全总机关改革试点方案,要求全总用一年时间完成改革试点任务,取得可复制可推广的经验。这标志着群团改革在国家层面迈出了实质性步伐。对于全总和各级工会来说,既是挑战,更是机遇。工会改革是全面深化改革的一项具体内容,更是工运事业创新发展的内在要求。各级工会干部特别是领导干部一定要把思想和行动统一到中央的部署要求上

来，满腔热情地参加到改革行列中来，勇于自我革新，勇于开拓创新，争做改革的促进派、创新的先行者。

第二，坚持问题导向，做改革创新的实干家。坚持问题导向，既是一种思维方式，又是一种工作方法，贯彻了实事求是的思想路线，体现了攻坚克难的魄力和勇气。问题是改革的导向，更是改革的着力点和突破口。工会改革创新，必须聚焦脱离职工群众这一最大风险，聚焦习近平总书记指出的"四化"问题种种表现，聚焦制约工会工作创新发展的重点难点问题，分门别类地建立问题台账，深入细致地分析症结所在，有的放矢地制定改革措施，一项一项地分解落实责任，确保改到点子上、革到要害处、起到真作用。

第三，强化责任担当，做改革创新的践行者。工会改革创新能不能取得实效，落实责任是关键，勇于担当是保证。要有从严从实的作风，加强工会系统党的建设，践行"三严三实"要求，并贯穿到工会改革创新的全过程，从严从实谋划改革创新思路，从严从实推进改革创新实施，从严从实检验改革创新成效。要有创先争优的精神，牢固树立看齐意识，自觉与先进对标、向榜样看齐，在改革创新中干在实处、走在前列，在培植亮点、打造品牌中勇做标杆、争创一流。

同志们，决胜全面建成小康社会，赋予工人阶级和工会组织更加光荣而艰巨的使命。我们一定要在省委、全总的坚强领导下，以中央、省委党的群团工作会议精神为指引，全面履行职责，锐意改革创新，更好的组织职工、引导职工、服务职工、维护职工合法权益，努力把产业工会工作做得更加扎实、更有成效，动员组织广大职工为加快推进经济文化强省建设、实现"十三五"良好开局作出新的更大贡献。

（2016年3月7日）

在全省外经贸工会工作会议上的讲话

山东省商务厅机关党委专职副书记　李群力

同志们：

首先对召开全省外经贸工会工作会议表示祝贺！

很高兴有机会再次参加全省外经贸工会工作会议。过去的一年在省总工会领导下，省外经贸工会积极工作，大胆创新，许多工作走在了全省乃至全国前列，这对进一步总结工作、部署任务具有重要意义！在座的大都是各市、县商务主管部门工会负责同志和外经贸企业工会主席等，就工会工作，主要听冯主席和王主任讲，而且与会同志也是专家，讲机关工作离大家太远，我还是侧重介绍一下全省商务工作面临的形势和任务。当前全省乃至全国、全球经济形势严峻复杂，有些东西也很难研判，下面我把近期省厅当前商务形势的有关情况向大家作简要汇报，不当之处请大家批评指正。

一、2015年商务工作回顾

过去的一年，面对严峻复杂的国际国内经济形势，全省商务系统在省委省政府坚强领导和各级各部门的大力支持下，迎难而上，开拓进取，全力打好稳增长调结构主动仗，全省商务工作呈现出稳中有进、稳中向好的态势。全年货物进出口2417.5亿美元,其中出口1440.6亿美元,占全国出口的份额提高了0.15个百分点;服务进出口341.7亿美元,增长15%;实际到账外资163亿美元,增长7.3%;实际对外投资57.8亿美元,增长31%;对外承包工程营业额107.7亿美元,增长10%;派出各类劳务人员60764人,增长1.4%;预计社会消费品零售总额增长10.5%左右。

二、当前形势分析

当前,商务发展既面临许多机遇和有利因素,也面临一系列严峻挑战,呈现阶段性特征。

(一)对外贸易方面,世界经济持续低迷,全球贸易难有明显恢复,但我省出口占全国份额将保持稳定,结构趋于优化。

去年以来,世界经济增长放缓,国际市场需求萎缩、大宗商品价格下跌,全球贸易持续低迷。美国、欧盟、日本等主要经济体进出口均出现不同程度下降。去年全国制造业PMI(采购经理指数)降至49.6%,创3年来同期最低水准;反映海运需求的BDI(波罗的海指数)11月份跌至498点,为历史最低点,反映内外需仍处低迷状态。

据国研中心和商务部的最新分析报告,自2012年以来,全球贸易增速持续低于全球GDP增速,世纪贸易组织预计,2016年全球贸易增速为3.9%左右,仍将低于1990年以来的平均水平。特别是当前国际规则体系面临深刻变革,发达国家致力于制定新的国际贸易投资规则,试图增加新兴经济体和发展中国家的发展成本,占领未来国际竞争制高点。受国际大环境影响,2016年我国外贸进出口增速难有明显起色。

(二)利用外资方面,跨国公司的引资竞争日趋激烈,同时我省在引进大项目、引领中高端利用外资上已具备一定基础,建立了一批有效的对外交流合作机制平台。

当前,国际产业分工功能布局发生深刻变化,国际产业转移也呈现新的特点和趋势,针对跨国公司的引资竞争日趋激烈。国际上发达国家吸引中高端制造业回流,替代部分跨境贸易和投资;东南亚、中东欧一些发展中国家复制中国30年开放之路,吸引低端制造业加速转移,对我们传统引资优势带来重大挑战。另一方面,据《中国欧盟商会商业信心调查2015》显示,有58%的欧洲企业把中国列为主要投资市场,中国—美国商会的调查显示,超过60%的会员将中国列为全球优先投资目的地前三位或首位,这显示我们当前在利用外资上仍处于重要战略机遇期,与500强合作仍具有大量机会。

同时,我省在扩大利用外资规模、提升利用外资质量效益上也形成了扎实基础。围绕先进制造业,引进了一批以信息、汽车、工程机械为代表的中高端大项目;围绕现代服务业,重点突破金融服务业利用外资,在我省投资的500强企业中,以服务业为主的企业占29.3%,近三年我省金融服务与利用外资年均增长1.4倍。另外,积极参加中美省州合作机制;与跨国公司合作机制成果丰硕,我省与三菱企业集团、华润集团、三井物产、伊藤忠、西门子、现代汽车等10多家世界500强企业建立了战略合作关系。综合分析,利用外资机遇与挑战并存,总体机遇大于挑战。

(三)国际产能合作方面,在保持优势、加快发展的同时,也面临保障境外投资安全、提高境外投资效益的迫切要求。

近年来,我省"走出去"主要指标居全国前列,国际产能合作为我省"腾笼换鸟"拓展空间,在境外形成年产6400万件(套)各类服装、1500万台家用电器,500万条橡胶轮胎、120万立方木制品的生产能力。境外资源合作开发对全省资源保障能力不断提高,目前我省企业拥有境外资源权益量铁矿185亿吨、煤矿174亿吨、钾盐矿24亿吨、铝土矿12.6亿吨、铜矿615万吨,种植棉花

36万公顷、粮食7万公顷、天然橡胶5.2万公顷。

但另一方面，我省企业走出去的层次还不够高，技术、标准、服务走出去较少；走出去对全省结构调整和产业升级的带动作用有限；有的海外管理经验不足，对海外项目实施缺乏有效管控。另外，企业走出去面临的外部市场风险增加，在一些地区还面临政治、战争、暴乱、恐怖袭击等因素影响，保障境外投资安全、提高境外投资效益的要求更加迫切。

（四）商贸流通方面，消费增长将保持总体平衡，商业模式创新和消费升级步伐加快，倒逼提升有效供给水平。

据国研中心分析报告，从消费动力来看，制约目前中国消费增长的主要因素是消费供给的质量和诚信问题，如果消费环境得以改善，消费仍有较大增长空间；从消费结构来看，传统日用品消费增长基本稳定，新技术、新产品、新业态催生新的消费热点。

近年来，我省消费品市场稳定增长，零售总额连续18年在全国排名第二位。但也存在一些突出问题，商业模式创新不够，电子商务发展滞后，阿里巴巴数据显示，我省企业和个人在其平台开设网店仅约30万家，而广东、浙江分别为200万家、100万家；广东省通过网络向省外销售额与从省外购进额的比例为3.4:1，浙江为2.2:1，我省为1:2，浙江顺差2448.8亿元，我省逆差540亿元。物流信息化建设水平低，物流成本较高，2014年我省社会物流总费用与GDP的比率为16.2%，比广东、江苏分别高1个和1.3个百分点。

三、下步工作意见和建议

面对机遇和挑战，按照省委、省政府决策部署，坚持问题导向，加大工作力度，全力做好各项工作。

一是加快山东自由贸易试验区的申建及自贸区试验成果复制推广工作，打造山东对外开放新平台。把这项工作作为今年的工作的重中之重，通过自贸区申建及复制推广工作，一方面通过先行先试，完成国家层面的改革试验任务，推进政府职能转变和投资贸易金融体制改革，另一方面立足山东比较优势，突出山东创新特色，重点在中日韩区域经济深度合作、高端制造、海洋经济、金融创新、现代农业、文化贸易等方面，深化体制机制和制度创新，以山东自贸区的申建，打造山东开放新平台，带动全省在更高水平上的扩大开放，塑造开放型经济发展新优势。

二是发挥消费对经济增长的基础作用，进一步释放消费潜力。顺应消费升级的新需求，加快供给侧结构性调整，瞄准国际标准和细分目标市场，完善营销网络建设，引领消费新需求，培育消费新动力。推动互联网与传统商业的深度融合，加快商业模式创新，大力发展新型业态，激发居民消费需求。落实省政府与阿里巴巴集团战略合作协议，推进农村淘宝项目建设；举办"电商节"等活动，组织电商平台、网上商城、网店与线下企业全面对接，开辟鲁货销售专区，扩大鲁货网上销售规模，促进"鲁货天下行"。

三是强化与世界500强企业的战略性合作，助推全省产业结构调整和优化升级。落实山东省深化与世界500强合作行动方案，突出招商引资的质量和效益，坚持引资、引技、引智并重，在引进资金的同时，更重要的是吸收国际投资承载的技术创新能力、先进管理经验以及高素质人才。利用外资并购、融资租赁、基金股权投资等有效方式，积极推进专业化、定制式招商。充分发挥开放区的载体作用，加快园区体制机制创新步伐，增强对世界500强高端项目的吸引力和承载力。

四是不断优化外贸结构，提升对外贸易的国际竞争力。进一步落实国家和省里关于外贸稳增长调结构的各项政策措施，建立各部门各负其责、齐抓共管的工作格局。加快商业模式创新,鼓励跨境电子商务、市场采购贸易、外贸综合服务企业等新型贸易方式发展,形成推动外贸持续发展的新增长点。推动企业加快转调创步伐,实施出口品牌战略,扩大高新技术、高附加值、高效益产品出口,引导加工贸易转型升级,促进产业向价值链高端延伸。

五是深化国际产能合作,通过走出去拓展经济发展空间。积极对接"一带一路"等国家战略,支持有条件的企业加强联合,抱团出海,加快国际产能合作。推动企业不仅到发展中国家和地区,而且勇于利用发达国家和地区的优质资源,整合全球价值链,通过走出去一方面引进国外品牌、技术促进省内产业转型升级,另一方面为省内产业结构调整腾出更大空间和回旋余地。

(2016年3月7日)

第六篇　文体活动

山东省外经贸工会及所属单位工会历年组织的文体活动.................325
1990年—2000年.................325
2010年—2016年.................335

山东省外经贸工会及所属单位工会历年组织的文体活动

概述 组织广大职工开展丰富多彩的文体活动,是山东省外经贸工会和所属各单位工会的一项重要工作,两级工会非常重视组织开展群众性的文体活动,每年都举行职工运动大会、文艺汇演、演讲比赛、各种知识竞赛、春游登山、足球比赛、篮球比赛、乒乓球比赛、羽毛球比赛、棋类比赛等活动,它既活跃了各单位职工业余文化生活,陶冶了职工情操,又推进了企业文化建设和精神文明、物质文明建设,对建立和谐企业,促进企业科学发展起到了举足轻重的作用。

1987 年—2000 年

1987 年

4月30日,在1987年六省市外经贸系统首届职工书法比赛中,山东外贸系统获奖情况如下:翁颖伦、任全春、王炳华获得二等奖;朱志斌获得三等奖;仇方锦、黄润清、秦利德、赵振松、高明获得优秀奖。

1990 年

3月31日,山东省外贸职工体育协会向省外贸驻青各单位、各市外贸局转发中华全国总工会、国家体委《关于开展职工体育运动暂行办法纲要》、《基层厂矿、企业、事业、机关体育协会章程(试行)》等文件并要求参照执行。

1991 年

4月,省外经贸工会举行外经贸职工文艺汇演,有24个单位61个节目参加汇演。

6月27日,山东省外贸系统举行庆祝"七一"歌咏大赛,进行了六千人大合唱,山东电视台等十几家新闻媒体作了报道并受到省领导好评。

6月28日,中化山东进出口公司在青岛

卷烟厂礼堂举行了建党77周年职工歌咏比赛。

7月20日,中化山东进出口公司在青岛市海泊河体育场举行了1991年职工体育运动大会。

12月,举行外贸系统文艺汇演,共有280名演员参加。评选出59个获奖节目。精选部分获奖节目,赴济南给省领导和省直单位进行了慰问演出,受到广泛好评。

山东省机械进出口公司足球队获得青岛市1991年甲级队联赛第一名。

山东省机械进出口公司足球队在全国乙级队升级大赛获得第三名。

12月28日,中化山东进出口公司在青岛市少年宫举行了1991年职工文艺汇演。

1992年

3月8日,中化山东进出口集团公司工会举办了本公司女职工"学先模、做主人、讲奉献"演讲比赛。

3月24日,山东省轻工业品进出口公司工会举办了第七套广播体操骨干培训班。

1991年12月1日—1992年3月10日,中国对外贸易运输公司山东省分公司开展了防火安全百日竞赛活动。

4月28日,山东省食品进出口公司工会组织举行了年度汽车驾驶员理论知识考核活动。

5月11日—18日,由山东省畜产进出口公司组成的桥牌队代表省外经贸委参加在北京举行的"首届经贸杯"全国桥牌比赛,获得第七名,并进入全国经贸系统甲级队行列。

5月24日,为纪念毛主席在文艺座谈会上的讲话发表五十周年,中化山东进出口集团公司工会举办了本公司职工卡拉OK大奖赛。

5月24日,山东省畜产进出口公司举行了首届职工卡拉OK"十佳"大奖赛。

6月,山东省五金矿产进出口公司工会组织举办了学习《工会法》知识抢答赛。

1月1日—6月30日,山东省纺织品进出口公司工会组织开展了"十赛十比创十杯"劳动竞赛活动。

7月12日,山东省对外经贸系统驻青单位第二届老年人运动会在中国海洋大学体育场举行,有21个单位600多名运动员参加了19个项目的比赛。省土产进出口公司、省粮油进出口公司、省食品进出口公司分别获得团体总分前三名;有11个单位获得精神文明代表队。

7月16日,山东省工艺品进出口公司工会举行了《企业法》《工会法》《妇女权益保障法》知识竞赛。

7月20日,山东省粮油进出口公司工会组织举行了新《工会法》知识竞赛。

8月10日,山东省对外贸易总公司举办了公司职工硬笔书法比赛。

8月,临沂地区对外贸易局举行了对外贸易基础知识电视大奖赛。

9月,山东省对外经贸系统驻青单位职工体育运动会在青岛第一体育场举行。省畜产进出口公司获得团体第一名,省粮油进出口公司获得团体第一名。

9月,潍坊市对外贸易局工会举行了首届工会理论研讨会。

9月30日,对外经济贸易部青岛疗养院工会主办了本院庆功表彰文艺演出会。

10月6日,山东省对外贸易集团有限公司举办了职工英语演讲、打字和笔译为内容的英语知识竞赛。

11月10日,山东省纺织品进出口公司工会组织举行了"省外纺学习中共十四大文件和《工会法》知识抢答赛"。

11月,山东省外经贸工会举行了"省经

贸委驻青单位《工会法》知识竞赛"。

12月12日,山东省对外贸易总公司举办了职工计算器、外贸财会制度考核和会计账簿登记为内容的财会专业知识与技能竞赛。

1993年

1月,山东省医保进出口公司举办了职工春节联欢会。

2月6日,山东省对外贸易总公司举办了职工元宵节猜谜活动。

3月8日,山东省粮油进出口公司举行了女职工庆三八座谈会和跳棋比赛。

3月8日,潍坊市对外经济贸易委员会工会举办了"三八"妇女节联谊会。

3月,山东外贸学校举行了女工书法比赛。

3月8日,山东省五矿进出口公司举行了庆祝"三八"妇女节女职工书法比赛。

4月16日,山东省五矿进出口公司举行了职工体育运动大会。

4月22日,中国包装进出口山东公司举行了第十三届职工田径运动会。

4月30日,潍坊市对外经济贸易委员会工会举办了庆祝"五一"联欢会。

4月30日,山东省对外贸易总公司举行了职工"做主人、爱祖国、爱公司"歌咏比赛。

5月,山东省医保进出口公司举办了职工五一游艺会。

5月,山东省特艺品进出口公司举办了职工钓鱼运动会。

6月10日,山东省外经贸代表队参加青岛市职工1993年"银星杯"乒乓球大赛获得男子团体亚军。

6月26日,中粮山东粮油进出口公司工会与团委联合举办了庆七一"红心向党"歌咏比赛。

7月1日,山东省对外贸易总公司举行了"党在我心中"七一文艺演唱会。

7月2日,中粮山东粮油进出口公司举行了第十八届职工体育运动大会。

7月15日—22日,在青岛举行了第七届全运会"山东外运杯"青岛赛区男足预选赛,七支队参赛,山东队以不败的战绩获得赛区冠军。

8月,山东省医保进出口公司、省外贸学校先后举行了职工运动会。

9月中旬至月底,山东省对外贸易总公司举办了职工迎国庆书法比赛和摄影比赛。

9月30日,山东省对外贸易总公司举行了职工国庆联欢会。

10月,山东省五矿进出口公司组队参加五口岸五矿公司职工卡拉OK比赛,获得团体第二名。

11月20日,中国包装进出口山东公司在本公司礼堂举办纪念毛泽东同志诞辰100周年书画摄影展,省外经贸委领导米永法、苗世楷、仲崇德、省外经贸工会主任丛毅富等应邀出席。

12月24日,中国包装进出口山东公司举行了职工"纪念毛泽东诞辰百年演唱会"。

12月24日,山东省特艺品进出口公司举办了职工纪念毛泽东同志诞辰100周年歌咏大赛。

12月26日,山东省外经贸工会在青岛市人民会堂举办山东省驻青外经贸系统纪念毛泽东同志诞辰100周年大型文艺晚会。省外经贸委党政领导王春涛、张仁祺、刘国栋、苗世楷、任学春、省外经贸工会主任丛毅富和1800名外贸职工一起观看演出。

12月26日,德州外经贸工会举办了德州外经贸系统纪念毛泽东同志诞辰100周年诗歌朗诵会。

12月26日,山东外贸学校举行了纪念毛泽东诞辰100周年歌咏比赛。

12月26日,山东省医保进出口公司举

行了纪念毛泽东诞辰100周年演唱会。

1994年

4月23日,中国烟草山东进出口公司组织职工训练学习健美操。

5月12日和17日,中国烟草山东进出口公司分两批组织职工春游活动,游览了崂山仰口、太清宫风光和参观了李村的"惊险世界"。

6月8日,潍坊市外经贸工会举办了全系统"中基杯"交谊舞比赛。

7月1日,中国烟草山东进出口公司举行了职工"歌唱党,歌唱伟大的社会主义祖国"演唱会。

9月18日—19日,"九四"山东省对外经贸系统驻青单位职工体育运动会在青岛第一体育场举行。经贸部副部长刘山在、副省长宋法棠、省总工会副主席李庶聪、青岛市委副书记徐世甫、省外经贸委主任王春涛等领导应邀出席开幕式。本次运动会共有29个单位800余名运动员参加了87个项目的比赛。经过两天的比赛,有3人两次刷新了省外经贸系统记录,省食品进出口公司获得甲组团体总分第一名,省机械进出口公司获得乙组团体总分第一名,有20个队获得"精神文明奖"。

9月29日,青岛市外经贸委工会举办了庆祝中华人民共和国成立45周年歌咏比赛。

9月29日,中国烟草山东进出口公司举办"迎国庆主人翁与市场经济知识竞赛"。

10月,山东省对外经贸系统工会职工代表队参加由青岛市总工会、青岛市体育运动委员会举行的青岛市第29届职工运动会,获得直属系统团体总分第二名,体育道德风尚代表队,入场式最佳表演队,优秀宣传报道队。

11月5日,中国烟草山东进出口公司在青岛市第二体育场举行了第八届职工运动会。

12月29日,中国烟草山东进出口公司举行了庆祝公司成立十周年及"两节"文艺晚会。

1995年

2月14日,中国烟草山东进出口公司在公司多功能厅举办了职工元宵灯会。

3月,为庆祝三八国际妇女劳动节,山东省国际贸易展览公司工会举办了以"爱心、奉献、家庭"为主题的女职工摄影作品展。

3月,山东省轻工业品进出口公司在职工中开展了劳动法智力答卷比赛活动。

5月16日,中国烟草山东进出口公司组织全体职工春游,参观了青岛卷烟厂和游览了湛山寺。

5月25日—8月3日,举行了山东省对外经贸系统加省商检局、中信青岛分行、青纺联、青岛日报社、朝阳(香港)公司等共19支球队参加的"管理效益杯"暨第二届"跨世纪青年杯"足球比赛。

5月,为庆祝"六一"国际儿童节,中国包装进出口山东公司举办了"美好生活"儿童书画展。

5月,山东省五金矿产进出口公司工会举行了1995年职工篮球赛。

7月31日,中国烟草山东进出口公司组织复员军人去胶南参观亚洲第一大军港及导弹驱逐舰。

8月初至15日,山东省经贸国际运输公司工会在全体职工中开展了"纪念抗日战争胜利50周年有奖征文"活动。

8月31日,山东省粮油进出口公司工会举行了业务员(95)英语演讲比赛。

9月2日—10月23日,举行了山东省对外经贸系统"跨世纪青年杯"足球赛,比赛共有14支队,300多名球员参加比赛。

9月16日—22日，全国外经贸系统文艺调演在北京举行。全国33个省市自治区外经贸委（厅）的36支代表队近千名演职员，带着65个节目参赛。山东省外经贸委代表队参赛的三个节目全部获奖，其中：女声表演唱《七个好姐妹》获得表演一等奖，创作二等奖；京剧反串获表演二等奖；小品《一封未发出的信》获得表演三等奖，创作一等奖。

9月28日，中国烟草山东进出口公司举行了职工"迎国庆，百首歌曲卡拉OK歌咏比赛"。

9月，临沂市外贸局工会举办了"九五"迎国庆篮球友谊赛。市直8支代表队参赛，市外贸轻工公司代表队获得第一名。

10月11日，中国烟草山东进出口公司举办"企业发展我发展，我与企业共兴衰"演讲会。

10月18日，中国包装进出口公司山东公司举办纪念抗日战争五十周年美术书法摄影展，省外经贸委和省外经贸工会及各直属单位工会领导50余人应邀参观展览。

10月21日，济南市外经贸委在市外贸中心举行了外经贸知识竞赛。17个单位代表队参赛，市外贸包装公司代表队获得第一名。

11月3日，中国烟草山东进出口公司举行了职工运动会。

1996年

为了提高全省外经贸系统田径裁判人员的业务水平，3月省外贸工会在海牛体育培训中心举办了裁判员培训班。全系统118名田径裁判员参加了为期3天的培训。

3月8日，中国包装进出口公司山东分公司工会举行了庆祝"三八"国际妇女节联欢会。

"三八"节期间，山东文体进出口公司举行了"妇女权益保障法"知识竞赛。

3月29日，山东省医保进出口公司工会在青岛市第二体育场举行了职工乒乓球比赛。

4月13日，山东省外经贸工会在山东省文体进出口公司召开会议，专题研究安排"1996年省外经贸系统职工体育运动会"和乒乓球、篮球比赛有关事宜。

5月12日—15日，山东省对外经贸系统驻青单位职工体育运动会乒乓球比赛在山东外贸汇荣培训中心举行。有16支代表队近百名运动员参加了比赛。经过三天164场的角逐，最终，省物产进出口公司代表队和省外运公司代表队分别获得男子团体和女子团体冠军；省物产进出口公司李业增和省粮油进出口公司尹爱秋分别获得男子单打和女子单打冠军。

5月17日，聊城地区外经贸工会举行了地直外贸第五届职工演讲比赛。

5月至6月，为迎接省外经贸系统职工运动会的举行，省食品、粮油、畜产、物产、工艺、外运、五矿、机械、包装、服装、抽纱、设备、医保、国贸运输公司，城阳食品总厂等单位先后举行职工运动会。

5月，山东省物产进出口公司职工足球队代表山东省参加全国第三届工人运动会，在南京赛区获得亚军并取得了8月份在广州8强决赛权。

7月13日—14日，"1996"山东省对外经贸系统驻青单位职工体育运动会在青岛第一体育场举行，共有30个单位700余名运动员参加了87个项目的比赛，观众达12000多人。经过两天的比赛，有19个单位获得了体育道德风尚奖；省粮油进出口公司获得团体甲组第一名，中国抽纱山东公司获得团体乙组第一名；获得广播操一等奖的代表队是：外贸畜产、外贸包装、外运公司、国际运输、外贸粮油；省物产进出口公司获得乒乓球男子团体第一名，省外运公司获得乒乓球女子团体第一名；省医保进出口公司获得男篮第一名，省文体进出口公司获得女篮第一名。

9月18日—20日，首届全国外经贸系统职工运动会在北京国家奥林匹克体育中心举行，山东省外经贸委派出34人的代表队，大家发扬了"团结、友谊、拼搏、奋进"的精神，经过奋力拼搏共获得了"最佳组织奖""团体总分第一名""男子团体总分第一名""女子团体总分第二名"4个奖杯。

9月，山东省物产进出口公司乒乓球代表队参加青岛市"李沧国税代理杯"乒乓球赛，获得男子普通组团体冠军和个人冠、亚军并获得体育道德风尚奖。

9月26日，山东省轻工进出口公司举行了以弘扬中华民族精神，歌颂祖国，歌颂人民，展示公司职工团结、进取风采的演唱会。

9月，山东省外经贸选送的职工作品，在省直机关"庆国庆，迎回归"书画比赛中，分别获得一、二等奖和优秀奖7个。

10月，国庆节期间，山东经贸国际运输公司工会组织全体职工开展了"祖国在我心中"有奖征文活动和硬笔书法比赛。

山东省第十八届行业职工运动会在枣庄市体育中心举行。省外经贸委代表队获得田径团体总分第三名、足球第二名、象棋第五名、桥牌第七名和组织奖。

10月22日，中国包装进出口公司山东分公司举办了"纪念红军长征胜利60周年职工硬笔书法展览"。

11月，山东省外贸总公司举行了"让精神文明之花处处开"演讲比赛。

11月14日，山东省五金矿产进出口公司在青岛铁路职工体育活动中心举行了职工乒乓球比赛。

12月11日，外经贸文体工作委员会发文，在《团结协作展风采 艰苦奋斗奏凯歌》——首届全国外经贸系统职工运动会工作总结中，对山东省外经贸开展群众性体育活动给予很高的评价"特别是山东省外经贸委，十分重视群众性体育活动的开展，其运动会规模之大、组织水平之高居全国外经贸系统前列。"

山东省外经贸委代表队，参加省政协举办的"泉景杯"演讲诗歌朗诵比赛并获得一、二、三等奖和组织奖。

山东省外经贸代表队参加了全省"祖国在我心中"职工演讲比赛并获得一等奖。

山东省外经贸工会组织参加外经贸部文艺汇演获得5个奖项。

1997年

5月，山东省外经贸工会选送的4件书画作品，参加"全国外经贸系统职工书画展"分别获得一、二、三等奖和荣获组织优胜奖。

6月10日，山东省外经贸工会主任丛毅富和部分直属单位工会主席应邀出席由中化山东进出口集团公司和中国包装进出口公司山东公司联合举办的"庆七一、迎回归"书画展开幕式。

6月，山东省外经贸系统举办了"庆七一，迎回归"文艺汇演。最终评选出4个特别节目奖，12个一等奖，11个二等奖，16个三等奖，2个最佳组织奖，14个组织优胜奖。

10月21日—23日，在由山东省总工会女职工委员会组织的全省女职工"双文明竞赛"演讲比赛中，山东省外经贸工会获得组织奖，选送的山东省畜产进出口仓储实业公司业务员张倩获得二等奖。

1998年

4月，为参加省直机关第七届运动会，省外经贸委成立了领导小组，省外经贸委副主任刘国栋任组长，省外经贸委副主任张明全、省外经贸工会主任丛毅富任副组长，省外经贸工会副主任张桂香为小组成员兼办公室负责人，省外经贸工会邱伟为竞赛组组长。

5月17日，山东省纺织品进出口公司在青岛第一体育场举行的第十五届职工运动大会。山东省外经贸工会主任丛毅富和宣教文体部部长邱伟应邀出席。

1999年

2月9日，中国烟草山东进出口公司举办了职工迎春联欢会。

5月7日，山东省对外贸易集团有限公司在青岛市弘诚体育场举行了职工体育运动大会。

山东省外经贸工会组队参加山东省政协举办的"泉景杯"演讲比赛，获得一、二等奖各1个，三等奖8个并荣获组织奖。

山东省外经贸工会组织参加全省"祖国在我心中"职工演讲比赛获得一等奖。

山东省外经贸工会组织参加省直机关"庆国庆，迎回归"书画比赛，有12人的13幅作品参赛，获得一等奖3个，二等奖2个，优秀奖7个，有两人作品入选省直机关书画画册。

12月，山东省外经贸工会组织了省外贸系统职工参加的"面向新世纪"歌咏大赛。

2001年

7月1日，山东省五矿进出口公司举行庆祝建党80周年表彰演唱会。

11月山东省外经贸工会在全系统开展了"新世纪，新起点，新形象"职工演讲比赛活动，共有16个单位27名职工参赛，最后，评选出7名最佳演讲员。

2002年

在山东省第四届职工运动会古城杯乒乓球比赛中，中国外运山东公司张军获得男子单打冠军。

在山东省第四届职工运动会天齐宾馆杯象棋比赛中，山东省外经贸工会代表队获得团体第三名，个人分别获得第六、九、十二名。

7月17日，山东省五矿进出口公司在青岛举行第十三届职工体育（趣味）运动会。

2003年

7月19日，山东省五矿进出口公司在青岛市高职校举行职工体育运动大会。

12月30日，中化青岛举行首届职工"迎新年，明年工作更上一层楼"健身登楼比赛。

2004年

1月13日，中国烟草山东进出口公司举行了2004年职工春节联欢会。

6月20日，新华锦集团有限公司举行首届职工运动会。

8月2日,山东省对外贸易集团有限公司在职工中开展了"我为企业发展献计献策"活动。

12月30日,中化青岛举行第二届职工"迎新年,明年工作更上一层楼"健身登楼比赛。

2005年

12月30日,中化青岛举行第三届职工"迎新年,明年工作更上一层楼"健身登楼比赛。

2006年

3月8日,中化青岛举行庆祝"三八"妇女节表彰先进暨座谈会。

4月21日,中化青岛组织员工到即墨鹤山和崂山仰口进行了健身登山春游活动。

6月6日,新华锦集团有限公司在青岛市天泰体育场举行了第二届职工运动会。同时,山东省对外贸易集团有限公司也参加了运动会。

7月4日—6日,山东外经贸系统驻青单位首届职工乒乓球比赛在青岛市海鹰乒乓球俱乐部举行。共有17支驻青单位代表队128名运动员参赛,经过7个组别270多场激烈角逐,最终,省机械进出口集团公司代表队和新华锦集团代表队分别获得男子团体和女子团体冠军,中外运山东公司孙海涛和省海润投资集团公司张晓雷分别获得男、女子中年组单打冠军;省机械进出口集团公司范晓东和绮丽集团有限责任公司吕娜分别获得男、女子青年组单打冠军;省商务厅业联办高立亭获得领导干部组单打冠军。

8月22日—24日,中化青岛举行了职工踢毽、跳绳、飞镖比赛。

8月25—30日,中化青岛举行首届职工乒乓球比赛。

8月27日,中化青岛业余足球队与TNT快递公司业余足球队在汇泉广场体育场进行了友谊比赛。

9月28日,在济南市的山东省电视台演播厅举行的全省烟草局(公司)系统庆国庆文艺汇演中,中国烟草山东进出口公司《红旗畅想》舞蹈节目获优秀奖。

11月11日,中化青岛举行了第四届职工羽毛球比赛。

11月29日,中化青岛职工王慧迪以《学习获得知识,知识促就发展》作品代表山东省外贸系统参加山东省总工会举行的全省"工人有技术才能更有力量"职工演讲比赛中,获得优秀奖。

12月30日,中化青岛举行第四届职工"迎新年,明年工作更上一层楼"健身登楼比赛。

2007年

2月,中国烟草山东进出口公司举行了迎新春职工联欢会。

4月22日,中化青岛组织员工到崂山进行了登山春游活动。

6月19日，新华锦集团有限公司举行庆祝集团成立五周年大型文艺汇演。

7月4日—6日，山东外经贸系统驻青单位第二届职工乒乓球比赛在青岛市少儿活动中心艺术宫乒乓球馆举行。共有19支驻青单位代表队147名运动员参赛，经过5个组别281场激烈角逐，最终，省机械进出口集团公司代表队和东方国际公司代表队分别获得男子团体和女子团体冠军，省机械进出口集团公司张春生和绮丽集团吕娜分别获得男子、女子单打冠军；省机械设备进出口公司曹惠恩获得领导干部组男子单打冠军。

7月31日，中化青岛举行了复原转业军人联谊活动。

9月1日起，中化青岛工会向公司新婚职工赠送由公司总经理签名的花篮。

9月6日—12日，中化青岛举行了第二届职工乒乓球比赛。

11月9日，中化青岛举办了第五届职工羽毛球比赛。

12月28日，中化青岛举行第五届职工"迎新年，明年工作更上一层楼"健身登楼比赛。

2008年

3月，青岛港丰国际物流有限公司举行职工登山比赛。

4月，京华饰品有限公司与青岛市图书馆联合建立了"京华公司员工图书屋"，供员工阅览，丰富了员工业余文化生活。

6月4日—6日，山东外经贸系统驻青单位第三届职工乒乓球比赛在青岛市少儿活动中心艺术宫乒乓球馆举行。共有19支驻青单位代表队147名运动员参赛，经过5个组别281场激烈角逐，最终，省机械进出口集团公司代表队和东方国际公司代表队分别获得男子团体和女子团体冠军，省机械进出口集团公司张春生和绮丽集团吕娜分别获得男子、女子单打冠军；省机械设备进出口公司曹惠恩获得领导干部组男子单打冠军。

6月21日，中化青岛举办了由中化河北、中化天津、中化青岛参加的"中化杯"足球友谊赛。

7月21日,山东省外经贸工会组织100名外经贸职工参加了青岛市迎"奥运"火炬传递欢迎仪式活动。

9月2日,山东省外经贸工会组织100名外经贸职工参加了青岛市迎"残奥"火炬传递欢迎仪式活动。

11月14—15日,山东外经贸系统驻青单位首届职工羽毛球比赛在青岛金色海岸羽毛球俱乐部举行。

12月30日,中化青岛举行第六届职工"迎新年,明年工作更上一层楼"健身登楼比赛。

2009 年

1月中旬,山东省机械进出口集团公司设立了职工健身活动室,内有乒乓球台、各种健身器材等为职工业余文体活动提供了场所。

3月6日,中国烟草山东进出口公司组织女职工游览即墨蔬菜示范园。

5月20日—22日,山东外经贸系统驻青单位第四届职工乒乓球比赛在青岛市海鹰乒乓球俱乐部举行。共有17支驻青单位代表队130余名运动员参赛,经过7个组别 多场激烈角逐,最终,省机械进出口集团公司代表队和新华锦集团代表队分别获得男子团体和女子团体冠军,中外运山东公司孙海涛和省海润投资集团公司张晓雷分别获得男、女子中年组单打冠军;省机械进出口集团公司范晓东和绮丽集团有限责任公司吕娜分别获得男、女子青年组单打冠军;省商务厅业联办高立亭获得领导干部组单打冠军。

9月27日，中化青岛举行了职工迎国庆暨第二届职工卡拉OK比赛。

9月30日，中化青岛举行了职工迎国庆摄影展。

10月，山东山孚集团有限公司组织职工开展了"爱岗敬业、诚实守信、乐于奉献"为主题的"共筑理想信念，共促企业发展"感言征集活动。

12月28日，中化青岛公司工会设立的职工活动室正式开放。

11月7日，中化青岛在金色海岸羽毛球俱乐部举行了第七届职工羽毛球比赛。

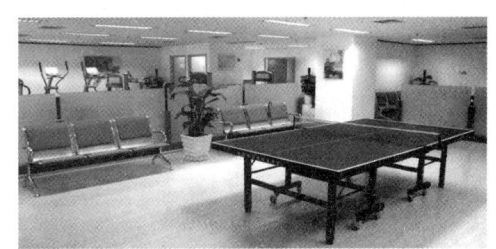

12月30日，中化青岛举行第七届职工"迎新年，明年工作更上一层楼"健身登楼比赛。

2010年—2016年

2010年

2月22日，中化青岛举行了2010年新春联欢会暨优秀员工颁奖典礼。

3月8日，中粮山东粮油进出口公司举行了女职工联谊会和知识竞赛。

3月20日，中国烟草山东进出口公司组织女职工到即墨温泉及二龙山一日游。

4月16日，中国烟草山东进出口公司组织全体员工向我国西南五省的旱情灾区爱心捐助，筹集爱心捐款28820元。

4月11日，中化青岛公司组织职工进行了登毛公山健身春游活动。

4月19日—23日，中国烟草山东进出口公司组织内退人员到菏泽、河南观光旅游。

4月，山东新迈特五金矿产有限公司组织职工春游登山活动。

4月，新华锦集团组队参加了"锦绣前程杯"青岛市第二届业余羽毛球比赛。

5月6日，中国烟草山东进出口公司组织内退人员到菏泽市牡丹园参观游览。

5月，山东中艺抽纱实业有限公司组织职工春游登五莲山和九仙山活动。

5月，山东新迈特五金矿产有限公司举行了职工爱党、爱摄影书画展。

5月，青岛港丰国际物流有限公司组织职工到南山春游活动。

山东省东方国际贸易股份有限公司举行了职工乒乓球、羽毛球比赛。

5月19日—21日，山东外经贸系统驻青单位第五届职工乒乓球比赛在青岛市海鹰乒乓球俱乐部举行。共有16个驻青单位代表队120余名运动员参赛，经过7个组别300多场激烈角逐，最终，山东国际贸易集团代表队和山东外贸职业学院代表队分别获得男子团体和女子团体冠军，中外运山东公司孙海涛和省海润投资集团公司张晓雷分别获得男、女子中年组单打冠军；省机械进出口集团公司范晓东和绮丽集团有限责任公司吕娜分别获得男、女子青年组单打冠军；省商务厅业联办高立亭获得领导干部组单打冠军。

从2009年9月至2010年5月底，绮丽集团有限责任公司工会组织职工开展了研读《新主人翁精神》、《新主人翁管理》两本书活动。

6月11日，山东省对外贸易集团有限公司工会组织职工赴莒南县原抗日根据地和八路军115师旧址，参观了革命传统教育展览。

9月25日、27日、29日，中国外运山东公司举行了职工拔河比赛。

11月6日，中化青岛举行第八届职工羽毛球比赛。

11月12日，中国外运山东公司举办了第三届职工"奋进杯"羽毛球比赛。

12月27日，中国外运山东公司举行了"中国外运山东有限公司第八届迎新春文艺汇演"。

12月30日，中化青岛举行第八届职工"迎新年，明年工作更上一层楼"健身登楼比赛。

2011 年

1月1日，山东山孚集团山孚日水有限公司工会举办了2011年职工元旦联欢会。

山东山孚集团山孚实业公司举办了迎新春职工同乐会。

1月，山东山孚集团有限公司工会举办了职工迎新春联欢冷餐会。

春节前，中国烟草山东进出口公司组织全体职工和离退休人员举行了"同欢乐，迎新春"联欢会。

2月12日，中化青岛在青岛海尔洲际酒店举行了2011年新春晚会暨优秀职工颁奖典礼。

2月至3月，中化青岛组织职工举行了评选公司2010年十件大事活动。

3月8日，山孚集团工会、凯远集团工会、通利机械公司工会组织单位女职工到郊外和青岛临近名山大川进行健身游活动。中艺抽纱公司工会和中国烟草进出口山东公司工会组织女职工到青岛近郊草莓基地参观游览。

3月9日，新华锦集团工会组织总部女职工在青岛电视台美食频道满汉全席家庭厨艺培训教室举行了"迎三八、学西点"活动。

4月，山东省对外贸易集团有限公司举行了职工乒乓球比赛。

5月8日，山东山孚集团有限公司举行了"山孚杯"职工乒乓球比赛。

5月12日—11月11日，中化青岛举行了首届职工"创先争优"业务比武大赛。

5月，青岛联合志诚抽纱有限公司举行了第一届职工运动会。

中国外运山东有限公司与青岛海关举行了"友谊杯"羽毛球比赛。

5月30日，山东山孚集团有限公司设立了"山孚企业文化大讲堂"和《山孚企业文化园地》，开展企业文化培训和宣传工作。

5月24日—26日，山东外经贸系统驻青单位第六届职工乒乓球比赛在青岛市海鹰乒乓球俱乐部举行。共有16个驻青单位代表队140余名运动员参赛，经过7个组别260多场激烈角逐，最终，省机械进出口集团公司代表队和新华锦集团代表队分别获得男子团体和女子团体冠军，中外运山东公司孙海涛和省海润投资集团公司张晓雷分别获得男、女子中年组单打冠军；省机械进出口集团公司范晓东和绮丽集团有限责任公司吕娜分别获得男、女子青年组单打冠军；省商务厅业联办高立亭获得领导干部组单打冠军。

5月28日，山东山孚集团有限公司组织在"双文明"建设中取得优异成绩的文明员工进行了春游踏青活动。

5月29日，中化青岛工会组织公司业余足球队与北方大学校友会足球队举行了友谊比赛。

5月31日，中化青岛举行了第四届安全知识竞赛活动。

6月2日，山东省对外贸易集团有限公司工会组织职工赴海阳参观了胶东人民抗日战争地雷战展览。

6月，山东通力机械进出口有限公司举行了纪念中国共产党成立90周年党史知识答题比赛活动。

6月，山东省新迈特五金矿产有限公司举办了职工"庆祝建党90周年征文摄影展"。

6月，为庆祝建党90周年，感受国家建设的巨大变化，山东国际经贸信息中心工会组织全体职工参观了刚刚建成的青岛胶州湾海底隧道和跨海大桥。

6月19日，新华锦集团有限公司举行庆祝集团成立十周年文艺汇演。

6月15日—16日，山东省外贸集团各权属企业全体职工观看了影片"建党伟业"，组织听红歌等活动。

6月22日—24日，山东省外贸集团各权属企业职工参加了集团组织的"迎接建党90周年党史知识竞赛活动"。

6月27日，中化青岛举行了庆祝建党90周年"红歌歌颂党"暨第三届职工卡拉OK比赛。

6月30日，山东山孚集团有限公司在山孚大酒店举行职工庆祝中国共产党成立90周年演唱会。

6月30日，山东外贸职业学院举行了"永远跟党走"——纪念建党90周年大型师生红歌会。

7月1日，山东省机械进出口集团公司工会和团委举办了主题为"党的光辉照我心"——职工庆祝建党90周年歌咏会。

4月至6月，青岛市商务局新建了职工阅览室、健身房、乒乓球室、女工活动室，7月1日对职工开放。

7月16日，中化青岛公司组织举行了"中化青岛、中化天津职工足球友谊比赛"。

9月2日，绮丽集团有限责任公司举办了一年一度的青年员工中秋联欢晚会。

9月3日—4日、9月10日—11日，中国外运山东公司举行了"五人制"足球赛。

9月18日—19日，山东外经贸系统驻青单位第二届职工羽毛球比赛在青岛市残联体育中心举行。共有16支驻青单位代表队230余名运动员参赛。经过6个组别350多场激烈角逐，最终，山东外贸职业学院、新华锦集团、中外运山东公司代表队获得团体前三名；省机械进出口集团公司的方浩和山东外贸职业学院于延文分别获得男子中年和女子中年组冠军；山东外贸职业学院曲振林和山东外贸机关幼儿园的王蕾分别获得男子青年和女子青年组冠军；山东东方国际贸易公司的刘新华获得领导干部组冠军。

1月至10月，山东山孚集团在职工中开展了"读好一本书，做好身边事"读书活动。

11月5日，中化青岛举行第九届职工羽毛球比赛。

11月23日，中国外运山东公司举办了第四届职工"奋进杯"羽毛球比赛。

12月29日，中化青岛举行第九届职工"迎新年，明年工作更上一层楼"健身登楼比赛。

2012年

1月13日，绮丽集团有限公司在本公司

多功能厅举行2012年先进表彰暨春节联欢会。

1月15日,中外运空运发展股份有限公司山东分公司在青岛复盛大酒店举办2011年度总结表彰和文艺汇演。

1月18日,山东粮油进出口公司举行了迎春节联谊会。

1月19日,中国烟草山东进出口有限责任公司举行了迎新春暨表彰晚会。

1月29日,山东山孚集团在青岛山孚大酒店举行2012年迎新春晚会。

1月,在新春佳节即将来临,为丰富职工精神文化生活,营造节日欢乐喜庆氛围,增强企业感召力和凝聚力,绮丽集团工会在职工中开展了新年吉祥语征集活动,广大职工踊跃参与,共征集祝福吉祥语283条。

2月至3月,中化青岛组织职工举行了评选公司2011年十件大事活动。

4月19—20日,山东外贸职业学院在北校区举行了一年一度的运动会。

5月4日,中化青岛举办为期1个月的"中化青岛首届读书节"活动。

5月9日—11日,山东外经贸系统驻青单位第七届职工乒乓球比赛在青岛中联运动广场举行。共有16个驻青单位代表队200多名运动员参赛,经过7个组别270多场次激烈角逐,最终,新华锦集团代表队和外贸集团代表队分别获得男子团体和女子团体冠军,中外运山东有限公司的孙海涛和海润集团的张晓蕾分别获得男、女子中年组单打冠军;国贸集团纪忠翔和绮丽集团的吕娜分别获得男、女子青年组单打冠军;省商务厅机关的田其胜获得领导干部组单打冠军。

5月26日,中化青岛组织职工举行了"创先争优 做创业先锋"登崂山活动。

5月27—6月5日,中化青岛与交通银行青岛分行联合举行了首届职工台球比赛暨交通银行银企新干线杯台球争霸赛。

6月19日,新华锦集团在青岛大剧院举行庆祝新华锦集团成立十周年文艺汇演。

8月21日,山东山孚集团举行"放声歌颂党,喜迎十八大"职工卡拉OK大奖赛。

9月5日,山东省外经贸工会组织退休工会主席进行健身春游活动。

9月20日—21日,山东外经贸系统驻青

单位第三届职工羽毛球比赛在青岛市残联体育中心举行。来自驻青单位的14支代表队200多名运动员参赛。经过6个组别的240余场激烈角逐,山东外贸职业学院、新华锦集团、中国外运山东有限公司蝉联团体前三名;李显实获得男子中年组单打冠军;于延雯获得女子中年组单打冠军;王虎勇获得男子青年组单打冠军;刘梦梦获得女子青年组单打冠军;吕跃进获得领导干部组单打冠军。

11月4日,山东外贸职业学院工会组织教职工及亲属到中山公园观赏青岛市第28届菊花展并游园。

11月,中化青岛举行第十届职工羽毛球比赛。

9月至12月,山东山孚集团有限公司工会在职工中开展了"责任——在我心中"有奖征文活动。

12月28日,中化青岛举行第十届职工"迎新年,明年工作更上一层楼"健身登楼比赛。

2013年

1月中旬至2月初,山东海润投资集团公司在职工中开展了春联征集活动。

2月至3月,中化青岛组织职工举行了评选公司2012年十件大事活动。

4月13日—15日,中国烟草山东进出口公司组织女职工前往红嫂故乡临沂参观学习。

4月15日—21日,山东国贸集团代表山东省外经贸系统组队参加了青岛市第四届运动会乒乓球男子组比赛,获得团体第四名;同时,荣获"体育道德风尚奖"。

4月上旬至22日,中国烟草山东进出口有限责任公司组织女职工参加"幸福中国·喜迎'国际幸福日'"读书征文活动。

4月26日,绮丽集团有限公司在青岛国际高尔夫俱乐部礼堂举行"绮丽好声音 唱响共建绮丽主旋律"歌咏比赛。

5月12日,中国外运山东公司举办第六届"奋进杯"羽毛球比赛。

5月15日—17日,山东外经贸系统驻青单位第八届职工乒乓球比赛在青岛举行。共有16个驻青单位代表队140余名运动员参赛,经过7个组别200多场次激烈角逐,最终,国贸集团代表队和外贸集团代表队分别获得男子团体和女子团体冠军,国贸集团的江志雄和海润投资集团的张晓蕾分别获得男、女子中年组单打冠军;国贸集团范晓东和绮丽集团有限责任公司吕娜分别获得男、女子青年组单打冠军;新华锦集团的孙庆志获得领导干部组单打冠军。

7月18日,山东海润投资集团有限公司在青岛举行第一届职工运动会。

9月,中国外运山东公司举行了"七人制"足球赛。

9月24日—25日,山东外经贸驻青单位第四届职工羽毛球比赛在青岛市残联体育中心举行,有驻青单位的16支代表队200多职工参赛。经过两天紧张激烈的比赛,新华锦集团、山东外贸职业学院、中化(青岛)实业有限公司荣获团体前三名;中国外运山东有限公司的汪渝清和山东外贸幼儿园的王蕾分别获得男子、女子中年组冠军；中国外运山东有限公司的张太武和山东省国际贸易集团中心张迪分别获得男子、女子青年组冠军；山东省对外贸易集团有限公司宋敏获得领导干部组冠军；山东省新迈特五金矿产有限公司代表队斗志昂扬、团结协作，被评为"最佳精神文明队"。

11月16日，山东省机械进出口集团公司工会和团委举办了"Hi, 做个朋友吧"青年联谊会。

11月23日，中化青岛举行第十一届职工羽毛球比赛。

11月，为丰富职工的业余文化生活，山东山孚集团举办了职工摄影知识培训。

12月30日，中化青岛举行职工"迎接挑战，勇攀高峰"健身登楼比赛。

2014年

2月至3月，中化青岛组织职工举行了评选公司2013年十件大事活动。

4月12日，中化青岛组织员工到崂山花花浪森林公园进行登山健身春游活动。

5月5日，中化青岛举办了"重走创业路 健康万步行"活动启动仪式。

5月6日，中化青岛工会与中工网合作向职工开放《职工电子书屋》。

5月21日—22日，山东外经贸系统驻青单位第九届职工乒乓球比赛在青岛中联运动广场举行。共有17个驻青单位代表队150余名运动员参赛，经过7个组别300多场次激烈角逐，最终，国贸集团代表队和外贸集团代表队分别获得男子团体和女子团体冠军，国贸集团纪忠祥和中联油公司林晔分别获得男、女子中年组单打冠军；国贸集团范晓东和绮丽集团有限责任公司吕娜分别获得男、女子青年组单打冠军；省商务厅机关高立亭获得领导干部组单打冠军。

6月21日，中国外运山东公司举办了第七届职工"奋进杯"羽毛球比赛。

6月28日，中国外运山东公司举办了"拖车驾驶员及维修人员技能比武"活动。

6月24日—8月8日，中国外运山东公司举办了世界杯竞猜活动。

7月17日，中化青岛工会开展了劳动竞赛文化建设年活动。

7月25日，中国外运山东公司举办女性保健知识讲座。

8月—10月，中国外运山东公司举办"安全生产知识竞赛"活动，并于11月7日举行了安全生产知识竞赛总决赛。

10月10日—11日，山东外经贸驻青单位第五届职工羽毛球比赛在青岛市残联体育中心举行。共有17个驻青单位代表队

195名男女运动员参赛。比赛共分男女混合团体、男子中年组单打、女子中年组单打、男子青年组单打、女子青年组单打、领导干部组单打和中年组混合双打等7项。获得男女混合团体前3名的是：新华锦集团、绮丽集团、国贸集团；获得男子和女子中年组单打冠军的是：新华锦集团的李显实和陈俊凤；男子青年组单打冠军的是：外贸职业学院的刘嵩；女子青年组单打冠军的是：新华锦集团的刘梦梦；领导干部组单打冠军的是：海润集团的王莹；中年组混合双打冠军的是：新华锦集团的吕跃进、夏爱青。

10月18日—19日，中国外运山东公司举办五人制足球比赛。

10月30日，中国烟草山东进出口公司在天泰体育场共同举办了山东烟草青岛地区职工运动会。

2015年

4月24日，中国外运山东公司组织职工开展了"快乐工作、健康生活"健步走活动。

5月，为提高工会干部的工作水平，山东山孚集团举办了工会干部工会知识培训。

5月9日，中化青岛公司举行了第十二届职工羽毛球比赛。

5月22日—23日，山东外经贸系统驻青单位第十届职工乒乓球比赛在青岛市海鹰俱乐部举行。共有15支驻青单位代表队130余名运动员参赛，经过7个组别200多场激烈角逐，最终，省国际贸易集团代表队和省机械进出口集团公司代表队分别获得男子团体和女子团体冠军，省国际贸易集团纪忠翔和青岛中联油国际贸易有限公司林晔分别获得男、女子中年组单打冠军；中外运山东公司刘伟治和绮丽集团有限责任公司吕娜分别获得男、女子青年组单打冠军；省对外贸易集团付少林获得领导干部组冠军。

5月30日，中国外运山东有限公司工会与安委会在青岛物流分拨中心联合举办首届"消防技能比武"活动。

6月27日，山东海润投资集团有限公司举办了第三届职工运动会。省外经贸工会主任王新强和部分省外经贸公司工会主席应邀出席开幕式。

6月—9月，中国外运山东公司开展了"悦读书香 助力成长"读书活动。

7月4日—7月5日，中国外运山东公司举行了"物流杯"羽毛球比赛。

8月7日，中化青岛公司工会女工委员会举办了"美丽人生"专题讲座。

8月15、16、22、23日，中国外运山东有限公司在青岛英士力体育馆举行了"集海"杯篮球比赛。省外经贸工会主任王新强应邀出席闭幕式并向获胜队颁奖。

8月25日，绮丽集团举办了一场主题为"保持一种心态，掌握一种方法"的婴幼儿保健知识讲座。

8月，山东山孚集团举办了第一届"山孚好声音"大奖赛。省外经贸工会主任王新强应邀出席观摩决赛。

9月2日,中国外运山东公司举办"美好时光 传递健康"女员工专项健康讲座及创意DIY活动。

9月22日—23日,山东省外经贸工会在青岛残联羽毛球馆举办全系统驻青单位第六届职工羽毛球比赛。经过两天紧张激烈的比赛,中国外运山东有限公司获得团体冠军,山东国际贸易集团中心、新华锦集团分别荣获团体亚军、季军;新华锦集团的徐岩涛和陈俊凤分别获得男子、女子中年组冠军;中国外运山东有限公司的孙毅和新华锦集团的刘梦梦分别获得男子、女子青年组冠军;中化(青岛)实业有限公司的周红梅获得领导干部组冠军;中国外运山东有限公司的汪渝清、张敏获得中年混合双打冠军。山东通利机械进出口有限公司、山东韩进集装箱储运有限公司、山东捷丰国际储运有限公司队伍整齐、斗志昂扬,被评为本届比赛"精神文明先进单位"。山东省外经贸工会主任王新强出席开幕式和闭幕式并为获奖队伍颁奖。

10月19日,中国烟草山东进出口公司在天泰体育场公共举办山东烟草青岛地区职工运动会。

10月22日,由山东外贸职业学院工会组织的教职工趣味运动会在学院运动场举行。

10月31日—11月1日,中国外运山东公司组织举办了"场站杯"足球赛。

12月28日,在青岛大剧院参加庆元旦"放飞青烟梦,弘扬感恩情"——山东烟草青岛地区红歌大合唱。

12月30日,中化青岛公司举办了第十三届职工"迎接挑战 勇攀高峰"登楼健身比赛。

12月31日,山东外贸职业学院工会在学院学术报告厅举办了"迎新年"教职工文艺演出。

6月至12月,山东山孚集团工会举办了职工摄影比赛,共征集职工作品163幅,评出特等奖1名、一等奖2名、二等奖6名、三等奖10名。

2016年

1月初至月底,中化青岛公司工会组织全体职工开展了评选中化青岛2015年十件大事活动。

1月29日,绮丽集团有限公司举行了2016年表彰颁奖暨"创新发展,共享未来"为主题的新春联欢会。

2月19日,中化青岛公司工会在公司

大会议室,组织员工开展了"风清中化闹元宵"猜灯谜游艺活动。

3月1日—4月13日,山东省对外贸易集团有限公司举办了首届职工摄影比赛。

3月10日,中国外运山东公司开展了"节纸护绿 你我同行"环保活动。

3月14日—3月25日,中国外运山东公司开展"助力精准扶贫 点亮贫困乡村"爱心义卖活动。

3月18日,山东新迈特五金矿产有限公司工会建立了职工书屋,对职工开放。

4月8日,中国外运山东公司举办"和谐外运、活力飞扬"健步行活动。

4月21日—22日,山东外贸职业学院在北校区操场隆重举行了2016年田径运动会。

4月23日,中化青岛工会组织全体员工到大珠山进行登山健身春游活动。

5月1日,东营市河口区商务工会举办了第一届职工"趣味"运动会。

5月26日—27日,山东外经贸系统驻青单位第十一届职工乒乓球比赛在青岛妇女儿童活动中心举行。共有17支驻青单位代表队130余名运动员参赛,经过7个组别260多场激烈角逐,最终,省国际贸易集团代表队和省机械进出口集团公司代表队分别获得男子团体和女子团体冠军,省国际贸易集团纪忠翔和青岛中联油国际贸易有限公司林晔分别获得男、女子中年组单打冠军;中外运山东公司刘伟治和绮丽集团有限责任公司吕娜分别获得男、女子青年组单打冠军;省对外贸易集团付少林获得领导干部组冠军。中国财贸轻纺烟草工会副主席(兼)、山东省外经贸工会主任王新强出席开幕式和闭幕式并为获奖队伍颁奖。

5月28日—29日,中国外运山东有限公司举行了"大商杯"职工羽毛球比赛。中国财贸轻纺烟草工会副主席(兼)、山东省外经贸工会主任王新强应邀出席和观看比赛并为获奖队伍颁奖。

6月4日,公司工会在青岛银海羽毛球馆举行中化青岛第十三届职工羽毛球比赛。

7月1日,绮丽集团有限责任公司举行成立三十周年"辉煌绮丽"庆典文艺汇演。

7月11日,山东省对外贸易集团有限公司举办了首届职工够级比赛。

7月16日,中国外运山东公司举办"消防技能比武"活动。

7月23日—24日,中国外运山东公司举办"威海"杯篮球比赛。

6月25日和7月3日,山东外贸职业学院工会连续利用两个周末,分别组织80余名教职工登戴家山、探索中国水准零点奥秘等系列健步行健身活动。

8月20日，中化青岛公司工会举办了"助力奥运 看我中化"中化青岛首届职工篮球比赛。

8月30日，中国外运山东公司开展"花样时光 给力健康"女员工健康专题活动。

9月6日，中化青岛组织青年员工与中欧国际城项目青年员工举行了座谈会、参观项目、篮球和羽毛球比赛等助力青年员工成长的交流学习活动。

9月3日—19日，山东山孚集团工会举行了第二届"山孚好声音"演唱比赛。

9月14日，青岛山孚大酒店行政与工会组织假日期间坚守岗位的员工举办了中秋包饺子庆团圆活动。

9月22日—23日，山东省外经贸系统驻青单位第七届职工羽毛球比赛在青岛羽毛球学校举行。18支代表队经过7个组别、300多场次的激烈角逐，最终，中国外运山东有限公司获得团体冠军，山东国际贸易集团中心、新华锦集团分别荣获团体亚军、季军；新华锦集团的李显实和陈俊凤分别获得男子、女子中年组冠军；山东外贸职业学院的曲振琳和山东国际贸易集团中心的张迪分别获得男子、女子青年组冠军；新华锦集团工会副主席吕跃进和山东省商务厅幼儿园王蕾获得领导干部组冠军；中国外运山东有限公司的汪渝清、张敏获得中年混合双打冠军。中国工艺山东抽纱有限公司、山东通利机械进出口有限公司被评为本届比赛"精神文明先进单位"。

9月24日—25日，中国外运山东公司举办华中区域乒乓球比赛。

10月18日，中国烟草山东进出口公司在天泰体育场共同举办山东烟草青岛地区2016年职工运动会。

10月28日，为迎接"11·9"全国消防日的到来，检验及提高广大员工的消防实战技能水平，山东省东方国际贸易有限公司举办了第八届"安全生产突发事件消防演练竞赛"。

10月29日、11月22日，为提高职工文化生活，由青岛市总工会主办，山孚集团工会承办的"共同的家园"慰问演出活动相继走进山孚日水和青岛山孚大酒店，为辛勤工作在一线的山孚职工们送上了亲切的慰问和精彩的文艺表演。山东省外经贸工会主任王新强、副主任田敬毅应邀出席活动并陪同观看了演出。

11月1日—3日，东营市河口区商务工会举行了第一届职工乒乓球比赛。

11月5日，中化青岛与金茂青岛公司举行了足球友谊赛。

11月9日，在我国第26个"119"消防日到来之际，中国工艺山东抽纱有限公司举行了"做好消防安全工作，树立企业安全形象"为主题的安全培训与消防演习。

11月—12月，由山东外贸职业学院工会、宣传部主办，教职工摄影协会承办的山东外贸职业学院第十四届教职工暨大学生摄影展在学院北校区图书馆二楼展出。

11月12日，中国外运山东有限公司工会、团委组织公司员工到城阳太和山进行登山活动。

12月30日，中化青岛公司举办了第十四届职工"迎接挑战　勇攀高峰"登楼健身比赛。

12月30日，山东省国际贸易集团工会组织员工进行了冬季越野赛。

结束语

时代在发展,事业在创新,工会工作永远在路上。我们特意将《适应新常态 站在新起点,开创全省外经贸工会工作新局面》作为结束语:

适应新常态 站在新起点
开创全省外经贸工会工作新局面

王新强 马骥 田敬毅

习近平总书记强调:"时代在发展,事业在创新,工会工作也要发展,也要创新"。做好新常态下的全省外经贸工会工作,必须认真学习党的十八大和十八届三中、四中、五中、六中全会精神,全面领会中央、省委党的群团工作会议精神和习近平总书记就工人阶级和工会工作一系列重要讲话精神,坚决贯彻全总、省总关于工会改革工作部署,总结经验,找准短板,立足职能优势,勇于开拓创新。

一、工作回顾

在省总工会的正确领导下,经过全系统广大工会干部的辛勤努力,全省外经贸工会工作在探索中找到答案,在完善中得到巩固,在创新中实现发展。

(一)工会组织建设:横到边、纵到底、全覆盖的全省外经贸工会组织体系基本形成

一是54家直属企(事)业工会组织不断完善和加强。随着外贸体制改革的深化,外贸企业发生了很大变化。我们适时下基层、搞调研、听意见、定措施,向省总工会提交报告。省总工会批复下达《关于省外经贸工会所属工会组织领导体制的指示》和《省总工会直属产业工会单位名单》,重新界定新形势下省外经贸工会职权范围。按照省总工会指示要求,加大工作力度,确保企业改制时期,工会组织健全,工会工作加强。

二是17市商务(外经贸)局工会组织及时理顺。根据政府机构改革,撤销市外经贸委,组建市商务局的变化,及时到17市商务(外经贸)局与主要领导交流沟通,与工会主席座谈协商,征求理顺工会组织并接受省外经贸工会领导的意见。制定下发《关于加强各市商务(外经贸)局工会组织建设的意见》,促成各市商务(外经贸)局全部建立工会组织,积极开展工会工作。

三是113个县(市、区)商务(外经贸)局建立工会组织。探索县(市、区)商务(外经贸)局工会组织建设新途径,在淄博市周村区商务局搞试点,总结推广其构建"四位一体"商务局工会组织新架构并发挥作用的经验。制定下发《关于加强全省县(市、区)商务(外经贸)局工会组织建设的意见》,采取对标学习、互学互促、定期通报、调度推进、加强督查、总结表彰"六步走"的措施和方法,到2015年底,全省县(市、区)商务(外经贸)局工会组建率达到78%。

四是着力推进以县(市、区)商务(外经贸)局工会为平台,组建外经贸企业工会联合会。只有组建外经贸企业工会联合会,才能拓宽县(市、区)商务(外经贸)局工会工作领域,破解制约县(市、区)商务(外经贸)局工会缺人缺钱的矛盾,发挥县(市、区)商务(外经贸)局工会促进企业发展、维护职工权益的作用。我们采取制定意见、宣传发动、调研指导、现场观摩、互学互促、调度推进、实地督查等方式方法,目前已有6个市商务局与市总工会联合行文,14个县(市、区)组建外经贸企业工会联合会。制定了全省县(市、区)组建外经贸企业工会联合会三年规划,计划年内完成30家,2017年完成50家,2018年基本完成。

(二)维护职工权益:建立完善工作机制和活动方式

一是坚持职工代表大会制度。对企业改制资产重组、国有资产转让、职工安置方案等重大问题须经职代会审议;需要通过的方案按照规定提前印发职工代表,征求其所在单位部门的意见;按照比例确保一线职工代表的人数,不能用主席团(组)长会议或干部会代替职代会;表决采用票决制,每位职工代表要在职代会决议上签字,确保职工的民主权利。

二是建立职工思想动态分析报告制度。全面了解和掌握各类企业职工对改革改制的承受度和期望值,摸清职工真实思想和所关注的热点、难点问题,定期分析研判,适时向企业党政领导反馈,为企业改革改制提供正确的决策依据。重点从维权的角度提出意见和建议,将工作重心前移,争取工作主动性。畅通职工信访渠道,做到有访必接,认真负责接待好每位来访职工,处理好每宗来访信件。

三是健全职工医疗互助保险制度。职工医疗互助保险是社会医疗保险的重要补充,也是工会组织帮扶因病致困职工的有效载体。各级外经贸工会认识到位,宣传到位,措施到位,

每年为因病住院职工理赔300多人次,理赔金额40余万元。

四是开展形式多样的帮扶救助活动。建立健全困难职工档案,形成基层、公司和系统工会三级档案管理体系,实行动态管理。坚持元旦春节等重大节日对困难企业、困难职工、先模人物和老工会工作者走访慰问制度,对困难职工子女上大学跟踪资助,对生病住院和家庭发生意外的职工及时帮扶,夏季对一线职工送清凉,拓宽对农民工帮扶渠道,仅本级工会每年用于帮扶救助资金近百万元。

(三)促进企业发展:发挥优势,搭建平台,组织职工建功立业

一是开展形式多样的劳动竞赛。围绕全系统工作大局,坚持开展争创"最佳创新(效益)能手"活动。每年根据形势任务要求,赋予活动新的内容,年年有新意,已成为省外经贸系统劳动竞赛品牌活动。年初有计划安排,年中有调度检查,年终有总结表彰,并定期将活动进展情况、好的作法经验,以《工作交流》方式通报各单位,促进活动健康开展。

二是搭建起企业间交流学习平台。每年分别召开单纯贸易、生产加工、仓储物流和服务管理4个类型外贸企业现场会,为不同类型企业搭建起交流、学习、借鉴、提高的平台,发挥了工会组织参与企业经营管理的作用,促进了工会干部作风转变和工会工作顺利开展。

三是协助企业妥善解决难点问题。充分利用工会组织这个平台,协助企业解决好人员纠纷、劳资矛盾、历史债务、经营管理等方面的难点问题。如曾经轰动全国的企业工会主席将自己的"东家"告上法庭、某公司部门经理离职将公司经营多年业务带走等事件,我们畅通工会信息渠道,在做好调查研究的基础上,向上级有关部门汇报反映,最终使问题得到解决。这几年协助企业解决难点问题10多件。

四是开展丰富多彩的文体活动。根据职工需求,开展形式多样、喜闻乐见的文体活动,每年在各企业层层选拔的基础上,举办全系统职工乒乓球比赛和羽毛球比赛。目前,已举办11届职工乒乓球比赛和7届职工羽毛球比赛。

(四)改进机关作风:加强学习,建章立制,用制度规范各项工作和活动

一是坚持学习制度。对上级会议精神和领导讲话及时组织学习,领会精神实质,结合实际研究贯彻落实意见,始终与党的方针政策保持一致。根据形势变化和任务要求,举办工会干部培训班,每年培训400多人次。做好上级工会调训和新任工会干部培训,提高工会干部整体素质。

二是坚持工作重心在基层制度。每年组织调查研究,有计划预案、组织分工、时限要求,最后形成调研报告。深入企业了解经营管理和职工需求,每年走访企业50—60家,把问题解决在基层。工会经费支出向基层倾斜,减少行政费,把有限的资金用于职工。

三是坚持议事制度。机关每周一召开办公会,传达学习上级有关精神,交流上周工作,研究安排本周任务。定期召开工会主席会议,统一思想认识,加强工作推进。及时向省总、全委领导汇报,与企业党政主要领导沟通,争取支持和配合。每年机关干部之间谈心一次,增强相互间的信任。

四是坚持财务制度。认真学习财经政策规定,结合实际贯彻执行。做到管钱、支票、印鉴3人管理,开支按照预算,大事集体研究。认真对待省总工会的审计检查,专题研究存在的问题,制定整改措施。每年坚持对所属基层工会财务检查,并召开财务工作会议。

二、存在问题

敢于发现问题才能善于解决问题。我们清醒地认识到,工作中还存在着一定差距和一些

不足。

一是部分企业和市、县(市、区)商务(外经贸)局工会工作力量相对薄弱,基层工会活力问题比较突出,制约着产业工会工作落地生效。

二是产业工会维权机制尚不健全,维权服务尚不到位,有些工作抓而不实,面对面地听取职工诉求、解决职工困难做得还不够。

三是职工技术创新竞赛活动领域有待拓展,职工对活动的知晓度和认可度有待提升,知识型技术型创新型职工队伍建设有待加强。

四是以改革创新的思维和方法解决产业工会工作"瓶颈"问题的能力需要进一步提高,创先争优的氛围需要进一步营造,产业工会整体作用需要进一步发挥。

三、再谱新篇

新形势、新机遇、新常态、新挑战,对工人阶级和工会工作提出了新的更高要求。全省外经贸工会必须牢固树立"为职工群众维权、为改革发展添力"的理念,精心谋篇、精准发力,勇于担当、乘势而上,在改革创新中干在实处,在培植亮点中争创一流,努力建设学习型、服务型、创新型产业工会。

(一)扩大有效覆盖,夯实基层基础

一是组建省、市、县(市、区)三级外经贸企业工会联合会。以贯彻落实全国产业工会工作会议和《中华全国总工会关于深入推进产业工会工作创新发展的意见》、全省产业工会工作座谈会和《山东省总工会关于进一步加强产业工会建设的意见》为契机,大力实施全省县(市、区)组建外经贸企业工会联合会三年规划,确保2018年基本完成组建任务。同时,用两年的时间,部署并组建17市外经贸企业工会联合会,进而组建省外经贸企业工会联合会,全面完成外经贸企业工会联合会组建任务。

二是展示外经贸企业工会联合会的形象和作为。在健全全省外经贸工会组织体系的基础上,深入研究经济结构调整和产业转型升级,对产业工会拓展领域、转变思路、健全组织、创新机制等提出的一系列新课题,找准外经贸企业工会联合会体现价值的着力点,进一步明确省、市、县(市、区)三级外经贸企业工会联合会的职责定位和主要任务,进一步完善工作机制,全面提高外经贸企业工会联合会工作水平。

三是大力推进外经贸企业工会工作。贯彻落实习近平总书记在全国国有企业党的建设工作会议上的重要讲话精神,坚持全心全意依靠工人阶级的方针,带动企业工会组织建设,把企业工会组织内嵌到公司治理构架之中,做到哪里有职工群众哪里就有工会组织,哪里有生产经营哪里就有工会参与,切实把工会工作融入公司治理的各个环节,解决"弱化、淡化、虚化、边缘化"的问题,坚持直属企(事)业单位工会工作年度考核制度,全面推动外经贸企业工会工作再上新台阶。

(二)增强维权实效,提高服务水平

一是推动厂务公开民主管理提质增效。以提高企(事)业单位民主管理工作法治化水平为目标,以贯彻落实《山东省企业职工代表大会条例》《山东省厂务公开条例》为重点,完善以职工代表大会为基本形式的企业民主管理制度,丰富职工民主参与形式,畅通职工民主参与渠道,依法保障职工的知情权、参与权、表达权、监督权。推进企业普遍建立职工代表大会,认真落实职工代表大会职权,充分发挥职工代表大会在企业发展重大决策和涉及职工切身利益等重大事项上的重要作用。坚持在企业改革改制、破产重组中充分发挥职工代表大会作用,履行民主程序,维护职工权益。

二是深化和谐劳动关系建设。加快构建与公司治理结构相适应的劳动关系协调机制,完善服务职工工作体系,满足职工群众多样化的利益需求。高度关注供给侧结构性改革中职工生产生活遇到的新情况新问题,立足保岗位、保收入、保安全,加强职工情绪引导、加强队伍状况研判,及时向党委报告情况,为深化改革营造和谐的劳动环境。参与全省"推行协商民主、强化社会责任"品牌创建,逐步推行平等协商签订集体合同工作,重点开展工资集体协商。

三是做实做细送温暖工作。摸清全系统困难企业和困难职工的基本情况,健全完善困难职工档案,做到一户一档、一户一策,因困施策、精准帮扶,帮助困难职工提高收入水平。建立工会帮扶困难职工目标责任制,明确责任、严格考核,推动建档立卡的困难职工解困脱困,让改革发展成果更多更公平惠及困难职工。

(三)凝聚智慧力量,助力企业发展

一是树立新理念,促进新发展。广泛开展"践行新理念、建功'十三五'"主题劳动竞赛,完善劳动竞赛组织、评估、表彰等机制,提高职工的参与率和受益度。在职工中大力倡导"创新人人可为、改善就是创新"的理念,以一线职工为主体,以解决问题为导向,以转化应用为目标,以激励考核为保障,持续推进职工技术创新竞赛提质增效,为实施创新驱动发展战略添薪加力。适应结构性改革对职工素质的要求,深入实施职工素质建设工程,更加重视职工教育和职业技能培训,推动形成培训、练兵、竞赛、晋级四位一体的职工技能提升新模式。

二是形成4个类型外贸企业现场会机制。服务管理型企业以交流会的方式召开,仓储运输型企业以研讨会的方式召开,生产加工型企业以观摩会的方式召开,单纯贸易型企业以传授会的方式召开,增强现场会的针对性和时效性。

三是推进"查保促"活动全员化、长效化发展。以中小企业为重点,紧盯薄弱环节,集中行动与日常工作相结合,深入持续地发动职工查找和整改安全隐患。强化教育培训,创新活动载体,确保"查保促"活动落实落细。

(四)加强自身建设,推进改革创新

一是强化理论武装。以党的十八届五中全会精神和习近平总书记系列重要讲话精神武装头脑、指导实践。坚定不移地走中国特色社会主义工会发展道路,在思想上政治上行动上始终同以习近平同志为总书记的党中央保持高度一致,牢牢把握正确政治方向,切实承担起引导职工群众听党话、跟党走的政治责任。

二是持之以恒地加强作风建设。严格贯彻落实中央八项规定精神,坚持不懈纠正"四风",加强机关党建工作,开展好"学党章党规、学系列讲话,做合格党员"学习教育。带头践行党的群众路线,进万家门、访万家情、结万家亲,推动形成作风建设新常态。大兴求真务实之风,加大督查力度,确保各项工作落到实处。

三是做改革创新的践行者。按照中央和省委党的群团工作会议要求,把创新发展理念贯穿于工会工作全过程,坚持以职工需求为导向,创新工作内容、回应职工期待;坚持以制度建设为保障,创新体制机制、焕发组织生机;坚持以职工满意为标尺,创新方式方法、增强工作实效,努力把产业工会组织建设得更加坚强有力、更加充满活力。

2016年10月20日

(作者为省外经贸工会主任、调研员、副主任)

附 录

关于做好山东省外经贸工会志工作的通知..............355
山东省对外经济贸易工会志工作方案..............355
关于做好山东省外经贸工会志基层工会部分撰写的通知......358
山东省外经贸工会所出刊物目录..............359
山东省外经贸工会办公电话..............360
山东省直属外经贸企业工会通讯录..............360
山东省直属外经贸事业单位工会通讯录..............363
山东省各市商务局工会通讯录..............363

关于做好山东省外经贸工会志工作的通知

鲁工外经贸〔2015〕21号

各单位工会,各市商务局工会,青岛益佳集团、烟台工业商贸国有控股公司、诸城外贸公司工会:

根据省外经贸工会2015年工作安排,从今年3月开始编纂省外经贸工会志,到2016年底基本结束。为了做好此项工作,省外经贸工会制定《山东省对外经济贸易工会志工作方案》,现印发给你们,请按照《方案》确定的主要内容和时间安排等要求,尽快组织实施,按时完成任务。

附件:《山东省对外经济贸易工会志工作方案》

山东省对外经济贸易工会委员会
2015年3月19日

山东省对外经济贸易工会志工作方案

根据省外经贸工会2015年工作安排,从今年3月开始编纂《山东省对外经济贸易工会志》,到2016年底基本结束。为了做好此项工作,特制定以下工作方案。

一、编纂省外经贸工会志的重要意义

山东省对外经济贸易工会委员会(以下简称:省外经贸工会)成立于1973年,至今已有四十多年的历史。四十多年来,它伴随着省外经贸事业的发展和省工运事业的发展,做出了不可磨灭的贡献。编纂省外经贸工会志,是省工运事业和省外经贸工运事业赋予我们不可推卸的历史责任和重任。全面、客观、真实、系统地编纂省外经贸工会志,科学、合理地开发利用省外经贸工会志并发挥其作用,是为了继承和发扬省外经贸工运事业优秀历史文化传统,更好地促进我省外经贸事业和外经贸工运事业科学发展。

二、编纂省外经贸工会志的指导思想

以邓小平理论、"三个代表"重要思想、科学发展观为指导,深入贯彻习近平总书记系列重要讲话精神,以国务院颁布的《地方志工作条例》为依据,紧密联系省外经贸工会实际,全面、客观、真实、系统地编纂省外经贸工会志,科学、合理地开发利用省外经贸工会志,为更好地促进我省外经贸事业和外经贸工运事业科学发展服务。

三、编纂省外经贸工会志的组织机构和职责

为加强编纂省外经贸工会志工作的领导，编纂好省外经贸工会志，特成立以下组织机构：

（一）《山东省对外经济贸易工会委员会志》编审委员会

主　任：王新强　省对外经济贸易工会委员会主任

副主任：马　骥　省对外经济贸易工会委员会调研员

邱　伟　省对外经济贸易工会委员会副调研员

田敬毅　省对外经济贸易工会委员会副主任

委　员：鞠新伟、徐霄、汪忠华、臧贤华、赵维报，省外经贸系统各单位工会和各市商务局工会主席（或主持工作的副主席）。

编审委员会的职责：负责对编纂省外经贸工会志工作、所属各单位工会志和各市商务局工会志工作的组织领导；负责对《山东省对外经济贸易工会委员会志》的审定。

（二）《山东省对外经济贸易工会委员会志》编辑部

主　编：赵维报

副主编：徐　霄

特约撰稿人：省外经贸系统各单位工会和各市商务局工会确定的撰稿人。

编辑部的职责：负责对《山东省对外经济贸易工会委员会志》的编纂和相关文字及图片资料的收集整理；负责对所属各单位工会和各市商务局工会编纂工会志工作的指导。

四、编纂省外经贸工会志的主要内容

将省外经贸工会四十多年的历史和各单位工会史、各市商务局工会史，全面、客观、真实、系统地记录下来和反映出来。主要是：各级外经贸工会组织名称和成立时间；各级外经贸工会组织机构的设置变化和会员人数，历届工会正副主席和工会、经费审查、女职工委员会成员；各单位工会、各市商务局工会历年获得的荣誉，上级工会历年授予该单位、该局和部门及个人的荣誉；各级外经贸工会历年所做的突出和具有代表性（特别是上级认可并在全国及全省推广）的重要工作及成就；各级外经贸工会历年举行的重要会议和组织的各类（政治、公益、文体等）重要活动、重大事件等。

各单位工会和各市商务局工会上报的内容：本级工会组织名称和成立时间；本级工会组织机构的设置变化和会员人数，历届本级工会正副主席和工会、经费审查、女职工委员会成员；本级工会历年获得的荣誉，上级工会历年授予本单位和部门及个人的荣誉；本级工会历年所做的突出和具有代表性（在全国、全省推广并有影响）的重要工作和成就、重大事件、重要活动等。

五、编纂省外经贸工会志的时间安排

总体时间要求是，从2015年3月开始，至2016年12月基本结束。具体时间安排如下：

（一）准备筹划阶段。2015年3月初至3月底。主要任务：成立编纂省外经贸工会志组织机构，制订工作方案；下发通知和工作方案；各单位工会和各市商务局工会确定编纂工会志人员，制定相应的工作计划。

（二）资料收集阶段。2015年4月初至6月底。主要任务：收集工作方案中所列内容，与编纂省外经贸工会志和各单位工会

志、各市商务局工会志有关的所有文字和图片资料。

（三）资料整理阶段。2015年7月初至8月底。主要任务：将收集到的与省外经贸工会志和各单位工会志、各市商务局工会志有关的文字和图片资料进行梳理和分类，一般按照时间和类别立卷，为编纂工会志打好坚实基础。

（四）编纂会志阶段。2015年9月初至2016年5月底。主要任务：编纂省外经贸工会志和各单位工会志、各市商务局工会志。其中，要求各单位工会和各市商务局工会上报的内容材料，在2016年1月底前完成并报省外经贸工会志编辑部。

（五）修改审核阶段。2016年6月初至2016年11月底。主要任务：修改完善和审核省外经贸工会志文字内容；同时，完成对封面和插图的编排设计。

（六）印制发书阶段。2016年12月初至2016年12月底。主要任务：将《山东省对外经济贸易工会委员会志》编稿送印刷厂印制出书。2017年1月下发印制完成的《山东省对外经济贸易工会委员会志》。各单位工会和各市商务局工会要在2016年12月底前，将编纂完成的本单位纸质工会志上报省外经贸工会备案。

以上各阶段的安排如遇到特殊情况，将根据实际作适当调整。

六、编纂省外经贸工会志的几项要求

编纂省外经贸工会志，既是一项系统工程，又是一项艰巨任务，需要各级外经贸工会共同参与，相互配合，协调步伐。

（一）领导高度重视。编纂省外经贸工会志和各单位工会志、各市商务局工会志，时间紧，任务重。各单位工会和各市商务局工会主席要高度重视，亲力亲为；要向同级党政领导汇报并取得他们的支持；要与本单位有关部门搞好协调并取得其帮助。

（二）选好编撰人员。各单位工会和各市商务局工会要把情况熟悉、文字功底好、协调能力强的同志选上来，并且保证他们集中时间稳定地开展编纂工作，直至完成工会志编纂任务。

（三）确保编纂质量。编撰人员要按照统一要求，坚持质量标准，认真编写，融会贯通，确保工会志的编纂质量，力争编出佳作和精品。

（四）收集相关资料。现在是收集资料的大好时机，改革开放三十多年和外经贸体制改革的成果很多、很全面，各单位档案也比较齐全，都有大量的资料。要围绕工会志所需要的内容，尽快展开文字和图片资料收集工作，把能入志的资料尽可能地搜集起来。

（五）按时完成上报。各单位和各市商务局上报的工会志，一般不超过2000字，要保证质量并按时完成。

（六）及时解决问题。各单位工会和各市商务局工会要积极推进工会志编纂工作。在编纂工会志工作中，如遇到不能解决的问题，请及时向省外经贸工会志编辑部反映，以便共同协商解决。

关于做好山东省外经贸工会志基层工会部分撰写的通知

鲁工外经贸(2016) 27号

各单位工会,各市商务局工会,青岛益佳集团、烟台工业商贸国有控股公司、诸城外贸公司工会:

根据山东省对外经济贸易工会志编纂的工作安排,各企业工会和各市商务局工会介绍部分的撰写、定稿要在2016年5月中旬结束。为了做好此项工作,省外经贸工会《山东省对外经济贸易工会委员会志》编辑部与部分基层工会共同编辑完成了《企业工会介绍范本》和《市商务局工会介绍范本》(以下简称《范本》)。现将《范本》发给你们,请于5月20日前完成本单位工会介绍的撰写,并将撰稿人和工会主席姓名一起通过电子邮件上报会志编辑部。联系人:赵维报,联系电话:0532-85739648,电子邮箱地址:13969800618@163.com。

附件:

1.《企业工会介绍范本》
2.《市商务局工会介绍范本》

山东省对外经济贸易工会委员会
2016年4月25日

抄报:山东省总工会及各位领导,中国财贸轻纺烟草工会及各位领导。

抄送:省总工会有关部室,全委有关部室,各单位党委(党组)。

(共印140份)

附件1

企业工会介绍范本:

中国工艺山东抽纱有限公司工会

山东中艺抽纱实业有限公司(中国抽纱山东进出口公司)成立于1983年1月,隶属于中国工艺(集团)公司,是经营抽纱品、家居用品、工艺品及酒类产品的进出口、内贸和文化产业的企业。公司工会成立于1983年1月,历届工会组织人员构成:

1983年1月—1988年7月,工会主席:王安荣;女职委主任:刘元珍。

1988年8月—1992年1月,工会主席:高介书;经审委主任:方和珍;女职委主任:李林霞。

1992年2月—2004年8月,工会主席:张青;经审委主任:方和珍;女职委主任:李林霞、赵华、孙慧娟。

2005年12月—今,工会委员会委员:付淑萍、刘荣家、娄红、邵萍、李新;工会主席:付淑萍;经审委主任:包懿;女职委主任:付淑萍。

中国工艺山东抽纱有限公司基层企业工会组织

山东中艺文化创意产业园发展有限公司工会,成立于1983年1月,原名为中国抽纱山东进出口公司第二整理加工厂工会,2016年4月更名为现名。历任工会主席:刘惠、刘永涛；2002年7月—今，工会主席：刘荣家。

附件2

市商务局工会介绍范本：

烟台市商务局工会

烟台市商务局成立于2010年1月，是由原烟台市对外贸易经济合作局和原烟台市贸易局（挂烟台市政府财贸办公室牌子）合并组建。6月21日，中共烟台市委商务工作委员会任命王林超为烟台市商务工会工作委员会主任。2015年4月23日，烟台市商务局召开第一次工会会员代表大会，选举产生了市商务局机关第一届工会委员会，委员会由王林超、赵蕾、宋少卿、姜晓庆、傅朝英组成；同时，第一届委员会第一次会议，选举王林超为主席，傅朝英为经费审查委员会主任。

烟台市各县（市、区）商务局工会

芝罘区商务局机关工会成立于2015年3月30日，现任主席：邵元。

福山区商务局机关工会成立于2015年9月7日，现任主席：卫红日；副主席：赵玉斌。

莱山区商务局机关工会成立于2015年2月15日，现任主席：林琳。

牟平区商务局机关工会成立于2015年5月8日，现任主席：曲波。

蓬莱市商务局机关工会成立于2015年6月5日，现任主席：呼官骏；副主席：贾守军。

龙口市商务局机关工会成立于2015年5月15日，现任主席：徐彩虹。

莱州市商务局机关工会成立于2015年2月10日，现任主席：褚红霞。

招远市商务局机关工会成立于2015年8月6日，现任主席：李帧。

莱阳市商务局机关工会成立于2015年11月8日，现任主席：门东风。

海阳市商务局机关工会成立于2015年8月28日，现任主席：李彩丽。

栖霞市商务局机关工会成立于2015年6月15日，现任主席：龚永春。

长岛县商务局机关工会成立于2015年8月25日，现任主席：李厚卫。

山东省外经贸工会所出刊物目录

1.《山东外贸信息》；
2.《山东外经贸工会信息》；
3.《全员参与查找隐患 警钟长鸣 活动情况简报》；
4.《"我为外经贸经营方式转变献一计"活动情况简报》；
5.《同心同德绘蓝图 调整转变促发展 活动情况简报》；
6.《深入开展创先争优活动情况简报》；
7.《开展"树三风、提三力"活动情况简报》；
8.《"我为企业发展献一计"活动情况简报》；
9.《山东外经贸工会工作交流》。

山东省外经贸工会办公电话

姓 名	职 务	联系电话
王新强	主 任	85713435
马 骥	调研员	85780952
田敬毅	副主任	85739648

部 门	联系电话	传 真
办公室	85713412	85735403
组织民管部	85739648	85735403

部 门	联系电话	传 真
基层工作部	85713412	85735403
女工工作部	85739648	85735403

备注：

1. 区号 0532；
2. 邮编 266071；
3. 地址：青岛市市南区香港中路 32 号五矿大厦 19 层。

山东省直属外经贸企业工会通讯录

名 称	地 址	电 话	邮 编
山东山孚集团有限公司工会	青岛市宁夏路 288 号 6 号楼 10 层	(0532)88728023	266071
中国外运山东有限公司工会	青岛市市南区河南路 5 号	(0532)82897788	266001
新华锦集团工会	青岛市崂山区松岭路 127 号 11 号楼	(0532)85873328	266101
山东国际贸易集团中心工会	青岛市市南区东海西路 12 号甲	(0532)86680705	266071
绮丽集团有限责任公司工会	青岛市南区南京路 2 号	(0532)85797010	266071
山东机械进出口集团有限公司工会	青岛市南区瞿塘峡路一号	(0532)82661678	266002
中化(青岛)实业有限公司工会	青岛市南区香港中路 20 号黄金广场 25 层	(0532)55736856	266071
山东粮油进出口有限公司工会	青岛市市南区太平路 51 号 1111	(0532)82972271	266001
山东省东方国际贸易股份有限公司工会	青岛市市南区太平路 51 号国贸大厦 19 楼	(0532)82971881	266002

续表

名　　称	地　　址	电　话	邮　编
山东机械设备进出口集团公司工会	青岛市南区福州南路九号新世界大厦25层	（0532）85724034	266071
山东省对外贸易集团有限公司工会	青岛市南区太平路51号	（0532）82971207	266002
山东海润投资集团有限公司工会	青岛市南区福州南路6号	（0532）85976005	266071
中国烟草山东进出口有限责任公司工会	青岛市市南区香港西路69号24层	（0532）83863553	266071
山东省新迈特五金矿产有限公司工会	青岛市南区香港中路32号五矿大厦1518	（0532）85755587	266071
山东中艺抽纱实业有限公司工会	青岛市南区香港中路32号五矿大厦29楼	（0532）85755720	266071
青岛港丰国际物流有限公司工会	青岛市北区黄台路40号	（0532）82086599	266000
中外运空运发展股份有限公司山东分公司工会	青岛城阳区天河路70号	（0532）84717207	266108
中国外运大件物流有限公司工会	济南市同兴路277号	（0531）55687120	250306
山东省交通进出口有限公司工会	青岛市南区福州南路99号	（0532）86102977	266071
山东通利机械制造有限公司工会	青岛市市南区福州南路9号新世界大厦29层	（0532）85724340	266071
青岛伊都锦时装有限公司工会	青岛市崂山区高科园科苑纬三路31号	（0532）88705051	266101
青岛联合志诚抽纱有限公司工会	青岛市城阳区玉皇岭工业园	（0532）55566216	266107
山东英吉多健康产业有限公司工会	青岛即墨天山二路6号	（0532）82525088-6106	266228
山东通顺机械进出口有限公司工会	青岛市南区福州南路九号28层	（0532）85724410	266071
山东通用机械进出口有限公司工会	青岛市南区东海中路18号1栋4层	（0532）85067786	266071
山东海外成套设备进出口有限公司工会	青岛市南区福州南路九号	（0532）85724411	266071
青岛中联油国际贸易有限公司工会	青岛市市南区银川西路67-69号D座三层	（0532）85725588	266073
青岛金利五矿进出口有限公司工会	青岛市南区香港中路32号五矿大厦9楼	（0532）85755541	266071

续表

名　称	地　址	电　话	邮　编
山东韩进集装箱储运有限公司工会	青岛开发区龙岗山路298号	（0532）86059099	266500
山东捷丰国际储运有限公司工会	青岛开发区龙岗山路358号	（0532）80659812	266500
胜狮物流（青岛）有限公司工会	青岛开发区龙岗山路308号	（0532）86058693	266500
青岛啤酒海丰仓储有限公司工会	青岛经济技术开发区龙岗山路368号	（0532）80659957	266000
青岛海峦国际贸易有限公司工会	青岛市南区瞿塘峡路一号	（0532）82661729	266002
青岛德爱花园大酒店工会	青岛市北区武定路29号	（0532）81709999	266011
青岛宝璐家用纺织品有限公司工会	青岛宁夏路266号东方商务楼A501	13675580168	266071
山东泰山壹伍叁贰物联供应链有限公司工会	青岛市南区南京路202号	（0532）81707606	266000
青岛中服进口免税商品有限公司工会	青岛市南区南京路46号	18660293990	266000
山东元田人力资源管理咨询有限公司工会工会	青岛市南区太平路51号山东国际贸易大厦	18663905298	266001
青岛中僡物流有限公司工会	青岛市南区旌德路26号颐中高山小区1号楼丙2	（0532）66883206	266073
青岛古岛服饰有限公司工会	青岛市城阳区王沙路960号	（0532）87989507	266106
青岛捷丰柏坚货柜维修有限公司工会	青岛开发区龙岗山路368号	（0532）80659529	266500
青岛益佳国际贸易集团有限公司工会	青岛市南区香港中路六号世贸中心A座	（0532）85918285	266071
烟台工业商贸国有控股有限公司工会	烟台市芝罘区南通路41号	0535-6253562	264000
诸城外贸有限责任公司工会	诸城市东坡北街6号	0536-6326251	262200

山东省直属外经贸事业单位工会通讯录

名　称	地　址	电　话	邮　编
山东外贸职业学院工会	青岛市李沧区巨峰路 201 号	（0532）55761199	266100
山东省商务厅培训中心工会	青岛市市南区中山路 44-60 号	（0532）82022676	266000
山东省商务发展研究院工会	青岛市南区太平路 51 号国贸大厦 5 楼	（0532）82972701	266001

山东省各市商务局工会通讯录

名　称	地　址	电　话	邮　编
济南市商务局工会	济南市历下区龙鼎大道 1 号龙奥大厦 D 区 4 楼	0531-66602035	250099
青岛市商务局工会	青岛市南区香港中路 6 号 A 座	0532-85918150	266071
淄博市商务局工会	淄博市柳泉路 106 号国贸大厦	0533-3190729	255000
枣庄市商务局工会	枣庄市新城财政大厦 416 房间	0632-3321097	277800
东营市商务局工会	东营市府前大街 107 号	0546-8082136	257091
烟台市商务局工会	烟台市莱山区新苑路 5 号	0535-6261044	264003
潍坊市商务局工会	潍坊市高新区阳光大厦 8 楼东区	0536-8091170	261061
济宁市商务局工会	济宁市任城区仙营路 5 号	0537-2391133	272025
泰安市商务局工会	泰安市市政大楼 B7032	0538-6991780	271000
威海市商务局工会	威海市文化中路 86 号	0631-5302006	264200
日照市商务局工会	日照市北京路 188 号	0633-8717015	27682
莱芜市商务局工会	莱芜市莱城区文化北路 1 号	0634-8805576	271100

续表

名　称	地　址	电　话	邮　编
临沂市商务局工会	临沂市北京路8号临沂市政务服务中心7楼	0539-8322241	276001
德州市商务局工会	德州市东风东路1566号新城综合楼C座	0534-2231988	253000
聊城市商务局工会	聊城市卫育路6号	0635-2119299	252000
滨州市商务局工会	滨州市府前街177号	0543-3077277	256603
菏泽市商务局工会	菏泽市曹州路699号	0530-6222186	274012

续表